Robert BONNELL

DANTE
Le
Grand Initié

Un message pour les temps futurs

Préface d'Henry Blanquart

Éditions DERVY
204, boulevard Raspail
75014 Paris

© Dervy, 2002
ISBN : 2-84454-171-2

À mon épouse, à ma mère et à mes frères

Préface

Quand on apprend qu'un nouveau livre sur Dante et son œuvre est en préparation, on ne peut s'empêcher de se demander ce que ce livre va bien pouvoir apporter de nouveau, tant sont nombreux et divers, sur ce prodigieux poète, les thèses, traités et ouvrages de toutes sortes qui garnissent les rayons des bibliothèques...

Et pourtant, ce livre de Robert BONNELL : "Dante, le grand initié", nous offre un point de vue nouveau jamais abordé avec une telle perspicacité et une telle ampleur.

Certes, des études avaient déjà vu le jour, sur la spiritualité de cette œuvre grandiose, sur ses rapports avec l'Alchimie, sur l'aspect symbolique de la Divine Comédie, sur les nombreuses énigmes qu'elle contient, sur les considérations politiques évidentes concernant maints personnages contemporains de l'auteur, sur la philosophie du gouvernement idéal des peuples et les rapports entre le pape et les empereurs et sur tant d'autres aspects encore de cette œuvre gigantesque, qui place Dante parmi les poètes les plus illustres de l'humanité...

Toutefois, le livre de Robert BONNELL a un but bien différent : En dépit des aspects (non exhaustifs) que nous venons de citer, l'auteur nous montre de façon structurée, méthodique et ô combien probante, que l'idée profonde de Dante, bien au delà des considérations politiques, partisanes, philosophiques ou ponctuelles que son œuvre évoque à foison, consiste à exposer le chemin initiatique qu'il a lui-même parcouru au prix d'efforts gigantesques et méritoires.

Dante veut nous faire partager l'excellence de ce chemin initiatique qui l'a mené de sa condition humaine initiale, jusqu'aux plus hautes réalisations spirituelles. En ce sens, la "Commedia" – que l'on a par la suite fort pertinemment nommée la "Divina Commedia" (la *Divine* Comédie") – peut prétendre offrir à tout un chacun la possibilité de suivre ce chemin à la recherche de la Lumière, et qui mène à ce que l'on appelle en Chrétienté "l'Illumination". Cette recherche de la Lumière aboutit à ce que du temps de Socrate et de son élève Platon, on appelait "l'état de Sagesse", que l'on appelle au Japon le "Satori" et aux Indes "Réaliser Dieu"...

On comprend alors pourquoi cette œuvre magistrale, au delà de sa perfection formelle, de sa richesse poétique, de ses descriptions grandioses, a pu, en effet, exercer sur ses lecteurs, depuis des siècles, une fascination si vive et si constante. C'est qu'elle touche au plus profond de l'être humain et qu'elle apporte une réponse aux grandes questions que se pose tout individu qui réfléchit : "Qui suis-je ?", "D'où viens-je ?", "Où vais-je ?", "Qu'est-ce que la vie, la mort ?", et "Qu'est-ce donc que le monde, son utilité, son devenir ?"...

Peut-être est-ce le but inavoué de Dante : toucher le plus grand nombre, qui l'a incité à écrire son œuvre non pas en latin, comme il était d'usage à l'époque, mais en "langue vulgaire", afin que tous ceux qui étaient capables de comprendre le message profond, sans pour autant être des érudits, puissent entendre "le langage des oiseaux"…

Il semble bien que bon nombre de commentateurs se soient attachés à l'aspect "extérieur" de l'œuvre de Dante sans percevoir l'essentiel du message : les querelles politiques et le juste ressentiment de Dante à l'égard de certains, furent pour beaucoup l'arbre qui cachait la forêt…

Robert BONNELL nous démontre à l'évidence que l'aspect caché du message est bien l'essentiel, tout le reste n'étant qu'un "habillage" de l'œuvre.

À lire Robert BONNELL, on s'aperçoit qu'à l'évidence, la structure numérologique de la Divine Comédie et de ses 14 233 vers (!!) est d'une rigueur semblable à celle du monde. C'est d'ailleurs la raison pour laquelle Pythagore utilisait le mot "cosmos" (= l'ordre, en grec). Sous un apparent chaos en effet, le Nombre structure le moindre événement. Assertion que les rationalistes ne peuvent pas appréhender ni comprendre, puisqu'ils sont limités (parce qu'ils se limitent volontairement) au mental (à la "raison raisonnante"), incapables de discerner les causes profondes qui se cachent derrière les apparences.

Ainsi les démonstrations de Robert BONNELL sont captivantes, comme – une parmi tant d'autres – la démonstration numérologique du fameux "Cinq Cent Dix et Cinq", le 515… ou le décryptage systématique des noms propres sur le plan de la Numérologie Sacrée…

Au fur et à mesure que l'on avance dans la lecture de l'ouvrage, cette recherche constante de l'implication de la Numérologie Sacrée finit par devenir tellement évidente… que le lecteur est porté à s'en faire un élément personnel de recherche. Or, l'appliquer dans la vie de tous les jours apporte une confirmation évidente de ces lois de la numérologie. L'auteur du "Livre de la Sagesse" ne dit-il pas en s'adressant à Dieu : *"Tu as tout réglé avec mesure, nombre et poids"* ? *(Sagesse, XI, 20)*

La démonstration de Robert BONNELL nous amène à dépasser l'étude de Dante et de la Divine Comédie, et à chercher quelle doit être *notre propre façon de régler notre vie* pour atteindre le but proposé par Dante.

L'idéal chevaleresque, qui fait tant défaut à notre époque, rime avec Perfection. Il s'en suit qu'il apparaît évident qu'un chevalier ou un noble n'a pas de "droits" et encore moins de "privilèges", mais des devoirs et notamment des devoirs envers le peuple. Ainsi Dante exprime-t-il déjà – sans le savoir – ce qui sera plus tard le ferment de la Révolution Française : la révolte contre une noblesse qui ne doit qu'aux hasards de la naissance les droits et privilèges auxquels elle tenait tant, oubliant que la vraie noblesse, d'essence chevaleresque, n'a que des devoirs… À nous d'être les chevaliers des temps modernes.

Mais si la Numérologie Sacrée est sans aucun doute le fondement et la clé de tout ce qui existe et qui vit, d'autres aspects sont tout aussi évidents…

et fascinants, comme les implications de l'Astrologie, du Tarot ou du Symbolisme en général.

Ainsi l'explication détaillée et lumineuse (c'est le cas de le dire !) intitulée "La Symbolique Sacrée des Sites", qui n'a jamais été faite à ma connaissance et en tous cas pas comme elle est présentée ici. L'auteur nous montre en permanence combien l'aspect extérieur des choses n'est pas l'aspect principal. Ainsi est-il amené à écrire : *Nous ne nous plaçons plus sur le plan politico-historique, de l'Église, mais sur celui du combat éternel entre les forces perverties de l'Ego et les aspirations de l'âme, l'appel de la Foi et de l'Amour, pour l'être sur son chemin d'évolution. C'est comme si, derrière le contingent historique des rancœurs et des constats, exprimés par le poète, se profilaient les conditions de sa propre évolution personnelle, comme témoin, au cours de son voyage initiatique.*

Ainsi le livre de Robert BONNELL devient, au fil de la lecture, et grâce à Dante, un enseignement magistral.

Je ne relèverai qu'un seul détail, pour l'exemple : Dante écrit que le fleuve Léthé – que tout le monde connaît – et le fleuve Eunoé – que Dante imagine – ont *la même source*. Il me parait évident que le poète donne là le résultat de sa propre recherche... et nous offre par la même occasion la possibilité de la concrétiser à notre tour.

Car cette présentation des deux fleuves (l'un, qui fait oublier les actes mauvais ou négatifs, l'autre fixant la mémoire des actes bons et positifs) est manifestement le résultat d'une parfaite maîtrise du mental, maîtrise qui est le fondement même de la réussite dans la recherche spirituelle. Ce qui amène Robert BONNELL à écrire :

Ceci nous renvoie à un symbolisme fondamental, que les multiples commentateurs ne semblent pas avoir souligné à ce jour : l'âme puise à la même source la faculté d'oubli des errements passés et celle de la mémoire de ses "bonnes actions"...

Dans la perspective des Poèmes Orphiques, les morts, en buvant l'eau du Léthé, perdaient tout souvenir de leur vie antérieure. De même les âmes, destinées à une nouvelle existence terrestre, y buvaient pour perdre tout souvenir de la mort. Mais l'Initiation reçue au cours de la vie, consiste en partie à connaître les formules du passé qui aident à trouver la bonne voie dans l'Autre Monde. La mémoire assure, alors, l'accession à la Béatitude".

Or, ceci est une des pratiques fondamentales du chamanisme : l'effacement des parties négatives de la mémoire karmique et l'affirmation d'aspects positifs qui, en effet *"assurent alors l'accession à la béatitude".*

Les fabuleux enseignements de l'Ancienne Égypte avaient, entre autres, le même but. Ce qui, naturellement reste totalement obscur aux "spécialistes imbus de leurs recherches "scientifiques" alors même que leurs études de l'Égypte Ancienne devraient leur faire comprendre que l'aspect rationnel de l'être humain n'en constitue en fait qu'une partie... qui même, en fin de compte (je veux dire au moment où l'individu quitte son enveloppe charnelle), apparaît comme la moins importante...

D'une façon générale, c'est aussi une erreur de voir dans les textes sacrés uniquement des indications et prescriptions sur le destin, le devenir et le comportement de la collectivité humaine. En particulier les "intégristes" de tous poils, qui voudraient que le monde entier suive la Loi qu'ils estiment être la meilleure pour la seule raison que c'est la leur, se trompent lourdement, d'autant qu'ils ne l'ont généralement pas étudiée dans ses moindres détails, ce qui fait qu'ils ne l'appliquent pas eux-mêmes correctement.

Le vrai but, c'est toujours de faire en sorte que chacun devienne un Sage, un homme de Satori, un homme qui a *effectivement* atteint la Lumière divine. À ce moment-là et à ce moment-là seulement, il devient apte à conseiller les autres (et non à leur imposer quoi que ce soit). Les textes sacrés, même lorsqu'ils présentent des directives collectives, n'ont toujours pour seul but que le perfectionnement de ceux qui désirent se perfectionner eux-mêmes avant de s'occuper des autres.

Cette ambivalence des textes sacrés n'a pas échappé à l'auteur qui cite l'Apocalypse qu'il faudrait lire à deux niveaux, comme les Évangiles et les Épîtres… : *Le texte terminal de la Sainte Bible suscite en effet, lui aussi, une double lecture symbolique : la perspective escathologique sur l'évolution de l'Humanité toute entière, et la perspective individuelle concernant la "transmutation de l'âme".*
Cette "technique", qui consiste à exposer l'évolution individuelle sous couvert d'une histoire plus générale, est universelle. Ainsi le mythe d'Osiris et de son fils Horus, en Égypte ; ainsi la mythologie gréco-latine, modèle de l'évolution individuelle où chacun de nous peut se reconnaître parmi l'histoire tumultueuse des divinités ; ainsi le mythe du Christ s'offrant pour la rédemption de l'humanité, image qui symbolise l'immolation de notre "petit moi" visible, pour la libération de notre véritable "Je" ou "Étincelle divine" dans son "corps de gloire"…
C'est ce qui fait écrire à l'auteur : *Dante, au-delà sans doute de ses évocations volontairement sibyllines, et qui ont donné lieu à tant d'interprétations, est, en réalité, imprégné avant toutes choses, de cet "Esprit" de la Destinée de l'Humanité, au plan collectif, <u>et de ce chemin initiatique, au plan individuel, qui sous-tendent, tous deux, l'ensemble de son œuvre, et pas seulement la "Divine Comédie".</u>* (c'est nous qui soulignons cette phrase).

Ainsi cet ouvrage, non seulement constitue une remarquable exégèse de l'œuvre de Dante, exégèse qui nous fait aimer (et mieux comprendre) le grand poète florentin, mais il sera aussi pour beaucoup, un véritable cours de Numérologie Sacrée, de Tarologie, d'Alchimie et d'Ésotérisme chrétien. Et, mieux encore, pourquoi ne pas le dire, un excellent vade-mecum sur le long et difficile, mais merveilleux chemin vers la Sagesse et l'Illumination chrétienne. "Dante, le grand initié" est un de ces livres qui enrichissent le lecteur attentif.
Nous lui souhaitons le retentissement qu'il mérite !

Henri BLANQUART

En Exergue

"Connais ce qui est devant ta face, et ce qui t'es caché te sera dévoilé ; car il n'y a rien de caché qui ne sera manifesté. […] Que celui qui a des oreilles pour entendre entende !"

Jésus
Évangile selon Thomas
D'après A. Guillaumont,
H. C Puech et alii,
P.U.F., 1959

——————— • ———————

"O voi che avete gl'inteletti sani,
  Mirate la dottrina che s'asconde
    Sotto il velame delli versi strani !"

"O vous qui avez l'intelligence saine,
  Observez la doctrine qui se cache
    Sous le voile des vers étranges !"

Dante, *Divina Commedia*

AVANT-PROPOS

Vraie richesse ou délire interprétatif ?

Dante et son œuvre ont suscité, au cours de bientôt 7 siècles, des milliers de commentaires, souvent enflammés, parfois objets de tous les délires.
... Ils prennent tous appui sur trois sources principales :

La première source est naturellement l'œuvre du Poète, dans son ensemble et en particulier, bien sûr, la "Divine Comédie". Celle-ci prend parfois les allures d'un "reportage poétique" sur des événements et des figures de contemporains illustres, souvent voués, par Dante, aux affres de l'Enfer !

La deuxième source est celle des vénérables archives de la Ville de Florence, bourrées d'anecdotes et de documents officiels très utiles pour ces interprétations ;

La troisième source est celle des écrits de certains contemporains, au premier rang desquels figurent ceux de Boccace. Ces écrits ne sont d'ailleurs généralement pas admis comme parfaitement "objectifs" voire même considérés comme sujets à caution.

Mais, à chacun sa vérité…

L'Œuvre est là, avant tout, même si le Poète pousse l'énigme, avec toute sa subjectivité. Et toutes les démarches de la Grande Tradition nous permettent de décrypter un sens symbolique et initiatique extraordinaire et édifiant, aux couleurs exotériques et ésotériques… Mais il ne s'agit pas, pour autant, dans le présent ouvrage, d'apporter une "Vérité absolue sur un plateau en or, inaltérable…", mais d'offrir au lecteur les moyens de trouver "sa" vérité, en communion avec toute la beauté et la puissance de la queste spirituelle du Poète Florentin.

Donner envie de goûter à l'Œuvre et d'en apprécier toute la force initiatique : voilà, avant tout, notre espoir…

INTRODUCTION
Sous le signe du Septénaire
et des Grandes Traditions

propos de l'œuvre maîtresse de Dante, la "Divina Commedia", nous lisons sous la plume de l'un des auteurs les plus pénétrants pour le décryptage du sens symbolique, Louis Lallement, ce propos "essentiel", selon la vraie acceptation de ce terme :

C'est l'œuvre d'un Maître qui y a enclos, comme en une cathédrale, toute la science spirituelle du Moyen Âge.
C'est dire qu'il y a là un message pour notre temps, où la merveilleuse aventure de la science moderne est en passe de déboucher sur des perspectives de cet au-delà du sensible et du rationnel qui fut l'objet essentiel de la science médiévale.

Dante, quant à lui, prévient son lecteur :

O vous qui avez l'intelligence saine,
Observez la doctrine qui se cache
Sous le voile des vers étranges !

Quel est cet enseignement ?

Il n'est certainement pas réductible à une phrase ou deux que nous pourrions formuler en synthèse de tout ce qui va suivre. Il est si riche qu'il suscite le détour par des approches aussi diverses que la Mythologie gréco-latine, les grandes voies spirituelles dessinées par les Pères de l'Église, Saint Augustin, Saint Thomas d'Aquin, les nombreuses démarches ésotériques, telles que l'Hermétisme Chrétien, la Kabbale Hébraïque, la science des Nombres sacrés, la Tradition Pythagoricienne, l'Alchimie opérative et l'Art Royal, et enfin les doctrines sous-jacentes aux ordres de la Chevalerie, et en particulier à celle des Templiers, etc.
L'Antiquité, relayée par le Moyen Âge, nous ont fait hériter d'un outil précieux qui synthétise, sur un plan symbolique, la quintessence de la plupart de ces démarches spirituelles, pour peu que nous en fassions une lecture et un usage approprié : le TAROT, sacralisé ou sacré.
Nous usons de cette qualification pour bien nous départir de la regrettable vulgarisation médiatique qui en a fait un simple instrument divinatoire.

Nous présenterons, donc, avant de conclure cet ouvrage, une approche analogique proposant l'illustration symbolique du sens global de la démarche initiatique de Dante dans les trois mondes de l'Enfer, du Purgatoire et du Paradis, à travers le Tarot sacré.
Nous nous inspirerons du Tarot de Marseille et du Tarot d'Oswald Wirth.
Ces images, hautement codées, reflètent en effet les multiples clés d'interprétations précédemment évoquées.

Elles sont comme une sorte de miroir qui en restitue, comme dirait Rabelais, "la substantifique moelle".

Elles ont, comme nous le verrons, au cours des différents développements qui suivent, un lien privilégié avec 3 de ces clés : l'Alchimie, la Kabbale et la Science des Nombres sacrés.

Mais que le lecteur ne se méprenne pas. Les commentaires illustrés que nous faisons ne sont, par définition, que des bribes de cette quête du sens.

L'ensemble de la démarche reste à faire par lui et pour lui. Qu'il ressente, à travers les multiples citations de l'œuvre, au plus profond de son Corps, de son Âme et de son Esprit, les étapes d'un voyage initiatique qui, pour être celui de Dante, n'en est pas moins celui de tout aspirant sur la voie…

7 axes de pensée…

Si nous ne pouvons donc pas résumer en quelques mots le message initiatique du Poète, nous pouvons toutefois, dans cette introduction, définir quelques axes de pensée qui sous-tendent toutes les démarches présentées dans les pages qui suivent.

Ces axes renvoient, à leur tour, à des clés d'interprétation exotériques et ésotériques. Nous lèverons bien des voiles disposés sur les secondes.

1 - Dante est un "mystique authentique" et un maître spirituel, qui se met en scène comme un "Adepte", un "Initié", en quête d'Immortalité. Il est guidé, successivement, par Virgile, maître de Raison Humaine, par Béatrice, maître de Sagesse Divine et par Saint Bernard, maître Initiateur Divin.

2 - Le décryptage de ce que nous pouvons appeler la symbolique générale de la Divine Comédie passe par les deux optiques exaltées par la Mythologie Antique : le symbolisme naturel et le symbolisme humain, mêlés selon une subtile "alchimie".

3 - La langue italienne commune, dénommée aussi langue "vulgaire", adoptée par Dante, à la place du latin en vigueur à l'époque, permet au Poète de situer ce symbolisme dans une large gamme d'expression : affective, poétique et intellectuelle.

4 - Un monde de références se développe, pour qui sait les percevoir, à travers toute une cosmologie, une psychologie, une philosophie et une science qui appartiennent à cette époque des XIIIe et XIVe siècles.

Mais cet Homme, Corps, Âme et Esprit, situé entre Ciel et Terre, et lié au Cosmos tout entier et à Dieu, auquel se réfère Dante, n'appartient pas seulement au Moyen Âge, bien entendu. Il s'insère tout à fait dans notre perspective astrologique actuelle de l'Ère du Verseau..

5 - La dimension véritablement "permanente et universelle" s'exprime avec beaucoup de clarté dans la fameuse épître que le Poète joignit à son manuscrit, confié à son protecteur du moment, Can Grande Della Scala.

Il y précise, en effet, qu'il a voulu enseigner aux hommes qui vivent en ce monde comment s'évader de leur misérable état et parvenir à la Félicité. Il s'agit là du Salut, dans l'optique Chrétienne, et de la manière de le réaliser, mais ceci, également, avec des connotations gnostiques.

La queste de Dieu, sous l'inspiration de l'Amour et l'attrait du Divin, personnalisés par Béatrice, en premier lieu, se double en effet d'une queste de la Lumière et de la Sagesse, qui passent aussi par la Connaissance.

Il y a trois aspects à la voie du salut, telle que Dante l'évoque : la Théologie, la Cosmologie et l'Anthropologie.

Seule la maîtrise de ces trois aspects, évoquée par le Poète, au cours de son voyage initiatique dans les trois mondes de l'Enfer, du Purgatoire et du Paradis, permet d'atteindre le but.

6 - Chacun des trois mondes visités se présente comme une étape spécifique de la queste spirituelle :

L'Enfer, monde du physique, correspond à la mise à l'épreuve de toute la dimension corporelle et matérielle de l'Homme. D'un point de vue alchimique, il correspond au cadre de l'Œuvre au Noir.

Le Purgatoire, monde du Microcosme Humain, correspond aux épreuves du rachat et de la purification.

D'un point de vue alchimique, il correspond au cadre de l'Œuvre au Blanc.

Le Paradis, monde du Cosmique et du Divin, correspond à l'Union avec Dieu et avec le Cosmos tout entier, au contact de tous les Bienheureux.

D'un point de vue alchimique, il correspond au cadre de l'Œuvre au Rouge.

Notons que le Paradis Terrestre, selon le Poète, se situe au sommet de la Montagne du Purgatoire et se trouve donc rattaché à ce deuxième monde.

7 - Dante rencontre, dans ces trois mondes, avec valeur d'exemples, tout un ensemble de personnages ou de monstres, empruntés à la Mythologie Antique, de personnalités contemporaines et appartenant à son "vécu", de maîtres spirituels et, enfin, les hiérarchies célestes et les Bienheureux de tous les temps.

Ils incarnent, en des lieux et des circonstances particulières, les divers archétypes de comportement, les vices et le vertus, les perversions et les valeurs d'évolution et de transcendance, jusqu'à l'extase finale du Poète dans l'Empyrée, ciel éternel et immobile.

En conclusion sur ces grands axes de pensée, Dante se met en scène comme un Initiable, qui, conscient des conditions de l'Homme après la chute originelle, cherche, dans la perspective d'une alchimie spirituelle, à "se transmuter", pour réaliser, selon la belle formule de Louis Lallement : *"L'Union Transformante avec Dieu"*.

Les 7 étapes de notre parcours

Nous invitons le lecteur à un parcours en 7 étapes.
Sept fois le jour, je te loue pour tes justes jugements, dit le psaume 119 (118), p. 164.
Puisse le lecteur sentir l'idée de plénitude que recouvre ce nombre, celle-là même du Poète Florentin, authentique croyant, pénétré par la puissance divine jusqu'au fond de son âme et nous la communiquant dans son voyage initiatique, plongé dans les sublimes hauteurs de l'Art Poétique !...

Charles Rafaël Payeur écrit, dans la perspective de l'Hermétisme Chrétien (1) :
Ce nombre évoque l'attitude intérieure nécessaire pour permettre à l'aspirant d'accéder à un espace sacré et illimité au cœur même de son être.

C'est tout ce que nous souhaitons au lecteur, à charge pour lui de retrouver dans l'original de l'œuvre ou dans sa traduction française (2), les quelques témoins que nous lui passons concernant la queste…

1. Dans le premier chapitre, nous suivrons **les 5 âges d'une destinée**, aux contours hautement marqués du sceau de la spiritualité chrétienne et de ses multiples symboles, et habitée d'une extraordinaire effervescence…

2. Dans le deuxième chapitre, nous visiterons **les 9 œuvres écrites de Dante**, à l'éclairage d'une interprétation symbolique, inspirée par toute la Grande Tradition, avant d'approfondir notre "lecture" de la Divina Commedia.

3. Dans le troisième chapitre, nous décrypterons **la figure centrale du Voyage Initiatique**, à travers les grandes démarches ésotériques et les grandes traditions, dont nous venons de donner quelques repères et définitions. Et nous irons ainsi à la découverte de certains sens encore cachés ou à préciser de la Divine Comédie, en dépit des milliers de commentaires qu'elle a déjà pu susciter à ce jour !...

4. Dans le quatrième chapitre, nous découvrirons, dans le sillage de Pythagore, comment **les Nombres** nous éclairent sur le nom même de la "Divina Commedia", sur la composition de l'œuvre, sur les événements et les personnages rencontrés dans les 3 mondes de l'Au-delà, et sur la progression spirituelle du Poète, tandis que nous cheminerons avec lui et ses guides.

---

(1) *La Kabbale et l'Arbre de Vie* par C.R. Payeur, Éditions de l'Aigle, Canada (Québec), 1996.
(2) *Dante - Œuvres Complètes* par André Pézard, Éditions Gallimard-NRF, Bibliothèque de la Pléiade, 1965.

Introduction 17

Nous irons à la rencontre de toute l'alchimie de ces nombres, liée à la "Roue du Destin" et à la "Force d'Amour".
Et bien sûr, aussi, nous reviendrons sur la fameuse prophétie du "Cinq Cent Dix et Cinq".

5︎ Dans le cinquième chapitre, nous découvrirons *la symbolique sacrée des Sites, dans les 3 mondes de la Divine Comédie* : géographie, topographie, hydrographie de l'Enfer, du Purgatoire et du Paradis, à travers les visions du Poète et en relation avec personnages et événements.
Nous interpréterons les sites de ces 3 mondes à la lumière des forces qui s'y exercent : forces du mal en Enfer, forces de rédemption au Purgatoire et forces de lumière et d'amour au Paradis.
Mais, dans ce dernier monde, surtout, nous verrons que la remontée du Poète se fond dans le symbole même de la remontée de l'Arbre de Vie, à travers les 10 sephiroths, et au contact des Hiérarchies Célestes et des univers planétaires de la grande tradition de l'Astrologie spirituelle.
Enfin, nous verrons comment le Poète met en scène certains archétypes naturels et les 4 éléments de la Matière, la terre, le feu, l'air et l'eau, dans tous leurs "états"…

6︎ Dans le sixième chapitre, nous découvrirons comment la Divine Comédie nous plonge dans *les phases successives du Grand Œuvre Alchimique*, en associant les opérations de l'Alchimie "opérative" aux étapes de l'Alchimie de "Transmutation spirituelle". Nous suivrons, en cela, les traces de quelques maîtres réputés.

7︎ Le septième et dernier chapitre présente, à travers le prisme du Tarot, les 22 "signes" de la Transmutation ou Grand Œuvre d'Alchimie spirituelle, dans laquelle nous plonge le voyage du Poète, soit *les 22 Arcanes de la "Divina Commedia"*.
Nous proposerons là comme une synthèse, dans la mesure où les 22 Arcanes du Tarot associent, dans une lecture symbolique approfondie, 4 grands courants de la Tradition : l'Astrologie Spirituelle, la Kabbale, la Numérologie Sacrée et l'Art et la Philosophie d'Hermès. Ces 4 courants nourrissent la démarche de l'Hermétisme Chrétien, aux côtés des Écritures Saintes et des références Mythologiques, comme nous l'avons déjà signalé.
Ce sont toutes ces connaissances traditionnelles, qui permettent, en fait, cette lecture profondément spirituelle du Tarot, et une démarche analogique, qui assure son application au décryptage du voyage initiatique de Dante.
De la volonté même du Poète, ce voyage est donné comme exemple d'évolution à tout aspirant sur la voie de sa transformation spirituelle. En conséquence, les 22 arcanes sont comme les 22 "balises majeures" de cette évolution !..

Nous conclurons notre ouvrage en rapprochant la démarche spirituelle du "Prophète Florentin du Moyen Âge de l'actualité des démarches spirituelles, à l'aube du XXIe siècle, et plus largement encore, du IIIe millénaire.

Nous verrons ainsi que l'œuvre de Dante, bien que datée du Moyen Âge, revêt, à une relecture ésotérique et symbolique, une actualité certaine, dans la permanence de la "Queste Spirituelle". Dante lui-même, par delà les aspects très datés de son histoire personnelle, prend figure d'une sorte de symbole de l'Initié de tous les Temps… Sa "Divina Commedia" le transforme en véritable "Ergon" des Alchimistes…

À partir du 1er janvier 2000, l'âme du Poète peut contempler, après les 679 années de son "grand passage", la permanence des réalités visionnaires de son grand poème et des attentes des enfants du " Verseau"…

Clin d'œil à la postérité : 679 donne 22, comme les 22 Arcanes !...

CHAPITRE I

Le "Tohu-bohu" d'une destinée en 5 âges

Encore voyons-nous continuelle expérience de notre immortalité dans les divinations de nos songes, lesquelles ne pourraient être, si quelque partie en nous n'était immortelle ; attendu qu'immortelle, nécessairement, est la vertu révélante, corporelle ou incorporelle [...]
Encore de cela vous assure la très véridique doctrine du Christ, laquelle est voie, vérité et lumière : voie, car par icelle, sans empêchement, nous allons à la félicité de cette immortalité ; vérité, car elle ne souffre aucune erreur ; lumière, car elle nous éclaire dans les ténèbres de l'ignorance mondaine.

- Il convivio II. IX -

ien des aspects de la vie de Dante demeurent mystérieux. Plusieurs portraits de lui ont été réalisés, dont certains par des contemporains. Le plus connu de ces portraits et, sans doute, le plus fiable, est celui peint par Giotto dans sa fameuse fresque au Bargello, à Florence, dans la chapelle de sainte Marie-Madeleine.

En dehors des milliers de pages écrites par les commentateurs de tous pays, il n'y a guère de documents de contemporains qui apportent des données en toute certitude. Il n'existe d'ailleurs aucun manuscrit de ses œuvres. Nous disposons uniquement de copies.

Mais son œuvre contient d'assez nombreux "fragments autobio-graphiques" et une fantastique légende s'est développée au gré de la multitude de ses commentateurs de toutes nationalités et, en particulier, d'auteurs italiens et français.

Citons, parmi les auteurs italiens : Gianfranco Contini, Maria Corti, Umberto Cosmo, Marina Marietti, Bruno Nardi, Giorgio Padoan, Ernesto Giacomo Parodi, Giorgio Petrocchi, Giovanni Pico della Mirandola, Paolo Renucci, Natalino Sapegno, Giuseppe Vandelli. Notons que c'est ce dernier qui a repris le "Testo critico" de la "Società Dantesca Italiana" (1), auquel nous nous référons pour le texte original en italien.

Citons, parmi les auteurs français : André Barthélémy, Jacques Breyer, Eugène Canseliet, Jean Canteins, Marthe Dozon, Pierre Gautiez, Étienne Gilson, René Guénon, Philippe Guiberteau, Paul Alexis Ladame, Louis Lallement, Henri Longnon, Alexandre Masseron, Louis Philippe May, Jean Pépin, André Pézard, Jacqueline Risset,...

Le lecteur peut se reporter, pour plus de détail, à notre bibliographie en fin d'ouvrage.

C'est à la traduction d'André Pézard, dans la collection de La Pléiade, éditions Gallimard, que nous nous référons en priorité, tant pour la Divina Commedia que pour les autres œuvres.

Pour la Divine Comédie et les sonnets des autres œuvres, cette traduction recourt notamment à des archaïsmes, car, dit l'auteur : *Cette ombroie du langage, le traducteur peut l'obtenir au moyen de quelques archaïsmes bien choisis : c'est-à-dire de termes dont le sens est précis pour le spécialiste, et de valeur indiscutable ; qui de la sorte - plus fidèlement que des mots modernes aux teintes égales et plates - épousent la pensée du poète.*

Et l'auteur a, par ailleurs, choisi des vers de dix syllabes, *le grand vers épique de la Chanson de Roland.*

Ces vers ne sont pas rimés, mais leur cadence *et à mes yeux,* écrit l'auteur, *c'est l'essentiel - suffit à créer l'incantation poétique.*

Aucun graphologue au monde n'a pu mettre la main sur un document écrit de la main du Poète. En l'an de grâce 1302, son nom apparaît une seule fois dans les registres de la ville de Florence, dans la liste de citoyens condamnés à mort par le nouveau gouvernement des guelfes noirs...

---

(1) *Dante Alighieri - La Divina Commedia* par Giuseppe Vandelli, Éditions Ulrico Hoepli, Milano, 1989.

Mais est-il si important pour un tel personnage de pouvoir distinguer la stricte part de réalité et celle de la légende ?!

Nous allons voir, et surtout interpréter, en termes de Destinée, les événements essentiels, au sens profond du terme, qui jalonnent une vie, tant bien que mal restituée par ses nombreux biographes. L'enfant aurait été conçu en août 1264, à Florence, alors qu'une comète était apparue au ciel dans le rêve de sa mère ! Dante est né à la fin de mai 1265, sous le signe des Gémeaux et il a été baptisé avec 5 à 6 000 autres bébés le samedi de Pâques, un 26 Mars 1266. C'était alors la coutume en effet de baptiser ensemble tous les bébés nés dans l'année.

Laissons ici la numérologie pointer son nez ! Nous reviendrons plus loin sur la date de naissance. Nous verrons à plusieurs reprises qu'il est inexact d'évoquer toujours le hasard, quand le sens livré par les nombres prend un tel relief... La somme des nombres de cette date de baptême : 26.03.1266 donne 26, soit 8, en réduction théosophique, la rendant emblématique dans le cas de Dante. **Nous revenons largement, dans l'annexe consacrée aux repères sur les grandes traditions, sur les origines de la Numérologie Sacrée et les équivalences avec les lettres de l'alphabet.**

Nous avons donc un baptême sous le signe du 8, nombre du Christ, et c'est un samedi de Pâques... Pâques, en latin populaire, "pascua", en grec "paskha", en hébreu "pesah", traduisible par "le passage". Cette fête chrétienne, qui commémore la Résurrection du Christ, est célébrée le premier dimanche suivant la pleine lune de l'équinoxe de printemps.

L'œuvre maîtresse de Dante, la Divine Comédie, met en scène l'itinéraire initiatique du Poète, qui "passe" par le royaume des morts, l'Enfer, puis le Purgatoire et parvient à l'Empyrée, en Paradis. Ceci est à l'image d'une transmutation de l'Être, en quête de la lumière Divine et de l'Immortalité.

Or le baptême est aussi à l'image d'une transmutation de l'Être, qui, selon la foi Chrétienne, le libère du péché et le fait entrer dans la vie nouvelle.

Saint Clément d'Alexandrie crédibilise de façon merveilleuse ce rapprochement quand il écrit : *Baptisés, nous sommes illuminés ; illuminés, nous sommes adoptés ; adoptés, nous sommes rendus parfaits ; parfaits, nous devenons immortels... Le baptême est appelé illumination par laquelle nous contemplons la sainte lumière du salut, c'est à dire par laquelle nous pouvons voir Dieu... Purifiés par le baptême, nous courons vers la lumière éternelle comme des enfants vers leur père.*

La "queste" de Dante est toute entière inscrite dans cette perspective.

À l'image de son signe de naissance, les Gémeaux, le Poète allait bien manifester un goût, certes parfois forcé, pour les voyages et les mutations incessantes, une curiosité, une intelligence et une éloquence rares, une agitation non moins puissante dans la vie de la Cité.

Il fit également preuve d'une faculté d'adaptation hors pair et d'une suprématie indéniable accordée à la Raison.

Sa constance, voire son entêtement pour la quête de certaines valeurs s'explique sûrement par d'autres influences planétaires, mais aucun astrologue au monde n'a pu sérieusement établir son ciel de naissance !...

Fruit d'un environnement astrologique de naissance et de transits que nous aimerions décrypter, la Destinée de Dante mérite bien l'image consacrée du "Tohu-Bohu". Car telle est la traduction de la locution hébraïque "Tohou oubohou", au sens du "chaos", ici particulièrement germinatif et créateur.

Mais à travers le mouvement et les convulsions apparentes, cette Destinée est bien orchestrée en 5 âges. Nous avons évoqué ce nombre 5 en introduction. Nous y reviendrons assez souvent par la suite pour ne pas nous y appesantir dès maintenant.

Que représentent ces 5 âges ?

1er âge : l'âge de la "vie nouvelle"... Cette expression n'est pas simplement un jeu de mot. Nous verrons sa résonance précise dans la vie et l'œuvre de Dante.

2e âge : l'âge de "l'engagement", celui d'un poète, doublé d'un mystique et d'un politique.

3e âge : l'âge des "épreuves", celles de la vie citoyenne et de la vie affective, intellectuelle et littéraire.

4e âge : l'âge de la "gloire tardive", celle qui réconcilie Dante avec certains de ses contemporains.

5e âge : l'âge de "la mort et de la renaissance", celle qui confère cette "Immortalité", tant recherchée par le Poète.

1 - L'âge de la Vie Nouvelle

Une identité prémonitoire et un vrai plan de vie

C'est son père ALIGHIERO qui, selon la légende, aurait susurré à l'oreille de son épouse le nom de "DURANTE", alors qu'un lambeau de proverbe latin passa par sa tête, comme le rapporte un de ses récents biographe, Alexis Ladame, *Vita durante*...

Mais sa mère était aussi la fille d'un certain Durante di Scolaio degli Abbati. Qu'importe. *Durante*, c'est *celui qui endure*. Prénom ô combien prémonitoire pour cet enfant promis à une destinée mouvementée, dans laquelle les déchirantes séparations, les changements de situation et l'exil ont eu tant de place.

Durante se transforma en son diminutif *DANTE*, c'est à dire *celui qui donne*... Certes, il n'est pas besoin d'insister sur l'héritage du Poète ! Mais ces deux prénoms appellent aussi une interprétation d'une autre nature : celle que permet l'analyse du pouvoir vibratoire et caché des noms.

Charles Rafaël Payeur, dans la perspective de l'Hermétisme Chrétien, propose une méthode inédite d'analyse du Nom, ancrée dans cette tradition (voir l'annexe sur les points de repères des grandes traditions). Cette méthode est une synthèse de diverses sciences traditionnelles : Numérologie, Astrologie et Kabbale. Nous pouvons nous en inspirer pour analyser le prénom "Dante", et "Durante", et le nom de famille "Alighieri", et faire des découvertes intéressantes !...

La Destinée 24

(1) D U R A N T E
4 + 3 + 9 + 1 + 5 + 2 + 5 = 29 = 2 + 9 = 11 = 2

Dans la perspective de l'Hermétisme Chrétien, 11, c'est le retour à 2 (1+1), le nombre de la dualité. Ontologiquement et au positif, 2 représente l'Amour qui, réconciliant le Haut (l'Esprit) avec le Bas (la Matière), reforme l'Unité. Ce nombre évoque aussi la Sagesse Divine qui, par le canal de l'Amour, illumine l'Univers. Le nombre 2, enfin, est celui de la Prophétie et de l'Inspiration élevée. Psychologiquement et au positif, 2 invite à rechercher l'amitié et l'affection et à cultiver un amour profondément altruiste. Il est lié aux rénovateurs et aux réformateurs. Ontologiquement et au négatif, 2 est bien sûr, aussi, le nombre de la division et de la rupture entre le plan humain et le plan divin. Psychologiquement et au négatif, 2 est le nombre de la rébellion et des comportements anarchiques. (1)

La vie et l'œuvre de Dante témoignent parfaitement des aspects ontologiques et psychologiques positifs décrits ci-dessus. Au négatif, il a vécu plusieurs expressions de la "dualité", non exempt d'écartèlement psychologique et de remises en cause plus ou moins brutales...

Notons que 11, non réduit, renvoie, sur un autre plan symbolique, à l'arcane du Tarot dénommé LA FORCE.

Point n'est besoin de discours pour souligner chez le Poète cette énergie et cette ténacité d'une force intérieure qui, sa vie durant, l'a poussé à vouloir maîtriser tant de difficultés, sans y parvenir à tous les coups bien entendu ! Mais poursuivons l'analyse sur le plan des équivalences astrologiques et des polarités numérologiques.

Ce prénom comporte deux lettres correspondant à un nombre pair, soit de polarité féminine et 5 lettres, correspondant à des nombres impairs, soit de polarité masculine. 71 % de lettres à correspondances impaires ! Ce prénom incite celui qui le porte à "s'extérioriser et à s'exprimer de manière" très active dans le monde qui l'entoure. Sans commentaire, s'agissant de Dante ! Les correspondances astrologiques et leurs aspects involutifs ou évolutifs, et les correspondances aux éléments sont les suivants :

(1)	D	U	R	A	N	T	E
	cancer	vierge	sagittaire	bélier	soleil	balance	lion
	invol	évo	évo	invo	évo	évo	inv
	eau	terre	air	feu	feu	air	feu
	card	mut	mut	card		card	fixe

(invo=involutif, évo=évolutif, card=cardinal, mut=mutable)

---

(1) *Analysez votre nom* par Charles Rafaël Payeur, Éditions de l'Aigle Canada (Québec), 1993. Voir l'annexe sur les repères des grandes traditions
Rappel des correspondances numériques de l'Alphabet :
1 2 3 4 5 6 7 8 9
A B C D E F G H I
J K L M N O P Q R
S T U V W X Y Z ∞

Ce prénom comporte une légère prépondérance de signes "évolutifs", témoins d'une ouverture plus large à la dimension spirituelle. Il en va de même des signes de feu, auxquels s'ajoute le Soleil (lettre N) et des signes d'air. Le feu renvoie au courage, à l'autorité, au goût du défi face aux épreuves et aussi à l'enthousiasme et à la foi dans la vie. L'air renvoie au sens de la communication, de l'adaptation et de la diplomatie.

Cela ne s'invente pas : Dante mena à de nombreuses reprises des missions diplomatiques et fut particulièrement apprécié pour celles-ci ! Quant à la nécessité de s'adapter à l'hostilité de certaines situations !

Nous notons enfin une majorité modérée pour les signes cardinaux et les signes mutables. Les signes cardinaux incitent à l'engagement, et les mutables à la force d'adaptation et à l'aptitude au changement. Sans commentaire ici encore, s'agissant du Poète Gageons que DURANTE, dans sa vie et dans son œuvre, a su et pu tirer le meilleur parti des aspects positifs, des potentialités spirituelles et des pouvoirs attachés aux aspects vibratoires de son prénom.

D'extériorisation, d'activité, d'engagement, de sens de l'adaptation et de la diplomatie, il en eut plus que de raison, et pas toujours à son profit. Notons que l'analyse peut être encore affinée par une composante d'approche Kabbalistique. Nous reviendrons de manière approfondie sur l'éclairage kabbalistique de l'œuvre du Poète, notamment au Chapitre V. Aussi, sans entrer dans le détail, à propos de ce prénom, nous irons à l'essentiel.

L'approche kabbalistique de l'analyse du prénom selon l'approche de Charles Rafaël Payeur, met en lumière le rôle de chaque lettre en fonction de son rang dans le prénom. La plus importante, celle qui donne la coloration générale est naturellement la première. Autant dire que les initiales d'un prénom et d'un nom sont, dans cette approche, porteuses d'une marque essentielle.

Ici, nous avons le D, correspondant au signe du Cancer, signe involutif, signe d'eau et cardinal. La lettre D, en 1re position, est en relation avec l'essence même de l'être, ce qui sous-tend toute sa présence au monde et l'inspire dans ses démarches et ses quêtes. La lettre D est associée au signe du Cancer. Elle incite le sujet à la recherche introspective pour un travail de développement personnel. Telle fut la démarche centrale de Dante.

Mal gérée, la lettre D pousse le sujet à l'appropriation des êtres et des choses qui l'entourent. Elle peut développer une attitude foncièrement autocratique. La subjectivité exacerbée de l'individu peut le fragiliser. Par certains côtés, Dante a eu ce genre d'attitude, ce qui a fait dire à ses détracteurs qu'il réglait ses comptes avec certains personnages contemporains évoqués dans la Divine Comédie. Bien sûr, ce jugement est excessif.

Le Cancer, signe auquel est attaché la lettre D, est un signe d'eau, involutif et cardinal. L'eau nous renvoie à l'extrême sensibilité du Poète et sa subjectivité.

Le caractère involutif souligne l'importance de la matière pour l'individu.

Notons que la queste spirituelle de Dante, exprimée de façon si éloquente et sensible par la Divine Comédie, commence précisément par la descente en Enfer, où nous découvrons toutes les dérives de l'homme par rapport à la matière, domaine très sensible à la conscience du Poète.

L'aspect cardinal, enfin, incite à l'engagement, que nous avons déjà évoqué. L'être s'investit à fond dans ses actions et manifeste parfois une agitation irrépressible !... Qu'en est-il, à présent, de cette même analyse pour le diminutif, "Dante", qui est tout de même associé à la signature effective de son œuvre et à sa notoriété ?

$$D \quad A \quad N \quad T \quad E$$
$$4 + 1 + 5 + 2 + 5 = 17 = 1 + 7 = 8$$

8, ontologiquement et au positif, représente la réconciliation entre l'homme et les plans supérieurs grâce à l'intelligence qui assure un indéfectible lien entre le plan divin et le plan humain. Psychologiquement et au positif, le nombre 8 éveille en l'homme une mentalité vive, intelligente et réceptive et une grande curiosité intellectuelle. Il amène l'être à développer le sens de l'adaptation. La vie du Poète n'est-elle pas particulièrement édifiante pour illustrer cette capacité ! Ontologiquement et au négatif, le nombre 8 est celui de l'aveuglement spirituel généré par une intelligence pervertie par la matière. Psychologiquement et au négatif, le nombre 8 incline l'homme à travestir la réalité qui l'entoure, voire cultiver aussi exagérément le sens de la logique et de l'analyse. Nous verrons, à l'âge de l'engagement évoqué plus loin, que Dante ne fut pas exempt de tels aspects négatifs, par exemple dans ses rapports avec les femmes ou dans l'exercice de ses fonctions politiques.

Il en témoigna même à travers ses doutes exprimés dans ses œuvres.

Mais il va de soi, et la Divine Comédie en est l'élément le plus révélateur, que le Poète n'eut de cesse de concilier "Esprit et Matière" et d'adapter sa condition de simple mortel à l'idéal d'une foi réelle et intense.

Nous pouvons, comme pour le prénom entier, compléter l'analyse par les autres correspondances :

D	A	N	T	E
cancer	bélier	soleil	balance	lion
invo	invo	évo	évo	invo
eau	feu	feu	air	feu
card	card		card	fixe

Ce diminutif reflète les mêmes tendances à l'analyse que le prénom complet : polarité masculine active dominante qui incite à l'extériorisation et à l'action, légère prépondérance aussi des signes de feu, porteurs de courage, d'autorité, de goût du défi, et ausssi d'enthousiasme et de foi dans la vie.

Une nuance différencie cependant le diminutif du prénom complet : une légère majorité de signes involutifs et non plus évolutifs. Ceci est susceptible de pousser la personne à s'incarner pleinement dans la matière pour expérimenter et découvrir les potentialités latentes dont elle est porteuse.

Mais cette majorité de signes involutifs est faible (60 %), très proche en fait d'un équilibre entre les deux catégories de signes.

De toute façon, nous l'avons déjà mentionné plus haut : Dante eut en fait en partage à la fois cette capacité d'incarnation matérielle multiple, dont il témoigne dans son parcours de la Divine Comédie, et cet intense appel de la Spiritualité.

Toute personne dispose d'une double identité, son prénom individuel et son nom de famille. Charles Rafaël Payeur, à qui nous nous sommes référé pour cette analyse, écrit à ce sujet : *Cette analyse nous permet de dégager la dynamique évolutive qui résulte du rapport entre l'individualité (marquée par le prénom) et son milieu de croissance (déterminé par le nom).*

Le nom de famille de Dante nous apporte donc d'autres éléments intéressants relatifs à cette dynamique.

$$A \quad L \quad I \quad G \quad H \quad I \quad E \quad R \quad I$$
$$1 + 3 + 9 + 7 + 8 + 9 + 5 + 9 + 9 = 60 = 6$$

6, ontologiquement est le nombre de la puissance créatrice ou destructrice, selon le rapport de l'homme à la matière. Il est aussi le signe du passage d'un état dans un autre. Psychologiquement, 6 est, au positif, le nombre de l'ambition créatrice et de la prise de responsabilités ou, au négatif, celui de la vision égocentrique de l'Univers qui enferme l'être.

L'enfant Dante (ou Durante) est apparu dans une famille de la bourgeoisie Florentine, avec tout ce que cette expression recouvre de sens pour l'époque. Cette famille était en fait d'origine romaine et non toscane. Nous verrons ce que le contexte romain a suscité dans les attitudes publiques du Poète. Mais était-ce vraiment une des "grandes familles" de Florence ? Rien n'est moins sûr. En revanche, un trisaïeul de Dante, évoqué dans la Divine Comédie, du nom de Cacciaguida, se croisa en 1147, fut armé Chevalier et périt en bataille. C'est un de ses fils nommé Alighiero qui transmit à sa descendance son nom de baptême comme patronyme. Mais c'est, au départ, l'épouse de Cacciaguida, la belle Aldighiera, qui remplaça le nom d'ELISEI par celui d'ALIGHIERI, qui veut dire "porteur d'ailes", et qui est un patronyme de Padoue.

Le grand père de Dante était un riche homme d'affaires, commerçant et prêteur, au contact de l'aristocratie de Florence. Son fils, le père de Dante, était beaucoup moins riche et changeur d'argent, plus ou moins usurier. C'est donc à son grand père que Dante dût son éducation soignée, malgré les difficultés financières de ses parents.

À travers père et grand père, nous voyons apparaître à l'évidence les deux aspects d'un environnement, positif et négatif, liés au nombre 6, les deux versants d'un rapport à la Matière.

En tant que créateur, Dante n'a sûrement pas démérité d'une partie de sa famille. Question responsabilités, il en prit de grandes et ses revers d'existence n'ont pas toujours été exempts d'une vision sinon égocentrique du moins trop personnelle, mais la plupart du temps tout à son honneur cependant. La voix de la notoriété n'a-t-elle pas eu raison en fin de compte de ne retenir qu'un prénom, DANTE ? !

Mais n'oublions pas le prénom complet, DURANTE, très symbolique non seulement sur le plan de cette analyse numérologique inspirée de l'Hermétisme Chrétien, mais aussi, tout simplement sur celui de la traduction déjà évoquée du verbe italien DURARE !

Dante perdit son père à 9 ou 10 ans et sa mère à l'âge de 2 ou 3 ans. La mort de sa mère, au nom si évocateur de "BELLA", laissa sûrement des traces inconscientes et indélébiles sur la conception idéalisée de la femme qu'afficha Dante, sa vie durant, après une si brève présence dans la vie du Poète. Ce prénom a, en effet, la valeur numérologique et kabbalistique de 5, nombre qui, comme l'écrit Charles Rafaël Payeur, déjà cité à plusieurs reprises : *incarne l'énergie divine qui, insufflant la vie, structure et harmonise le plan matériel en conformité avec les lois de l'esprit.*

Au terme de cette analyse qui montre de façon très éloquente tout l'environnement vibratoire d'un nom, rappelons, pour les sceptiques, quelques notions, sous la plume de ce même auteur (1) : *La tradition a toujours accordé aux noms une vertu magique. Ainsi en était-il dans l'antique initiation égyptienne. L'impétrant devait apprendre les soixante-dix-sept noms d'Isis, après quoi il pouvait entièrement maîtriser cette force... Selon la tradition ésotérique conservée par les rabbins kabbalistes, Adam aurait reçu l'enseignement de la Kabbale après quoi, usant de cette science du verbe, il aurait, conformément à la tradition biblique, donné un nom à chaque créature de Dieu. La science moderne continue d'accorder aux noms le même mystérieux pouvoir qui permet de maîtriser une chose. Les premiers chrétiens, fidèles aux enseignements du Christ, utilisaient les noms pour manifester certaines forces... Ce pouvoir est tellement grand qu'un Concile interdit de "nommer les anges par leur nom".*

Ainsi, aux prémices d'une destinée exceptionnelle, nous pouvons voir inscrits dans une année de naissance - la date complète serait plus significative -, une date de baptême, un prénom, un diminutif, et un nom de famille, tout un environnement, annonciateur, comme un "plan de vie".

Un véritable réseau de signes prémonitoires se tisse, au regard d'une analyse mêlant la Numérologie à l'Astrologie et à la Kabbale. Et nous relevons, bien sûr a posteriori (nous revoyons le sourire des sceptiques), une étonnante concordance entre de tels prémices et la destinée effective du Poète.

L'année de naissance renvoie au nombre 5 et place, le Poète en perspective d'une véritable alchimie de l'être qui doit lui faire trouver sa vérité, en le dotant de l'énergie d'agir et en évitant toute force destructrice de l'élan spirituel. La date du baptême renvoie au nombre **8**, tout comme le diminutif de son prénom, "Dante", tel qu'il est passé à la postérité. La réconciliation entre l'homme et les plans supérieurs sera l'objet même de la queste du Poète, si merveilleusement manifestée dans la Divine Comédie.

Le nombre de la Foi, du Salut, incarné par le Christ, est aussi, sur le plan psychologique, le nombre de la réceptivité, du sens de la compréhension et de l'adaptation, évitant les pièges de l'Ego. L'être doit se méfier de l'intelligence pervertie qui crée l'aveuglement spirituel.

----
(1) voir liste des ouvrages dans notre bibliographie.

Toute la vie et l'œuvre de Dante prendront ces couleurs contrastées entre évolution et pièges. Le nom de famille, Alighieri, renvoie au nombre **6**, qui confère toute la force créatrice nécessaire pour imposer ses propres valeurs à la Matière et à la transmuter, évitant un rapport déviant avec cette Matière. Le 6 confère à l'être une personnalité rayonnante et créatrice, lui évitant de tomber dans un égocentrisme forcené.

Enfin, nous devons rajouter le prénom complet, Durante, qui renvoie au nombre **2**, expression de l'amour qui anime l'Esprit et la Matière, en évitant la rupture entre plan humain et plan divin. Le 2 trouve aussi un écho sur le plan psychologique. Il annonce l'esprit rénovateur et réformateur que Dante exprimera notamment sur le plan politique, non sans quelque attirance pour l'utopie, versant négatif de ce nombre, également associé à la division.

Tous ces nombres auront une résonance effective qui colorera, de manière indéniable, la Destinée du Poète et imprégnera son œuvre.

Le lecteur s'en convaincra, sans doute, dans tout ce qu'il va découvrir au fil des pages qui suivent.

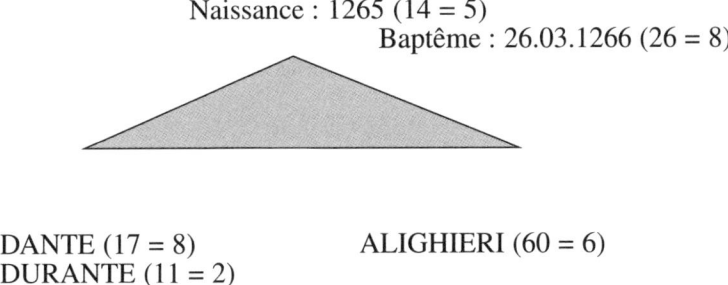

Naissance : 1265 (14 = 5)
Baptême : 26.03.1266 (26 = 8)

DANTE (17 = 8)   ALIGHIERI (60 = 6)
DURANTE (11 = 2)

Les Arcanes Majeurs du Destin

Les nombres que nous venons d'évoquer résultent en majorité d'une réduction d'un couple de nombres, après sommation des différents éléments de départ comme nous venons de l'examiner. Ce couple de nombre permet de préciser et de compléter l'analyse du nombre réduit terminal.

Mais un autre aspect de la grande tradition ésotérique doit être présenté ici, car ces couples renvoient aussi, aux côtés des nombres réduits, aux arcanes majeurs du tarot. Il nous est impossible de négliger l'enseignement, plus ou moins secrètement transmis à travers les siècles, de cet ensemble d'images symboliques vis-à-vis de ce que nous avons appelé "l'environnement" de naissance de Dante.

Le tarot nous a été transmis, comme nous l'avons déjà dit, en particulier par le Moyen Âge, mais avec des origines obscures : Égypte, Chine, Inde ou ailleurs… Et il entretient des liens évidents avec d'autres traditions comme la Kabbale et l'Alchimie. Bien entendu, son enseignement dépasse de très loin le seul usage de la prédiction en matière de vie profane et quotidienne, dans laquelle sa vulgarisation l'a malheureusement plongé et limité.

(**NB** : Se reporter à l'Introduction pour la présentation de ces traditions.)

Nous verrons d'ailleurs, au Chapitre V, comment de tels enseignements nous aident à comprendre le sens profond de l'itinéraire de Dante dans les trois mondes de la Divine Comédie : l'Enfer, le Purgatoire et le Paradis.

Si nous associons donc les nombres, précédemment cités, aux arcanes du Tarot qui les portent, nous obtenons une configuration qui nous permet de traduire, par une interprétation analogique, ce que nous avons qualifié ci-dessus "d'environnement" de naissance du Poète. C'est cette configuration que nous nommons **Les Arcanes Majeures du Destin**, en n'évoquant ici, bien sûr, aucun déterminisme. Ces arcanes ne représentent que des signes de la Destinée qui sont à la disposition du Poète au départ de sa vie et livrés à son libre arbitre.

D'autres éléments d'ailleurs pourraient utilement s'ajouter, ne serait-ce que le jour et le mois de naissance, inconnus jusqu'ici dans les biographies sérieuses. De même, au-delà des éléments de dates et de noms directement attachés à la naissance, des analyses analogiques de même type pourraient être faites avec le nom des maîtres, les dates et les événements essentiels qui jalonnent chacun des "5 âges" que nous avons distingués dans la Destinée du Poète. L'intérêt majeur de cette nouvelle analyse est d'apporter un éclairage différent mais tout à fait cohérent avec la précédente, et cela d'autant plus qu'elle lui est très liée, dans la Tradition.

Destinée

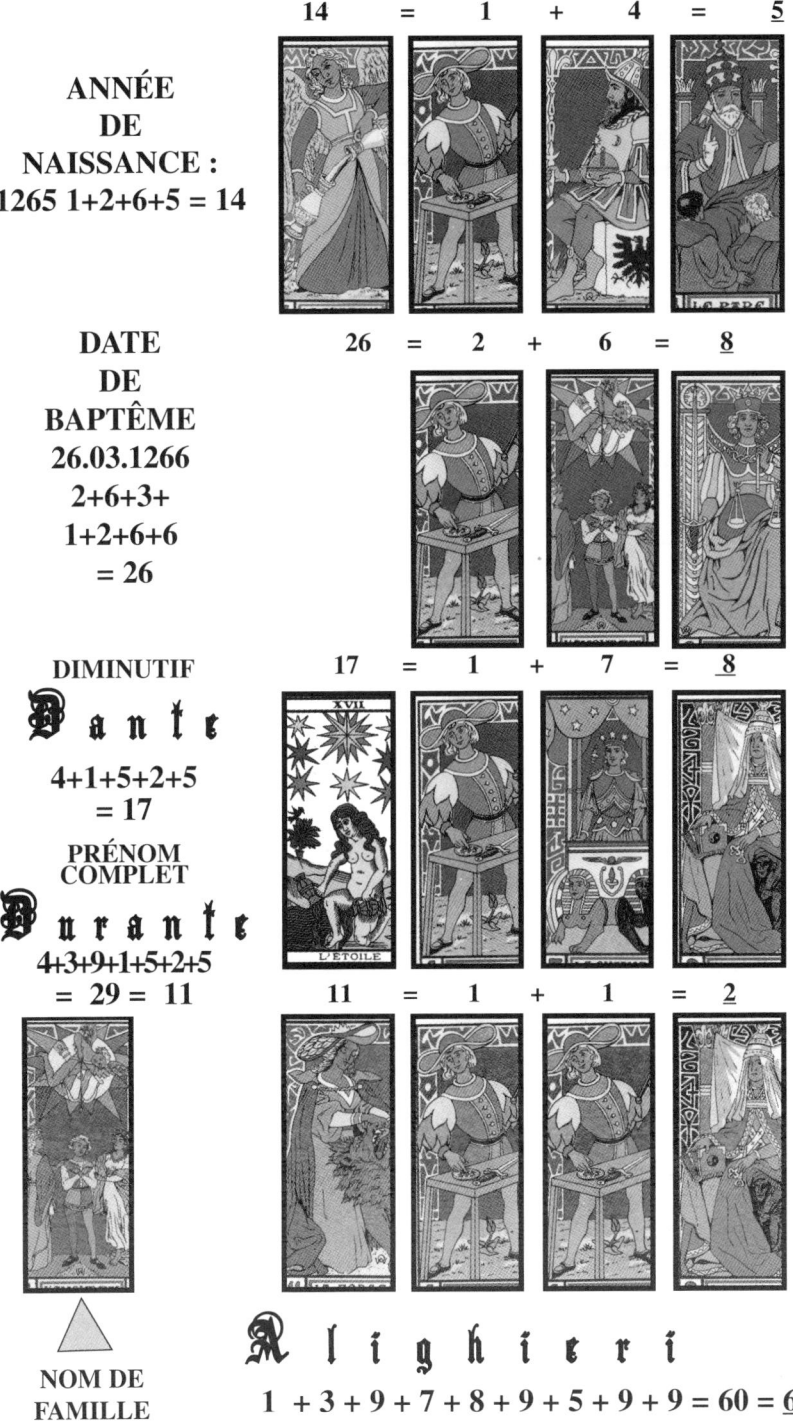

ANNÉE DE NAISSANCE :
1265 1+2+6+5 = 14

14 = 1 + 4 = <u>5</u>

DATE DE BAPTÊME
26.03.1266
2+6+3+
1+2+6+6
= 26

26 = 2 + 6 = <u>8</u>

DIMINUTIF
𝔇 a n t e
4+1+5+2+5 = 17

17 = 1 + 7 = <u>8</u>

PRÉNOM COMPLET
𝔇 u r a n t e
4+3+9+1+5+2+5 = 29 = 11

11 = 1 + 1 = <u>2</u>

NOM DE FAMILLE

𝔄 l i g h i e r i
1 + 3 + 9 + 7 + 8 + 9 + 5 + 9 + 9 = 60 = <u>6</u>

LA NAISSANCE :

Elle est placée sous le signe du **Pape** (5), associé à la force spirituelle conférée à l'être dans sa dualité masculine et féminine (les deux personnages au premier plan sur l'arcane). Le Pape, c'est le maître intérieur, à la fois guide et gardien des faux pas sur le sentier d'évolution. Il favorise le contact avec le plan divin.

Cet arcane est ici éclairé par le Bateleur (1) et l'Empereur (4). **Le Bateleur** rappelle que la force spirituelle intérieure peut se nourrir d'une claire conscience de toutes les potentialités de l'être et de la nécessité pour lui de s'incarner sur le plan matériel, en s'y appuyant.

L'Empereur symbolise cette incarnation dans laquelle l'Esprit prend appui sur la Matière pour peu que l'action de l'être sur la Terre se conforme aux lois divines.

Avant réduction, la date de naissance donne le nombre 14. Il est associé à **la Tempérance** qui symbolise précisément toute cette alchimie d'évolution qui tend à l'harmonisation entre l'Esprit et la Matière, l'Humain et le Divin.

Nous verrons, au cours des évocations qui suivent, à quel point extraordinaire la vie et l'œuvre de Dante illustrent tous ces aspects.

LE BAPTÊME :

Nous disposons ici d'une date précise. Le couple de nombres résultant est le 2 + 6, donnant le 8. Le Baptême est ainsi placé sous le signe de **la Justice** (8), associée à l'état d'équilibre et à la conscience de l'être à son niveau le plus élevé. Cet arcane est ici éclairé par la Papesse (2) et l'Amoureux (6).

L'équilibre et la conscience à son plus haut niveau procèdent d'une qualité de réceptivité toute féminine et d'une capacité d'écoute qui facilitent le contact avec Dieu et aboutissent à une sagesse fondamentale. Tel est le symbole de **la Papesse**.

L'Amoureux incarne tout le problème du choix, à la croisée des chemins, et les valeurs affectives. Cet arcane souligne l'importance de l'Autre pour l'évolution de l'être et bien sûr le rôle primordial de l'Amour comme voie d'accomplissement. Il nous est impossible de ne pas faire le rapprochement ici avec le rôle que le Poète attribue, dans son œuvre, au personnage tout à la fois réel et allégorique de BÉATRICE

LE DIMINUTIF DE LA POSTÉRITÉ : DANTE

Nous retrouvons **la Justice** (8), mais elle est éclairée ici par un couple de nombres et donc d'arcanes différents : le Bateleur et le Chariot.

L'équilibre et la conscience, au niveau le plus haut, procèdent ici d'une large vision que l'être a sur ses potentialités au moment de s'incarner, vision exprimée par **le Bateleur**, et d'une maîtrise entière sur les ambivalences, maîtrise exprimée par **le Chariot**.

Notons que ces deux arcanes balisent dans le tarot un premier cycle d'évolution. Après l'épreuve du choix, symbolisé par l'Amoureux (6), l'être s'est "engagé". Le Chariot exprime aussi cet engagement. Le couple de ces deux nombres représente l'arcane de l'**Étoile** (17), associé à l'état de paix et d'harmonie que l'être acquiert avec lui-même, du fait d'une communion avec le Divin. L'être n'est plus enfermé dans son univers mais se mêle à la vie cosmique. Notons que, dans la *Divine Comédie*, Dante termine toutes les étapes de son cheminement dans les 3 mondes, au dernier chant de chacun, par une référence aux "étoiles", ceci dans ce même sens d'une recherche de fusion avec les lois cosmiques (Traduction d'André PEZARD - Éditions La Pléiade) :

Fin du dernier chant de l'Enfer :

mon duc premier, moi suivant, nous gravîmes
tant qu'enfin j'entrevis les choses belles
luisant aux cieux, par une brèche ronde ;
puis nous fûmes dehors face aux étoiles.

Fin du dernier chant du Purgatoire :

Je m'en revins de l'onde trois fois sainte
refait ainsi qu'une plante nouvelle
de feuillage nouveau renouvelée :
pur, et prêt à monter jusqu'aux étoiles.

Fin du dernier chant du Paradis :

Ci défaillit ma haute fantaisie ;
mais tu virais et pressais mon vouloir
comme une roue au branle égal, amour
qui mènes le soleil et les étoiles.

LE PRÉNOM COMPLET : DURANTE

Nous retrouvons **la Papesse** (2), associée à 2 fois le **Bateleur** (1).

L'arcane de la réceptivité et de la sagesse fondamentale, définie ci-dessus, procède d'une double référence à la claire conscience des potentialités de l'être et à la nécessité de s'incarner sur le plan matériel.

Le couple des 2 nombres, avant réduction, donne aussi l'arcane de la **Force** (11), qui symbolise cette force intérieure, capable de placer l'Ego sous l'autorité de l'Esprit. Sur cet arcane, la force spirituelle, symbolisée par la femme, domine la force brutale de l'Ego, symbolisé par le Lion.

Ici encore, la vie et l'œuvre de Dante témoignent de cette grande force intérieure que possédait le Poète, non exempt bien entendu, d'accès d'orgueil, qui représente alors, selon la Tradition, la forme maléficiée de cet arcane.

LE NOM DE FAMILLE : ALIGHIERI

Nous retrouvons le 6, **l'Amoureux.** Dante, nous l'avons déjà vu plus haut, a eu le choix entre l'image de son père, incarnant plutôt un rapport maléficié à la matière, ici symbolisé par l'argent, et celle de son trisaïeul, incarnant le héros chevalier, Cacciaguida, évoqué dans le chant XVe du Paradis, dans la Divine Comédie. Le noble chevalier accueille son petit-fils au 5e ciel, celui de Mars, où se trouvent les âmes de ceux qui ont combattu pour la Foi. Il lui déclare que son fils prit de sa femme le surnom d'Alighiero, qui devint celui de ses descendants et donc le nom de famille de Dante.

Ce trisaïeul est vraiment évoqué comme le "modèle", le bon choix (Paradis, Chant XV 73-78) :

D'un même poids fut en chacun de vous
l'esprit comme l'amour", dis-je, "dès l'heure
que la prime égauté vous apparut ;
car le soleil qui vous éclaire et ard
est en lumière et chaleur si égal,
qu'auprès de lui tout exemple est chétif.

En conclusion, les arcanes majeurs du Tarot créent ainsi comme un premier environnement, au début de l'existence de Dante. Elles peuvent se résumer par quelques mots-clés à l'image de ce que vont manifester la Destinée et l'Œuvre du Poète : une force spirituelle exceptionnelle, faite de réceptivité, d'écoute de l'Autre, nourrie par une quête de l'Amour, symbolisé par la figure allégorique de BÉATRICE et visant une véritable alchimie d'évolution et la communion avec le Divin.

Mais c'est **l'arcane du Bateleur** qui est en fait la plus présente dans cet environnement. Le Poète est en effet face à tous ses "outils" d'incarnation, si merveilleusement décrits par Élisabeth HAICH [1]. Il s'apprête à s'en servir dans sa vie et dans son œuvre... Le texte ci-dessous raisonne, pour ainsi dire, comme un écho fidèle : *Le magicien possède déjà la baguette magique lui permettant d'ouvrir toutes les portes de l'inconscient. Son âme est pareille au calice dans lequel il peut déjà s'abreuver de nectar divin. L'épée est à sa disposition pour combattre les ombres de l'enfer et de l'inconscient et conquérir la lumière divine du Moi, de l'omniscience. Enfin, il possède la monnaie d'or, puissance spirituelle dominant tout ce qui est matériel.*

---

[1] *In Sagesse du Tarot*, Édition Au Signal, Lausanne, 1983.

Brunetto Latini, maître parmi les maîtres

Au-delà d'un nom, d'un prénom et d'un diminutif, d'une date de naissance et d'une date de baptême, qui créent un premier environnement, prennent place les racines intellectuelles, affectives et éthiques du Poète, générées par ses études et ses lectures. Celles-ci concernent ce que nous avons appelé le "premier âge" du Destin, "l'Âge de la Vie Nouvelle"

Dante eut plusieurs maîtres…
Fra Remigio Girolami, prieur de Santa Maria Novella à Florence était un élève de Saint Thomas d'Aquin et un des Dominicains les plus importants de la cité. Le Poète lui dût sa connaissance approfondie de l'Ancien et du Nouveau Testament et son souci obsessionnel d'une certaine orthodoxie romaine catholique, qui le dressa contre les dérives de la Papauté, sans pour autant vouer aux dogmes un respect absolu. Pier Giovanni Olivi, Franciscain "Spirituel", issu des Joachimites, enseignait à Santa Croce. Il transmit à Dante les fameuses prophéties de Joachim de Flore, sur lesquelles nous reviendrons. L'une d'elles, en particulier concernait la venue de "l'Âge Franciscain", opposé à la corruption de l'Église Romaine, dont le Poète fera une de ses idées politiques de base. Fra Ubertino da Casale succéda au précédent et stimula la soif de connaissance, de recherche de la vérité, de remise en question des dogmes et doctrines, de la liberté de pensée et de la large tolérance à l'égard des diverses croyances, qui caractériseront tous les comportements publics et toute l'œuvre de Dante.

Mais le plus important de tous les maîtres fut la figure, si noblement évoquée dans la Divine Comédie, de Brunetto Latini, né vers 1220 et mort en 1294. Dante s'écrit, à l'adresse de son maître, au chant XV de l'Enfer (82-85), dans le 7e cercle, celui des violents :

car j'ai fiché au cœur - ore en ai deuil -
la chère et bonne image paternelle
de vous qui m'appreniez, heure après heure,
sur terre, comme on gagne éternité...

L'immortalité, voilà donc l'une des plus fortes aspirations de Dante.
Brunetto Latini appartenait à une famille Guelfe, dont il partageait les convictions. Pendant dix ans, il s'éloigna de Florence pour enseigner, en latin, la philosophie, à l'université de Paris. Son livre "Li Livres dou Trésor", écrit en langue d'oïl, et publié au sein de l'université, le rendit célèbre. C'était une véritable encyclopédie des connaissances du XIIIe siècle. Le "Trésor" figurait dans une exposition récente à Florence. Nous avons eu le bonheur de contempler quelques instants l'ouvrage, hélas sous vitrine !

Brunetto Latini eut aussi une importante activité politique et fit partie notamment de la commission chargée de garantir la paix conclue entre Guelfes et Gibelins. Pour mémoire, ici, les Guelfes étaient partisans du Pape par tradition et les Gibelins partisans de l'Empereur, comme roi d'Italie. Et ce fut entre eux une guerre fratricide et endémique, dont le Poète eut, comme nous le savons, beaucoup à souffrir toute sa vie.

Dante eut en Brunetto Latini un véritable guide et maître, au plein sens de ces termes, qui lui enseigna le latin. Il lui fit connaître les lettres antiques et l'initia aux sciences. Il lui donna le goût de cette littérature didactique et allégorique, qui était en faveur à l'époque et qui imprègne fortement la Divine Comédie.

À propos de cette rencontre du Poète et de son maître en Enfer, nous pouvons, à juste titre, nous demander pourquoi le disciple a situé son maître vénéré parmi les intellectuels "Violents contre l'Esprit, fils de Dieu"…

C'est André PEZARD, à qui nous devons l'une des plus belles traductions de la Divine Comédie, qui nous donne sans aucun doute la meilleure explication. L'écrivain conteste lui-même sa présence parmi les "Sodomites mondains". C'est qu'en Enfer comme au Purgatoire, un même châtiment peut punir des excès de nature opposée. Selon les Pères de l'Église comme Saint Paul ou Saint Augustin, *certaines erreurs de l'esprit peuvent revêtir le caractère d'une sodomie spirituelle.*

Brunetto Latini (ou Latino), écrit André PEZARD, a rédigé "Le Trésor" en Français de préférence au Toscan. Il a ainsi *contrevenu à la loi du langage, établie par Dieu lui-même, à l'origine de l'humanité… Il s'est inscrit en faux contre le plan divin de l'univers et l'amour qui en est la loi.*

En Enfer, les langues de feu incendient et torturent sans cesse le héros de Dante, parmi ses semblables, parce qu'il a donc commis "le péché de violence contre l'Esprit". Ces explications s'inspirent d'une thèse d'André PEZARD intitulée *"Dante sous la pluie de feu"* (1946).

Notons au passage que les Guelfes Noirs exileront le Poète et le condamneront au feu, tandis qu'il sera aussi rejeté par les Blancs. Dans l'Enfer, donc, son maître le lui "prédit" (chant XV 70-72) :
À tant d'honneur Fortune te réserve
  que noirs et blancs te voudront dévorer ;
  mais ce n'est point fourage pour leur bec.

Béatrice et Carl Gustav Jung

Dès l'âge de 18 ans, Dante écrit des vers comme les Français et les troubadours provençaux ou toscans n'en ont encore jamais produits ! Il les publie dans son recueil de la "Vita Nova". Il a alors 28 ans. Cet ouvrage, c'est, d'un point de vue exotérique, la jeunesse, le printemps de la vie, la vie renouvelée par l'Amour… Une certaine BÉATRICE fait son apparition. Dante célèbre son amour dans un style allégorique extraordinaire. Selon ses dires, il a rencontré Béatrice quand elle allait avoir 9 ans et que lui-même venait d'en avoir 9. Et, 9 ans plus tard, jour pour jour, soit à 18 ans (1+8=9, en réduction théosophique), il la revit. Le Poète magnifiera ce nombre sacré 9, à plusieurs reprises dans son œuvre et notamment dans la "Vita Nova" et dans la "Divina Commedia" Nous verrons plus loin comment Dante peut être légitimement rattaché sur ce point à la Tradition Pythagoricienne, et comment, d'un point de vue ésotérique et dans la perspective de l'Hermétisme Chrétien, divers aspects de son œuvre peuvent être utilement éclairés par la numérologie sacrée. Disons tout de suite que certains commentateurs ont souligné que le nom de Béatrice, écrit en latin donne BEATRIX et se termine donc par IX, écriture latine du nombre 9 !

Sans aller chercher cela, une analyse semblable à celle que nous avons faite précédemment sur le prénom de DANTE, donne pour l'être aimé, l'inspiratrice et le guide au Paradis de la Divine Comédie :

$$B\ E\ A\ T\ R\ I\ C\ E$$
$$2\ 5\ 1\ 2\ 9\ 9\ 3\ 5 = 36 = 9$$

Le prénom lui-même est associé à cette vibration du nombre 9 ! 9 est le nombre de la gestation. *Les 9 muses sont nées de Zeus, lors de neuf nuits d'amour... Les Anges, selon le Pseudo-Denys l'Aréopagite, sont hiérarchisés en neuf chœurs, ou trois triades : la perfection de la perfection, l'odre dans l'ordre, l'unité dans l'unité.* (1)

Le nombre 9 est aussi en correspondance avec la "Rédemption". Selon les Évangiles, Jésus crucifié à la troisième heure, commence son agonie à la sixième heure (crépuscule) et expire à la neuvième heure.

Les Francs-Maçons en ont fait le nombre de l'Immortalité humaine, thème ô combien sensible de la queste de Dante.

Nous avons vu que le nombre 9, rattaché au prénom de Béatrice, procède lui-même de la réduction 3+6. Très brièvement, mais nous y reviendrons plus longuement à propos de la VITA NOVA, nous pouvons synthétiser ainsi la portée symbolique de ces deux vibrations :

Par une transformation d'essence divine, l'homme tend à accomplir sa destinée et à se réaliser pleinement (nombre 3) et, grâce à sa volonté et à celle de Dieu, il devient créateur et rayonne ses valeurs, au sein de son existence matérielle et terrestre (nombre 6). Le 3, dans le tarot, est associé à l'arcane de l'Impératrice, qui *exprime l'intelligence souveraine et recèle toutes les richesses de la Féminité idéale,* selon la belle formule de Charles Rafaël PAYEUR, auteur déjà cité. Le 6, est associé à l'arcane de L'AMOUREUX, qui exprime le problème du choix, avec notamment la possibilité du "bon choix", dans lequel la force d'Amour assure à l'homme cette montée vers la Lumière. Face à ce symbolisme, livré par les vibrations du prénom de la belle florentine, que représente effectivement pour le Poète, à travers toutes les références fiables, l'image emblématique de Béatrice ?

En l'an de grâce 1274, Dante a 9 ans. Il rencontre une fillette de quelques mois sa cadette, *vêtue de très noble couleur... vermeille, comme le sang* et parée selon la mode raffinée de l'époque à Florence... Ainsi la décrit le poète dans sa "Vita Nova". Il se mit à trembler à sa vue. Il connut son premier émoi d'amoureux. La petite Béatrice, fille de Folco Portinari, devint l'Inspiratrice, la glorieuse dame de sa pensée, Béatrice, celle par qui il connut la "Béatitude"...

Béatrice a réellement vécu, même si son image fut transmutée en véritable figure allégorique. Elle s'appelait Bice, diminutif de Béatrice. Son père était un riche bourgeois du voisinage des Alighieri, eux-mêmes beaucoup moins fortunés. C'est un peu la même histoire que celle du fameux Jacques Cœur, autre initié célèbre du Moyen Âge, en France, avec sa petite voisine.

---
(1) In *Dictionnaire de symboles*, par Jean Chevalier et Alain Gheerbrant, Éditions Robert Laffont/Jupiter.

qui devint sa femme. Mais là ce furent de réelles épousailles, tandis que Béatrice épousa un autre bourgeois Florentin... Ce personnage de Béatrice prit une dimension spectaculaire dans les œuvres du Poète, en particulier dans la "Vita Nova" et dans la "Divina Commedia" : plus qu'une inspiratrice, comme il l'évoque lui-même, elle revêt l'image de **l'Initiatrice** et aussi comme l'écrit Gustav JUNG, devient le symbole même de "**l'Anima**" ou Principe Féminin.

Dans son magnifique livre sur "L'Homme et ses Symboles", Jung écrit :
C'est cette projection de l'Anima qui est à l'origine du coup de foudre de l'homme pour une personne qu'il voit pour a première fois et comprend aussitôt qu'elle est "la" Femme. Il a l'impression de l'avoir toujours connue intimement... L'anima joue un rôle plus vital encore en ce qu'elle permet à l'esprit de se mettre à l'unisson de vraies valeurs intérieures, en lui donnant par là accès plus avant dans l'être profond... Par cette réceptivité particulière, l'anima assure un rôle de guide, de médiateur, entre le Moi et le monde intérieur, le Soi... C'est le rôle de la Béatrice de Dante ou de la déesse Isis, lorsqu'elle apparaît en rêve à Apulée, l'auteur célèbre de l'Âne d'Or, afin de l'initier à une vie plus haute et plus spirituelle.

Peut-être même devons-nous, aussi, ranger cet amour idéalisé de Béatrice sur le plan de la plus pure fiction symbolique et littéraire, à en croire l'aveu de Dante dans son CONVIVIO (II-15) : *Je dis et affirme que la dame de qui je m'épris après le premier amour fut la très belle et très honnête fille de l'Empereur de l'univers, à laquelle Pythagore donna nom Philosophie.*

Un autre biographe de Dante, Jacques MADAULE (1) symbolise avec pertinence la nature de cet amour de Dante pour Béatrice : *A peine Béatrice s'est-elle révélée à Dante que le Poète sait qu'elle ne sera jamais sienne, au sens terrestre et charnel. Tout son charme, toute sa grâce s'évanouirait aussitôt et porter son désir sur elle serait un vrai sacrilège... L'Amour qui l'inspire, ce n'est plus celui qui attire l'homme vers la femme, mais celui du Seigneur de l'univers. C'est Dieu lui-même. La Divine Comédie est une Apocalypse, c'est à dire un dévoilement. Voilà pourquoi il a été donné à Dante de parcourir le royaume des morts.*

Pour l'Apocalypse, nous préférons le sens de la "Révélation".

Mais le mieux, c'est de donner la parole à Dante lui-même, dans sa Divine Comédie ! Le Jeudi de Pâques, 14 avril 1300 (voir plus loin l'aspect numérologique de cette date), dans la matinée, le Poète nous fait assister à son ascension au ciel guidé par Béatrice. Celle-ci lui révèle l'ordre de l'univers. Nous sommes au chant premier, prologue du Paradis (vers 103-114) :

> *et commença : "entre toutes les choses*
> *créées, un ordre règne, et c'est la forme*
> *qui fait à Dieu l'univers ressemblant.*
> *Dans ce concord, les hautes créatures*
> *voient l'empreinte du bien, fin éternelle*
> *à quoi tendent les lois que je devise.*

---

(1) *Dante ou la passion de l'immortalité*, Jacques Madaule, Éditions Plon, 1965.

La Destinée

Or tous êtres créés, dedans cet ordre,
  sont par nature enclins à telle ou telle
  sorte de bien, plus ou moins proche à Dieu ;
donc par la large mer de l'être, ils nagent
  à divers ports, selon l'instinct donné
  qui chacun d'eux porte vers son principe."

En amont des vers précédents, dans le même chant, une triade de vers (46-48) évoque, à elle seule, toute la dimension du personnage de Béatrice, qui, plus que l'Aigle encore, peut regarder le soleil en face :

lorsque je vis se tourner à sénestre
  Biétris, et remirer dans le soleil :
  œil d'aigle ainsi nulle fois ne s'y plante...

Au chant trentième du Paradis, en Empyrée, parmi les anges et les bienheureux, Dante fait une dernière louange de Béatrice, qui ne laisse plus planer, à notre sens, le moindre doute sur l'exacte dimension spirituelle du personnage de Béatrice, de **l'amour "humain-divin"** que lui porte Dante et naturellement de la finalité de la queste du Poète (chant XXX, vers 14-21) :

[...] je fus contraint de ramener mes yeux
  vers Biétris, par aimer et ne plus voir.
Si tous les vers que j'ai d'elle pu dire
  jusques ici se nouaient en un los,
  peu ferait-ce à fournir ce cher office.
La beauté que je vis alors surpasse
  non seulement nos sens, mais je m'assure
  que seul à plein l'a jouit qui l'a faite.

Dieu seul, son créateur, peut ainsi "goûter" et apprécier, à sa juste valeur cette beauté spirituellement irradiée... Et Béatrice, toujours au cours de ce chant (chant XXX, vers 38-42 et 52-54), réaffirme au Poète le dessein final de son voyage :

[...] elle dit : "Nous voici hors de la sphère
  majeure, au ciel de la pure clarté ;
clarté spirituelle et d'amour pleine ;
  amour de tout vrai bien, plein de liesse ;
  liesse qui transcend toute douceur.
[...]
L'amour sans fin qui apaise ce ciel
  d'un tel salut toujours ses fils accueille
  pour disposer leur flambeau à sa flamme."

Tous ces vers ne sont-ils pas en harmonie parfaite avec tout le sens évoqué plus haut par l'analyse du prénom de Béatrice, à travers sa numérologie sacrée ? ! Nous y reviendrons plus loin, dans les commentaires sur la "Vita Nova" et sur la "Divina Commedia"...

2 - L'âge de l'engagement

À l'âge de l'engagement, et le préfigurant, évoquons d'autres sources dans lesquelles Dante a vraisemblablement puisé une partie de sa nourriture spirituelle. Les lectures du Poète, initiées par ses maîtres, furent en fait des accompagnatrices plus ou moins permanentes, tout au long de sa vie. La liste est longue et n'est sûrement pas exhaustive. Nous ne citerons que les plus évidentes, qui ont laissé des traces directement observables dans l'œuvre du maître Forentin. Nous pouvons les resituer en trois groupes :

Les maîtres "incontournables" pour l'honnête homme des XIII-XIV siècles. Rappelons que Dante est né en 1265 et passé dans l'autre monde en 1321. Parmi ce premier groupe, distinguons surtout : Platon, Aristote, Abélard et Saint Thomas d'Aquin, Saint François d'Assise, Saint Dominique et Saint Augustin.

Les "affinités électives" de Dante, avec notamment : Ovide, Cicéron et Joachim de Flore.

Enfin, les "figures emblématiques" mises en scène dans la "Divine Comédie" : Saint François d'Assise, Saint Bernard de Clairvaux et Virgile. Notons que Saint Thomas d'Aquin est aussi présent dans le Poème des trois mondes, mais il tient surtout la place d'un "maître à penser".

Les maîtres à penser incontournables : Platon, Aristote, Abélard, Saint Thomas d'Aquin, Saint François d'Assise, Saint Dominique et Saint Augustin.

C'est à Bologne, davantage qu'à Florence, que Dante a trouvé l'essentiel de sa nourriture spirituelle. Il le fit en découvrant en particulier la pensée d'Aristote, le "Timée" de Platon, le "Sic et non" d'Abélard, la "Somme" de Saint Thomas d'Aquin et aussi, ce que nous verrons plus loin, les "Amours" d'Ovide, l'œuvre de Cicéron et les prophéties de Joachim de Flore. Il s'est passionné pour l'histoire de l'Église Catholique Romaine et tous les événements qui ont dénaturé le Christianisme primitif.

Et ce sont surtout trois personnages qui l'ont fasciné et - osons l'expression - façonné d'une certaine manière : Saint François d'Assise, Saint Bernard de Clairvaux et Virgile. Ils tiennent, qualitativement, une place remarquable dans la Divine Comédie. Nous les "visitons" plus loin !

Comme l'écrit un des récents biographes de Dante, Paul Alexis Ladame, il eut à Bologne *L'âme ouverte aux doctrines ésotériques intelligentes, il sut se forger une cuirasse de bon catholique romain.*

Ajoutons qu'il fut prêt à dénoncer, à cause de cela même, toute corruption de la papauté et de la curie. Nous verrons un peu plus loin l'influence de Joachim de Flore à ce sujet.

La Destinée 41

N'oublions pas de dire ici que les lectures se doublèrent d'autres occupations physiques : équitation, arts martiaux, escrime, excellent préparation à l'entrée de Dante dans l'armée… Et qu'il s'adonna à des joutes rhétoriques, non moins excellente préparation à son entrée en Politique !

Platon

Parmi tous les "Dialogues" qui sont attribués à Platon, et que Dante a vraisemblablement tous lus, il semble que quelques uns ont laissé plus de traces que d'autres dans les conceptions du Poète.

En tête vient bien sûr celui que les commentateurs citent le plus souvent : "Le Timée", ou Dialogue de l'UN, qui, lui-même, appartient à la famille dite des "Dialogues métaphysiques ou dialectiques".

Nous devons citer aussi :
Parmi les dialogues dits "psychologiques", le "Premier Alcibiade", ou de la nature humaine, le "Ménon", ou de la vertu, le "Philèbe", ou du plaisir.

Parmi les dialogues dits "Moraux", "Eutyphron", ou de la piété, "Hippias", ou du mensonge, "Lysis", ou de l'amitié, "Charmide", ou de la sagesse, "Lachès", ou du courage, le "Second Alcibiade", ou de la prière.

Parmi les dialogues dits "Politiques", la République, ou de la justice.

Parmi les dialogues dits "Esthétiques", "le Banquet", ou de l'amour, "Ion", ou de la poésie, "Phèdre" ou de la beauté et "Hippias" ou du beau.

Parmi des dialogues avant tout biographiques consacrés à Socrate, le "Phédon", autour du thème, ô combien sensible pour le Poète, de l'Immortalité de l'âme.

Sans prétendre épuiser le sujet, ce qui nécessiterait un livre entier, demandons-nous quels sont les thèmes et les conceptions de Dante en parenté évidente avec celles de Platon.

La Théorie des idées

Il s'agit de la clé de voûte de toute la pensée Platonicienne. Elle est développée en particulier dans les VIe et VIIe livres de "La République", avec notamment la célèbre allégorie de la caverne.

Les seules vraies réalités qui n'ont aucune des imperfections des choses sensibles, les essences éternelles, les types suprêmes, à partir desquels le monde sensible a été organisé par Dieu, les principes d'existence et de connaissance, telles sont, schématiquement, les "Idées Platoniciennes".

L'homme, écrit PLaton, a de la beauté, de la bonté, mais il n'est pas la beauté, ni la bonté.

Les "Idées" forment un monde idéal. Une hiérarchie s'y établit. Cette hiérarchie correspond à celle des apparences sensibles, rencontrées dans le monde des créatures.

L'âme

Dans un monde purement intelligible, écrit Platon, *notre âme a vécu en compagnie des douzes grands dieux : là, elle suivait le char de Jupiter, elle communiquait avec les Idées. Puis, par la suite de je ne sais quel méfait, l'âme est tombée dans le monde du changement, du devenir ; en s'incarnant dans un corps, elle a perdu la mémoire de cette existence antérieure et des idées contemplées.*

L'âme se souvient de ce qu'elle a vu dans une vie antérieure, avant d'être tombée dans la prison du corps. Platon croit, tout comme Dante, à l'immortalité de l'âme. Il en apporte les preuves dans le "Phédon", plus ou moins convaincantes. Il admet la métempsycose. Si l'âme transcende correctement les épreuves du monde corporel et matériel, dans lequel elle a été placée, si elle vit en harmonie avec la justice et le bien, elle retourne, après la mort, à l'état "bienheureux" qu'elle a quitté. En revanche, si l'âme ne vit pas cette harmonie, elle est condamnée à s'incarner dans d'autres corps et subir de nouvelles épreuves. Il faut que le mal finisse par être vaincu par le bien et que toutes les âmes retrouvent leur beauté originelle.

La vision du voyage de Dante au pays des âmes, dans la Divine Comédie, avec l'évocation de toutes les épreuves, issues de leur mauvaise incarnation sur terre, avec cette arrivée finale en Empyrée, jusqu'au cercle des Bienheureux, est d'une saisissante ressemblance avec la conception Platonicienne.

Dieu et le Monde

Dieu, selon Platon, n'est pas la cause du mal, car il n'a pas créé la Matière, il l'a seulement façonnée. *Celui qui prend soin de toutes chose, écrit-il, les a disposées pour la conservation et le bien de l'ensemble.* Dieu est une évidence, au-delà de toute démonstration : l'Être parfait se contemple comme le Soleil.

Le monde est de forme sphérique. Son mouvement est circulaire. Il possède une âme qui constitue le centre. Le monde est immortel et cyclique. Platon parle de la "grande année". Nous verrons que Dante s'y réfère également.

Un des tercets finaux de la Divine Comédie illustre de manière éclatante toute cette conception platonicienne du monde (Paradis, chant XXXIII, 136-138) :

> *tel me venait la vision nouvelle :*
> *je voulais voir comment l'image au cercle*
> *se put conjoindre, et comment lieu y trouve ;*

Un des plus brillants commentateurs italien de la "Divina Commedia", Giuseppe Vandelli, précise le sens un peu "hermétique" : c'est-à-dire *comment la nature humaine, finie, et la nature divine, infinie, peuvent dans le Christ former un tout.* Nous pourrions dire "En Dieu."

Pour Platon, Dieu est fondamentalement "bon".

Disons, écrit-il, dans le Timée, la cause qui a porté le suprême ordonnateur à produire et à composer cet univers : il était bon... Dieu était bon et celui qui est bon n'est avare d'aucun bien. Il a donc voulu que tout fût bon autant que cela était possible.

C'est ici que Platon souligne le passage entre le monde sensible, imparfait et multiple, et le monde intelligible, parfait, celui de l'unité de l'Être Divin. Voir ci-dessus la théorie des Idées opposant les imperfections du monde sensible aux essences parfaites et éternelles.

Dans l'endroit le plus élevé du monde intelligible est "l'Idée du Bien", principe des principes, cause première de tout ce qu'il y a de beau et de bon dans l'univers. Dans le monde visible, elle engendre la Lumière et l'astre qui y préside. Dans le monde "idéal", elle engendre la Vérité et l'Intelligence.

De même que, écrit encore Platon, *le soleil seul éclaire les objets des sens, les rend visibles à nos yeux et leur donne la vie, l'accroissement et la nourriture, de même c'est l'idée du Bien qui seule répand sur les objets de la connaissance la lumière de la vérité et donne à l'âme la faculté de connaître.*

Le dernier chant de la Divine Comédie, toute entier, en Empyrée, est ici encore, à bien des égards, une éclatante illustration de cette conception.

Nous voyons bien que le Dieu de Platon n'est pas une abstraction, comme a pu le dire son disciple Aristote, mais un être "vivant", qui a deux attributs fondamentaux : la Pensée et l'Amour. Car à la dialectique de la Pensée, correspond celle de l'Amour. *Le vrai chemin de l'amour*, écrit-il, dans le Banquet, *c'est de commencer par les beautés d'ici-bas, et, les yeux attachés sur la Beauté Suprême, de s'y élever sans cesse, en passant par tous les degrés de l'échelle, d'un seul beau corps à deux, de deux à tous les autres, des beaux corps aux beaux sentiments, des beaux sentiments aux belles connaissances, jusqu'à ce qu'on arrive à la connaissance par excellence, qui n'a d'autre objet que le Beau lui-même, et qu'on finisse par le connaître tel qu'il est en soi… Ô mon cher Socrate, <u>ce qui peut donner du prix à cette vie, c'est le spectacle de la beauté éternelle.</u>* (C'est nous qui soulignons) *Le spectacle de la beauté éternelle*, au contact du divin, telle est la gratification extatique qu'obtient Dante en Empyrée, au terme de son itinéraire éprouvant dans les trois mondes de la Divine Comédie, en forme de voie initiatique…

Mais les rapprochements à faire entre le Poète Florentin et le Philosophe Grec sont aussi très éloquents sur le plan de la Morale.

Selon Platon, le bien suprême pour l'homme est de conformer son âme à l'idée du bien et à imiter Dieu autant que possible. La ressemblance à Dieu, c'est, écrit-il, *le terme et la nature de tout perfectionnement moral*. Et celui-ci débouche sur le bonheur, car le bonheur et la vertu sont *liés l'un à l'autre par une chaîne de fer et de diamant.*

La vertu fondamentale est la Justice, dont procèdent la Sagesse, le Courage et la Tempérance.

La Sagesse ou "prudence" est la justice de l'esprit.

Le Courage est la justice du cœur.

La Tempérance est la justice des sens.

La vie morale vise essentiellement à prendre du recul par rapport aux sens et à cultiver la Raison. Ordre et justice en dépendent tant sur le plan individuel que sur le plan collectif. Cette exigence de Justice, liée à l'exercice de la Raison, est très présente dans la pensée, l'œuvre et l'action politique du Poète Florentin.

Quant à la pensée et à l'œuvre, nous devons en juger, non plus seulement à travers la Divine Comédie, mais par rapport à toute l'œuvre. Nous reportons ici le lecteur au chapitre ultérieur consacré à la présentation de l'œuvre.

Quant à l'action politique, nous allons retrouver des illustrations de ces conceptions morales dans l'exercice par Dante du Priorat à Florence, dans ses nombreux engagements et dans ses missions d'ambassade.

La seule nuance importante qui doive être introduite ici, à notre sens, entre les deux hommes est la suivante : l'exigence d'Amour et de Queste de la Lumière est beaucoup plus "incarnée" et manifeste chez le Poète. Nous pouvons en juger bien sûr à travers les formes merveilleusement "poétiques" de cette œuvre qui la mettent en valeur, mais aussi à travers les formes plus discursives.

Mais, pour conclure sur ces liens de parenté spirituelle avec Platon, nous voulons souligner ce qui rapproche le plus les conceptions philosophiques, métaphysiques et morales des deux hommes. C'est cette fusion, au niveau conceptuel, du Vrai, du Beau, et du Bien, dans cet appel de l'homme à l'imitation du divin, dans cette transcendance du monde sensible, matériel, ô combien imparfait et multiple, vers le monde de l'intelligible, de la lumière et de l'Unité… Les affinités spirituelles sont-elles aussi présentes pour le "disciple" Aristote ?

Aristote

Dante "rencontre" Aristote, ainsi que Platon et Socrate d'ailleurs, dans le premier cercle de l'Enfer de la Divine Comédie, celui des justes ou des âmes vertueuses qui ne connurent pas la vraie foi et aussi celui des sages antiques. En fait, nous sommes dans les Limbes. Et Aristote est désigné comme le maître de Raison Humaine et de la Connaissance :

Puis relevant un petit le sourcil
je vis le maître à tout homme sachant
assis parmi la gente philosophique.
[…]
Tous lui rendent honneur, tous le remirent :
ici vis-je Socrate avec Platon
plus prés de lui par devant tous les autres ;
[…]

Mais nous devons dépasser sans aucun doute cette image de la Divine Comédie. Les conceptions de Dante sont à rapprocher de celles d'Aristote, sur bien d'autres plans que la Raison humaine ou la Connaissance.

Il nous faut aller voir du côté de la Politique et de la Morale, dans une perspective qui les associe et du côté de la Rhétorique et de la Métaphysique !

Dans son traité sur La Politique, Aristote situe celle-ci à la fois comme fondement et prolongement de l'Éthique. Il met en lumière l'évolution et les causes de dégradation des diverses formes de gouvernement : monarchie, aristocratie, démocratie, et il tente de définir le gouvernement le plus à même de réaliser l'intérêt commun.

La République de Florence fut pour Dante l'occasion de vérifier, à ses dépends, certaines vérités manifestes de la pensée du grand philosophe. Son plus petit ouvrage, le "De Monarchia", souligne, à l'évidence, une parenté sur ce thème du fondement et du prolongement de la Politique par l'Éthique.

Pour le Poète, l'autorité impériale et l'autorité pontificale, *restaurées dans leur pureté primitive, exercées dans un esprit de soumission aux desseins de Dieu, et respectées par les peuples* ont manifesté leur capacité à placer et à maintenir les hommes dans la voie de la "Béatitude", sur les deux plans de la vie en ce monde et de la vie éternelle.

Cette voie de la "Béatitude" est selon le Poète le fruit de la philosophie des Anciens, attachée à la Raison humaine, et des révélations de l'Esprit Saint, à travers *la parole des Prophètes et des hagiographes de Jésus-Christ.*

En fonction de ce qui précède, Dante affirme (De Monarchia, III - 16) :

C'est pourquoi il fut besoin aux hommes de deux guides, selon leur double fin : à savoir le souverain Pontife qui sût conduire le genre humain à la vie éternelle selon les vérités révélées ; et l'Empereur qui sût mener le genre humain à la félicité temporelle selon les enseignements philosophiques.

Et le Poète rappelle le but auquel doit tendre le Prince Romain, tuteur du monde, sur le plan temporel : *Que sur cette petite aire où ahanent les mortels on vive librement en paix... Et puisque l'ordre de ce monde suit l'ordre attaché aux révolutions des cieux, il sied, afin que les très utiles enseignements de liberté et de paix se trouvent en temps et lieu appliqués savamment par les soins de ce tuteur, il est nécessaire que son autorité soit apprêtée par Celui aux regards de qui est présente l'ordonnance plénière des cieux. Or celui-là n'est autre que l'artisan qui par avance l'a tracée en sorte que par le pouvoir d'icelle toutes choses fussent liées ensemble selon ses desseins. Que s'il en est ainsi, c'est Dieu seul qui élit l'Empereur et qui le confirme, puisqu'il n'a au-dessus de lui aucune autre puissance.*

Ce type de propos, loin d'être ambigu, comme des commentateurs l'ont prétendu, a, par certains aspects, une portée utile pour notre future modernité, reliée à la fameuse Ère du Verseau, tant célébrée par nos astrologues spiritualistes modernes. Il ne s'agit pas, bien sûr, de prendre au pied de la lettre la notion d'Empire chez Dante ou d'en faire un amalgame avec un quelconque Grand Monarque, évoqué par certains de nos contemporains, mais simplement de les savourer au plan des "Principes" !

Dans son "Éthique à Nicomaque", Aristote confie à la volonté de l'homme, à la recherche du "juste milieu", de l'équilibre entre les extrêmes, le moyen d'accéder aux vertus. Le courage, la tempérance et l'esprit de justice en sont en particulier le meilleur reflet. Il est impossible de ne pas voir dans l'action de Dante et dans son œuvre les analogies avec de tels principes.

Dans son traité sur la "Poétique", le philosophe grec définit la poésie comme une imitation de la nature, qui a tendance à embellir les choses. Mais dans sa classification des genres poétiques, il accorde la meilleure part à la Tragédie, jugée très "active". Il voit en elle un vecteur de purification du spectateur, à travers les peurs et la pitié inspirées.

La Divine Comédie, aussi bien dans les affres de l'Enfer que dans les rigueurs du Purgatoire et les exaltations du Paradis, ne cesse de servir cet unique principe d'une poésie d'édification et de catharsis, à destination du Poète et de ses lecteurs. Remarquons, au passage, qu'il ne faut pas se laisser abuser par le sens moderne du mot "Comédie", pièce de théâtre à but de divertissement. Ici nous devons faire référence au sens du mot latin *"Comoedia"*, qui signifie "pièce de théâtre". Tous les actions humaines et mythologiques évoquées par Dante nourrissent en effet une véritable saga théâtrale de la condition humaine.

Père de la logique, Aristote a, dans ce qui fut appelé ultérieurement "L'Organon", développé une réflexion sur les instruments du savoir et notamment ses fameuses "Dix catégories" : substance, quantité, qualité, relation, lieu, temps, situation, avoir, agir et pâtir. Mais, en particulier, l'ensemble de textes, classés sous ce titre d'Organon, comporte aussi "la réfutation des Sophistes", autrement dit des ergoteurs et amateurs de raisonnements et arguments spécieux, apologues de la mauvaise foi !

Au cours de certains dialogues avec les damnés, qui jalonnent l'itinéraire en Enfer, Dante épingle le mensonge, le faux-semblant et l'hypocrisie, tout comme il n'a cessé de le faire dans son action politique. Dans la sixième fosse du huitième cercle de l'Enfer, au chant XXIIIe, il a même situé la catégorie des Hypocrites, condamnés à marcher sans cesse, écrasés sous le poids de leurs chapes *Par dehors dorées... éblouissantes, mais par dedans toutes de plomb*. Leurs visages se *peignent* de sentiments qu'ils n'ont pas, c'est la *race pourpeinte* et leurs actions se colorent de prétextes ou de fausses apparences. Et parmi eux, le Poète évoque les *"Frati Godenti"*, ainsi désignés par les quolibets du peuple. Il s'agit d'un ordre religieux et chevaleresque, dit de "Marie vierge glorieuse", destiné à apaiser les querelles et protéger les faibles contre les abus des puissants, et qui avait dégénéré !

Dans son traité sur "La Rhétorique", qu'il oppose à la logique, Aristote souligne le rôle de l'émotion pour convaincre, même si le raisonnement reste une base. Il distingue trois formes de discours : le discours "délibératif", le discours "d'apparat" et le discours "judiciaire" et il en précise le fonctionnement.

Sans vouloir, à tout prix, voir des analogies systématiques, le "De vulgari eloquentia" et la "Pistola", ou les 13 lettres de rhétorique érudite de Dante, semblent tout à fait être des œuvres influencées en partie par cette pensée.

Selon le philosophe grec, l'Homme, avec sa Raison, se situe au sommet des hiérarchies de la Nature, dans laquelle chaque être est "organisé" et tend vers sa perfection, soit sa "forme". La Métaphysique donne son fondement à la Physique, en introduisant l'existence d'un premier "moteur" immobile, Acte et Pensée purs, c'est-à-dire Dieu, *cause efficiente et finale de la nature*. Ici, aucun doute n'est possible sur une influence de la pensée aristotélicienne. Nous pouvons même parler d'une filiation. Il n'y a qu'à voir le soin méticuleux que Dante met à décrire le cadre géographique, topographique, hydrographique et symbolique dans les 3 mondes de la Divine Comédie, comme nous le verrons plus loin, au Chapitre V.

Il termine par l'image du Cercle et la fusion entre la nature finie de l'homme et la nature infinie de Dieu. Dieu, suprême géomètre. Et le Cosmos, animé par l'Amour, *Amour (toi) qui mènes et le Soleil et les Étoiles.*

Au dernier chant du Paradis, ce 14.233e vers, le dernier, nous incite à regarder du côté de la numérologie sacrée, une nouvelle fois. Ce nombre 14.233, qui totalise donc l'ensemble des vers de la Divine Comédie, donne 13 puis 4, en réduction théosophique. Or cette œuvre est unanimement reconnue comme une œuvre d'édification, ou, pour employer un terme alchimique, une œuvre de "transmutation de l'être". Béatrice, lors de la scène centrale du Poème, située au XXXe chant du Purgatoire (v.136-138), fixe toute la finalité du voyage en disant à propos de Dante :

Si bas chut-il, que déjà tous remèdes
pour son salut étaient trop courts, hormis
de lui montrer la foule des perdus.

Effectivement, l'œuvre de transmutation commence par la visite de damnés en Enfer et le voyage au royaume des morts, jusqu'en "Giudecca" où règne Lucifer. Le nombre 13, précisément, associé à l'arcane XIII du Tarot, symbolise cette mort et résurrection, si magnifiquement imagée par un autre Poète, Goethe :

Et tant que tu n'as pas vécu
La mort et la résurrection
Tu n'es qu'un pauvre hère
Sur cette sombre terre.

Le 13 donne 4, encore en réduction : le nombre de la Terre, de la Matière, des 4 points cardinaux, de la totalité du créé et du "révélé"... Car cette transmutation s'applique à la Matière que nous sommes ici-bas, entraînant la mort du petit moi illusoire, pour le triomphe de l'Esprit. Un célèbre philosophe et théologien Français, qui vécut à la fin XIe et au début du XIIe siècles, ABELARD, s'inspira lui aussi d'Aristote, mais eut, à coup sûr, aussi, une influence sur le Poète Florentin.

Abélard

Nul doute que la destinée de ce maître en scolastique et en logique ait fasciné Dante, à plusieurs points de vue. Sa doctrine fut par deux fois condamnée, avec la plus extrême rigueur, par l'Église, une fois au concile de Soissons, une seconde fois au concile de Sens, sous l'initiative, cette fois, de Saint Bernard.

Abélard, chanoine de Notre Dame de Paris, devint précepteur d'Héloïse, la séduisit, l'épousa en secret et en eut un fils. Puis l'oncle d'Héloïse, le fameux chanoine Fulbert, le fit émasculer. Abélard se retira alors à l'abbaye de Saint Denis et Héloïse prit le voile à Argenteuil. Puis son ex-mari fonda le monastère de Paraclet, prés de Nogent-sur-Seine, dont elle devint la mère abbesse, tandis que lui-même devint abbé de Saint Gildas de Rhuys. Entre eux deux se développa une correspondance extraordinaire de passion et d'élévation spirituelle. Ces amours contrariés, transposés sur un plan spirituel, ne sont pas sans rappeler, bien sûr, ceux du Poète Florentin pour sa chère Béatrice !

Par ailleurs, Abélard joua un rôle de tout premier plan dans la fameuse querelle des Universaux, accréditant la thèse du "réalisme" accordé au prédicat. Critiquant ce "réalisme", il s'opposa à Guillaume de Champeaux, son maître à l'école épiscopale de Paris. Notons qu'Abélard se déclarait en faveur de la "pauvreté évangélique", dans l'Église, position en faveur de laquelle Dante témoigna volontiers lui aussi, en son temps.

S'agissant de l'Église, un autre grand personnage eut une place de choix dans les préoccupations du Poète : le Grandissime Père Saint Thomas d'Aquin.

Saint Thomas d'Aquin et ses compagnons au Paradis Dantesque

L'Église canonisa le "Docteur angélique", tel qu'il fut surnommé, en l'an de grâce 1323, deux ans après la mort de Dante.

Le "Thomisme" fut considéré, plus tard, comme la doctrine officielle de l'Église Catholique par le pape Léon XIII (1810-1903). Il construisit la Théologie en puisant dans toutes les ressources de la dialectique et de la scolastique. Et il chercha, avant tout, à accorder la Foi et la Raison, les dogmes du Christianisme et les théories d'Aristote, en donnant toutefois, sur ce point, la priorité à la Théologie sur la Philosophie.

L'œuvre de Dante est, à l'évidence, toute imprégnée de cette double référence au rôle de la Foi et de la Raison et de cette double optique théologique et philosophique. Virgile, symbole de la Raison Humaine, est, dans la Divine Comédie, son guide en Enfer et au Purgatoire et le quitte au Paradis Terrestre. Béatrice, la voie de la "Béatitude" le guide au Paradis, remplacée elle-même, dans l'Empyrée ou 10e ciel, par Saint Bernard. Et tous deux, parmi les "Bien-heureux", incarnent, au plus haut niveau, la Foi…

C'est au 10e chant du Paradis, au 4e ciel, le ciel du Soleil, celui des Âmes des Sages, que Dante situe sa rencontre avec Saint Thomas d'Aquin. Celui-ci présente son maître, Albert le Grand, puis se présente et désigne ensuite au Poète chacun de ses compagnons.

Après les louanges adressées à *la science admirable de l'Architecte du Monde*, les flammes de 12 esprits (Notons le nombre 12, symbole de plénitude) se groupent en couronne autour de Dante et de Béatrice et chantent la Gloire de Dieu :

> *Ainsi luisait la quartaine famille*
> *du Tout-Puissant qui à jamais la comble,*
> *montrant comme il est père, esprit et fils.*
> (Paradis, chant X 49-51)

Puis, plus loin, (v.97-99), Saint Thomas d'Aquin fait les présentations :

> *Celui qui est à destre le plus proche*
> *fut mon frère et mon maître, et c'est Aubert*
> *de Cologne, et je suis Thomas d'Aquin.*

Aubert, c'est Albert le Grand (1193-1280), qui se fit dominicain vers l'âge de 30 ans et enseigna à Cologne, notamment à son disciple Saint Thomas d'Aquin, puis à Paris.

Le Quartier Latin en garde encore une trace très vivante avec le nom de la place "Maubert", qui, est une abréviation mal lue "M. Aubert", "Maître Aubert" ! Un commentateur italien, Bruno Nardi, souligne, peut-être avec raison *qu'Albert le Grand, bien plus que Thomas fut le maître de Dante*. Le disciple Thomas a sans doute un peu oblitéré la notoriété du maître, alors qu'il s'agit d'un très grand savant et théologien. Il était d'origine suédoise.

Henri Longnon, auteur d'une traduction remarquable de la Divine Comédie, signée en août 1938 "Du Val d'Enfer, aux Baux", et rééditée, écrit :

Albert le Grand fut l'un des plus doctes théologiens et des plus profonds philosophe de son temps.

Précisons qu'il se distingua, en particulier, dans son enseignement, en faisant grand cas de la philosophie d'Aristote et en introduisant "le péripatétisme", forme d'enseignement "déambulatoire", que le grand philosophe grec avait coutume de pratiquer avec ses disciples. Il fit connaître les commentateurs arabes de ce philosophe. Il reprit aussi à son compte certaines idées néoplatoniciennes.

Saint Thomas d'Aquin présente ensuite ses compagnons à Dante : François Gratien, célèbre canoniste italien, Pierre Lombard, maître de théologie à Paris, Salomon, Denys l'Aréopagite, traditionnellement reconnu, mais peut-être à tort, comme l'auteur du traité "De la hiérarchie céleste", dont le Poète s'inspire pour ses chants de la Divine Comédie, consacrés aux anges.

Puis vient le tour de *cet avocat des saints temples de Christ*, qui désignerait soit Paul Orose, prêtre espagnol du Ve siècle, soit Saint Ambroise, soit d'autres personnages encore... Les commentateurs ne sont pas d'accord sur son identité.

L'âme sainte qui montre mensonger le monde aux bien-oyants, et les console serait celle d'Anicius Boèce, seigneur et consul de Rome, au VIe siècle, auteur d'un ouvrage célèbre et influent au Moyen Âge, "La Consolation philosophique", écrite en prison. Cette œuvre illustre le désir de rapprocher les philosophies d'Aristote et de Platon. Ce personnage eut une fin tragique, car il fut décapité.

Paraît ensuite l'évêque Isidore de Séville, nommément désigné. Lui aussi est l'auteur d'un ouvrage influent au Moyen Âge, une œuvre tout à la fois encyclopédie et dictionnaire, "Originum sive etymologiarum libri" que l'on traduit généralement par "Origines". Il est également l'auteur d'un traité du vocabulaire.

Saint Thomas d'Aquin présente ensuite Bède ou Beda, dit "Le Vénérable", un prêtre et philosophe anglais du VIIe siècle, à la curiosité et à l'érudition étonnantes, qui passa sa vie à enseigner et à écrire, en particulier dans le domaine des sciences naturelles, de l'histoire et de la morale.

Il rédigea notamment une chronologie universelle calquée sur l'ère chrétienne et fondée sur de sérieuses études astronomiques ainsi qu'une "Histoire ecclésiastique des Angles" dans laquelle le lecteur peut percevoir toute une inspiration celtique et gaélique.

C'est ensuite le tour de Richard de Saint Victor, théologien mystique du XIIe siècle, prieur du couvent du même nom, à Paris. Il fut surnommé par la tradition "Magnus contemplator". Et c'est la Bible toute entière qu'il interpréta allégoriquement.

Enfin, *C'est la lumière éterne de Sigier* qui ferme le ban des sages, autour de Saint Thomas d'Aquin. Sigier de Brabant, philosophe et professeur à l'université de Paris, au XIIe siècle, adepte d'Averroes, fut poursuivi par l'Inquisition et l'évêque de Paris en raison de thèses philosophiques un peu trop hardies qu'il eut l'audace de présenter en Sorbonne et qui le firent accuser d'hérésie. Il alla s'expliquer devant la Curie à Rome. Il fut absous par elle, mais placé sous haute surveillance. Il fut assassiné par son secrétaire, pris de folie !

Maniant avec éclat le paradoxe dans ses œuvres, il prend position sur les questions essentielles de la pensée chrétienne, comme "la création ex nihilo", niée par des arguments de pure logique, l'Immortalité de l'âme, le Libre Arbitre, l'Éternité du monde et l'Unité de "l'âme intellectuelle". Il fait un sort prépondérant, dans ses commentaires sur Aristote, aux aspects matérialistes et rationalistes.

D'après Dante, il *se fit tort à syllogiser droit*. Ces syllogismes authentiques le firent haïr de l'archevêque de Paris. Le Poète place ces propos dans la bouche de Saint Thomas d'Aquin, alors que ce dernier, dans la réalité, en tant que maître, lui aussi, à la même époque, à l'université de Paris, ne se priva pas de critiquer sévèrement ces thèses, dans la mesure où elles heurtaient l'orthodoxie catholique !

La pensée d'Averroes, philosophe arabe, né à Cordoue et mort au Maroc, fut condamnée par l'Église à deux reprises, au XIIIe et au XVIe siècles. Sigier de Brabant en fut en quelque sorte le principal propagandiste.

Mais l'évocation positive d'Averroés, prêtée par Dante à Saint Thomas d'Aquin n'est surprenante qu'au premier abord. Certains raisonnements déductifs rigoureux font partie intégrante de la pensée aristotélicienne et ont été professés par le Père de l'Église lui-même. En revanche, bien sûr, quand le raisonnement conduit à une opposition formelle à des points de doctrine du domaine de la "Révélation", le maître ne pouvait pas les entériner. C'est ainsi que la doctrine de la "double vérité", selon laquelle les vérités rationnelles et les vérités révélées peuvent non seulement se distinguer, mais aussi s'opposer, a été attribuée à Averroès et ne pouvait qu'être condamnée, au nom de la pure orthodoxie.

Nous nous sommes quelque peu appesanti volontairement sur ces multiples évocations de "maîtres à penser" par Dante, au chant Xe du Paradis, dans la mesure où nous sommes convaincus que le Poète a souhaité, avant tout mettre "poétiquement" en évidence toute une filiation de sa propre pensée, avec ses multiples aspects, voire ses contradictions, n'excluant aucune forme de "doute"...

Mais, sur le plan de la numérologie sacrée, est-ce un hasard si cette rencontre de Saint Thomas d'Aquin - maître parmi les maîtres - avec le Poète, en voyage initiatique, se situe au 10e chant, premier des 5 chants consacrés aux Âmes des Sages, et le saint nom se trouve prononcé au vers 99 ?

Le chant X est un chant de "transition".

Le nombre 10 représente, ontologiquement, la puissance divine incarnée au sein de la Matière. Quelle meilleure définition donner à de Grandes Âmes, qui ont, sur terre, tracé les sillons de la Foi, et telles qu'elles sont évoquées par la Divine Comédie ?

Bien plus encore, le nombre 10 est associé à l'arcane du tarot intitulé "La Roue de Fortune". Cette lame symbolise la roue du Destin et la loi du Karma. *Cette lame,* écrit Charles Rafaël Payeur, *déjà cité, est donc étroitement liée à des prises de conscience concernant les grandes lois de l'univers et le développement de soi.* N'est-ce pas là une des notions essentielles dont témoignent la vie et l'œuvre de tous ces grands sages, sur le chemin de l'évolution personnelle ?

À ce propos aussi, le vers 99, dans lequel est prononcé le nom de Saint Thomas d'Aquin, qui se présente lui-même, symbolise un double achèvement de cycle 9, or nous sommes très exactement situé aux 2/3 du chant, 999 représentant une globalité évolutive et 1000 "la perfection de la vie", de l'aveu même des Pères de l'Église, ceci nous renvoyant encore au millénarisme, en rapport avec la Parousie et le retour du Christ !

Notons qu'aux vers 145-148 de ce même chant X, le Poète célèbre la ronde lumineuse des 12 sages précédemment évoqués, qui fêtent sa venue parmi eux, en faisant référence lui-même au thème de la roue :

> *telle vit-on la glorieuse roue*
> *prendre son branle, et voix à voix parfondre*
> *en accords si souëfs qu'ils ne s'entendent*
> *fors là, où règne à tout jamais liesse.*

D'après André Pézard, déjà cité, Dante célèbre là aussi les mérites de la vie tout à la fois active et contemplative, incarnée par ces sages.

Saint François d'Assise, Saint Dominique et les sages en Paradis...

Le Poète évoque ensuite successivement, au cours de 5 chants, les Âmes des Sages, au-delà de ceux précédemment cités et nous retrouvons d'étonnantes correspondances en numérologie sacrée, liée à la Kabbale et au Tarot.

Au chant XIe, Saint François d'Assise vient au premier plan. C'est l'ardent, "le séraphique", par opposition à Saint Dominique, "le sage, le chérubique" :

> *L'un fut en son ardeur tout séraphique,*
> *et l'autre en terre fut, par sapience,*
> *de clarté chérubique esplendissant.*

Or, le nombre 11 exprime une étape bien précise sur le sentier de l'évolution. L'esprit, pleinement incarné, est tendu vers l'unification de toute chose. L'arcane du tarot associée à ce nombre est "La Force". Il symbolise la "force intérieure" qui permet à l'Esprit de rayonner. Cette force anime les âmes "ardentes", sous l'inspiration du feu de Kether, celui, précisément, des séraphins !

Nous exprimons ceci bien sûr, en nous plaçant dans la perspective kabbalistique et hermétique chrétienne.

Au chant XIIe, Saint Dominique vient au premier plan. C'est le sage, "le chérubique". Or, le nombre 12 exprime une nouvelle étape. L'Esprit se manifeste sous la forme d'une énergie divine illuminante, ouverte à la "dualité de l'Amour". L'arcane du tarot intitulée "Le Pendu" lui est associé. Il symbolise le retournement de conscience qui permet à l'Esprit de transcender l'Ego et de se tourner vers l'Autre, en rayonnant la puissance divine de l'Amour. La puissance divine de l'Amour et le retournement de conscience sont naturellement associés aux âmes animées par la Sagesse d'Hochmah, celle des Chérubins.

Au chant XIIIe du Paradis, prennent place la danse et le chant des deux couronnes d'Élus :

> *et l'un avoir ses rais plantés sur l'autre,*
> *et tous les deux virer en telle guise*
> *que l'un aille au plus tôt, et l'autre au plus tard :*
> *sinon de vrai, alors, du moins par ombre*
> *verrez la double danse et constellée*
> *qui cercelait ce haut lieu d'où je guette ;*
> *[...]*
> *Là, Bacchus ni Péan ne se chantèrent,*
> *mais trois personnes en la divine essence,*
> *et l'essence divine avec l'humaine*
> *en la même personne. Ainsi finirent*
> *rondes et chants ; et les saintes lumières*
> *changeant de soin miraient en nous joyeuses.*

Péan est le surnom d'Apollon et l'expression *En la même personne* désigne, bien sûr, le Christ. Ensuite Dante évoque les différents aspects de la création et les causes de l'inégalité des âmes :

> *Ainsi advient que plants de même espèce*
> *en un verger aient fruits meilleurs ou pires ;*

Ce chant porte le nombre 13, qui symbolise, sur le sentier de l'évolution, l'étape où l'Esprit élabore les différentes réalités qui construisent la personnalité et où l'être assume ainsi pleinement son destin. Ce nombre est associé à l'arcane du tarot, dite "sans nom mais avec nombre", l'arcane XIII, souvent désignée cependant par l'expression "Mort et Renaissance". Par le dépouillement, la recherche de l'essentiel et la croissance intérieure, l'aspirant peut passer de l'unité primordiale (Nombre 1) à la perfection trinitaire (Nombre 3). Et l'ultime réduction de ce nombre 13 (1+3) donne 4, nombre symbolisant alors l'Esprit pleinement incarné dans la matière.

Cet arcane symbolise tout le processus de la Création de l'être en conformité au dessein de Dieu, par sa transformation intérieure ou mieux sa "transmutation alchimique"...

Ainsi, le chant XIIIe du Paradis est axé en majeure partie sur la Création et ses différents modes de développement au cœur desquels prend place "l'Idée Divine", qui resplendit dans toutes les œuvres de Dieu :

> *Ce qui ne meurt et ce qui peut mourir*
> *n'est qu'une resplendeur de cette idée*
> *que notre sire en son amour engendre.*

Le cheminement de Dante au ciel du Soleil, consacré aux Âmes des sages, et qui a débuté au chant X^e, se termine au chant XIVe.

Le Poète y apprend, de la bouche de Salomon, que les Bienheureux resplendissent d'un éclat renouvelé après la résurrection de la chair. Puis une 3e couronne d'esprits lui apparaît. Et enfin, c'est l'entrée dans le 5e ciel et le début d'un nouveau "cycle", parmi les âmes de ceux qui ont combattu pour la Foi. Nous sommes au ciel de Mars. Et ce cycle se développe de nouveau sur 5 chants, nous menant jusqu'au Xième et la montée à Jupiter.

Le dogme de la Trinité apparaît dans une formulation, pétrie de numérologie sacrée :

> *Cet un et deux et trois qui toujours vit*
> *et toujours règne en trois et deux et un,*
> *non circonscrit, mais circonscrivant tout,*
> *était par un chacun de ces esprits*
> *trois fois chanté, en telle mélodie*
> *qui serait beau guerdon à tout mérite.*

Cette dernière expression signifie, comme l'indique André Pézard, en commentant sa traduction, qu'il *ne saurait y avoir pour la plus vertueuse des vies une récompense plus belle que d'entendre un chant pareil dans les cieux.*

Nous reviendrons sur cette formulation du dogme de la Trinité, au cours du présent ouvrage.

Le nombre du chant 14 est ici encore en remarquable osmose avec le contenu. L'Esprit, incarné au plan terrestre, s'épanouit et se développe (Du 1 au 4). Ce nombre est associé à l'arcane du tarot intitulé "La Tempérance". La Matière y est sublimée par le désir et libérée de toute pesanteur.

La dimension corporelle est vivifiée par l'Esprit, et les forces physiques sont transformées en énergies spirituelles.

Tout comme l'arcane XIII, que nous avons évoqué précédemment, cet arcane est à l'image du processus alchimique, mais ici "La Tempérance" souligne le mode opératoire de ce processus : l'opacité de la Matière, les Ténèbres, sont transmutées en Lumière grâce à la puissance divine, assortie d'une queste patiente et "mesurée"…

Nous retrouvons dans le texte même de Dante le signe évident, là encore, d'une correspondance entre le numéro du chant et son contenu. Le chant XIVe débute ainsi :

> *Du centre au bord, et du bord vers le centre*
> *en la rondeur d'un bassin s'émeut l'onde,*
> *comme on la heurte ou dedans ou dehors.*

Et le Poète évoque, à partir de cette image banale, au premier degré, tout le mystère de la résurrection de la chair et la splendeur des bienheureux, qui sont comme "transfigurés", la Grâce illuminant s'ajoutant surnaturellement au mérite de chacun des Élus.

Puis nous lisons, un peu plus loin, 3 terçets qui soulignent toute la teneur "d'alchimie spirituelle" du propos, ces Élus étant en fait, pour nous, simples mortels, créatures terrestres, les archétypes d'êtres "transmutés" :

Quand nous aurons notre chair revêtue,
*   chair glorieuse et sainte, à plus de grâces*
*   atteindront nos personnes, enfin plénières :*
ainsi croîtra ce que le bien suprême
*   de sa clarté gracieuse nous baille ;*
*   clarté qui de le voir nous appareille.*
Il faudra donc que croisse notre vue,
*   croisse l'ardeur qui par bien voir s'allume,*
*   croisse le feu rayant qui naît d'ardence.*

Notons que, plus Dante va s'élever, sous la conduite de Béatrice d'un ciel à l'autre, en Paradis, plus "la vision béatifique", véritable principe actif de transmutation, opère sur lui et le remplit de bonheur. Et toute la Lumière du monde divin s'incarne dans les yeux de sa Dame avec une intensité croissante.

Saint Augustin

À plusieurs reprises, Dante se réfère directement à ce Père de l'Église, dans le Banquet, en particulier, mais aussi dans la Monarchie, les Épîtres et, bien sûr, dans la Divine Comédie.

La première référence, dans celle-ci, intervient au chant Xe du Paradis, dans le ciel du Soleil, où le Poète a la vision des Âmes des Sages.

Saint Augustin y est cité comme celui qui pria Paul Orose, prêtre espagnol du Ve siècle, d'écrire son "Histoire contre les païens", mais cette version ne fait pas l'unanimité chez les commentateurs.

Plus symboliquement chargée est l'apparition du nom du saint, beaucoup plus loin dans le poème, au chant XXXIIe, l'avant-dernier du Paradis.

Nous sommes dans l'Empyrée, face à la Cour Céleste des anges et des bienheureux. Le Poète y évoque, comme nous l'avons déjà vu plus haut, la disposition des Élus, à l'intérieur de la "Rose des Bienheureux", contenant ceux de l'Ancienne et ceux de la Nouvelle Loi.

En face de Marie, nous pouvons contempler le trône du Précurseur, Jean Baptiste, qui a, à sa droite, les Élus de l'Ancienne Loi et, à sa gauche, ceux de la Nouvelle Loi.

Rappelons que, selon la tradition de l'Hermétisme Chrétien, le côté droit est symboliquement associé à l'action dynamique, qui prodigue abondance et plénitude de l'être, et aussi à la sagacité de la raison et à l'effort, et le côté gauche, associé à la réceptivité qui induit la soumission aux lois cosmiques et au principe d'union Corps-Esprit, et aussi à la vie contemplative et à la sagesse obtenue dans la paix et le silence. Ceci renvoie également aux deux polarités masculine et féminine de l'être et aux deux sources d'énergie de transformation qui leur sont attachées.

Il n'existe vraisemblablement aucun désir de Dante d'établir un lien direct entre cette symbolique et les Élus issus des récits de l'Ancien et du Nouveau Testament. Mais nous estimons toutefois qu'une répartition à droite et à gauche du Précurseur n'est en aucune façon purement gratuite. Et ceci est d'autant plus vrai que le Poète place rigoureusement le même nombre d'Élus de part et d'autre, en utilisant une image très spécifique :

Or mire ici le haut pourvoi de Dieu :
car l'un et l'autre aspect de notre foi
emplira ce jardin d'égale sorte.

Cette "égalité" correspond à une vision personnelle de Dante, symbolisant sans doute à ses yeux l'équilibre entre les élus de la tradition ancienne, avant tout "prophétique" et les élus de la nouvelle religion des premiers chrétiens.

Le texte critique de la Divine Comédie, établi par la "Società Dantesca Italiana", sous la plume de Giuseppe Vandelli, souligne que le nombre d'élus est égal, selon le Poète, parce *qu'ainsi le veut la haute providence de Dieu.*

Bien plus, il nous semble que nous pouvons affirmer, avec Dante, que le sage gouvernement de Dieu sur la Création ne peut pas faire de distinction entre ceux qui ont lutté et espéré, dans une sorte de mise en condition de l'Humanité à recevoir le message du Christ incarné et ceux qui ont vécu et propagé l'enseignement de cette incarnation, de sa mort et de sa résurrection, pour la parfaite rédemption des hommes.

Et pour en revenir à la question de la droite et de la gauche de Jean le Baptiste, une disposition égalitaire des deux côtés souligne une idée de complétude, dans laquelle nous pouvons voir s'exprimer les bienfaits des deux polarités décrites ci-dessus, avec leurs symboliques respectives.

Nous devons rappeler aussi que certains commentateurs relient cette égalité d'Élus des deux périodes au fait que Dante était sensé croire, selon eux, à une fin du monde proche.

Dans le "Banquet", se référant aux "6 âges du monde" de Saint Augustin, chacun représentant en moyenne 800 ans, et considérant le 6e et dernier âge, celui qui s'étend du Christ à la consommation des siècles, Dante écrit : *Nous sommes déjà au dernier âge du siècle, et attendons en vérité la consommation du mouvement célestial.* Or l'ère chrétienne, au moment où le Poète écrit cela, a dépassé de plus de la moitié les 800 ans, et se trouve donc proche de son terme. Comme chacun sait, les chrétiens de la fin du Xe siècle crurent, déjà, trois siècles avant Dante, que l'an 1000 ou 1040 verrait la fin du monde, selon une croyance tirée de l'interprétation de l'Apocalypse de Saint Jean. Nous pensons qu'il convient d'interpréter de manière toute qualitative et symbolique la pensée de Dante en l'occurrence, tout comme nous le ferons plus loin en interprétant le fameux premier vers de la Divine Comédie :

Au milieu du chemin de notre vie...

André Pézard rappelle très justement la source d'inspiration du Poète : Isaïe (38 9-11 et suite), Cantique d'Ezéchias, prononcé lors de la maladie dont il fut guéri.

Cette disposition des Élus, très géométrique et rigoureuse, souligne, en fin de compte, la suprême harmonie divine, avec chacun à sa place comme l'évoque l'évangile de Saint Jean (14 2-4) : *Dans la maison de mon Père, il y a de nombreuses demeures, sinon, je vous l'aurais dit ; je vais vous préparer une place. Et quand je serai allé et que je vous aurai préparé une place, à nouveau je viendrai et je vous prendrai près de moi, afin que, là où je suis, vous aussi, vous soyez. Et du lieu où je vais, vous savez le chemin.*

François, Benoît et Augustin, les fondateurs des trois principaux ordres monastiques sont placés juste au-dessous du *grand Jean*, qui lui-même fait face à Marie, c'est-à-dire qu'ils sont à une place très honorifique.

Rappelons que la Cour Céleste doit vraisemblablement se voir avec la 3e dimension ! La Rose s'inscrit comme une forme demi-sphérique ou une coupe, avec Dieu placé au-dessus, dans un face à face avec tous les Élus qui peuvent admirer et réfléchir la Lumière et l'Amour.

C'est surtout dans le Banquet que les références directes à Saint Augustin nous édifient le mieux sur le contenu de cette haute considération du Poète pour ce Père de l'Église. Suivons-les dans leur déroulement chronologique.

Dante commence par souligner l'aspect très enrichissant des confessions et des témoignages d'esprits, de haute valeur, sur leur propre existence. (Banquet chapitre I II) : *Deviser de soi*, écrit-il, *très grande utilité en découle pour autrui par voie d'enseignement ; et cette raison mut Augustin, dans ses Confessions, à parler de soi.* Et il poursuit en soulignant l'aspect exemplaire d'une "existence évolutive" : *Par la démarche de sa vie, en effet, laquelle démarche fut de non bonne en bonne, et de bonne en meilleure, et de meilleure en excellente, il nous donna exemple et enseignement, lequel par autre témoin aussi véridique, ne pouvait être donné.*

Un peu plus loin, (Banquet I IV), s'agissant du jugement porté sur autrui, le Poète analyse les causes qui font que la présence d'une personne peut en réduire la valeur aux yeux des autres. La première cause est l'infantilité de l'âme chez l'homme qui ne vit qu'à travers ses sens, hors de la Raison, et juge abusivement la personne présente. La seconde cause est *l'envie, elle-même cause*, écrit-il, *de mauvais jugement*. La vraie Raison est encore ici évincée. Enfin, la troisième cause est *l'humaine impureté*, que l'on considère chez la personne qui est jugée, si l'on a avec elle *quelque rapport et familiarité*. Et c'est là que Dante cite Saint Augustin : *Pour l'évidence de cette cause, il faut savoir que l'homme est en bien des points entaché, et, comme dit Augustin, nul n'est sans tâche.*

C'est ensuite, beaucoup plus loin, (Banquet IV IX), menant une réflexion sur le thème de la Raison, en liaison avec la Volonté, qu'il évoque l'intérêt du *Droit ou Raison écrite,* dans ses rapports avec *l'Équité*. Il se réfère à un texte précis de Saint Augustin.

Ce texte, désigné par Dante comme le *Vieux Digeste*, n'a pas été retrouvé par les multiples commentateurs. *Celle-ci - à savoir équité - si les hommes la connaissaient, et la connaissant l'observaient, il ne serait besoin de la Raison écrite ; ainsi peut-on lire au début du Vieux Digeste : "La Raison écrite est art de bien et d'équité."*

Et Dante désigne l'Empereur comme celui qui a pour tâche *d'écrire, montrer et commander cette "Raison"*...

Au chapitre IV XXI, le Poète évoque les bienfaits placés par Dieu dans sa créature, et les dons de l'Esprit Saint, distingués par le prophète Isaïe : sapience, intelligence, conseil, force, science, piété et crainte de Dieu. Il souligne que *la première et la plus noble pousse, qui germe de cette semence et promette de fructifier, est l'appétit de l'esprit*. En grec *Hormen* précise-t-il !

Mais il faut que cette pousse soit *bonne, cultivée et maintenue droite*, écrit-il, sinon, semer ne sert à rien. Et c'est là qu'il se réfère à Saint Augustin, et aussi à l'Éthique d'Aristote, qui soulignent l'importance pour l'homme de refréner ses passions pour raffermir la droiture de cette "pousse" et pour que *de son fruit puisse sortir la douceur de l'humaine félicité*.

Nous voyons bien, à travers ces quelques apparitions nominatives de Saint Augustin, sous la plume de Dante, sans compter les références beaucoup plus implicites, que la pensée du Poète est en parfaite symbiose sur les conditions de l'évolution spirituelle de l'homme. Et ceci commence par le témoignage de *la vie exemplaire* de ce père de l'Église, puis des notions comme la reconquête de la pureté, la raison humaine renforcée par la "raison écrite", ou le Droit, l'ouverture et le désir de l'esprit, et enfin la maîtrise des passions, qui permettent à tous les dons de Dieu, qui "ensemencent" l'être, de faire éclore la Félicité, soit un bonheur fait de plénitude et nous gratifiant de tous ses fruits...

La référence principale à Saint Augustin dans Le "De Monarchia" (chapitre III III) est centrée, et pour cause, sur l'action politique.

Elle est l'occasion pour Dante d'affirmer tout son goût pour la *Vérité*, en pareil champ d'action humaine. Son passage à la magistrature suprême de la République de Florence et ses nombreuses missions d'ambassades mettront ses conviction en la matière à rude épreuve ! Il évoque, dans ce texte, les difficultés associées à ce qu'il appelle les *deux grands luminaires*, à savoir le Pontife romain et l'Empereur romain, dans la recherche d'une vérité en matière d'organisation "politique", au sens large du terme, concernant les deux pouvoirs. Il fait référence à l'éclairage que nous pouvons avoir par les textes : les Écritures de l'Ancien et du Nouveau Testament, les écritures des docteurs, *Augustin et autres esprits aidés certes par le Saint Esprit, les "Décrétales"*, c'est-à-dire les traditions ou constitutions ecclésiastiques fixant les rapports civils et patrimoniaux du Clergé avec la société dans laquelle il s'insère.

Le Poète affirme sa soif de vérité, haut et fort, face à tous ces textes, et à ce que les acteurs responsables en font : *J'entreprends dans ce livre*, écrit-il, *le combat pour le "salut de la vérité"* !

Saint Augustin est encore nommément cité dans les fameuses Épîtres.

À l'Épître XI, nous lisons cette violente invective contre tous les acteurs qui incitent le Poète à célébrer les *Funérailles de notre mère l'Église*...

Ils les opposent aux grandes âmes reléguées par eux : Saint Grégoire le Grand, Saint Augustin, Bède, etc.

Ceux-là cherchaient Dieu, écrit-il, *comme leur but et bien suprême ; ceux-ci vont en quête de revenus et de prébendes.*

Et, comme pour se dédouaner du péché d'orgueil, il ajoute :
Mais ne croyez point, mes pères, que je me prenne en ce monde pour un phénix. Car ces choses que je vous chante, tres-toutes gens en grondent ou en bourdonnent... Vivant est le Seigneur ; et Celui qui fit mouvoir la langue à l'ânesse de Balaam est le Seigneur aussi des bêtes du temps présent.

Le lecteur du XXIe siècle ne pourrait-il pas découvrir dans les propos de Dante, concernant les acteurs du pouvoir de toute nature, le reflet d'une actualité saisissante ? Car les dérives humaines, pour contingentes qu'elles soient dans leur expression d'une époque, ne sont-elles pas en réalité permanentes dans les vérités qui les agitent ?

Après ce parcours rapide auprès des maîtres incontournables dans la pensée du poète, nous devons nous tourner à présent vers quelques affinités électives très prononcées.

Les affinités électives : Boèce, Ovide, Cicéron, et Joachim de Flore

Boèce

Anicius Boèce (470-525), grand seigneur romain, qui fut consul de Rome, rédigea sa "Consolation Philosophique" en prison, où on le décapita. Il fut injustement soupçonné d'avoir voulu libérer la ville de la domination des Wisigoths. Il fut accusé, à la fois de complot et de magie.

Cette œuvre de haute spiritualité fut une source très prisée au Moyen Âge. Dante y fait de nombreuses références dans le Banquet, le "De Monarchia" et "les Épîtres". Sa forme associant la prose aux vers n'est pas sans rappeler celle de "La Vita Nova".

Et le Poète le célèbre au chant Xe du Paradis, parmi les âmes de Sages, au ciel du Soleil, comme le chantre d'une soif de la Vérité qu'il partage tant avec lui. Il en fait un chrétien exemplaire, bien que certains commentateurs en doutent. Boèce fait partie de la présentation de grands sages par Saint Thomas d'Aquin au Poète, précédemment évoqué :

En lui, de voir tout bien est réjouie
l'âme sainte qui montre mensonger
le monde aux bien-oyants, et les console.

En dehors de la Vérité, c'est au sujet de la Raison que Dante fait référence à Boèce. Il écrit dans le Banquet (II VII) : *Qui de la raison s'écarte et use seulement de la partie sensitive, il ne vit pas homme, mais il vit bête ; comme dit ce très excellent Boèce : "Ane vit-il".*

Le Poète évoque, comme Boèce, le rôle de la "Providence" qui, en quelque sorte, environne et conditionne l'exercice du libre-arbitre de l'homme, ou, autrement dit, il souligne que la contingence matérielle s'insère dans la nécessité que génère le monde spirituel, et lui seul. (Paradis, chant XVIIe 37-39) :

Le futur contingent, qui point ne joue
hors du livre où matière écrit vos choses,
est peint trestout dans l'éternelle vue.

En dehors de la Raison, de la Vérité et de la Providence, d'autres thèmes encore sont l'occasion chez Dante de réminiscences tout à fait explicites de la pensée du grand seigneur romain, en particulier dans le Banquet.

Au chapitre II, X-XII et XV, le Poète, sous l'influence du *désarroi de l'âme*, citant Boèce : *un subit remuement de choses n'advient jamais sans quelque désarroi de l'âme*, avouant plus loin, à propos de son propre désarroi, s'être mis à lire le livre sur La Consolation, pour pallier ce qu'il dénomme, ailleurs et fort joliment *l'âme en pleurs*.

Un peu plus loin, il associe Boèce à Tullius, et écrit à leur égard une très belle formule d'apologie de la Philosophie : *[...] Dans la douceur de leurs discours,* écrit-il, *(ils) m'acheminent comme il est dit plus haut à l'amour, c'est-à-dire à l'étude, de cette dame, la très gentille Philosophie.*

Au chapitre suivant III-I, manifestant le parti qu'il prit de *chanter l'Amour*, il émet trois raisons pour cela : l'intérêt de l'amour de soi, le désir de faire durer l'amitié quand il la rencontre et la 3ᵉ raison est *un argument de prévoyance*, faisant référence ici à Boèce, qu'il cite : *"Point ne suffit de regarder simplement ce que tu as devant les yeux.* Dans ce même chapitre III-II, Dante cite encore l'auteur à propos d'un développement sur "l'Esprit", *la très noble partie de l'âme*, selon la belle expression du Poète lui-même.

Au chapitre suivant, IVXII-XIII, consacré en grande partie au thème de la "Richesse", Boèce est cité à propos des *périls attachés aux richesses*.

S'inspirant directement du livre du seigneur romain, Dante écrit cette phrase très édifiante et de constante actualité : *Et c'est de la sorte que dans leur accroissement les richesses sont périlleusement imparfaites, car dérobant ce qu'elles promettent, elles apportent le contraire [...].Elles promettent, les fausses traîtresses, [...], de toujours rendre l'amasseur plein de tout contentement ; et par cette promesse, elles conduisent l'humaine volonté au vice d'avarice.*

Puis, plus loin, Boèce, qualifié de "Sage", dans ce développement sur l'argent, sur la possession et sur tout ce que cela engendre de mauvais en l'homme, est cité : *L'argent est bon lorsque, transmis aux autres par us de largesse, on ne le possède plus.* Il ne s'agit pas pour autant de l'apologie de la prodigalité qui fait écrire à un Balzac : *La prodigalité des millionnaires ne peut se comparer qu'à leur avidité pour le gain.*

Mais il n'y a pas que dans la Divine Comédie ou dans Le Banquet que Boèce soit une référence avouée de Dante, pour ce qui touche de grands thèmes métaphysiques ou moraux.

Dans le "De Monarchia", chapitre I-IX, le Poète parle de *La Monarchie ou l'Empire, nécessaire au bien-être du monde* et il associe ce concept au règne de l'amour, en citant Boèce :
C'est la règle après quoi soupirait Boèce, disant :
 "O hommes, trop heureuse race,
  si vos cœurs étaient gouvernés
  par amour qui les cieux gouverne."

Dante vise en réalité ce qu'il appelle, plus loin, au chapitre IIIXVI, *l'office du Monarque*, au sens latin d'officium. Nous pourrions dire de manière plus moderne "la charge ou la fonction".

Le Poète termine le De Monarchia par cette réaffirmation du Monarque Romain, tenant son pouvoir de Dieu seul, et inspiré par lui et son représentant sur terre : *Que César, a donc, usé envers Pierre de cette révérence dont le fils aîné doit user envers son père, afin qu'illuminé par la lumière de la grâce paternelle il éclaire de plus vertueux rayons le globe de la terre, à quoi il est préposé par celui-là seul qui est gouverneur de toutes choses spirituelles et temporelles.*

Les références explicites ou implicites se manifestent, enfin, dans Les Épîtres. La plus importante, à notre avis, se situe à la toute fin de l'Épître XIII, qui clôt, elle-même, l'ensemble de ces Épîtres. Dante y rapproche une citation de Jean l'Évangélise (XVII -3) et une citation de Boèce, au troisième livre de sa Consolation. Le texte de Jean, tel que reproduit par le Poète : *La vie éternelle, c'est que l'on te connaisse pour Dieu véritable, et cetera...* Sans doute, mieux vaut citer, pour le sens complet, la phrase suivante, derrière le "*et cetera*" : *Et celui que tu as envoyé, Jésus Christ.*

Et Boèce, au troisième livre de sa Consolation : *En ta vue est notre fin.*

Rappelons ici que le face à face de Dante avec Dieu est la conclusion de son voyage initiatique dans les trois mondes de la Divine Comédie.

En conclusion, comme nous venons de le voir, la pensée de Boèce est très présente dans les réflexions du Poète, à travers tout un éventail de grands thèmes métaphysiques et moraux essentiels, au vrai sens de ce dernier adjectif. Il s'agit de la Raison, de la Vérité, de l'Amour, de la Morale de l'Argent, de la "fonction" du Monarque, et jusqu'à l'évocation, si chère au cœur et à l'âme du génie Florentin, de son face à face avec Dieu, point d'orgue de la Divine Comédie... Nous pensons que Boèce, plus que tout autre, fait partie de ce que nous avons appelé "Les affinités électives" de Dante, par contraste avec les maîtres à penser incontournables de l'époque et les figures emblématiques que nous découvrirons plus loin. Par ailleurs, bien que les causes en soient très différentes, le contexte d'écriture "consolatoire" chez les deux hommes, rajoute sûrement quelque chose à cette affinité.

Ovide, sur un tout autre plan, bien sûr, fait lui aussi partie de ces "affinités électives".

Ovide

"Les Amours" chantent la passion imaginaire qu'Ovide entretient avec sa fameuse Corinne. Mais, en réalité, c'est toute l'œuvre du poète latin qui gravite autour d'amours plus ou moins imaginaires, mêlés aux évocations mythologiques. Les héroïnes, telles que Didon ou Phèdre, auxquelles l'auteur consacre des lettres fictives dans les Héroïdes, les traités parodiques des Fards ou de l'Art d'aimer, qui prennent appui sur une satire de la société Romaine, ont certainement effleuré aussi, et sans doute davantage, la sensibilité de Dante.

Certes l'optique de véritable "jeu poétique" est étrangère aux évocations des amours de Béatrice, mais en revanche la présence mythologique, mêlée aux simples remous humains, comme l'affectionnaient tout particulièrement les Anciens, fait partie intégrante de la conception même de l'œuvre du Florentin. Le ton et la finalité sont naturellement très différents de celui et de celle d'Ovide, dans les ouvrages précités. Avec les accents tragiques de Médée ou les poèmes mythologiques des Métamorphoses, la parenté ou tout au moins l'influence, s'affirme.

Les transformations des dieux ou de personnages humains en animaux ou en plantes et l'épopée historique en plusieurs tableaux ne sont pas sans rappeler certains épisodes de la Divine Comédie, assorties de leurs connotations éthiques et métaphysiques.

Dante, faisant référence aux Métamorphoses, évoque, au XIème chant de l'Enfer, la transformation du fondateur de Thèbes, Cadmus, en serpent et celle de la nymphe Aréthuse en une fontaine, qui jaillit encore sous les eaux de la mer à Syracuse. Le Poète associe ces images aux atroces métamorphoses de deux larrons Florentins, infligées au 8ème cercle de l'Enfer, celui des voleurs. Il renchérit en fait dans le sens d'une transmutation de nature alchimique (Enfer, XIème chant 97-102) :

D'Aréthuse ou Cadmus, or taise Ovide,
    car si son art change l'une en fontaine,
    l'autre en serpent, il n'a rien que j'envie :
onc ne sut-il natures affrontées
    tresmuer l'une en l'autre, et faire entre elles
    passer de forme à forme leur matière.

Au-delà de ces métamorphoses, nous verrons que le principe de transmutation alchimique, avec ses deux composantes spirituelle et matérielle, est omniprésent dans la Divine Comédie. Nous verrons en particulier le rôle de premier plan joué par toutes les images reliées aux éléments.

Sur un tout autre plan, le Poète est aussi en affinité certaine avec le grand Cicéron.

Cicéron

Il est difficile de dire, nous semble-t-il, quel aspect de la vie et de l'œuvre de ce géant Latin a le plus attiré Dante : son engagement et son action politique au service des "honnêtes gens", les Optimates ? Son talent d'orateur et l'exercice réel du pouvoir dans la cité, comme avocat, questeur en Sicile, ou consul, ou gouverneur en Cilicie ? Le sort donné à cet engagement et à ces responsabilités sous la forme de l'exil, en attendant son assassinat par Antoine ?

N'oublions pas que Dante fut condamné non seulement à l'exil mais à la mort ! Est-ce encore une œuvre sollicitée par cette finalité d'action politique qui a le plus attiré le Poète Florentin ? L'échec sur le plan des idées en pleine période de guerre civile, à l'instar de ce qui se passa en République Florentine ?

L'éloquence littéraire, bien sûr, aussi et la célèbre trilogie du discours de Cicéron : Prouver, Plaire et Émouvoir ? La soif inextinguible de morale pratique et publique, au confluent des différents courants : Épicurisme, Stoïcisme, Académisme.

Est-ce encore une œuvre sollicitée par cette finalité d'action politique qui a le plus attiré le Poète Florentin ? L'échec sur le plan des idées en pleine période de guerre civile, à l'instar de ce qui se passa en République Florentine ?

L'éloquence littéraire, bien sûr, aussi et la célèbre trilogie du discours de Cicéron : Prouver, Plaire et Émouvoir ? La soif inextinguible de morale pratique et publique, au confluent des différents courants : Épicurisme, Stoïcisme, Académisme.

Il existe également des ressemblances ontologiques et de caractère entre les deux hommes : se vouloir, avant tout, un personnage influent de la Cité, placer l'orgueil et les finalités les plus élevées du destin humain comme moteur de toute l'existence, des talents intellectuels, enfin, hors du commun...

Sans doute que tous ces aspects ont eu de l'importance pour Dante.

Il nous est impossible de ne pas percevoir une étrange correspondance entre les destins de ces deux figures.

Mais, bien entendu, Cicéron fit allégeance surtout à la muse Calliope, pour son éloquence, érigée au statut d'un vrai mythe, tandis que Dante la fit davantage à la muse Erato, pour son élégie, et Polymnie, pour son lyrisme !..

Cicéron est cité par Dante, de nombreuses fois, tout au long du Banquet, sur des thèmes aussi essentiels que l'Amitié, le langage et les règles de la Rhétorique, l'existence de l'âme, les âges de la vie et la vieillesse, les questions relatives à la richesse. Le Poète se réfère au Livre de l'Amitié pour évoquer toutes les causes qui engendrent et confortent l'amour. En référence au Livre de la Fin des Biens, il fait l'éloge du langage courant, à l'image du *clair parler romain*.

En référence au Livre des Offices, il évoque l'arrogance des personnes qui n'ont nul souci de connaître le sentiment des autres à leur égard, et aussi une certaine pudeur pas toujours recommandable : *Nul acte*, écrit Cicéron, *n'est laid qu'il ne soit laid de nommer*. Ailleurs et, dans ce même livre, Dante commente *l'âme large* que l'homme doit posséder à l'âge de la vieillesse. Notons sur ce thème de la vieillesse, les références faites par Dante au Livre de la vieillesse de Cicéron. Le Poète évoquant l'immortalité de l'âme et, se référant aux écritures des philosophes et des sages, écrit : *tous concordent en ceci qu'il existe en nous une certaine partie perpétuelle*. Il se réfère encore à ce même livre pour parler de *la semence de vertu divine qui engendre la noblesse de l'âme*.

Dans le Livre de Paradoxe, Dante puise la plus longue citation, concernant les attitudes engendrées par la Richesse. Notons en particulier ce passage : *en aucun temps ne s'achève et ne se rassasie la soif de la convoitise, et ils* (les riches) *ne se tourmentent pas seulement par désir d'accroître les choses, mais ont tourment en outre dans leur peur de perdre icelles*.

Mais soulignons ici la référence à La nouvelle Rhétorique dans la fameuse Épître XIII, adressé par le Poète à son protecteur Can grande della Scala, seigneur de Vérone, à qui il a dédié sa "Comédie". Commentant celle-ci, il se réfère aux règles de rhétorique émises par Cicéron : *rendre l'auditeur bienveillant, attentif et docile*, surtout quand le *merveilleux* (est) *la matière sur quoi roule le présent récit*.

Cicéron est encore pris à témoin dans le "De Monarchia" de Dante. Première citation dans le Livre de la Première Rhétorique, aux accents très "modernes" (!) : *Les lois doivent toujours être interprétées selon le bien de la chose publique.*

Notons pour conclure que le personnage de Cicéron figure sous le deuxième terme "Tullius" de son nom complet "Marcus Tullius Cicero", dans la Divine comédie, dans les Limbes, au 1er cercle de l'Enfer. (Chant IV -141).

Il y figure parmi les grands hommes de l'Antiquité, qui n'ont pas connu le Christianisme, tels que Aristote, Socrate, Platon, et bien d'autres.

Les habitants des Limbes ne subissent aucun supplice, mais, privés de la vue de Dieu et de la gloire du Paradis, ils vivent *dans le désir sans espérance.*

Mais Cicéron est, notons le avant tout, cité aux côtés de *Sénèque le moral* et de deux poètes et musiciens mythiques : Orphée et Linus (ou Linos).

Le premier, Orphée, est le célèbre aède de Thrace, fils du roi Oeagre et de la muse Calliope, dont la légende est liée à la religion des mystères ainsi qu'à une littérature sacrée allant jusqu'aux origines du Christianisme.

Le second, Linus, est le fils d'Apollon et de cette même muse Calliope ou de la muse Uranie ou d'une princesse argienne (versions différentes).

Orphée et Linus sont cités par Virgile dans sa IVe Églogue, le même Virgile, bien entendu, qui guide le Poète jusqu'au Xe chant du Purgatoire, au seuil du Paradis terrestre !

Parmi les personnages que nous avons qualifiés d'affinités électives, une place tout à fait à part doit être attribuée à Joachim De Flore, avec ses fameuses Prophéties. Il eut une influence indéniable sur la formation des convictions du Poète quant au rôle du Pape et à une perspective eschatologique.

Joachim de Flore

Son nom n'apparaît que dans le Paradis de la Divine Comédie. Aucune citation directe n'apparaît dans les autres œuvres, à la différence des personnages précédents. Au Chant XIIe (v.139-141), au 4ème ciel, parmi les âmes des sages, Dante le désigne, aux côtés de Raban Maur, moine savant bénédictin, né à Mayence et devenu archevêque de sa ville natale et célèbre pour ses interprétations allégoriques de la Bible. Le Poète salue ainsi chez Joachim de Flore l'auteur des Prophéties :

Ci est Raban, et près de moi la flamme
de l'abbé calabrais, Joachim, dis-je,
en qui souffla l'esprit de prophétie.

Ce moine calabrais est né vers 1130. D'abord abbé cistercien de Corazzo, il fonda la "Congrégation érémitique de Flore", approuvée en 1196 et disparue au XVIe siècle. Il est l'auteur du Livre des figures, d'un Traité sur les quatre évangiles, d'une Exposition de l'Apocalypse et d'une prédication de L'Évangile éternel. L'ensemble des deux dernières œuvres lui conféra l'image d'un visionnaire prophétique. En son temps, Saint Thomas d'Aquin ne lui était pas aussi favorable que le Poète Florentin ne le fut, au sien.

Sa doctrine, exprimée notamment dans son ouvrage sur "La Concorde des Deux Testaments, distinguait dans l'histoire humaine l'âge du Père (celui de la Loi, de la Matière, de l'Ancien Testament), l'âge du Fils (celui de la Foi, de l'Église doctrinale), et un âge de l'Esprit, à venir, celui où une Église entièrement monacale gouvernerait l'humanité convertie à la pauvreté évangélique.

Son étude approfondie de la Bible l'inclina ainsi vers une interprétation très "mystique" et sa doctrine, appelant un renouveau social et religieux, s'inspira de celle des Cathares, comme l'ont souligné certains commentateurs.

Ses livres furent condamnés à plusieurs reprises après sa mort. Pourtant, au départ, cette doctrine ne fut pas taxée d'hérésie, mais sa vulgarisation, à travers L'introduction à l'Évangile éternel de Gérard de Borgo San Domino en 1254, aboutit dans les rangs des mouvements Franciscains non conformistes des XIIIe et XIVe siècles et notamment parmi les "Fraticelles" et les "Spirituels".

Ces derniers identifiaent leur ordre à celui des "Justes", annoncé par Joachim de Flore, et luttèrent ainsi contre l'Église établie. Notons que les "Fraticelles" furent souvent qualifiés de secte chrétienne hérétique. Ils sont issus d'une partie des "Spirituels". Leur dirigeant principal fut Ange Clarino.

Ils revendiquaient *la pratique à la lettre et sans glose de la règle de Saint François* et se heurtèrent à la hiérarchie catholique. Condamnés par Jean XXII en 1317, leurs membres furent les victimes désignés de l'Inquisition, tant en Sicile qu'en Provence. Ceci n'empêcha pas leur mouvement d'influencer directement la création des Franciscains de "L'observance" au XIVe siècle.

Enfin, rappelons que certaines des Prophéties du calabrais parurent se réaliser après sa mort. La notoriété de Joachim de Flore prit son envol et déclencha une abondante littérature qui chercha la vengeance avec force imagination et renfort d'utopie… L'an de grâce 1260, considéré comme l'avènement de l'âge nouveau, amena en Italie et en Allemagne des processions de flagellants et d'autres manifestations qui continuèrent pendant 2 ans, jusqu'en 1262, soit 3 ans avant la naissance de Dante.

Les disciples de Joachim de Flore insistaient sur la venue du Paraclêt et minimisaient le rôle de la rédemption. Ils furent condamnés par le concile d'Arles. Or Dante, au dernier chant du Paradis, est heureux d'avoir compris tout le mystère de la Trinité et de l'Incarnation, mais n'évoque pas le mystère de la rédemption. Il invoque *L'Amour qui meut le soleil et les étoiles*.

Certains commentateurs se demandent s'il ne s'agit pas d'une allusion au Paraclêt. Nous en doutons, compte tenu de toute la "personnalisation" de la volonté divine exprimée par ailleurs, dans la Divine Comédie.

Si la rédemption n'est pas directement évoquée, la révélation finale ne laisse pas de doute sur le sens à donner à ce vers. Nous adhérons totalement à ce qu'en dit Henri Longnon (1) : *Après la révélation suprême, le désir et la volonté de Dante sont enfin conformes à la volonté de Dieu. C'est cette adhésion spontanée aux lois divines qui est : "l'Amour qui meut - Et le Soleil et les autres étoiles"*. Et, à notre point de vue, le "rachat" est directement associé à l'œuvre de transmutation que symbolise tout ce voyage initiatique du Poète dans les trois mondes de la Divine Comédie.

----
(1) *La Divine Comédie* par Henri Longnon, Éditions Garnier, 1962.

La perspective eschatologique est naturellement présente aussi dans la pensée de Dante. Enfin, et surtout, le dernier chant du Paradis, le XXXIIIe (voir par ailleurs le symbolisme de ce nombre !), s'ouvre par 3 tercets qui ne laissent aucun doute pour nous sur la rédemption du genre humain accomplie par le Verbe, incarné dans le sein de Marie. Nous préférons ici tenter une traduction personnelle de ces vers essentiels, sachant qu'il nous est, bien entendu, impossible de retrouver la fidélité, la force et la musicalité des originaux :

> *Vierge mère, fille de ton Fils,*
> *Humble et haute plus que toute créature,*
> *Terme fixé d'un éternel conseil,*
> *Tu es celle qui ennoblit notre nature humaine*
> *À tel point que son Ouvrier*
> *ne dédaigna pas de se faire son Œuvre ;*
> *En ton sein s'est rallumé l'Amour,*
> *À la chaleur de qui, dans l'éternelle paix,*
> *À pu germer cette Fleur.*

Bien sûr, *l'éternel conseil* c'est l'allusion au *décret de Dieu* qui fixa le terme de la rédemption du genre humain par le Verbe, incarné dans le sein de Marie, par la semence de l'Esprit Saint. Et la *Fleur* est cette rose candide qui assemble dans la Lumière les premiers "élus"…

C'est Pier Giovanni Olivi, Franciscain "spirituel", issu des Joachimites et enseignant à Santa Croce, qui, d'après Paul Alexis Ladame, un récent biographe du Poète (2), transmit à celui-ci les prophéties de Joachim de Flore.

Parmi ces prophéties figure l'annonce de "l'Âge Franciscain", qui devait s'opposer à la corruption de l'Église romaine et ouvrir, sur le plan spirituel, l'Ère nouvelle du Saint Esprit.

Fra Ubertino da Casale succéda au précédent maître à penser de Dante.

Le même auteur l'évoque en disant, je le cite :

Il fortifia une soif inextinguible de connaissances, de recherche de la vérité, de mise en question des dogmes et des doctrines, de liberté de pensée et de large tolérance des croyances différentes qui ont caractérisé les œuvres de Dante.

Parmi les références de la pensée et de l'inspiration du Poète, figure une troisième catégorie que nous avons dénommé "Les figures emblématiques" pour souligner leur présence allégorique et symbolique sous la plume de Dante. Ainsi, leur rôle dépasse celui de simple source intellectuelle et spirituelle, à l'instar des précédents nommés, pour devenir de véritables "guides" ou entrer, en quelque sorte de manière plus ou moins active, dans le déroulement de l'œuvre et en particulier dans la Divine Comédie. Saint François n'est jamais cité en dehors de cette dernière œuvre, mais fait l'objet d'un éloge appuyé. Bernard de Clairvaux, très présent au Paradis, est cité une seule fois, dans la fameuse Épître XIII, adressée à Cangrande della Scala et présentant la "Comédie". Enfin, Virgile est omniprésent comme guide dans cette dernière. Il est souvent cité dans les autres œuvres.

---

(2) *Dante* par Paul Alexis Ladame, Éditions Grancher, 1996

Les figures emblématiques
Saint François d'Assise, Bernard de Clairvaux et Virgile

En dehors de Béatrice, précédemment évoquée, qui a la place centrale de ce point de vue emblématique, ces trois personnages prennent un relief tout à fait particulier dans la Divine Comédie. Le Poète a pour eux tout à la fois de l'admiration et une affection toute particulière.

Saint François d'Assise

Celui que nous avons déjà placé, plus haut, parmi les maîtres à penser incontournables, ressort, ici, comme l'une des 3 figures les plus emblématiques, à notre sens. Mais il n'a pas un rôle "actif" comme les deux autres, qui seront les "guides" de Dante pour son voyage initiatique, à des étapes précises, au même titre que Béatrice.

François d'Assise apparaît à l'avant dernier chant du Paradis, le XXXIIe (v.31-36). Nous sommes au 10e ciel, dans l'Empyrée. Le saint figure dans la *cour céleste*, parmi les anges et les bienheureux, au-dessous du trône du *grand Jean*, Jean-Baptiste, le Précurseur, et aux côtés de Saint Benoît et de Saint Augustin, soit au milieu des élus des deux lois : *la Loi Ancienne et la Loi Nouvelle*.

>   *de même, en face, est assis le grand Jean*
>   *qui souffrit, toujours saint, et le désert*
>   *et le martyre, et puis l'enfer deux ans ;*
>   *et dessous lui est marqué pareil ordre*
>   *à François, et Benoît, et Augustin*
>   *et autres jusqu'au bas, de tour en tour.*

Tels sont évoqués les fondateurs des trois principaux ordres monastiques. Mais au-delà de cette intronisation, il nous faut noter les aspects de la vie de Saint François d'Assise qui ont particulièrement marqué Dante, à en juger par toute son œuvre et pas seulement cette présence dans l'Empyrée, qui n'est qu'un aboutissement et une consécration.

L'éloge du saint que le Poète prête à Saint Thomas d'Aquin, assimilant la "Pauvreté" à la dame de ses amours et évoquant sa "légende mystique", n'est-il pas merveilleusement éloquent ? !

>   *De cette côte, à l'étage où se brise*
>   *sa roideur, un soleil naquit au monde*
>   *comme parfois le nôtre naît du Gange.*
>   *Qui ce lieu nomme, adonc, ne devrait dire*
>   *"Ascise", car c'est là trop court parler,*
>   *mais "Orient", s'il veut proprement dire.*
>   *Il n'était pas encor loin du lever*
>   *qu'il commença de faire à votre terre*
>   *sentir de sa vertu quelque confort ;*

> *car de son père il encourut bataille*
> *pour telle dame à qui, comme à la mort,*
> *nul ne déclôt la porte du plaisir ;*
> *et par devant l'épiscopale cour,*
> *coram patre, il s'unit à s'amie ;*
> *puis il l'aima de jour en jour plus fort.*
> *Icelle, après ses primes épousailles*
> *veuve resta, en mépris et obscure,*
> *onze cents ans et plus, sans chevalier.*

Suit l'évocation des disciples du saint. Puis le Poète reprend le fil de cette vie exemplaire :

> *Puis enflammé par la soif du martyre,*
> *sous le regard superbe du Sultan*
> *il prêcha Christ et ceux qui le suivirent ;*

Plus loin, le Poète évoque les stigmates des plaies du Christ, reçus par le saint en prière, et qui ne le quittèrent plus jusqu'à sa mort. Se sentant près de sa fin, le saint se fit transporter dans l'église Sainte-Marie-des-Anges et posé nu sur le sol nu, en signe d'humilité et de pauvreté absolues :

> *sur l'âpre roc entre le Tibre et l'Arne*
> *lui fut baillé le dernier sceau du Christ,*
> *que ses membres blessés deux ans portèrent.*
> *Lorsqu'à Dieu, qui l'élut pour tant belle œuvre,*
> *plut de le rappeler au guerredon*
> *qu'il mérita par se faire chétif,*
> *aux frères siens, si comme à justes hoirs,*
> *recommandant sa dame la plus chère*
> *il commanda qu'ils l'aimassent par foi :*
> *de ce pauvre giron voulut partir*
> *sa claire âme, rentrant dans son royaume ;*
> *et pour son corps ne voulut d'autre bière.*

Notons que *"Guerredon"* signifie récompense, *"mercede"*, en italien et *"Hoirs"* héritiers, *"rede"*, forme ancienne de *"Erede"*, en italien.

Pauvreté, Humilité et Combat pour la Foi… Telle est, aux yeux du Poète, la valeur exemplaire de ce saint et de la règle émise et approuvée par le pape Innocent III, en 1210, comme le poème le rappelle aussi.

Or, Dante plaça au cœur de ses critiques virulentes, adressées à l'Église de sont temps, précisément, l'avidité de pouvoir et de richesse et le combat temporel, bien plus présent, dans les actes de la Papauté, que le combat spirituel. François ou l'Authenticité de la Foi vécue, telle est sans doute cette figure emblématique pour le Poète.

Bernard de Clairvaux

C'est à lui seul que le Poète va confier le rôle de guide au plus haut niveau de son voyage dans l'autre monde. Il vient en effet remplacer, au XXXIe chant du Paradis, Béatrice, qui reprend sa place dans la "Rose des Bienheureux".

L'apparition, au 10e ciel, en Empyrée, parmi les élus tout de blanc vêtus, du premier abbé de Clairvaux, fondateur de l'ordre cistercien, promoteur de la seconde croisade, conseiller des évêques, des princes et des papes, fervent mystique qui contribua à développer le culte et la dévotion à la Vierge Marie, cette apparition est toute à l'image de la ferveur que Dante porte lui-même à l'égard de la Reine du Ciel (Chant XXXI- v.58-63 et 94-102) :

Une chose attendais-je, autre m'arrive :
je cuidais voir Biétris, et un gran vieil
vois-je vêtu comme la claire gent.
Par les yeux et les joues son vis est teint
de bénigne liesse, et dans son geste
paraît l'amour qui sied à tendre père."

....

Et le saint vieil : "Afin que tu achèves
parfaitement" dit-il "ta longue route,
à quoi prière et amour saint m'envoient,
par ce jardin fais tes yeux envoler :
ils seront apprêtés par cette vue
à remonter le jour du flot divin.
Et la reine du ciel, pour qui je brûle
trestout d'amour, nous accordera grâce ;
car je suis son féal servant, Bernard.

Puis au début du XXXIIIe et dernier chant du Paradis (v.1-39), le Poète fait adresser par le saint une prière à la Vierge, inspiré du *"Memorare"* que la tradition lui attribue et intercède auprès d'elle pour le Poète lui-même.

Nous y renvoyons le lecteur pour son exceptionnelle beauté et son inspiration. Citons seulement le passage pour le salut du poète et la conclusion évoquant Béatrice :

Ore cestui, qui des plus basses fosses
de l'univers jusques ici a vu
l'éterne sort des âmes une à une,
supplie à toi que par grâce lui prêtes
suffisante vertu pour élever
ses yeux plus haut vers la salut dernière.

....

Vaincs par ta garde humains emportements :
et vois combien d'élus avec Biétris
joignent vers toi les mains en ma prière.

Saint Bernard n'est cité par Dante, en dehors de la Divine Comédie, que dans sa fameuse Épître XIII dédiant et présentant la "Comédie" à Can grande della Scala, seigneur de Vérone, déjà nommé plus haut.

Il y renvoie les "jaloux" au livre de La Considération de Bernard, aux côtés du livre de La Contemplation de Saint-Victor, et du livre de La Quantité de l'âme de Saint Augustin.

La troisième figure emblématique que nous allons voir à présent tient, incontestablement, la place la plus importante pour Dante, après Béatrice. Il s'agit de Virgile. Ce personnage, non seulement joue le "rôle actif" essentiel, dans la Divine Comédie, de sage, de maître, de guide et, écrit le Poète, *celui en qui j'ai pu trouver le Bel écrire...* mais il est encore une référence prégnante dans le Banquet, les Épîtres, le "De Monarchia", et les autres œuvres.

Virgile

Virgile est, avec Béatrice, l'un des deux personnages centraux de la Divine Comédie et le Poète l'évoque aussi à de nombreuses reprises dans ses autres œuvres. L'image qui nous en est donné dans l'œuvre maîtresse du Florentin est éminemment "poétique" et quelque peu "tutélaire"... Il s'agit du Maître et du guide d'un voyage initiatique. Virgile est omniprésent tout au long de la Divine Comédie, tant par son rôle de "guide de Sagesse Humaine", que par le contexte mythologique dans lequel baignent un grand nombre d'étapes du voyage dans l'autre monde.

Nous reviendrons au Chapitre III sur les principaux éléments qui donnent à ce voyage un caractère "initiatique" et qui rapprochent la Divine Comédie et l'Enéide. Et nous suivrons, au chapitre IV les apparitions majeures du poète latin, en les reliant à la numérologie sacrée et en évoquant la progression spirituelle vécue par Dante dans les trois mondes de l'au-delà.

Nous nous intéressons donc, pour l'instant, à l'apparition et à la disparition de cette haute figure ainsi qu'à son rôle auprès du Poète.

Virgile apparaît dès le premier chant de l'Enfer (v 61 et suivants), encore anonyme, comme *ombre ou homme certain* et dans le *silence*...

Puis *l'ombre* décline, toujours anonymement, les "indices" de son identité, parmi lesquels sa qualité de poète et son œuvre à peine voilée :

Je fus poète et chantai de ce juste
fils d'Anchise, qui vint des bords de Troie
quand la superbe Ilion fut brûlée.

Et Dante alors prononce son nom avec interrogation :

Or es-tu ce Virgile et cette font
qui répand de parler si large fleuve ?

Plus loin nous entendons un éloge de Virgile d'une merveilleuse chaleur, qui nous livre en raccourci toute la raison d'être de ce rôle de "guide" du poète latin :

O lumière et honneur de tous poètes,
or me vaille l'étude et vif amour
qui m'a fait jour et nuit chercher ton livre.
Tu es mon maître et conseil et auteur ;
tu es celui en qui j'ai pu trouver
le bel écrire où mon honneur est sise.

Bien sûr, la renommée de Virgile fut très grande au Moyen Âge, dépassant le rôle de poète et revêtant les traits de la prophétie et de l'œuvre allégorique de Sagesse. Mais nous sentons dans ces vers et les autres à suivre, combien "l'attache personnelle" de Dante est grande.

Par ailleurs, Henri Lognon, déjà cité (1), définit excellemment la personnalité symbolique de Virgile : *Elle représente*, écrit-il, *d'abord la Raison droite, délivrée des passions et des attraits du mal ; mais la Raison humaine seulement, en tant que subordonnée à la Vérité révélée ; puis, en un sens anagogique, l'autorité impériale qui "selon les enseignements philosophiques doit diriger le genre humain à la félicité de la terre.*

La citation faite à la fin de ce portrait par l'auteur est de Dante. Notons bien que réside là la Sagesse humaine qui place la Raison humaine subordonnée à la Vérité révélée. Ceci s'inscrit dans la perspective de l'Augustinisme, comme nous l'avons évoqué précédemment.

C'est au XXXe Chant du Purgatoire, là où le poète situe le Paradis terrestre, que Virgile disparaît, tandis que la "Dame", Béatrice, apparaît sur le Char de l'Église, pour devenir son nouveau guide en Paradis. Et le Poète, alors, dont l'esprit *trembla de stupeur*, cherche protection, en vain, auprès de *Virgile très doux père* qui s'est effacé, dans le silence, tout comme il était apparu dans le silence !

Symboliquement, le silence est, sur un plan mystique, une condition d'ouverture à la révélation. Plus généralement, il offre un "passage" à d'autres situations ou d'autres états d'être. Il peut donner une grandeur et une "majesté" à qui en use à bon escient.

Le silence n'est-il pas alors l'apanage du Sage !

Entre le chant Ier de l'Enfer et le XXXe chant du Purgatoire, le Poète désigne Virgile à de nombreuses reprises, soit pour souligner sa "condition" dans l'autre monde, soit pour imager sa mission auprès de lui-même, soit pour rendre hommage à toute *sa science et sa raison*, soit pour magnifier l'inspiration qu'il lui doit, soit, enfin, pour montrer le terme de son rôle de guide.

La condition de Virgile dans l'autre monde...

Virgile n'a pas connu *l'Empereur qui règne là-haut*, soit le Dieu des Chrétiens. L'aide qu'il apporte à Dante ne lui permet pas, en conséquence, de le faire pénétrer dans la cité de Dieu. Ce sera Béatrice qui prendra le relais au Purgatoire. Virgile, dans les Limbes, n'a aucun espoir de monter au ciel, mais il ne souffre d'aucun supplice. Sa seule peine est de *vivre dans le désir, sans espérance.*

Il souligne à Dante, dans le chant IIIème du Purgatoire (v.34-44), les limites imposées à la Raison Humaine qu'il incarne, au même titre que Platon ou Aristote :

Fol est qui croit que la raison terrestre
puisse voler par la voie infinie
que suit une substance en trois personnes.

----

(1) *La Divine Comédie* par Henri Longnon, Éditions Garnier, 1962.

> *Contentez-vous au quia, gent humaine,*
> > *car si vous aviez pu tout voir sans aide,*
> > *besoin n'était que Marie enfantât ;*
> *Et tels vit-on souhaiter sans nul fruit,*
> > *dont pouvait être apaisé le désir*
> > *qui pour leur deuil éternellement dure :*
> *Je parle de Platon et d'Aristote*
> > *et autres maints.* (= beaucoup d'autres)...

La Raison ignore les causes des choses qui existent. Si elle avait su tout comprendre, la Foi du Christ n'aurait eu aucune justification et Marie n'aurait pas enfanté, en effet. Dans l'Antipurgatoire, au chant VIIe (v.7-8, 25-31 et 34-36), Virgile, s'adressant à Sordello, célèbre troubadour, Man-touan comme lui, définit la cause première de son inaccessibilité au ciel et au "*Haut Soleil*" :

> *Je suis Virgile et pour nulle autre coulpe,*
> > *le ciel ne perds que pour n'avoir eu foi.*
> *[...]*
> *J'ai perdu, non par faire, ains par non faire,*
> > *de voir le haut soleil que tu désires,*
> *et qui trop tard hélas me fut connu.*
> *[...].*
> *Là suis-je avec ces gens que n'adoubèrent*
> > *les trois saintes vertus, et qui, sans vice,*
> > *ont connu et suivi toutes les autres.*

La Foi, encore plus que l'Espérance et la Charité font en effet défaut...

La mission de Virgile auprès de Dante...

Elle est admirablement évoquée au chant IIème de l'Enfer (v.49-126).
Virgile rapporte au Poète ce que lui commanda de faire Béatrice et le dialogue qu'il eut avec elle. Nous y découvrons que cette mission est donnée par la *Dame de vertu*, sous l'inspiration de la Vierge Marie et de Sainte Lucie.

Cette dernière a prévenu Béatrice du danger que courrait *son fidèle*, dans *la forêt obscure*. Il s'agit vraisemblablement de Sainte Lucie de Syra-cuse, martyre sous l'empereur Dioclétien. Elle symbolise tout à la fois la Grâce illuminante et agissante, la Foi, la Prudence, la Clémence et l'Espérance.

Notons, au passage, du point de vue de la numérologie sacrée, la puissance vibratoire exceptionnelle de ce prénom en italien LUCIA. Il contient en effet 3 fois le trinitaire, et le 9, soit encore 3X3. Et la réduction théosophique nous donne l'Unité, par le nombre 19, associé à l'arcane du Soleil dans le Tarot !

Le Soleil est lui-même associé à la Lumière Divine et à Dieu le Père lui-même. Et bien sûr la racine du prénom est "Lux=Lumière". En ce prénom tout nous parle de lumière mais puissamment reliée à l'essence trinitaire et à l'unité...

L U C I A
3 3 3 9 1 = 19 = 10 =1

Au Moyen Âge, cette sainte était invoquée contre les maux d'yeux et nous savons que Dante en souffrit physiquement. Mais ceci peut être interprété sur un tout autre plan, symbolique.

Au chant IXème du Purgatoire, (v.55-57), Sainte Lucie intervient ainsi :
[............................] *Je suis Lucie ;*
laissez-moi prendre, là, celui qui dort ;
si l'aiderai-je en son nouveau voyage.

Ainsi s'exprime la *grâce illuminante* de la sainte pour guider le Poète. Car le sommeil de Dante a lui-même une portée symbolique. Dans un rêve prémonitoire, un aigle a foncé sur le Poète et l'a ravi jusqu'à la région du feu. Sainte Lucie est déjà venue au secours de Dante au moment opportun, en inspirant la mission conférée par Béatrice à Virgile.

Hommage à la science et à la sagesse de Virgile…

Dante emploie de nombreuses et très belles formules pour désigner toute la science et la sagesse du poète latin :
O va, toi duc, toi seigneur et toi maître (Enfer ch II v.14)
le gentil sage (Enfer ch. VII v.3)
la mer de sapience (Enfer ch. VIII v.7)
Haute vertu (Enfer ch. X v. 4)
O soleil qui guéris la trouble vue (Enfer ch. XI v. 91)

Virgile inspirateur de Dante…

La plus belle formule qui souligne le rôle d'inspirateur joué par le poète latin auprès de Dante (déjà mentionnée) est particulièrement éloquente, citant à demi-mots l'Enéide :
O lumière et honneur de tous poètes,
 or me vaille l'étude et vif amour
 qui m'a fait jour et nuit chercher ton livre.
Tu es mon maître et conseil et auteur ;
 tu es celui en qui j'ai pu trouver
 le bel écrire où mon honneur est sise."

Terme et limites du rôle de Virgile…

La plus belle expression en est donnée au chant XVIIIème du Purgatoire v.46-47 et 73-75 :
Et il (*) à moi : "ce-sans-plus-puis-je dire
 que raison voit : au-delà est-ce affaire
 tout à Biétris, car c'est texte de foi."
 […]
(*) Lui

> *C'est la noble vertu qu'entend Biétris,*
> *parlant de libre arbitre ; en ta mémoire*
> *retiens ce nom, s'elle t'en doit parler."*

Il est intéressant de noter que l'expression ***"libre arbitre", en Français,*** donne en numérologie sacrée et par réduction, à présent familière au lecteur, le nombre 2. Et cette dualité est elle-même le fruit de deux fois le nombre 1, 1 pour le mot "libre" et 1 pour le mot "arbitre". Et bien plus, deux fois le 1 par le nombre 10, soit un total de 20. Le nombre 1 est associé à l'arcane du Bateleur, dans le Tarot et le nombre 10 à la Roue de Fortune. Le Bateleur est le symbole même de cette "liberté" d'agir et d'entreprendre, la Roue de Fortune, le symbole même de l'instabilité permanente de la vie, qui nous soumet à tout instant à la nécessité d'exercer notre libre arbitre. Et quand cet arbitrage s'exerce à bon escient il nous permet de tendre vers notre unité profonde ! Quant au 20, total des deux mots, il renvoie à l'arcane du Jugement !

À noter que l'expression **en italien, *"libero arbitrio"*,** donne le nombre 9, associé à l'Hermite, le mot "libero" le 7, associé au Chariot et le mot "arbitrio" le 11, associé à La Force, et la somme 7+11, le 18, associé à la Lune. Nous retrouvons, à travers cette numérologie, une symbolique tout à fait cohérente de l'expression, quoique très différente de celle de l'expression en Français. Elle évoque d'autres aspects du "libre arbitre".

L'expression du *"libro arbitrio"* est en effet aussi celle d'une certaine maîtrise acquise par le sujet et symbolisée par l'arcane du Chariot, et d'une force intérieure capable de soumettre notre personnalité et nos instincts égotiques à l'autorité de l'esprit, elle-même symbolisée par l'arcane de La Force.

La voie du vieux Sage, symbolisée par L'Hermite, est celle de la prudence, de l'examen intérieur scrupuleux, avant d'affronter les mouvances de La Roue de Fortune et de s'engager. La Lune symbolise la maturation intérieure nécessaire pour entamer tout nouveau cycle d'existence et la capacité d'enfanter et de donner vie à toute nouvelle situation. Examen scrupuleux et maturation génitrice sont bien deux dimensions essentielles de l'exercice du libre arbitre…

Conclusion : en langue d'origine comme en traduction française, oui cette expression "libre arbitre" mérite, comme le chante le Poète, d'être fixée dans la mémoire de l'initié sur la voie !

Au chant XXXe du Purgatoire v.49-51, Virgile disparaît discrètement. C'est le Mercredi de Pâques, 13 avril 1300, vers 9 heures du matin. Nous avons là sans doute le tercet qui synthétise le mieux tout le lien affectif qui lie le Poète à Virgile ainsi que le rôle de ce dernier, défini au plus profond…
mais Virgile m'avait abandonné
là, veuf de lui, Virgile très doux père,
Virgile à qui je me baillai pour vivre

Virgile hors la "Divine Comédie"...

Les citations et les allusions à Virgile sont nombreuses dans la plupart des autres œuvres de Dante : la "Vita Nova", le "Convivio", le "De Monarhia", les Épîtres, les Eglogues et le "De vulgari eloquentia". Mais à la différence de la "Divina Commedia", elles ne sont plus cernables par quelques grands thèmes. Elles interviennent comme autant d'éléments de détails ponctuels au service du discours du Poète. Et nous y percevons bien sûr toute l'estime et toute l'affection portées par Dante au poète latin.

Les vibrations d'un nom...

Nous ne pouvons pas quitter Virgile sans évoquer toutes les vibrations et la symbolique, rattachées au nom même d'origine, "**Vergilius**", en langue latine, ceci à l'aide de la numérologie sacrée. Nous découvrons une fois de plus, dans l'optique de la Grande Tradition, que nommer les êtres et les choses revient à cerner leur essence propre. La numérologie elle-même porte tous ses fruits pour peu que nous l'associions à la Kabbale, au Tarot et à l'Astrologie :

V	E	R	G	I	L	I	U	S
4	5	9	7	9	3	9	3	1
lion	lion	sagittaire	balance	sagittaire	poisson	sagittaire	vierge	scorpion
feu	feu	feu	air	feu	eau	feu	terre	eau

(Total des nombres = 50 = 5)

Dans la structure même de ce nom, nous avons une écrasante majorité de nombres impairs, actifs, masculins, qui incite l'être qui porte ce nom à s'extérioriser et à avoir un fort engagement dans le monde pour y rayonner.

Chaque lettre composant le nom correspond à un signe astrologique, en rapport avec chacun des 4 éléments de la matière : la terre, le feu, l'air et l'eau. 5 signes sur 8 correspondent à l'élément Feu, dont 4 du Sagittaire. Cela confère courage, autorité, goût du défi et enthousiasme, liés à cet élément.

Cela confère aussi une prédisposition à une vie spirituelle et philosophique prépondérante et à une élévation de conscience vers les principes universels et les horizons nouveaux, grâce à l'énergie du Sagittaire.

La réduction théosophique nous donne le nombre 5.

D'un point de vue ontologique, ce nombre incite l'homme à entreprendre une alchimie personnelle. Le 5 incarne "le principe de la rectification".

D'un point de vue psychologique, ce nombre confère l'énergie qui incite à s'investir dans l'action et à vaincre ses propres peurs.

Sur un plan plus profondément initiatique, et en référence à une perspective Hermétique, nous pouvons enrichir cette analyse à l'éclairage de la Kabbale et du Tarot (Voir les ouvrages de Charles Rafaël Payeur, déjà cité. (1)).

---

(1) *Analysez votre nom* et *La Kabbale et l'arbre de vie* par Charles Rafaël Payeur, Éditions de l'Aigle, Canada (Québec).

Le nombre 5 renvoie à la lettre hébraïque HE, à l'arcane du Pape, dans le Tarot, et à la correspondance yetsirathique du signe du Bélier.

Le nombre 5 évoque *une forte capacité à focaliser son énergie au service de l'esprit et à rendre un témoignage aux forces de lumière par l'expression d'une sagesse intérieure*, écrit l'auteur précédemment cité.

La lettre HE est associée *à tous les processus vitaux permettant à l'esprit de vivifier le monde et d'éveiller en lui les forces spirituelles*.

Le signe du Bélier transmet le "feu divin". L'être est conduit à dépasser sans cesse, avec enthousiasme, ses limites. Entreprendre, lancer des défis est l'attitude de base sur un plan psychologique. L'arcane du Pape, dans le tarot, symbolise avant tout la force spirituelle qui investit le moi personnel, lui-même d'essence double : active-passive. Le Pape transmet sa connaissance. Il est le guide spirituel qui confie à ses disciples le soin de transmettre à leur tour cette connaissance, après "assimilation et alchimisation".

En conclusion, il n'est point besoin de lourds commentaires pour affirmer que les énergies et la symbolique, incluses dans ce nom de "Vergilius", sont particulièrement bien illustrées par le poète latin. Cet homme timide, dévoué à ses amis et à ses bienfaiteurs, était d'une grande douceur de caractère. Il avait la modestie et l'apparence simple des grands maîtres, derrière laquelle couve le feu de l'Esprit. Son œuvre, l'Enéide en tête, témoigne de cet appel des forces de l'esprit. Il eut une évolution spirituelle et mystique qui le conduisit d'un épicurisme primitif, livrant l'homme au contact de la nature pour son bonheur, à un platonisme mystique, admettant l'existence d'âmes survivant aux corps. Il communiqua l'image de la grandeur de Rome et eut une influence considérable sur les littératures occidentales et, parmi elles, l'œuvre de Dante.

Du point de vue de la Numérologie Sacrée, notons encore que son nom complet **"Publius Vergilius Maro"** donne, en réduction théosophique, le nombre 8, associé à la lettre hébraïque HEITH, au signe du Cancer et à l'arcane de la Justice, dans le Tarot. Sans entrer dans le détail, ceci place le poète latin, à travers son nom complet, dans la perspective symbolique et ontologique de l'équilibre avec le cosmos, atteint par purification et régénération, en relation étroite avec la dimension divine qui réside en tout être. Or Dante ne nous trace-t-il pas, dans la Divine Comédie, un portrait spirituel et mystique de Virgile, au parfait diapason de cette perspective, associée au nom du poète ?! Virgile manifeste une mélancolie certaine au chant IVe de l'Enfer, quand il pense à son sort, éternellement loin de Dieu. Et Dante fait sien cet appel intérieur de transcendance qui se manifeste chez son maître.

Né sous le signe de la Balance...

Pour terminer, nous ne pouvons pas passer sous silence le signe astrologique de naissance du poète latin, né sur les bords du Mincio, prés de Mantoue, un certain 15 octobre 70 avant Jésus-Christ !

Du signe de la Balance, Virgile manifeste incontestablement le sens de la mesure et des nuances ainsi qu'un mélange d'élans et de retenues, de l'aveu même de ses biographes.

Sur un plan plus spirituel, la Balance est selon une belle formule d'Alexander Ruperti l'élément Air *au niveau de la conscience, qui cherche à construire la société, une culture, une fraternité humaine.*

L'intérêt principal du sujet est pour les êtres humains, dans le dialogue avec les autres. Virgile eut, de fait, un échange très prolixe avec trois personnages qui furent ses protecteurs : Pollion, Octave et Mécène.

Pollion, homme politique et écrivain latin, fonda un cercle littéraire dont Virgile fit partie. Octave, alias Auguste, empereur hissé au rang de grand pontife, restaurateur de la grande tradition religieuse, sous le signe d'Apollon, instaura le culte du *"Genius Augusti"*, c'est-à-dire celui de la force divine incarnée dans l'empereur. Il fut, bien entendu, le plus puissant protecteur du poète. Mécène, enfin, chevalier romain de grande naissance étrusque, ministre d'Auguste, ouvrit ses demeures à des poètes comme Virgile et Horace. Il devint le symbole, à travers les siècles, des protecteurs des arts et lettres.

Dans le dialogue avec ses protecteurs, et d'autres amis encore comme les poètes Varrius et Tucca, qui assurèrent la publication de l'Enéide, après sa mort, Virgile put asseoir une spiritualité et une vision de l'humanité très puissantes. Les pérégrinations d'Enée et les nombreux héros de l'épopée en témoignent merveilleusement, en transcendant le simple aspect historique et mythologique des origines de Rome.

Ainsi achevons nous ce très rapide survol de la dernière figure emblématique évoquée par l'œuvre de Dante, sans doute la plus grande, d'ailleurs.

Après avoir vu ainsi les principales sources qui alimentèrent la pensée et la spiritualité du poète Florentin, en le plongeant dans ce que nous avons appelé l'âge de l'engagement, nous pouvons reprendre le fil biographique.

Le Chevalier Guelfe Blanc

À 24 ans, Dante est enrôlé dans l'armée guelfe. Il combat comme un vrai chevalier. À Campaldino, les Guelfes de Florence triomphent des Gibelins d'Arezzo. Notons que "l'esprit de chevalerie" n'est pas une vaine expression dans l'idéologie ardente du Poète. Là encore, la Divine Comédie en témoigne admirablement.

Les Âmes de ceux qui ont combattu pour la Foi occupent 5 chants, toujours au 5e ciel du Paradis, celui de Mars. Dans la deuxième partie du XIVe chant, les chœurs des esprits de Mars forment une croix grecque lumineuse, dans laquelle le Christ lance des éclairs (v.100-108) :

> *tels ces deux rais étoilés, au profond*
> *de Mars, formaient le vénérable signe*
> *que font quatre quadrants jointifs en cercle.*
> *À la mémoire ici mon vers succombe :*
> *en cette croix, tant resplendissait Christ*
> *que je ne sais trouver dignes images ;*
> *mais qui saisit sa croix pour suivre Christ*
> *excusera mon manque, si je vis*
> *parmi ces clartés d'aube ardre le Christ.*

Notons, sur un plan symbolique, la référence numérologique : Dante cite le nom du Christ par "3 fois", en le séparant du suivant, rythmiquement, d'un vers !

Tout au long du XVe chant, l'âme du trisaïeul du Poète, Cacciaguida, lui fait un accueil plein de joie et d'amour. L'ancêtre fait l'éloge de Florence, à son époque et le récit de sa propre vie. C'est là que nous apprenons l'adoubement de l'illustre ancêtre (v.139-141) :

Je suivis l'ost à l'empereur Conrad,
qui me ceignit de sa chevalerie,
tant, par bien exploiter, lui vins en gré.

Cacciaguida est adoubé en raison de ses exploits.

Le XVIe chant est axé sur le dialogue entre Dante et son trisaïeul, concernant la noblesse et les vicissitudes des grandes familles de Florence, du temps de Cacciaguida. Le Poète interroge, en évoquant Saint Jean Baptiste, le saint patron de la ville (v.25-27) :

contez-moi du bercail de Saint Jehan :
combien d'âmes il eut, quels citoyens
furent plus haut assis en dignité.

Le XVIIe chant évoque en particulier les interrogations du Poète sur son destin. Son guide en Paradis jusqu'ici, Béatrice, l'incite à exprimer sa "soif de savoir" (v.7-9) :

Adonc Biétris "Boute-nous hors la flamme
de ton désir", ce dit ; "et qu'elle saille
marquée au vif de l'empreinte foncière :
non point qu'en nous croisse la connaissance
par ton parler, mais pour t'accoutumer
à ta soif dire, afin que l'on te verse."

Et le Poète d'avouer (v.25-27) :

Et ma besogne or serait satisfaite
en sachant quel destin de moi s'approche ;
car sagette prévue frappe moins raide.

Certes la flèche du destin est plus facile à supporter si on peut en prévoir la venue. Puis Cacciaguida l'encourage à la plus libre et à la plus franche expression de ses visions, au retour de son voyage dans l'autre monde (v 124-129) :

puis dit ces mots : "Conscience embrumie
par la honte de soi ou bien d'un proche
se sentira de ta parole rude.
Mais néanmoins, refusant tout mensonge,
montre ta vision à découvert
et laisse chiens gratter où est la rogne."

La première partie du XVIIIe chant évoque les héros Juifs, les Croisés et les Paladins des chansons de geste, juste avant la montée vers le ciel de Jupiter, dans lequel apparaîtront les chœurs des Justes et des Pieux.

Dante chante, tout particulièrement, parmi les combattants pour la Foi contre les Sarrasins, des Chevaliers Français. Parmi eux apparaît la légendaire figure de Godefroy de Bouillon, premier roi de Jérusalem.

Un temps, le Poète vitupère l'Église, construite sur des persécutions, des martyrs et des miracles. Il fulmine contre les désastres de l'excommunication et vraisemblablement l'Inquisition, par opposition aux âmes combattantes de l'esprit chevaleresque (v.124-129) :

Chevalerie du ciel que je contemple,
   fais oraison pour ceux qui sont sur terre
   tout trestournés par le mauvais exemple !
Jadis on guerroyait à franche épée ;
   ore on fait guerre en ôtant çà ou là
   le pain qu'un Père aimant à nul ne serre.

Le pain dont il s'agit ici est *celui de l'âme* que l'Église de l'époque rend volontiers, après l'avoir retiré par l'excommunication, contre rétribution ou aumône pieuse ! Tout au long de ces échanges entre Dante et son illustre parent, nous percevons le souffle des règles et de l'esprit de la Chevalerie, auxquels le Poète est très attaché : bravoure, courtoisie, loyauté, protection des faibles, et combat résolu contre tous les assauts, dont la vraie Foi peut être victime…

Le nom de CACCIAGUIDA mérite que nous nous y arrêtions. Certes, sa réalité historique est probable bien que nous ne le connaissions que par le chant du Poète. Mais il reflète, de manière un peu étrange, une évidente dimension symbolique, au diapason de tout ce qui vient d'être évoqué !

"Caccia", c'est la chasse. Or, cet ancêtre fit la *chasse à l'infidèle Sarrasin…*" Guida", au sens figuré, c'est le guide, ou le mentor… La vénération que lui porte Dante est liée à ces deux aspects : exploits d'un authentique chevalier et exemple spirituel.

En référence à la numérologie sacrée, ce nom est symbolisé, par réduction théosophique des valeurs de toutes les lettres, par le nombre 8. Ce nombre est associé à l'arcane de la Justice, dans le Tarot, et à la lettre hébraïque Heith, en référence à la Kabbale. Or, le 8 est directement rattaché à la symbolique de la Chevalerie. Il évoque la purification et la régénération par médiation avec l'autre, une attitude de don et d'ouverture.

Rappelons nous à la fois la gémellité associée aux Templiers et les péripéties de leur histoire en terre sainte, avec le fameux sultan Saladin.

Celui-ci traita ses prisonniers francs avec un honneur et une loyauté qui en fit un modèle des valeurs chevaleresques dans tout le monde chrétien.

La lettre hébraïque Heith renvoie à la dimension divine en soi, et en quelque sorte à "l'autre en soi". Quant à l'arcane de la Justice, elle renvoie, avant tout, à la Conscience, au niveau le plus élevé…

Nous voyons donc que l'ancêtre décrit par Dante, avec toute l'image que le Poète en donne, porte bien son nom ! C'est un modèle pour le chevalier guelfe blanc.

Enfin, nous verrons plus loin que Dante a été vraisemblablement concerné de près par le drame des Templiers, lors d'un voyage à Paris.

Mais ici se situent, dans la vie du Poète, des drames familiaux qui pèsent de tout leur poids dans sa destinée.

La mort de Béatrice

Au XXXIe chant du Purgatoire, Béatrice fait des reproches poignants à Dante, consécutifs à son comportement après la mort de sa Dame (v.28-30) :
*Quelle aise, quel repos ou avantage
se montrèrent au front des autres biens
pour te devoir promener en leur vue ?*

Le Poète répond (v.34-36) :
*Je dis en pleurs : "Les choses de ce monde,
leurs faux plaisirs présentant, m'égarèrent
dès que me fut caché votre visage."*

Elle reprend, un peu plus loin (v52-54) :
*si par ma mort te faillit la plus pure
de toutes joies, quelle chose mortelle
te devait puis attraire à son désir ?
Bien devais-tu, pour la prime sagette
de ces trompeuses riens plus haut voler
derrière moi, qui n'étais plus terreine.*

Aux yeux de Béatrice la flèche de Cupidon est bien méprisable et le devoir de Dante eut été, certes, d'élever son âme vers sa Bienheureuse, au ciel... Mais ce n'est pas seulement la tentation de la chair qui s'empara du Poète à la mort de Béatrice. Ce fut aussi une attirance et même une cupidité forcené pour l'acquisition d'un savoir philosophique, au sens universel que recouvre ce terme, au Moyen Âge. La consolation recherchée par Dante fut celle de la lecture des maîtres anciens.

Les commentateurs aiment citer souvent "La consolation" de Boèce et surtout le Traité sur l'amitié de Cicéron. Nous retrouvons en effet ces titres sous la plume de Dante, à plusieurs reprises, comme nous l'avons mentionné déjà plus haut.

Ce sont les deux "disparitions" successives du père de Béatrice, Folco Portinari, le 31 décembre 1289 et celle de Béatrice, le 9 septembre 1290, qui mirent le Poète à l'épreuve d'une très grande souffrance morale et de tout un questionnement intérieur sur les mondes visible et invisible et, en particulier, sur l'immortalité de l'âme.

Quand le père de Béatrice vint à mourir, Dante éprouva un tel chagrin, en pensant à la douleur de la jeune fille, qu'il en tomba lui-même malade...

Il fit alors un rêve prémonitoire. Il vit la jeune fille sur son lit de mort, recouverte d'un voile blanc. Et le 9ème jour du 9ème mois de l'an 1290, Béatrice meurt... Dante sombre dans le désespoir et se console auprès d'une femme compatissante, comme il le rapporte dans La Vita Nova (chapitre XXXVII).

Un conflit déchirant s'empare de l'âme du Poète. La fidélité au souvenir de Béatrice triomphe, même si le comportement au quotidien s'engouffre dans bien des consolations. Il a une vision merveilleuse et décide de ne plus *"rimer"* sur cette *bienheureuse, jusqu'au jour,* écrit-il, *que je pourrais plus dignement toucher d'icelle [...] En sorte que s'il agrée à celui pour qui vivent toutes choses de faire durer ma vie encore quelques années, j'espère dire d'elle ce qui jamais ne fut dit d'aucune."* (Vita Nova XLII).

Les chants sublimes de la Divine Comédie, consacrés à Béatrice, se profilent ainsi de façon évidente, dès la "Vita Nova"...

Nous ne pouvons pas passer sous silence une nouvelle fois ce que la numérologie sacrée peut accorder de sens aux dates du destin !

Mort du père :   31.12.1289 = 9
Mort de Béatrice : 09.09.1290 = 3

Le père est mort le dernier jour de l'année universelle 1289, qui est, en réduction théosophique, une année 2, symbole de la dualité et de l'amour.

La date complète s'inscrit sous la vibration 9, symbole de l'accomplissement d'un cycle et associée à l'Hermite du Tarot, symbole du retrait du monde et de ses illusions, du repli sur soi, menant à une quête du divin. 9, c'est aussi le nombre de l'homme pleinement réalisé aux couleurs de l'Esprit... Et c'est le nombre du Prénom "Béatrice" ! Cela est peut-être trompeur et excessif, s'agissant de la personne de Folco Portinari. Mais Dante ne laisse aucun doute sur ce que ce père représentait pour Béatrice. Moins d'un an plus tard, celle-ci passe également dans l'Autre Monde.

Et en cette date du "grand passage", le nombre 9, auquel le Poète s'est lui-même tant attaché, dans la Divine Comédie, apparaît 3 fois. L'année universelle 1290 est une année 3 et la date complète est aussi sous cette vibration 3. Nous renvoyons le lecteur à notre chapitre IV, plus loin, sur la portée du nombre 9 dans la Divine Comédie en général. Mais ici, le nombre 3, correspondant au passage de Béatrice dans le monde invisible, est particulièrement lourd de sens. Il est attribué à "l'accomplissement" de la Destinée. Les Kabbalistes lui associent la lettre hébraïque Guimel qui symbolise la "forme", le destin, l'accomplissement de toute chose. Le nombre 3 est aussi associé à l'arcane de l'Impératrice, dans le tarot. Cet arcane symbolise l'accès de la matière aux réalités divines, grâce à la fécondation de l'Esprit.

Dans son ouvrage intitulé "Sagesse du Tarot", (édition du Signal Lausanne 1983), Elisabeth Haich écrit à propos de cet arcane un texte qui, selon nous, résume admirablement, en le transposant bien sûr, la haute figure de Béatrice, dans la Divine Comédie et, à travers elle, toute une dimension essentielle de l'œuvre : *L'homme comprend que le ciel, la terre et l'enfer correspondent à trois états de conscience et que, selon le niveau avec lequel il s'identifie, il sera heureux ou malheureux. S'il s'identifie avec son Moi réel, avec son esprit, et recherche des joies spirituelles, il est heureux, donc au ciel. Sur terre, il vit des joies et des peines, mais tout est passager. Et s'il s'identifie avec ses instincts et devient l'esclave de son corps, il se perd, se dédouble et choit en enfer. À cet échelon* (il s'agit de l'initié face à l'Impératrice), *l'homme comprend la nature, la reine, et essaie de mettre en pratique les vérités assimilées.*

En fait, Béatrice, dans sa dimension mythique, est, pour le Poète, cette Impératrice. Elle est l'aspect féminin de la Divinité, symbolisée par la silhouette d'une belle femme divine. Mais l'Impératrice, c'est aussi l'Isis des Égyptiens, la Kali hindoue, la Madone de la religion chrétienne. Et, au soir de sa vie terrestre, Béatrice va rejoindre la Reine du Ciel, la Vierge, qui la désignera pour guider le Poète dans son voyage initiatique, lorsqu'il parviendra au Paradis Terrestre, au XXXème chant du Purgatoire. Encore le nombre 3 !

La Lisette, la Gentucca, la Pietra, la Gemma...

À la mort de Béatrice, Dante se serait jeté dans les bras de la débauche, à en croire son ami Guido Cavalcanti. Il aurait aussi écrit le poème intitulé "Il Fiore". Cette œuvre est un résumé profane et quelque peu grivois du Roman de la Rose. C'est la parfaite antithèse de la "Vita Nova". Certains commentateurs en contestent même la paternité à Dante. Certes le péché mignon de Dante fut celui de la chair. Une jeune femme non expressément nommée, mais qualifiée de *gentille et pitoyable* par le Poète, consola celui-ci de la mort de sa Dame. Puis ce fut le tour de la Lisette, de la Gentucca, de la Pietra et de tant d'autres qu'il n'a pas désignées, sujets de farouches passions !

Pendant une dizaine d'années, jusque vers 1302, date de son exil, Dante mena en effet une vie mondaine, balisée de conquêtes et de déceptions.

Il évoque notamment dans l'une de ses "Canzone", *"una donna pietrosa"*, une dame au cœur de pierre.

Jacques Madaule souligne avec justesse dans son ouvrage Dante ou la passion de l'immortalité (1), que les 3 bêtes féroces, rencontrées par le Poète au 1er chant de l'Enfer de la Divine Comédie, symbolisent bien ses 3 passions, violents obstacles à son salut !

La panthère incarne la concupiscence des sens et l'auteur relève que Dante dressa la liste des 60 plus jolies femmes de Florence, ramenée ensuite à 30 ! L'auteur cite l'aveu de Dante dans une lettre écrite en latin à son ami Malaspina : *L'amour règne sur moi, sans rencontrer l'opposition d'aucune vertu.*

L'auteur évoque aussi les sonnets infamants que Dante et Forese s'échangèrent, en s'accusant mutuellement des pires turpitudes. Il cite aussi les reproches écrits, dans les" Canzoniere", par l'ami Guido Cavalcanti : *Je regrette profondément ton noble esprit et les grandes vertus qui te sont enlevées... Si tu lis souvent le présent sonnet, l'esprit trivial qui te pourchasse s'éloignera de ton âme avilie.*

Le lion, la deuxième bête, rencontrée par Dante dans l'Enfer, incarne l'orgueil et l'envie, dont Virgile, sous la plume de Dante, parle avec tant d'éloquence, au XVIIe chant du Purgatoire (v.115-123) :

Tel espère haut rang si son voisin
    est amoindri, et pour cela désire
        qu'il soit de sa grandise à bas jeté.

---

(1) *Dante ou la passion de l'immortalité*, par Jacques Madaule, Éditions, La recherche de l'absolu chez Plon, 1963.

> *Tel craint de perdre honneur et renommée,*
> *grâce et pouvoir, si un autre est loué,*
> *dont il s'attriste et aime le contraire.*
> *Tel pour injure à lui faite s'ahonte,*
> *d'où vient qu'il prend faim et soif de vengeance*
> *et pour le mal d'autrui s'arme par force.*

Notons avec Madaule que Dante ne s'est jamais reproché quelque ambition politique que ce soit. L'exil et son cortège accompagnateur de calomnies en tous genres, l'excusent profondément, sinon le justifient !

Bien plus, selon nous, hormis l'épisode du Priorat, magistrature suprême de Florence, les nombreuses missions diplomatiques et les démarches faites par le Poète pour le compte de ses bienfaiteurs, montrent à l'évidence la sage mesure de cette ambition.

La troisième bête, enfin, la Louve, incarne l'avarice que Dante n'a de cesse de stigmatiser, comme l'écrit le même auteur cité. Nombreux sont les réquisitoires lancés par le Poète contre la passion du gain et des richesses de ses contemporains. Pour lui, la décadence de Florence est largement due à l'opulence excessive, à cette *"matière"* qui pervertie tout...

Sur un plan psycho-spirituel, Madaule exprime avec pertinence toute la problématique vécue par Dante, au sujet de son avidité du savoir. Cette avidité n'est certes pas liée à la matière, mais elle n'établit pas moins son empire sur l'esprit (ou l'âme) de celui qui s'y abandonne.

L'auteur écrit : *La suprême tentation de Dante est donc celle du savoir universel, et cette tentation l'éloigne de Béatrice, parce qu'elle l'éloigne de Dieu, que Béatrice contemple. Il faudra au Poète beaucoup d'épreuves encore pour y renoncer et pour que, au terme de son exil terrestre, il parvienne à retrouver Béatrice, c'est-à-dire Dieu même.*

Ainsi, Dante, sous l'emprise de l'épreuve suprême de la perte d'un être aimé et sublimé, "combla le vide", et s'affronta à trois passions dévorantes, la chair, l'orgueil et l'avidité du savoir. C'est ce qu'il met en scène symboliquement au début de la Divine Comédie, avec la menace de la Panthère, du Lion et de la Louve.

Mais ce qui n'est que menace dans l'œuvre, fut largement abandon dans la vie réelle. Et sur les pas de son guide, Virgile, le Poète doit précisément entreprendre son voyage initiatique, en commençant par l'Enfer de tous les vices et de toutes les passions humaines...

Le Mariage, les Donati et la "Vita Nova"

Parmi toutes les belles Florentines que rencontra Dante, Gemma Donati, elle, l'épousa et lui donna trois enfants. Mais il ne parla jamais d'elle.

Elle ne le suivit pas dans son exil, lorsqu'il fut chassé de Florence par les Gibelins. C'est à l'âge de 30 ans que notre héros se maria. Deux ans au préalable, il s'inscrivit à l'orde des médecins et des apothicaires, profession qu'il n'exercera jamais.

Dante est attaché par des liens de parenté à la famille Donati. Ses sentiments à son égard sont très nuancés : il envoie, dans sa Divine Comédie certains Donati en Enfer, d'autres au Purgatoire et d'autres encore au Paradis !

Le chef de famille Corso Donati est un ligueur, un être particulièrement violent et ambitieux, impitoyable rival d'une autre grande famille, les Cerchi. C'est la plus forte haine qui hante le Poète à son égard. Corso Donati est à ses yeux le grand responsable des discordes Florentines. Il sera banni en 1300 avec tous les guelfes civils, blancs ou noirs. Il tentera de conquérir la seigneurie de Florence et mourra de deux coups de lances qui le transperceront et il sera traîné par son cheval.

Le Poète jubile dans ses vers du Purgatoire, au XXIVe chant (v.85-87), donnant à son évocation un tour tout à fait symbolique :

La bête à chaque pas plus emportée
force le train jusqu'à tant qu'elle frappe
le hideux corps et le jette rompu.

Le cheval, selon André Pézard, dont nous suivons la traduction, est la vivante *image de la passion, de la folie et de la damnation éternelle.*

Forèse, à l'opposé de son frère Corso, est débonnaire, bon vivant et plutôt vulgaire. Il endure au Purgatoire les peines encourues par les "gourmands" de la 6ème corniche, les condamnant, notamment, à revêtir un aspect cadavérique. Il déclare au Poète, au XXIIe chant du Purgatoire, (v.64-59) :

Car cet gent, qui pleure en son chanter
pour avoir outrément servi la gueule,
ici par faim et soif se refait sainte.
De boire et de manger trop nous renflamme
l'odeur sortant du fruit et de l'ondée
qui jaillit et s'épend sur la verdure.

Nous avons déjà évoqué, par ailleurs, la joute poétique que Forèse livra avec Dante sur leurs turpitudes réciproques. Il y a aussi les "gentes dames" de la famille Donati : Nella, qui selon son frère Forèse triomphe en haut de l'Olympe, Piccarda, la jeune "mystique" qui fuya le monde et prit le voile au couvent de Monticelli, près de Florence, en partie pour éviter le mariage auquel ses frères l'incitaient par pur calcul politique. Corso, podestat de Bologne, l'arracha au couvent et la maria de force. La jeune femme en mourut rapidement. Au IIIe chant du Paradis, (v.46-54), elle évoque merveilleusement et en quelques mots, à Dante, sa condition actuelle de bienheureuse :

Au monde fus pucelle en moniage ;
si tu vas remirant dans ta mémoire,
mes traits plus beaux ne te feront aveugle,
mais tu raviseras en moi Picarde :
parmi ces bienheureux ici logée
dans la plus lente roue suis bienheureuse.
Nos cœurs, tout enflammés au seul plaisir
de l'Esprit Saint, ont plénière liesse

Mais Gemma, la femme du Poète, n'apparaît dans aucun des trois mondes de la Divine Comédie ni dans aucune des autres œuvres du Poète.

Ici prend place un mystère, que de très nombreux commentateurs, par pure spéculation, tentèrent de percer en vain... Gemma dut endurer les difficultés de la vie de couple avec un mari pour le moins tout à la fois "envahissant" et "à éclipse" : les enfants, les moyens de vie limités, car la poésie ne nourrissait pas son homme, une ville hostile pendant le long exil de son mari...

Le silence du Poète est-il dû à une lassitude, liée à une association entre deux êtres qui n'avaient rien à se dire, à travers un mariage largement "manigancé" par les parents de Dante, à des défauts bien cachés de l'épouse, et, a contrario, à une femme bien malheureuse au contact d'un être probablement très "difficile à vivre", quand il était présent et, en fait, de part l'exil, un grand absent ??? La figure emblématique de Béatrice a naturellement pour vocation d'oblitérer l'image d'une femme légitime et sans doute très effacée !

La preuve nous en est donnée par la "sortie" de la "Vita Nova", seulement un an après le mariage. Il s'agit d'un beau roman d'amour, à forme poétique, mêlant sonnets et commentaires. Il s'agit aussi d'une admirable œuvre d'initiation ésotérique.

Dans le récit se mêlent des faits réels, probablement, mais surtout des songes et des visions. Et le deuil envahit toute la fin de l'œuvre, anticipation de la plongée dans l'invisible dans la Divine Comédie.

Aucun doute n'est permis sur cette dimension ésotérique de la "Vita Nova", quand nous considérons ce sonnet qui clôt le chapitre XLI :

Outre la roue qui plus au large vire
passe un soupir échappé de mon cœur :
un esprit nouvelet, qu'Amour en pleurs
a mis en lui, toujours plus haut le tire.
Quand il est parvenu où il désire,
dame apparaît, qui reçoit tout honneur,
et elle luit de si claire splendeur
que l'esprit pèlerin longtemps la mire.

Ceci préfigure la symbolique du cercle et le thème de l'Amour qui seront repris dans la Divine Comédie.

Et même, dès le chapitre II, le Poète donne le ton, numérologie, significations du nom et couleurs à l'appui : *Neuf fois déjà, depuis ma naissance, le ciel de la lumière était revenu quasiment à un même point dans sa révolution, lorsqu'à mes yeux parut pour la première fois la glorieuse dame de ma pensée, laquelle fut appelée Béatrice par bien des gens* **qui ne savaient ce que c'est que donner un nom.**

Et nous découvrons que les couleurs de Béatrice sont celles des trois vertus théologales : le blanc, le vert et le rouge. Nous reviendrons au chapitre suivant sur tout le sens de cette œuvre. Nous la considérons comme essentielle d'un point de vue spirituel en général et ésotérique en particulier.

C'est d'ailleurs à cette même époque que Dante est entraîné par son ami Guido Cavalcanti, Gibelin passionné et chef des "Fidèles d'Amour", dans cette société secrète militante. Le Poète s'y fit de nombreux amis parmi lesquels le poète Cecco d'Ascoli qui sera mené au bûcher par l'Inquisition.

La Magistrature Suprême

C'est au début du siècle, en 1300, à l'âge de 35 ans, que Dante, à la suite de son engagement et de sa propre évolution politique, exerce pendant 2 mois, du 15 Juin au 15 août, la magistrature suprême de la République Florentine, sous la suprématie des Guelfes.

Un peu auparavant, à Pâques de cette même année, il se rendit à Rome pour le jubilé qui y fut proclamé en ce début du XIVème siècle. Et en mai, il fut ambassadeur de Florence auprès de la petite cité voisine de San Gimignano. Et, enfin, et surtout, c'est en cette même année de jubilé qu'il situe son fameux voyage de la Divine Comédie, dans l'autre monde…

Il est donc élu, parmi les 6 prieurs de ce bimestre 15 juin-15 août 1300.

Cette expérience d'un pouvoir réel eut des répercussions très importantes sur sa vie, comme il se plut à l'écrire dans une épître, perdue, mais qu'aurait lu Léonardo Bruni et qui la cite : *Tous les maux et inconvénients que j'ai subis prirent racine et naissance dans les néfastes propos publics de mon priorat.*

Mais l'histoire nous rapporte par ailleurs aussi que le nouveau prieur se manifesta par un coup d'éclat qui ne passa pas inaperçu : devant la rixe qui éclata en effet entre guelfes blancs et guelfes noirs, il fit exiler les chefs des deux factions rivales, et, parmi eux, son ami Guido Cavalcanti, l'un des chefs des Blancs. Dante était pourtant lui-même rallié aux Blancs. Son "ami" mourut deux ans plus tard dans cet exil…

Au départ, il s'agissait d'une rivalité entre deux familles, les Cerchi et les Spini, puis entre les premiers et les Donati. Dante se rallia aux Cerchi, parti des Blancs, malgré sa parenté avec les Donati, par sa femme.

Dino Compagni, un contemporain du Poète nous a laissé une chronique édifiante sur cette période. Une rivalité économique était née entre deux compagnies détenues par les Cerchi et les Spini. Ces derniers finirent pas gagner la clientèle pontificale, si prometteuse, que les Cerchi convoitaient. Aux côtés des Cerchi se rangèrent des banquiers comme les Cavalcanti et les Frescobaldi. Ceux-ci étaient très "modérés" à l'égard des Gibelins et de la cité rivale de Pise. Aux côtés des Spini se rangèrent les Acciaiuoli, les Perrizzi, les Franzesi, soutenus par le Pape, et qui, eux, étaient des Guelfes très intransigeants.

À cette rivalité, vinrent s'ajouter d'autres conflits d'intérêts, entre autres, celui entre Corso Donati, haute figure que nous avons déjà évoquée, et Vieri dei Cerchi. Le bouillant Corso trouvait que le Vieri faisait trop "nouveau riche". Il s'était permis de s'installer comme voisin et d'aggrandir son domaine de manière offensante, à coups d'achats successifs.

Le parti Guelfe éclata en deux factions, en superposant conflit politique sur conflit familial et économique !

Les familles les plus puissantes du "popolo grosso", écrit Marina Marietti, (1), suivront Corso Donati et le Parti Noir, alors que, dans son ensemble, le popolo, et notamment les artisans, se rangera du côté des Cerchi et du Parti Blanc, dont Dante fera parti."

---
(1) *Dante* par Marina Marietti, Que sais-je ?, 1995.

En effet, les Blancs sont "modérés" et ouverts aux classes populaires.

Ils s'opposent au Pape Boniface VIII qui désire annexer Florence, ni plus ni moins ! Les Noirs sont hostiles à toute participation des classes populaires au gouvernement et farouches partisans du Pape.

En 1301, le Poète n'est plus prieur, mais reste membre du fameux "Conseil des Cent". Il y joue un peu le rôle de "sage", selon Marina Marietti, déjà citée. Il brille par son opposition d'une part à une aide pécuniaire sollicitée par Charles II d'Anjou, pour venir à bout d'une révolte en Sicile et d'autre part à une autre aide pécuniaire, demandée cette fois par le Pape Boniface VIII, en lutte pour son expansion en Toscane. La dynastie angevine et le Pape, ci-dessus nommé, sont les "bêtes noires" du Poète. Il n'y a pas, pour lui, pire ennemis de l'indépendance Florentine…

Équilibre entre les factions, écrit Marina Marietti, *appui du Peuple pour contenir l'insolence des "magnats" et garantir ainsi la concorde intérieure, d'une part ; autonomie de la Cité à l'égard de la seule puissance universelle encore présente dans le jeu politique italien, d'autre part : telles semblent être les lignes de force de l'attitude de Dante à cette époque.*

Au-delà même de cette attitude, rattachée à une époque donnée, il y a chez Dante une certaine constante dans la pensée politique. Jacques Madaule, déjà cité, (2), résume de manière limpide tout l'axe de cette pensée politique.

Il ne l'enferme pas, ainsi, comme certains commentateurs l'ont fait de manière abusive, dans une étiquette. En effet, nous l'affirmons haut et fort : Dante ne fut ni Guelfe, ni Gibelin, ni, encore plus (!), un politiquement "mutant"…

L'auteur écrit : *Il* (Dante) *pensait que le genre humain forme naturellement une unité et que cet ensemble doit être régi par un monarque unique qui est seul capable d'y faire régner la paix, le premier de tous les biens. Il reprochait à ses concitoyens de s'opposer à l'accomplissement de ce grand dessein par un excès de particularisme et par une prédilection exclusive pour leur petite patrie ; de même il combattait le Pontife romain, non dans son magistère spirituel, qu'il a toujours pleinement reconnu, mais dans ses prétentions à exercer un pouvoir direct sur les affaires temporelles. Cette position est tellement particulière à Dante qu'il a pu dire qu'il était à lui seul son propre parti.*

Ceci représente, sans doute, tout à la fois, une force et une faiblesse pour l'exercice de la Magistrature Suprême à Florence, à cette époque : force pour inciter à la paix et faiblesse pour prendre tous les coups des mentors agitateurs des deux et même des trois partis d'alors ! Le passage de Dante au vrai pouvoir d'agir fut donc de très courte durée, mais sa philosophie politique a traversé les siècles.

Cette pensée ne rejoint-elle pas, sur certains plans, des aspirations légitimes de notre époque moderne : fin du nombrilisme patriotique et harmonie entre les exigences d'organisation économique, matérielle et les aspirations spirituelles, elles-mêmes à vocation unifiée ? ! C'est à la même année charnière de 1300, année de jubilé, comme nous l'avons déjà évoqué, que Dante situe, pendant la semaine sainte, sa plongée en Enfer (v.1-3)

---

(2) *Dante ou la passion de l'immortalité* par Jacques Madaule, Éditions Plon.

> *Au milieu du chemin de notre vie*
> *je me trouvai par une selve obscure*
> *et vis perdue la droiturière voie.*

Il a 35 ans. 70 ans était alors l'espérance de vie, a-t-on commenté. Certes... Mais, numérologiquement, cela a une portée symbolique bien plus riche. Nous y reviendrons plus loin.

3 - L'âge des épreuves

L'orage est près d'éclater sur Florence et son gouvernement des Guelfes Blancs. Boniface VIII trouve en Charles de Valois, frère cadet du roi de France, Philippe Le Bel, un allié de tout premier plan, prêt à assurer le retour au pouvoir des Guelfes Noirs, partisans du Pape. Commence alors pour Dante ce que nous pouvons considérer comme son "âge des épreuves".

L'excommunication de Florence, la Blanche

Dante est envoyé en ambassade à Rome pour tenter de changer les desseins du Pape et écarter le danger de Charles de Valois !.. Le Poète fait longtemps antichambre et ceci le mortifie au plus haut point. Puis il est retenu en otage par Boniface VIII et doit s'enfuir.

Une date marquée, ici encore, au sceau du symbole numérologique, le 1er Novembre 1301, voit l'entrée de Charles de Valois dans Florence, en tête de ses troupes. Mais il se présente comme *porteur de paix*. Le gouvernement guelfe blanc en fait les frais. Il est renversé et excommunié au profit d'un gouvernement guelfe noir. Façon expéditive de faire la paix. Destructions, meurtres "à la Florentine", et procès sommaires se succèdent.

L'exil et la condamnation à mort

Dante et d'autres "Blancs" font l'objet d'une condamnation pour "fraude et corruption", une "affaire" comme nous dirions de nos jours ! Leur attitude belliqueuse à l'égard du Pape et de son puissant allié est ajoutée à la liste des griefs, certainement le plus grave aux yeux des "pacificateurs" !

Le 10 Mars 1301, le Poète est condamné à mort par contumace. Il a été ainsi chassé de Florence comme tous les chefs guelfes blancs et 600 membres du parti. Cette date "10.03.1301", en réduction théosophique donne le nombre 9. N'y a-t-il pas là encore un clin d'œil du destin de Dante, sur le plan numérologique, d'autant plus que le jour de la décision est le 10, lui-même associé dans le Tarot à La Roue du destin ! Et, avec le 9, voilà, selon la tradition kabbalistique, notre Poète au terme d'un cycle d'incarnation, transformé en Hermite, arcane du tarot associé à ce nombre et symbole de retrait du monde, de ses illusions, amené à se dépouiller des valeurs mondaines, construites par l'Ego ! Oh ! Plaisir amer du pouvoir !

Notons, par la même occasion, que la date d'entrée de Charles de Valois à Florence, citée ci-dessus, correspond au nombre 8, associé à l'arcane de La Justice : ironie certaine pour le destin du Poète.

Mais la Justice, écrit une numérologue à propos de cet arcane (1), *ne frappe-t-elle pas sans tenir compte des différences conventionnelles établies par les hommes entre eux ?*

L'avenir de Florence se balance entre le bien et le mal, le blanc et le noir. Qui détient une vérité, qui n'existe pas ? Les exilés forment une communauté dénommée "l'Universitas Alborum", caressant le projet bien évident de revenir aux commandes de la Cité. Dante en fait partie au départ.

L'ennemi papal étant une cible désormais commune, un pacte est signé entre Gibelins et Guelfes Blancs, mais ceux-ci connaissent l'échec contre les Noirs.

Quatre années après sa magistrature, en exil, Dante quitte son parti et ses alliés et s'isole totalement...

Tel l'Hermite, évoqué plus haut !

Boniface VIII et "le Fils de l'Ourse"

Boniface VIII est cité à 11 reprises dans la Divine Comédie et Dante l'a placé comme successeur désigné en l'an 1303, de Nicolas III, dans le 8ème cercle de l'Enfer, parmi la grande famille des *Trompeurs* ou des *Fraudeurs*. Il y est évoqué du reste en très bonne compagnie aussi du fameux Clément V, son second successeur, alias Bertrand de Got. Celui-ci fut le premier pape d'Avignon, l'homme de Philippe Le Bel, sous la pression duquel, malgré l'hostilité des pères conciliaires, il supprima l'ordre du Temple et permit le massacre que nous savons...

Nous sommes au XIXe chant de l'Enfer (v.1-6), quand Dante invective tout d'abord, avec une rare éloquence, le fameux Simon, Mage de Samarie. Celui-ci voulut acheter à Saint Pierre et à Saint Jean le pouvoir de communiquer le Saint Esprit aux baptisés, par l'imposition des mains (Actes des Apôtres - VIII - 9 et suite). Son nom passa à une triste postérité, désignant l'activité de tous les trafiquants de biens spirituels par le terme de "simonie" !

> *O SIMON mage, ô méchante séquelle*
> *de rapineux, qui rendez adultères*
> *pour or et pour argent les saintes choses*
> *qui des bons seuls doivent être épousées,*
> *ore faut que pour vous sonne ma trompe*
> *puisque la tierce bouge est votre gîte.*

La tierce fosse (*bouge*) est donc celle des "simoniaques" dans laquelle Boniface VIII est évoqué parmi les deux autres papes. Ils sont punis par l'étouffement et le feu. Tout comme les assassins étaient suppliciés à Florence, plantés en terre, la tête la première, jusqu'à l'étouffement, ces damnés apparaissent en Enfer, avec le raffinement supplémentaire du feu, tombant sur les talons et courant le long du corps...

---

(1) *La face cachée des nombres,* par Camille Creusot, Éditions Dervy livres, 1977.

Dante s'adresse à Nicolas III, qu'il n'a pas encore reconnu et celui-ci, qui, dans sa posture ne peut pas voir le Poète, le prend pour Boniface, sensé venir prendre sa relève en Enfer, le 11 octobre 1303 ! (v.46-57) :

Qui que tu sois qui tiens le haut en bas,
 âme chétive et comme pieu fichée,
 si tu peux.", commençai-je, "un mot nous dis !"
J'étais pareil au moine confessant
 le traîtreux assassin qui, planté vif,
 pour retarder la mort, à lui s'appelle.
Et il cria : " Ci es-tu jà présent,
 ci es-tu jà, et sur pied, Boniface ?
 De plusieurs ans m'a menti l'écriture.
Es-tu si tôt rassasié des biens
 pour lesquels tu n'eus crainte à engeigner
 la belle dame, et la honnir ensuite ?

L'écriture évoque la capacité des damnés à "lire dans l'avenir" !
La *Belle Dame* n'est autre que l'Église *glorieuse et sans tâche*.
Boniface menaça son prédécesseur Célestin V et le fit se démettre du manteau papal à son profit. Telle est la fraude, vilipendée par le Poète, et par laquelle Boniface prit l'Église par traîtrise. Quant à sa politique, aux yeux de Dante, elle fut le paroxysme de la confusion entre les deux pouvoirs temporel et spirituel, appuyée sur tous les moyens de l'argent, de la violence et de la trahison.

Par ailleurs, soulignons surtout la vision de l'Empereur Universel, détenteur du pouvoir temporel, face au pape Universel, détenteur du pouvoir spirituel, telle que Dante la décrit dans son "De Monarchia" et qui fait du poète l'ennemi juré de Boniface VIII.

Quand, enfin, Nicolas III avoue, un peu plus loin, ses propres méfaits, en répondant à l'interrogation du Poète, Boniface est tout aussi visé :

et voirement fus-je des fils de l'Ourse,
 tant convoiteux pour pousser les oursons,
 qu'en sac là-haut mis-je l'or, ici l'âme.

L'allusion à *l'Ourse* est généralement attribuée à l'Héraldique. En effet Nicolas III, de son vrai nom Giovanni Gaetano Orsini, appartenait à une grande et puissante famille romaine qui avait dans ses armes le symbole de l'Ourse. Mais précisément, s'agissant de convoitise, d'or amassé sur terre et d'âme torturée en Enfer, et reliant l'image des deux papes, ce symbole, sous la plume de Dante, a, selon nous, sans doute, une autre portée.

L'ours est associé à l'obscurité et aux ténèbres. En alchimie, il correspond au premier état de la matière, toute en noirceur, celle des instincts et du premier stade d'évolution... Et dans la mythologie grecque, la cruelle Artémis, divinité lunaire, opposée à Aphrodite, la déesse de l'Amour, affecte volontiers de prendre sa forme, dans ses apparitions vindicatives.

L'ours est associé par Jung à l'aspect dangereux de l'inconscient. Il peut bien sûr être apprivoisé par du miel et rester tout aussi dangereux !

Aux yeux de Dante, Clément V a d'autres tares. C'est le pire !
car après lui viendra de vers ponant
un pasteur parjuré de plus laide œuvre,
tel, qu'il devra recouvrir moi et l'autre :
nouveau Jason, digne des Macchabées ;
et autant à l'ancien son roi fut lâche,
tant sera envers lui le roi de France.

Ce Jason (ou Yashon) est le grand prêtre du Temple de Jérusalem, qui acheta son pontificat à Antiochus, roi de Syrie, et introduisit dans la cité sainte les coutumes païennes. Le roi de France visé est bien sûr Philippe le Bel. Celui-ci concéda les dîmes du royaume pendant cinq ans pour avoir l'appui de l'Église. Clément V, en échange, transféra le Saint Siège en Avignon, cassa l'œuvre de Boniface VIII, abandonna les Templiers à la vindicte royale, et, ce qui est le comble pour Dante, combattit l'Empereur Henri VII !

Ce fut donc le pape qui s'opposa à celui qui devait, selon le Poète, restaurer la puissance impériale, réformer l'Église et finalement assurer le salut de la société chrétienne, en conformité avec le modèle d'organisation tant attendu par l'auteur du "De Monarchia"…

Vérone, fugitive terre d'asile

Les tentatives armées de retour à Florence, imaginées par les Guelfes blancs, alliés aux Gibelins, séduisent un temps Dante. Mais sa participation lui vaut, le 11 janvier 1303, une condamnation élargie à tous les membres masculins de sa famille. Après tous les événements évoqués plus haut, Vérone devint la terre d'asile de Dante. Il y trouva un protecteur en la personne de Bartolomeo Della Scala. Mais celui-ci mourut subitement et le Poète fut mis à la porte par le frère de Bartolomeo.

D'errance et d'éminence grise…

Débutèrent alors des années d'errance, à la recherche d'autres protecteurs. C'est à l'un d'eux, Malaspina, que Dante écrivit, fin 1306, qu'il avait rencontré *un nouvel amour*, aveu imagé de son initiation poussée, selon plusieurs commentateurs. Il joua là encore un rôle d'ambassadeur pour établir la paix entre Malaspina et un puissant prélat, l'évêque Antonion de Luni.

Un nouveau cycle de 7 ans se développa alors pour lui de 1307 à 1314.

Dante n'appartenait officiellement à aucun parti, mais, sous cape, servait et même conseillait voire "commandait" certains hauts personnages.

Trois faits significatifs marquèrent cette période :

Premier fait : un voyage supposé à Paris, tandis que le drame des Templiers se jouait et se terminait "provisoirement" (?) par le bûcher… Un certain Boccace, a évoqué ce voyage de Dante…

Deuxième fait : l'écriture de son ouvrage "Il convivio", un *banquet de Connaissance*, adressé aux *malheureux* qui ont *commune nourriture*, par opposition aux *bienheureux… le petit nombre de ceux-là qui siéent à la table où l'on mange le pain des anges !*

Ce pain est la *sapience*, c'est-à-dire la science théologique et philosophique. Ce texte proclame haut et fort toute la grandeur de la recherche e de la mise en pratique de la Philosophie. Il apparaît aussi comme un traité d'Éthique qui attache le plus grand prix à la Raison Humaine, nourrie par la Sagesse Antique.

Troisième fait : l'esquisse de l'œuvre majeure ou du moins de sa première partie, l'Enfer, imaginée par Dante, alors qu'il réside dans la ville de Lucques. Une biographie récente écrite par Jacqueline Risset (1) note une image analogique intéressante : *C'est à Lucques, dans cette ville vivante et toute formée de cercles concentriques, qu'il esquisse les trente quatre chants de l'Enfer, en stances de tercets s'appelant l'un l'autre par la rime.*

L'intérêt porté par le Poète est en effet visiblement très grand pour la puissance poétique et tout le potentiel de musicalité de la langue italienne ordinaire et vivante, face au latin qui est la norme littéraire à l'époque.

En 1309, Henri, comte de Luxembourg, a reçu la couronne impériale à Aix-la-Chapelle et a pris le nom d'Henri VII. L'année suivante, un voyage à Rome est décidé pour le couronnement par le Pape. Dante voit dans ce souverain la capacité tout à la fois de ressouder le pays divisé et d'équilibrer, sur le plan temporel, le pouvoir spirituel de la Papauté. Bien qu'il soit, à desensibilité Guelfe au fond de lui, Dante peut reconnaître les Gibelins comme d'éventuels alliés. Bien plus, il redevient momentanément, du moins en apparence, Gibelin. Mais nous l'avons déjà dit, le Poète ne manifeste par là, en aucune façon, une quelconque versatilité. Il ne fait qu'affirmer, au contraire, une ligne de pensée toute personnelle qui dicte, en toutes circonstances, son comportement !

Il va rendre hommage à l'empereur, à Milan. Et il adresse une invective publique à Florence et exhorte, dans une lettre, Henri VII à assiéger la ville. Dans son élan passionné, le Poète menace ses compatriotes des pires châtiments s'ils n'ouvrent pas les portes de Florence à Henri VII.

Mais l'empereur n'enlève pas la ville et meurt peu après la défaite, en août 1313, sans doute assassiné, d'après les rumeurs de l'époque. Ceci déçoit profondément Dante, compte tenu de tous les espoirs qu'il a mis dans ce symbole d'un empire idéal à venir.

Nous noterons, au passage, une fois de plus le clin d'œil numérologique du destin : 2 fois le 13, associé à l'arcane du Tarot, intitulée "Mort et Renaissance". Entre temps, Dante a écrit Le Purgatoire de sa Divine Comédie.

C'est à Vérone que le Poète écrit aussi le "De Monarchia", déjà cité plus haut. Mais revenons sur ce texte. La pensée politique de Dante n'est plus celle du jeune Guelfe blanc, "engagé à gauche", comme nous dirions aujourd'hui, vis à vis de la participation des couches populaires au gouvernement de la cité. Désormais, il voit égalité parfaite de souveraineté entre l'Empereur et le Pape, l'un devant craindre l'autre et une séparation absolue des pouvoirs.

Dans une vision eschatologique, la fin dernière de l'Humanité est évoquée dans l'ouvrage : la concorde sociale, elle seule, permet à l'individu de pleinement s'accomplir et elle ne peut elle-même se réaliser qu'avec le gouvernement de *la communauté humaine* par un seul monarque ou empereur.

---

(1) *Dante Une vie* par Jacqueline Risset, Éditions Flamarion, 1995.

L'épître ferme et définitive

Dante a 50 ans quand les Florentins vont s'acharner contre lui. Lui-même se manifeste de manière "tonitruante et vociférante" disent certains commentateurs. De cela d'ailleurs témoigne une épître aux cardinaux italiens pour les prier d'élire un pape qui ramène la papauté d'Avignon à Rome.

Le fameux Clément V, 193e pape, qui prêta main forte à Philippe Le Bel dans l'affaire des Templiers et que le poète détestait autant qu'il avait pu détester Boniface VIII, le 191ème, ce pape vient de mourir. Nous sommes en l'an de grâce 1314, quelques mois après l'exécution du Grand Maître de "l'Ordre des chevaliers de la milice du Temple", Jacques de Molay. Philippe Le Bel lui-même meurt à la fin de la même année d'un accident de chasse.

1314 est une année de nombre 9, selon la numérologie sacrée. Un cycle se termine, un autre commence... Nous connaissons la suite, avec la fameuse lignée des "Rois maudits" !

Mais Dante, lui, ne peut-il espérer un retournement du destin en sa faveur ? Sa lettre aux cardinaux italiens est toute imprégnée de sa passion pour le relèvement de l'Église. Il refuse de rentrer dans Florence à des conditions qu'il juge humiliantes. Et il se montre, certes, quelque peu arrogant, sûr de sa supériorité littéraire et prophétique.

Le 193ème pape, cela donne, toujours en numérologie sacrée, le nombre 13, associé à l'arcane du Tarot intitulé "Mort et Renaissance". Le nouveau cycle, évoqué à propos de la date de 1314 (nombre 9), pourrait traduire aussi un renouveau ou un recommencement, comme le symbolise cet arcane ! Il va, dans les faits, en être ainsi, mais, hélas pour Dante, pas du tout dans le sens qu'il souhaite. Pouvoir politique et pouvoir religieux n'auront de cesse de s'affronter.

En 1316, s'installe le 2e pape d'Avignon, Jean XXII, qui organise la Curie dans cette ville, renouvelle le système financier de la Papauté, et s'oppose à Louis de Bavière, successeur d'Henri VII, qui, lui-même, nomme à Rome l'Antipape Nicolas V. C'est lui aussi qui condamne les "hérésies" des "Spirituels" franciscains, des bégards et béguines, et de maître Eckhart.

Les rêves politico-religieux du Poète s'effondrent, mais la gloire arrive, très tardivement pour un homme qui va mourir à l'âge de 56 ans...

Au chant XXXe du Paradis, Béatrice, dans ses dernières paroles, exalte l'autorité impériale et condamne la simonie papale, laissant ainsi apparaître tout le sens anagogique de la Divine Comédie. Et elle désigne au Poète le siège préparé pour l'empereur Henri VII, dans la cour céleste des anges et des bienheureux, par les deux terçets 133-135 et 136-138, que nous pouvons traduire ainsi :

> *En ce grand siège auquel tu tiens tes yeux liés*
> *   pour la couronne qui déjà est en place,*
> *avant que tu ne sois à dîner pour ces noces,*
> *siégera l'âme, tant auguste ici-bas,*
> *   du haut Henri, qui pour redresser l'Italie*
> *viendra avant qu'elle n'y soit disposée !*

Tout les espoirs déçus de Dante trouvent ainsi une sorte d'épilogue poétique, tout à fait admirable…

Les retrouvailles paternelles et le nouveau mécène

De retour de son voyage à Paris, son bienfaiteur Can Grande della Scala, à qui le Poète a dédié le Paradis de sa Divine Comédie, ne pouvait plus l'héberger chez lui à Vérone. Le Prince poète de Ravenne Guido di Novella da Polenta se propose spontanément de l'accueillir.

Le Poète retrouve chez ce "tyran mécène" ses fils Pietro, 20 ans, et Jacopo, 18 ans, ainsi que leur jeune sœur, répondant au doux nom d'Antonia, et qui prit celui de "Béatrice", comme nom de sœur en entrant au couvent !

Si les enfants avaient dû ainsi à leur tour fuir Florence sous la menace, l'épouse de Dante ne put les suivre, retenue à Florence par le clan des Donati, sa famille d'origine.

Notons, là encore, magie des chiffres et des cycles, que le Poète avait été ainsi séparé de sa famille, durant un cycle d'environ 7 ans.

Il se mit à la rédaction définitive de la Divine Comédie qui n'avait jusqu'ici que l'aspect d'une esquisse. Il passait de longues heures dans une pièce qu'il appelait lui-même son *antre de travail…*

L'âge de gloire tardive

Tandis que tous les rêves politico-religieux du Poète s'enfuient, tout en conservant sans doute leur allure prophétique, la Gloire, elle, se répand… Bien tardive, répétons-le, pour un homme qui va mourir à 56 ans.

Savant, poète, théologien, les voies multiples de la Renommée

C'est à Ravenne que Dante corrige et termine sa dernière "cantica".

Les femmes de la ville le montrent du doigt, lui qui passe, distrait, tout imprégné de ses visions béatifiques. Son regard et toute son attitude justifient pleinement les réflexions autour de *celui qui a visité l'Enfer, de son vivant, et en est revenu !* Elles ne peuvent pas imaginer encore, bien sûr, le voyage dans l'Empyrée. Seul, l'Enfer a été publié…

Mais la poésie en langue "vulgaire" a déjà touché le plus grand nombre. Dante est fier d'avoir introduit cette langue *vivante*, abandonnant le latin.

C'est, cependant, en latin qu'il rédige son essai sur le "De vulgari eloquentia" : De l'éloquence en langue vulgaire, qui commence ainsi comme par une profession de foi, en la matière :

Pour ce que je ne trouve personne avant moi qui ait composé un traité du bien-dire en langue vulgaire, et que je vois ce bien-dire tout à fait nécessaire à tous, car non seulement les hommes mais les femmes mêmes et les petits enfant s'efforcent d'y atteindre, autant comme permet Nature…

Les Eglogues font ressentir ce goût pour la poésie en langue du parler ordinaire. Ces échanges poétiques que Dante eut avec le Mantouan Giovanni del Virgilio, lecteur de poésie latine à l'Université de Bologne, prennent place au cours des années 1319 et 1320. Ils auraient pu se poursuivre si le Poète n'était pas mort l'année suivante.

Dante participe, à Mantoue, à un débat "astronomique et théologique" concernant la place du globe terrestre dans l'univers. Il fait ici figure de véritable "savant-initié".

À Vérone, il fait une lecture publique dans la petite église Sainte Hélène de son traité "Questio de aqua et terra " (Querelle de l'eau et de la terre), sur *la forme et l'assiette* des deux éléments. Nous verrons que cette œuvre revêt une dimension ésotérique certaine.

À cette période de sa vie, *Il bénéficie*, écrit Marina Marietti, déjà citée (1), *du statut exceptionnel que lui procurent tout à la fois sa renommée de poète-théologien, déjà grande depuis la publication de l'Enfer, et son engagement politique sans défaillance dans le parti impérial.*

Situation matérielle nettement améliorée, présence de ses enfants à ses côtés, missions et ambassades confiés par ses protecteurs, renommée désormais confortable, tels sont les signes d'une réconciliation avec un certain bonheur de vivre…

Un jugement de Nietzsche semble tout à fait approprié à cette phase tardive de retournement du destin : *Une âme riche et puissante non seulement triomphe de pertes douloureuses, voire effroyables : elle émerge de ces enfers, douée de plus de plénitude et de puissance qu'avant, et plus avancée dans la béatitude de l'amour. Je crois que quiconque a deviné quelque chose des conditions les plus cachées de tout accroissement d'amour comprendra Dante, écrivant sur la porte de son Enfer : je fus aussi créée par Amour.*

De fait, la Divine Comédie qui couronne cette destinée, est toute entière sous-tendue par ce triomphe de l'âme sur les épreuves, guidée par l'Amour et la queste spirituelle, à travers ses multiples convulsions.

La Gloire visite enfin le poète à la cour du prince de Ravenne.

Sa "Comédie", achevée, lui tresse comme une auréole de mystère qui impressionne le bon peuple !

Beaucoup de savants, de poètes et de philosophes de ce début du 14ème siècle rendent alors justice à ce génie aux talents si divers. Il a encore des missions diplomatiques, commandées par son prince bienfaiteur.

C'est au retour de l'une de ces missions qu'il meurt à Ravenne, sans doute de malaria, dans la nuit du 13 au 14 Septembre 1321, à l'âge de 56 ans.

Magie des nombres sacrés qui ne peut pas être due au hasard : 13, 14, 9, 21, 11 (5+6). Mort et Renaissance, Harmonie des contraires, Repli vers la Transcendance, Réalisation, Maîtrise…

Autant de nombres qui, nous le verrons, sont aussi parmi les plus présents et chargés de sens dans l'œuvre du poète. Découvrons la magie de cette nuit mythique !

---

(1) *Dante* par Marina Marietti, Éditions PUF, coll. Que sais-je ?, 1995.

5 - *Mort et Renaissance*

La Nuit du 13 au 14 Septembre 1321

De nombreux biographes ont évoqué avec talent les derniers instants de Dante. Le Prince Guido Novello da Polenta, Seigneur de Ravenne, protecteur mécène du Poète, envoya celui-ci en ambassade à Venise, au cours de cette année 1321. Il s'agissait de négocier la paix. Le fils de Dante, Pietro, accompagna son père parmi une petite troupe d'une vingtaine de personnes.

Le conflit à régler n'est pas sans rappeler une récente actualité !

Les pêcheurs de Venise et de Ravenne s'étaient disputés pendant de longs mois. Il y avait même eu mort d'homme. L'honneur des Doges et des Princes était en jeu. Dante eut à justifier, cartes maritimes en mains, les prétentions de Ravenne. En fait, la négociation s'organisa principalement entre des experts. Ceux-ci brandirent, de part et d'autre, leurs cartes. Il y eut force contestations et grands débats. L'affrontement fut vif en termes de légitimité...

Ceci donna des libertés de temps importantes au Poète qui aurait ainsi eu l'occasion de rencontrer un autre grand exilé : Marco Polo.

Un récent biographe, Paul Alexis Ladame évoque de manière très plaisante la rencontre. (1) Les nombreux échanges entre experts finirent bien par régler le conflit. Dante n'eut plus qu'à apposer sa signature au bas du parchemin... Le traité de paix fut conclu.

Sur la route du retour pour Ravenne, le Poète dût subir les assauts de conditions climatiques très éprouvantes. Et il attrapa la malaria. Ladame rappelle à juste titre le sens du mot "mal aria" : air mauvais, air empoisonné... Et l'auteur rapporte une anecdote savoureuse. Nous ne résistons pas au plaisir de la reproduire : *À Ravenne*, écrit-il, *alors que j'admirais, il y a quelques années, le monument élevé à la mémoire de Dante, un moine - un Spirituel évidemment - qui se trouvait à mes côtés murmura : Il a tenu tête aux géants de ce monde et c'est un moustique qui l'a tué !*

Le Poète tomba dans le coma et mourut dans la nuit du 13 au 14 septembre 1321.

Une série de nombres éloquents...

Au-delà de l'anecdote, cette fameuse date du passage de Dante dans l'Autre Monde mérite, de toute évidence, une analyse du symbolisme des nombres, éclairée par toute la Grande Tradition et en particulier par la Kabbale et le Tarot.

Dans le nombre réside l'ordre essentiel
déclara un certain PUTHAGORAS !

---

(1) *Dante, Prophète d'un monde uni,* par Paul Alexis Ladame, Éditions Jacques Grancher, 1996.

Nous reviendrons sur ces analyses numérologiques pour d'autres sujets au cours des chapitres III et V. Parmi d'autres voies interprétatives, rappelons que sans la connaissance du ciel de naissance et des transits, ni de l'heure exacte de la mort du Poète, toute analyse astrologique nous est résolument fermée. D'où l'intérêt de cette approche par les nombres.

Bien sûr, les esprits soi-disant objectifs ou scientifiques ne verront-ils, dans le texte qui suit que la volonté de trouver du sens là où le prétendu hasard du destin s'est imposé.

La date du "grand passage" de Dante dans l'Autre Monde manifeste en réalité une série de nombres qui n'est pas due au hasard. Les mânes de Pythagore en témoigneraient volontiers !

Et surtout cette série ne saurait laisser indifférent quiconque s'intéresse aux nombres sacrés et à leur symbolisme relié au cheminement sur la voie spirituelle.

13   14   09   1321

Laissons nous donc emporter en toute liberté par la quête du sens.

Les dates d'un Destin révèlent un contexte vibratoire qui en tant que contexte n'a rien de fortuit.

Du 13 au 14 : Mort et Renaissance...

Dans tout cheminement spirituel, éclairé par la Kabbale et l'Arbre de Vie, le nombre 13 correspond à une étape précise, associée à la lettre hébraïque MEM et à l'arcane XIII du Tarot.

L'Esprit, au sens non pas mental, mais métaphysique du terme, pleinement incarné au plan terrestre, est dans la position d'assumer pleinement son destin. L'arcane XIII est très éloquent.

Il montre une scène saisissante. Un squelette, armé d'une faux, tranche des corps. Le sol est jonché de têtes, de mains, et de pieds humains. L'épine dorsale ressemble à un épi de blé. La tête n'est pas tout à fait une tête de mort. Il s'agit plutôt d'un visage masqué, mais l'ambiguïté demeure… Sur le plan symbolique, cette lame évoque le retour à l'essentiel, après avoir éliminé toutes les facettes inutiles du vieil homme.

Les masques peuvent tomber. Ils ne font plus obstacle à la réception des messages de l'Esprit et du souffle divin.

Mort et Renaissance.

Au-delà de cette valeur ordinale, MEM a une valeur numérologique de 40. Ce dernier nombre évoque essentiellement une notion d'arrêt en vue d'accéder à une réalité nouvelle. MEM correspond à la force fondamentale, féconde et formatrice, celle que symbolise l'épi de blé évoqué ci-dessus dans la description de l'arcane du Tarot. Et cette lettre correspond également au cycle Vie-Mort.

Nous laissons au lecteur le soin, s'agissant de Dante, de ses engagements, de ses conceptions politiques et de sa quête spirituelle, développés tout au long du présent ouvrage, de méditer sur la référence qui suit, empruntée au Zohar, un des textes fondateurs de la Kabbale, pour sa transmission écrite : *La lettre MEM fit valoir le fait qu'elle est l'initiale du mot Melek, c'est à dire le "Roi". "C'est vrai, lui répondit Dieu ; mais je ne me servirai pas de toi pour opérer la création du monde, attendu que le monde a besoin d'un Roi ; reste donc à ta place avec les autres lettres formant le mot Melek, c'est à dire avec la lettre LAMED et avec la lettre CAPH, car il ne sied pas au monde de rester sans Roi." (1)*

N'y a-t-il pas ici un clin d'œil du Destin au Poète, en le faisant "passer" dans l'Autre Monde, dans la nuit du 13 au 14 ?

14, précisément au sein de cette série, introduit une nouvelle dimension. Ce nombre est associé à la lettre hébraïque NOUN et à l'arcane du tarot dénommée La Tempérance. 14 correspond à l'étape où l'Esprit recherche l'épanouissement par l'ouverture au monde extérieur et l'investissement dans la matière grâce à une grande force transformante.

Dans l'arcane du tarot, une jeune femme ailée verse le contenu d'un vase de couleur bleue dans un autre vase de couleur rouge. Le trajet du liquide, de couleur blanche-cosmique n'est pas réaliste. Le flux torsadé et presque horizontal symbolise l'échange continu entre deux polarités : féminine-réceptive-bleue et masculine-active-rouge.

Les ailes sont de couleur chair. La matière, symbolisée par la jeune femme est sublimée par le désir et libérée des lois de la pesanteur.

La Tempérance, c'est une intégration, spirituellement bénéfique, de la force du désir. Ce dernier est mis au service d'une conscience supérieure, illuminée par l'Esprit. Les aspects les plus grossiers et matérialistes de la personne sont sublimés. Du 13 au 14, en quelque sorte, l'épuration conduit à la sublimation. La lettre NOUN a la valeur numérologique de 50.

Ce nombre évoque la Puissance Divine et le Souffle Divin qui alchimisent les Ténèbres. L'arcane de La Tempérance est le symbole même de l'Alchimie. Les deux vases symbolisent eux-mêmes toute l'opération de distillation-purification-fusion et transmutation entre Esprit et Matière.

NOUN, c'est l'énergie divine qui initie et vivifie la Vie. Cette énergie circule tout au fond de l'être. Elle l'incite en permanence à se transmuter, à "secouer la gangue" pour se réaliser et retrouver sa nature première.

Nous pouvons très facilement imaginer qu'aux derniers instants de sa vie, Dante, plus que tout autre, a dû voir défiler le film accéléré de toutes ces étapes de transmutation de sa propre personne, en correspondance avec son œuvre. L'itinéraire en Enfer et au Purgatoire de la Divine Comédie ont pour phase finale ce passage du 13 au 14, avant l'entrée au Paradis… Le lecteur se reportera pour plus de détail sur ce sujet à notre chapitre V.

---

(1) Cette traduction du texte du ZOHAR est rapportée par Charles Rafaël PAYEUR, dans son ouvrage sur *La Kabbale et l'Arbre de Vie*, Éditions de l'Aigle, déjà cité et auquel nous renvoyons vivement le lecteur qui serait intéressé par un approfondissement sur cette tradition dans la perspective de l'Hermétisme Chrétien.

9 : *Retour accéléré sur une vie…*

Septembre, le mois du grand passage du Poète, est le 9ème mois de l'année. Ce nombre correspond à la lettre hébraïque TEITH et à l'arcane de L'Hermite. Ce nombre symbolise l'achèvement complet d'une étape d'incarnation. Il évoque la perfection du "créé". Les Kabbalistes parlent "d'achèvement féminin".

C'est en effet une "ouverture de conscience", une grande réceptivité.

Mais cet état de réalisation n'est pas une réalisation achevée.

Le nombre 9 est également celui de l'Initiation. À ce stade d'évolution, toute une connaissance a été acquise par l'initié. Dans l'ensemble de l'alphabet sacré Hébraïque, ce nombre achève la série des unités.

L'être, qui respecte les principes et les lois inéluctables de l'univers, peut aborder un nouveau cycle de réalisation.

Le 9e arcane du tarot est L'Hermite, que nous avons déjà évoqué à plusieurs reprises. Rappelons que cette lame présente un homme qui porte un ample manteau de couleur bleue-réceptive-féminine, à capuche de couleur rouge-active-masculine. Ce manteau est superposé à un autre vêtement de couleur rouge. Mais la couleur bleue domine l'arcane, signe de "l'achèvement au féminin" des Kabbalistes, déjà cité.

La main gauche de l'homme est appuyée sur un bâton de couleur chair, symbole de l'incarnation au plan terrestre. Sa main droite tient une lanterne.

Le regard posé par l'homme "en arrière" est éclairé par une lumière intérieure, acquise par la "Connaissance".

L'Hermite symbolise avant tout le retrait du monde et de ses illusions. C'est aussi un regard "rétro-actif" sur le chemin parcouru et sur la réalisation de son incarnation au plan terrestre. Dépouillé des valeurs de l'Ego, l'être achève tout un pan de son cheminement spirituel. Il cherche à puiser en lui et dans la connaissance acquise une énergie pour accéder à une ultime transmutation. Celle-ci le mettra en présence de Dieu.

Nous ne pouvons pas éviter ici un rapprochement avec le vécu de Dante, lors de ses derniers instants. Le Poète n'est-il pas, lors de sa dernière ambassade, cet Ermite solitaire et méditatif.

La biographie récente, déjà citée, de Paul Alexis Ladame nous fait bien vivre cette image d'un être frappé par la malaria et restant seul dans le véhicule qui le transporte…
L'auteur écrit : *Il avait donné l'ordre de continuer coûte que coûte et préférait rester seul avec son malaise croissant.*

Mais nous voulons ici revenir à la lettre TEITH qui est à la fois en 9ᵉ position (valeur ordinale) et possède la valeur numérologique 9. Selon les Kabbalistes, cette lettre exprime un état de perfection au terme d'un cycle d'évolution achevé. Elle évoque aussi la nécessité d'une destruction pour atteindre une plus grande perfection.

Au soir de sa vie, Dante est seul avec une dernière épreuve, avant "le grand saut"…

1321: l'année charnière d'accomplissement du Destin…

Les derniers nombres de la série que nous évoquons correspondent à l'année de la mort du Poète : 1321. Nous envisageons ci-après le symbolisme de ce que les numérologues appellent " l'année universelle" pour l'analyse d'un cycle de vie.

Nous verrons aussi le "cycle de transition", par référence au cumul entre l'année de naissance et l'année considérée, au moment de l'analyse, dans la vie d'une personne. Ici, il s'agit de celle de la mort de Dante et donc du cycle complet de son existence au plan terrestre. L'année universelle 1321 est d'abord formée de deux nombres : 13 et 21.

Nous analysons au chapitre IV du présent ouvrage, consacré aux sens cachés de la Divine Comédie, la valeur symbolique du millésime 1300.

Le Poète situe en effet son voyage dans les trois mondes de l'Enfer, du Purgatoire et du Paradis en l'an de grâce 1300. Il précise dans le texte même que c'est le milieu de sa vie. Il avait alors 35 ans et l'espérance de vie était à l'époque de 70 ans… Par ailleurs Dante considérait ce millésime comme le milieu des Temps. Ce point précis est approfondi dans le chapitre IV.

Mais le génie Florentin disparaît dans la force de l'âge, à 56 ans.

Nous venons de voir précédemment tout le symbolisme qui se rapporte au nombre 13. L'autre composante de l'année considérée est le 21. Ce nombre, situé là, comme finale de l'année de la mort de Dante, appelle plusieurs types d'interprétations. Le 21 correspond au passage du 2 au 1, de la Dualité à l'Unité. Il symbolise cette "transmutation" dans laquelle les forces fécondatrices de l'Amour, incarnées au plan terrestre et symboliques du 2, conduisent l'être à son Unification. Toute la Divine Comédie en raccourci, c'est cet appel et cette force de l'Amour que le Poète a reçus de Béatrice et qui le pousse à entreprendre ce voyage initiatique. Il retrouve l'être aimé au Paradis, qui le guide jusqu'à l'Illumination finale et à l'Extase devant la contemplation de l'Unité parfaite du monde créé.

Et le Destin veut que le Poète dans sa vie même opère sa dernière transmutation sous cette "Lumière" symbolisée par la note finale de l'année du passage dans l'Autre Monde...

Par ailleurs, 21 est la valeur ordinale de la lettre hébraïque SCHIN, qui a la valeur numérologique de 300, symbole de l'Unification Universelle. Elle correspond à l'arcane du Tarot dénommé Le Mat ou Le Fou.

Ce dernier est un vagabond qui poursuit sa route, sans s'inquiéter d'un animal qui cherche à le retenir. Il est mû par une voix intérieure. Il est associé à l'initié transmuté, l'Ergon des Alchimistes, passé sur un autre plan de conscience et d'existence, totalement détaché de l'espace et du temps. Ceci est approfondi aux chapitres V et VII du présent ouvrage.

Mais le nombre 21 est directement attaché à l'arcane du Monde. Ce dernier est placé par la majorité des tarologues à la 22ème étape du chemin, malgré le nombre 21, inscrit sur l'arcane. Il correspond à la 22ème lettre de l'alphabet hébraïque, TAV. Cette lettre a elle-même la valeur numérologique de 400, symbole de Perfection de la Création. L'initié sur le chemin est placé en face d'une totalité des mondes unis, qui constituent l'Univers. C'est aussi la fin de tous les cycles. L'arcane Le Monde présente une jeune femme entourée d'une couronne et des symboles des quatre évangélistes : le Taureau de Luc, le Lion de Marc, l'Aigle de Jean, et l'Homme (ou l'Ange) de Matthieu. Les quatre éléments, Terre, Feu, Air et Eau, ont revêtu leur forme pleinement accomplie. La Matière est complètement alchimisée par l'Esprit. Le Monde, c'est la Totalité de l'Homme et de l'Univers, créée par le mouvement harmonieux qui maintient, sans cesse, les éléments en équilibre.

C'est aussi l'Homme au terme de son ascension spirituelle... Nous pouvons, certes, créditer le Poète, au terme de sa vie, d'une évolution spirituelle exemplaire, reflet de cette "ascension" qu'il nous fait vivre dans sa Divine Comédie. C'est au dernier chant que le Poète parvient dans l'Empyrée, dernière étape du voyage au Paradis. Il se trouve en communion avec l'Immortalité à laquelle il aspirait tant. Et comme couronnement de ses efforts, il évoque son Extase Mystique et sa fusion avec le Divin, à travers la contemplation de la Rose des Bienheureux.

Si nous revenons à l'année universelle, ainsi composée du 13 et du 21, nous pouvons dire que la mort de Dante se situe donc à une année charnière sur un plan symbolique : d'un millésime (1300), évoquant l'accomplissement du Destin par un arrêt, et le passage sur un autre plan de conscience et d'existence, nous passons au symbole du face à face du Poète avec l'Immortalité et la Lumière, thème central de sa queste et de son voyage initiatique dans les trois mondes de la Divine Comédie.

Cette année 1321, où Dante a connu une dernière épreuve avec sa maladie, coïncide donc sur un plan symbolique avec le dernier chant sublime de son œuvre majeure. Alors, peut-on parler de hasard ?

Nous devons encore ici relire le Zohar. S'agissant de cette année du "grand passage" pour le Poète, nous laissons à nouveau le soin au lecteur de méditer sur cette nouvelle référence :

Ce fut la lettre THAV qui se présenta la première. "Maître des mondes, dit-elle, qu'il te plaise de te servir de moi pour opérer la création du monde, attendu que je forme la lettre finale du mot Emeth (= Vérité), gravé sur ton sceau ; et, comme toi-même tu es appelé Emeth, il convient au Roi de commencer par la lettre finale du mot Emeth et de s'en servir pour opérer la création du monde".

Le Saint, béni soit-il, lui répondit : "Tu es, en effet, digne, mais il ne convient pas que je me serve de toi pour opérer la création du monde, parce que tu es destinée à être marquée sur le front des hommes fidèles qui ont observé la loi depuis l'Aleph jusqu'au Thav et à être ainsi mêlée à la mort, et aussi parce que tu formes la lettre finale du mot Maveth (= Mort). Pour ces raisons, il ne me convient pas de me servir de toi pour opérer la création du monde." (1)

7 : De l'année universelle à la destinée individuelle...

Mais l'analyse symbolique de l'année universelle correspondant à la mort de Dante ne s'arrête pas ici. La réduction théosophique de 1321 donne 1+3+2+1=7. Nous verrons que 7 est aussi la réduction finale de tous les nombres qui composent la date complète.

Nous constatons donc une coïncidence entre l'année universelle et la date individuelle ! Mais tout d'abord ce nombre éclaire d'une autre lumière encore tout aussi signifiante la valeur "charnière" de cette année universelle de 1321. Le nombre 7 correspond, toujours dans la perspective de la Kabbale, à l'étape, sur le chemin, où l'initié peut découvrir l'essence spirituelle au sein de la matière. La 7e lettre de l'alphabet hébraïque est ZAÏN. Elle a la valeur numérologique de 7. Elle illustre ce double pouvoir de l'Esprit de pénétrer en profondeur les choses pour pouvoir ensuite s'en détacher et ainsi maîtriser tout ce dont le mystère a été percé. La forme de la lettre est évoquée par le Zohar comme *un sabre effilé, un poignard de guerre*. Il s'agit bien d'une guerre continue contre tout ce qui occulte la claire perception de la réalité des choses. ZAÏN permet à l'initié de trancher dans le vif et de révéler ce qui peut et doit l'être...

Le 7 correspond par ailleurs à l'arcane du tarot dénommé Le Chariot.

Nous y découvrons un Prince couronné. Il est debout sur un chariot. Il tient un sceptre dans sa main droite. Les deux chevaux, l'un rouge-masculin, l'autre bleu-féminin, semblent aller dans des voies opposées, mais ils regardent dans la même direction. Et, selon toute apparence, le Prince maîtrise la situation. Cet arcane symbolise une première force d'unification acquise par l'initié sur la voie spirituelle, par delà les conflits intérieurs générés par ses deux polarités masculine et féminine.

Pour plus de précision, le lecteur se reportera au chapitre VII, consacré à la lecture de la Divine Comédie à travers le Tarot Sacré.

Ce nouvel éclairage souligne encore le sens très symbolique de transmutation attribuable à 1321, en raison même des composants du 7 :

2 fois l'Unité, au début (l'alpha) et à la fin (l'oméga)
1 fois la Trinité, le Divin
1 fois la Dualité, l'Amour

Ce "programme" numérologique rencontre symboliquement le passage du Poète dans l'Autre Monde, alors même que son voyage initiatique évoqué tout au long de la Divine Comédie s'inscrit dans cette perspective :

---

(1) Cité par Charles Rafaël Payeur dans *La Kabbale et l'Arbre de Vie*, Éditions de l'Aigle, Canada (Québec), 1996.

De l'Unité au Multiple pour se terminer dans l'Unité, et avec précisément cette queste du Divin qui passe par l'Amour.

Nous n'avons qu'à nous reporter sur ce point aux strophes finales de la Divine Comédie. La série 1,3,2,1 apparaît presque comme une paraphrase du texte de Dante (chant XXXIIIe v.133-145), selon la traduction d'Henri Longnon (1) :

> Ainsi qu'un géomètre appliqué tout entier
> À mesurer le cercle et qui point ne découvre
>   Dans sa pensée le principe qu'il faut,"
> Je me troublai devant cette merveille :
> Je voulais voir comment au cercle s'unissait
> Notre Image et comment elle y est intégrée."
>   Mais point n'auraient suffi mes seules ailes,
>   Si mon esprit n'avait été frappé
>   Par un éclair, qui mes vœux accomplit."
> Ici ma fantaisie succomba sous l'extase.
> Mais déjà commandait aux rouages dociles
>   De mon désir, de mon vouloir, l'Amour"
> Qui meut et le Soleil et les autres étoiles.

Mais avec la réduction théosophique de toute la série de nombres précédemment analysés, nous ne considérons plus seulement l'année universelle au cours de laquelle Dante a entrepris le "grand passage" parmi d'autres mortels. Il s'agit à présent de sa destinée individuelle :

$$13 + 14 + 09 + 1321 = 1357 = 16 = 7$$

La première réduction donne 16. La 16e lettre de l'alaphabet hébraïque est AYIN, qui a la valeur numérique de 70. Cette lettre suit la lettre Zaïn, évoquée précédemment à propos de l'année 1321.

Après un effort de pénétration de l'Esprit dans la Matière, l'initié a une nouvelle vision du monde. Il perçoit toute chose avec un regard neuf et ces choses mêmes sont rénovées. Les mystères de l'incarnation sont percés par l'Esprit. Cette lettre AYIN correspond à l'arcane du Tarot dénommée La Maison-Dieu. Nous y découvrons une tour foudroyée. Deux personnage tombent de cette tour. Ils se retrouvent en position d'équilibre inversé sur les mains.

Le lecteur se reportera pour plus de détail sur cet arcane au chapitre VII. Ici, l'éclair de l'Esprit révèle à l'initié que son mental, seul, lui a forgé des perceptions du monde artificielles. Ces dernières, loin de lui servir, l'écartent de la vision juste. Il lui faut impérativement les abandonner pour s'ouvrir aux vérités cachées du monde.

Nous venons de voir que Dante évoque cet éclair "illuminateur" dans son poème. Le Poète ne cesse, au cours de son voyage initiatique de la Divine Comédie, d'aller de découvertes en découvertes dans ce sens là.

---

(1) *La Divine Comédie*, Traduction par Henri Longnon, Éditions Garnier, 1966.

Bien plus, toute son œuvre et pas seulement la dernière, tous ses engagements dans l'action politique au sein de la cité reflètent cette soif d'une vision du Monde, rénové par les réalités spirituelles.

Ses derniers instants de méditation lucide, passés seul dans la voiture, qui le ramène à Ravenne, ont sûrement été l'occasion de confronter sa propre vie avec le fruit de son œuvre. Nous pouvons imaginer qu'il apprécia sans doute, aiguillonné par la dernière épreuve de sa maladie, toute la distance entre sa vision extatique de la fin de la Divine Comédie et les résultats de ses propres démarches dans l'existence, et toutes les autres "réalités" observées...

La 2ème réduction théosophique nous ramène au 7 (1 + 6). Le Poète, au soir de sa vie terrestre, est bien ce Prince du Tarot. Son regard pénétrant sur les réalités de l'Esprit incarné nous plonge dans le paradoxe métaphysique de toute une destinée : l'atteinte, à travers un long poème visionnaire, de la finalité du voyage initiatique que l'existence dans ce monde lui a refusé.

Saisissante vision que celle de ses contemporains le montrant du doigt et le désignant comme *celui qui a visité l'Enfer, le Purgatoire et le Paradis et... en est revenu.*

Un cycle d'existence sous le signe du Grand Œuvre...

Nous pouvons approcher, dans toute sa globalité, le sens symbolique rattaché à la Mort et à la "Renaissance", sur un autre plan de réalité du grand poète Florentin. Pour cela nous pouvons considérer le Cycle complet de vie.

Il s'agit alors, pour reprendre l'expression de nombreux numérologues d'un "cycle de transition". Celui-ci est en général étudié pour une étape dans l'existence. Ici nous l'envisageons pour sa totalité. Soit donc le cumul entre l'année de naissance, 1265 et l'année de la mort, 1321 :

$$1265 + 1321 = 2586 = 21 = 3$$

Nous retrouvons le 21 en première réduction. Et nous avons le 3 en réduction finale. À peine est-il nécessaire de souligner que la vie et l'œuvre de Dante, qui en est l'émanation poétique, exotérique et ésotérique, sont placées dans le cadre de ces deux vibrations. Tous les développements du sens qui sont évoqués tout au long du présent ouvrage sont l'illustration manifeste d'une queste incessante du Poète qui tend vers ce double dessein : *atteindre par la puissance créatrice de l'Amour le retour à l'Unité, et, par la puissance pénétrante de l'Esprit, transmuter la Matière, réaliser le Grand Œuvre et rejoindre toute la Lumière du Divin, dans sa plénitude.* Le point d'orgue de cette queste, directement "vécue" sur le plan de la création poétique à la fin de la Divine Comédie, donne sa portée véritable au cycle de toute une existence. L'Immortalité du Poète, à travers toutes les exégèses de bientôt 7 siècles, le fait assimiler à l'Ergon des alchimistes : figure emblématique hors du temps et hors de l'espace. En conclusion sur cette fameuse nuit du 13 au 14 septembre 1321, répétons que Dante lui-même en maintes circonstances dans ses œuvres évoque cette numérologie sacrée à laquelle nous nous sommes référés. Nous nous en faisons l'écho par ailleurs, notamment au chapitre III de cet ouvrage. Filiations Pythagoricienne et Augustinienne sont assez largement reconnues par la majorité des exégètes.

"Tout a des formes parce que tout a des nombres"

Saint Augustin souligne le lien de causalité dans cette célèbre formule. Les formes dans lesquelles se moule la Destinée de Dante sont, en résumé, déterminées par 4 couples de nombres obtenus en 2 réductions théosophiques successives :
Naissance en année universelle 1265 = 14 = 5
Mort en année universelle 1321 = 7
Cycle de vie total : 1265 + 1321 = 21 = 3
Date précise de la mort individuelle : 13 au 14/09/1321 = 16 = 7
De même l'année universelle 1321 = 7

Ces nombres sont associés aux lettres hébraïques, avec leurs valeurs ordinales et numérologiques, témoignant d'étapes spécifiques sur la voie spirituelle. Mais les correspondances avec les arcanes du Tarot profilent de manière particulièrement éloquente les formes que ces nombres confèrent à la Destinée du Poète. Naissance sous le signe de La Tempérance, symbole de toutes les transfusions spirituelles et de l'entrée de l'Esprit dans la Matière.

C'est le cœur même de la queste de Dante qui peut être résumée en trois mots-clés : **Esprit, Lumière, Amour**

Et en deuxième réduction Le Pape, symbole du souffle spirituel donnant la force à l'initié d'aller à la rencontre de son essence profonde. Mort sous le signe de La Maison-Dieu, symbole de l'éclair spirituel révélant à l'initié l'urgence d'abandonner les perceptions artificielles du monde forgées par son mental et le détournant de la vision juste. Et en deuxième réduction, Le Chariot, symbole de la première force d'unification obtenue par l'initié sur le chemin, par-delà ses conflits intérieurs. Cycle de vie total, reflet de la destinée toute entière, sous le signe de l'arcane du Monde, symbole de la Totalité de l'Homme et de l'Univers et de l'initié au terme de son ascension spirituelle. Le Poète la vit dans l'extase mystique à la fin de la Divine Comédie, dans la contemplation de la Rose des Bienheureux. Et en deuxième réduction, à travers le 3, symbole de la Trinité Divine, apparaît la figure emblématique de L'Impératrice. Celle-ci figure l'autorité céleste obtenue par l'union intime de l'Esprit et de la Matière. Dans la Divine Comédie, elle est incarnée, nous le verrons au chapitre VII, par la Vierge, la Reine du Ciel, qui a "voulu" la mission donnée à Virgile de guider le Poète. Elle incarne la Miséricorde divine.

Cette œuvre invite avec insistance le lecteur à se ressourcer dans cette queste spirituelle. De sa lecture émane indéniablement **une puissance spirituelle**, qui s'impose à tout lecteur un tant soit peu ouvert aux choses de l'Esprit, par delà la Beauté, l'Esthétique littéraire et le sens exotérique de cette œuvre... Ce terme d'Esprit est entendu, ici, au sens métaphysique et non pas mental. Toute l'existence de Dante, dans tous ses engagements, reflète cette force intérieure. Ainsi Dante quitte son existence terrestre à l'âge de 56 ans, soit 5 + 6=11, en première réduction et 2, en réduction finale. 11 correspond à l'arcane du Tarot, dénommé La Force. C'est le symbole de cette énergie intérieure, propre à faire rayonner l'Esprit et à soumettre, en douceur, la Personnalité.

Or ce même nombre 11 est le nombre qui structure la Divine Comédie, comme nous l'évoquerons au chapitre III de cet ouvrage !

Cette œuvre invite avec insistance le lecteur à se ressourcer dans cette queste spirituelle.

De sa lecture émane indéniablement **une puissance spirituelle**, qui s'impose à tout lecteur un tant soit peu ouvert aux choses de l'Esprit, par delà la Beauté, l'Esthétique littéraire et le sens exotérique de cette œuvre... Ce terme d'Esprit est entendu, ici, au sens métaphysique et non pas mental. Toute l'existence de Dante, dans tous ses engagements, reflète cette force intérieure. La réduction finale donne 2. Ce nombre est relié à cette force qui a été comme le ressort vital du Poète, autour de la réalité terrestre du personnage et du mythe de Béatrice : L'Amour. Par ailleurs, la durée même de cette existence (56 ans) ne semble-t-elle pas refléter le choix du Destin et de son contenu ? ! Enfin la série 1, 3, 2, 1 de l'année du "grand passage" correspond, nous l'avons déjà souligné, au sens développé dans les dernières strophes de la Divine Comédie.

Lecteurs, relisez et méditez donc une nouvelle fois ces admirables strophes finales, reproduites plus haut Écoutez, si vous parlez l'italien, la musique de ces vers et ressentez tout particulièrement le dernier :

l'amor che move il sole e l'altre stelle

Notons pour terminer, que les nombres de cette nuit du 13 au 14, en réductions finales donne encore 1+3=4 et 1+4=5 : L'Empereur et Le Pape, et la somme 4+5=9, L'Hermite. C'est comme si le Destin permettait au Poète, éternel hermite, tout au long de son existence, de poser un dernier regard sur son Utopie de l'Empereur Universel, détenant le pouvoir temporel et du Pape Universel, détenant le pouvoir spirituel. Autrement dit encore, ceci nous renvoie à la queste d'harmonie universelle entre la Matière et l'Esprit, au cœur même de la Divine Comédie !

Les associations et les correspondances, maintes fois évoquées au cours de notre analyse, ne sont-elles pas, en fin de compte, tout simplement synonymes de "Vibrations", dans une telle perspective de recherche du sens et de lecture symbolique, inspirée par la Grande Tradition ?

Les dates et la durée de cette destinée terrestre exceptionnelle du Poète Florentin, ne s'inscrivent-elles pas précisément dans ces vibrations, commandant les fameuses *formes* évoquées par Saint Augustin ? Rappelons que ce Père de l'Église eut une forte influence sur la spiritualité de Dante.

Avec un tel cumul de signes concordants, peut-on évoquer le prétendu hasard ? **La vie, l'œuvre et la queste spirituelle du Poète sont comme fusionnées, au diapason de ces vibrations, avec une extraordinaire cohérence. Mais, en cela, point de déterminisme, seulement une pure harmonie avec la partition de l'Invisible...**

La Dépouille à éclipses...

Dante fut enterré, revêtu d'une grande toge rouge et portant au front une couronne de laurier, symbole d'immortalité et attribut d'Apollon, évoqué dans le Paradis dans son face à face avec la divinité. Il fut porté sur les épaules des plus hauts citoyens jusqu'à l'Église. Le cortège revint à la maison où il vécut et là, le prince de Ravenne prononça un long discours louant sa science et ses vertus.

Mais ce destin hors du commun ne pouvait pas se terminer ainsi.
D'abord, les Florentins, décidés à réhabiliter un des leurs, si injustement persécuté par un gouvernement précédent, réclamèrent sa dépouille.
Refus de Ravenne.
Deux siècles plus tard, Michel Ange, qui venait de terminer le plafond de la Chapelle Sixtine, demanda au Pape Léon X (Jean de Médicis) auquel Ravenne "appartenait", d'exiger le retour à Florence des ossements de Dante.
Il voulait édifier un monument à la mémoire du poète.
Ravenne s'inclina.
Les Florentins, délégués sur place, trouvèrent le caveau vide. Seul traînait sur le sol un peu de laurier sec.

En 1865, Ravenne veut célébrer le 600e anniversaire de la naissance de Dante. On restaure le monument funéraire. Un mur du couvent de San Francesco, contigu à la tombe, est abattu... Un maçon découvre, scellé dans le mur de la chapelle, un coffret en bois contenant des ossements, une notice en latin et 3 mots tracés sur le couvercle : "OSSA DI DANTE".
La dépouille de Dante est enfin retrouvée !

Le sculpteur Enrico Pazzi, auteur d'une statue de Dante, place les "poussières vénérées" dans une urne, non sans en avoir prélevé, un peu, pour en mettre dans 6 enveloppes... L'une de ces enveloppes est donnée en 1889 au directeur de la Bibliothèque Nationale de Florence, en hommage à la cité qui vit naître le Poète.

En 1929, nouvel épisode : un congrés mondial des bibliothécaires est organisé dans les locaux en construction de la nouvelle bibliothèque nationale. Les 6 enveloppes disparaissent alors...
L'une d'elle est retrouvée en 1987 ! Elle figurait à l'intérieur d'un médaillon, dans le grenier du Sénat à Rome. La bibliothèque nationale de Florence va organiser une exposition pour la circonstance, même si le doute plane encore sur l'authenticité de ces poussières ! Cette découverte est venue, symboliquement, à point nommé, avec l'annonce du congrès mondial organisé par la Società Dantesca Italiana, en l'An de grâce 2000 !

La Gloire Posthume

Le poète a suscité, surtout à partir du XIXe siècle, plus de 5000 titres de livres consacrés à sa personne et à son œuvre. Dante, sur un certain plan, regagne d'année en année une actualité en tant que prophète d'un Monde Uni. Mais, plus encore que sur ce plan de philosophie politique, l'actualité de son œuvre se mesure à toutes les démarches spirituelles qu'il a inspirées, à travers toutes les clés d'interprétations multiples qu'il a suscitées, pendant plus de 7 siècles de postérité.
C'est à la rencontre des œuvres du Poète et de ces clés d'interprétations que nous partons à présent...
Les lecteurs, qui voudront approfondir, pourront se reporter, en fin de cet ouvrage, à la Bibliographie indicative que nous leur proposons.

CHAPITRE II

Les 9 œuvres,...
témoins d'une queste spirituelle
irrésistiblement orientée

Ainsi comme dit le Philosophe au début de la première philosophie, tous les hommes naturellement ont désir de savoir. La raison de ceci peut être, et elle est, que chacune chose, poussée par providence de prime nature, est encline à sa propre perfection ; et donc, pour ce que la science est perfection dernière de notre âme, chose en quoi consiste notre félicité suprême, tous, par nature, sommes soumis à son désirer.

Il convivio II

[...] dans les chansons seulement qui ruissellent aux lèvres des poètes illustres se rencontrent les beautés nées des sommets de leur génie.
Par là est confirmé notre propos, à savoir que les matières dignes du vulgaire le plus haut veulent qu'on les traite en chanson.

De Vulgari eloquencia II III 9-10

Les 9 œuvres de l'Hermite...

Cette œuvre écrite de Dante comprend donc 9 textes, (1) dont la rédaction s'échelonne tout au long d'une vie, de relative courte durée, même pour son époque.

Nous allons voir qu'ils reflètent admirablement les âges de leur créateur, à ceci près que l'œuvre maîtresse, la Divine Comédie, méditée vraisemblablement dès 1292, à l'âge de 27 ans, et achevée à la veille du "grand passage", est l'œuvre de toute une vie !...

"9" œuvres... Nous retrouvons ce nombre, tant vénéré par Dante, celui-là même qu'il associe à Béatrice et qui correspond à la valeur numérique de ce prénom...

"9", qui est encore le nombre correspondant à la valeur numérique du nom "Commedia" et qui structure les cercles de l'Enfer, les terrasses et les corniches du Purgatoire, les ciels du Paradis.

Le nombre 9 correspond, nous l'avons déjà vu à plusieurs reprises, à la lettre hébraïque Teith et présente la signification kabbalistique de la "Perfection achevée".

C'est aussi le nombre de l'Initiation, exprimant l'achèvement d'un cycle d'évolution, d'une étape d'incarnation, ouverte vers de nouvelles réalités et un avenir fécond... La forme calligraphique de la lettre Teith évoque comme un réceptacle, une coupe, ouverte à la fécondation par l'esprit divin.

Mais c'est surtout au Tarot que nous préférons nous référer ici, pour saisir combien ce nombre correspond symboliquement à certaines postures du Poète, tout entier attaché à son œuvre. La fameuse formule "Une œuvre, un homme" prend ici une valeur exemplaire.

Oui, Dante, jetant ainsi en pâture à la postérité ces 9 textes, est bien à l'image de cet arcane de l'Hermite, dans le Tarot, associé à ce nombre.

Le "viel homme", symbole de l'Initié, est couvert d'un ample manteau.

Il est appuyé sur un bâton qui l'aide à écarter les nombreux obstacles sur la voie. Il dirige la lumière d'une lampe vers le côté gauche et tourne ainsi le regard de sa conscience et le rayonnement de son esprit vers "l'intérieur".

Toute sa posture indique un profond "retour sur soi". Et si Dante-l'Hermite se retire du monde, c'est pour mieux puiser en lui la force d'avancer et de créer.

Sans aucun doute, pouvons-nous imaginer, dans cet Hermite, le Poète, puisant dans l'introspection et à la source de son inspiration, la force d'écrire ses œuvres et, tout particulièrement, de créer sa "Divina Commedia" et ses 14 233 vers !...

Sans aucun doute, encore, pouvons-nous imaginer dans cet Hermite, l'homme public, à l'heure de l'exil, cherchant sa vérité, au gré des contacts avec ses protecteurs et leurs missions et au gré, aussi, de ses rencontres avec d'autres exilés...

---

(1) "La Querelle de l'eau et de la Terre", texte de lecture publique est un 10e texte à mettre à part

Sans aucun doute, enfin, pouvons-nous imaginer dans cet Hermite, Dante, à l'heure du "grand passage", se repliant sur lui-même et regardant, rétroactivement, sa vie et son œuvre, pour y puiser la force lui permettant d'accéder à l'ultime Transcendance et le conduire vers Dieu. Et, ainsi, peut-il accomplir ce qu'annoncent les visions finales de la Divine Comédie…

C'est à la lucidité et à la posture de "Connaissant" et de "Claire Conscience" que cet Hermite nous convie…

Nous allons tendre cette lanterne, pour un temps, vers les 9 œuvres, mais sans autre prétention que celle d'attirer l'attention des lecteurs sur quelques éléments de "sens", plus ou moins cachés et nourris par les diverses traditions, présentées dans notre introduction (voir l'annexe sur les points de repères de ces traditions).

Nous n'avons aucune volonté de faire une analyse littéraire critique et encore moins d'être exhaustif en pareille matière !...

Par ailleurs, réservant la suite de tous nos autres chapitres presqu'en totalité à la Divine Comédie, nous ne présenterons celle-ci que très succinctement dans le présent chapitre.

Vers 18 ans...
"Le Rime" (les Rîmes), ou l'avant-goût de la "Vita Nova"

Survol de 8 livres...

L'édition des Œuvres Complètes de Dante, dans la collection de La Pléiade (1), nous offre un recueil très complet de ces Rimes, classées en 8 livres, et traduites dans un style très fleuri d'archaïsmes.

André Pézard utilise une langue (nous le citons) : *qui n'est nullement sacrée, que personne ne parle et n'a jamais parlé sous cette forme ; dont le tissu courant est le français moderne, mais un français dépouillé de tous ses vains modernismes ; et en revanche enrichi de vieux joyaux retrouvés.*

Cette langue et la rythmique de la traduction nous font particulièrement bien goûter cette poésie pleine, tout à la fois, de réalisme vécu, d'allégorie, de métaphysique, de philosophie, de morale et de haute symbolique.

Rendre compte de cette œuvre, dans toutes ses subtilités, répétons-le, dépasse le cadre de notre ouvrage et serait même d'une prétention sans mesure, eu égard aux brillantes et multiples études qu'elle a suscitées au cours des siècles.

Nous souhaitons seulement attirer l'attention du lecteur sur certains aspects, en référence, comme nous l'avons fait jusqu'ici, à l'analyse symbolique, sous l'éclairage des diverses traditions évoquées dans notre introduction.

Au préalable, rappelons que le recueil d'André Pézard comporte 8 livres, avec des formes diverses de Rimes : chansons, sonnets, sonnets doubles, ballades et sextines. Pour la commodité nous prenons le terme générique de Rimes.

Le 1er livre comprend 38 Rimes, dont 31 de Dante, qui sont reprises et commentées par le Poète dans sa "Vita Nova", et 7 de poètes, amis de Dante, et en particulier Dante da Maiano, Cino da Pistoie et Guido Cavalcanti.

Avec Dante da Maiano, nous avons 3 "tanzonis", correspondant à une joute poétique aux règles bien définies, inspirées de la poésie occitane.

L'auteur est en effet un poète florentin *de stricte obédience provençal* comme l'écrit Marina Marietti (2)

Le 2e livre comprend 23 Rimes, dont 11 échangées entre Dante et plusieurs de ses amis poètes, de nouveau Dante da Maiano et d'autres, mais sans certitude d'attribution, et, par ailleurs, 12 Rimes de Dante, toutes composées à la même période que la "Vita Nova", mais non reprises dans cette œuvre.

---

(1) *Dante Œuvres Complètes* par André Pézard, Éditions Gallimard-NRF, coll. La Pléiade, 1965.
(2) *Dante* par Marina Marietti, Éditions P.U.F., coll. Que sais-je ?

Le 3e livre comprend 6 Rimes, échangées entre Dante et Forese Donati, sous la forme d'une véritable joute poétique.

Le 4e livre comprend 7 Rimes allégoriques et doctrinales de Dante, dont 3 sont placées en tête des livres II, III et IV du Banquet et y sont commentées par le Poète.

Le 5e livre comprend 14 Rimes, dont 8 échangées entre Dante et ses amis poètes et notamment Cino da Pistoie, à d'autres périodes que celle de la Vita Nova, sans certitude sur lesdites périodes, et 6 Rimes du Poète, sans interlocuteur désigné.

Le 6e livre comprend les 4 Rimes pour *"la Donna Pietrosa"*.

Le 7e livre comprend 15 Rimes diverses, du temps de l'exil, échangées, là encore, avec des amis poètes, dont Cino da Pistoie et Cecco Angiolieri.

Le 8e et dernier livre de ce recueil regroupe 30 Rimes, d'attribution douteuse à Dante ou à d'autres poètes.

Le thème central de toutes ces Rimes, totalement prédominant, est celui de *l'Amour*, avec toutes ses joies, ses plaisirs et ses difficultés, ses servitudes, ses désastres pour l'âme et pour l'esprit, et ses deuils... Et l'art même de rimer, avec ses rythmes, ses images et ses effets de style, est étonnamment imbriqué, en maintes occasions, dans l'expression de ce thème.

S'agissant des Rimes qui sont reprises dans la "Vita Nova" ou dans le "Convivio", le lecteur se reportera à nos commentaires sur ces œuvres, plus loin.

La réponse de l'ami Cino da Pistoie aux Rimes XXV, XXVI et XXVII de Dante, incluses dans la "Vita Nova", semblent préfigurer les missions du Poète lui-même à la fin du Paradis, dans la "Divina Commedia".

La plainte de Dante et son appel à l'aide résonne avec une sorte de violence désespérée :

Les yeux dolents pour la pitié du cœur
ont telle peine en leurs larmes soufferte
que désormais ils demeurent vaincus.
(Rime XXV p. 64 de la Vita nova) (1)
À mes soupirs venez prêter l'oreille,
ô cœurs gentils, car pitié le désire :
(Rime XXVI p. 67 de la Vita nova)
Quantes et quantes fois, las ! me souvient
que je ne dois plus onques
la dame voir dont je suis si dolent,
....
(Rime XXVII p. 68 de la Vita nova)

Et Cino répond :

Bien qu'en votre faveur et sans attendre
Amour déjà et Pitié m'ait requis,
pour conforter votre peineuse vie

---

(1) Renvois de pages de *DANTE œuvres complètes* par André Pézard, Éditions Gallimard, coll. La Pléiade, 1965.

*que mon parler ne trouve votre cœur
toujours en pleurs avec l'âme esmarrie*
....
*Ainsi vous puis-je encore
porter aide à présent et confortance*
....
*Dès lors tous vos esprits là-haut s'envolent
par grâce de Bietris, car leur désir
est tel qu'Amour à plaisir les y boute*
....
*Mirez en la Beauté où votre dame
a pris séjour, de rayons couronnée ;
si est en paradis votre espérance
et toute sainte oremais votre amour :
une âme au ciel assise et contemplante.*
....
*Pourquoi ce cœur se dit-il déchiré,
quand il enclôt le bienheureux visage ?*
(Rime XXVIII pp. 100-104 du recueil des Rimes)

C'est presque un ton de reproche, bien différent, que prend l'ami Guido Cavalcanti, dans sa réponse aux mêmes Rimes de Dante. C'est le signe d'une probable désapprobation de l'ami à l'égard de l'attitude d'apitoiement sur soi et de rêveries de la part du Poète, après la mort de Béatrice.

*Je viens à toi tresmaintes fois le jour,
et perdu en trop vils pensers te trouve ;
moult suis dolent de ton gentil esprit
et de toutes vertus en toi mourantes.*
....
*Ore n'osé-je, empour ta vile vie,
montrer semblant que ton dire me plaise,
et viens à toi sans paraître à ta vue.*
(Rime XXIX p 104 et 105 du recueil des Rimes)

Au 2e livre, parmi les Rimes, composées à la même période que celle de la "Vita nova", mais non commentées par Dante, nous découvrons le vœu de consolation auprès d'autres *jeunes dames* que le Poète semble formuler :

*Tant durement j'ai regret de moi-même,
autrement me fait geindre
pitié que j'ai ou peine qu'on me donne,*
....
*A vous me suis-je adressé, jeunes dames
dont les yeux sont de beauté aornés,
dont l'âme est prise et pensive d'amour,
pour que mes rimes trouvent
votre faveur en quel lieu qu'elles aillent.*
(Rime LXVII p. 143 à 146 du recueil des Rimes)

Mais les regrets sont d'autant plus forts que le poète se réfère à la force de lumière générée par cet amour qui a nom "Bietris" (ou Béatrice) :

> *Le douloureux amour qui me conduit*
> *au seuil de la mort, par bon plaisir d'icelle*
> *qui jadis retenait mon cœur en joie,*
> *de jour en jour m'a ôté la lumière*
> *que mes yeux recevaient de telle étoile*
> *dont jamais ne cuidais avoir souffrance.*
> *.....*
> *adonc ma vie - et son cours sera bref*
> *jusqu'à la mort soupire, et va disant :*
> *"Celle pour qui je meurs a nom Biétris."*
> (Rime LXVIII p. 147 du recueil)

La plupart des Rimes de Dante sont imprégnées d'une intense mélancolie, mélancolie qu'il désigne lui-même dans la LXXIIe Rime, assortie de ses réactions plus ou moins agressives et personnalisées comme "un symbole vivant" :

> *Un jour s'en vint à moi Mélancolie*
> *et dit : "Je veux rester un brin chez toi"*
> *et me sembla qu'elle eut pour compagnie*
> *amené Ire et Douleur avec elle.*
> *Et je lui dis : "Va-t'en, quitte la place."*
> (Rime LXXII pp. 151-152 du recueil)

Les échanges de Rimes avec Forese Donati, lestes et fort imagées, en particulier sur certains exploits féminins et la bonne chère, ont été largement commentés pour supposer à Dante moultes aventures !...

Mais ce sont, pour notre part, les Rimes allégoriques et doctrinales qui retiennent le plus l'attention, du point de vue du langage symbolique. Nous en verrons un développement important dans la présentation du Banquet.

Notons ici seulement que c'est au terme d'un long exposé du Poète dans cette œuvre, qui suit la reprise de la LXXIXe Rime du recueil et explicite le sens qu'il a voulu donner, que Dante personnalise la Philosophie comme sa "*Donna Gentile*", consolatrice. Et il se relie directement au courant Pythagoricien : *Et ainsi, à la fin de ce second livre, je dis et affirme que la dame de qui je m'épris après le premier amour* (il s'agit de Béatrice) *fut la très belle et très honnête fille de l'Empereur de l'univers, à laquelle Pythagore donna nom Philosophie.*

Dans de nombreuses Rimes du Poète, nous relevons une ambiguïté entre la réalité d'une dame et la dame, allégorique par excellence, de la Philosophie. La présence de l'allégorie n'empêche pas de penser que Dante apprécia les "belles" en chair et en os, courtoisement et simultanément !...

Béatrice ne se privera pas, au Paradis Terrestre de la Divine Comédie de faire à son infidèle amant des reproches poignants et Dante "passera aux aveux et au repentir" (Chant XXXIe, v.28-30, 58-60 et 85-87) :

Les œuvres

Quel aise, quel repos ou avantage
    se montrèrent au front des autres biens
    pour te devoir promener en leur vue ?
....
Tu ne devais, nouveaux traits espérant,
    fléchir à bas l'aile, pour bachelette (= petite dame)
    ou autre vanité qui plus ne dure.

Et Dante :
Du repentir me poignit tant l'ortie
    qu'entre toutes les riens je haïs celles
    où plus drûment Amour me fit gauchir.

Dante consacre 3 Rimes à la *"Pargoletta"*, la bachelette, une toute jeune fille, dans le fameux style de l'amour courtois, tendre et plein de fraîcheur, mais avec parfois aussi quelques résonances éthiques ou philosophiques, nettement marquées :

Je suis plaisante et fraîche bachelettte
ici venue pour faire voir à tous
des beautés du pourpris (= demeure) où je fus faite
....
(Rime LXXXVII p. 172 du recueil)

Parce que tu te vois jeunette et belle
si bien qu'en mes pensers l'Amour éveilles,
orgueil a pris et dureté au cœur.
(Rime LXXXVIII p. 173 du recueil)

Qui pourra regarder jamais sans peur
dans les beaux yeux de cette bachelette.
(Rime LXXXIX p. 173 du recueil)

La XC^e Rime qui suit est une chanson de nature encore plus allégorique et morale. Elle doit retenir toute notre attention par sa charge philosophique et symbolique et toute imprégnée d'un sens ésotérique :

Amour qui dans les cieux ta vertu puises,
comme y prend sa splendeur
Phoebus au mieux renflammant sa vaillance
là où ses rais trouvent plus grand noblesse ;
....
Par ces regards est entrée en mon âme
certaine jouvencelle, et la conquise,
ains en feu me l'a mise
comme l'eau par clarté fait flamme sourdre.
Et cette dame, conclut la chanson :
était dame apparue en ce monde
pour avoir seigneurie
sur l'esprit de tous ceux qui la remirent.

À l'évidence, le lecteur verra, s'il lit toute cette chanson, qu'il y a là beaucoup plus que l'illustration au premier degré de l'empire amoureux, une véritable méditation sur le pouvoir "dual" de l'Amour : prison de l'âme, quand les seules forces des sens et de l'Ego sont en jeu, conditionnement positif de l'Esprit, quand son énergie irradie la Matière.

Au milieu de la chanson, un est particulièrement éloquent :
Cette beauté confirme ton empire,
car on la peut juger marque d'Amour
en un digne sujet,
comme du feu est signe le soleil
en qui ce feu ne perd force ou n'en gagne
quand dans les autres astres
ressort de ses effets plus haute grâce.

Les explications purement "physique" ou "astronomiques" de certains commentateurs sur ce passage sont naturellement insuffisantes. La résonance alchimique est en revanche manifeste. Nous reviendrons sur ce passage dans notre chapitre consacré à cette clé alchimique.

Cette chanson est rattachée, - à juste titre, semble-t-il -, directement aux 3 précédentes par certains commentateurs. Elle aurait pu figurer dans le Banquet et être commentée par Dante, tant sa portée allégorique et symbolique est forte, en effet.

Amour qui dans les cieux ta vertu puises,...

Source divine de l'Amour avec un grand "A",
Phoebus, Phoibos, *le brillant*, Apollon, dieu de la Lumière, fils de Zeus, Dieu des dieux, et de Leto, Latone, persécutée par Héra, la jalouse, est pris en référence. En Phoebus, nulle ombre ne demeure, la vérité éclate. Un poème grec énonce que :
Zeus a scellé d'un titre éternel l'honneur d'Apollon
afin que tous, d'une foi inébranlable,
pussent croire en sa parole.

L'Apollon de Delphes, le Dieu Solaire, était bénéfique et purificateur.
Le laurier était son arbre, symbole de l'Immortalité.
Dante, le Poète, est souvent représenté, la tête couronnée de laurier, suivant le désir même, clairement exprimé par lui.
Phoebus, Apollon, éclaire et aussi réchauffe et purifie le cœur et l'âme.
Il est ainsi associé par Dante au *Seigneur* :
et, comme il met en fuite ombres et gel,
ainsi, très haut seigneur,
chasses-tu de nos cœurs les vils pensers
et contre toi vie ne tient la joute :

L'Homme a en germe, lui aussi, tout pouvoir de faire le bien, qui découle de son essence divine. Mais, sans aide, il a les pires difficultés pour atteindre le bien. Et ce germe divin en lui a tendance à se diluer :

Si faut-il que de toi coule tout bien
où se peine le monde entier d'atteindre ;
sans toi fond et s'éteint
tout-bien faire que l'homme a en puissance ;
....

Dante évoque alors une merveilleuse analogie entre cette incapacité de l'Homme, sans l'aide de Dieu, à faire fructifier sa lumière intérieure, et le domaine de l'Art :

Comme peinture en un lieu de ténèbres,
qui ne se peut montrer
ni de couleur bailler plaisir, ni d'art.

Le Poète réaffirme ensuite sa foi, intensément porteuse de Lumière et de Feu Divin :

Ta lumière en mon cœur toujours se frappe
comme feux en l'étoile,
depuis le jour premier que fut mon âme
faite servante envers ta seigneurie.

De la Lumière à la Beauté, le Poète, alors, avoue la naissance d'un désir qui l'anime et le pousse à rechercher la Beauté, source de Plaisir, à travers *douces chantefables*, c'est-à-dire les récits médiévaux en proses et vers, en récit et chant :

D'où prit naissance un désir qui me mène
par douces chantefables
à remirer chacune chose belle
tout plus à gré qu'elle a plus de plaisance.

Du Récit et du Chant à la "réalité", Dante, en vertu de culte de la Beauté, complète son aveu : *une jouvencelle* a "irradié", comme nous dirions aujourd'hui, son âme.

Relisons une nouvelle fois :

Par ces regards est entrée en mon âme
certaine jouvencelle, et la conquise,
ains en feu me l'a mise
comme l'eau par clarté fait flamme sourdre.

Ici, les commentateurs se sont livrés à diverses interprétations devant la beauté de cette évocation des éléments ou "corps physiques opposés".

Nous pensons davantage, pour notre part, à une allégorie de type alchimique, derrière un phénomène physique qui paraît simple.

Le phénomène physique : la lumière se reflétant dans l'eau donne parfois des reflets qui nous donnent la sensation de flammes.

L'interprétation alchimique : s'agissant d'une âme que l'Amour peut "transmuter", l'eau et le feu concourent bien sûr à l'opération. L'eau comme le feu sont principes purificateurs. Mais l'eau est aussi symbole des énergies inconscientes, des puissances et états secrets de l'âme et, sans la Lumière, inspirée d'En-Haut, le sujet ne peut faire jaillir un feu réellement purificateur pour la "transmutation".

Et la suite de la "canzone" du Poète semble nous donner raison dans cette interprétation :

car lorsqu'elle apparut, seigneur, tes rais (=rayons)
dont elle me renvoie
la splendeur, en ses yeux trestous montèrent.

La Créature est comme un miroir qui renvoie au poète la Lumière de son Créateur, par le canal du regard.

Nous retrouvons à plusieurs reprises, dans le voyage en Paradis, ces images allégoriques autour du regard de Béatrice, la bienheureuse, regard que Dante parfois même ne saurait soutenir, tant il est plein d'énergie céleste.

Dans la suite de la "canzone", le Poète souligne admirablement comment il nourrit la puissance de cet amour tout allégorique, en puisant, dans l'inspiration divine le moyen de transcender sa propre nature :

Autant comme elle est belle en soi, et gente,
et d'amoureux semblants,
autretant mon songer, sans fin ni pose
dans la mémoire où je l'enclos l'aorne :
non qu'il ait à lui seul assez d'engin (=habileté)
pour si haute besogne ;
mais ta vertu lui vaut ceci, qu'il ose
au-delà du pouvoir qu'offre nature.

Éclate ensuite une nouvelle vision, d'essence tout à fait hermétique, liant les trois principes de la Divinité, de la Beauté et de l'Amour, passage de la canzone que nous avons déjà cité, plus haut, mais sur lequel nous revenons pour plus de précisions :

Cette beauté confirme ton empire,
car on la peut juger marque d'Amour
en un digne sujet,
comme du feu est signe le soleil
en qui ce feu ne perd force ou n'en gagne
quand dans les autres astres
ressort de ses effets plus haute grâce.

Certains commentateurs parlent d'obscurité à propos de cette partie de la canzone. Nous pensons au contraire, qu'en allant vers une recherche d'interprétation ésotérique et symbolique, "tout s'éclaire"!...

La Beauté est le sceau divin dont tout être élu est marqué. Le Feu est, d'une manière consubstantielle, attaché au symbole du Soleil.

Le Soleil, comme symbole de cette source divine de la Lumière et de l'Amour, deux forces étroitement liées entre elle, est, en effet, comme l'évoque Dante, une source à la fois intarissable et d'intensité constante.

Le Soleil, par ailleurs, éclaire *les autres astres*, c'est à dire, en particulier, les 7 planètes de la Tradition, que Dante évoque dans le Banquet et dans la Divine Comédie, à plusieurs reprises, en se référant à l'Astrologie. Le Poète tenait cette dernière pour la plus importante des sciences.

Et l'Astrologie, dans une acception "spirituelle" et symbolique, nous indique les énergies liées à chacune de ces planètes, énergies dont le bénéfice sur l'être humain est activé, précisément, par leurs rapports avec le Soleil : énergies de la Lune, de Mercure, de Vénus, de Mars, de Jupiter et de Saturne.

L'Astrologue parle "d'aspects", dans le thème de naissance, entre les Planètes et le Soleil, pour désigner ces rapports.

Dans le Paradis de la Divine Comédie, nous retrouverons ces planètes, associées aux ciels successifs traversés par le Poète et ses guides.

À ce stade, la "canzone" de Dante prend les allures d'une prière au Seigneur, créateur de tous les principes de *noblesses et de bontés* qu'il communique au monde.

La vie du Poète est *dure* et sa peine immense en raison de la créature féminine, d'essence divine et allégorique qu'il souhaite rencontrer. Elle incarne à ses yeux non seulement toute *l'ardeur de son créateur*, mais encore le feu de l'Amour, le péril de la mort comme par excès de jeunesse, inconsciente qu'elle est, dans toute la puissance de désir et de *cœur* qu'elle inspire au Poète.

Elle incarne aussi, et c'est l'essentiel pour Dante, la paix de l'âme. Et celle-ci réside dans *son regard*, tout comme nous la rencontrerons au Paradis de la Divine Comédie, dans le regard de Béatrice :
Par ta douceur fais connaître à ma dame
quelle soif de la voir, Amour, me brûle ;
ne souffre point qu'icelle
par sa jeunesse à la mort me conduise,
ne s'avisant encore de ses plaisances
ni du cœur dont je l'aime,
ni qu'en ses yeux elle porte ma paix.

Le Poète termine sa "canzone", en quelque sorte, par un double mouvement de requête au Seigneur. Il s'agit tout d'abord d'une "réactivation de sa foi" par le don qu'il peut ainsi recevoir d'un arbitrage divin, à un stade de vie qui en a tant besoin.

Et c'est aussi une requête pour sa dame, créature auréolée du pouvoir divin et à qui *tous les biens* doivent être consentis.

Premier mouvement, vers 61-67 :
Jà grand honneur te seras si tu m'aides,
et, à moi, riche don,
tant m'est certain que je suis parvenu
là où ma vie ne se peut plus défendre :
....

Deuxième mouvement, vers 68-75 :
[...]
car il convient sans faute
qu'elle soit de tous biens accompagnée,
comme étant dame apparue en ce monde
pour avoir seigneurie
sur l'esprit de tous ceux qui la remirent.

Cette "canzone" est, à nos yeux, essentielle, de part sa résonance symbolique, tout à fait liée à la queste spirituelle que nous retrouverons dans la Divine Comédie.

La tradition de la Numérologie Sacrée vient, ici encore, le confirmer.
Coïncidence : cette "canzone" est écrite en 75 vers, soit en première réduction théosophique, le nombre 12 et en deuxième le nombre 3.
Or nous venons de voir, en résumé, que cette "canzone" traduit fondamentalement un appel de Dante à la Divinité, lors d'une étape spécifique de sa destinée. La figure allégorique de la "jouvencelle", créature de Dieu, symbole de Beauté, irradiée par la Lumière de son créateur, est capable, à travers l'Amour, de transformer toutes les peurs et les angoisses du Poète, jusqu'à lui donner une paix intérieure. Cette paix est à cueillir dans le regard même de l'être aimé.
La Numérologie...
La numérologie sacrée attache une grande importance à la structure des nombres composés. Ici, $12 = 10 + 2$.

10 correspond à l'esprit pleinement incarné sur le plan terrestre (il y a 10 sephiroths à l'Arbre de Vie, 10 lieux de transformation et d'unification) et 2 est le nombre par lequel l'esprit crée et organise l'univers et par lequel il s'exprime, telle une force divine qui illumine et féconde par l'Amour toutes créations et toutes créatures.
Mais, dans la "canzone" de Dante, il concerne un être qui est à une étape de sa vie, en quête de la force transformatrice de l'Amour, et repoussant l'angoisse du trépas...

En deuxième réduction du nombre des 75 vers, nous avons $12 = 1 + 2 = 3$. Le nombre 3 est celui de la Sainte Trinité, le nombre du Divin, dans le Cosmos et en l'Homme : Corps, Âme et Esprit. Il procède de l'Unité originelle et de la Divinité fécondante, évoquée ci-dessus.
Le nombre 3 est associé dans le Tarot à l'Impératrice. Celle-ci est le symbole de la matière fécondée par l'esprit et accédant aux réalités divines.
Elle est détentrice d'un pouvoir légitime, qui procède lui-même d'une soumission de la volonté personnelle à la volonté supérieure de l'Esprit.
L'Impératrice recèle toutes les richesses de la féminité idéale, force motrice par laquelle *vit tout ce qui vit*.
Elle est souvent associée à la Reine du Ciel, la Vierge. Nous la retrouverons dans nos commentaires sur le voyage initiatique de Dante dans les Trois Mondes de la Divine Comédie.

Ici la *jouvencelle* est une incarnation allégorique de cet "idéal féminin".

Nous voyons combien toute cette symbolique, livrée par les nombres sacrés, coïncide avec le contenu de la canzone, commentée ci-dessus !...

Le VIe livre du recueil des Rimes réunit des œuvres composées autour du thème de la *"Donna Pietrosa"*, la *Dame de Pierre*. L'inspiration du Poète y est, là encore, très largement allégorique.

L'incertitude pèse sur l'existence réelle d'une *Dame de Pierre* et sur le fait que les 4 sonnets, de semblable veine, aient été réellement composés pour une seule et même dame. Mais cela importe peu, car le génie de l'allégorie chez Dante est si puissant qu'il "embrase" toute réalité vécue et nous plonge sans cesse dans l'émerveillement.

Nous voulons, à ce point, attirer l'attention du lecteur, en particulier, sur la canzone qui porte le numéro 100 (C), dans le recueil :

J'en suis venu au point des hautes roues
où l'horizon, quand le soleil se couche,
fait éclore le signe enjumelé ;
et l'étoile d'amour de nous s'éloigne
sous les rayons tresluisants qui l'enfourchent
si en travers, que sa clarté se voile ;
et la planète où prend force le gel
se montre toute à nous par le grand arc
où chacune des sept moindrit son ombre :
mais Amour ne relâche
d'un seul penser la passion qui charge
mon esprit, devenu plus dur que pierre
à tant serrer une image de pierre.
    ....

Dante évoque ici le solstice d'Hiver, pensant à la nature qui plonge dans le froid glacial, et à son âge, en se référant à son signe de naissance, les Gémeaux. Celui-ci est, alors, à l'opposé du Soleil et, allégoriquement, le Poète a, en quelque sorte, la vision du "Temps" où l'Homme s'éloigne de l'étoile d'amour, Vénus, et de toutes les ardeurs de la jeunesse.

La "canzone" suit toute une allégorie d'inspiration cosmique avec l'évocation de la planète Saturne, le maître du Temps, des éléments, du vent, de la neige, et des 7 *astres glacés* de la Grande Ourse, et de l'éloignement du Printemps. Celui-ci est associé, astrologiquement, à *la vertu du Bélier*, le signe qui faisait *sourdre les feuillages*.

Alors, chante le Poète :
La terre prend une croûte d'émail,
et l'eau morte se mue en lit de verre.

De moi, chanson, qu'en sera-t-il dans l'autre doux temps nouveau, interroge le Poète, *"si, par telles gelées, amour survit en moi seul, non ailleurs ?"*

Réponse :
Ce qu'il en est d'un corps gisant de marbre,
quand une bachelette a cœur de marbre.

Nous voyons bien que toutes ces images saisissantes sont pétries dans le plus pur symbolisme de l'astrologie spirituelle et associées à une véritable angoisse de nature métaphysique. Il nous semble regrettable que la plupart des commentateurs s'en tiennent ici au premier degré de ces aspects astrologiques. Et, bien souvent, ils ne voient dans cette "canzone" qu'une sorte de vision nostalgique, voire apitoyée, et limitée aux amours non partagés, qui s'enfuient !...

Bien plus, le nombre 100, numéro de cette "canzone" correspond, selon la Kabbale, à la valeur numérologique de la lettre hébraïque Qôf, dont la signification est "l'accession à la vérité de l'Un". Cette lettre est associée au 29e sentier de l'Arbre de Vie, sentier lié aux racines biologiques de l'être et responsable de l'Illumination de la conscience par une union plus étroite entre le Corps et l'Esprit. Or cette unification passe, en particulier, par l'expérience sexuelle et l'amour fusionnel.

La lettre Qôf correspond à l'arcane du Soleil dans le Tarot, arcane sur lequel nous découvrons un couple étroitement uni, la main droite (active) de l'homme tenant la main gauche (réceptive) de la femme, et, inversement, la main droite de la femme tenant la taille de l'homme et la main gauche de l'homme tenant la taille de la femme. Et surtout, nous y voyons les rayons du Soleil, porteurs de lumière, "adombrant" ce couple dans son union.

Or, le Soleil, l'Amour fusionnel et la Gémélité ne sont-ils pas au cœur des visions du Poète ?!

Enfin, un tercet de vers de la 102e Rime nous semble résumer toute la problématique métaphysique et spirituelle du Poète à l'égard de cette *"Donna pietrosa"*, d'une façon limpide :

Chanson, je porte en mon âme une dame
dont j'ai reçu, bien qu'elle me soit pierre,
tel feu que tout amant me paraît froid :
…

Cette *Pierre* nous renvoie naturellement aussi, dans un sens plus ésotérique, au Grand Œuvre Alchimique et à la force "transformatrice" de l'Amour, si prisée des "Fidèles d'Amour" !

Le 7e livre de ce recueil regroupe diverses Rimes du temps de l'exil.

Bien sûr, un intérêt certain réside dans le "vécu" transmis de cette période aussi bien par Dante que par ses correspondants.

Mais la forme et le contenu, nettement moins riche d'un point de vue allégorique et symbolique, nous font renvoyer le lecteur intéressé directement aux œuvres, sans autre commentaire de notre part, dans l'optique du présent ouvrage.

L'anecdotique et le psychologique sont beaucoup plus prégnants dans ces œuvres. Notons cependant les vers de la 116e "canzone", qui débute par :

Amour, puisqu'il faut bien que je me plaigne
pour être ouï des gens,
[…]

Les œuvres

et se termine par une déclaration à sa ville natale, mêlant les "relents" de l'exil à son "mal d'amour" :

> *Or, quitte-moi, mon alpestre chanson.*
> *Espoir vas-tu Florence voir, ma ville*
> *qui hors ses murs me serre,*
> *veuve d'amour, de pitié dénuée.*
> *Chez elle entrée, va disant : "Qui m'a faite*
> *ne vous peut mie oremais* (=désormais) *guerroyer :*
> *telle chaîne le tient là-haut ferré*
> *que, votre rage eût-elle enfin plié,*
> *il n'a plus de rentrer céans loisir."*

Le recueil des Rimes présenté par André Pézard, dans les "Œuvres Complètes" de Dante, dans la collection de La Pléiade, se termine par un 8e livre. Ce dernier réunit une trentaine d'œuvres d'attribution douteuse à Dante ou à Cino da Pistoie, l'ami très présent dans la correspondance poétique.

Ces Rimes tournent autour du plaisir et de la prison de l'âme et des *pensers*, des dames *gentilles*, des esprits *dolents* (=souffrants), de la souffrance et du deuil…

Une place à part, toute allégorique, se présentant comme une fable, semble devoir être accordée à la dernière Rime citée dans le recueil. Mais si rien ne prouve qu'elle soit de Dante, bien sûr, son contenu nous interpelle.

Elle débute ainsi :
> *Lorsque se tint le conseil des oiseaux*
> *il fallut que par force*
> *chacun d'eux à ce ban vînt comparaître ;*
> *et la corneille engeigneresse et felle*
> *pensa changer de robe,*
> *et de maint autre oiseau quêta plumage ;*
> …

Cette corneille, trompeuse et menteuse, est plumée par les autres oiseaux et abandonnée toute humiliée. Et le sonnet se termine par une analogie faite avec le monde des humains :
> *Chacun jour avient-il semblablement*
> *d'homme qui se raccoutre*
> *de renom ou vertu dont il fait montre :*
> *souvent du chaud d'autrui (*)*
> *ruisselle-t-il jusqu'à tant qu'il se glace.*

(*) Chaud d'autrui = vêtements d'emprunt, qui tiennent chaud.

Et la morale de l'histoire :
> *Donc heureux qui par soi tient son ménage.*

Curieusement, la Corneille peut, selon une tradition Irlandaise, où elle incarne la déesse de la guerre, se transformer en de nombreux animaux pour combattre !

En Grèce, la Corneille était consacrée à Athéna, la déesse de la fécondité et de la sagesse. Et celle-ci était sensée inspirer "les arts et les travaux de la paix", tout en se manifestant "guerrière", si besoin était. Avec des aspects brutaux et sauvages, elle était, cependant, sensée apporter l'aide essentielle de l'esprit à la nature brutale des réactions des héros comme Héraclès, Achille ou Ulysse ! La Corneille est considérée comme l'aspect nocturne du Corbeau, lequel est de nature solaire et consacré à Apollon, frère d'Athéna. Elle incarne donc bien les aspects négatifs, sombres, trompeurs, mis en scène par Dante, dans le sonnet. Cette fable peut être ressituée dans la perspective de la queste spirituelle du Poète, dont une composante, non des moindres, est la recherche de Vérité et d'Authenticité.

Nous ne pouvons pas quitter ces Rimes sans dire quelques mots des principaux correspondants, poètes et amis de Dante, dont les œuvres figurent dans les différents livres du recueil précédemment évoqué.

L'ami Guido Cavalcanti...

Le premier sonnet de la "Vita Nova", qui est aussi la première pièce des Rimes, est dédié par Dante aux "Fidèles d'Amour", qu'il invite à juger d'une "vision" qu'il a eue en songe :
À chacune âme éprise et gentil cœur
aux yeux de qui parvient le présent dire,
afin qu'ils m'en renvoient leur sentiment,
salut en leur seigneur, qui est Amour.

Et parmi ces "Fidèles", il en est un qui tient une place toute particulière et qui répondit à son attente : Guido Cavalcanti.

Commentant ce sonnet, Dante écrit : *À ce sonnet il fut répondu par plusieurs, et en divers sentiments ; parmi lesquels fut répondant celui que j'appelle premier de mes amis, et il dit alors un sonnet qui commence : "vous vîtes, que je crois, toute valeur." Et ce fut là comme l'origine de l'amitié entre lui et moi, quand il sut que j'étais celui qui lui avait envoyé ces vers.*

L'ami Guido est un grand poète de Florence, Guelfe Blanc comme Dante, alors, et très impliqué dans la lutte entre les deux partis "Blanc et Noir". Il est banni par les prieurs à Sarzana, cette même année 1300, si symboliquement soulignée, par ailleurs, par Dante... Rien ne prouve que celui-ci, alors lui-même prieur, ait voté contre cet ami. Guido meurt à Florence, au retour de son exil, au cours duquel il a été atteint par les fièvres.

Très franc avec le Poète, Guido Cavalcanti était un être fier, secret, doué d'un lyrisme gracieux et puissant, parfois mélancolique, à en juger par ses sonnets. Il avait en fait beaucoup de points communs avec Dante.

Mais André Pézard (1) souligne un trait de ce portrait qui lui est propre : *L'amour est pour lui une puissance fatale, incompréhensible à toute philosophie. Il était averroiste.*

---

(1) *Dante - Œuvres Complètes* par André Pézard, Éditions Gallimard, coll. La Pléiade-NRF, 1965.

La "Vita Nova" lui est dédiée.

Cavalcanti fut le principal représentant de ce qu'on appelle, en poésie, le *"dolce stil nuovo"*. Dans ses Rimes, il évoque les intermittences du cœur et sa conception de l'amour est toute imprégnée d'un sentiment de mélancolie.

Pétrarque, un peu après lui, s'illustra sur des thèmes voisins et surtout, à l'image de la Béatrice de Dante, il rencontra Laure de Noves, pour laquelle il eut une grande passion, là aussi sublimée, à la mort de la jeune femme.

Pétrarque fut passionné de l'Antiquité et grand admirateur, lui aussi, d'un certain Virgile ! Enfin, obsédé par la fragilité de l'existence, écartelé entre mysticisme et raison, il chanta, dans ses Rimes, la beauté physique et spirituelle de Laure !...

Cavalcanti répondit donc au sonnet de Dante par le premier qui figure dans le recueil des Rimes (p 87) :
Vous vîtes, que je crois, toute valeur,
tout plaisir et tout bien qu'un homme sente,
si vous fûtes aux mains de vaillant sire
qui tient en fief le monde de l'honneur,
...

Impossible de ne pas ressentir ici l'allusion à l'univers de la Chevalerie, symbolisé avant tout par les valeurs de l'Amour et de la Noblesse du cœur et de l'âme…

Les amis Cino da Pistoie et Dante da Maiano…

Parmi les autres "trouvères", auteurs des échanges de Rimes avec Dante, nous trouvons Cino da Pistoie pour le 2e sonnet répondant au sonnet du Poète. Ce personnage est un autre exilé, mais, lui, du parti Guelfe Noir, ami de Dante donc, en dépit d'une couleur de différence !

Le Poète l'évoque notamment dans son Épître III en termes très amicaux : *Au banni de Pistoie, le Florentin exilé contre mérite, salut pardurable et ardeur de perpétuelle charité.*

La flamme de ton amour a grandi en paroles de véhémente confiance envers moi, par où, très cher, tu m'as requis d'un conseil, à savoir si l'âme, pour aller d'une passion à une autre passion, se peut tresmuer de forme…

Et Dante répond longuement à la question de son ami, *en langage calliopéen,* comme il l'écrit lui-même, en référence à Calliope, la muse de la poésie épique et de l'éloquence. Il a cette phrase, selon nous très significative, du point de vue de la conception de cette force-désir, support de l'Amour :

[…] adonc les puissances sensitives, si leur organe demeure, ne périssent pas par l'épuisement d'un seul acte, et sont réservées par nature pour un autre. Adonc, vu que la puissance concupiscible, qui est siège de l'amour, est une puissance sensitive, il est manifeste qu'après l'épuisement d'une passion qui l'avait réduite en acte, elle est conservée en vue d'une autre…

Le Poète a un autre "répondant" : Dante da Maiano, poète Florentin, sans doute, dont nous ne connaissons presque rien, si ce n'est que Dante lui parle avec déférence, comme à un aîné, et que, lui-même, en son sonnet, paraît quelque peu "altier" (voir Rime IV du recueil p. 91) :

Touchant à ce cas dont tu es demandeur,
je m'apense et je fais brève réponse,
ami qui me parais peu connaissant,
pour t'en montrer voirement la sentence.
...

Vers 23 ans...
"Il Fiore" et l'ami Guido

C'est à l'âge de 20 à 25 ans, vers 1285-1290, que le "Ser", alias "le notaire", Durante Fiorentino, signe "Il Fiore", adaptation parodique du "Roman de la Rose", en 232 sonnets. L'ouvrage est écrit en langue italienne "vulgaire".

Le Poète ne s'attaque pas à la première partie du fameux chef d'œuvre de poésie hermétique, celle qui fut écrite, vers 1236, par Guillaume de Lorris, dans un style courtois et raffiné et inspirée d'Ovide. Il prend pour cible la deuxième partie, écrite par Jean de Meung, vers 1275-1280, soit une dizaine d'années plus tôt seulement, du vivant de Dante. Cette deuxième partie était plus rationaliste, voire même satirique.

Quoiqu'il en soit, dans l'original, l'histoire d'une conquête amoureuse s'y inscrit dans une queste de sérénité parfaite pour l'âme humaine, à travers une initiation, jonchée de multiples épreuves.

Transposé, sous la plume, pleine de hardiesses stylistiques et syntaxiques de Dante, cela devint la queste d'un amour sensuel, érotique même, vécue par un amant à la recherche de la Rose. Ce n'est plus vraiment le symbole de la Pierre Philosophale, comme dans l'original, mais tout simplement la plus belle parure du sexe féminin !

À cette trame s'ajoute une satire anti-cléricale d'autant plus féroce qu'elle utilise des pirouettes de style et des emprunts au "langage plébéien de la rue", selon une belle expression consacrée.

Cette tonalité libertaire de l'ouvrage "Il Fiore" ressemble, naturellement bien, à un tout jeune Florentin, déjà connu comme poète du "doux style nouveau", courtois, dans une ville où s'exercent la passion politique, à la recherche de nouveaux modes de gouvernement et de nouveaux rapports sociaux.

Dante envoya, dit-on, son poème "Il Fiore" au célèbre seigneur Guido Cavalcanti, Gibelin passionné, chef des "Fidèles d'Amour" de Florence, société secrète militante, précédemment évoquée, et qui devait devenir "l'ami"…

En parfait homme d'action et poète de renommée, le beau Guido accueillit, avec force louange, cette œuvre intense, pleine de jeunesse et de verve, et fit du Poète un nouveau "Fidèle d'amour" et un ami, avec lequel il développa une correspondance poétique.

Les œuvres

D'amicales échanges de sonnets, en effet, entre les deux hommes, témoignent de leurs conceptions respectives de l'amour (voir ci-dessus nos commentaires sur les Rimes).

Un sonnet témoigne du véritable rêve d'amour courtois de Dante, sous la baguette de l'enchanteur Merlin, et nous renvoie, selon un deuxième degré de lecture, aux desseins authentiques de béatitudes, qui peuvent se cacher derrière la queste sensuelle de "Il Fiore" :

Guy, je voudrais que toi et Jacque et moi
fussion un jour pris par enchantement,
et mis en un vaisseau qui par tout vent
courût la mer à mon gré comme au vôtre ;
....
et qu'avec nous le vaillant enchanteur
eût mis dame Jehanne et dame Lise,
et celle qui a siège au nombre trente ;
et là sans fin tenir propos d'amour,
....

Un autre petit poème, inspiré du Roman de la Rose, le *"Detto d'Amore"* est aussi attribué à Dante, vers la même époque de sa vie, et son attribution abusivement contestée à notre sens.

Fidèle au regard de la Tradition, tournons nous à présent vers l'aspect du Verbe et des Nombres :

I	L	F	I	O	R	E	
9	3	6	9	6	9	5	= 47 = 11 = 2

La Numérologie Sacrée vient ici confirmer le symbolisme de "la Fleur". Si chaque fleur a son propre symbolisme, le nom générique nous renvoie, selon la Tradition, au symbole de la "Coupe", réceptacle des énergies célestes. La Fleur est associée à l'âme dont elle peut prendre les diverses "couleurs" et caractères, des plus pures aux plus vénéneuses...

[...] Tout comme le nombre de la "Dualité" ouvre à l'Amour, vrai reflet de l'Esprit dans la Matière, ou à la Luxure, correspondant à la dislocation de l'Esprit et de la Matière.

"Il Fiore", le poème de "Ser Durante", met en scène la queste plus ou moins forcenée de l'amour purement charnel, alors que le sonnet que nous avons cité met en scène une sorte de "Rêve d'amour", sous le signe de Merlin l'enchanteur, comme nous l'avons dit, et qui ne saurait exister donc sans une queste intérieure.

Quant à l'hypothèse de non paternité de Dante à l'égard de cette œuvre, "Il Fiore", nous la laissons aux esprits chagrins qui ne veulent pas confondre verve et jeunesse d'un poète mystique !

Vers 28 ans...
"La Vita Nova", ou l'élixir d'Amour

"Incipit Vita Nova"...Ici commence la Vie Nouvelle...

C'est par cette formule que Dante commence son œuvre. En réalité les premières Rimes furent écrites vers l'âge de 18 ans, mais elles furent sélectionnées pour être commentées et constituer, à proprement parler, la "Vita Nova", uniquement vers 1292-1295.

C'est une "rubrique" du livre de sa mémoire qui formule plus précisément cette expression : *Et sous cette rubrique je trouve écrites les paroles que j'ai l'intention de retraire en ce livret ; et sinon toutes, du moins leur sens.*

Nous sommes d'emblée avertis.

Dans le flot de la mémoire du Poète, attachée tout particulièrement aux épreuves de la mort de Béatrice, ce qui retient sa propre attention, c'est la "recherche de sens" au prix même, avec le mûrissement, de redessiner les contours de cette mémoire.

"Vita Nuova" ou "Vita Nova"?...

Nous devons nous-même, bien sûr, nous interroger sur le titre du fameux "livret" : "La Vita Nova."

André Pézard, déjà cité à plusieurs reprises, l'un des plus éminents traducteurs et commentateurs de l'œuvre de Dante, retient, sans doute à juste titre, la forme latine du titre, "Vita Nova", et non le titre "Vita Nuova", que Dante a pourtant lui-même utilisé dans le "Convivio" (le Banquet).

Il justifie son choix ainsi en parlant du Poète :

Il pourrait alors, après bien des années, avoir une autre idée pour un instant. Et puis, cette forme nuova n'est-elle pas une négligence ou un parti pris de copiste ? Car plus tard encore (Purgatoire XXIV, v.57), revenant sur le même passé, Dante écrit dolce stil novo, en toscan.

La recherche de sens, attachée à la "science des noms", notamment à travers les valeurs numériques des lettres, en relation avec la Kabbale, dont nous avons déjà parlée à plusieurs reprises, nous éclaire sur ce sujet.

En effet les noms, qui désignent toute chose ou tout être humain, sont, selon les plus anciennes traditions, en quelque sorte, symboliquement, porteurs de vibrations et d'énergies spécifiques.

Si nous procédons à cette analyse des équivalences numérologiques des lettres, nous obtenons les nombres suivants, en procédant à la réduction théosophique de la forme latine et de la forme italienne :

```
VITA  NOVA           VITA  NUOVA
4921  5641           4921  53641
Total = 32 = 5       Total = 35 = 8
(Vita = 16 = 7)      (Vita = 16 = 7)
(Nova = 16 = 7)      (Nuova = 19 = 1(0))
```

Le nombre nuptial, selon l'expression Pythagoricienne, le 5, est symbole d'union entre le nombre impair 3, principe céleste, et le premier nombre pair, 2, la dualité terrestre. Ce nombre est au centre des 9 premiers, par rapport auxquels, nous l'avons vu dans notre introduction, s'organisent les équivalences entre les lettres de l'alphabet et les nombres.

Dans la perspective Kabbalistique, le 5 incarne l'énergie divine, qui tend à structurer et organiser Matière et Esprit.

C'est pourquoi il est aussi associé au principe de **rectification**, qui incite l'Homme à vivre une véritable transmutation alchimique, en vue de son évolution spirituelle. Toutes les déviances de sa personnalité sont appelées à être "consumées", pour parvenir ainsi à l'harmonisation et à l'équilibre des 2 natures, humaine et divine. Le nombre 5 est encore le symbole de l'Homme, Microcosme à l'image du Macrocosme.

Mais la vibration 5 du nom "Vita Nova" est ici éclairée aussi par des nombres intermédiaires et les composantes liées à chacune des lettres.

Sans détailler outre mesure, ce qui dépasserait le cadre du présent ouvrage, disons simplement que nous avons 2 vocables "Vita" et "Nova", qui recèlent en eux un équilibre des énergies paires, féminines, réceptives et impaires, masculines, actives. Tous les deux évoquent une notion de perfection dynamique (nombre 7), découlant de l'impulsion que donne l'Esprit et l'énergie céleste (nombre 16).

Plus précisément, s'agissant du nom "Vita", le 7 suggère le principe d'un cycle complet, dans lequel intervient cette force intérieure et qui permet de découvrir l'essence spirituelle au cœur de la Matière.

Le 16 exprime bien la nature de son énergie, dans son association à l'arcane de la Maison-Dieu, dans le Tarot : sous l'influence de la foudre céleste (l'Esprit), et à condition de ne pas en faire un usage perverti, l'Homme peut accéder à d'autres plans de réalités que l'enfermement dans la matière et dans son ego. Il peut faire de sa "Vita", précisément, une réconciliation entre la dimension divine et la dimension matérielle.

Notons au passage que l'alphabet auquel nous nous référons est l'alphabet latin. Le mot "Vie" en Français, utilisant ce même alphabet, a une valeur, en réduction théosophique, de 9 et non de 5.

Et ce nombre 9 évoque, lui aussi, comme le 7, mais à un autre niveau, l'idée d'une perfection et de l'accomplissement d'un cycle, l'achèvement d'une étape d'incarnation. Rappelons que c'est le dernier parmi la série de base des 9 premiers nombres.

Si nous retenons à présent la formule italienne "Vita Nuova", nous avons toujours le nombre 7, par le 16 pour "Vita", mais le nombre 1, successivement par le 19 et le 10, pour "Nuova". Et le nombre total est 35 = 8.

"Nuova", 1, par le 10 et le 19, cela amène un sens différent. Dans une perspective kabbalistique, et associée au Tarot, la "Nouveauté" de cette vie n'est plus liée à l'idée d'une perfection, issue de l'œuvre bénéfique de l'Esprit, mais à celle de la présence de Dieu dans le créé (nombre 10) et aussi à l'idée du destin et de la loi du Karma (image de la Roue de Fortune du Tarot).

L'accession à la vérité de l'Un (nombre 1), l'extérieur de l'être s'affirmant comme le reflet parfait de l'intérieur, procède de l'acceptation par l'Homme de son destin.

Et la présence divine s'exprime aussi par le nombre 19, associé à l'arcane du Soleil dans le Tarot. Le rayonnement de la personnalité de la créature en découle.

L'ensemble du nom en langue italienne, "Vita Nuova", symbolise dès lors un équilibre de nature cosmique et la médiation avec l'Autre, qui aboutit à une purification et à une régénération, tout ceci étant symbolisé par le nombre 8. À ce nombre correspond l'arcane de la Justice, dans le Tarot.

Cet arcane symbolise de manière éloquente toute l'ouverture contemplative reliée à la Justice en tant que vertu, à l'image de la fameuse psychostasie (pesée des âmes) dans l'Égypte ancienne.

Mais si nous nous tournons vers le contenu du texte de Dante et vers sa progression interne, nous voyons bien l'adéquation entre ce type d'analyse, liée au seul nom de l'œuvre et les divers thèmes qui y sont abordés.

Bien entendu, il est exclu de justifier par cette analyse, le bon choix de la forme latine ou de la forme italienne, qui dépend, comme nous l'avons vu, d'autres considérations.

Nous pouvons donc dire simplement la "Vita Nova ou Nuova", la bien nommée, avec une légère préférence pour "Nova", cependant !...

Cette œuvre implique en quelque sorte une transformation intérieure du Poète, à l'épreuve des tentations charnelles et du souvenir de Béatrice. Et, en dehors même de cette œuvre, la soi-disant vie de débauche consolatrice de Dante, ne peut pas nous faire oublier que ladite œuvre se termine par le pressentiment de la future œuvre *plus digne* (selon l'expression du poète) *de la Bienheureuse* donc de l'ouverture de son auteur à une queste intérieure et à une transformation spirituelle.

La formule latine du nom, à travers sa numérologie sacrée, appuie sur la rectification et l'harmonisation entre esprit et matière par la grâce de l'énergie divine.

La formule italienne évoque surtout la médiation avec l'Autre, en l'occurrence ici Béatrice, et la régénération de la personnalité, par l'œuvre du Soleil, comme diraient les Alchimistes.

Or, la médiation est, à vrai dire, absente de l'œuvre. Elle sera bien sûr très présente, en revanche, dans la "Divina Commedia", quand Dante rencontrera Béatrice dans le Paradis Terrestre, et après les doléances de la Bienheureuse, dans l'Empyrée.

Nous allons voir plus loin que le déroulement même de la "Vita Nova", à travers ses sonnets et les commentaires de ces sonnets, s'inscrit effectivement dans une évolution. Celle-ci montre comment le deuil de Béatrice, après un étirement du Poète entre fidélité et attrait *matériel* pour d'autres *gentilles dames*, va le pousser à sublimer l'image de "la Bienheureuse". Ceci est un avant goût de la Divine Comédie…

En dehors de son titre, cette œuvre suscite encore d'autres réflexions, dans notre optique de symbolique traditionnelle, sur sa portée et son sens général, avant même d'apprécier les phases de son développement.

La "Vita Nova" est tout d'abord entièrement consacrée à la "mémoire" de Béatrice. Celle-ci est associée, de l'aveu du Poète lui-même, au nombre 9 et au principe de la "Béatitude". Béatrice prend tout autant les allures d'une figure allégorique que celles d'une simple mortelle, passée au rang de Bienheureuse.

Béatrice, "Celle qui donne la Béatitude"…

Allégoriquement, Béatrice peut être définie selon la formule d'André Pézard, comme *Celle qui donne la Béatitude*. Celle-ci est définie, selon la Théologie comme *La Félicité parfaite dont jouissent les élus*. Par extension, elle désigne le *Bonheur parfait*.
Telles sont les définitions du dictionnaire "Le Robert".

Rappelons aussi les 8 béatitudes, les 8 vertus que Jésus Christ a exaltées dans le sermon sur la Montagne (Matthieu II, 5) :
*Heureux ceux qui ont une âme de pauvre,
   car le Royaume des Cieux est à eux.
Heureux les doux,
   car ils posséderont la terre.
Heureux les affligés,
   car ils seront consolés.
Heureux les affamés et assoiffés de la justice,
   car ils seront rassasiés.
Heureux les miséricordieux,
   car ils obtiendront miséricorde.*
**Heureux les cœurs purs,
   car ils verront Dieu.**
*Heureux les artisans de la paix,
   car ils seront appelés fils de Dieu.
Heureux les persécutés pour la justice,
   car le Royaume des Cieux est à eux.
Heureux êtes-vous quand on vous insultera,
   qu'on vous persécutera, et qu'on dira faussement
   contre vous toute sorte d'infamie à cause de moi.*
**Soyez dans la joie et l'allégresse,
   car votre récompense sera grande dans les cieux :**
*C'est bien ainsi qu'on a persécuté les prophètes,
   vos devanciers.*

Si nous reproduisons l'intégralité de ces béatitudes, c'est que le lecteur pourra ressentir, avec nous, comment elles s'inscrivent en filigrane dans certains aspects de la destinée du Poète, évoquée précédemment, et dans les visions de ses œuvres.

Les deux béatitudes que nous soulignons en gras prennent un relief tout particulier à la lecture de la "Vita Nova" et de la "Divina Commedia."

Toutes deux illustrent bien cette "transmutation" de l'être par la purification et la rectification, qui, seules, peuvent mettre l'être humain au contact de Dieu. Mais ceci appelle une précision. La "Vita Nova" contient et, pourrions-nous dire, "signifie" l'amorce de cette évolution spirituelle intérieure, tandis que la "Divina Commedia" en est le point d'achèvement, avec la vision finale et l'extase du Poète dans l'Empyrée.

Il y plonge son regard dans l'Essence infinie et a l'intuition de l'Unité de l'Univers en Dieu, de l'Unité et de la Trinité de Dieu, du mystère de l'Incarnation, pour finalement trouver l'apaisement suprême, hors du temps et de l'espace, dans l'Illumination.

La purification, proprement dite, est ainsi évoquée par le Poète, guidé par Saint Bernard (chant XXXIII v.49-54) :

Bernard en souriant me faisait signe
de regarder là-haut ; mais par moi-même
j'étais déjà rendu tel qu'il voulait.
Déjà ma vue en devenant plus pure
entrait toujours plus outre par le rai
de la haute clarté qui seule est claire.

L'évolution spirituelle est associée à l'image du *pèlerin*, au chant XXXI v.43-45 :

Et comme un pèlerin qui se console
quand il regarde au temple de son vœu,
espérant jà conter comme il est fait.

Et, dans la "Vita Nova", évoquant déjà, symboliquement *l'esprit pèlerin,* il écrit (XLI sonnet v.5-8) :

Quand il est parvenu où il désire,
dame apparaît, qui reçoit tout honneur,
et elle luit de si claire splendeur
que l'esprit pèlerin longtemps la mire.

Et c'est là que le Poète fait part d'une *"mirabile visione"* qui l'incite à attendre le jour où il pourra *plus dignement* traiter avec poésie du sujet de *Béatrice la Bienheureuse* et implicitement ou comme avec un pressentiment de sa propre béatitude dans l'Empyrée.

Notons qu'il évoque à plusieurs reprises les béatitudes dans la "Divina Commedia", toutes dans le contexte du voyage au Purgatoire (chants XII, 15, 17, 19, 22, 24 et 27). (Le lecteur se reportera plus loin aux commentaires détaillés sur cette œuvre).

Notons que ce titre de l'œuvre maîtresse du Poète donne en réduction théosophique des valeurs numériques des lettres 68 = 14 = 5, soit le même nombre que celui de la "Vita Nova" qui la "préfigure" par le thème de l'évolution spirituelle. 5 est le nombre de l'Homme, comme nous l'avons dit ci-dessus et aussi celui du "souffle divin" des Kabbalistes. Ce "souffle divin", "créateur", permet l'harmonisation de la Matière par le respect des lois de l'Esprit.

Le nombre 5 procède ici du 14 qui traduit bien, à travers l'arcane de la Tempérance, dans le Tarot, qui lui est associé, cette harmonisation. Cet arcane, en effet, illustre remarquablement comment la force du désir, mise au service d'une conscience illuminée par l'esprit, peut sublimer tous les aspects grossiers de la personnalité. Nous y découvrons cette image de la transfusion entre les deux vases, correspondant aux deux natures de l'être, masculin-actif et féminin-réceptif, que nous pouvons encore rapprocher du fameux Yin et Yang oriental !...

Dante, dans la "Vita Nova", dès le début de l'œuvre, ne fait pas grand mystère de cette perspective de Dualité Matière-Esprit et de l'enjeu évolutif qui s'y rattache.

La portée allégorique du nom de **"Béatrice",** liée à l'évocation de la **"Béatitude",** est encore plus renforcée par le double attachement du Poète au nom même de celle par qui, écrit-il, *Amour eut seigneurie sur mon âme* et au nombre 9 qu'il lui associe :

En ce point l'esprit animal, lequel demeure dans la haute chambre où tous les esprits sensitifs portent leur perception, commença de s'émerveiller beaucoup, et parlant spécialement aux esprits de la vue, il dit ces paroles : "Apparuit jam beatitudo vestra." (= maintenant est apparue votre béatitude)...*Dès lors je dis qu'Amour eut seigneurie sur mon âme... Il me commandait maintes fois de chercher à voir cet ange de jeunesse... d'elle à coup sûr on pouvait dire cette parole du poète Homère : "Elle ne paraissait pas fille d'homme mortel, mais de dieu."*

Tout le développement de l'œuvre sur lequel nous revenons ci-après, met en quelque sorte "en scène" tous les conflits intérieurs auxquels le Poète se trouve soumis, entre ses tentations charnelles pour oublier son deuil de Béatrice auprès d'autres "donne gentile" et sa vénération - le mot n'est pas trop fort ! - pour sa bien-aimée, hissée au rang de bienheureuse.

L'hymne de Dante à la gloire du nom

Chapitre II de la "Vita Nova" :
Neuf fois déjà depuis ma naissance, le ciel de la lumière était revenu quasiment à un même point dans sa révolution, lorsqu'à mes yeux parut pour la première fois la glorieuse dame de ma pensée, laquelle fut appelée Béatrice par bien des gens qui ne savaient ce que c'est que donner un nom.

Autrement dit, 9 fois déjà le Soleil avait parcouru les 12 signes du Zodiaque, en 1 an...

[...] C'est vers le commencement de sa neuvième année qu'elle apparut à moi, et je la vis vers la fin de ma neuvième année.

Des gens qui ne savaient ce que c'est que donner un nom... Arrêtons-nous à cette affirmation un peu sibylline de Dante et faisons ici un bref rappel de notre introduction.

La Tradition Hébraïque nous apprend la légende selon laquelle l'alphabet hébreu aurait été communiqué par Dieu à Moïse.

Les Kabbalistes, au cours des siècles et des siècles, ont clairement mis en lumière toutes les correspondances entre les lettres et les valeurs numériques (valeur ordinale ou de rang dans l'alphabet et valeur numérologique) et les correspondances entre les lettres et les signes et planètes astrologiques.

Cet alphabet hébreu a donné naissance à l'alphabet phénicien, qui a débouché sur l'alphabet grec archaïque, lequel a inspiré l'alphabet étrusque et ce dernier a donné directement naissance à l'alphabet latin.

L'Église, dans sa globalité orientale et occidentale, accorda une valeur symbolique et sacrée à l'alphabet latin, dont chaque lettre est comme **une icône**, porteuse de symboles précis, associés à la calligraphie, et correspondant à un nombre, tiré de son rang dans l'alphabet.

Pour la Grande Tradition, le nom a "une vertu magique". Il n'y a qu'à se rappeler les rites d'initiation de l'Égypte Ancienne, par exemple.

L'aspirant devait apprendre les 77 noms d'Isis pour maîtriser les énergies qui étaient associées à cette déesse. Adam, conformément à la Tradition Biblique, donna un nom à chaque créature de Dieu. Les grands philosophes grecs sont à l'origine de la "Nomenclature".

Le dictionnaire précise bien, lui-même, que le Nom sert à désigner des êtres et des choses qui appartiennent à une même catégorie logique mais aussi à *distinguer un individu des êtres de la même espèce...*

Toute la Tradition de l'Ésotérisme Chrétien met en exergue **l'aspect vibratoire et caché** du nom. Les premiers Chrétiens, fidèles aux enseignements du Christ, se servaient des noms pour manifester certaines forces. Le Moyen Âge a répercuté avec beaucoup d'accent ésotérique cette longue tradition et la culture de Dante n'était sûrement pas exempte de toute cette initiation. Dans le Banquet (II, 14), le Poète se réfère même directement aux *sages d'Égypte,* et, ailleurs, à Pythagore.

Voyons son insistance à développer comme un "hymne au nom", centré sur le personnage de Béatrice et sur l'Amour, avec un grand "A", lui-même hissé au rang d'un personnage allégorique, dont il parle à la 3e personne : *Sa Seigneurie Amour.* Bien sûr, dans la perspective chrétienne, le Poète identifie aussi Dieu à cet Amour souverain.

Voici quelques exemples admirables :
Au chapitre VI :
Je dis que dans le temps que cette dame était bouclier d'un amour aussi grand comme il pouvait être en moi, si me vint une envie, de vouloir marquer le nom de cette très-gentille, et l'accompagner du nom de maintes dames et plus singulièrement du nom de cette gentille dame.

Et je pris les noms de soixante dames, les plus belles de la cité où ma dame fut mise par le Très-Haut, et composai une épître en forme de seventois (= poème d'hommage), *que je n'écrirai pas ici...* **Le nom de ma dame à nulle autre place ne voulut entrer si ce n'est au nombre neuf, parmi les noms de ces dames.** (Nous soulignons volontairement cette dernière phrase.)

Le vrai nom de "Bice", diminutif de Béatrice, se trouvait, écrit de manière "cachée", dans cette poésie perdue.

Au chapitre XIII :
Le nom d'Amour est si doux à ouïr, qu'il me parait impossible que son action propre, en la plupart des choses, ne soit toute douceur, comme ainsi soit que les noms répondent aux choses nommées, selon qu'il est écrit ; Nomina sunt consequentia rerum. (= Les noms sont conséquents aux choses)
Dans le sonnet du chant XXIV :
[...] alors, tout clair comme redit mémoire, Amour me dit : "Icelle est Primevère, et l'autre a nom Amour, tant me ressemble".
Dans le sonnet du chant XXVII :
[...] puis Amour prend sur moi tant de vertu
qu'il fait mes esprits venir parlant :
ils volent hors, clamant
pour plus de joie le seul nom de ma dame.

La référence à la "nomination", comme support d'émotions est ainsi multiple chez le Poète, bien au-delà de ces quelques exemples.
Par cet "hymne au nom", Dante illustre bien la fameuse affirmation de Jean Paul Sartre : *La nomination est un acte métaphysique d'une valeur absolue.*

Nous avons souligné dans le texte des "Béatitudes", que nous avons retranscrit plus haut à propos du sens allégorique du nom de Béatrice, le passage suivant :
Soyez dans la joie et l'allégresse,
car votre récompense sera grande dans les cieux.
Ceci s'adresse aux persécutés et termine le texte des "Béatitudes". Avec le thème de la "pureté", celui de "la joie et de l'allégresse", relié au royaume des bienheureux, est aussi très présent dans la "Vita Nova" et dans la "Divina Commedia".

Béatrice et le nombre 9, dans le texte...

Au chapitre XXVIII de la "Vita Nova" :
Toutefois, pour ce que maintes fois le nombre 9 a pris place parmi les paroles ci-devant lues, d'où naît le sentiment que cela n'est pas sans raison ; et comme en sa départie (= au départ) *ce nombre semble avoir eu large place, il convient donc d'en dire quelque chose, puisque cela paraît avoir convenance à mon propos. Ainsi, je dirai premièrement comment il est placé en sa départie, et ensuite j'assignerai quelque raison pour quoi ce nombre fut à icelle tout ami.*
Suit le chapitre XXIX :
Comment il eut place en sa départie...
Béatrice est appelée par le Seigneur de Justice, le 8 juin 1290, au coucher du soleil : *Sa très belle âme partit dans la première heure du neuvième jour du mois...*

Dante se réfère au comptage selon l'usage d'Arabie (référence Kabbalistique).
[...] et selon l'usage de Syrie, elle partit dans le neuvième mois de l'année. Dante explique que le premier mois est en Syrie le *"Tisirin Prime"* qui correspond à notre mois d'octobre.

L'année 1290 :
elle partit en cette année de notre indiction (= notre ère chrétienne), *à savoir après la naissance du Seigneur, où le nombre parfait* (= 10) *s'était accompli neuf fois dans le siècle qui la vit naître au monde* (= 1200); *et elle fut des chrétiens de la treizième centaine.* (Nombres entre parenthèses = nos précisions).

Pourquoi ce nombre fut à tel point ami d'icelle...
selon Ptolémée et selon la chrétienne vérité, neuf sont les cieux mobiles et selon une commune opinion astrologale, lesdits cieux influent ici-bas selon leur disposition entre eux, ce nombre fut ami d'icelle pour donner à entendre que dans sa génération (= sa naissance) *tous les neufs cieux mobiles étaient ensemble dans une très parfaite relation.*

Nous dirions actuellement que la position des planètes et leurs aspects dans le thème de naissance de Béatrice étaient très favorables !...

Rappelons, selon la tradition prise en référence par Dante dans sa Divine Comédie, que les ciels successifs, numérotés de 1 à 9, sont régis par les planètes suivantes : Lune, Mercure, Vénus, Soleil, Mars, Jupiter, Saturne, les Étoiles fixes, le Premier Mobile. Et au 10e ciel ou Empyrée, Dante sera mis en présence de la Rose des Bienheureux et de Dieu. Béatrice figure en bonne place dans la Rose.

Dans la "Vita Nova", le Poète poursuit son commentaire du nombre 9, en se référant à *l'infaillible vérité* que nous pouvons assimiler à la *Science Divine* ou Théologie.

C'est elle-même (= Béatrice) *qui fut ce nombre ; je veux dire en image ; et je l'entends ainsi : le nombre trois est la racine de neuf, pour ce que par lui-même, sans aucun autre nombre, il fait neuf, ainsi comme nous voyons manifestement que trois fois trois font neuf. Donc si le trois est par lui-même facteur du neuf, et si le facteur propre des miracles est trois - à savoir Père et Fils et Esprit sain, lesquels sont trois et un, - cette dame fut accompagnée de ce nombre du neuf pour donner à entendre qu'elle était un neuf, c'est-à-dire un miracle, dont la racine, autrement dit la racine du miracle, n'est autre que la merveilleuse Trinité.*

Cette référence à la numérologie sacrée et à l'astrologie que nous évoquerons souvent dans le présent ouvrage, est ici pour le moins particulièrement explicite !...

Béatrice et le nombre 9 au-delà du texte...

Si explicite soit-il, ce texte recèle néanmoins un non-dit, dans la mesure où les connaissances Kabbalistiques de Dante ne font aucun doute. Nous le verrons en particulier à propos de plusieurs passages de la Divine Comédie.

Nous avons au moins deux autres "principes explicatifs" à tirer de cette référence, l'un concernant la date du "passage" de Béatrice dans l'Autre Monde et l'autre, son prénom.

Date du "passage" : 8.6.1290 = 26 = 8

Le Poète parle du "Seigneur de Justice", qui est associé précisément à ce nombre 8. Et l'arcane de la Justice dans le tarot porte ce nombre !... Et 8 est associé au Christ, bien sûr.

Le prénom : B E A T R I C E
             2 5 1 2 9 9 3 5 = 36 = 9

Ce nombre est la somme de 3 et 6.

3 symbolise la Trinité céleste et la trinité ontologique de l'être humain (âme, corps, esprit). Ce nombre correspond dans la Kabbale à la lettre hébraïque Guimel, incarnation donc de ce nombre sur le plan des unités : concrétisation, forme donnée à la puissance divine "manifestée", avec une destinée précise.

3 est associé, dans le Tarot, à l'arcane de l'Impératrice, incarnation de la Matière fécondée par l'Esprit et accédant aux réalités divines. Cela lui donne un pouvoir soumis à la volonté supérieure de l'Esprit.

Et le nombre 6 correspond à la lettre hébraïque Vav, incarnation du nombre 6 sur le plan des unités, symbolisant l'interaction féconde entre le monde d'En-Haut et le monde d'En-Bas, entre les principes masculin et féminin et entre les deux dimensions de l'être : Humaine et Divine.

Le 6e arcane du Tarot est "l'Amoureux". Il symbolise la grande question du "Choix" dans l'évolution personnelle de l'être : Matière investie par l'Esprit ou Esprit dévoyé par la Matière. Cet arcane symbolise également toute l'importance accordée à "l'Autre", comme support de croissance. Nous décrirons précisément le rôle joué par Béatrice auprès du Poète, dans le cadre de la Divine Comédie.

Le nombre 9 correspond à la lettre hébraïque Teith, incarnation du nombre 9 sur le plan des unités ou dimension principielle. Le prénom de Béatrice renvoie au symbole kabbalistique de la "perfection achevée", correspondant à l'achèvement d'un cycle de réalisation, lui-même ouvert sur d'autres réalités.

Le 9 est associé à l'arcane de l'Hermite, dans le Tarot, symbole du "retrait des sages", du regard intérieur, ouvert sur l'ultime transcendance, vers Dieu. (voir l'image de l'Hermite retourné vers l'arrière et soulevant une lanterne). En se retirant en soi, l'être peut puiser une force intérieure lui permettant d'accéder à cette transcendance qui le conduira vers Dieu.

Or le Poète assimile le nombre 9 à Béatrice, *c'est elle-même qui fut ce nombre ; [...],* et aussi à *un miracle* et *la racine du miracle n'est autre que la merveilleuse Trinité,* écrit-il.

Notons pour finir que ce propos fait écho encore au fait que 9 = 3X3, et que le 36 du nom de Béatrice représente précisément 3 et 2X3 = 6. Et encore 3X6 = 18 = 9 !

Dante utilise parfois le diminutif "BICE", qui est intéressant du point de vue de la numérologie sacrée :

B I C E
2 9 3 5 = 19 = 10 = 1.

"BICE" évoque, à travers ce nombre 1, réduit, ceci procédant successivement du 19 et du 10, le résultat même d'une queste spirituelle et d'un enjeu évolutif, à travers "l'Illumination", symbolisée par le nombre 19 et l'arcane du Soleil, en passant par la prise de conscience des grandes lois de l'univers et du développement de soi, symbolisée par le nombre 10 et l'arcane de la Roue de Fortune.

Mais il y a plus encore, à notre sens, à travers le personnage de Béatrice. Dante, dans la "Vita Nova", vit et ressent profondément une épreuve douloureuse d'évolution personnelle. Béatrice, bien que, ontologiquement et humainement "différente" du Poète, incarne aussi cet Amour Divin, ce "Double Céleste", que tout être conserve, enfoui au plus profond de lui-même, et qu'il a tant de peine à révéler et à incarner matériellement.

En ce sens, la Tradition de l'Hermétisme Chrétien nous permet d'approfondir encore le sens de ce nombre 9, associé, de manière consubstantielle, par Dante, à Béatrice, et très présent dans l'œuvre et la destinée du Poète.

Le nombre 9 est omniprésent dans cette Tradition.

Les 9 chœurs angéliques, en 3 triades, selon Denys l'Aréopagite, constituent la perfection rayonnante (3X3).

Nous les découvrirons d'ailleurs dans le Paradis de la Divine Comédie.

Sur un autre plan, 9 est la totalité des 3 mondes : Ciel, Terre et Enfer.

À l'éclairage de la Kabbale et toujours dans cette même perspective de l'Hermétisme Chrétien, écoutons Charles Rafaël Payeur, déjà cité à plusieurs reprises, à propos de ce nombre :

Il symbolise donc la perfection du créé et un état d'achèvement que les Kabbalistes appellent "l'achèvement féminin", en raison du fait qu'il manifeste un état d'ouverture et ne représente nullement un enfermement sur soi.

Sur un plan psychologique, ce nombre évoque chez l'aspirant une capacité à intégrer pleinement ce qu'il est tout en demeurant ouvert à un dépassement de cet état de réalisation.

Cette formulation colle admirablement avec toute la démarche de Dante évoquée tout au long de la "Vita Nova". Et cette Vie Nouvelle, c'est cette **ouverture de l'être par l'Amour**, bien plus que l'évocation du symbole de la *Jeunesse,* du *Printemps de la vie illuminée par l'amour* ou encore d'une simple *révélation,* telles que les ont évoquées de nombreux commentateurs.

Le nombre 9 est associé, comme nous l'avons vu, à la lettre hébraïque Teith. Or, le Zohar et les Kabbalistes nous apprennent que cette lettre est issue d'un idéogramme représentant un serpent se mordant la queue.

Pensons à "l'Ouroboros", symbole, sous son aspect positif, d'un cycle de perpétuelle auto-fécondation. Teith symbolise à la fois cette perfection d'un cycle accompli et cette ouverture qui peut encore mener à d'autres états, à d'autres réalités d'être...

De même l'arcane de l'Hermite, associé comme nous l'avons déjà dit à ce nombre, symbolise un retrait du monde et des valeurs purement égocentriques, à la recherche de cette force intérieure pour accéder ultimement au Divin. Le "Vieux Sage", précédemment cité, sans tapage, dans le silence de son illumination intérieure, peut retrouver "l'Enfant" et, par là, la voie de la Transcendance.

C'est cela même la Vie Nouvelle : une véritable transmutation alchimique du Poète lui-même, en puissance sinon pleinement réalisée, comme ce sera, en revanche, et symboliquement, le cas, dans la Divine Comédie.

Cette transmutation s'opère en osmose avec la figure tout à la fois allégorique et humaine de Béatrice.

Écoutons le Poète lui-même, en échos à ce qui vient d'être dit :
Et pensant à elle, il me vint un doux sommeil, dans lequel m'apparut une merveilleuse vision : il me semblait voir dans ma chambre une nuée couleur de feu, dedans laquelle je distinguais une figure d'un seigneur d'effrayant aspect à qui l'eût regardé ; mais tel qu'il était, il montrait en lui si grande joie que c'était chose admirable ; et dans ses paroles il disait force choses que je ne comprenais pas, si ce n'est quelques unes ; parmi lesquelles j'entendis celles-ci : "Ego dominus tuus".
... À chacune âme éprise et gentil cœur
aux yeux de qui parvient le présent dire,
afin qu'ils m'en renvoient leur sentiment,
salut en leur seigneur, qui est Amour.
...
Un jour advint que cette très-gentille était sise en un lieu où l'on oyait laudes chantées à la Reine de gloire ; et j'étais en telle place d'où je voyais ma béatitude.
Or, revenant à mon propos, je dis qu'après m'être vu dénier ma béatitude, je fus atteint de si grande douleur que, m'étant écarté de toutes gens, en un lieu solitaire, j'allai baigner la terre de larmes très amères.
("Vita Nova" chapitre XII)
Bonne est la Seigneurie d'Amour, puisqu'il ôte l'esprit de son féal (=fidèle) *de toutes choses viles.* (chapitre XIII)
Noyons que l'allusion aux "Fidèles d'Amour" est presque littérale.

Et évoquant Béatrice, dans le sonnet du chapitre XIX... *une âme jusqu'aux cieux resplendissante*
... elle est ce que peut faire au mieux nature ;
du sceau de sa beauté se prouve.

Commentant son sonnet, le Poète prend bien soin de nous évoquer la "perfection" de sa dame : *Cette seconde partie (du sonnet), se divise en deux : dans la première des deux, je parle d'elle en ce qui touche la noblesse de son âme, narrant quelques uns des miraculeux effets qui procédaient de son âme, dans la seconde je parle d'elle en ce qui touche la noblesse de son corps, narrant quelques unes de ses beautés.*

Telle est la perfection : beauté harmonieuse de l'Esprit et de la Matière, de l'Âme et du Corps.
[...] Je parle de ses yeux, lesquels sont principe d'amour... je parle de sa bouche, laquelle est fin d'amour...

Le dernier sonnet de la "Vita Nova" préfigure la montée du Poète au Paradis, dans la Divine Comédie et résume ainsi, de manière merveilleuse, toute la symbolique de "Transmutation" du Poète et de personnalisation de Béatrice, évoquée ci-dessus :

Outre la roue qui plus au large vire
passe un soupir échappé de mon cœur :
un esprit nouvelet, qu'Amour en pleurs
a mis en lui, toujours plus haut le tire.
Quand il est parvenu où il désire,
dame apparaît, qui reçoit tout honneur,
et elle luit de si claire splendeur
que l'esprit pèlerin longtemps la mire.
[...]

Vers 40 ans…
"Il Convivio" (Le Banquet), ou l'idéal de la connaissance agissante, la "Donna Gentile"

La rédaction du "Convivio" coïncide avec le début de l'exil de Dante, vers 1304-1307. Le Poète veut incontestablement relever comme une sorte de défi face à son honneur blessé.

La "Donna Gentile", figure allégorique de la Philosophie, doit à ses yeux ne pas rester dans le cadre restreint d'initiés, mais, au contraire, toucher le plus grand nombre et en particulier le fameux "popolo grosso", dont il souhaite par ailleurs une participation active au gouvernement de la Cité.

Bien des "âmes nobles" dans ce peuple ne peuvent pas se payer le luxe de savantes études, engagés qu'ils sont dans leur vie professionnelle et familiale.

Or, l'acquisition de tout un "savoir" est à ses yeux la garantie d'une paix et d'une harmonie sociale, sans laquelle les hommes ne peuvent travailler à leur salut.

En parfaite logique avec ces intentions, le "Convivio" offre donc ce "savoir" en langue dite "vulgaire", autrement dit parfaitement accessible, par opposition au latin, langue officielle des doctes traités de l'époque !...

Et cet enseignement, pour le résumer brièvement, doit comporter à l'origine 14 canzoni, assortis de 14 textes explicatifs, en prose, ainsi qu'un livre d'introduction. Seuls, 4 livres nous sont accessibles, les autres disparus, ou leur rédaction abandonnée, on ne sait…

Le livre I est une longue introduction confiant les desseins du Poète et ses propres motivations à l'écrire, dont le choix de la langue "vulgaire".

Il y est écrit, notamment : *[…] de cette très noble perfection* (il s'agit de la perfection de l'âme visée par le Poète) *maintes gens sont privés par diverses occasions qui, dedans l'homme et dehors, écartent un chacun de la pratique de la science.*

Et il met en avant les carences du corps et de l'âme […] Il précise, ce qui est essentiel, que si la manière d'écrire est différente de celle de la "Vita Nova", il n'entend, en aucun cas, renier cette dernière : *[…] à la première* (la "Vita Nova") *convient d'être brûlante et passionnée, à la seconde tempérée et virile. Car autre chose doit-on dire et ouvrir à tel âge, qu'à tels autres.*

Il expose, plus loin, la structure de son ouvrage : 14 "canzoni" commentées. Cette forme est globalement identique à celle de la "Vita Nova", tandis que le style en est différent.

Il souligne, en se référant à Boèce, qui connut semblable infortune de l'exil, l'obligation de se laver de toute infamie et de repousser tout danger.

Se référant également à Saint Augustin, il estime que *par deviser de soi très grande utilité en découle pour autrui par voie d'enseignement.*

Par ailleurs, il avance trois raisons au choix de la langue "vulgaire": la première est déviter une dissonance entre la langue des "canzoni" et celle des commentaires ; la deuxième consiste à apporter *une franche largesse*, c'est-à-dire *donner beaucoup*, en étant utile. L'utilité communique la joie. *La vertu doit mener toujours les choses au mieux et l'œuvre de la vertu doit par elle-même être gagneresse d'amis.* Enfin *la vertu doit avoir libre son acte, et non forcé.*

La troisième raison du choix de la langue "vulgaire" est l'amour de cette langue, "Sa" langue !...
Notons que la manière *tempérée et virile* laisse parfois éclater le lyrisme passionné de Dante.

Au chapitre XI de ce premier livre, il écrit ce que nous pouvons considérer comme sa plus insistante motivation, en réalité, à rédiger ce Banquet :
Pour l'éternelle infamie et mise au ban des mauvais hommes d'Italie, qui prônent le vulgaire d'autrui et déprisent le leur propre, je dis que leur parti vient de cinq abominables causes. La première est cécité de discernement ; la seconde, excusation emmaliciée (= pleine de malice) ; la tierce, convoitise et vaine gloire ; la quarte, argument d'envie ; la quinte et dernière, bassesse d'âme, c'est-à-dire pusillanimité. Et chacune de ces méchancetés a si grande séquelle que peu nombreux sont ceux qui d'icelles demeurent libres.

La conclusion du premier livre fait allusion à la multiplication des pains de l'Évangile de Saint Jean (VI 5-13) et revêt un ton lyrique. Le Poète fait une analogie entre le pain et la nourriture spirituelle apportée par les "canzoni" :
Il sera ce pain orgé dont se rassasiaient milliers de personnes, et il en restera pour moi de pleines corbeilles. Il sera neuve clarté, soleil neuf qui se lèvera là où l'ancien soleil se sera couché, et il prêtera flambeau à ceux qui sont en ténèbres et obscurité, par le fait de l'ancien soleil qui pour eux ne luit plus.

Le Livre II inclut la première "canzone", *Vous dont l'esprit meut le troisième ciel...* et son commentaire. Il est consacré au souvenir de Béatrice et à l'émergence de nouveaux sentiments, assortis à tout un ensemble de développements doctrinaux.

Le Livre III inclut la deuxième "canzone", *Amour en mon esprit toujours fabloie* (= fait des contes),[...] et son commentaire. Il est tout à la louange de la *"Donna Gentile"*, Dame Philosophie, ou mieux la "Sapience", pour prendre un terme d'époque précis. Celui-ci désigne, dans une perspective théologique et métaphysique, une somme de sagesse et de science, entremêlées.

Le Livre IV inclut la troisième "canzone", *Douces rimes d'amour qu'en mes paroles j'allais hantant naguère,[...]* et son commentaire. Il est entièrement axé sur une analyse morale et politique autour du concept de *Noblesse*, que le Poète marie, pour terminer, à la Philosophie elle-même :

Bien est noblesse amie de ma dame, car tant s'aiment l'une l'autre, que noblesse toujours la réclame, et philosophie onc ne détourne ailleurs son très doux regard. O quel digne aornement, et combien beau, est celui-là qui au terme de cette chanson est donné à noblesse, l'appelant amie de cette dame dont la propre essence demeure dans le dernier secret de l'esprit divin.

Notre propos n'est pas de commenter l'ensemble de cette œuvre. Nous le ferions moins bien que de fort nombreuses et savantes études l'ont déjà fait.

Seul le symbolisme profond et l'allégorie, ou comme l'a défini Dante, le sens anagogique, retiendra toute notre attention. Nous proposons donc au lecteur un choix tout personnel des passages les plus édifiants et les plus admirables de ce point de vue.

Notons que le Poète lui-même, dans ses commentaires en prose, aborde finalement assez peu le fameux sens anagogique de ses "canzoni". Raison de plus pour tenter l'expérience ![...] Car nous avons le sentiment que Dante devait donner ses "canzoni" à lire à qui peut les "entendre" et que ses commentaires se veulent des explications de base, tant sur le plan littéral que sur les aspects allégoriques et symboliques.

Nous oserons donc faire une relecture de certains passages de ces "canzoni" et de leurs commentaires dans un esprit plus "ésotérique", au vrai sens de ce terme. Nous avons conscience du paradoxe que cela constitue vis à vis d'une œuvre qui a, au départ, la volonté d'une communication étendue de la "Sapience". Mais nous sommes sûrs que ce paradoxe n'est qu'apparent.

Dante voulait communiquer au plus grand nombre, certes, mais il était non moins conscient - et il l'a écrit d'ailleurs à plusieurs reprises dans son œuvre - que l'accession au sens est fonction de la qualité de l'Esprit et de l'Âme. Un certain mystère en conséquence sied bien à un "Fidèle d'Amour"…

Toute chose est bonne à dire mais toute chose "s'entend" diversement. L'Esprit et l'Âme sont libres, par nature. Jouissons de cette liberté si nous le pouvons… Et savourons ce *"pain orgé"* des "canzoni" et de leurs commentaires, véritable nourriture spirituelle.

"Vous dont l'esprit meut le troisième ciel."

Dès l'emblée, cette "canzone", en tête du Livre II du "Convivio", situe la perspective allégorique dans laquelle se place le Poète : l'intelligence du cœur ou les *raisons de l'âme* et des *choses neuves* qu'il entend dire à leur propos :

Vous dont l'esprit meut le troisième ciel
écoutez les raisons que j'ai au cœur :
à d'autres ne dirais choses tant neuves.

Le troisième ciel est celui de Vénus, auquel le Poète consacre deux chants entiers dans son Paradis de la Divine Comédie (Chants VIII et IX).

C'est le ciel des âmes aimantes qui ont quelque peu sacrifié à l'amour profane mais doivent tout de même leur situation de "bienheureux" à l'affection qu'ils ont prodiguée à l'Esprit de Dieu et ont été bien influencés par la planète Vénus !...

> *Bien fait son art la tournante nature*
> *quand son sceau marque une cire mortelle*
> *mais ne regarde à tel ou tel foyer.*

Dante, dans cette "canzone", s'adresse aux anges pour leur faire part de ses conflits intérieurs qui mettent aux prises son *cœur dolent*, son âme, et son esprit, inspirés par un *gentil esprit d'amour*. Au centre de ces conflits se présente la forte opposition entre le souvenir de Béatrice et la naissance d'un autre sentiment, pour une autre dame, qui sera la Philosophie ou la "Sapience", porteuse du message de salut :

> *De mon cœur vous dirai nouvelle étrange :*
> *Comment en lui pleure mon âme triste,*
> *et comment un esprit parle contre elle,*
> *descendu par les rais de votre étoile.*

Et cet *esprit* dit, en incitant le Poète à regarder une dame :
> *Qui veut voir le salut*
> *n'a qu'à mirer les yeux de cette dame*
> *s'il ne craint par angoisse de soupirs.*

Mais l'âme, toujours *en deuil*, est en pleurs...
> *L'âme est en pleurs, tant lui vient deuil encore,*
> *et dit : "Hélas, cet ami pitoyable*
> *qui jà me consolait, comme il s'enfuit !"*

Un *gentil esprit d'amour* dit, en s'adressant à l'âme de Dante :
> *car la beauté dont tu ressens la force*
> *a tresmué (= bouleversé) ton vivre si à fond*
> *que d'elle as peur, tant couarde es-tu faite !*
> *Vois comme elle est bénigne et pitoyable,*
> *sage et courtoise en sa grandeur ; et pense*
> *de l'appeler ta dame désormais !*

Suit, dans les commentaires le fameux discours sur les *4 sens de l'écriture* : littéral ou sens "à la lettre", allégorique, ou caché, *une vérité scellée sous beau mensonge*, "moral", celui des *écolâtres*, des professeurs, qui tirent le sens, et, enfin, le sens anagogique, le sur-sens, *quand spipirituellement on expose une écriture, laquelle, encore que vraie soit déjà au sens littéral, vient par les choses signifiées bailler signifiance des souveraines choses de la gloire éternelle...*

Dante prend bien soin de souligner, plus loin, la signification de cette première "canzone" du Banquet, avec les anges *moteurs* du ciel de Vénus (1er verset), les divers *pensers* de son esprit (3 versets suivants), qui *se querellent*, au dernier verset.

Au sens littéral, le Poète rappelle des événements racontés dans la "Vita Nova". Il expose le rôle des 9 hiérarchies angéliques, résidant dans les 9 ciels du système, rôle inspiré d'Aristote et de Ptolémée. Ces hiérachies sont évoquées aussi très largement dans le Paradis de la Divine Comédie.

À l'image de ce que nous découvrirons plus loin dans cette œuvre, l'Empyrée, dans lequel siège le trône de Dieu, apparaît comme le lieu des visions béatifiques et de la contemplation, plaçant l'âme au contact de son essence immortelle.

Le Poète poursuit par une théorie sur la vision et la perception dans laquelle éclate une formule qui va bien plus loin d'ailleurs que son simple sens littéral pourrait nous le faire croire ! [...] : *car non autrement sont clos nos yeux intellectuels, tandis que l'âme est liée et emprisonnée par les organes de notre corps.*

Une phrase nous fait saisir d'emblée l'incontestable vision spiritualiste de Dante, reliée à la grande tradition de l'Hermétisme Chrétien, à laquelle nous n'avons eu de cesse de nous référer et légitime cette référence :
Les nombres, les ordres, les hiérarchies, sont ce que narrent les cieux mobiles, qui sont neuf, et le dixième annonce l'unité même et la stabilité de Dieu. Et pour ce dit le Psalmiste : "Les cieux narrent la gloire de Dieu, et les œuvres de sa main sont annoncées par le firmament."

Au détour de son exposé sur le sens littéral de sa "canzone", Dante réaffirme l'immortalité de l'âme, symbole de la *"Perfection de l'Homme : si notre espérance était vaine, plus grande serait notre défaute* (= infériorité) *que celle d'aucun autre animal [...] le très parfait animal, à savoir l'homme, serait très imparfait – ce qui est impossible – et que cette part de lui, à savoir la raison, qui est sa plus grande perfection serait pour lui cause de plus grande défaute."*

Puis il réaffirme sa Foi, avec d'authentiques références et concepts hermétiques : *[...] la très véridique doctrine du Christ, laquelle est voie, vérité et lumière : voie, car par icelle, sans empêchement, nous allons à la félicité de cette immortalité ; vérité car elle ne souffre aucune erreur ; lumière, car elle nous éclaire dans la ténèbre de l'ignorance mondaine.*

Il y a, bien entendu, référence, ici, au sens "déviant" et perturbateur du mot *Monde*, dont d'ailleurs, comme nous le savons, l'anagramme est le mot "Démon".

Vers la fin de son commentaire du sens littéral, le Poète montre la victoire du nouvel amour pour *la dame gentille et secourable…*

Au chapitre XI-XII de ce second livre du "Convivio", Dante aborde le sens allégorique : *Il faut passer à l'exposition allégorique et **véritable***.

Nous soulignons ce dernier mot, car nous le voyons bien, aucun doute n'est permis. Métaphores, analogies, et symboles sont pour le Poète les vrais serviteurs du "sens", au service de l'idée développée dans tous ses détails.

Cette *dame gentille et secourable*, qui est un personnage-clé de la "Vita Nova" et qui suscite un nouveau sentiment chez le Poète, est la Philosophie ou la Sapience, que Dante découvrit dans ses multiples lectures et la fréquentation de certaines écoles de religieux, à la suite du passage de Béatrice dans "l'Autre Monde". Rappelons que la Sapience, terme médiéval, est synonyme de Sagesse et de Science, liées de manière consubstantielle, sur fond de Théologie.

[...] en peu d'espace, de trente mois, possible, je commençai si bien à sentir un peu de douceur que son amour chassait et détruisait tout autre penser.

Le Poète se sent élevé *de la pensée de mon premier amour à la vertu de cet amour-ci. Et il s'émerveille.*

Certaines personnes, ici, peuvent sourire. C'est méconnaître le sens profond de ce dernier terme né vers le XIIe siècle, de "**é-merveille**": "frappé d'étonnement et d'admiration". La Sapience en a le pouvoir absolu !...

Et le Poète poursuit : *Et vu que cette dame, comme il a été dit, fut fille de Dieu, reine de toutes choses, très noble et très belle Philosophie, il convient de voir qui furent ces moteurs, et ce troisième ciel.*

Au centre de la démonstration de Dante, se situe le concept de "ciel" :
*Je dis que par ciel j'entends la science et par cieux, les sciences, pour trois ressemblances principalement que les cieux ont avec les sciences et par **l'ordre et le nombre** en quoi ils semblent s'accorder, comme on verra en traitant du mot qui marque celui-ci, à savoir "troisième"...*

Et le Poète développe les différents "ciels" et les sciences qui leur sont associées :
- 1er : le ciel de la Lune, pour la Grammaire,
- 2e : le ciel de Mercure, pour la Dialectique,
- 3e : le ciel de Vénus, pour la Rhétorique,
- 4e : le ciel du Soleil, pour l'Arithmétique,
- 5e : le ciel de Mars, pour la Musique,
- 6e : le ciel de Jupiter, pour la Géométrie,
- 7e : le ciel de Saturne, pour l'Astrologie,
- 8e : le ciel des Étoiles, pour la science naturelle (Physique) et la *Première des sciences*, la Métaphysique,
- 9e : le ciel "cristallin", celui du Premier Mobile, pour la Morale et la Philosophie,
- 10e : l'Empyrée, immobile, pour la *Science de la Divinité*, la Théologie.

Et le ciel de Saturne a deux propriétés par lesquelles se fait comparer à l'Astrologie : l'une est la tardance de son mouvement à travers les douze signes [...] l'autre, c'est que Saturne est élevé par-dessus toutes les autres planètes.

Pour Dante, l'Astrologie est au-dessus des autres "sciences" par la noblesse du sujet qu'elle traite : ***le mouvement du ciel.***

En résumé, le Poète montre que c'est par rapport à cette Sapience, suprême forme de la Connaissance, que les autres sciences sont en quelque sorte organisées. La structure et la fonction des sciences reflètent l'ordonnance de l'Univers. Il y a une forte correspondance entre ces sciences et les différents ciels, telle que présentée ci-dessus.

S'agissant notamment du troisième ciel, celui de Vénus, il est associé à la Rhétorique pour deux propriétés : *la clarté de son aspect, car elle est très douce à voir par-dessus toute autre étoile ; l'autre est son apparaître tantôt le matin, tantôt le soir. Et ces deux propriétés sont en la Rhétorique ; en effet la Rhétorique est la plus douce parmi toutes les autres sciences ; car c'est à quoi elle met principalement son entente ; et elle apparaît le matin, quand le rhéteur parle devant le visage de l'auditeur ; elle apparaît le soir, autrement dit derrière, quand c'est par lettre, à distance de temps, que parle le rhéteur.*

Et Dante attribue ces qualités de la Rhétorique à Boèce et à Cicéron, qui se trouvent donc, en quelque sorte, à la base de son amour pour la Philosophie. Ici éclate une très belle image de l'écriture, associée à une *étoile pleine de lumière* et présente en toute science : *[...] et ce sont les moteurs de cette Rhétorique, tels que furent Boèce et Tullius* (= Cicéron), *lesquels, dans la douceur de leur discours m'acheminèrent comme il est dit plus haut à l'amour, c'est-à-dire à l'étude, de cette dame la très gentille Philosophie, par la vertu des rayons de leur étoile, laquelle est l'écriture d'icelle : et ainsi en toute science l'écriture est étoile pleine de lumière, laquelle nous marque et enseigne cette science.*

Et le Poète parle de la Philosophie comme de la dame d'un *Amour idéalisé : laquelle* (= la Philosophie) *vraiment est dame pleine de douceur, aornée d'honnêteté, admirable de savoir, glorieuse de liberté, comme il sera manifeste au troisième livre où nous traiterons de sa noblesse.*

Toute la mesure de la vision symbolique de Dante, appuyée sur l'analyse de sa "canzone", éclate à la toute fin de ce second livre du "Convivio", en se référant tout à la fois à la Philosophie, à Pythagore et à... Dieu !
Et ainsi, à la fin de ce second livre, je dit et affirme que la dame de laquelle je m'épris après le premier amour fut la très belle et très honnête fille de l'Empereur de l'univers, à laquelle Pythagore donna nom Philosophie. Et ici s'achève le second livre, lequel est ordonné à exposer la chanson qui est servie pour première viande.
Ainsi le veut l'ordonnancement d'un "banquet" !

"*Amour en mon esprit toujours fabloie...*"

La deuxième "canzone" du Poète fait, avant tout, la louange de la *donna gentile*, la Philosophie – Sapience.

Ici encore, il fait un long exposé sur le sens littéral, au cours duquel émergent diverses considérations : une auto-justification sur le thème de la noblesse de la dame Philosophie et de son amour pour elle ; **une vision de l'amour comme une force partagée par toutes les formes d'êtres, homme, animal, plante, et jusqu'au minerai,** vision qui ne devrait pas être contestée d'ailleurs par tous ceux qui entrent dans une démarche spirituelle authentique.

Le Poète souligne, néanmoins, la spécificité de l'amour humain pour la Vérité et la Vertu, d'où procède l'authentique Amitié, citant l'Éthique d'Aristote.

Il fait aussi un exposé sur les mécanismes en jeu dans l'univers, la loi des causes et des effets, la notion de "karma" n'étant pas loin !...

Abordant ensuite le sens allégorique, le Poète nous lance sur les pas de la *Félicité* à laquelle s'associe pleinement le fruit de la Philosophie-Sapience, auréolée de Vérité et de Perfection Divine. *L'épouse de l'Empereur du ciel*, l'épouse de Dieu, est aussi présentée comme *la sœur et la fille bien aimée* de Dieu. Le Philosophe y voit *sa dame* qui lui offre sa beauté, si importante en maintes circonstances, et qui lui procure le moyen de s'évader des prisons de la Matière.

Deux passages, Chapitre III-VI et Chapitre III-XV, résument de manière très explicite toute "l'ouverture" et toute la "force" que Dante attache aux *Intelligences du ciel* d'une part, et à la *Sagesse d'En-Haut* d'autre part :
Et il faut ici savoir que tout Intellect de là-haut, selon ce qui est écrit dans le livre des Causes (= texte de Saint Thomas d'Aquin), connaît ce qui est au-dessus de lui et ce qui est au-dessous de lui. Il connaît donc Dieu comme sa cause, et il connaît ce qui est au-dessous de lui comme son effet ; et pour ce que **Dieu est très universelle cause de toutes les choses,** *en connaissant Dieu il connaît toute chose en soi selon le mode de l'Intelligence. Ce pour quoi toutes les Intelligences connaissent* **la forme humaine,** *en tant qu'elle est* **réglée par intention dans le divin esprit** *; et les* **Intelligences motrices** *par-dessus toutes la connaissent, puisqu'elles sont très espéciale cause d'icelle et de toute forme engendrée ; et connaissent icelle pour parfaite entre toutes au plus haut degré, comme leur règle et exemple.* **Et si cette humaine forme, une fois façonnée en individus d'après l'exemple, n'est pas parfaite, ce n'est point défaute dudit exemple, mais de la matière qui forme les individus.**
Esprit Divin, Matière, Intelligences motrices et, ci-après, Sagesse et Cosmogénèse, tels sont les fondements essentiels de l'Hermétisme Chrétien :
Finalement pour louange suprême de la sagesse, je dis qu'elle est mère de tout et existe avant tout principe, disant que par elle Dieu commença le monde, et espéciellement le mouvement du ciel, lequel engendre toutes les choses, et duquel reçoit principe et ressort tout mouvement ; c'est quand je dis : Pur penser de celui qui mut le monde.

Mais la lecture d'une telle "canzone", que le Poète présente lui-même comme d'expression et de compréhension difficiles, nous livre implicitement bien plus de richesse de nature Hermétique Chrétienne que les commentaires de son auteur ne le laissent paraître !

Il suffit pour cela, de s'arrêter et de quelque peu méditer sur certaines formules superbement inspirées de Dante. Le traducteur, André Pézard, déjà cité, a eu à cœur de traduire ces "formules" en usant d'expressions archaïques fort admirablement choisies.

Nous y trouvons une force poétique qui n'a rien à envier, du reste, à celle de la Divine Comédie, elle-même. Cette "canzone", à travers ses images et ses formules, préfigure magnifiquement cette dernière.

Elle est en effet consacrée à *la dame dont Amour veut que je rime*.

L'Amour, avec un grand "A" est, en premier lieu, cette force qui dicte au-delà de l'exprimable l'évolution de l'être et lui donne à ressentir la paix intérieure :

et nos parlers dénués de vaillance
à retracer tout ce que dicte Amour.
...
quand Amour de sa paix donne senteur.

Et la suite de la "canzone" évoque tous les bienfaits que cette *Dame*, dont l'allégorie dépasse finalement la Philosophie-Sapience, peut apporter à l'être "aimant". Nous découvrons un véritable condensé, admirablement imagé, de toutes les bases de l'Hermétisme Chrétien. Ceci justifie pleinement une lecture ésotérique de la "canzone".

Cette *Dame* est en réalité **le modèle de l'être pleinement incarné et réalisé**, offert à tous les aspirants sur leur voie d'évolution et de transformation. Cette *Dame de Lumière* est une Bienheureuse !

Et la nature imparfaite de l'Homme après la chute ne saurait atteindre le niveau de vertu de la Bienheureuse :

Tant plaît au Créateur l'être d'icelle
qu'il y verse sans fin plus de vertu,
passant l'espoir de l'humaine nature.

Les 9 cieux, associés aux influences planétaires, quand celles-ci ne sont pas maléficiées, touchent de leur grâce l'âme bienheureuse et lui confèrent l'ardeur du Feu et la pureté du Cristal, réunis dans un "corps glorieux" :

Son âme ardente et pure
qui des neuf cieux tant de grâce reçoit
en donne signe en ce corps qu'elle mène ;
...

L'être "transmuté" et bienheureux est habité d'une lumière communicative :

car telles joies en ses beautés paraissent
que les yeux éblouis de sa lumière
envoient au cœur désireux cent messages
qui s'élançant s'achèvent en soupirs.

Notons le nombre 100 (*cent messages*), symbole du retour à la source première et originelle, l'aspirant rassemblant ses forces vers une recherche transcendante. Ce nombre est associé à la lettre hébraïque Qof, dont la signification kabbalistique est l'accession à la vérité de l'Un, et également associé, dans le Tarot, à l'arcane du Soleil, incarnant la force "illuminative".

L'Esprit Divin habite la Bienheureuse, comme il habite les anges, hiérarchie céleste, qui est la plus "proche" de l'Homme sur terre :

La divine vertu descend en elle
comme en chacun des anges contemplants ;
...

La Bienheureuse, sous l'inspiration de l'Esprit Divin, peut réchauffer la confiance du simple mortel, par sa valeur d'exemple. Son image peut nous faire prendre conscience de toute la beauté de l'univers et ainsi réchauffer notre foi. La Bienheureuse a été placée dans l'éternité pour cette mission :

Du ciel descend, si elle ouvre la bouche,
un pur esprit, nous apportant fiance
que la valeur si haut assise en elle
outrepasse la part qui nous est due.
[...] son image nous aide
à consentir montrements de merveilles ;
par où la foi est en nous secourue :
pour ce, dans l'éternel, fut ordonnée.

Les yeux de la Bienheureuse sont le siège même de la Lumière Divine aveuglante. Sa beauté "irradie" comme des flammes pénétrantes. L'Esprit attise ce feu d'athanor alchimique pour transmuter les âmes viles, le vil métal en or pur :

Leur resplendeur fait l'esprit défaillir
comme un rai de soleil la frêle vue.
Ainsi, ne les pouvant mirer en face,
me dois-je contenter d'un pauvre dire.
Beauté pleut de sa vue en fines flammes
de brûlement, qu'un gentil esprit souffle
créant en nous toute bonne pensée ;
et rompt comme tonnerre
le vice inné qui rend les âmes viles.

La Bienheureuse, comme pour tout résumer en une phrase essentielle, est la mesure même de l'Esprit de Dieu, qui anime le monde et fait fléchir les forces du mal :

Elle est mesure où tout pervers se plie,
pur penser de celui qui mut le monde.

"Douces rimes d'amour qu'en mes paroles j'allais hantant naguère,..."

Cette troisième "canzone" du Livre IV du "Convivio" est d'une nature sensiblement différente des deux précédentes. Elle est plus axée sur la morale ou, mieux, l'éthique, et aussi la politique.

Les commentaires qui l'accompagnent ne tiennent compte que du sens littéral et Dante les présente lui-même comme un *traité* (Livre IV-III).

La Sapience, précédemment évoquée et symbolisée par cette dame, véritable figure de Bienheureuse, selon notre interprétation, se mue ici en une Philosophie agissante, pure et dure, soucieuse, avant tout, des questions d'ordre moral.

Un concept central est développé par Dante : **La Noblesse**. Nous pouvons dire, en fait, la "Vraie Noblesse". Car le Poète réfute, point par point, dans ses commentaires, la Noblesse traditionnelle, incarnée notamment par l'empereur Frédéric II.

Certes l'autorité impériale, installée à Rome, est une chose souhaitable, mais elle ne couvre, en aucune façon, cette question philosophique. Le fondement de cette autorité est une fin de bonheur pour la société : *Le fondement radical de l'impériale majesté, selon le vrai, est la nécessité pour les hommes d'un vivre civil ordonné en vue d'une fin, à savoir le bonheur, auquel nul par soi-même n'est de taille à parvenir sans l'aide de quelqu'un, attendu que l'homme a besoin de maintes choses auxquelles un seul ne peut satisfaire. Et c'est pourquoi la Philosophie dit que l'homme est un animal compagnable.*

Avoir de bonnes mœurs ne suffit pas à créer la Noblesse. Quant à *l'antique richesse*, elle comporte en elle le germe de bien des perversions. Une noblesse ancienne n'est pas, non plus, une garantie. Nul ne peut savoir quand le *manant* est devenu noble !...

Après avoir critiqué la noblesse rattachée à la seule autorité impériale, Dante expose sa propre conception. La "vraie noblesse" est associée à l'idée de Perfection. Et cette Perfection se rattache elle-même, pour le Poète, à une idée très précise, que nous pouvons qualifier de métaphysique, et il cite Aristote (Chapitre IV-XVI) : *Cette perfection est ce qu'a en tête le Philosophe quand il dit :"Chaque chose est souverainement parfaite quand elle touche et rejoint sa vertu propre, et c'est alors qu'elle est au plus haut point fidèle à sa nature ; ainsi le cercle se peut dire parfait lorsqu'il est vraiment cercle", c'est-à-dire quand il atteint sa vertu propre ; et il est alors dans toute sa nature, et alors le peut-on dire noble cercle.*

Et ensuite Dante rappelle les 11 vertus morales d'Aristote, en qualifiant leur domaine d'influence. Nous ne pouvons que souligner l'extraordinaire "actualité" ou si nous préférons, la permanence de ces traits !

La Force gouverne notre audace et notre timidité face à *la corruption de notre vie.*

La Tempérance gouverne notre gourmandise et notre abstinence pour *les choses qui conservent notre vie.*

La Libéralité gouverne l'art de donner et de recevoir *les choses temporelles.*
La Magnificence gouverne les grandes dépenses.
La Magnanimité gouverne les honneurs et la renommée.
L'Aimeresse d'honneur (= le goût des honneurs) nous gouverne en vue des *dignités de ce monde.*
La Mansuétude gouverne notre *courroux ou patience outrée envers les maux extérieurs.*
L'Affabilité gouverne notre *bon commerce avec les autres.*
La Vérité nous aide dans notre discours ni à nous vanter abusivement ni à nous rabaisser.
L'Eutrapélie (= l'enjouement) gouverne nos jeux et divertissements à offrir à autrui ou à user pour nous-mêmes.
La Justice, enfin, citée en dernier par Dante, est la vertu qui *nous apprête à aimer et pratiquer droiture en toutes épreuves.*

Ces vertus se situent, selon le Poète, entre le trop et le trop peu, pour chacun des domaines évoqués ci-dessus. Et il précise : *[...] partout où est vertu, là est noblesse* car... *si noblesse vaut et s'étend plus que vertu, c'est plutôt vertu qui procédera d'elle.*

Il nous offre, alors, ces très belles et édifiantes images, faisant de la Noblesse la source de toutes vertus : *[...] noblesse est un ciel en vérité dans lequel reluisent maintes et diverses étoiles. Et les vertus sont fruits de noblesse.*

Au Chapitre XXI du même Livre IV, le Poète reprend à son compte un des fondements de la pensée Hermétique Chrétienne sur **la semence divine** :
En premier il faut savoir que l'homme est composé d'âme et de corps, mais c'est dans l'âme que vient noblesse (comme il a été dit) tombant à guise de semence de la vertu divine... Ladite âme aussitôt produite reçoit de la vertu du moteur du ciel l'intellect possible ;[...]

En réalité, selon Dante, la Noblesse en l'Homme, se mesure aux effets qu'elle a sur les vertus morales et intellectuelles. **La Noblesse ensemence...**

Et, ce qui est très important aux yeux du Poète, et nous ne pouvons sans doute que l'approuver, la "Vraie Noblesse" est finalement une "grâce", un "don divin" attaché à l'individu et en aucune façon à une famille.
Bien sûr, aussi, cette conception prend un relief tout particulier du fait des épreuves subies par le Poète dans son existence et du contexte de sa chère Cité Florentine, en proie aux rivalités familiales...
Mais ceci écarte définitivement le concept *d'antique noblesse*, évoqué plus haut.

Dante évoque encore *les 7 dons de l'Esprit Saint* et le bonheur associé à tout ce qu'apporte à l'âme ce potentiel de Noblesse et de Vertu. Il souligne les imperfections de la pratique des vertus dans la vie active et, a contrario, tous les bienfaits de la vie contemplative et de l'accès à la Béatitude.

Au début du Chapitre XXIII de ce même livre, nous retrouvons une affirmation de Dante en parfaite symbiose avec la perspective de l'Hermétisme Chrétien : *[...] il faut savoir*, écrit-il, *que cette semence divine dont on a parlé plus haut se prend dans notre âme à bourgeonner, poussant et variant ses guises à travers chacune des puissances de l'âme selon les exigences d'icelle.*

Elle bourgeonne donc par la végétative, par la sensitive et par la rationnelle, et s'embranche parmi les vertus d'icelle trestoutes, les adressant trestoutes à leurs perfections et se maintenant toujours en elles, jusqu'à l'heure qu'enfin, avec **cette part de notre âme qui jamais ne meurt**, *elle retourne au champ des très hautes et très glorieuses semailles.*

Puis le Poète avance une conception de cette "Noblesse-Perfection", adaptée aux 4 âges de la vie de l'Homme :

Jusqu'à 25 ans, c'est l'Adolescence, c'est-à-dire *accroissement de vie.*

Notre âme, écrit Dante, *s'attache à la croissance et à l'embellissement du corps, source de maints grands changements dans la personne, la partie rationnelle ne peut avoir raisonnement parfait.* Il lui faut un guide, *un curateur d'âge parfait* à ses côtés. *Ce premier âge est une porte et une voie par où nous entrons en bonne vie.* Pour entrer *dans la cité du bien-vivre*, la *bonne nature* passe par *l'obéissance, [...] la douceur, [...] la vergogne, [...], la plaisance corporelle.*

Le Poète cite l'épître aux Colossiens (III 20) : *Mes fils obéissez à vos pères en toutes choses, parce que c'est le vouloir de Dieu.*

Et il ajoute : *la vergogne est signe très découvert de noblesse dans l'adolescence.* Quant à la douceur, elle est signe d'une *grâce qui s'acquiert par doux maintenir.*

Courtoisie et loyauté complètent les signes de noblesse de l'Adolescence. Malgré l'avis d'esprits chagrins, cela est encore vrai, de nos jours.

Le 2e âge intervient *chez la plupart des hommes*, de 25 à 45 ans.

C'est *le comble de notre vie, l'âge qui a pouvoir de porter aide...* Et au sommet de cet âge, *le comble de notre arc est à trente-cinq ans*, écrit Dante.

C'est *l'âge de la jeunesse*, surtout, pour le Poète, avec *sa montée* et sa *descente.* Cependant, *notre nature s'empresse à monter mais refrène dans la descente.*

En ce 2e âge, *la noble nature [...] prend force et tempérance, et se fait amoureuse, courtoise, loyale, cinq choses [...] nécessaires à notre perfection.*

Vient ensuite la *Vieillesse* qui se termine en général vers la 70e année.

Dante se réfère ici sans doute à l'espérance de vie maximale de son époque. En ce 3e âge, la Noblesse est associée à la prudence de l'homme avisé, aux jugements justes, à la largesse et à l'affabilité.

Bien entendu, écrit le Poète, *ces âges peuvent être plus longs et plus courts selon notre complexion et composition.*

Il cite Platon qui vécut ici bas jusqu'à 81 ans, ce qu'il dut à sa nature et à sa perfection morale.

Le 4ᵉ âge donc, *ce que fait la noble âme dans le dernier âge, à savoir la caducité [...] elle retourne à Dieu, comme à ce port d'où elle se départit quand elle vînt pour entrer dans la mer de cette vie [...] elle bénit le chemin qu'elle a fait pour ce qu'il a été droit et bon et sans amertume de tempête.*

Le Poète use encore, dans ses commentaires, d'images d'une beauté "archétypale" saisissante : *Elle se rend donc à Dieu, la noble âme, en cet âge, et attend la fin de la vie avec moult de désir, et il lui semble sortir de l'hôtellerie et rentrer en sa propre maison, il lui semble sortir des grands chemins et rentrer en ville, il lui semble sortir de haute mer et rentrer au port [...] Et la noble âme bénit en cet âge les temps passés, et bien les peut bénir ; pour ce que, promenant sa mémoire à la ronde parmi eux, elle se remembre ses droites opérations, sans quoi elle ne pourrait venir avec autant de richesse ni avec autant de gain au port dont elle approche.*

À son terme, la vie du Poète ne résonne-t-elle pas aussi comme un écho à de telles images ? ! [...] (Relire plus haut nos commentaires sur la fameuse "nuit du 13 au 14").

La Noblesse, à cet âge, se caractérise autant par le souvenir des *droites opérations* et le bilan positif de sa vie.

Le Livre IV du "Convivio" se termine par une sorte d'hommage à l'alliance entre Philosophie et Noblesse.

Une lecture "ésotérique" de la 3ᵉ Canzone

Nous venons de voir que les commentaires de Dante suscitent une interprétation qui va au-delà du simple sens littéral, auquel il se réfère.

À lire en profondeur la "canzone", le sens soigneusement caché est encore plus intéressant à déceler, toujours dans notre perspective Hermétique, Chrétienne et Kabbalistique !

Le ton est donné au départ : il n'est plus question d'Amour mais de *Noblesse* :

> *Douces rimes d'amour qu'en mes paroles*
> *j'allais hautement naguère,*
> *ci vous dois-je quitter : [...]*
> ....
> *je laisserai à bandon le doux-style*
> *que j'ai tenu en devisant d'amour :*
> *or louerai-je vaillance*
> *qui d'homme voirement fait gentil homme ;*
> *en rime âpre et subtile*
> *je blâmerai le juger faux et vil*
> *de tous ceux-là qui veulent que noblesse*
> *pour principe ait richesse.*

Ce propos est a priori de nature exotérique et le Poète ne fait qu'un commentaire de son sens littéral, comme nous l'avons dit plus haut.

Ce n'est pour nous que pure apparence.

Car derrière un beau discours moral, auquel Dante veut nous faire adhérer, se cache une conception, là encore, toute imprégnée d'Hermétisme Chrétien. Et nous pouvons donc aller à la quête d'un symbolisme, certes discret, mais manifeste, tout entier attaché aux arcanes de la "Vie Chevaleresque".

L'idéal du *gentil homme* n'est, en effet, rien d'autre que celui d'une vie vertueuse, dans laquelle *Noblesse* rime avec *Perfection*...

Sous le signe de Dieu et de la Volonté Divine, tel s'inscrit le discours du Poète :

Et premiers j'en appelle à ce seigneur
qui dans les yeux de ma dame a séjour
et l'a fait d'elle-même énamourée.

L'Empereur, terrestre, est écarté pour la conception de la *noblesse antique*, la richesse ou la lignée ne créent pas plus la "vraie noblesse"...

L'Initié, *l'homme, instruit du chemin*, ne se fourvoie pas dans une si fausse conception de la noblesse, au risque de devenir, spirituellement parlant, un mort-vivant :

Mais très vil semble à qui du vrai s'avise
l'homme, instruit du chemin, qui s'y fourvoie
et fait si bien qu'il est un mort qui marche.

Le *franc courage* et *l'âme droiturière* ne cèdent pas au revers de fortune matérielle :

Donc franc courage et âme droiturière
ne se défait par déroute d'avoir.

La "vraie noblesse" est ailleurs...

Et nous avons ensuite l'énoncé de traits caractéristiques de la "**Vie Chevaleresque**", dans son acception de "modèle idéal" :

"L'esprit juste" :
un choix habituel
qui au juste milieu prend sa demeure
telle est donc la sentence.

"La vertu" :
Noblesse y a là où vertu a place.

"Un sceau de Dieu" :
car ils sont presque dieux,
ceux qu'un tel sceau range hors des méchants.
Et c'est Dieu seul qui en fait don à l'âme
qu'il voit, en un corps d'homme,
trouver parfait séjour.

Sceau qui donne la *"Félicité"* :
.... par où appert
comment noblesse est graine de bonheur
mise par Dieu en âme bien dispose.

"Un don pour agir jusqu'au terme de sa vie" :
L'âme qu'il a de ce don embellie
ne le tient point caché
mais le déploie, des noces qui la lient
au corps jusqu'à la tombe.

Nous avons, dans ce "raccourci", effectivement l'essentiel de l'archétype du "Chevalier", marqué du sceau de l'Esprit divin, vaillant, l'âme "droite", l'esprit juste, doué pour la Félicité et l'Action jusqu'à la mort, vivant modèle de l'Initié.

Dante reste bien sûr allusif mais éloquent !

Le Tarot initiatique, auquel nous nous référons souvent, nous offre une image symbolique très représentative de ce "Chevalier", dans l'arcane du Chariot : un jeune homme couronné, soit symboliquement investi par les forces divines, est debout dans un chariot somptueux. Il tient un sceptre dans sa main droite. Il est serein, maître de lui-même, alors que les deux chevaux tirent dans des directions divergentes.

L'être, marqué du sceau divin, a ainsi la parfaite maîtrise des forces antagonistes et ambivalentes. Ceci nous renvoie au *"juste milieu"* évoqué par la "canzone".

L'idéal de la Chevalerie n'est rien d'autre que cette capacité d'engagement dans une voie juste, marquée du sceau divin, et visant par cet engagement jusqu'à la mort, à témoigner des vertus et de la vision juste.

Telle est la "Vraie Noblesse"…

Mais nous sommes tous invités par le Poète à suivre, par analogie du chemin spirituel, cette voie de la "Chevalerie idéale".

Après ces prémisses, la "canzone" développe le fameux portrait des *4 âges de la vie,* précédemment évoqués sur un plan exotérique et qui nous invite à poursuivre notre lecture "ésotérique" pour déceler les archétypes fondamentaux de toute progression sur la Voie…

Ici encore, dans l'optique de l'Hermétisme Chrétien, les références à la Kabbale et au Tarot nous offrent de riches perspectives symboliques de sens.

Le Tarot, en particulier, a l'art de bien condenser les choses pour qui se donne la peine de décrypter en profondeur les arcanes !

L'Adolescence...

Si tant est, comme l'écrit Dante, que l'Adolescence est *la porte et la voie par laquelle nous entrons en bonne vie,* le tout premier maillon de notre évolution est symbolisé par l'arcane du Bateleur dans le Tarot.

Cet arcane vise notre investissement, à l'aube de la vie, sur le plan matériel, en participant à la découverte de nos potentialités. Or, le Poète chante qu'à cet âge notre âme *offre au corps vêture de plaisance dans l'accord de ses membres...*

La Papesse, toujours dans le Tarot, nous dit de renoncer aux exigences excessives de notre Ego pour mieux suivre les impulsions de l'Esprit et acquérir la "Connaissance". Cette Papesse n'est rien d'autre que ce guide, *ce curateur d'âge parfait* que Dante évoque dans ses commentaires. Elle nous tend "le livre ouvert"...

La "canzone" proclame que l'âme est *obéissante* en ce premier âge, *Obéissez au Père, car c'est le vouloir de Dieu.* Deux arcanes se complètent sur le symbole de cette obéissance :

Le Pape, qui nous invite à suivre l'autorité de l'esprit pour éveiller notre propre essence spirituelle, notamment par l'acquisition de cette Sapience, si chère au cœur de Dante et par "l'ouverture du cœur", symbolisée, dans l'arcane, par le geste du Pape.

L'Empereur, qui nous invite à concrétiser, dans notre vie, ce sceau de l'Esprit en toute œuvre matérielle.

Le Poète chante aussi pour cet âge, la *vergogne* et la *douceur* :

L'Impératrice du Tarot nous incite à être réceptif aux forces célestes pour que notre âme se transforme et intègre cette "autorité" liée à l'Esprit.

"L'intelligence du cœur" se nourrit précisément de cette *vergogne* et de cette *douceur.*

La Jeunesse...

La fin d'un premier cycle d'*Adolescence* et le début de la *Jeunesse*, pour reprendre les mots de Dante, sont parfaitement symbolisés par deux arcanes du Tarot : l'Amoureux et le Chariot. Ce dernier est, ici, envisagé dans une autre lecture que celle donnée à propos de la "Chevalerie", mais néanmoins tout à fait voisine.

L'Amoureux nous place face au problème du "Choix" et de la prise de conscience auxquels nous confronte l'expérience de l'amour, au sens large de ce terme, amour du couple, amour de l'Autre, des autres...

La puissance divine s'exprime sous l'influence de l'Amour, avec un grand "A", à travers l'harmonie des deux plans, spirituel et matériel.

Nous devons développer notre sens du tact et de la diplomatie. Nous retrouvons le besoin de *douceur* et de retenue de l'âge de l'Adolescence. Nous découvrons le besoin de l'âme d'avoir *amoureux cœur et courtoise louange*, comme le chante la "canzone" pour l'âge de la *Jeunesse. Garder courtoisie en toute encontre, pour ses grièves besognes* (= actions pénibles et difficiles).

Force et Tempérance, c'est-à-dire Maîtrise et Modération, sont les attributs essentiels auxquels aspire l'âme à l'âge de la *Jeunesse*. L'arcane qui les symbolise le mieux est celui du Chariot. Le jeune prince, couronné par l'esprit et les forces divines, peut s'engager dans la vie, assuré d'une bonne maîtrise de soi pour affronter, comme l'écrit le Poète, dans ses commentaires, *la montée et la descente de l'arc*.

Superbe image !...

Ici, Dante se réfère ouvertement à l'image du Chevalier qui *se révèle* tout particulièrement à cet âge. Le Poète écrit : *En vérité il faut que cet appétit soit chevauché par la raison ; car de même qu'un cheval débridé, tant soit-il noble de nature, ne se conduit pas bien par lui-même sans un bon chevaucheur, de même cet appétit qui s'appelle irascible et concupiscible, tant noble soit-il, doit obéir à la raison, laquelle le guide par freins et par éperons, comme un bon chevalier.*

Il y a là le sens symbolique essentiel de l'arcane du Chariot, lequel clôt, dans le Tarot, précisément le 1er cycle d'évolution de l'aspirant sur la voie.

Pour l'âme, dans sa jeunesse, chante la "canzone" :
[...] tout son plaisir est en loyauté faire.
Et la loyauté proclame le dictionnaire, est :
La fidélité à tenir ses engagements, à obéir aux règles de l'honneur et de la probité. Ceci est bien l'un des fondements de l'action chevaleresque.
Notons que ce mot de loyauté, écrit *loiauté*, fait son apparition fin du XIe siècle. Il a donc une remarquable "actualité" quand Dante use du terme équivalent en italien... Ceci souligne une fois de plus la précision de la traduction d'André Pézard, que nous avons prise en principale référence.

La Vieillesse...

Avec l'arcane de la Justice, dans le Tarot, nous sommes à l'âge de la *Vieillesse*, pour reprendre le terme de Dante. Cette "Vieillesse" correspond, du reste, **en sémantique moderne, plutôt à la "Maturité"**. Mais, visiblement, à la lecture de la canzone et des commentaires du Poète, le mot *Vieillesse* a des connotations bien plus positives que celles attribuées par notre modernité, mais passons !...

L'âme est, dans sa *vieillesse, prudente et juste*, chante la "canzone".

L'arcane de la Justice en témoigne : le sens de la véritable équité est bien l'apanage de la pleine maturité.

L'âme, dit l'Hermétiste Chrétien, peut enfin se conformer aux lois divines et chasser les envahisseurs des ténèbres.

Le Poète chante d'ailleurs que l'âme, dans sa vieillesse, se réjouit *de conter et d'ouïr bons faits du monde.*

L'arcane de l'Hermite, dans le Tarot, nous enseigne que, par notre capacité de repli et de distanciation à l'égard du monde extérieur, nous pouvons *être dans le monde tout en demeurant citoyen du ciel*, pour reprendre la belle formule de Charles Rafaël Payeur (1).

Cette joie des *bons faits du Monde*, qu'à l'âge de la *Vieillesse*, nous contemplons avec recul, nous renvoie aussi à l'arcane de la Roue de Fortune.

Celle-ci nous invite à accepter notre destin avec *la montée et la descente de notre arc*, pour reprendre les termes de Dante. À cet âge, nous pouvons poser sûrement notre "arc", tout en entretenant cette ouverture à la vie et cette acceptation de mouvance féconde. Ceci du moins s'observe chez les êtres les plus "évolués", les sages…

Nous pouvons avoir en nous cette *force tranquille*, toute intérieure, qui nous libère de l'Ego et nous permet de canaliser nos instincts. Celle-ci est symbolisée par l'arcane de la Force dans le Tarot.

Le Poète chante, dans sa canzone, qu'en l'âme, à cet âge, *on y vante largesse.* Nous pouvons traduire, en langage "spirituel" actuel, en disant que notre conscience s'est pleinement ouverte et élevée. C'est aussi le fruit de cette force intérieure. Mais, en cet âge, non seulement notre conscience s'élève, mais elle peut aussi se retourner et nous placer en face d'une évidence que Dante, dans d'autres textes, a d'ailleurs développée. Tout le pouvoir du monde, toutes les richesses, toutes les conquêtes de l'Ego, ne peuvent pas constituer une fin en soi. Ce ne sont sûrement pas *les bons faits du monde*, que l'âme contemple à l'âge de la *Vieillesse*.

Ceci est, très précisément, ce que l'arcane du Pendu, dans le Tarot, nous évoque. Mais ce "retournement" de conscience n'est lui-même qu'un premier maillon d'une transformation qui va nous conduire au 4e âge de la *Caducité*, évoqué par le Poète. Mais n'anticipons pas.

De la Vieillesse à la caducité…

La fin du 3e âge et le début du 4e sont très étroitement liés, suivant la conception de Dante. De cela témoigne l'enchaînement de 5 arcancs, qui symbolisent cette alchimisation de l'âme, inscrite en filigrane dans la "canzone" : le Pendu, l'arcane XIII (Mort et Renaissance), la Tempérance, le Diable et la Maison-Dieu.

Le Poète chante alors le nouveau sort de l'âme :
Puis au quatrième âge, elle retourne
à Dieu en épousailles ;
et contemplant la fin qui or l'attend,
elle bénit les temps et les lieux passés.

---

(1) *Le Tarot* par Charles Rafaël Payeur, Éditions de l'Aigle, 1998.

Le "retournement" du Pendu s'accompagne d'un important "lâcher prise", l'âme meurt à un état ancien, chassant toute illusion pour renaître à un nouvel état, accordé sur les valeurs de l'esprit, et, à terme, l'union avec Dieu : *Dieu en épousailles...* L'arcane de la Mort et de la Renaissance symbolise tout à fait cette "opération de transmutation alchimique", avant "l'Ultime Union".

Mais cette transmutation se poursuit. Une communication continue est établie entre la conscience et "les sphères d'en-haut", ce que traduit l'arcane de la Tempérance. L'âme peut, dès lors, non plus craindre, mais *contempler la fin qui or l'attend*, comme chante le Poète impliquant le contact direct avec Dieu et l'Immortalité, que Dante évoque largement dans d'autres textes.

Mais si près du Paradis, sans doute, l'arcane du Diable nous interpelle pour nous remémorer que notre créativité passe certes par nos instincts d'Homme-Matière, mais que ceux-ci doivent être canalisés par les forces de l'Esprit. Si notre sexualité, en particulier, a été au service de notre spiritualité, et "source de vie", au sens anagogique de cette expression, alors, nous pouvons espérer une transmutation réussie de notre âme, au terme du parcours...

Nous pouvons nous retourner et l'âme, comme le chante le Poète, *bénit les temps et lieux passés.* Telle est la trace "bénéfique" laissée sur terre, en particulier, par les bienheureux, comme nous le verrons dans la Divine Comédie...

La conscience s'est totalement libérée de ses certitudes et de ses limites. C'est aussi là un aspect, selon le mot de Dante, de la *largesse,* qui apparaît dès le 3e âge.

De cette "libération", l'arcane de la Maison-Dieu nous prodigue une image éloquente. Nous pouvons marcher sur les mains, mais l'Esprit de Dieu a "investi", ou mieux, "irradié" notre âme ou plutôt celle du sage, à l'article de la mort.

Ici Dante privilégie d'ailleurs une expérience personnelle qu'il rapportera largement dans la Divine Comédie : la mise en présence, la contemplation et l'extase, de son vivant !...

Le terme du 4e âge...

Le terme du 4e âge s'inscrit aussi dans le symbolisme des 6 derniers arcanes du Tarot : l'Étoile, la Lune, le Soleil, le Jugement, le Mat et le Monde.

L'Étoile (ou les Étoiles) chante l'hymne à la Beauté de Dieu dans l'Incarnation et la Grâce, qui termine les commentaires du "Convivio" :

O quel digne aornement, et combien beau, est celui-là qui au terme de cette chanson est donné à noblesse, l'appelant amie de cette dame dont la propre essence demeure dans le dernier secret de l'esprit divin.

La Lune est symbole d'adombrement de l'âme par la puissance divine et de la libération du monde.

L'esprit, sinon la lettre de la "canzone" du Poète l'évoque avec *les épousailles* à Dieu.

Le Soleil est symbole d'Illumination, d'expression et de rayonnement de l'Amour. L'arcane nous renvoie au terme "béatifique" du 4e âge.

Le Jugement est symbole tout à la fois de bilan de vie et de résurrection à l'appel du divin. L'esprit de la "canzone" nous le fait sentir, car *l'âme bénit les temps et lieux passés.*
La Vraie Noblesse, accomplie, amie de la Sapience, conclut Dante, dans ses commentaires, est célébrée par sa "canzone". Or la Sagesse qui, alors, s'offre à l'âme, est d'essence divine. Et la Divine Comédie, précisément, nous enlèvera tout doute sur cet axe central de la transmutation de l'âme, à l'appel de Dieu.

L'accomplissement et la perfection de l'être tout entier est symbolisé par l'arcane du Monde, image de l'âme incarnée et ressuscitée, en son corps glorieux de lumière. Pour y parvenir, il faut arriver à cet état de conscience, enseigné par un autre arcane, le Mat, dans lequel seule la voix intérieure guide, et où l'âme, libérée, s'abandonne totalement à l'œuvre de l'Esprit, ou, ce qui revient au même, à sa source : *à Dieu en épousailles,* soit dit une troisième fois, comme chante le Poète…

>Bien sûr, nombreux sont les écueils sur la voie…
>>*Or voyez combien sont les abusés !*
>Nombreux sont en effet les égarés sur la voie…
>>*Encontre-les-Errants, chanson, fais route ;*
>>*[…]*

Notons, pour conclure sur ce bref panoramique réalisé sur le "Convivio", l'appréciation fort judicieuse de Marina Marietti (1) sur l'ensemble de cette œuvre : *En rendant la culture accessible par la langue vulgaire, Dante brise la barrière scholastique, associe savoir et action et en fin de compte prône une nouvelle figure d'intellectuel, "noble" dans l'âme et engagé dans la vie de la cité, qui est un peu une image de lui-même.*

Ajoutons que cette "noblesse de l'âme" nous renvoie aussi à Dante "croyant et initié" et que cette "nouvelle figure d'intellectuel" puise, en profondeur, pour ce qui est du "savoir", dans les sources de la Grande Tradition, passant par l'Hermétisme, la Kabbale et Pythagore. C'est ce que nous avons essayé d'évoquer pour le lecteur, avec certains exemples.

L'analyse mériterait d'être encore plus poussée sur ces "canzoni" et ces commentaires. Elle le sera surtout à propos de l'œuvre maîtresse : la Divine Comédie…

---

(1) *Dante* par Marina Marinetti, coll. Que sais-je ?, P.U.F.

Vers 40 ans, aussi...
"De Vulgari Eloquentia", ou les sortilèges de la langue "vulgaire illustre" et du dialecte.

Cela me fait dire que si ceux-là qui partirent de ce monde il y a mille ans déjà revenaient dans leurs cités, ils croieraient leur patrie occupée par une gent étrangère, tant trouveraient la langue discordante de la leur. De ceci l'on parlera ailleurs plus en détail, dans un livret que j'entends faire, Dieu consentant, de l'Éloquence en vulgaire.

Ainsi, au chapitre I-V du "Convivio", Dante annonce la rédaction de ce traité, mettant l'accent sur l'intérêt de cette langue "vivante", accessible à tous.

Et dès la "Vita Nova", douze ans auparavant, au chapitre XXV, il souligne sa valeur pour les poètes qui riment sur l'Amour !

[...] anciennement il n'y avait point de trouvères d'amour en langue vulgaire, ains étaient trouvères d'amour certains poètes en langue latine [...] chez nous ces choses étaient traitées par des poètes non pas vulgaires mais lettrés. Et il ne s'est pas écoulé un grand nombre d'années depuis que premiers apparurent ces poètes vulgaires [...] Et le premier qui commença à rimer comme poète vulgaire prit ce parti parce qu'il voulait faire entendre ses paroles à une dame, à qui il n'était mie aisé d'entendre les vers latins. Et ceci va contre ceux qui riment sur autre matière qu'amoureuse, comme ainsi soit que cette façon de parler fut de prime saut trouvée pour chanter d'amour.

Nous ne connaissons que le premier livre et une partie du deuxième, sur les 14 que devait rédiger Dante. Leur rédaction est presque parallèle à celle du "Convivio", vers 1304-1306. Le Poète a l'âge de pleine maturité, la quarantaine bien assise...

Le propos est de démontrer la supériorité d'une langue "vulgaire" élaborée, *le parler illustre d'Italie,...une langue entre toutes sans reproches.*

"Le parler illustre d'Italie"
ou le breuvage d'Immortalité...

Cette langue est choisie face à la multiplicité des langues vulgaires à l'époque, y compris divers dialectes.

Dante écrit, en usant de très belles images à propos de cette sélection :
Ayant chassé au vent, dirai-je, la balle des vulgaires italiens, trions le grain qui reste dans le van, afin d'y choisir au plus tôt le froment le plus excellent, le parler le plus honorable.

Et, dès le début du traité, le Poète souligne qu'il souhaite user d'un vulgaire, inspiré d'En-Haut. La langue devient alors un breuvage d'Immortalité, à l'image de la boisson des dieux : *Je tenterai - si le Verbe du haut des cieux m'inspire - de valoir prou au parler de la gent vulgaire, non pas en puisant, pour emplir si vaste coupe, aux seules eaux de mon esprit, mais en y mêlant, par atemprance* (= par modération)*, meilleurs sucs fournis par d'autres esprits, en sorte que j'en puisse brasser un très doux hydromel.*

Ce vulgaire, qu'il dit aussi *cardinal, royal et courtois* est destiné à *un enseignement*. Nous serions tentés de dire à une Initiation. Et le manuscrit du premier livre se termine par le programme des futurs chapitres dont nous n'avons pas connaissance, et qui pourraient, pourquoi pas, être découverts un jour, si, par hasard (?) la thèse d'un traité inachevé venait à être bousculée !...

Dante écrit par ailleurs : *Et parce qu'il est de mon intention, comme j'ai promis en commençant cet ouvrage, de bailler un enseignement du beau dire en vulgaire, je partirai du vulgaire illustre comme du plus excellent de tous [...] Ces points mis en lumière, je prendrai à tâche de jeter un peu de jour sur les vulgaires inférieurs, descendant par degrés jusqu'à celui qui est le propre d'une seule famille* (= une seule cité, Dante pense peut-être ici au langage vulgaire Florentin).

Ce *traité du bien dire en langue vulgaire* comporte les principaux éléments suivants, dans ses deux premiers livres.

L'emprise de l'orgueil et la dispersion des langues et des peuples…

Au Livre I, Dante écrit que le *vulgaire* est la langue directement apprise de notre *nourrice*. C'est donc la première et la langue *naturelle*.

L'homme est ancré dans la matière et il n'est pas *mû par instinct de nature mais par raison [...] Adonc, fallut que le genre humain, pour communiquer d'être à être les choses conçues, eût quelque signe rationnel et sensible.* Dieu a accordé au premier homme ce don de la parole. Le premier usage en fut pour nommer le Créateur, tout en criant sa joie : *et comme nulle joie n'est hors de Dieu, et que Dieu même est toute joie, il s'ensuit que le premier parlant, d'emblée avant nulle autre chose écria Dieu.*

L'Hébreu est, selon le Poète, la langue parlée par Adam. La construction de la Tour de Babel entraîna la confusion des langues. Seuls, les Hébreux conservèrent *la langue originelle*, celle-là même parlée par notre *Rédempteur.* (1)

Et nous découvrons ici, dans les propos de Dante, une nouvelle fois des références certaines à la tradition Hermétique Chrétienne, sur le thème de l'Ego et de la parole maléficiée qui en résulte : *Adonc l'homme incurable* (= sous l'emprise de l'Ego), *sous la persuasion du géant Nemrod, présuma dans son cœur de vaincre non seulement la nature par son art, mais l'auteur même de la nature qui est Dieu ; et il emprit de bâtir dans Sennaar une tour qui par la suite fut appelée Babel, c'est-à-dire confusion, par laquelle il espérait monter au ciel, dans la folle entente non pas d'égaler mais de surpasser son créateur. O clémence démesurée de l'empire céleste ! Entre tous, quel père eût souffert de son fils tant d'insultations ? Mais se dressant le fouet au poing.*

---
(1) Selon d'autres sources, Jésus parlait araméen.

[...] il châtia le fils rebelle d'une correction pitoyable et mémorable en même temps.

Et ce péché d'orgueil conduit, à travers la confusion des langues, à la dispersion de ce peuple : *Presque tout le genre humain, assurément, s'était rassemblé dans l'ouvrage d'iniquité [...] C'est à la suite de la confusion des langues [...] c'est alors pour la première fois que les hommes furent dispersés par tous les climats du monde, et par toutes les parties habitables, tous les recoins de chacun d'eux [...] différents vulgaires tirèrent origine par la suite d'un seul et même parler reçu dans la vengeresse confusion des langues.*

Dante décrit ici la diversification des langues aux quatre coins du Monde et en particulier les trois groupes de *"parler"* en Europe : *Adonc la langue où notre étude porte ses pas est triparlière, comme il a été noté ci-devant, car les uns disent* **oc**, *les autre* **si**, *d'autres encore* **oïl**.

Tout langage humain, *hormis celui qui fut créé par Dieu en même temps que le premier homme* est soumis à la mutation, car *l'homme est en effet un animal très remuable et très changeant.*

Et pour obtenir un minimum de stabilité, *la grammaire n'est rien d'autre qu'une certaine identité de langage qui ne s'altère point par diversité de temps et de lieux. Icelle ayant été réglée du commun consentement de maints peuples, n'est point assujettie on le voit bien, à l'arbitre de telle ou telle personne, et par conséquent ne peut être muable.*

La langue du "Si"...

La langue des Italiens, celle du "si", pour dire "oui", a le privilège, selon Le Poète, de s'appuyer davantage sur la grammaire, *commun fondement*. Et *ceux qui en langue vulgaire ont rimé les plus doux vers et les plus subtils, ceux-là sont ses familiers et servants.*

Mais *en quatorze vulgaires au moins voit-on bariolée la seule Italie.*
Et même ces vulgaires varient d'une ville à une autre, comme par exemple les Siennois et les Arétins en Toscane, et même au sein d'une cité.

Quelle peut-être, dès lors, interroge Dante, la langue la plus *illustre* et digne d'être choisie ?

Ce n'est ni le vulgaire des Romains, *un jargon de truands plutôt qu'un vulgaire !*, ni ceux d'Acône, de Spolète, de Milan, de Bergame, d'Aquilée, d'Istrie, ni *"les patois Casentin et de Fraite"*, ni la langue des Sardes qui *"imite le latin comme les singes imitent les hommes."*

Dante plébiscite, un temps, le langage de la Sicile.
Mais celui-ci doit son épanouissement à toute la splendeur de la cour de Frédéric II et de son fils Manfred, deux *illustres chevaliers* comme les désigne Dante, et qui attirèrent à eux les esprits les plus nobles de toute l'Italie. Le vulgaire Sicilien, *tel qu'on le trouve ès gens de moyen état nés dans cette île, il ne mérite en aucune façon l'honneur d'une telle préférence, car nul ne le prononce sans quelque traînement.*

Quant aux Pouillois, ils *barbarisent affreusement*, à l'exception de certains d'entre eux, *les plus illustres [...] relevant en leurs chansons telles dictions plus courtoises.*

Qu'en est-il des dialectes toscans, relatifs à la terre natale du Poète ?
*Et maintenant venons-en aux Toscans qui affolés en leur pauvre cervelle, prétendent à la gloire du vulgaire illustre, et le font trop voir. [...]
Et pour ce que les Toscans plus que les autres sont possédés de cette furieuse ivresse, il semble utile et digne de prendre un par un les vulgaires communaux de Toscane, et leur rogner quelque peu la chamarre* (= robe à traîne).

Les Génois sont aussi écartés. Les dialectes de Romagne se contredisent. Les Véronais, les Vicentins, les Padouans, les Trévisans, les Broissans, les Bolonais, [...] , ne trouvent pas plus grâce aux yeux de Dante. Les langages de Ferrare et de Modène font des mélanges, de même que ceux de Trente, de Turin et d'Alexandrie. Ce sont de beaux langages, mais contaminés en raison de *leur mélange avec le parler des étrangers.*

À la fin de ce qu'il appelle sa *chasse à la panthère* dans toute l'Italie, et dont il n'a perçu que *le parfum*, le Poète se réfère à une langue "idéale", une sorte de dénominateur commun, relié aux nobles symboles de l'action :
Et justement dans ce que nous appelons actions italiennes, les signes les plus nobles ne sont le propre d'aucune cité d'Italie, mais ils sont communs à toutes : et parmi eux l'on peut désormais discerner ce vulgaire que nous allions pourchassant, qui en chaque ville exhale son odeur et en aucune n'a son gîte. Ce vulgaire illustre n'appartient donc à aucune ville mais c'est celui d'après quoi tous les vulgaires municipaux d'Italie se mesurent, pèsent et comparent.

"L'aura" d'une langue vivante et des grands hommes...

Pourquoi *illustre* ?
Ici, le Poète nous offre une clé d'interprétation hautement symbolique de l'essence même d'une langue "vivante", à vocation sinon universelle du moins commune à toute une culture. Et il puise ce symbolisme dans ce que nous appellerions volontiers "l'aura active et influente" d'une langue, comparable à "l'aura" des grands hommes. Et celle-ci est tout naturellement chargée de deux vertus chrétiennes fondamentales, la Justice et la Charité. De plus la voie de la Tradition par l'initiation est, manifestement signifiée par le Poète :
Par le terme d'illustre en vérité, j'entends quelque chose qui illumine, et qui, illuminé, resplendit : et nous appelons de la sorte illustre un homme, soit, quand, illuminé de quelque puissance, il illumine les autres de justice et de charité, soit quand, excellemment enseigné, il enseigne excellemment ; comme Sénèque, et Numa Pompilius. Et le vulgaire dont je parle apparaît haut levé en puissance et enseignement, et lève haut les siens en honneur et en gloire.

Ce vulgaire "idéal et illustre" est naturellement illustré par les œuvres des grands auteurs, à qui il offre la gloire. Ceci adoucit pour Dante lui-même la peine encourue par l'exil. Ce langage est qualifié par Dante de *cardinal*, au sens étymologique de ce terme, un "pivot" pour tous les autres vulgaires.

Il est *royal* parce que *si nous avions chez nous Italiens le siège d'une royauté, ce vulgaire serait la langue palatine*. Il doit être dit *courtois*, car la courtoisie n'est rien d'autre qu'une règle *pourpesée des choses qui se doivent faire*. Et, comme la balance de la Justice, il est règle par la *Raison*.

Conclusion : si ce vulgaire illustre est le "vulgaire italien", employé, comme cela a été dit, par tous les grands auteurs, Dante désire consacrer, en priorité, son traité de la langue à ce langage idéal italien. Il entend *bailler un enseignement du beau dire en vulgaire*. Mais les vulgaires inférieurs y seront aussi abordés.

De fait, le langage poétique de la Divine Comédie n'est pas seulement du vulgaire "idéal et illustre", mais fait place assez souvent, selon André Pézard (1) à des "vulgarismes" divers. Peut-être, Dante interrompit-il la rédaction de son traité De l'Éloquence en langue vulgaire à cause de l'usage qu'il fit, lui-même, d'une langue différente de ce "vulgaire italien illustre" ?...

Nous allons, à présent, parcourir le Livre II du traité, partiellement rédigé.

La Prose et les Vers en "vulgaire illustre"...

Le vulgaire illustre, selon Dante, concerne aussi bien les œuvres en prose que les œuvres en vers. Cependant la poésie est abordée en premier lieu car les rimes en vulgaire servent de *modèle aux prosateurs*.
Mais tous les rimeurs n'ont pas ce loisir d'user de ce langage : il y faut des poètes *excellents d'esprit et de science. Le vulgaire illustre, dis-je, veut des hommes semblables à lui [...] car la magnificence réclame des gens ayant le pouvoir de grandes choses ; la pourpre réclame nobles hommes.*
Ce parler en vulgaire illustre ne relève pas de l'homme en général, *il a convenance, adonc, selon les individus*.

Les poètes les plus valables doivent user de ce langage "idéal" uniquement s'ils abordent de grands sujets : la Droiture, la Bravoure et l'Amour. Ces poètes en sont "dignes", au sens profond de ce terme. Dante donne une définition édifiante de la *Dignité* : *Or la dignité est l'effet des mérites, ou bien leur terme attendu : ainsi, lorsqu'un homme a bien mérité, nous disons qu'il est promis à dignité de récompense ; quand il a mal mérité à dignité de châtiment ; par exemple le vaillant chevalier à dignité de victoire, le sage gouverneur à dignité de règne ; et au contraire le menteur à dignité de rouge au front, et le larron à telle dignité qui est de mort.*

---

(1) *Dante - Les œuvres complètes* par André Pézard, Éditions Gallimard-NRF, Coll. La Pléiade, 1965.

Le Poète se réfère, pouvons-nous dire, à une authentique loi du Karma.

Et les quatre exemples qu'il prend, le Chevalier, le Gouverneur, le Menteur et le Larron sont des archétypes dans son univers spirituel.

Le chevalier est très présent dans sa propre biographie, avec le fameux trisaïeul Cacciaguida et dans sa propre expérience (cf. notre chapitre sur la Destinée). Il l'est naturellement aussi dans son œuvre.

Le gouverneur nous renvoie au "De Monarchia" que nous évoquons plus loin. Dante est particulièrement sensibilisé par les vertus du gouvernement idéal.

Le mensonge est puni au plus profond de l'Enfer de la Divine Comédie. Enfin, le larron nous renvoie aux références bibliques.

"Les plus hautes fins" et la "canzone"...

Les plus hautes des œuvres sont très précises pour Dante : *l'utilité*, liée à ceux qui recherchent le salut, *l'agrément*, lié en priorité *au plus précieux objet de nos appétits et celui-ci est l'amour*, et enfin l'honnêteté, liée à la vertu.

Adonc ces trois fins, salut, amour et vertu, apparaissent comme étant les sujets suprêmes, à traiter avec le plus d'art : telles apparaissent, pour mieux dire, les forces qui tendent le mieux à ces fins ; comme prouesse d'armes, flamme d'amour, et droiture de vouloir.

Le Poète plébiscite la "Canzone" parmi les formes de poésie et, pour lui, *les matières dignes du vulgaire le plus haut veulent qu'on les traite en chansons.*

Il renvoie ses semblables, qui usent du langage vulgaire, aux poètes latins qui manifestent une *régularité* linguistique et technique, digne de constituer un "modèle". Comme eux les poètes en langue vulgaire doivent adapter leur style à la matière traitée. Et Dante fait ici une hiérarchie entre le vulgaire *illustre*, propre au *Tragique*, le vulgaire *médiocre*, propre au *Comique* et le vulgaire *humble*, propre à *l'Élégie*.

La "Canzone" est la forme la meilleure pour *le style Tragique*, avec ici encore un choix précis de formes de vers : *Le style tragique en vérité est celui dont on use naturellement, quand avec la profondeur du sentir et du penser s'accorde la superbe des vers, et aussi la noblesse des constructions et l'excellence des mots. [...] De tous ces vers le plus superbe apparaît l'hendécasyllabe* (= 11 syllabes), *à la fois par le temps qu'il occupe, et par l'ampleur de la pensée et du sentiment ou l'assemblage des mots qu'il embrasse ;[...]*

Et je dis que l'hepta-syllabe (= 7 syllabes) *suit dans son renom le vers majeur. Au rang suivant nous placerons le pentasyllabe* (= 5 syllabes), *et enfin le trisyllabe.*

Dante évoque ensuite *la construction toute pleine d'élégance* à laquelle il convient d'aspirer. Il le fait en citant des poètes provençaux et italiens.

Il entend faire *voir maintenant le lustre des vocables magnifiques, dignes de se ranger sous le style souverain.*

C'est à **la raison** de faire *le tri entre les mots* : puérils, féminins, mâles, forestiers, urbains, et parmi ces derniers, les mots *bien peignés ou lissés, chevelus ou hérissés,* [...]

Le Poète se pose ici en formateur de "l'art poétique" : *Envisage donc, lecteur, attentivement, tout ce qu'il te faut passer au crible pour séparer de toute balle de grain des mots dignes de choix ; car si tu as dans l'esprit le vulgaire illustre (et c'est ce langage comme on a dit plus haut, que doivent user dans le style tragique les poètes vulgaires dont j'entends former l'art), tu auras soin de ne garder dans ton crible que les mots nobles.*

Nous retrouvons, à propos du choix du vocabulaire, ce concept de *Noblesse* si cher au cœur du Poète !

Il explique ensuite par le menu le sens des ses expressions de mots *chevelus, peignés,* etc.

Puis il définit la "Canzone" en langue vulgaire et nommée *par surexcellence* comme un enchaînement de *stances égales et sans répons entre l'une et l'autre, dont le ton tragique tend à un même sentiment ou penser.*

Au passage, le Poète utilise une image très édifiante de l'Homme et de l'Animal : *L'on a beau savoir que l'homme est un animal doué de raison, et que l'animal est une âme sensitive revêtue d'un corps, si l'on ignore ce qu'est l'âme ou le corps même, l'on ne saurait avoir parfaite connaissance de l'homme.*

Dont acte !...

Il évoque aussi les règles à observer dans l'entrelacement des vers et pour les rimes. Et son manuscrit s'arrête sur le sujet du *nombre des vers et des syllabes…*

Derrière la "technique"…
une ode profonde à la langue…

Nous avons tenu ici à suivre, pas à pas, ce début d'ouvrage sur la langue, qui est très court et avorté comme nous l'avons déjà dit, à moins que le reste du manuscrit n'ait disparu (?). La brièveté du propos n'exclut pas pour autant un très vif intérêt.

Certains commentateurs voient dans ce traité l'exercice d'une conscience critique du fameux *"stil nuovo"*, dépassant la rhétorique médiévale traditionnelle.

Et la langue apparaît comme un organisme parfaitement "vivant".

Certes ! Mais nous pensons que derrière un traité, aux apparences techniques, se cache un témoignage beaucoup plus profond sur la langue.

Derrière les multiples "découpages" des conceptions de Dante en la matière, ses hiérarchies personnelles établies entre sujets, styles, tournures, constructions, etc., nous constatons une remarquable attention portée à la langue et, bien plus, un amour authentique. Celui-ci se fixe sur le *vulgaire idéal et illustre*, soigneusement défini par le Poète.

Derrière cet amour, guidé d'ailleurs par "la raison", se profile un point de vue éthique et métaphysique profond. O combien la langue est-elle pour un poète, et un prosateur également, *digne* comme Dante, pour reprendre son mot. O combien est-elle *le bien le plus précieux !...*

Dans la langue s'incarne en effet tout le *Noble Homme*, évoqué par le Poète. Or le "noble chevalier Florentin" qui sommeille au tréfonds du cœur et de l'âme du Poète, assigne aussi à la Poésie, en vers ou en prose, la finalité la plus noble qui soit, celle de servir de pont entre le Haut et le Bas, le ciel et la Terre. **Et le *parler honorable, idéal, illustre, cardinal, royal et courtois* est, sans contestation possible, celui de l'Esprit qui se branche sur le Divin.**

Dante nous rappelle ce langage d'avant la Chute, qui fut *créé par Dieu en même temps que le premier homme,* langage non mutable. La langue parlée par Adam et par le Christ est, selon le Poète, l'Hébreu, dans laquelle s'inscrit toute la Tradition de la Kabbale à laquelle nous faisons souvent référence dans le présent ouvrage.

Le grand initié Florentin ne pouvait que s'enquérir de l'essence et de la valeur des mots de la langue des poètes. Peu importe finalement si la Divine Comédie n'est pas rédigée dans ce *vulgaire illustre*, mais dans une langue qui n'appartient sans doute qu'à lui.

Il dit lui-même dans son traité que la langue est *affaire d'individu*, à l'homme noble correspond le noble langage. La Divine Comédie en apporte la preuve éclatante !

Ainsi, derrière l'aridité de ce début de traité de L'Éloquence en langue vulgaire, se cache une ode précieuse à la langue et nous nous prenons à regretter que le 2ᵉ Livre et les 12 autres qui suivent n'aient pas vu voir le jour ou se soient perdus…

Est-il si sûr, comme l'affirment certains auteurs, que cette interruption soit l'objet d'une volonté délibérée du Poète d'abandonner ce traité à son triste sort ?!...

Une vibrante étymologie…

Ceci concerne le titre "De Vulgari Eloquentia".

L'Éloquence vient, étymologiquement du latin "Eloquentia" (XIIᵉ siècle). C'est, selon le dictionnaire Larousse, *l'Art et le talent de bien dire, d'émouvoir, de persuader*, autrement dit de communiquer aux 3 niveaux de l'être : Âme, Corps, Esprit.

Mais ce mot partage la même racine avec le mot *Éloge, discours à la louange de quelqu'un* et pas très loin du mot *Élu, celui qui jouit de la béatitude éternelle*. Nous sommes en plein champ sémantique et symbolique dantesque !

Par ailleurs, le mot "Eloquentia", dans la langue d'origine, latine ou italienne, a la valeur numérologique de 2. Or, dans l'optique de la Numérologie sacrée, reliée à la Kabbale, le 2 est associé au pouvoir de fécondation et de rayonnement extérieur et renvoie à la force d'Amour. Sublime cohérence du Verbe et magie de la langue !

Vers 46 ans...
Le "De Monarchia", ou l'Utopie pour le gouvernement du monde futur

Ce traité s'ouvre sur des affirmations qui en situent l'ambition au-delà des contingences de l'époque sur les rivalités entre pouvoir temporel et pouvoir spirituel. Dante se place sur un plan métaphysique autour de trois thèmes majeurs :
La Tradition de la vérité transmise :
Tous les hommes que la nature supérieure a empreints d'amour pour la vérité doivent, semble-t-il, avoir à cœur par dessus tout, ayant été enrichis du labeur des anciens, d'ouvrer semblablement eux-mêmes pour la postérité, en sorte que leurs neveux tiennent d'eux richesse nouvelle. (Liv. II-1 p. 633) (1).

La connaissance de la Monarchie temporelle :
Or, puisque entre autres vérités cachées et utiles, la plus utile est la connaissance de la Monarchie temporelle, et suprêmement célée aux yeux et délaissée de tous comme n'offrant nul gain à portée de nos efforts, je me propose de l'arracher des ombres où elle se cache,... (Liv. II-5 p. 634)

L'inspiration divine :
En vérité j'entreprends une rude tâche et qui passe mes forces, me fiant moins à ma propre vertu qu'en la lumière de ce Seigneur de largesse "qui donne à tous abondamment et n'en fait pas reproche." (Liv. II-6 p. 634)

Et le Poète entend répondre à trois doutes concernant la Monarchie temporelle :
Trois doutes principalement sont soulevés à l'endroit d'icelle : en premier l'on doute et l'on demande si elle est nécessaire au bien du monde ; en second lieu si le peuple romain s'est arrogé à bon droit l'office de Monarchie ; et en troisième lieu si l'autorité du Monarque dépend de Dieu immédiatement, ou d'un autre, ministre ou vicaire de Dieu. (Liv. III-3 p634)

Il se réfère, une nouvelle fois, à la raison pour justifier, par anticipation, toutes les réponses qui vont suivre, tout en affirmant l'existence d'une fin universelle, par-dessus toutes les fins propres à chaque société :
Adonc la raison, qui est le but universel – s'il en est un – du genre humain vivant en société, voilà le principe par lequel seront justifiées de façon suffisante toutes les conclusions qu'il faudra par la suite éprouver : en effet juger qu'il existe une fin propre à telle société ou à telle autre, et qu'il n'y en a pas une seule et même pour toutes, c'est sottise.
Et Dante consacre un livre à chaque réponse.

---

(1) *Dante - œuvres complètes* par André Pézard, Éditions Gallimard-NRF, coll. La Pléiade, 1965.

L'Archétype permanent
d'une société humaine universelle idéale...

La Monarchie universelle est nécessaire au genre humain, *nécessaire au bien être du monde*, énonce-t-il à plusieurs reprises... *l'ouvrage propre du genre humain pris en son ensemble est de réduire constamment en acte toute la puissance de son intellect possible, en premier lieu afin de spéculer, et en second lieu par extension afin d'agir en conséquence. Or puisqu'il en est d'un tout comme il en est de ses parties, [...] il s'en suit que le genre humain trouve la plus parfaite aisance et liberté possible lorsqu'il peut dans le repos, c'est-à-dire la tranquillité de la paix, s'adonner à sa besogne propre, qui est quasiment divine selon la parole : "Tu l'as fait de bien peu inférieur aux anges."* (Il s'agit d'une allusion au psaume VIII-6, sur la puissance du nom divin : *"À peine le fis-tu moindre qu'un dieu"*). (Liv. I-IV-V-1 et 2 pp. 638 et 639)

Et le Poète poursuit :
Par où est manifeste que la paix universelle est la meilleure des choses qui sont ordonnées aux fins de notre béatitude.

Nous avons là un raccourci saisissant de tout un fondement métaphysique d'organisation de la société : l'Action, le principe de Totalité, la Prudence, la Sagesse, la finalité de la Paix et ultimement *notre béatitude*.

À l'éclairage de notre société contemporaine archi-matérialiste, nous nous prendrions volontiers à rêver, selon l'expression du Poète, de la *mise en opération* de tels principes !...

Nous retrouvons cette affirmation magnifique du principe de "Totalité", si cher aux Anciens, et toujours, o combien, d'actualité : [...] *mais elle* (= l'universalité des hommes) *n'est qu'une partie vis à vis du tout universel : et ceci est évident par soi-même. Or de même que les moindres parties de l'universalité humaine répondent bien à celle-ci, de même doit-elle à son tour bien répondre au tout à quoi elle s'ordonne.* (Liv. I-VII-IX-1 et 2 p. 642)

Plus loin, Dante fait directement référence à Pythagore pour rattacher l'essence du Bien et du Mal au principe de *l'Unité de l'Être* : [...] *Pythagore dans ses Corrélations mettait l'un du côté du bon, le plusieurs du côté du mauvais, comme il appert dans le premier des livres traitant de l'Être absolu.* (Liv. I-XV-XVII-2 p. 656).

Au cours de sa démonstration, le Poète fait référence au principe de Justice et de Proximité du Monarque à son peuple, pour peu qu'il soit inspiré par l'Amour Divin. Par delà le choix de la Monarchie temporelle, à un niveau métaphysique, que l'Histoire n'a sans doute révélé qu'en certaines circonstances, nous voyons dans cette réflexion du génie Florentin, avant tout, une méditation sur "l'archétype permanent" qui fonde une société universelle idéale. C'est ce qui en fait tout l'intérêt à l'heure où nous franchissons le seuil, tout à la fois, d'un nouveau siècle, d'un nouveau millénaire et d'une nouvelle ère zodiacale voués à la Spiritualité, sous peine de sombrer dans d'intenses et désastreux remous.

Le premier livre du "De Monarchia" se termine d'ailleurs par un cri du cœur qui mesure l'ampleur de la tâche à accomplir pour parvenir à un tel idéal. Ce cri, quant au fond, pourrait être celui d'un poète contemporain :
O race des hommes, de quelles tempêtes et de quels désastres, et de combien de naufrages faut-il que tu sois battue, depuis que changée en monstre aux têtes sans nombre tu te débats en tous sens ! Tu es malade de l'un et de l'autre intellect, et du cœur semblablement : car tu ne t'embesognes ni de l'intellect supérieur en dépit de ses raisons sans contredit, ni de l'inférieur en dépit des clairs semblants de l'expérience, ni davantage des élans du cœur en dépit de la douceur des divines persuasions ; tandis que par la trompette de l'Esprit Saint à tes oreilles sonne le psaume : "Oui, comme c'est bonne chose et douce, que des frères demeurant ensemble !"

L'Empire "Romain"...

[...] savoir si le peuple romain s'adjugera la dignité de l'Empire à bon droit... Quelle est la légitimité de ce peuple à prétendre incarner le siège de cette Monarchie universelle et temporelle ?
Réponse de Dante : *La divine volonté est le droit même, le peuple romain fut le plus noble des peuples.*
S'agissant ici de la noblesse de l'âme, Le Poète se réfère à Virgile : *Le très glorieux roi Enée fut père du peuple romain.*
Ici Dante accumule les raisonnements, formulés sous forme de syllogismes. Il décèle la volonté divine derrière les péripéties de l'histoire de Rome et des Romains.
Il affirme que *si les Romains ont mis leur entente au bien de la chose publique il sera vrai de dire qu'ils ont mis leur entente aux fins du droit.* Ils montrèrent, écrit-il, *leur amour de la paix universelle dans la liberté.* (Liv. II-V-4 p. 674)
Et plus loin, il poursuit : *quiconque met son entente aux fins du droit marche dans le chemin de la justice ; le peuple romain en soumettant le monde prit pour but les fins du droit, [...] et par conséquent c'est à bon droit qu'il s'arrogea la dignité de l'Empire.* (Liv. II-VI-19 p. 679)
Dante fait ici l'apologie de la fameuse "Pax Romana", non sans quelque partialité sans doute !...

Au passage, il se réfère aussi aux finalités poursuivies par "la nature" elle-même, voulant donner ainsi une base métaphysique à son raisonnement :
Ce que la nature, également, a ordonné en vue de ses fins, se maintient de droit. La nature en effet, quand elle pourvoit à ses affaires, n'y met pas moins d'art que l'homme ; [...] Le peuple romain fut par la nature ordonné au commandement universel. (Liv. II-VI-VII-1 et 4 pp. 681 et 682)
Cette "nature", entendue ici par le Poète, est *l'œuvre de la divine intelligence* et elle *ne manque aucune perfection.*

Évoquant l'œuvre de la Foi, qui vole au secours de *l'humaine raison*, le Poète parle des jugements de Dieu qui, parfois, sont très *cachés* :

Mais il est un jugement de Dieu tout occulte, à quoi l'humaine raison n'atteint ni par la loi de nature ni par la loi d'écriture, mais quelque fois par grâce spéciale. (Liv. II-VII-VIII-7 p. 685).

Dante se plonge alors dans la Mythologie et se réfère aux joutes entre athlètes (Hercule/Antée) qui manifestent le jugement de Dieu par l'intermédiaire du "sort". Il affirme : *Adonc ce peuple qui devança tous les peuples dans la course à l'empire du monde gagna par jugement de Dieu. Car Dieu a souci de casser les querelles universelles plus encore que les querelles particulières, […]* (Liv. II-VII-IX-1 p. 686).

Se retournant vers les *Écritures*, le Poète constate qu'après la faute originelle, la Rédemption, à travers la mort du Christ, aurait été impossible sans l'empire universel fondé par Rome. Jésus devait être condamné par un juge représentant *le genre humain* dans son ensemble : *Et Tibère César, de qui était vicaire Pilate, n'aurait pas eu juridiction sur tout le genre humain si l'Empire romain n'eut été fondé en droit. D'où vient qu'Hérode, bien qu'il fût ignorant de ce qu'il faisait, et Caïphe aussi quand la vérité sortit de sa bouche par céleste décret, renvoyèrent le Christ à Pilate afin qu'il le jugeât, comme rapporte Luc dans son Évangile.* (Liv. II-XII-XIII-XI-5 et 6 p. 699)

Sur le plan strict de la contingence historique, nous ne pouvons qu'approuver, sous l'angle métaphysique, le débat reste ouvert !...

Sans l'intermédiaire du Pape…

Le Livre III correspond au troisième terme de la démonstration de Dante. La Monarchie universelle est conférée par Dieu sans l'intermédiaire du Pape. Le Poète expose et rejette une à une *les erreurs sur quoi s'appuient principalement ceux qui disent que l'autorité de l'Empire dépend du Pape romain.*

Un argument fort pour étayer *sa vérité* est bien que l'Empire exerça sa vertu avant que l'Église n'existât et il se livre ici à une démonstration quasi-algébrique !

Soit A l'Église, B l'Empire, C la vertu ou autorité de l'Empire ; si, alors qu'A n'existe pas, C est en B, il est impossible de voir en A la cause de ce que C est en B, puisqu'il est impossible que l'effet soit en être avant la cause.

Davantage : A existant mais n'agissant pas, si C est en B, il est certain qu'A n'est pas cause de ce que C est en B, puisqu'il est nécessaire à la production d'un effet qu'une cause agisse au préalable, principalement la cause efficiente de quoi l'on entend parler. (Liv. III-XIV-XII p. 730 et 731)

L'Église ne tient d'aucune source cette vertu : *D'autre part, si l'Église avait cette vertu, de fonder en autorité le Prince romain, elle la tiendrait ou bien de Dieu, ou bien d'elle-même, ou d'un empereur entre autres, ou du consentement universel des mortels : du plus grand nombre tout au moins.*

Au chapitre XVI (XV) de ce troisième livre, Dante résume en quelques phrases toute la conception métaphysique qui sous-tend, en fait, son œuvre et constitue le soubassement de ses démonstrations par voie de syllogismes.

Nous pensons que réside là l'essentiel de l'intérêt de cette œuvre. Et cette conception est à mettre en relation avec l'œuvre majeure de la Divine comédie : *Ces deux fins que l'ineffable Providence a proposées à l'homme de poursuivre, ce sont : la béatitude de cette vie, qui consiste dans l'opération de nos vertus propres, et est figurée par le paradis terrestre ; et la béatitude de la vie éternelle, qui consiste à jouir de la vision de Dieu ; jouissance à quoi notre propre vertu ne se peut élever sans le secours de la lumière divine, et que notre esprit se représente sous la forme du paradis céleste.*

L'enseignement philosophique, avec le concours de nos vertus morales et intellectuelles, nous aide à aller vers la béatitude de cette vie. *Les enseignements spirituels qui surpassent la raison humaine*, avec le concours des trois vertus théologales, Foi, Espérance et Charité, nous aident à aller vers la béatitude céleste : *Ces conclusions et ces voies à suivre nous sont montrées, certes, d'un côté par la raison humaine, dont les philosophes nous ont donné connaissance plénière ; de l'autre, certes encore, par l'Esprit Saint qui, dans la parole des prophètes et des hagiographes de Jésus-Christ, fils de Dieu et coéternel à lui, ou de ses disciples, nous a révélé la vertu surnaturellle nécessaire à notre salut.* (Liv. III-XVI-XV-7 à 9 pp. 736 et 737).

Tout cela permet au Poète d'amener la conclusion du "De Monarchia" sur la nécessité de deux guides du genre humain : *C'est pourquoi il fut besoin aux hommes de deux guides, selon leur double fin : à savoir le **souverain Pontife** qui sût conduire le genre humain à la vie éternelle selon les **vérités révélés** ; et **l'Empereur** qui sût mener le genre humain à la félicité temporelle selon les **enseignements philosophiques**.* (Liv. III-XVI-XV 10 p. 737).

Cette conception est fort intéressante, quand nous en considérons le sens profond, rattaché aux deux "instruments" complémentaires de toute évolution spirituelle : la "Révélation" et la "Connaissance"…

Et Dante affirme alors que *c'est Dieu seul qui élit l'Empereur et qui le confirme, puisqu'il n'a au-dessus de lui nulle autre puissance*. Mais, étant donné que la félicité mortelle de l'homme *est en quelque mesure ordonnée à la félicité immortelle […] Que César adonc, use envers Pierre de cette révérence dont le fils aîné doit user envers son père : afin qu'illuminé par la lumière de la grâce paternelle il éclaire de plus vertueux rayons le globe de la terre, à quoi il est préposé par Celui-là seul qui est gouverneur de toutes choses spirituelles et temporelles.* (Liv. III-XVI-XV-17 et 18 pp. 739 et 740)

Tels sont les derniers mots du "De Monarchia".

Conclusions sur les fins dernières du gouvernement des hommes...

Comme de nombreux commentateurs l'ont souligné, le "De Monarchia" a un aspect polémique évident à l'encontre de la fameuse opposition entre "Légistes", attachés à l'absolutisme monarchique, selon le Droit Romain, et "Curialistes", attachés à la légitimité accordée par le Pape au pouvoir monarchique, le Poète prenant une position inconfortable et personnelle entre les deux !...

Mais derrière la rhétorique de la démonstration et l'afflux en particulier de syllogismes, nous découvrons deux degrés d'intérêt :

Au premier degré, nous avons une perspective qu'on a qualifiée de prophétique, voire de messianique, dans laquelle Dante propose sa vision rigoureuse de deux pouvoirs complémentaires, veillant aux deux félicités de l'homme, la mortelle et l'immortelle. L'Empire, détenteur de l'autorité temporel, par la volonté divine, est face à l'Église, détentrice de l'autorité spirituelle, mais son action se déroule "sous le regard de Dieu", même si la Raison Humaine y prend la place d'un "gouvernail". Une conception semblable se retrouve chez les Celtes, concernant le Druide et le Roi...

Au deuxième degré, derrière cette belle Utopie, au noble sens de ce mot, se dessine une conception métaphysique de l'Homme, pris entre les deux réalités du monde d'En-Bas et du monde d'En-Haut. Et ceci détermine précisément, au-delà de la forme Monarchique, **les archétypes des fins dernières du gouvernement des hommes**, dans une perspective eschatologique.

Nous pouvons même oser ici un schéma, à l'image du Ternaire et de la fameuse Tétraktys de Pythagore, en suivant les allégations du Poète sur les deux enseignements : la Philosophie, pour parvenir à la béatitude de cette vie (le Paradis Terrestre), correspondant aux vertus morales et intellectuelles, et la Spiritualité, pour parvenir à la Béatitude éternelle (le Paradis Céleste), *qui surpasse la raison humaine,* et correspondant aux trois vertus théologales :

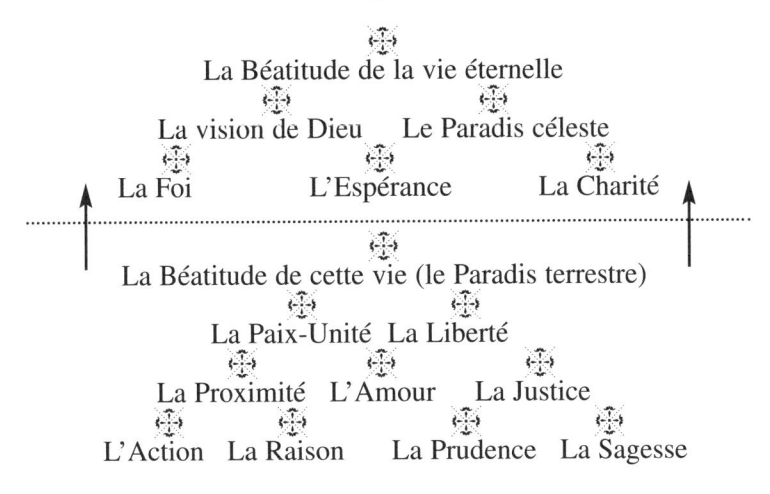

La Béatitude de la vie éternelle
La vision de Dieu   Le Paradis céleste
La Foi   L'Espérance   La Charité

La Béatitude de cette vie (le Paradis terrestre)
La Paix-Unité La Liberté
La Proximité   L'Amour   La Justice
L'Action   La Raison   La Prudence   La Sagesse

Entre 45 et 52 ans...
Les "Épistole", les Épîtres, ou la flamme épistolaire...

Homme publique, éminence grise, poète, [...] Dante écrivit sûrement tout au long de sa vie des lettres en latin ou en langue vulgaire. Seules treize épîtres en latin ont été retrouvées et la treizième pose un problème d'authenticité, selon les exégètes, et pourtant il s'agit certainement de l'une des plus intéressantes.

Ce corpus d'épîtres, sauvé de l'oubli, se rapporte principalement à une période s'étalant entre 1310 et 1317.

Celle-ci est très lourde de sens pour la destinée du Poète. Toujours en exil, il est exclu de l'amnistie accordée aux Florentins de son parti. Le fameux empereur Henri VII, en qui il a mis tous ses espoirs d'un renouveau du pouvoir temporel, couronné *César* à Aix-la-Chapelle, est couronné à Rome, puis meurt après ses revers militaires et politiques. En 1314, le fameux pape Clément V, "lâcheur" des Templiers, meurt ainsi que le roi Philippe le Bel, leur "bourreau". Dante réside, principalement, à Vérone et après avoir écrit le "De Monarchia", compose le Paradis de sa Divine Comédie...

Le courrier du Poète se répartit en conséquence en lettres de nature privée et lettres de nature politique. Une seule, la treizième, a un contenu doctrinal. Il faut dire qu'elle est destinée au Seigneur de Vérone Can Grande della Scala, son protecteur, et accompagne une partie du Paradis.

Par ailleurs les épîtres V, VI, VII et XI, font écho à des considérations politiques que la Divine Comédie, en quelque sorte, absorbe, notamment dans ses aspects prophétiques.

L'intérêt premier de ces épîtres est en conséquence de mieux ressentir ces aspects, en profondeur, et à travers le cheminement de Dante.

Dans le cadre du présent ouvrage, nous nous limiterons à attirer l'attention du lecteur sur certains passages seulement de ces épîtres, compte tenu de notre optique de recherche du sens, parfois plus ou moins "caché". Mais nous lui souhaitons d'autres découvertes, en se reportant à l'original !

Notons que certaines épîtres ont été rédigées par Dante pour le compte d'autrui. Il s'agit des épîtres VII, IX et X.

Le lait, le miel, et la prédestination divine...

Au moment de la venue en Italie d'Henri VII de Luxembourg, Dante prend la plume pour exalter les *forces de paix* et ceci, dès la dédicace de son épître V : *À tous et à chacun des rois d'Italie et de sénateurs de la Ville sainte, et mêmement aux ducs, marquis, comtes et peuples, l'humble italien Dante Alagier, florentin et exilé contre mérite, demande qu'ils fassent paix.* (V-1)

Et il poursuit, en recourant à des images qui nous font entrevoir, dans une optique hermétique, une sorte de combat entre "forces de lumière" et "force des ténèbres" :

Voici enfin le temps qu'il faut saisir, où montent au ciel les signes de la consolation et de la paix. Car le jour nouveau va tresluire dont paraît l'aube, qui déjà fait pâlir les ténèbres d'une calamité trop pardurable. Déjà se font plus pressés les souffles de l'orient : le ciel vient rougeoyant à belles lèvres, et de sa caressante sérénité conforte les gens dans leurs espérances.
[...] enfin se lèvera le Titan pacifique, et la justice, qui restait engourdie comme l'héliotrope sans soleil, reverdira dès qu'il dardera les flammes de sa crinière. Tous ceux qui ont faim et soif seront rassasiés dans la lumière de ses rais, et tous ceux qui aiment l'iniquité seront confondus par la face du resplendissant. (V-2 et 4)

Dans son élan, le Poète plonge analogiquement dans la Bible, usant de symbole d'une richesse extrême : le lait et le miel.

Le Titan, le Soleil, Apollon, vainqueur des Géants, *a suscité un autre Moïse, qui arrachera son peuple au joug accablant des Égyptiens, pour le guider vers une terre ruisselante de lait et de miel. [...] Réjouis-toi désormais Italie [...] qui maintenant sembleras enviable par tout l'univers.*

Rappelons ici que, selon l'auteur grec, dénommé le Pseudo Denys l'Aréopagite, le lait est associé à l'enseignement de Dieu, car celui-ci donne toute l'énergie nécessaire au développement spirituel.

Le miel, auréolé de sa douceur et de sa richesse nutritive, est symbole de connaissance et de sagesse.

De nombreux livres sacrés, d'Orient et d'Occident, associent ces deux principes comme forces de vie répandues sur la "terre promise".

L'auteur légendaire cité leur associe l'eau et le vin, en précisant le rôle de chacun, par analogie à celui des enseignements divins : l'eau a le pouvoir de faire naître la vie, le lait de faire croître les vivants, le vin de les ranimer et le miel de les guérir et de les conserver.

Par ailleurs, Dante, sans prononcer le mot, présente ces événements touchant l'Italie comme une sorte de "résurrection". Or le nom de l'autre Denys l'Aréopagite, est associé dans les Actes des Apôtres (XVII-32 à 34) à ce thème : *À ce mot de résurrection des morts, les uns se moquaient, les autres disaient : "Nous t'entendrons là-dessus une autre fois." C'est ainsi que Paul se retira du milieu d'eux.*
Quelques hommes cependant s'attachèrent à lui et embrassèrent la foi. Denys l'Aréopagite fut du nombre. Il y eut une femme nommée Damaris, et d'autres avec eux.

Dans cette même épître V, Dante évoque le thème de la prédestination, au sujet de ce choix du prince romain. C'est l'occasion pour lui de souligner la relation entre les plans visibles et les plans invisibles, l'influence des astres sur les destinées humaines, l'œuvre de Dieu et le rôle de l'Esprit, notre feu intérieur, tout ceci dans une formulation que ne renierait pas le fameux Hermès Trismégiste : *Certes, si la créature par les yeux de l'esprit, voit l'invisible des choses de Dieu à travers les choses qui sont faites dans le monde, et si d'après les plus connues nous apercevons les plus inconnues, et si de façon absolue il est donné à nos prises humaines de saisir par le mouvement des cieux l'être du grand moteur et son vouloir : même pour qui regarde les choses à la légère, la prédestination que j'ai dite apparaîtra certaine. Car si à partir de la prime étincelle, toute menue, du feu qui nous éclaire, nous suivons le déroulement des choses passées, [...] nous verrons [...] que Dieu a fait quelque besogne par le moyen des hommes, comme s'il eut mis en branle des cieux nouveaux. Dans nos œuvres, en effet, ce n'est pas toujours nous qui ouvrons, ains plus d'un coup sommes-nous les outils de Dieu ; et les volontés humaines, en lesquelles par nature règne liberté, parfois se laissent mouvoir sans l'aiguillon des affections terrestres, et à leur insu se font les servantes soumises de l'éternelle volonté.*

Le Poète rappelle ici la parole du Christ sur les deux royaumes, *Dieu s'étant fait homme pour révéler l'Esprit.* Cette parole est rapportée par Matthieu, Marc et Luc. *Rendez donc à César ce qui est à César, et à Dieu ce qui est à Dieu* (Matthieu XXII-21).

Rome, veuve et privée de ses deux flambeaux...

Parmi les épîtres à vocation politique, la XIᵉ tient sans doute le record de véhémence de la part du Poète. Elle est adressée *aux cardinaux italiens...* Ceux-ci sont alors réunis en conclave après la mort du Pape Clément V, "bête noire" du Poète, qui figure, dans son Enfer de la Divine Comédie, au chant XIX, parmi les "simoniaques", plantés, la tête enfouie dans le sol et les pieds brûlant dans les flammes. Clément V, *un pasteur parjuré de plus laide œuvre. !*

L'épître débute par un cri : *Comme elle sied en solitude, la cité pleine de peuple ! La dame des nations est faite comme veuve.*
Et il s'en prend ainsi aux cardinaux :
Non moins que de voir la plaie lamentable des hérésies, il nous est dur de voir les fauteurs d'impiété [...] Mais à vrai dire, vous qui étiez dans l'Église militante, comme les prévôts du porte-enseigne, vous, sans nul souci de guider sur la voie clairement frayée le char de l'Épouse du Crucifié, vous vous êtes fourvoyés aussi pleinement que Phaéton, le conducteur faussurier ; vous dont la tâche était d'éclairer le troupeau qui vous suit par les sauvages lieux de notre exil terrestre, vous l'avez entraîné avec vous dans le précipice [...] vous qui vous riez du feu envoyé du ciel, tandis que les autels sont chauds d'une flamme étrangère, vous qui vendez les colombes dans le temple, y faisant marché des choses qui ne se peuvent mesurer par monnaie, au détriment de ceux qui de-ci de-là y passent leur temps. Mais prenez garde au fouet de corde, prenez garde au feu céleste, et ne bravez pas la patience de Celui qui vous attend à pénitence [...] Comment me tairais-je ? Chacun a pris pour épouse, à votre exemple, la convoitise qui jamais ne fut mère de pitié ni de justice, comme la charité, mais sans trêve donne le jour à l'impitié et à l'injustice.
Nous le voyons bien, ici encore : Dante a un "discours" tout imprégné de références à une conception spirituelle qui fait écho à celle de l'Hermétisme Chrétien.

Le reproche fondamental fait aux cardinaux peut en effet s'interpréter comme la dérive fondamentale aux lois de l'Esprit. La simonie et la convoitise sont le reflet d'une perversion de l'Esprit dans la Matière, obéissant aux impulsions de l'Ego. Les vicaires de Dieu n'ont plus rempli leur mission de canal du Feu Divin. La convoitise chasse la Charité, qui est la vraie loi d'Amour, et installe l'Injustice.

Selon la Kabbale, le 17e sentier de l'Arbre de Vie, celui qui relie les sephiroth Binah (l'Intelligence) et Tiphereth (la Beauté), est celui qui donne la Foi et confère les Dons de l'esprit. Quand ce sentier est maléficié, il correspond à l'obscurcissement de la conscience, sous l'emprise des forces de l'Ego. L'être cesse de percevoir la réalité extérieure sous l'éclairage de l'Esprit. La conscience chosifie et réduit les réalités à leur apparence extérieure. Toute l'existence baigne dans le prestige de l'Avoir, du Pouvoir et du Valoir. C'est ce qui arrive aux fameux cardinaux apostrophés par Dante !

Par ailleurs la référence au récit mythologique de Phaéton, le conte d'Ovide, est tout à fait édifiante, dans le cadre d'une analyse symbolique et ésotérique. Cet adolescent, fils d'Hélios (le Soleil), mais mortel par sa mère, Clyménée, l'une des Océanides, prend les rênes des chevaux célestes du char de son père. Dans sa course folle, il se croit un moment le Seigneur des Cieux. Il est effrayé par les animaux-signes du Zodiaque et notamment le Scorpion ! Et les chevaux, soudain, décident de mener eux-mêmes le train, mettant le monde en feu !

On dit, écrit Edith Hamilton (1), *que c'est alors que le Nil s'enfuit et cacha sa tête que l'on n'a pas encore retrouvée.* La foudre de Jupiter, soudain, fracasse le char, précipite les chevaux dans la mer et tue le conducteur : *Tout en feu, Phaéton tomba à travers l'espace jusqu'à la terre. L'Eridan, ce fleuve mystérieux que nul œil mortel n'a jamais vu, le reçut...*
Les naïades gravèrent sur sa tombe :
Ici repose Phaéton, qui conduisit le char du soleil.
Il échoua grandement, mais il avait grandement osé.

Ce conte rappelle en effet que cette force de l'Ego, capable de grandes choses, peut aussi nous tenter de singer Dieu et nous exposer, comme l'écrit Dante, pour ses cardinaux, au *fouet de corde* et *au feu céleste*.

Mais le Poète tente aussi de se justifier personnellement comme auteur de cette invective : *Ce n'est donc pas par la grâce des richesses mais par la grâce de Dieu que je suis ce que je suis, et c'est le zèle pour sa maison qui me dévore.*

Il fait référence ici au psaume LXVIII-3 : *Mais ne croyez point, mes pères, que je me prenne en ce monde pour un phénix. Car ces choses que je vous chante, trestoutes gens en grondent ou en bourdonnent ; [...]*

---

(1) *La Mythologie* par Edith Hamilton, Éditions Marabout, 1978.

Et, plus modéré, il lance un appel en faveur de la "ville éternelle" :
[...] .il faut que vous teniez plantée devant les yeux de votre esprit, comme la mesure où rapporter toutes vos imaginations, cette ville de Rome telle que
présentement elle se trouve : privée de ses deux flambeaux [...] la pélerinante cité des mortels sur terre ;...

Au nom de l'amitié et de la Divine Gloire...

L'épître XIII est la seule qui ait un contenu surtout doctrinal. Par elle, Dante confie une partie du Paradis de la Divine Comédie à la lecture de son protecteur, le seigneur de Vérone, Can Grande della Scala. Il y exprime des points essentiels, pour lui, concernant cette œuvre.

L'amitié, le Saint Esprit et la Sapience...

Au magnifique et glorieux seigneur, [...] son très dévot Dante Alagier, florentin de nation, non de mœurs, souhaite heureuse vie de longues années, et perpétuel accroissement de son glorieux renom.

Ainsi commence cette épître. Dante, parlant à son destinataire prestigieux, s'y affirme *votre féal et ami* et nous offre une conception, très élevée, de l'Amitié, passant tout à la fois par la modestie, la sagesse et un caractère sacré : *[...] le lien sacré d'amitié,* écrit-il, *peut joindre, non moins que deux égaux, le plus petit au plus grand. [...] n'est-ce pas un fait constant que les plus hauts et glorieux princes, presque toujours, ont eu pour amis, des hommes de fortune obscure et d'honnêteté éclatante ? Et pourquoi non, puisque l'amitié même de Dieu et de l'homme n'est empêchée en rien par la démesure qu'il y a entre eux ? Si ce que j'affirme peut sembler indigne, écoutons le Saint Esprit, quand il professe avoir fait part de son amitié à certains hommes.*

Dante fait ici allusion au livre de la Sagesse, au chapitre II, concernant Salomon et la quête de la Sagesse (VII-13-14) dans lequel nous pouvons lire :
Ce que j'ai appris sans faute, dit Salomon, *je le communiquerai sans envie, je ne cacherai pas sa richesse. Car elle est pour les hommes un trésor inépuisable, ceux qui l'acquièrent s'attirent l'amitié de Dieu, recommandés par les dons qui viennent de l'instruction.*

Et le Poète observe, dans cette même optique d'acquisition de la Sagesse, que *ceux qui vivent de l'intellect et de la raison, étant doués d'une sorte de liberté divine, ne sont astreints à nulle coutume.*

Prisant l'amitié de Can Grande della Scala, *comme un trésor moult cher,* à conserver, il lui dédie la partie la plus élevée de sa Comédie : le Paradis.
[...] c'est elle que je vous adresse, vous offre et enfin vous recommande.

La polysémie d'un "ouvrage doctrinal"...

Dante affirme la vocation d'ouvrage doctrinal de son poème et donne le ton en matière de sens multiple : sens apparent et *à la lettre*, lié à la fiction du récit développé, sens profond et allégorique, renvoyant à une vision spirituelle :

"[...] parmi les choses qui sont, certaines sont de telle nature, qu'elles ont en soi l'être absolu ; certaines autres sont de telle nature, qu'elles ont un être qui dépend d'un autre par quelque relation, comme serait d'être et en même temps de se rapporter à autre chose [...] Étant donné que l'être de ces choses dépend d'autre chose, il s'en suit que leur vérité dépend d'autre chose."

Voulant donc présenter une partie de sa Comédie, le Paradis, il se doit d'informer sur la totalité de son ouvrage ! Pour ce faire, il entend éclairer de ses commentaires 6 aspects : *le sujet, l'agent, la forme, la fin, le titre du livre et sa nature philosophique.*

Le sens *de cet ouvrage n'est point simple... on le peut dire au contraire* ***polyséme****, c'est-à-dire doué de plusieurs signifiances ; car autre est le sens fourni par la lettre, et autre est le sens qu'on tire des choses signifiées par la lettre. Et le premier est dit littéral, mais le second allégorique, ou moral, ou anagogique.*

Le Poète précise donc les deux sens de son œuvre majeure : *[...] "le sujet de tout l'ouvrage pris seulement à la lettre, est l'état des âmes après la mort, considéré absolument [...]. Mais si l'on prend l'ouvrage allégoriquement, le sujet en est l'homme en tant que, par les mérites ou démérites de sa vie, étant doué de libre arbitre, il va au devant de la Justice qui récompense et qui châtie."*

Il y a dans le Tarot, une lame qui symbolise admirablement cette condition humaine, soumise à "la loi du Karma" : la Roue de Fortune. Elle nous incite à retrouver au centre de nous-mêmes le sens de l'existence et découvrir les grandes lois de l'univers qui régissent notre développement spirituel. Cet arcane est associé à la lettre Hébraïque Yod, dont la signification kabbalistique est *la présence de Dieu dans le créé*.

Ceci est exactement la démarche de la vision exploratoire de Dante dans les trois mondes de la Divine Comédie.

La forme de l'ouvrage est triple, selon une triple division, écrit le Poète. Et... *l'ouvrage entier se divise en trois chanteries... chaque chanterie se divise en chants... chaque chant se divise en rythmes... La forme ou façon d'ouvrer est poétique, fictive, descriptive, digressive, tressomptive (= qui résume et passe à autre chose) ; et en outre définitive, divisive, probative, improbative et positive d'exemples.*

Derrière ce vocabulaire fleuri, se cache fondamentalement, sans doute, le désir de Dante d'être "un visionnaire en toute liberté d'expression."

Le choix du titre Comédie est dû, à la différence de la Tragédie, en ce que *La comédie au contraire prend pour point de départ quelque rude coup de fortune, mais son étoffe court à un terme prospère [...] Par où il appert que le présent ouvrage est bien nommé Comédie. Car si nous regardons à sa matière, elle est dès le début d'horrible vue et d'âpre senteur, puisque c'est l'Enfer ; en sa fin, heureuse, désirable et bienvenue, puisque c'est le Paradis. Si l'on regarde au langage, il est familier et terre à terre puisque c'est le parler vulgaire...*

La finalité, aussi bien pour l'ensemble de la Divine Comédie que pour le Paradis, en particulier, telle qu'elle est exprimée par Dante, nous renvoie, de toute évidence, à un aspect "initiatique", dans le cadre de la foi chrétienne, signifiée par "l'exil dû à la Faute" : *La fin du tout et de la partie est de détourner de l'état de misère les vivants exilés en cette vie, et de les conduire jusqu'à l'état de félicité.*

La nature philosophique de l'œuvre, selon son auteur, se réfère à *la morale pratique ou éthique* : *le poème fut conçu afin d'aider les hommes non à spéculer, mais à ouvrer.* Étant entendu que la pratique n'exclut pas la spéculation !...

Le Premier Moteur, l'essence et le divin rayon...

Dante commente ensuite la structure du Paradis lui-même : *un prologue* et *une partie exécutive*.
Sans entrer ici dans les détails de la démonstration, le prologue aborde, selon le Poète, l'évocation des joies du Paradis, *attrait souverain pour les humains désirs* (aspect utile) et les conditions du royaume céleste, *choses tant élevées et sublimes* (aspect merveilleux), que sa mémoire a pu conserver.
Le texte dit donc que *la gloire du premier moteur, qui est Dieu, resplendit en toutes parties de l'univers, mais de telle manière qu'elle apparaît en certaines parties davantage, et en d'autres moins.*

Dante évoque ici le lien qui unit, dans l'univers, tout être et toute chose aux autres, lui conférant son existence. Seul, le Principe, l'Un, Dieu, la cause première de toutes choses, existe par soi-même. La Kabbale, voie initiatique privilégiée par la plupart des Hermétistes, ne dit rien d'autre en affirmant que toute manifestation découle de l'Un et revient à lui, une fois son existence éphémère épuisée !
Toute essence, écrit aussi le Poète, *hormis la première, est due à une cause* et *Ce qui est dû à une cause est causé soit par la nature, soit par l'intellect : or ce qui vient de la nature vient aussi de l'intellect, vu que la nature est œuvre de l'intelligence.*
Ici, Dante évoque un point essentiel de doctrine, en parfait écho à l'Hermétisme Chrétien et à la Kabbale. En effet, il cite la Hiérarchie Céleste, décrite par Denys l'Aréopagite. Nous verrons celle-ci à l'œuvre, précisément, dans les différents ciels du Paradis, associée aux séphiroth de l'Arbre de Vie.

[...] toute essence et vertu procède de la première, [...] les intelligences inférieures, à la façon de miroirs, reçoivent, comme d'un soleil rayonnant pour les renvoyer encore au-dessous d'elles, les rayons venus d'en haut. C'est ce qu'on voit noté assez clairement par Denys quand il parle de la Hiérarchie Céleste [...] On voit donc comment il est prouvé par raison qu'en tous lieux resplendit la lumière divine, c'est-à-dire la divine bonté, sagesse et vertu.
Et le Poète cite **le psaume CXXXVIII 7-9**, qui revêt l'éclat d'une clé essentielle d'inspiration, pour lui, et de compréhension, pour nous, du voyage dans les trois mondes de la Divine Comédie.

Dante ne cite qu'une partie de ce psaume, mais assorti d'un *et cetera*... parfaitement éloquent ! Nous laissons le soin au lecteur de constater, à l'éclairage des commentaires qui suivront sur l'œuvre, combien ce psaume semble raisonner comme un écho au poème du génie Florentin.

Ce psaume est d'abord intitulé : **Hommage à celui qui sait tout** et *Du maître de chant. De David. Psaume.* La fin de la Divine Comédie, dans l'Empyrée, baigne dans une Extase du Poète, nourrie de l'accession à l'ultime connaissance, par contact direct avec Dieu...

Extraits du psaume...
tu perces de loin mes pensées ;
que je marche ou me couche, tu le sens,
mes chemins te sont tous familiers.
(Voir les nombreux songes de Dante dans son voyage outre-tombe)

Merveille de science qui me dépasse,
hauteur où je ne puis atteindre.
[...]
Où irai-je loin de ton esprit,
où fuirai-je loin de ta face ?
Si j'escalade les cieux, tu es là,
qu'au shéol je me couche, te voici.
(Sans commentaire !...)

Je prends les ailes de l'aurore,
je me loge au plus loin de la mer,
même là, ta main me conduit,
[...]
Je dirai : "Que me presse la ténèbre,
que la nuit soit pour moi une ceinture";
même la ténèbre n'est point ténèbre devant toi
et la nuit comme le jour illumine.
(Voir le rôle et le traitement de la "Lumière" dans le poème...)

je te rends grâce pour tant de prodiges :
merveille que je suis, merveille que tes œuvres.
(Voir comment à travers ses sublimes visions, surtout au Paradis, bien sûr, l'âme du Poète s'émerveille, en particulier de la condition de l'homme d'avant la Chute).

Mais pour moi, que tes pensées sont difficiles,
ô Dieu, que la somme en est imposante !
(Bien souvent, au cours de son itinéraire, le Poète semble presque désespéré de parvenir au terme de son, voyage.)

Si tu voulais, ô Dieu, tuer l'impie !
Hommes de sang, allez-vous en de moi !
Eux qui parlent de toi sournoisement,
qui tiennent pour rien tes pensées.

Yavhé, n'ai-je pas en haine qui te hait,
en dégoût, ceux qui se dressent contre toi ?
Je les hais d'une haine parfaite,
ce sont pour moi des ennemis.
(À maintes reprises l'œuvre de la haine a sa place, ainsi que la condamnation des damnés impies…)

Sonde-moi, ô Dieu, connais mon cœur,
scrute-moi, connais mon souci ;
vois que mon chemin ne soit fatal,
conduis-moi sur le chemin d'éternité.

Si le Poète se réfère bien souvent, dans son poème, au ternaire de l'Âme, du Corps et de l'Esprit, le souffle et le rayonnement vibratoire du Cœur n'en sont pas moins, omniprésents, avec cette soif d'Éternité !...

Nous ne ressentons donc pas, à travers ce psaume évoqué par Dante dans son épître, une clé "intellectuelle" de la Divine Comédie, pour reprendre sa terminologie. Mais il s'agit d'**une clé cardiaque et émotionnelle.**

Le Poète conclut sa démonstration précédente en ces termes : *Adonc le poème dit bien quand il dit que le divin rayon, c'est-à-dire la divine gloire, "par l'univers pénètre et resplendit". Il pénètre, quant à l'essence ; il resplendit quand à l'être.*

Saluons ici, comme en filigrane, cet hommage rendu à "l'Être", source de rayonnement, quand il est touché par l'Esprit et la Grâce divines.

De ciel en ciel jusqu'à l'Alpha et l'Omega…

Dans les derniers paragraphes de son épître, le Poète présente et commente le cheminement dans les ciels du Paradis. Mais il évoque principalement le ciel *souverain*, qui *contient les corps universels, et n'est lui-même en nulle chose contenu. Les corps universels s'y meuvent, mais le ciel, lui, est en sempiternel repos.*

Ce ciel, *qui fonde en vertu toutes les vies, toutes les semences des choses et ne reçoit sa vertu de nulle substance corporelle,* est l'Empyrée.

Ce nom signifie que ce ciel brûle du feu de son ardeur spirituelle, *qui est saint amour, ou charité.*

Nous retrouvons ici certains fondements essentiels de l'Hermétisme Chrétien : corps célestes pesant sur la destinée humaine, semence divine et créatrice, symbolisée par le fameux Yod, 10e lettre de l'alphabet hébraïque précédemment évoquée, et surtout la Force spirituelle fécondante de l'Amour-Charité.

Nous avons aussi une très belle évocation du thème de la "Lumière éternelle", associée à la Perfection :

Ce premier ciel *a en lui, en chacune de ses parties tout ce qu'il peut avoir : de façon parfaite, puisqu'il n'a pas besoin de mouvement pour atteindre sa perfection.*

Or qu'est-ce que la perfection sinon le *rayonnement du premier être* c'est-à-dire Dieu. L'Empyrée, où siège le Seigneur, est le ciel qui reçoit la plus forte Lumière.

Le Poète met en avant aussi une notion très forte, que nous retrouvons dans de nombreuses traditions : **l'incommunicabilité de l'expérience de contact direct de l'âme avec les mystères divins.** Il met cela sur le compte de la déficience de mémoire, si nous prenons son texte à la lettre, mais ses expressions vont plus loin : *Pour comprendre ceci, il faut savoir que l'intellect humain en cette vie, du fait de la ressemblance et affinité de nature qu'il a avec la substance intellectuelle séparée* (= les anges, d'après André Pézard), *s'élève si haut quand il s'élève, que la mémoire, à son retour, vient défaillant, parce que l'effort a dépassé les moyens humains.*

À l'appui de son opinion, Dante cite, entre autres exemples, la deuxième épître aux Corinthiens (XII 3-4), sur *les secrets de Dieu qu'il n'est pas permis à l'homme de rendre en paroles* ; les trois disciples jetés face contre terre, dans Matthieu (XVII 6-7) ; la Vision du char de Yavhé, dans Ezéchiel, *je vis et je chus sur ma face,* (I 28).

Nous renvoyons le lecteur à ces textes pour apprécier combien cette force des choses célestes révélées peut effectivement jouer des tours à la mémoire mais aussi être rebelle tout simplement à toute "retransmission".

L'Illumination du Bouddha, elle aussi, si diversement décrite soit-elle par les textes et leurs commentaires, est proprement "incommunicable" au plan intellectuel !

Un peu plus loin, Dante précise du reste, parlant de lui, que *L'auteur donc a vu, comme il dit, telles choses qu'il* **ne sait et ne peut** *rapporter une fois revenu [...] En effet nous voyons par l'intellect maintes choses pour lesquelles manque tout signe du langage.*

D'où les "métaphores" de Platon, citées par le Poète.

Mais qu'importe l'incommunicabilité. *Celui qui fait lever son soleil sur les bons et les méchants et verse la pluie sur les justes et les injustes* (Matthieu V-45), usant de miséricorde ou de sévérité, sait aussi *manifester sa gloire aux mal vivants, tant mâle vie fassent-ils.*

Dante précise enfin, s'agissant de son Paradis, que *l'on cheminera tout du long en montant de ciel en ciel, et que l'on citera les âmes bienheureuses rencontrées dans chaque sphère ; et que cette béatitude véritable consiste pour chacune à sentir en elle* **le principe de vérité**...

Il cite la prière de Jésus de Saint Jean (XVII-3) et termine par une très belle profession de foi : *Et pour ce que désormais, ayant trouvé le principe ou le premier être, à savoir Dieu, il n'est rien qu'on veuille chercher plus outre,* **car il est l'alpha et oméga, c'est-à-dire le principe et la fin comme le marque la vision de Jean,** *ce traité s'achève dans le nom même de Dieu, qui est béni dans les siècles des siècles.*

Vers 55 ans...
Les "Ecloge", les Eglogues, ou la correspondance poétique avec l'ami lettré...

En 1319, Giovanni del Virgilio, professeur à l'Université de Bologne, adresse une épître en vers hexamétriques à Dante, pour l'inviter à écrire en latin, afin de célébrer les grands événements de l'époque. Il juge regrettable que son correspondant use uniquement du vulgaire pour exprimer tout son génie poétique :

> ...*Veux-tu donc toujours jeter*
> *tant de trésors aux foules*
> ....
> *Ne jette plus comme un dissipateur*
> *les perles aux pourceaux,*
> *n'étouffe plus les sœurs de Castalie (1)*
> *sous une indigne robe ;*
> *mais je t'en prie fais tels hymnes sonner,*
> *à pleine bouche,*
> *qui te désigneront*
> *aux clercs de l'une et de l'autre clergie.*

Nous noterons l'expression, que l'on dirait sorti du langage des oiseaux : *aux clercs de l'une...* ! Les deux *clergies* sont le clergé proprement dit et les hommes d'études qui peuvent leur être comparés (selon André Péazard).

La même année, Dante lui répond, en maître accompli de versification latine, à l'instar de Virgile. Mais c'est pour lui réaffirmer son désir d'écrire encore en *vulgaire*... Il manifeste tout son espoir d'obtenir à Florence *la glorieuse couronne de laurier*, symbole d'Immortalité, lui qui se présente sous les traits du berger Tityre :

> *"Quand mon chant qui déjà*
> *montra l'enfer à nu aura fait voir*
> *les corps du monde autour de nous volants*
> *et les hôtes du ciel"*
> repris-je, *"alors le lierre et le laurier*
> *j'aimerai mon chef ceindre..."*

Notons, au passage, que Dante affirme chanter *au pied d'un chêne*, symbole de force et de majesté divine, et aussi symbole de l'arbre en tant qu'axe du monde. Cette référence au chêne commence et termine l'églogue.

Par ailleurs, à peine est-il ici nécessaire de souligner tout le symbolisme rattaché au "berger". Il faut noter surtout qu'il renvoie, selon l'Ancien Testament, aux guides spirituels, aux pasteurs, eux-mêmes guidés par le Seigneur, le plus grand des bergers.

---

(1) *Castalie* est le nom d'une fontaine au pied du Parnasse. Les sœurs de Castalie sont les Muses.

Quant au lierre et au laurier, ils offrent deux symbolismes complémentaires très édifiants, s'agissant du Poète Florentin.

Vert en toute saison, le lierre symbolise la persistance du désir. Il est également associé au cycle éternel des morts et des renaissances, autrement dit "le mythe de l'éternel retour."

Le lierre est un des ornements de Dionysos, le dieu "deux fois né", lui-même symbole de "vie jaillissante des entrailles de la terre"… Il s'en servait pour réveiller le culte des femmes à son profit !..

Le laurier, associé à l'Immortalité et à la Gloire, renvoie également, en référence à la Mythologie grecque, à la Pythie, qui brûlait le laurier consacré à Apollon.

Il avait des qualités divinatoires.

Nul doute que Dante, véritablement hanté par le dessein de l'Immortalité, et prenant volontiers l'attitude prophétique, a sincèrement privilégié cette marque de "reconnaissance".

Giovanni del Virgilio lui répond dans une deuxième églogue. Il l'invite à le rejoindre à Bologne, pour y rencontrer des *disciples* dignes de lui. Il reprend à son compte l'image du berger Tityre et annonce que la *couronne* est prête. Ce n'est pas la même couronne. Celle-ci est en lierre. Giovanni vient d'exprimer, en se référant à Pythagore, *le devin de Samos*, que Virgile se serait réincarné en Dante !

> *Déjà le lierre en serpents racineux*
> *rampe au front de la balme* (= falaise escarpée) :
> *vois, ta couronne est prête !*
> ………
> *tu trouveras ici*
> *tous les Parrhasiens jeunes et vieux,*
> *qui voudront pleins de joie*
> *admirer tes neuves chansons, et savoir les plus vieilles.*

Les Parrhasiens étaient en Arcadie ! Et ceci renvoie au symbolisme des Bergers d'Arcadie, dans cette région montagneuse, au bonheur calme et serein, que le dieu des chevriers et des bergers, Pan, fils d'Hermès, affectionnait tant… Pan y jouait, sur sa flûte de roseau, des mélodies *plus douces que le chant du rossignol*, accompagnant les danses des nymphes des bois !...

Giovanni del Virgilio termine son églogue par cette interrogation :
> *Mais au berger offrir du lait*
> *n'est-ce outrecuisante visée ?*
> *Assez dit : nos gens rentrent,*
> *et le soleil roule au pied des montagnes.*

Nous apprécions d'autant plus cette interrogation, quand nous plongeons, ici encore, dans le symbolisme du lait : "fertilité", certes, mais aussi et surtout "Connaissance", rattachée au cheminement initiatique et à la voie de l'Immortalité !...

L'année suivante, ou un peu plus tard, le Poète répond à son ami par une églogue de nature également bucolique. Il y manifeste des craintes à l'égard des Guelfes Bolonais et fait l'éloge de Ravenne comme lieu d'inspiration poétique. Nous savons qu'il y rédige, alors, les derniers chants de sa Divine Comédie.

Il prend, à nouveau, le masque pastoral, à la manière de Virgile, non pas Giovanni, cette fois, mais Publius, le grand Virgile !

Nous y voyons défiler des références à des essences d'arbres, elles aussi chargées de symboles : refuge *dans une forêt de frênes, riche aussi de tilleuls et de platanes*. Le frêne, chez les Grecs, est symbole de puissante solidité. Il est censé, chez les Romains, mettre en fuite les serpents grâce à un pouvoir magique (cf. : Pline). Le tilleul est associé à l'amitié. Ses fleurs ont des "vertus adoucissantes". Le platane est symbole de haute résistance aux agressions.

C'est *une flûte parlante* qui répète le texte de l'églogue III, transposant les vers de Giovanni del Virgilio et développant les propres vers de Dante, dans sa deuxième églogue. Notons que la troisième églogue, celle de Giovanni et la quatrième, celle de Dante, comptent le même nombre de vers : 97.

Le Poète y fait allusion dans son 42e vers.

Une interrogation centrale, au 46e vers, laisse filtrer, à notre sens, plus qu'une simple référence à la Mythologie, une coloration alchimique :

C'est Alphésibée, compagnon de Tityre, le berger, alias Dante, comme nous l'avons déjà dit, qui apostrophe ce dernier :

Oserais-tu vénérable vieillard,
abandonner Pylore
et les champs baignés de rosée
pour l'antre des Cyclopes ?

Et Tityre :

... Pourquoi ce doute ?
et pourquoi me tenter ainsi, très cher ?

Et Alphésibée :

Pourquoi je doute, et pourquoi je te tente ?
...Ne vois-tu pas que la vertu d'un dieu
seule a rendu sonore
la flûte du garçon
comme jadis les cannes engendrées
par ce murmure où déborda la honte
du roi aux laides tempes
qui par l'arrêt de Bromius
dora les sables du pactole ?

Cette dernière image renvoie au mythe de Midas, changeant tout ce qu'il touchait en or. Mais ce roi de Phrygie, sur ordre de Bacchus (Bromius), se baigna dans le Pactole, qui dès ce jour roula des paillettes d'or !...

Il est donc délivré d'un don fatal, mais générateur d'une source intarissable de bienfaits, les paillettes, pour tous ceux qui y puiseront, c'est-à-dire les disciples.

Tityre réside à Pylore, qui est un "cap" au nord-est de la Sicile, sur le détroit de Messine, implicitement évoqué comme un havre de paix, d'autant plus que s'y trouvent *les champs baignés de rosée.*

La Rosée incarne la grâce céleste, vivifiante et fécondante, l'eau principielle et pure, véritable condensé de forces génératrices du principe humide, indispensable à l'initiation du Grand Œuvre Alchimique.

Ces *champs baignés de rosée* sont un symbole paradisiaque, auquel accèdent les justes, après la mort physique ou initiatique.

Mais le "doute", évoqué dans le poème, est bien celui qui pétrit l'âme de tout aspirant sur le chemin de son évolution spirituelle, et de tout adepte livré aux opérations de l'Œuvre, et tout particulièrement, encore, à la phase ultime de la transmutation en Or.

La *flûte* est associée au mythe du dieu Pan. C'est un symbole de vie pastorale. Elle charme les dieux, les nymphes, les hommes et les animaux. Magique, elle émet dans le monde terrestre les vibrations célestes.

Les "Cyclopes" nous renvoient aux "forces régressives", de nature "volcanique" - l'églogue cite l'Etna - et qui ne peuvent être vaincues que par le dieu solaire, Apollon. Mais dans leur antre, ils peuvent jouer, selon la tradition grecque, le rôle de forgeron pour Zeus, dieu des dieux et pour son fils, Héphaïstos, dieu du feu et des métaux. Autant dire que cette *antre des Cyclopes,* semblable au creuset des Alchimistes, peut être le refuge d'un monstre tout autant que l'atelier d'un orfèvre, forgeant la foudre des dieux !...

Toute l'églogue, en fait, évoque de manière à peine voilée, le Grand Œuvre Alchimique, dans la perspective de l'évolution spirituelle. Et changer le plomb en or n'a, bien sûr, de sens que pour un mortel, d'autant plus humble qu'il est élevé, et d'autant plus vivifiant qu'il assume son destin :
Tityre (alias Dante) est ainsi apostrophé :
> *vieillard battu de la Fortune*
> *prends garde aux menteuses faveurs ;*
> *sois pitoyable aux nymphes de ces lieux,*
> *à tes propres troupeaux !*
> ....
> *Vieillard marqué du sort,*
> *ces prés si familiers et ces fontaines,*
> *ne les veuille point dépouiller*
> *de ton nom plein de vie !*

Ici, Dante se réfère au mythe de Polyphème, le Cyclope sanguinaire, dévoreur des compagnons d'Ulysse, saoulé par ce dernier et dont l'unique œil est crevé, permettant aux rescapés de s'échapper.

Le même Cyclope, dans un autre récit écrase, par jalousie, sous un rocher, le berger Acis, aimé de la "néréide" Galatée, dont il est lui-même épris. Et nous avons une sentence édictée par Alphésibée, déjà nommé, qui illustre bien le combat entre la force d'amour et le feu maléficié du Cyclope, incarnation des forces des ténèbres et des dangers pour l'âme :

    À peine échappa-t-elle (Galatée) *:*
        et qu'aurait pu la force de l'amour
    contre un monstre enragé
        que brûle une telle fureur ?
    Achéménide même, à voir - sans plus -
        du massacre des siens
    le Cyclope sanglant,
        ne crut-il pas son âme prête à fuir ?

Achéménide est l'un des compagnons d'Ulysse qui assiste à l'affreux repas quotidien de Polyphème !

Nous avons évoqué plus haut le fait que les deux poètes, del Virgilio et Dante, ont rédigé leurs églogues avec un même nombre de vers : 97. Au-delà d'une *courtoise attention*, soulignée par André Pézard, ce constat est intéressant sur le plan de la symbolique numérologique.

97, cela fait, par réduction théosophique, 16, soit 1+6 = 7. Or 7 représente un accomplissement : les 7 jours de la création, les 7 degrés de la perfection, les 7 églises de l'Apocalypse de Jean, les 7 vertus, les 7 métaux alchimiques, reliables à 7 étapes d'évolution, etc. C'est aussi le nombre de l'Homme, identifié pleinement à ses valeurs profondes, le nombre de l'Androgyne Hermétique.

Notons pour conclure, se profilant derrière toutes ces églogues, le désir du Poète d'un retour glorieux à Florence, et, en même temps, de son attachement à Ravenne, havre de paix pour écrire les derniers chants de sa Divine Comédie.

À 55 ans, précisément...
La "Questio de aqua et terra",
Querelle de l'Eau et de la Terre...

Colorations Hermétiques...

Ce texte fait l'objet d'une lecture publique au Clergé et à l'Université de Vérone, le 20 janvier 1320, soit un an avant le grand passage du Poète dans l'Autre Monde. Il soulève une grande question, pour laquelle la Physique et la Philosophie se trouvent mêlées. André Pézard, dans son ouvrage sur les œuvres complètes de Dante, souligne que le mot "Questio" renvoie tout autant à une question qu'à "une querelle", Dante menant, en l'occurrence, un *combat incertain* !...

L'objet de la "querelle" concerne les hauteurs respectives de l'Eau et de la Terre, et plus globalement, la position de notre chère Terre dans l'Univers... Cela peut paraître étonnant pour nos contemporains. Dans le contexte de l'époque, le débat a beaucoup d'importance, avec ses implications non seulement philosophique comme nous l'avons dit ci-dessus, mais, proprement métaphysique et religieux. D'où la présence du clergé et des universitaires à cette fameuse lecture publique du Poète. Pézard parle aussi, à juste titre, de *Mythologie biblique.*

Le lecteur s'en doute sûrement ; notre intérêt dans cet ouvrage, en évoquant cette œuvre, est d'y reconnaître certaines colorations Hermétiques...

Un schéma fixe bien les idées en la matière.

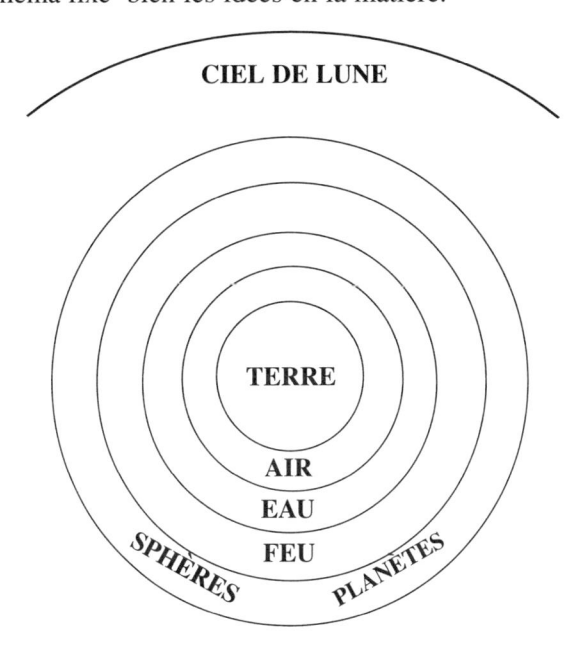

CIEL DE LUNE

TERRE
AIR
EAU
FEU
SPHÈRES **PLANÈTES**

Notons tout de suite que les sphères dessinées n'ont pas un corps matériel et ne sont pas des boules creuses !...

Pour Aristote, la Terre est au centre du Monde.
Celui-ci est constitué de plusieurs cercles concentriques. Parfois des contradictions entre cette conception et ce que André Pézard appelle la *Mythologie Biblique*, entraînent, alors, des débats passionnés. Pour Dante, la sphère de l'Eau ne dépasse en aucun point la Terre émergée, et, bien plus, la surface de la mer est toujours en dessous de celle de la Terre.
Pour asseoir sa démonstration, il commence par saluer le Créateur :
A trestoutes personnes et à chacune aux yeux de qui viendront les présentes lettres, Dante Alagier de Florence, le moindre parmi les vrais servants de philosophie, donne salut en celui qui est principe et lumière de vérité.

Une telle entrée en matière nous invite à porter un regard attentif, une fois de plus, au sens anagogique et symbolique que tous les développements du Poète ont inévitablement. Et ceci est vrai, même si un esprit chagrin de la modernité est tenté de classer tout ce discours dans le contexte des connaissances de l'époque.
Se référer au Créateur, dans un esprit de vérité, est plus qu'une fomule d'époque, un état de conscience !

Mais suivons le discours…
Le Poète affirme donc que c'est par amour de la Vérité qu'il a désiré trancher la "querelle" qu'il vit naître à Mantoue.
Il reprend 5 raisons qui étaient avancées par ses contemporains pour justifier que *les eaux, vues dans leur sphère, c'est-à-dire dans la circonférence où les tient nature, étaient quelque part plus hautes que les terres qui émergent de l'eau.*
Et il entreprend ensuite, lui aussi en 5 points, de réfuter les raisons. Il fait appel à ce que découvrent les sens et ce qu'établit la raison. La vérité s'établit sur un fondement *naturel* dans lequel l'expérience sensorielle est jointe à la raison, mais avec des limites pour cette dernière.

Au cours de ces divers développements, ce qui retient notre attention, dans le présent ouvrage, relève bien plus d'archétypes, plus ou moins symboliques, concernant les éléments, à l'instar de ce qu'un penseur moderne, comme Bachelard a pu analyser, que de la démonstration proprement dite.

Au lecteur d'en juger :
l'eau, par nature, se meut vers le bas.
l'eau est un corps naturellement fuyant, et ne trouvant jamais terme en des limites propres.
Pesanteur et légèreté sont passions des corps simples.
Ils subissent autrement dit l'influence de forces externes et internes.
la terre est un corps très pesant ; de toutes parts, également, donc, et de tout son pouvoir, elle tend vers le centre.

La plus haute vertu est celle qui atteint parfaitement son but, car elle obtient tout l'être possible en ceci même qu'elle peut le plus promptement et aisément accomplir ses fins. La plus haute vertu de gravité se trouve dans le corps qui tend le plus fort vers le centre, et c'est bien le cas de la terre. C'est donc la terre qui peut atteindre le mieux les fins de la gravité, autrement dit le centre du monde.

Au premier degré, notre héliocentrisme, scientifiquement établi, nous pousse à rejeter une telle vision, bien sûr. Mais en poursuivant notre lecture, nous allons voir que dans une perspective plus "traditionnelle", celle-là même qui offre à l'Astrologie son cadre de référence symbolique, la notion même de gravité peut prendre une autre dimension.

[...] il faut savoir que la Nature universelle ne se laisse pas détourner de ses fins ; aussi, bien que la nature particulière, du fait de la désobéissance de la matière, soit parfois frustrée du but où elle tendait, la Nature universelle pourtant ne peut en aucune façon être déçue en son intention, vu que, dans les choses qui peuvent être ou ne pas être, la puissance et l'acte sont également soumis à la Nature universelle.

Quelle est donc "l'intention" de cette Nature universelle ?...

Le Poète entre ici dans une démonstration qui, au-delà de son aspect scolastique, très en vogue à l'époque, ne s'en réfère pas moins, presque, explicitement, à l'Alchimie.

La *matière première* du Poète, qui n'est rien d'autre que la "materia prima" des alchimistes, a en puissance toutes sortes de formes. Ces formes, écrit Dante, *passent à l'acte*, c'est-à-dire se constituent en espèces d'êtres, plus ou moins douées de qualités. Mais ces formes *existent idéalement en actes dans le Moteur des cieux*. Car tout le possible des êtres est non seulement bien contenu dans la "materia prima", mais réunit toutes les qualités voulues par le Créateur.

Le Poète se réfère à la *pensée du créateur* qui constitue la matrice des choses créées. Dans la tradition de l'Hermétisme Chrétien, cette "pensée" est l'Esprit, avec un grand "E" qui investit et anime la Matière, en coagulant ses différents éléments.

Poursuivant son discours sur les éléments, Dante constate : *il est nécessaire qu'il y ait dans l'univers une partie où toutes les choses mêlables, c'est-à-dire les éléments, se puissent réunir. Or celle-ci ne se pourrait trouver si la terre en quelque partie, n'émergeait des eaux, comme il est évident à qui tient les yeux ouverts [...] toute nature obéissant aux intentions de la Nature universelle, il fut nécessaire, encore, que la terre, outre sa nature simple, qui est de se trouver au bas de tout, eût en elle une autre nature par laquelle, elle pût obéir aux intentions de la Nature universelle.*

La terre, selon *sa nature simple,* tend aussi vers le centre. Mais *elle se laisse pourtant soulever en partie selon certaine autre loi de nature, obéissant à la Nature universelle de façon que le mélange des éléments soit possible.*

À la fin de sa "démonstration", Dante passe en quelque sorte sur un autre plan, encore plus franchement "métaphysique", au sens profond de ce terme. Il envisage en effet la *cause finale* et la *cause efficiente* de l'élévation des terres, la connaissance des *causes premières* et des *premiers principes*.

Il aborde le sujet du Ciel de Lune, des sphères planétaires et du zodiaque, raisonnant sur les différences de *vertus* des étoiles et des constellations.

Si le propos, selon ses propres termes, est, avant tout, un propos sur *les choses naturelles*, la référence finale est surtout axée sur l'Œuvre de Dieu et le plan Humain : [...] *Dieu, ce glorieux dispensateur qui a pesé la place à donner aux pôles, la place du centre de ce monde, la distance entre la dernière circonférence de l'univers et le centre de cet univers, et autres choses semblables, a fait son œuvre en ceci et en cela comme étant la meilleure des choses. Adonc, lorsqu'il dit : "Que les eaux se rassemblent en un même lieu et que la terre apparaisse à sec", d'un même coup le ciel eut vertu pour agir et la terre eut puissance pour subir.*

Cesse donc, ô genre humain, cesse de chercher ce qui est au-dessus de toi, et cherche jusque-là où tu as puissance, pour te hisser aux choses immortelles et divines selon tes moyens ; et laisse les choses plus hautes que toi.

Et, ici, le Poète cite divers textes bibliques à l'appui de cette *Humilité* nécessaire et indispensable à l'Homme. Notons, au passage, la parenté de racine latine des mots : "Humi" et "Homo"... et "Humus". L'Hermétisme Chrétien nous enseigne que l'Homme, créé de la terre "glaise", et façonné par Dieu, a vocation d'Humilité, seule voie, par laquelle il peut retrouver sa nature divine, enfouie au plus profond de son être...

Après Job XI-7, le Psaume CXXXVIII-6, Isaïe LV-9, la Lettre aux Romains XI-33, Dante termine par la parole du Créateur, rapportée par Saint Jean XIII-33 : *Là où je vais, vous ne pouvez venir.* Il conclut cette énumération de références, comme il avait débuté son exposé : *Or que ceci suffise à la recherche de la vérité où nous tendons.*

Nous ne pouvons pas éviter de songer alors à la queste du Poète dans sa Divine Comédie. Elle sera précisément d'avoir ce contact direct avec Dieu, en se centrant au départ sur un processus de transformation au niveau de l'homme, dans sa condition matérielle d'ici-bas. Et, tout à l'attention de sa progression, Dante manifeste cette humilité, à plusieurs reprises, dans les trois mondes de l'Au-delà, jusqu'à sa joie et son extase dans l'Empyrée !...

La Perfection et la Mort-Renaissance du Soleil de l'Esprit...

En note finale, le Poète, rappelant la date et le lieu de son exposé, ne résiste pas, comme souvent dans son œuvre, à faire, de manière très allusive, référence à un contenu symbolique : *Et ceci eut lieu en l'année de la nativité de notre Seigneur Jésus Christ mil trois cent et vingt, un dimanche, jour du Soleil, que notre susdit Sauveur par sa glorieuse nativité et par son admirable résurrection nous signifia de vénérer ; jour qui fut le septième à compter des ides de janvier, et le treizième avant les calendes de février.* Rappelons que dans le calendrier romain, les ides correspondent à une division du mois qui tombe le 13, pour tous les mois exceptés mars, mai, juillet et octobre, pour lesquels elle tombe le 15. Et les calendes correspondent au 1er jour de chaque mois. D'où les précisions données…

Le Poète lit cet exposé à Vérone, le 20 janvier 1320, dans la petite église de Sainte Hélène. Même s'il ne fait là que désigner les choses, à la manière de son époque, nous ne pouvons rester insensible à une véritable conjonction "providentielle" d'éléments. Les nombres tout d'abord…

En réduction théosophique, 20.01.1320 = 9.

Nous retrouvons ce fameux nombre, tant prisé par la Poète. Encore un clin d'œil du Destin, sans doute !

9, nombre de la perfection du créé. Les Kabbalistes parlent "d'achèvement féminin" pour signifier un état d'ouverture supérieur. C'est le nombre symbole d'un cycle complet, achevé, mais ouvert sur d'autres étapes d'évolution. Il est associé à la lettre hébraïque Teith et à cet Hermite du Tarot, qui symbolise si bien l'attitude du "Chercheur", à qui il est demandé "d'être humble et patient" et de trouver dans un retour sur soi l'accès au Divin.

Or l'exposé de Dante attire l'attention, nous l'avons vu, sur cette nécessaire humilité. Le Poète n'entre-t-il pas dans les vêtements et les attitudes de cet Hermite, en exposant ses idées, et en faisant allusion pour terminer à la nativité du Christ et à *son admirable résurrection* ? !

Bien plus, par cette nativité et cette résurrection, écrit le Poète, *notre Sauveur nous signifia de vénérer* le jour du Soleil, le Dimanche, jour de l'exposé… Et le Soleil, c'est l'astre qui meurt à la fin du jour et renaît le jour suivant dans toute sa gloire ! Enfin, Dante prend la peine de préciser ce jour, à travers deux nombres : le 7, *septième à compter des ides de janvier*, et le 13, *treizième avant les calendes de février*. Cela place l'exposé sous des hospices particulièrement favorables à son contenu…

Le nombre 7 incarne le pouvoir de pénétration qui permet à l'être de découvrir l'essence spirituelle au cœur des réalités matérielles. C'est aussi une force de retrait qui lui permet d'aller au-delà de la chose dont il a percé le mystère. La lettre hébraïque Zaïn est associée à ce nom. Sa calligraphie en forme de flèche souligne bien ce pouvoir de pénétration ! L'arcane du Tarot associée est ici le Chariot, dans lequel trône un jeune prince, qui nous invite à cette découverte et cette identification de nous même aux valeurs profondes que nous portons.

L'exposé de Dante montre bien derrière la *querelle* de nature physique et métaphysique, la dimension spirituelle et divine de l'organisation des *éléments,* au sein du cosmos.

Et le nombre 13 qualifie, on ne peut mieux, la démarche visant à entreprendre un processus de croissance intérieure, par élimination et retour à l'essentiel.

Mort et Renaissance du Soleil de l'Esprit !...

Ainsi donc, même si la formulation de Dante emprunte à la Latinité, elle n'en a pas moins des résonances symboliques et spirituelles, qui dépassent sûrement le sens littéral. Mais de cela, le Poète est coutumier. Il s'en est expliqué, comme nous l'avons déjà évoqué plus haut.

L'œuvre de toute une vie...
La "Divina Commedia", ou le dessein ultime, méditée à l'âge de 27 ans et achevée à 56 ans, à l'heure du "grand passage"...

C'est Boccace, le plus connu des biographes de la première heure, qui qualifie la "Commedia" de "Divina"...

Dante, nous l'avons vu parle de sa "Commedia", justifiant le titre par le mélange des styles et surtout par sa fin heureuse.

Mais l'œuvre mérite bien son épithète, accolée systématiquement depuis le XVIe siècle.

Écoutons son auteur, aux chantx XXIII XXV du Paradis :
Si pour m'aider sonnaient toutes ces langues
que Polymnie et ses sœurs abreuvèrent
plus richement de leur lait le plus doux,
au millième du vrai toutes d'accord
n'atteindraient certes, à chanter le saint rire
et les plus pures beautés du ciel, plus claires
au miroir des saints yeux ; et voulant peindre
tel paradis, mon poème sacré
doit sauter comme on saute un bief en crue.

Ici, nous pouvons traduire, plus littéralement, le texte italien : *"come chi trova suo cammin riciso"* par : *comme celui qui trouve son chemin coupé.* ou bien encore parler de *fossé,* comme d'autres traducteurs le font. Mais il est vrai que le Poète parle, peu après, d'une *"picciola barca",* une petite barque, qui justifie l'image prise par la traduction d'André Pézard.

Le chant XXIII correspond au passage de Dante dans le 8e ciel, le ciel des Étoiles fixes, où lui apparaissent tous les bienheureux, pour le triomphe du Christ.

Le *"sacrato poema"* mérite éminemment son épithète ! Le caractère "sacré" (du latin "sacer") renvoie en effet, étymologiquement, à *ce qui appartient à un domaine séparé, interdit et inviolable, au contraire de ce qui est profane, et fait l'objet d'un sentiment de révérence religieuse.*

Ainsi s'exprime le dictionnaire Le Robert... Nous ne saurions mieux illustrer une telle définition que par le texte de Dante, cité ci-dessus.

Cet immense poème s'organise en effet autour d'une queste centrale de Vérité, *au millième du vrai,* chante-t-il ! Mais malgré toute l'aide des muses et de leur "lait", qui a abreuvé les poètes, leurs chants ne peuvent jamais atteindre cette vérité au millième... Car ineffables restent les réalités divines que le Poète a pu contempler au Paradis, tout comme reste inexprimable le sourire de Béatrice ! Notons, ici, le symbole de cette boisson qui, selon Denys le Pseudo-Aréopagite, a le pouvoir de faire croître les vivants et de stimuler le développement spirituel.

Et "l'Ineffable" force le poème à "sauter les obstacles".

Un peu plus loin, au chant XXVe du Paradis, toujours dans le même ciel, théâtre de l'extase du Poète, l'expression revient avec une orthographe légèrement différente : *"il poema sacro"* :

Si ce m'avient, que le sacre poème
dont terre et cieux par moi se sont armés,
si que maintes années m'y ont fait maigre,
vainque la cruauté qui hors me serre
du beau bercail où je dormis agnel,
comme ennemi des loups qui lui font guerre,
d'une autre voix ormais, sous autre poil
reviendrai-je poète, et le chapel
prendrai dessus les fonts de mon baptême,
puisque c'est là que j'entrai dans la foi
qui fait à Dieu reconnaître les âmes,
et pour quoi Pierre ainsi mon front cercla.

Ce deuxième passage, dans lequel Dante se réfère, à nouveau, au caractère "sacré" de son œuvre, souligne, en quelque sorte, l'autre versant de la queste du Poète : l'Immortalité, avec l'évocation de la couronne que lui ceint au front *l'apostolique feu* (cf. Chant XXIV vers 153), Saint Pierre lui-même, après l'avoir examiné sur le sujet de sa Foi. Ce texte complète aussi le propos central du poème : la queste de la Vérité et de l'Immortalité pour le Poète, s'accompagne d'une mission plus collective. Les affronts faits à tous ses frères du *beau bercail* de Florence, *le bercail de Saint Jean*, patron de la Cité (cf. : chant XVIe du Paradis), sont les affronts faits à Dieu.

Ainsi le ciel et la terre ont fourni "la matière première" du poème, en lui donnant non seulement un cadre extérieur mais aussi la connaissance des vérités terrestres et célestes, qui l'ont conduit jusqu'à l'Empyrée, et en lui donnant mission d'en témoigner à son retour.

Ces vérités terrestres et célestes sont celles de la vie de l'homme sur terre, sur ses fautes, sur les causes de son fourvoiement et de ses égarements, sur les peines encourues, avant de parvenir, par une transformation intérieure profonde, jusqu'à la Béatitude.

Poème sacré,
Poète immortalisé,
Vérité reconnue jusqu'à l'Ineffable,
Foi et concours du Ciel et de la Terre,
Tel est, en quelque sorte, le souffle, la respiration profonde de ce poème, mais sa richesse nous amène, encore, au-delà de ces milliers d'exégèses, linguistiques, biographiques, historiques, philosophiques, métaphysiques, religieuses, prophétiques,...

Et Dante nous a averti avec force que, tout en nous adonnant au plaisir de la poésie, nous devons transcender le sens *à la lettre* de son œuvre, pour découvrir, derrière la fulgurance des images, la réelle portée symbolique et le sens anagogique, dans les profondeurs de la Spiritualité.

Mais plus encore, nous semble-t-il, si nous voulons percer les mystères de ce Verbe et de cet Imaginaire poétique, nous devons nous servir des outils de connaissance et de méditation que la Grande Tradition, Biblique, Pytha-goricienne, Hermétique et Kabbalistique, nous offre, pour appréhender le sujet profond et, bien sûr, en partie voilé, de cette œuvre d'exception, à savoir : le vrai combat de l'Humanité, celui de l'éternel affrontement entre la Matière et l'Esprit, entre les forces d'Ombre et de Lumière, arbitré par la Connaissance, l'Amour et la Sagesse, sous le regard bienveillant de Dieu…

Quand un simple humain, comme il signore Dante Alighieri, si génial soit-il dans sa capacité à communiquer, nous offre cependant d'apparentes énigmes, c'est que sa force de visionnaire des plans invisibles tend, plus ou moins désespérément, à toucher les enjeux essentiels !...

Nous allons essayer de lever quelques nouveaux voiles…
Nous le ferons autour de quelques thèmes successifs, qui nous paraissent essentiels : la filiation du Poète, autour de la figure traditionnelle du "voyage initiatique", propre à de multiples traditions, la structure de l'œuvre et, en particulier, la progression avec les "guides", Virgile, Béatrice et Saint Bernard ; la symbolique des sites et des éléments ; les analogies avec les phases "opératives" de réalisation du Grand Œuvre Alchimique ; et enfin les analogies avec les 22 sentiers Kabbalistiques de l'évolution et les 22 arcanes du Tarot Sacré.

L'horizon offert par le Jubilé 2000 nous amène à conclure sur une mise en perspective, retrouvant "l'actualité" de Dante et de son Œuvre...

CHAPITRE III

Voyage initiatique et Filiation spirituelle

Dante, narrateur :

Au milieu du chemin de notre vie
je me trouvai par une selve obscure
et vis perdue la droiturière voie.

Virgile, son guide :

"Il te faudra tenir autre voyage",
dit-il voyant mes larmes, "si tu veux
échapper de ce lieu vaste et sauvage :
car cette bête ici, pour quoi tu cries,
ne laisse homme passer par ses chemins,
mais si fort le guerroie qu'elle le tue."

LA DIVINA COMMEDIA
Inferno I - 1-3 et 91-96

L'Initiation, la Caverne et le Labyrinthe

De l'Homme Ancien à l'Homme Nouveau, il y a maintes épreuves de passage. La mort initiatique préfigure la mort physique et l'entrée dans la Vie Nouvelle. Son fruit est l'Immortalité. Et cette mort initiatique est sans cesse répétée...

Chaque jour je suis à la mort, aussi vrai, frères, que vous êtes pour moi un titre de gloire dans le Christ Jésus, notre Seigneur. Ainsi s'exprime Saint Paul dans la 1re épître aux Corinthiens (15,31). Et il poursuit un peu plus loin, envisageant la résurrection (15,41 et 42) : *Une étoile même diffère en éclat d'une étoile. Ainsi en va-t-il de la résurrection des morts : on est semé dans la corruption, on est semé dans l'ignominie, on ressuscite dans la gloire ; on est semé dans la faiblesse, on ressuscite dans la force ; on est semé corps psychique, on ressuscite corps spirituel.*

L'Initiation opère la métamorphose et la transmutation de l'être passe par sa mort initiatique. La figure symbolique la plus fréquemment rattachée au processus de l'Initiation est celle du "Voyage". Elle satisfait au désir intense d'évolution intérieure et au besoin exigent d'expériences nouvelles, souvent à la recherche d'un "trésor mystique", à l'acquisition d'une connaissance, transformatrice de l'Être. Fuite de ce qui englue le Vieil Homme, appel de ce qui annonce l'Homme Nouveau...

Après Ulysse, Hercule, Ménélas, "le pieux Énée", Orphée et les Argonautes, la trilogie Perceval, Lancelot, Galaad, à l'instar d'autres héros, sous d'autres latitudes, Hoan Chen-taï et la princesse Miao-chu, à la recherche de l'île de vérité, de K'ui-yan, vers la ville de pureté et le centre originel, Dante immortalise ce type de héros voyageur, se lançant de multiples défis, à la recherche d'une haute finalité spirituelle.

Trois autres images sont liées au voyage initiatique : la caverne, le labyrinthe et le pèlerinage. René Guénon (1) en cerne admirablement les fonctions respectives : *Le labyrinthe, écrit-il, a une double raison d'être, en ce sens qu'il permet ou interdit, suivant les cas, l'accès à un certain lieu où tous ne doivent pas pénétrer, indistinctement ; ceux qui sont "qualifiés" pourront seuls le parcourir jusqu'au bout, tandis que les autres seront empêchés d'y pénétrer ou s'égareront en chemin [...] le parcours du labyrinthe n'est donc, proprement à cet égard, qu'une représentation des épreuves initiatiques [...] Il est bien évident que, si la caverne est le lieu où s'accomplit l'initiation même, le labyrinthe, lieu des épreuves préalables, ne peut être rien de plus que le chemin qui y conduit, en même temps que l'obstacle qui en interdit l'approche aux profanes "non qualifiés".*

Notons que la descente en Enfer de Dante, guidé par Virgile, a une forme très sinueuse, avec des obstacles qui suscitent des trajectoires diverses, assorties d'instructions ou d'avertissements nombreux de la part du guide.

---

(1) *Symboles de la Science sacrée* par René Guénon, Éditions Gallimard-NRF, coll. Tradition, 1962.

Mais ce chemin sinueux s'insère dans une "caverne", qui, elle, est structurée en cercles concentriques réguliers !...

Le lieu d'initiation du Poète ne se borne pas à une caverne, mais est triple : caverne pour la descente en Enfer, Montagne pour la remontée du Purgatoire jusqu'au Paradis Terrestre et, au-delà, le Paradis, proprement dit.

Nous consacrons, plus loin, un chapitre à cette question de symbolique des sites de la Divine Comédie.

Le même René Guénon souligne la parenté du "Voyage" et du "Pèlerinage" : *On trouve là aussi l'idée de "voyage", sous l'aspect où elle est assimilée aux épreuves elles-mêmes, ainsi qu'on peut le constater encore actuellement dans certaines formes initiatiques, dans la maçonnerie par exemple, où chacune des épreuves symboliques est précisément désignée comme un "voyage". Un autre symbolisme équivalent est celui du "pèlerinage" ; et nous rappellerons à ce propos les labyrinthes tracés autrefois sur le dallage de certaines églises, et dont le parcours était considéré comme un "substitut" du pèlerinage en Terre Sainte ;...*

Dante se considère lui-même comme un tel pèlerin.
Il écrit au Chant XXXI du Paradis (v. 43 à 48) :

Et comme un pèlerin qui se console
  quand il regarde au temple de son vœu,
  espérant jà conter comme il est fait,
de même, errant par la vive lueur
  je promenais sur les degrés ma vue,
  ore amont, ore aval, ore à la ronde.

Le Poète contemple la Cour céleste des Anges et des Bienheureux et fait, ici, très nettement allusion au "Temple de l'Initiation". Il vient de proclamer aussi : *moi qui de l'art humaine à l'art divine, du temps à l'éternel, étais venu...*, ce qui résume tout un voyage initiatique...

"Sous le voile des vers étranges..."

Pour Dante, le voyage fantastique dans l'Autre-Monde représente un itinéraire spirituel et les mythes et symboles utilisés sont commandés par son but philosophique et religieux. S'il parle par métaphores, c'est pour faire "passer" son message, dans lequel le Soufre, le Feu et la Lumière jouent un rôle essentiel. Cela renvoie à une dimension alchimique sur laquelle nous reviendrons en profondeur, en lui consacrant tout un chapitre.

De multiples filiations, en fait, se dissimulent derrière une écriture pleine d'énigmes apparentes comme nous l'avons déjà dit. Et notamment, avec l'Alchimie et entretenant avec elle de nombreuses relations, une trilogie traditionnelle se manifeste pour éclairer ces énigmes et nous faire goûter les métaphores : Kabbale Hébraïque, Numérologie Sacrée, et surtout l'Hermétisme Chrétien, qui s'appuie sur les deux précédentes. Nous avons déjà largement défini ces clés, dans notre introduction. (voir aussi l'annexe I)

Dante a, lui-même, avoué user d'un véritable langage "codé", en écrivant dans son Enfer (Chant IXe v.61 à 63) :

> *O voi ch'avete li'ntelletti sani*
> *mirate la dottrina che s'asconde*
> *sotto'l velame de li versi strani.*

Qui peut se traduire ainsi :
> *O vous qui avez les esprits (ou les jugements) sains*
> *visez la doctrine qui se cache*
> *sous le voile des vers étranges.*

Il nous faut "viser juste", en effet... Il précise, par ailleurs, dans son "Convivio" (II, 1) les 4 sens des *écritures* : *[...] il faut savoir que les écritures se peuvent entendre et se doivent exposer principalement selon quatre sens.*

*L'un s'appelle **littéral**, et c'est celui qui ne s'étend pas plus outre que la lettre des paroles feintives, si comme sont les fables des poètes. L'autre s'appelle **allégorique**, et c'est celui qui se cache sous le manteau de ces fables, et c'est une vérité celée sous beau mensonge ; [...] En vérité les théologiens prennent ce sens autrement que les poètes ; mais pour ce que mon intention est ici de suivre le mode des poètes, je prends le sens allégorique selon que par les poètes en est fait usage...*

Pour Dante, le sens littéral des théologiens est "historique", alors que celui des poètes, hormis la chanson "épique", est pure fable ou fiction. Dans les deux cas, des sens *"figurés"*, tels que l'allégorique, le moral, l'anagogique, etc. se superposent. Et chacun contient une part de vérité.

*[...] Le troisième sens s'appelle **moral**, et c'est celui dont les écolâtres doivent de tout leur étude aller relevant les traces dans les écritures, pour l'utilité d'eux et de leurs apprentifs.* Le Poète précise, au passage, que *pour les très secrètes choses nous devons avoir petite compagnie*, allusion au principe de l'Initiation, de la préparation antérieure à "recevoir". Il donne comme exemple la transfiguration du Christ devant les seuls apôtres.

Et il poursuit : *[...] Le quatrième sens s'appelle **anagogique**, c'est-à-dire sur-sens ; et c'est quand **spirituellement** on expose une écriture, laquelle, encore que vraie soit déjà au sens littéral, vient par les choses signifiées bailler signifiance des souveraines choses de la gloire éternelle.*

Bien sûr, le sens littéral est indispensable, dans la mesure où il comprend tous les autres et permet d'accéder aux autres. Ici, le Poète a une formule qui relève d'une conception tout à fait conforme à celle de l'Hermétisme. De même qu'il évoque, dans d'autres textes et à l'instar d'Hermès Trismégiste, les correspondances entre le Haut et le Bas, ici, il évoque le lien entre l'Intérieur et l'Extérieur de toute chose : *[...] en toute chose ayant dedans et dehors, est impossible d'arriver au-dedans si premier l'on arrive au dehors : donc, attendu que dans les écritures le sens littéral est toujours le dehors, impossible est d'arriver aux autres, surtout à l'allégorique, sans premier arriver au littéral.*

Il évoque encore, dans le même ordre d'idées, le lien Sujet/Forme, Sujet/Matière, affirmant que le sens littéral est Sujet et Matière des autres sens. Le sens anagogique a bien sûr la plus grande importance aux yeux de Dante. Le dictionnaire le définit ainsi : *se dit d'un sens spirituel de l'Écriture fondé sur un type ou un objet figuratif du ciel et de la vie éternelle* (in Le Robert). La très belle formulation de Dante est tout à fait conforme.

L'Écrit représente, par delà le sens littéral et par les choses signifiées, les choses de la Vie Éternelle, qu'il convient de découvrir. Signe de l'époque de Dante, un ouvrage devait être toujours objet d'enseignement et d'édification, même s'il s'agissait d'un grand poème ou d'une œuvre de fiction. Cela était aussi bien professé par la doctrine de l'Église que par la littérature religieuse ou profane de l'Orient.

Si nous nous référons à cette conception, quels ont les quatre sens de la Divine Comédie ? Le sens littéral de la Divine Comédie est donné par le récit du voyage dans l'Autre Monde. Le sens allégorique est rattaché aux nombreux éléments descriptifs et narratifs, mis en œuvre par le Poète au service de quelques grandes idées sur l'Homme, son Destin et la vie de la Cité.

Le sens moral est cette possibilité pour tous les hommes de se racheter et d'atteindre le salut, la félicité et l'intelligence du mystère divin par la méditation sur les fins dernières et le respect de la loi divine. Le sens anagogique est livré quant à lui aux études et débats ininterrompus des commentateurs depuis le passage de l'auteur dans l'Autre Monde. Car le Poète affectionne incontestablement le langage voilé et le secret, saisissable par *la petite compagnie*, selon son expression, soit les seuls élus de la Sagesse Humaine et d'autres initiés ou initiables, sur la Voie.

Il n'est pas certain d'ailleurs que le sens anagogique soit purement rattaché à la Spiritualité. Les visées politiques du Poète sont très présentes, quoique très liées, elles aussi, à des préoccupations spirituelles.

Néanmoins, très probablement, sens anagogique veut dire aussi, sous la plume de Dante, sens initiatique, métaphysique en son essence et finalement ésotérique, comme le souligne René Guénon.

Nous pensons qu'avant tout sa fameuse *doctrine cachée sous le voile des vers étranges* se réfère à la tradition de l'Hermétisme Chrétien dans son ensemble. Cette tradition relie, en effet, dans l'optique de la vie spirituelle de l'Homme, de sa progression et de sa transformation, la sagesse de multiples traditions et voies initiatiques, telles que la Mythologie gréco-latine, la Kabbale, le Pythagorisme, l'Alchimie et bien d'autres.

Le voyage initiatique antique dans la Mythologie gréco-latine

La tradition gréco-latine donne à Dante la possibilité de jouer au maximum de ces 4 sens, à travers tout le symbolisme et le langage iconographique, en mêlant mythes et symboles à des personnages et des faits historiques, plus ou moins transposés de sa propre existence sur terre.

Le Monde Mythologique est constamment présent. Or, nous savons bien que les mythes et légendes ont donné lieu à de multiples interprétations exotériques et ésotériques et sont, en particulier, une source essentielle d'illustration de l'approche de l'Hermétisme chrétien. Dante utilise comme références à sa propre démarche de nombreux mythes et symboles issus de cette tradition et en particulier de la Mythologie gréco-latine.

Mircéa Eliade, dans son traité d'Histoire des Religions, écrit très justement que : *Le mythe exprime plastiquement et dramatiquement ce que la métaphysique et la théologie définissent dialectiquement.*

S'agissant du Symbole, Marthe Dozon (1), dans son ouvrage remarquable intitulé "Mythe et Symbole dans la Divine Comédie", écrit que *C'est d'abord un signe sacré où se réalise l'union du visible et de l'invisible.*
Naturellement l'un ne va pas sans l'autre, ou plus exactement le mythe est chargé de symboles et le symbole naît souvent en fonction d'un mythe.

Louis Lallement, dans son étude du "Sens symbolique de la Divine Comédie" (2), souligne les deux aspects de cette filiation, utilisés, dit-il, en un *savant contrepoint* : la symbolique de la nature et le symbolisme humain de la mythologie antique. Ce même auteur, à l'instar de Carl Gustav Jung, souligne à juste titre que la mythologie gréco-latine est un *répertoire traditionnel de formes traduisant en mode humaniste les archétypes psychiques universels* et que *Les mythes illustrent les situations et les processus psychiques capitaux.* Or Dante, dit-il encore, tient son extraordinaire réussite à *une communication constante et claire, chez lui, entre le conscient et le supra-conscient, celui-ci fécondant celui-là et se manifestant par lui, en vertu de ce très haut degré d'unification et d'illumination intérieures qu'en termes de mystique chrétienne on appelle l'état de mariage spirituel.*

L'œuvre de Virgile, personnage qu'il rencontre en Enfer et reçoit pour guide dans l'au-delà, a eu une influence énorme et tout particulièrement à travers l'Énéide et le mythe de Troie. Cette tradition du voyage-itinéraire sur les traces d'Énée lui donne en particulier l'opportunité de manifester toute la problématique du "Destin". Il le fait en projetant sa propre expérience existentielle et les cheminements passionnés de sa spiritualité.
Au Paradis Terrestre culmine, comme le souligne Marthe Dozon, déjà citée, *l'interrogation sur le Destin et le Futur de l'Humanité...*
L'un des fils de Dante, Pietro Alighieri, a commenté l'œuvre de son père. Il la situe comme une allégorie de poète, dans la lignée des récits de descente aux enfers d'Hercule, d'Orphée et d'Énée. Naturellement, il y a transposition chrétienne d'un récit initiatique et la descente aux enfers est un voyage de l'âme accompli pour connaître les vérités cachées et l'assurance du Salut.
Le personnage de Dante, voyageur de l'Au-Delà, devient lui-même un véritable mythe comme ses prédécesseurs de la tradition gréco-latine. Le poète, enfermé dans son moi charnel, se trouve placé, dès le départ de l'Enfer, face à la Montagne de Lumière Sacrée, inaccessible au profane.
3 bêtes se dressent devant lui, 3 obstacles à sa démarche de simple humain mortel : la panthère de luxure, qui symbolise les forces de génération et de mort, le lion d'orgueil, également symbole de l'énergie du feu céleste et la louve d'avarice, désignée explicitement par Dante comme émissaire du monde infernal. Ces symboles sont comme nous le voyons ambivalents.
Nous approfondirons plus loin ces allégories et ces symboles en envisageant la progression dans ce voyage.

---

(1) *Mythe et Symbole dans la Divine Comédie*, par Marthe Dozon, Éditions L.S. Olschki, 1991.
(2) *Le sens symbolique de la Divine Comédie* en 3 vol., par Louis Lallement, Éditions Guy Trédaniel, 1984.

Seule, une intervention de la Providence Divine va permettre au Poète de progresser. C'est alors que Virgile lui apparaît et lui fait part de la mission qu'il a reçue de Béatrice, incarnation, à travers l'Amour, avec un grand "A", de la Suprême Sagesse Divine. Béatrice, ou la *Vérité Révélée*, a donné cette mission à Virgile, symbole de *la Droite Raison Humaine,* par la volonté de la Vierge Marie, symbole de *la Miséricorde divine,* et sur l'invitation de Sainte Lucie de Syracuse, vierge et martyre, symbole de la *Grâce Illuminante.* Et c'est Béatrice qui conduira Dante au dernier cercle du Paradis Céleste.

Bien sûr, Béatrice représente aussi l'idéalisation de la Femme pour Dante, en souvenir de la fille de Folco Portinari que Dante aima en sa toute jeunesse (voir ci-dessus le chapitre consacré à la destinée du Poète).

En Enfer, Dante marche sur les traces d'Orphée et d'Énée et rencontre tous les démons de l'univers polythéiste : Charon, le nocher du monde infernal ; Cerbère, le gardien du seuil ; Pluton, dieu de l'Enfer et dieu des morts des Romains ; les Furies romaines et les Erinyes grecques, divinités infernales ; la Gorgone, qui fige en pierre toute âme qui la regarde en face ; les Centaures, peuple sauvage de Thessalie et d'Arcadie ; les Harpies, symboles des âmes féroces ; Géryon, désigné par Dante comme l'hideuse image de la Fraude ; les Géants de la fable grecque, comme Ephialte, fils de Neptune, mêlés aux Géants de la Genèse, comme Nemrod, qui conçut le projet de la Tour de Babel (Genèse XI), etc.

L'imagination, ô combien fertile du Poète s'approprie certains héros fameux et leur confie des missions ou des actions complètement inventées.

Ainsi Minos, roi de Cnossos, se retrouve au 2e cercle de l'Enfer comme juge et répartiteur des âmes, en récompense de sa justice et de ses vertus sur terre. Le Minotaure, monstre fabuleux de Crète, enfermé dans le labyrinthe, est présenté comme le gardien de la section des Violents contre leurs proches, au 7e cercle de l'Enfer. Ceci est un signe à peine voilé d'ailleurs d'une symbolique globale de l'Enfer, assimilable précisément au Labyrinthe, avec ses cercles concentriques, ses multiples sections, ses accidents de parcours et ses pièges...

Plus édifiant encore : Dante invente le dernier voyage d'Ulysse au-delà des colonnes d'Hercule et sa fin dans un naufrage !...

Le chemin à parcourir dans l'au-delà a une fonction de "catharsis". La confrontation aux damnés des divers cercles de l'Enfer donne au narrateur, Dante, l'occasion d'une prise de conscience de toutes les vicissitudes, de toutes les erreurs et de tous les vices qui alimentent la comédie humaine sur terre et font obstacle à la voie spirituelle. Virgile, c'est le guide sacré, précédemment initié, qui agit auprès du Poète comme le Hiérophante des Mystères.

Et au-delà de l'Enfer, d'autres éléments soulignent encore la profonde filiation de la Divine Comédie avec la Tradition Antique gréco-latine. Citons par exemple les symboles du Cercle et de l'Oiseau, exprimant les relations Terre-Ciel et qui nous renvoient, encore ici, au Mythe du Labyrinthe et à l'envol de Dédale. Le Voyage, dans son ensemble, s'accomplit d'ailleurs comme une authentique épreuve labyrinthique.

Le destin de la Patrie (Florence) et de l'Humanité, dans sa globalité, est relié, comme tant de mythes grecs et latins, aux turbulences de la Nature : pluie, vent, foudre, […], aux phases de la Lune, au mouvement du Cosmos.

Nous verrons, par ailleurs, à cet égard, le rôle spécifique de chacun des Éléments de la Nature, dans le chapitre consacré ci-après aux différents "sites" de la Divine Comédie.

Si l'influence de la Tradition Antique gréco-latine n'est pas la seule, elle tient une place de premier plan, au sens propre de cette expression, masquant ainsi bien d'autres dimensions et d'autres clés d'interprétation que nous détaillons plus loin.

"Sur les traces d'un grand initié..."

S'il est à présent à peu près communément admis que Dante fut un Initié, il n'en va pas de même pour le relier à tel ou tel courant ésotérique ou initiatique. D'ailleurs, le jeu qui consiste à vouloir l'enfermer dans telle ou telle filiation nous paraît tout à fait vain en face de deux évidences rares :

Dante est d'abord un grand poète au génie littéraire immense, nourri d'une philosophie, libre et toute personnelle, et d'une spiritualité très prégnante. Ensuite, sa pensée multiforme est le reflet de centres d'intérêts aussi bien mystiques que politiques, passés à l'épreuve d'une existence mouvementée d'homme, engagé dans la vie de la cité. Son génie ne saurait donc s'enfermer dans quelque filiation spirituelle que ce soit. En témoignent les commentaires d'auteurs aussi divers que René Guénon, Louis Lallement, André Barthélémy, Eugène Canseliet, Carl Gustav Jung, Paul Alexis Ladame, André Pézard, Jacqueline Risset, et quelques autres…

Avant d'approfondir, plus loin, certaines clés d'interprétation qui nous paraissent particulièrement riches et importantes, nous allons tenter ci-après de synthétiser, sans esprit réducteur, quelques facettes initiatiques et ésotériques livrées par ces auteurs.

Nous voyons, ainsi, que les mythes et les symboles de la Mythologie gréco-latine prennent, eux-mêmes, du "relief" et une signification ésotérique très enrichissante. De même certains événements de la vie du Poète, ses rencontres avec d'autres personnages, certains aspects de son œuvre et pas seulement dans la Divine Comédie, sa participation active à la vie de la Cité, tout ceci donne un écho à une telle "dimension ésotérique".

Marthe Dozon, déjà citée, donne une jolie définition de la Divine Comédie, qui souligne implicitement cette dimension : *Poème passionné et extatique, des gouffres chtoniens aux abîmes stellaires, la Divine Comédie conte l'ouverture spirituelle d'un nouvel Orphée sauvé par son Eurydice.*

Un autre commentateur, Jean Hein (1), illustre de manière très imagée encore cette filiation gréco-latine, en soulignant aussi le lien étroit avec la Tradition Judéo-Chrétienne. Mais sa formulation nous ouvre aussi la porte à d'autres interprétations…

---

(1) *Énigmaticité et messianisme dans la Divine Comédie* par Jean Hein, Éditions Olschki, 1992.

Il écrit : *"Saturne figure le temps. Jupiter, qui échappe à Cronos, représente le Christ ressuscité. La Crète est l'allégorie de la Terre Sainte. Le vieillard de Crète et le vieillard de Rome incarnent les deux monarchies universelles, parvenues toutes deux au terme de leur existence. Babylone est une première Rome et Rome une seconde Babylone."*

Pour souligner ce lien de la Mythologie gréco-latine et de la Tradition Judéo-Chrétienne, et débouchant sur des interprétations ésotériques, notons aussi la nature de la relation Virgile-Dante. C'est celle d'une Initiation.

Le Poète donne à l'aventure d'Énée le sens que la tradition philosophique et la tradition des Pères de l'Église donnaient à l'aventure d'Ulysse : l'Homme en butte aux épreuves de la vie et la victoire de l'âme vertueuse sur la mort. Ceci nous ramène à la figure centrale du Voyage ou de l'Itinéraire initiatique et transformateur du héros central.

Bien sûr, la Divine Comédie a plus d'une filiation ou deux sur ce vaste champ de l'Initiation !...

Nous allons, dès lors, envisager plus particulièrement l'aspect "ésotérique", au vrai sens de ce terme, soit diverses doctrines et connaissances qui se transmettent par tradition orale à des adeptes qualifiés. Et ce faisant, nous allons nous intéresser à la "dimension initiatique", dans son ensemble.

L'Ami Guido et les Fidèles d'Amour...

Dante a-t-il été initié par cette société secrète militante ? Sa connaissance approfondie des mystères helléniques a peut-être été acquise en partie au sein de cette initiation. Par ailleurs Guido Cavalcanti, gibelin passionné, ami très proche de Dante, évoqué dans la Divine Comédie, était le chef des Fidèles d'Amour de Florence. Une "parenté", par l'attrait du langage "vulgaire", ouvert à tous, lia les deux hommes. Un échange de poèmes créa leur amitié. *Et je sais,* écrit le Poète, *que telle aussi fut l'entente de mon premier ami pour qui j'écris ici, à savoir que je lui écrivisse seulement en vulgaire.* (Vita Nova XXX-3)

Parenté surtout par **l'idéal chevaleresque**, qui attache la noblesse de l'âme à l'Amour, à Dieu et à la Justice.

Dante reçut une réponse de Cavalcanti à son premier sonnet de la "Vita Nova", *un sonnet,* dit-il, *dans lequel je saluerais tous les Fidèles d'Amour...*

Et il écrit encore : *[...] fut répondant celui que j'appelle premier de mes amis, et il dit alors un sonnet qui commence "Vous vîtes, que je crois, toute valeur". Et ce fut là comme l'origine de l'amitié entre lui et moi, quand il sut que j'étais celui qui lui avait envoyé ces vers* (Vita Nova III-14).

Ainsi commence le sonnet de l'Ami Guido :
Vous vîtes, que je crois, toute valeur,
tout plaisir et tout bien qu'un homme sente,
si vous fûtes aux mains du vaillant sire
qui tient en fief le monde de l'honneur,
et puis ne vient qu'aux lieux où meurt ennui,

> *et dans la tour de l'esprit rend justice :*
> *si souëf s'en vient-il aux gens par songes*
> *qu'il emporte les cœurs sans mal y faire.*
> (Rîmes II)

Voir plus haut notre présentation de la "Vita Nova" et des "Rîmes".

L'Amour Spirituel, la "Sapienza", est considérée par les membres de cette société secrète comme la vertu primordiale. Et cet Amour Mystique est symbolisé par une femme, telle Minerve, Isis,... et aussi comme celle immortalisée dans le Cantique des Cantiques, ou celle, chantée par les Soufis en Orient. Pour les Fidèles d'Amour l'Église de Rome était corrompue par ses biens matériels. Elle imposait l'ignorance pour mieux dominer le peuple des croyants. Elle leur interdisait de lire la Bible et les livres, non orthodoxes à ses yeux. La Foi, rien que la Foi, au détriment de la connaissance...

Insupportable pour Dante !

Les Fidèles d'Amour, eux, prônaient le retour à la pauvreté des premiers Chrétiens, qui suivirent le Christ. Ils exaltaient l'intelligence, l'amour désintéressé, la dignité de la personne humaine. Ils recherchaient la tolérance à l'égard des autres traditions sur la même longueur d'onde qu'eux, tels les Templiers, les Cathares et les Spirituels Franciscains.

Béatrice est le symbole de l'Amour-Sagesse dans la Divine Comédie, largement préfiguré d'ailleurs dans la "Vita Nova". Nous voyons Dante guidé par saint Bernard pour la fin de son voyage au Ciel, Saint Bernard, qui établit la règle de l'Ordre des "Pauvres Chevaliers du Christ", aux origines.

Dans la "Vita Nova", la Vie Nouvelle symbolise vraisemblablement une nouvelle existence d'initié qui commence. Mais, même si Dante doit cette initiation aux Fidèles d'Amour, la Divine Comédie n'est sûrement pas réductible au récit d'une initiation par les seuls membres de cette société secrète.

Les Voyages d'Orient et d'Occident dans l'Au-delà...

René Guénon (1) a clairement montré que l'architecture de l'Enfer dantesque était calquée sur celle de l'Enfer Musulman : un gigantesque entonnoir, des degrés circulaires, descendant graduellement jusqu'au fond de la Terre. Chacun des cercles recèle une catégorie de pécheurs. La culpabilité et la lourdeur de la pénitence s'accentuent au fur et à mesure que l'on s'enfonce.

Chaque cercle est divisé en zones correspondant à des catégories variées de pécheurs.

L'Enfer de Dante, comme celui des Musulmans, est symboliquement sous la ville de Jérusalem. Dante fait une triple ablution pour se purifier. Les âmes musulmanes font de même.

Cette même analogie se retrouve dans les 9 cieux des âmes bienheureuses, avec le dernier, l'Empyrée, dans lequel elles se rassemblent.

---

(1) *L'ésotérisme de Dante* par René Guénon, Éditions Gallimard-NRF, coll. Tradition, 1957.

Le maître de Dante, Brunetto Latini, ayant séjourné en Espagne, a pu lui transmettre toute cette connaissance. Ou encore, et c'est l'hypothèse privilégiée par Guénon, elle lui parvint grâce aux ordres initiatiques musulmans qui avaient de nombreux rapports avec les ordres de chevaleries que le Poète côtoya ou dont même, selon certains commentateurs, il fit partie. De plus il est reconnu qu'il y eut des influences islamiques aux origines du Rosicrucianisme.

S'agissant de l'Iran, André Barthélémy (2), dans son ouvrage intitulé "Dante et l'ésotérisme chrétien", évoque la possibilité pour Dante d'avoir connu les théories associées au dualisme mazdéen.

Rappelons que le Mazdéisme est une religion dans la lignée de Zoroastre, développée dans l'Iran antique et encore pratiquée par les Guèbres et les Parsis. Ce sont des Perses zoroastriens, chassés de leur pays par les Musulmans et vivant en Inde.

En fait, les voyages dans l'Au-Delà, avec une série d'épreuves préparatoires à l'initiation ou comme progression spirituelle sont pratiquement une constante dans de très nombreuses traditions. Ils sont très présents dans les rites d'initiation de sociétés secrètes, telles que les Mystères grecs, la Franc-Maçonnerie, ou les sociétés secrètes chinoises. Et ce thème est encore visible dans le Bouddhisme, le Druidisme et le Celtisme, et d'autres voies spirituelles.

Dans le Bouddhisme, par exemple, le voyage sous forme de voies spirituelles s'exprime souvent comme un déplacement le long de l'Axe du Monde. C'est le cas du voyage de Dante.

La tradition chinoise de Tchao-Kien-Tseu montre la quête de la montagne centrale comme une progression vers l'axe et son ascension est l'équivalent d'une élévation vers le Ciel.

Il y a bien sûr aussi les voyages post-mortem des Égyptiens et des Tibétains. Mais ceci n'est plus situé sur le même plan d'un voyage en but d'une purification et d'une illumination **"pour un homme vivant"**.

La Tradition Celte comporte, elle aussi, de nombreux voyages dans l'Autre Monde, comme par exemple celui de Saint Brandan. L'abbé-évêque de Clonfert est le héros d'une navigation merveilleuse vers "l'île de Promissions", qui n'est autre que le Paradis.

Le "Sid Irlandais", île lointaine de l'autre monde, est un havre de paix, de délices, de volupté auquel on accède par un passage en bateau. Là encore nous pouvons déceler des analogies avec l'œuvre du Poète.

Un personnage joue dans les récits un rôle important : la Fée.

Elle attire le héros dans son royaume et symbolise les états supérieurs de l'être, pleins d'amour, de félicité et de sagesse, tout comme Béatrice pour Dante !...

---

(2) *Dante et l'ésotérisme chrétie* par André Barthélémy, Éditions Atelier, Alpha Bleu, 1981.

Dans les contes bretons, le message prometteur d'amour et de félicité éternelle est très présent comme dans la Divine Comédie.

Bien sûr, à ce jeu de l'analogie, bien des rencontres et des rapprochements peuvent être séduisants et Dante a sûrement dû, avec sa soif de connaissance, approcher plus ou moins profondément certaines des traditions et des courants de pensées évoqués. Ceci était une attitude d'ailleurs partagée par tous les érudits du Moyen Âge. Mais, de là à en faire, systématiquement, des sources d'inspiration directes et des filiations, il y a un pas important que nous ne pouvons pas faire !...
Nous n'invitons, ici, le lecteur, qu'à constater des analogies.

La Queste du Saint Graal...

Il est impossible d'éviter cette légende quand nous abordons l'œuvre de Dante. Elle est en effet quasi contemporaine, en fait, légèrement antérieure. Robert de Boron et Chrétien de Troyes racontent la queste allégorique du Graal par les chevaliers de la Table Ronde, Perceval, Lancelot et le pur Galaad, aux XIIe et XIIIe siècles.

Cette queste "inaccessible" symbolise l'aventure spirituelle et l'absolue nécessité de la recherche intérieure, qui, seule, peut ouvrir la porte de la Jérusalem Céleste, où resplendit le Divin Calice. La perfection humaine exige la transformation ou mieux la transmutation radicale de l'Esprit et du Cœur.
Cette queste correspond, analogiquement, à toute la démarche spirituelle de la Divine Comédie. Elle en est comme la colonne vertébrale !

René Guénon, déjà cité, comme d'autres auteurs, envisageant la queste, dont Galaad est le héros, y voit une œuvre d'inspiration cistercienne, axée sur la "Connaissance". C'est pour ainsi dire une mystique de nature gnostique que l'œuvre de Dante partage avec la Queste du Saint Graal, tout comme sans doute le font les fameux "Fidèles d'Amour" que le Poète a vraisemblablement côtoyé d'assez près.

Nous avons vu au cours du chapitre consacré à la destinée de Dante, que le Poète prit part à certaines batailles **en vrai chevalier.** Bien des caractéristiques de sa démarche reflètent par ailleurs sa parenté spirituelle avec la Chevalerie en générale. Il s'y réfère nommément dans son œuvre. Mais le Poète n'en a pas pour autant limité sa démarche à une quelconque mystique gnostique et nous retrouvons, en Paradis, Saint Bernard, ennemi de la recherche du "savoir pour le savoir", le guidant vers sa propre extase mystique.

Nous allons voir à présent les parts de réalité et de légende sur cette filiation à la Chevalerie.

La "Fede Santa" et l'Ordre du Temple...

Sans parler d'appartenance à l'Ordre, Dante, à bien des égards, se situe dans une même mouvance. Chaque auteur, abordant ce sujet, y va de ses rapprochements et de ses déductions. Par ailleurs la légende est très attirante dans ce domaine. Allons à la cueillette d'indices et d'hypothèses formulés par divers auteurs et notamment Eugène Canseliet, le docteur André Barthélémy, René Guénon et Louis Lallement. Et nous trouvons aussi des indices dans les textes de Dante, bien sûr !...

Le Poète associe une démarche ésotérique et un fort désir d'action politique pour "changer le monde". Il part en guerre contre la Papauté Romaine et surtout Avignonnaise. Il ne cache pas sa haine pour la Monarchie Capétienne en France. Il attaque Philippe Le Bel avec véhémence... Tout ceci en référence à leurs exactions, impardonnables à ses yeux, et violemment contraires à son idéal, exprimé notamment dans le "De Monarchia" : *L'homme*, écrit-il, *a besoin d'une double direction suivant sa double fin : c'est à dire du Souverain Pontife qui, selon la Révélation, conduirait le genre humain à la vie éternelle, et de l'Empereur, qui, selon les enseignements philosophiques, le dirigerait à la félicité temporelle.*

L'homme a donc besoin d'être guidé par le Pape qui est à même de "faire le pont entre la Terre et le Ciel". C'est, étymologiquement, sa fonction (le Pontife = le faiseur de pont). Il a besoin aussi de l'Empereur pour faire la paix sur la planète et lui permettre de s'épanouir dans l'existence sur Terre.

Dante est très marqué par la "Tradition Primordiale", celle de l'Église "catholique, apostolique et Johannite", détenue, à son époque, par les Chevaliers du Temple et non pas par l'Église de Pierre. Il s'agissait bien entendu d'une hérésie aux yeux de l'Église de Rome et d'une cause commune avec les Cathares. Dante aurait été un grand dignitaire de la "FEDE SANTA", société secrète, très proche de ces idées.

Eliphas Lévi, alias abbé Louis Constant, dans son histoire de la Magie, a écrit que *L'œuvre du grand Gibelin est une déclaration de guerre à la papauté par la révélation hardie des Mystères....**L'épopée de Dante est johannite et gnostique.*** Et, au seuil de l'Empyrée, en Paradis, Dante insiste sur son appartenance à ce qu'il dénomme : **la Bergerie de Saint Jean.**

Mais en fait, comme le dit Eugène Canseliet, le Poète, je cite : *montre le cheminement de la pensée ésotérique à travers les siècles, de Pythagore jusqu'à lui, en passant par Platon, Virgile, les Gnostiques et Saint Bernard.*

Il convient donc, avant tout, de ne pas l'enfermer dans une étiquette.

Sur un tout autre plan, Dante, selon les écrits de Boccace, serait venu à Paris en 1310 pour des contacts avec l'Université. Un contemporain du Poète, commentateur de son œuvre, Benvenuto da Imola, précisa le but de ce voyage en écrivant : *Dans son âge mûr et déjà exilé, Dante étudia à l'école de Théologie de Paris.* Or, rappelons nous, les 12 et 19 mai 1310, des Templiers périrent brûlés vifs devant l'Église Saint Antoine. 60 chevaliers sont morts dans ces circonstances. Et bien des commentateurs citent enfin, dans le Purgatoire, au Chant XXVII (v.16-22), les vers du poète, attestant de sa présence et de sa peine.

Nous pouvons traduire ces vers ainsi :
Les mains collées au corps, je ployai,
regardant le feu et imaginant en force
des corps humains déjà perçus en flammes

Et il poursuit, tressant une aura de survivance certaine à ces chevaliers... :
Vers moi se tournent les bons guides
et Virgile me dit : "Mon fils,
ici peux-tu être supplicié, mais non mort,
Souviens-toi, souviens-toi !"...

Bien sûr, d'autres commentateurs pensent qu'il s'agit seulement d'un souvenir de bûcher à Florence. Mais la première hypothèse est tout à fait vraisemblable, compte tenu de l'invocation qui précède, empruntée à Saint Matthieu, la 6e des Béatitudes évangéliques, chantée par *l'ange de Dieu, sur la rive dressé hors de la flamme : "Heureux les coeurs purs, car ils verront Dieu."*

Nous avons noté déjà tout l'attachement de Dante au nombre sacré 9.

L'Ordre du Temple, créé en Palestine, en 1118, pour assurer la garde du Mont Moriah, comprit pendant 9 ans, au début de son existence, 9 chevaliers... Ce nombre, hautement symbolique, a la "Perfection achevée" comme signification kabbalistique, et correspond à l'achèvement d'un cycle sur les trois plans de la manifestation : physique, mental et spirituel. Il est associé à la Résurrection et à l'Immortalité.

Quand nous multiplions un nombre quelconque par 9, la somme des nombres constituant le produit donne toujours 9 ou un multiple de 9. Le nombre des fondateurs de l'Ordre du Temple ne fut sûrement pas dû au hasard !

Dans les vers de la Divine Comédie, cités ci-dessus, Virgile fait référence à ce supplice, qui ne détruit en rien l'être, et à l'Immortalité...

C'est Saint Bernard, auteur comme l'on sait de la règle de l'Ordre du Temple, que le Poète a placé, comme guide vers sa propre extase mystique, dans l'Empyrée. Les vêtements blancs des Élus ou des Parfaits, tout en rappelant le texte de l'Apocalypse, peuvent être interprétés comme une allusion au costume des Templiers.

Relisons, au Chant XXX du Paradis (v.37-45), des vers très éloquents concernant comme il l'écrit : *Tous ceux qui des humains ont fait retour au ciel.*

C'est Béatrice qui intervient :
en ton d'un guide affranchi de sa tâche,
elle dit : "Nous voici hors de la sphère
majeure, au ciel de la pure clarté ;
clarté spirituelle et d'amour pleine ;
amour de tout vrai bien, plein de liesse ;
liesse qui transcende toute douceur.
Ici verras les deux chevaleries
de paradis ; et l'une, en la semblance
qui paraîtra au dernier jugement."

Certes, les deux "chevaleries" citées sont : la cour des Anges et celle des Élus. Mais deux autres passages laissent planer tout de même, dans leur formulation, des allusions à d'autres chevaleries, et peut-être, aussi, aux Cathares…

Au même Chant XXX du Paradis (v.128-129), Béatrice dit à l'intention du Poète :

"Mira quanto è 'l convento delle bianche stole !"

Que nous pouvons traduire : *Vois comme est grande la compagnie des blanches robes*. L'édition en langue italienne de Giuseppe Vandelli attire, en effet, notre attention dans une note sur le sens à donner au mot *"convento"*. Il désigne, ici, une compagnie, une société plutôt qu'un couvent.

Mais bien sûr, aussi, les "Robes blanches" renvoient à l'Apocalypse de Saint Jean VII 13-14. Et au Chant XXXI (v.1-3), Dante emploie une expression qui laisse peu de doute sur le symbole implicite de la Chevalerie, figurant parmi les Élus :

In forma dunque di candida rosa
mi si mostrava la milizia santa
che nel suo sangue Cristo fece sposa ;
[...]

Que nous pouvons traduire :

En forme donc de blanche rose
se manifesta à moi la milice sainte
que dans son sang le Christ épousa ;
[...]

Dans sa biographie très vivante de Dante, Paul Alexis Ladame évoque un voyage à Narbonne où la communauté juive de cette ville aurait hébergé une cinquantaine de délégués d'organisations templières et amies, venant de tous les pays d'Europe et même du Proche-Orient. Dante aurait fait partie de cette rencontre. La communauté de Narbonne avait, selon l'auteur, organisé cette réunion secrète après avoir appris que Philippe Le Bel avait décidé non seulement de saisir le trésor templier, mais aussi de bannir tous les juifs de France pour confisquer leurs biens et d'agir de la même façon avec les anciens Cathares et les sympathisants. Saisir le Trésor du Temple, c'était couper l'une des sources de financement des Cathédrales, des Hospices et des Commanderies.

Dante repartit, chargé de messages confidentiels pour plusieurs princes d'Italie, particulièrement ceux de Milan et de Vérone, auprès desquels il devait trouver l'hospitalité dans sa condition de banni à vie de Florence.

Dans le cœur de la Rose Éternelle…

Avant que n'apparaissent les textes du XVIIe siècle, qui ont, en quelque sorte "cristallisé" et fondé véritablement le courant des Rose-Croix, celui-ci plonge ses racines bien avant cette époque. Les Rose-Croix sont directement évoqués par Dante dans la Divine Comédie. *Le Ciel des étoiles fixes*, à certains égards, est bien celui des Rose-Croix : les Parfaits y sont vêtus de blanc.

Et le Poète s'entretient, dans le ciel de Saturne, avec Saint Pierre Damien, qui figure dans la liste des "Imperatores". Le costume blanc est par ailleurs, selon René Guénon (1), une allusion à celui des Templiers comme nous venons de le mentionner précédemment.

Dante évoque, nous l'avons vu, *la milice sainte*, qui semblerait exprimer, selon l'auteur, la transformation du Templarisme, après son apparente destruction, pour donner naissance au Rosicrucianisme.

D'autres "traces" du Rosicrucianisme sont encore citées par le même auteur : outre les tuniques blanches, identiques à celles des vieillards de l'Apocalypse, le triple baiser du prince Rose-Croix, le Pélican, symbole Christique, les bâtons de cire à cacheter, les 3 vertus théologales des chapitres maçonniques, la Foi, l'Espérance et la Charité, auxquelles Dante fait correspondre Saint Pierre, Saint Jacques et Saint Jean, les 3 apôtres qui assistèrent à la Transfiguration. Il y a encore la fleur symbolique, "*la Rosa Candida*" des chants XXX et XXXI du Paradis.

Sur un autre plan, André Barthélémy (2) rappelle que les Rose-Croix, au début du XVIIe siècle, lors de la parution des œuvres clés comme Les Noces Chimiques, voulaient promouvoir une philosophie qui aurait été une synthèse ordonnée et harmonieuse de toutes les sciences et de toutes les croyances. Ils l'appelaient **La Pansophie**.

Elle devait résumer la totalité du Savoir et de la Foi.

Nous ne pouvons effectivement que constater, avec l'auteur, une parenté de démarche avec celle de Dante. André Barthélémy écrit que la confrérie des Rose-Croix dévoilait alors ses secrets parce qu'elle croyait en la prochaine venue d'un chef politique, un *robuste rejeton*... Cela rapproche les Rose-Croix du Poète qui, lui-même, croyait, déjà à son époque, à la venue imminente de ce fameux Empereur qui rétablirait la paix et l'harmonie.

Tout ceci constitue, certes, des rapprochements possibles, mais peut-on parler pour autant de réelle filiation, et peut-on faire de Dante, dans l'autre sens, un précurseur des Rose-Croix, façon XVIIe siècle ? Nous ne le pensons pas. Les enseignements les plus divers recouvrent souvent des symboles semblables. La symbolique a pour essence précisément d'être universelle et permanente. C'est en quelque sorte le fond commun de l'humanité depuis les temps les plus reculés et toute pensée originale et personnelle y puise naturellement une nourriture de base.

Autour de la figure centrale du voyage initiatique, ce sont donc, en apparence, de nombreuses traditions, dont certaines remontent à la nuit des temps, qui semblent inspirer les visions, le discours et les rimes du Poète.

Mais, avec sa "manière" si personnelle d'utiliser les mythes et les légendes, il nous plonge en fait dans une sorte de "**corps de doctrine et de vision du monde et de l'Homme**", à multiples facettes.

---

(1) *L'ésotérisme de Dante* par René Guénon, Éditions Gallimard-NRF, coll. Tradition, 1957.
(2) *Dante et l'ésotérisme chrétien* par André Barthélémy, Éditions Atelier Alpha Bleu, 1981.

Aucune filiation spirituelle n'apparaît réellement prépondérante, si ce n'est le rattachement à un grand courant hermétique, nourri d'une authentique Foi chrétienne.

Les sources sont profondes et quelque peu "vertigineuses" !...

"Corpus Hermeticum et Divina Commedia"

C'est bien sûr la Divine Comédie qui nous édifie de la manière la plus complète sur ce "corps doctrinal" et cette vision du Monde et de l'Homme, si personnelles au Poète. Ici, quelques auteurs ont eu le mérite de caractériser, avec des points de vue différents et largement complémentaires, les traits essentiels du voyage initiatique dantesque et de son cadre. Écoutons-les...

En 1854, Aroux a publié un livre intitulé : "Dante hérétique, révolutionnaire et socialiste" et une Divine Comédie traduite en vers et commentée.

Il définit ainsi le cadre du voyage dantesque : *L'Enfer représente le monde profane, le Purgatoire comprend les épreuves initiatiques et le Ciel est le séjour des Parfaits, chez qui se trouvent réunis et portés à leur zénith l'intelligence et l'amour...*

Nous voyons que l'image du Grand Œuvre Alchimique n'est évidemment pas loin. Nous en reparlerons plus loin. Mais, même si Hermès fut le fondateur chez les Égyptiens de la "Science de la Chimie Minérale", l'aspect Hermétique de la Divine Comédie peut être évoqué sur bien d'autres plans.

René Guénon, dans son ouvrage précité, "L'ésotérisme de Dante", dresse à cet égard un tableau très précis d'une démarche hermétique reliée aux trois mondes qui finissent par n'en faire que deux, puisque le Purgatoire n'est en fait qu'un prolongement du monde terrestre dans lequel l'être doit se purifier. L'initiation est selon cet auteur une prise de possession consciente des états supérieurs au sein d'un voyage céleste et la descente aux enfers correspond à une récapitulation des états qui précèdent logiquement l'état humain et qui doivent participer à la transformation qui va s'accomplir.

Il y a prise de conscience des traces laissées par les états inférieurs dans les régions les plus obscures de l'état humain.

L'Enfer est symboliquement au centre de la Terre. Dans le Purgatoire, zone intermédiaire, on trouve les prolongements les plus élevés de l'état humain, en gravissant la montagne jusqu'au Paradis Terrestre. Au Ciel en revanche se développent les états supérieurs.

Pourquoi ne pas s'arrêter au Paradis Terrestre ?

Le but réel de l'initiation, écrit René Guénon, *n'est pas seulement la restauration de l'état édénique.* Traduisons autrement : celui d'avant la Chute.

Nous devons aller plus haut dans le voyage céleste et, nous citons à nouveau Guénon : *Ce but, c'est la conquête active des états supra-humains.*

En effet : *"Salire alle stelle"* (monter vers les étoiles), écrit Dante, à l'approche du Ciel. *"Rivedere le stelle"* (revoir les étoiles), écrit-il, à la sortie de l'Enfer. Et, au vers final du Paradis : *"L'Amor che muove il Sole e le altre stelle"* (l'Amour qui anime le Soleil et les autres étoiles).

L'accomplissement de l'être, dans la fusion d'Amour et l'Union à Dieu, nécessite une participation vécue à la Sagesse Divine. Celle-ci régit tout le Créé et recèle l'archétype de l'homme pleinement accompli. Le Microcosme est comme le Macrocosme et vice et versa.

Mais l'Hermétisme de Dante est encore plus précisément orienté.

Pourquoi, en effet, parler d'Hermétisme "Chrétien" à propos du Poète ?

C'est qu'il désire définir **une véritable science chrétienne des voies spirituelles** qui ne s'arrête pas à une gnose intellectuelle, mais peut s'afficher comme **une gnose vécue**. Cette science est inspirée, par de nombreux courants de pensée et de foi, évoqués plus haut dans notre chapitre sur la Destinée du Poète : la théologie de Saint Thomas d'Aquin, qui avait lui-même emprunté à Aristote, Saint Bernard, Richard de Saint Victor et l'école parisienne des Victorins, Saint Augustin, à qui Dante s'est référé explicitement dans l'épître accompagnant l'envoi du Paradis à son bienfaiteur Can Grande Della Scala.

La tradition de la mystique chrétienne des origines s'adressait à des disciples qualifiés. Cette gnose était selon le Père Danielou, qui la commente dans "Les traditions secrètes des apôtres", la continuation, au sein du Christianisme, d'une tradition ésotérique juive existant au temps des apôtres. Cette tradition s'intéressait à l'ascension mystique et aux secrets du monde céleste.

Or Dante décrit l'ascension vers Dieu à travers tous les ciels, Lune, Mercure, Vénus, etc., associés aux hiérarchies angéliques agissant comme les intelligences motrices, Anges, Archanges, Principautés, etc., et les sciences, Grammaire, Dialectique, Rhétorique, etc.

En commentaire de sa traduction de la Divine Comédie, Alexandre Masseron (1), nous livre deux tableaux synthétiques fort éloquents, l'un sur l'ordonnance morale du Paradis et l'autre sur les différents ciels et leurs correspondances avec les intelligences motrices des hiérarchies célestes et les diverses sciences. Nous reviendrons en profondeur sur ce point, au chapitre V, consacré aux sites, dans les trois mondes de l'Au-Delà.

Alexandre Masseron souligne que le Poète a eu soin de nous expliquer l'ordonnance morale de l'Enfer (Chant XI) et du Purgatoire (Chant XVII), mais ne l'a point jugé utile pour le Paradis. Selon quels critères, les Bienheureux apparaissent-ils dans les divers ciels ? Des systèmes multiples ont été décrits par les commentateurs, mais aucun n'emporte une adhésion parfaite !... L'auteur souligne l'intérêt toutefois de la solution proposée par P.G. Busnelli ("Il concetto e l'ordine del Paradisio dantesco" - Città di Castello 1911-1912).

Les trois degrés de la Charité, correspondant aux "Débutants" (incipientes), aux "Avançants" (proficientes) et aux Parfaits (perfecti) ainsi qu'aux trois voies de la Perfection, la voie purgative, la voie iluminative et la voie unitive, commanderaient cette ordonnance : *Suivant qu'à l'heure de la mort, l'homme est parvenu à l'un ou l'autre de ces degrés, sa béatitude céleste est ainsi fixée pour l'éternité.*

---

(1) *Dante - La Divine Comédie* par Alexandre Masseron, Éditions Albin Michel, coll. La Bibliothèque spirituelle, 1995.

Plus globalement, l'Ésotérisme de Dante s'insère dans un contexte théologique, cosmologique et philosophique évoquant l'Homme en son "Trinitaire" : Âme, Corps et Esprit. Cet Homme là est le médiateur entre la Terre et le Ciel. Son dessein de réalisation correspond à l'attente d'une parfaite symbiose du cosmique et du divin. Il y a, en conséquence, une autre façon de caractériser les 3 "Mondes" :

L'Enfer, c'est le corps physique, avec tout le poids du charnel.

Le Purgatoire, c'est le microcosme humain avec toute l'espérance à venir, d'où le rattachement du Paradis Terrestre au sommet de la Montagne du Purgatoire.

Le Paradis, c'est le monde divin, avec toute la félicité liée à une pleine réalisation.

La Tradition de l'Hermétisme Chrétien recèle aussi tous les trésors de la Numérologie Sacrée, permettant d'interpréter le sens des dénominations de tout ce qui se crée et la symbolique de toutes les structures et compositions de l'Œuvre.

Nous allons tenter à présent, sans renier bien sûr tout ce que nous apportent ces réflexions sur la filiation spirituelle de la part des auteurs précédemment cités, de percer encore différemment le *voile des vers étranges...*
Et nous le ferons en nous appuyant sur toutes les grandes traditions évoquées jusqu'ici, au premier rang desquelles figure l'Hermétisme Chrétien.
Car ce dernier offre comme une synthèse de ces diverses traditions en de nombreux domaines.

CHAPITRE IV

Le Nombre

Dans le nombre réside l'ordre essentiel
       Puthagoras

Et non seulement en tous les sujets pris ensemble, mais encore en chacun il y a nombre, si l'on veut bien considérer subtilement ; ce pour quoi Pythagore, selon que dit Aristote au premier de la Physique, posait comme principe des choses naturelles le pair et l'impair, considérant toutes les choses être nombre.
       "Convivio II, XIII, 18"

>   *Ce un et deux et trois qui toujours vit*
>   *et toujours règne en trois et deux et un,*
>   *non circonscrit, mais circonscrivant tout,*
>   *était par un chacun de ces esprits*
>   *trois fois chanté, en telle mélodie*
>   *qui serait beau guerdon (*) à tout mérite.*
>   (*) récompense
>   "Divina Commedia Paradiso XIV, 28-33"

Donc si le trois est par lui-même facteur du neuf, et si le facteur propre des miracles est trois - à savoir Père et Fils et Esprit saint, lesquels sont trois et un - cette dame (*) fut accompagnée de ce nombre, du neuf pour donner à entendre qu'elle était un neuf, c'est-à-dire un miracle, dont la racine, autrement dit la racine du miracle, n'est autre que la merveilleuse Trinité. (*) Béatrice
       "Vita Nova, XXIX, 3"

Préambule étymologique autour de PUTHAGORAS

En toute création le nom s'associe au nombre pour en délivrer le sens et la vocation.
           Racine grecque "PUTHA".
           La Pythie, en grec "PUTHIA".
    Cette dernière est *la Prêtresse d'Apollon Pythien à Delphes, chargée de transmettre les oracles du dieu :*
    Assise sur un trépied (*), au-dessus d'une crevasse (*), d'où s'échappaient des vapeurs (*), le front ceint de lauriers (*), la pythie entrait en transe (*) et proférait des paroles incohérentes (*) ou des cris (*), recueillis et interprétés par les prêtres du temple (*), comme la réponse du dieu.

           Le Python, en grec "PUTHÔN"
           Serpent fabuleux (*), qui est tué par Apollon au pied du Parnasse, quand le dieu s'y rend pour fonder un oracle (*).
(Définitions du Dictionnaire LE ROBERT)

    (*)*Le trépied* : nombre 3, signe de la manifestation des volontés célestes par la proclamation des oracles et de la sagesse Apollinienne (= Solaire).
    La crevasse : rattachée au symbole de la caverne, par opposition à la Montagne. Face nocturne de l'Être et de la Vie. Renvoie au royaume des morts et à l'inconscient. Voir le voyage de Dante, en Enfer, au centre de la Terre, pour commencer…
    Les vapeurs : émanations du monde souterrain.
    Les lauriers : symbole d'Immortalité. Mais ici, plus précisément, notons que la Pythie, comme tout devin, mâchait ou brûlait du laurier, consacré à Apollon, pour renforcer ses qualités divinatoires.
    Ceux qui s'en retournaient chez eux, après avoir consulté la Pythie et reçu une réponse favorable à leur questionnement, plaçaient une couronne de laurier sur leur tête. Ils acquéraient ainsi une protection spéciale d'Apollon, associée à ses vertus. Et l'arbre du laurier symbolise ainsi la victoire sur les forces des ténèbres, l'accès à la Sagesse, qui mène à l'Immortalité. Le parcours de Dante est tout entier tendu vers cet ultime dessein…
    La transe de la Pythie : elle correspond à "un autre état de conscience", propice aux révélations, la transformation de la Pythie "en canal", dirions-nous de nos jours !…
    Les paroles incohérentes : elles recèlent un sens, qui est dissimulé au non initié. La réponse, même interprétée, peut conserver "une proverbiale ambiguïté", comme pour souligner encore qu'elle doit être comprise de ceux qui peuvent la recevoir, et d'eux seuls.
    Les cris : ils symbolisent le jaillissement spontané de la "voie cardiaque". Les cris accompagnaient les processions d'Athènes à Eleusis, par la Voie Sacrée. Les Mystères d'Eleusis en font l'expression de la fécondité de l'esprit, de l'amour et de la joie, liés eux-mêmes à l'idée de victoire.

Les prêtres du temple : ce sont les vecteurs, initiateurs du lien entre la volonté divine et les initiables.

Le Serpent fabuleux : c'est le serpent Python tué par Apollon, symbole des oracles de la Terre, autrement dit des oracles pervertis de la Matière, opposés aux oracles bénéfiques de l'Esprit (Apollon).

En conclusion, nous avons là les plus puissants des grands archétypes, hérités de la Mythologie grecque, et interprétés par l'Hermétisme Chrétien.

Nous les verrons mis en scène par Dante, au cours de son propre voyage initiatique, dans les trois mondes de la Divine Comédie.

Et ces archétypes nous sont dévoilés par la seule racine du nom PUTHAGORAS : PUTHA, PUTHIA, PUTHÔN…

À cette racine se trouve accolé un autre symbole : AGORA, la grande place de l'assemblée du peuple, avec ses boutiques, ses tribunaux, et "ses écoles", lieu mythique de l'enseignement du grand philosophe et mathématicien, qui vit dans le Nombre l'essence de toute chose et la loi de l'univers tout entier.

Rappelons, s'il en est besoin, que ce mystère vivant, serait né à Samos. Il aurait fondé à Crotone, en Italie, des communautés philosophiques et politiques acceptant une morale ascétique et donné à son enseignement un caractère essentiellement "initiatique", d'inspiration Orphique.

La métempsycose, selon laquelle la même âme peut animer successivement plusieurs corps, associant le cycle de plusieurs incarnations à la recherche de la purification définitive, est un thème majeur de cet enseignement. De même l'immortalité de l'âme et un ensemble de doctrines théogoniques, cosmogoniques et eschatologiques y figurent.

Orphée est l'un des plus anciens héros à avoir entrepris le voyage en Enfer. Mais il l'a entrepris pour ramener à la vie son Eurydice, tandis que Dante va rejoindre, de son vivant, sa chère Béatrice, passée, après sa vie terrestre, dans les rangs des Bienheureux au Paradis !

Nous devons à Pythagore et à l'école Pythagoricienne un ensemble de découvertes mathématiques, table de multiplication, système décimal, théorème du carré de l'hypoténuse, qui débouchèrent, et c'est cela qui nous intéresse ici, sur une philosophie faisant du nombre le principe de toutes choses, la loi suprême d'organisation de l'univers.

Et ces découvertes et cette philosophie figurent au premier rang de notre grand héritage traditionnel de Sagesse Antique.

De l'étymologie à la Numérologie sacrée...

La Numérologie Sacrée plonge ses racines dans les conceptions Pythagoriciennes. Si nous analysons, précisément à travers elle, les symboles évoqués ci-dessus, nous découvrons encore une fois une étonnante cohérence :

$$P \; U \; T \; H \; A \; G \; O \; R \; A \; S$$
$$7 \; 3 \; 2 \; 8 \; 1 \; 7 \; 6 \; 9 \; 1 \; 1 = 45 = \mathbf{9}$$

Le nombre 9, obtenu en réduction théosophique, et associé à la lettre hébraïque Teith, comme nous l'avons déjà vu à plusieurs reprises, a pour signification kabbalistique la "Perfection du créé". C'est le symbole de l'achèvement d'un cycle d'incarnation, clôturant la première série de nombres, dits **"nombres de la dimension principielle"**.

La valeur "ontologique" du nombre 9, ainsi nombre du grand philosophe grec, est celle de l'Incarnation et de la Manifestation du principe divin dans le monde d'en-bas, le monde terrestre. C'est le nombre de l'Homme pleinement réalisé, dont toute la personnalité reflète les forces de l'Esprit.

Peut-on rêver plus grande harmonie entre ce nombre et la dimension mythique de ce grand philosophe, passé à une telle postérité ? !...

Et Puthagoras partage ce nombre avec Béatrice !

Impossible non plus de ne pas vouloir méditer sur cet arcane du Tarot, l'Hermite, associé au nombre 9 et représentant ce vieil homme sage, tourné vers le centre de son intériorité, à la recherche de la vérité et s'éclairant avec une lanterne, symbole d'Illumination et de clarté de l'esprit. Le vieil homme a cette très rare puissance de retrait des choses de ce monde, en vue d'une plus grande ouverture encore aux plans supérieurs.

Rappelons ici que la tradition de la "lanterne des morts", en Occident, qui brûle toute la nuit près du corps du défunt ou devant sa maison, renvoie au symbole de l'immortalité de l'âme, au-delà du corps périssable, thème ô combien central, nous l'avons vu, dans l'enseignement de Pythagore.

La PUTHIA, la Pythie, par le même processus donne le nombre **3**.

Or, assise sur son trépied, au niveau terrestre et faisant la jonction entre le monde sous-terrain, d'où s'échappent les vapeurs-émanations des réalités infernales et le monde céleste, promis à la victoire de l'esprit, la fécondité et la joie, elle rend ses oracles énigmatiques, dont le sens est réservé à ceux qui peuvent les entendre. Quel autre nombre que le 3 peut bien rendre compte de l'essence de son nom.

Et ce nombre, ontologiquement, est celui de l'accomplissement par l'Homme de son destin, passant par l'abandon de ses errances, la réponse à ses questionnements, pour parvenir à se réaliser pleinement.

Il est associé a la lettre hébraïque Guimel, dont la signification kabbalistique est "la reconnaissance de son destin" et renvoie au "divin en soi" et aux modalités que l'Être doit suivre pour aller vers sa "Divinisation".

Et l'arcane du Tarot associé à ce nombre est celui de l'Impératrice, souveraine, au contact du divin, qui confère par son intelligence la force du développement spirituel. C'est l'image de la Vénus ouranienne, ou encore celles d'Isis et de la Mère cosmique...

Quant au serpent fabuleux PUTHÔN, son nombre est le **4**. Ontologiquement le 4 renvoie à la Matière et au plan terrestre. Son expression positive est la maîtrise des lois qui gouvernent cette matière. Mais son expression négative est au contraire l'asservissement de l'esprit par les puissances de ce monde : la matière rien que la matière et l'oubli de l'esprit.
Toute la symbolique du serpent Python réside là : bénéfique quand les forces telluriques sont bien canalisées, maléfique quand, nous l'avons vu plus haut, ses oracles terrestres entrent en conflit avec ceux d'Apollon.

Le nombre 4 est associé à la lettre hébraïque Daleth, dont la signification est le "passage au monde créé", l'Incarnation. Elle est reliée aux lois qui organisent et structurent le plan matériel en harmonie avec les volontés supérieures du monde céleste. L'arcane du Tarot qui correspond à ce nombre 4 est celui de l'Empereur, au positif, figure du Démiurge, qui construit l'Homme et le Monde, et, au négatif, le souverain asservisseur des ténèbres...

Ainsi, en préambule à notre exploration du Nombre au sein des personnages et des événements de la Divine Comédie, nous voyons, ô combien, les mânes du grand ancêtre, qui pèsent, malgré l'absence totale de trace écrite.
Privilège des grands initiateurs de la Tradition !...

La Filiation Pythagoricienne

Louis Philippe May (1) rappelle que Dante s'affirme comme néo-pythagoricien, en respectant la règle impérieuse et fameuse du "silence". Le Poète ne cite pas au Purgatoire Pythagore parmi les grands esprits de l'Antiquité. Dans d'autres œuvres comme le Convivio il le désigne en revanche nommément, comme référence doctrinale.
La filiation est manifeste. Par exemple, le mot *"Stelle"*, étoiles, finit chaque partie de la Divine Comédie. Or le Pentagone étoilé, symbole du microcosme humain, a servi d'emblème à l'École Pythagoricienne. Les étoiles, en général, sont les symboles de l'esprit et, en particulier, les "3 remontées" vers les étoiles, dans la vision de Dante rappellent le triomphe de l'Esprit sur la Matière et des forces de Lumière sur les forces des Ténèbres.

L'adhésion du Poète à la doctrine pythagoricienne apparaît nettement dans l'identification de Dieu à un point, centre du cercle cosmique et, surtout, l'insistance sur les propriétés des "Nombres", au premier rang desquels le 9, tout entier attaché à sa chère Béatrice.

----

(1) *A la découverte de la Divine Comédie, Dante et la mystique des nombres* par Louis Philippe May, Éditions La quadrature du cercle, Paris, 1968.

Dans le "*Convivio II, XIII, 18*", nous lisons : *Et non seulement en tous les sujets pris ensemble, mais encore en chacun il y a nombre, si l'on veut bien considérer subtilement ; ce pour quoi Pythagore, selon que dit Aristote au premier de la Physique, posait comme principe des choses naturelles le pair et l'impair, considérant toutes les choses être nombre.*

Et il poursuit, dans ce même ouvrage en II, XV, 12 : *Et ainsi, à la fin de ce second livre, je dis et affirme que la dame de qui je m'épris après le premier amour* (Béatrice) *fut la très belle et très honnête fille de l'Empereur de l'univers* (Dieu)*, à laquelle Pythagore donna nom Philosophie.*

Dans le Quart Livre (IV, I, 1), Dante rappelle le principe d'Unicité dans l'Amour : *Amour, selon la concordante sentence des sages de lui parlant, et selon que par expérience continuellement nous voyons, est ce qui conjoint et unit l'amant avec la personne aimée ; d'où vient que Pythagore dit : "Dans l'amitié, de plusieurs se fait un seul."*

Dans le "De Monarchia" (I, XV, XVII, 2), le Poète reprend à son compte cette loi d'Unicité, inscrite dans l'œuvre du grand philosophe grec, et qui constitue aussi un des fondements de la tradition kabbalistique et hermétique : *En effet, l'être qui a le plus d'être, c'est le plus un ; et le plus un est bon par-dessus tous autres ; et plus une chose est éloignée du degré le plus haut de l'être, plus elle est loin d'être une, et par conséquent d'être bonne. De sorte qu'en tout genre de chose, la meilleure est la plus une, comme estime le Philosophe* (Pythagore)*, dans les livres de l'Être absolu.*

Et, un peu plus loin dans son raisonnement, Dante fait un constat sur le thème du "péché" que ne saurait renier aucun Hermétiste Chrétien, digne de ce nom : *Par où l'on peut voir que pécher n'est rien d'autre que mépriser l'un pour se jeter au plusieurs ;...* Et il cite, à juste titre, en référence le Psaume IV, dit psaume de David, et qui est "Prière du soir", accompagnée par des instruments à corde. Notons que la prière du soir peut être précisément celle de "l'examen de conscience"…

Le Poète ne cite que le verset 8, dont le texte précis est :
*Yahvhé, tu as mis en mon cœur plus de joie
qu'aux jours où leur froment, leur vin nouveau débordent.*

Dante donne une traduction différente, écrivant : *Par la foison de leur froment, de leur vin et de leur huile,* **ils ont multiplié**.

En réalité, cette abondance, traduite, à juste titre, en terme de multiplication, nous renvoie à l'essentiel : la queste de biens matériels en profusion nous éloigne effectivement de notre "Unicité Intérieure".

Le Psaume chante bien, par ailleurs, (verset 4) :
*Fils d'homme, jusqu'où s'alourdiront vos cœurs,
pourquoi ce goût du rien, cette course à l'illusion ?*

Notons ici, d'un point de vue ésotérique, que les 3 grandes opérations arithmétiques ont un double aspect. Ainsi, "l'addition, la multiplication et la division" conduisent à la perte de l'unité fondamentale des êtres et des choses, mais elles entrent aussi en phases productives dans le processus de la Transmutation Alchimique. Elles sont donc, symboliquement, tout aussi préjudiciables à l'homme, dans son évolution spirituelle, que passages obligés dans l'œuvre de purification et de transformation... Nous reviendrons sur ces aspects à propos des interprétations alchimiques de la Divine Comédie.

Quel bel aveu de filiation spirituelle, à peine voilé, que celui fait par Dante au Chant II, v.7-15 de son Paradis, alors qu'il se trouve au premier ciel, le ciel de la Lune, dans lequel figurent les âmes qui n'ont pas pu accomplir leurs vœux :

"*L'acqua ch'io prendo già mai non si corse*
Minerva spira, e conducemi Apollo,
e nove Muse mi dimostran l'Orse."

Que nous pouvons traduire ainsi :

L'onde en laquelle je m'engage, nul n'y courut jamais ;
Minerve y souffle, et Apollon me guide,
et les neufs Muses m'y désigne l'Ourse.

Selon Philippe May, Pythagore serait l'incarnation d'Apollon et Minerve serait la Parthénos vénérée par le Philosophe. L'auteur rappelle que les neufs Muses eurent un temple qui leur fut consacré, à l'initiative de Pythagore. Mais nous rappelons que Minerve et Apollon renvoient aussi à un sens allégorique de nature Hermétique : Apollon, dieu de la Lumière et de la Vérité, selon la Mythologie, est aussi le Dieu solaire des hermétistes, et vivant symbole de l'ascension spirituelle pour l'Homme. Minerve, l'Athéna grecque, sa sœur, antique déesse de la mer Égée, accorde sa protection aux héros. Déesse de la Sagesse, de la Raison et de la Chasteté, selon la Mythologie, elle communique, ici, au Poète "le souffle de l'esprit". Elle incarne **la combativité spirituelle**, aidant à la maîtrise des forces matérielles.

Autant dire que le Poète ne se réfère pas là uniquement à des divinités mythologiques, mais à leur essence, profondément transposée par l'Hermétisme Chrétien.

L'Ourse désigne les constellations, certes, mais elle symbolise aussi "les étoiles du salut". Ce sont les neufs muses, les neufs déesses présidant aux arts libéraux, histoire, éloquence, poésie héroïque, tragédie, musique, danse, élégie, lyrisme et astronomie, qui indiquent la voie au Poète. Rappelons-nous que de simples mortels étaient parfois admis dans l'Olympe, comme Dante, de son vivant est admis dans l'Empyrée.

Dans son remarquable ouvrage sur la Mythologie, Edith Hamilton (1) cite, à propos d'Apollon, un poème qui laisse augurer de cette merveilleuse unité de la tradition, faisant le pont entre Mythologie et Foi Chrétienne, en passant par Pythagore, et d'autres, bien sûr :

---

(1) *La Mythologie* par Édith Hamilton, Éditions Marabout Université, 1978.

O Phébus, de ton trône de vérité,
De ta demeure au cœur du monde,
Tu parles aux hommes.
Ainsi que Zeus en donna l'ordre,
Aucun mensonge n'y pénètre jamais,
Aucune ombre n'obscurcit ce monde de vérité.
Zeus a scellé d'un titre éternel l'honneur d'Apollon
Afin que tous, d'une foi inébranlable,
Pussent croire en sa parole.

Le Paradis de la Divine Comédie est à l'image de ce monde de Lumière et de Vérité, avec Dieu, le Père, et le Christ en majesté, Zeus et Apollon dans la Mythologie grecque. Toujours dans le même chant II du Paradis, dans les vers qui suivent (v.10-15), Dante renforce encore cette perspective hermétique en évoquant le *pain des anges* :

Voi altri pochi che drizzaste il collo
per tempo al pan delli angeli, del quale
vivesi qui ma non sen vien satollo,
metter potete ben per l'alto sale
vostro navigio, servando mio solco
dinanzi all'acqua che ritorna equale.

Que nous pouvons traduire ainsi :

Vous les autres en petit nombre qui dressaient votre cou
pour un temps vers le pain des anges, dont
vous vous nourrissez ici mais sans être repu,
vous pouvez bien orienter par le noble esprit
votre navire, en observant mon sillage
avant que l'eau n'y revienne étale.

Ce passage est essentiel en effet pour souligner une fois de plus le caractère "sacré" du poème de Dante, pétri dans la pâte du plus pur Hermétisme, lui-même relié à l'inspiration biblique. *Le pain des anges* est tout à la fois la nourriture de l'esprit et de l'âme, la parole divine et aussi l'incarnation de la Haute Sagesse. Cette dernière procède de la Sapience, ou science Théologique et Philosophique. Cette Sagesse s'inscrit en référence au livre des Proverbes et notamment aux passages suivants :

Titre : *Comment acquérir la sagesse* (III, 9-10) :
Honore Yavhé de tes biens
et des prémices de tout ton revenu
alors tes greniers regorgeront de blé
et tes cuves déborderont de vin nouveau.

Titre : *La Sagesse hospitalière* (IX, 4-5) :
Qui est simple ? Qu'il passe par ici !
A l'homme insensé elle dit :
Venez, mangez de mon pain,
buvez du vin que j'ai préparé !

Notons le rapprochement à faire avec le Convivio (II, 7), concernant le "petit nombre d'élus", détenteurs de cette Haute Sagesse : *Oh bienheureux le petit nombre de ceux-là qui siéent à la table où l'on mange le pain des anges !*

Le pain des anges est aussi la "manne" que le Poète évoque à plusieurs reprises au Paradis. L'empreinte de cette Haute Sagesse se manifeste tout particulièrement dans la Science sacrée des Nombres.

Celle-ci, au-delà de Pythagore, des Pythagoriciens et des Néo-Pythagoriciens, est d'autant plus performante à donner le sens profond et caché de certains passages de la Divine Comédie, qu'elle est envisagée dans la perspective de l'Hermétisme Chrétien. Nous évoquons les bases de cette tradition dans notre annexe I. Certaines des fameuses "énigmes" du poème peuvent être élucidées, en complément des nombreux commentaires qu'elles ont déjà suscités, avec un éclairage symbolique tout à fait éloquent !...

La Science sacrée des Nombres, dans la perspective de l'Hermétisme Chrétien

Les rapports de Dante et de son œuvre avec la science sacrée des nombres sont multiples. Et nombreux sont les commentateurs qui ont lancé de très nombreuses "pistes" d'interprétation, là où le Poète semble se plaire à cultiver l'énigme ! En fait, Dante semble parfois lancer des messages et des "indices" codés qu'il suffit de saisir pour étayer sérieusement ces "pistes".

Tel est l'essentiel de la démarche.

Le Poète écrit que le voyage à travers les 3 mondes s'est réalisé lors de la *semaine sainte*, au moment de l'année liturgique qui correspond à l'équinoxe de Printemps. Rappelons que les Cathares, entre autres, y procédaient alors à leurs initiations. Par ailleurs, le voyage prend place en l'an de grâce 1300. Cette semaine sainte de l'an 1300 coïncide avec la pleine Lune.

1300 : cette année marque aussi *le milieu de sa vie* pour Dante, de son aveu même. Il la considère aussi comme le *milieu des temps*.

Il a 35 ans en effet à l'époque. L'espérance de vie est alors de 70 ans.

L'allusion au milieu des temps, comme le rapporte René Guénon, dans son "Ésotérisme de Dante", déjà cité, est liée au fait que le mouvement des cieux jusqu'à l'époque du Poète avait duré 65 siècles et devait durer autant par la suite, soit 130 siècles au total ou 13000 ans. treize siècles s'étaient écoulés depuis le début de l'Ère Chrétienne, soit le 10e.

Trois aspects nous paraissent essentiels pour aborder sous l'éclairage de cette Numérologie Sacrée la Divine Comédie. Tout d'abord, la composition de l'œuvre, dans son ensemble, est soumise à une structure numérologique rigoureuse.

Ensuite, les 3 guides que le Poète rencontre successivement dans les 3 mondes de l'Enfer, du Purgatoire et du Paradis, réalisent avec lui un parcours qui reflète une progression spirituelle non moins précise.

Enfin, Dante fait lui-même des allusions directes ou à peine voilées aux "Nombres". La fameuse *Prophétie du Cinq Cent Dix et Cinq* mérite, en particulier, d'être approfondie, au-delà des nombreux commentaires qu'elle a déjà suscités.

Le Nom et le Nombre de la "Commedia"

Nous avons déjà découvert les nombres associés au nom de famille Alighieri, au prénom Durante, et surtout au diminutif, livré à la postérité : Dante. Rappelons-nous comment cette identité, analysée à travers la science des nombres, mêlée à l'Astrologie, à la Kabbale et au Tarot, nous livre tout un réseau de signes prémonitoires concernant le Poète : le courage, la foi, la diplomatie, l'endurance, la curiosité intellectuelle insatiable, l'implication dans les réalités matérielles et l'appel de la Spiritualité,... en bref, tout ce que nous avons appelé les arcanes majeurs du Destin, en référence au Tarot sacré.

Par le même type d'analyse, et d'après les correspondances de l'alphabet latin et par le procédé de la réduction théosophique, nous pouvons déterminer le Nombre de l'œuvre et son contenu symbolique.

Son auteur parlant essentiellement de sa "Commedia", les commentateurs ont beaucoup discuté sur l'opportunité de lui adjoindre l'adjectif "Divina".

Le Nombre ne va pas trancher le débat, mais il l'éclaire singulièrement !

Le total des lettres de la "Commedia" donne **36**, et en réduction **9**.

Quelle étonnante harmonie entre ces nombres et le propre discours du Poète dans la "Vita Nova", (XXIX, 3), évoquant le *miracle* de Béatrice, laquelle est au centre même de la queste spirituelle, symbolisée par la "Commedia" !

Rappelons nous ce qu'écrit Dante : *Donc si le trois est par lui-même facteur du neuf, et si le facteur propre des miracles est trois - à savoir Père et Fils et Esprit saint, lesquels sont trois et un - cette dame fut accompagnée de ce nombre, du neuf pour donner à entendre qu'elle était un neuf, c'est-à-dire un miracle, dont la racine, autrement dit la racine du miracle, n'est autre que la merveilleuse Trintité.*

Dans la perspective de l'Hermétisme Chrétien, le nombre 9 représente ontologiquement, et dans un sens positif, l'Incarnation et la Manifestation du principe divin dans le monde d'en-bas, le plan terrestre.

Dans un sens négatif et du même point de vue ontologique, 9 est le nombre de l'illusion et de l'égarement générés par une perception sensorielle pervertie par la matière. La déformation sensorielle masque à la conscience humaine les réalités essentielles, celles des plans supérieurs.

En songeant à toutes les péripéties du voyage de Dante dans les 3 mondes, aux êtres et aux actions évoquées à chaque étape, une conclusion s'impose : l'œuvre du Poète porte donc, ô combien, le titre qui lui convient !

Qu'apporte donc l'adjectif DIVINA ? Le contenu symbolique du nombre 5. Ce nombre incarne, ontologiquement et au positif, fondamentalement le principe de la "Rectification". Ce nombre incite à entreprendre en nous-même une véritable alchimie spirituelle, visant à consumer tous les vices que recèle notre personnalité. Au négatif, le nombre 5 incarne l'indiscipline, le manque de vigilance et d'ardeur pour servir les œuvres spirituelles. Il anéantit en l'homme tout élan vers les mondes célestes et l'assujettit entièrement à la matière et aux lois qui la gouvernent.

La même conclusion d'une adéquation parfaite du titre à l'œuvre s'impose. L'adjectif DIVINA apporte même le complément indispensable sur le plan du sens général, avec l'idée de la "Rectification". Tout commence par la plongée en Enfer et se poursuit au Purgatoire ! De plus, la somme des valeurs numérologiques des 2 mots donne le chiffre 14, interprétable sur deux plans différents : Selon la même perspective Hermétiste Chrétienne, nous retrouvons le 5 (1+4), en réduction. C'est bien la Rectification, l'œuvre de Transmutation de l'Homme, qui est le dessein majeur de Dante dans cette œuvre.

Rappelons ici que le Poète lui-même fait un sort spécifique à ce nombre dans sa fameuse prophétie du 515 que nous évoquerons plus loin.
Et de 1 à 4 et de 4 à 1, pour faire très court, c'est le cheminement de l'unité primordiale à l'Incarnation et le retour à l'Unité, le cheminement symbolique de Dante dans les 3 mondes de l'Au-Delà.

Mais le 14, non réduit, c'est aussi le nombre de l'arcane du tarot dénommé La Tempérance. Celle-ci est le symbole même de l'inspiration générale de l'œuvre : atteinte de l'harmonie intérieure absolue, permettant d'entrer dans le cycle cosmique et parvenir ensuite dans l'immobilité du dernier ciel, dans lequel s'épanouit la Rose des Bienheureux. Celle-ci peut être associée, elle-même, à l'arcane du Monde, portant le nombre 21, soit 2+1=3. Dante explicite lui-même, de semblable manière, à la fin de son œuvre, ce "Trinitaire", au Chant XIV de son Paradis (v.28-33) :
> Ce un et deux et trois qui toujours vit
> et toujours règne en trois et deux et un,
> non circonscrit, mais circonscrivant tout,
> était par un chacun de ces esprits
> trois fois chanté, en telle mélodie
> qui serait beau guerdon (*) à tout mérite.

(*) récompense

La composition de la "Divina Commedia", gouvernée par quelques nombres essentiels...

Nous avons ici l'aspect le plus éloquent de la mystique des nombres dans la Divine Comédie. Dante fut très certainement initié à la Kabbale. Les éléments d'analyse suivants sont essentiels.
La Divine Comédie comporte 100 chants, 33 chants pour chaque partie, l'Enfer en faisant apparaître un 34e. Mais le 1er chant est une sorte d'introduction à l'ensemble qui se situe en réalité hors de l'Enfer.
100 est le nombre parfait (10X10). Il se décompose ici en nombres parfaits : 1+33+33+33. 33 est un nombre parfait comme multiple de 3, par l'unité répétée 10 fois et 1 de plus, soit 3 fois 11.
Arrêtons-nous quelques instants à cette composition d'ensemble de l'œuvre, en nous inspirant des outils d'analyses du symbolisme numérologique et kabbalistique, développée par Charles Rafaël Payeur, dans l'optique de l'Hermétisme Chrétien (ouvrage cité plus haut : La Kabbale et l'Arbre de Vie).

Pourquoi 100 Chants ?

La valeur numérologique 100 est celle de la lettre Qôf, 19ᵉ lettre de l'Alphabet Hébraïque, en correspondance yetsiratique avec le signe astrologique des Poissons, par ailleurs symbole de la Foi Chrétienne. Cette lettre a comme signification kabbalistique : *l'Accession à la vérité de l'Un.*

A cette lettre correspond le 29ᵉ sentier de l'Arbre des Sephiroth, liant Netsah (La Victoire), à Malkuth (Le Royaume). Netsah correspond à la sphère de l'Harmonisation : *Toute chose,* écrit Ch. Rafaël Payeur, *en contact avec le rayonnement de Netsah devient progressivement un vivant reflet de la splendeur divine, témoignant de son indicible harmonie.*

C'est la sphère du parfait équilibre entre l'Essence et la Forme.

Malkuth correspond à l'Incarnation, entendue comme le pouvoir *d'Expression sur le plan terrestre*, toutes les sephiroth s'expriment à travers elle.

Le 29ᵉ sentier de l'Arbre des Sephiroths est dénommé *Conscience Physique* par certains auteurs ou *Intelligence Corporelle* par d'autres. Il correspond à l'arcane du Soleil dans le tarot.

Ce sentier est relié à l'Illumination de la conscience par union étroite entre le Corps et l'Esprit, en référence notamment à la sexualité. Son aspect maléficié renvoie aux égarements matériels et instinctuels, le corps oubliant l'esprit qui l'anime.

La Divine Comédie ne présente-t-elle pas le visage de la sublimation du sentiment amoureux autour du personnage de Béatrice, la Bienheureuse, avec, par ailleurs les égarements matériels et instinctuels, évoqués par Dante sur son propre compte, objet des fameux reproches de Béatrice, et, bien sûr, aussi, les égarements de ses contemporains, damnés en Enfer ou "rectifiés" au Purgatoire ! Le symbolisme attaché à ces différents éléments nous apparaît dans une étonnante harmonie avec le contenu et les finalités de l'œuvre.

Le nombre 100 symbolise l'expression de l'impulsion primordiale de l'être sur la voie de sa transformation, soit le nombre 1, sur le plan des centaines. L'aspiration mystique de l'Initié l'incite à mobiliser toutes ses énergies intérieures vers la recherche de l'essentiel et du transcendant. Ce faisant, il peut envisager le retour à la source originelle.

La lettre Qôf, en fait, incarne tout le processus d'illumination de la conscience, autrement dit l'intégration de la lumière spirituelle dans la personnalité pour la libérer des prisons de l'Ego, détruire les illusions issues du Multiple et ainsi accéder aux vérités transcendantes du monde de l'Unique.

C'est à cela même que le Poète tente de nous faire vibrer avec lui, lors de son ascension au Paradis !

La valeur ordinale de la lettre Qôf, le nombre 19, incarne l'épanouissement de l'Être, mettant en coïncidence parfaite sa personnalité extérieure avec sa dimension intérieure. L'Être peut entreprendre ici un nouveau cycle d'existence supérieur. La correspondance avec le signe des Poissons souligne la confrontation de l'aspirant aux énergies de mutation qui le poussent à recréer un état de fusion avec la divinité et à vivre intensément l'expérience de l'Amour, car Dieu est Amour.

Le nombre 19, valeur ordinale de la lettre Qôf, nous renvoie au 19e arcane du tarot qui est le Soleil. Cet arcane symbolise toute la force de rédemption qui agit à l'intérieur du microcosme humain, pour lui permettre d'atteindre la dimension universelle. La figure symbolique, représentée par le Soleil inondant de ses rayons les deux personnages au premier plan, nous enseigne cette force. Le souffle lumineux de l'Amour amène, à travers l'être réalisé, l'affranchissement du monde de toutes les ténèbres et une régénération fondamentale. Cela signe, sur le plan de l'Art Royal Alchimique, la réussite de "l'opération du Soleil", qui invite l'Adepte à devenir, à un niveau supérieur, un Ergon, véritable entité spirituelle, capable effectivement d'influencer favorablement le destin collectif, tels les grands prophètes, les grands maîtres immortalisés et les avatars.

100 Chants conduisent Dante au contact direct avec la Rose des Bienheureux et à l'Extase, au cours de laquelle il évoque, à la toute fin de son œuvre, au Paradis, le "retour à l'Unité" et l'ouverture de la conscience à la source originelle de toutes choses. Cette structure ne saurait donc être le fruit du hasard... Par ailleurs, *les âmes bienheureuses,* dans la Kabbale, sont les Ishim, en correspondance avec Malkuth, au terme du 29e sentier, concluant à l'union étroite du Corps et de l'Esprit. (voir ci-dessus).

L'aspiration du Poète à l'Immortalité, symbolisée par sa fameuse couronne de laurier, s'est concrétisée à travers son œuvre. Cela l'associe à un Ergon, comme l'avance, à juste titre, Charles Breyer, auteur de "Dante Alchimiste" (1). Nous développons plus loin l'interprétation alchimique de la Divine Comédie.

100 = 1 + 33 + 33 + 33 ...

Voyons bien symboliquement cette composition...

1 chant de prologue : il correspond à l'impulsion primordiale du Poète, au pied de la "Montagne", lieu de rencontre du ciel et de la terre, voie d'évolution vers la Lumière...

Chaque monde de l'Au-delà est ensuite abordé en 33 chants, double "ternaire", et au 33e chant du Paradis, Dante évoque le mystère de la Trinité ! Jésus Christ aurait été, selon certains exégèses, crucifié le 3 avril de l'année 30 ou 33, à l'âge de 33 ans. Et l'an I de sa naissance correspond, spirituellement, à un nouveau cycle pour l'Humanité, débutant donc 30 ou 33 ans avant sa mort. 33 ans est, en conséquence, d'un point de vue ésotérique, l'âge de "l'expérience cosmique". De nombreuses écoles religieuses et mystiques y situent en effet l'Illumination ou l'Harmonisation avec les plans supérieurs.

Notons qu'une association rosicrucienne importante, les "Frères Aînés de la Rose-Croix", réunissent 33 frères, avec à leur tête l'impérator et que le Rite Écossais ancien, en Franc-maçonnerie, comporte 33 grades.

---

(1) *Dante Alchimiste* par Charles Breyer, Éditions du Vieux Colombier, 1957.

René Alleau, dans son ouvrage "Énigmes et symboles du Mont Saint Michel", rapporte qu'en 1333, des enfants, appelés *Les pastouraux*, venant de différents pays, et *inspirés par des voix célestes* se dirigèrent vers le Mont Saint Michel, par les chemins du Paradis...

Nous pourrions multiplier les exemples, mais c'est le symbolisme, en relation avec le propre voyage de Dante, que nous voulons préciser, avant tout, ici.

En dehors même du fait que ce nombre 33 est attaché, à travers le Christ, à l'œuvre rédemptrice, chaque partie de la Divine Comédie ne pouvait qu'obéir à ce nombre, eu égard au double dessein du Poète : Immortalité et Retour à l'Unité. C'est bien ce qu'exprime le Chant XIV du Paradis, déjà cité plus haut :

Ce un et deux et trois qui toujours vit
et toujours règne en trois et deux et un,...

Et, suivant la structure du poème, il est :

trois fois chanté, en telle mélodie...

De plus, d'un point de vue kabbalistique, 33 signe bien ce "cheminement", incarné par le nombre 33, si nous faisons référence aux sentiers de l'Arbre de Vie. Avec la lettre Guimel, de valeur numérologique 3, nous sommes invités à opérer la "reconnaissance de notre destin d'Homme" c'est-à-dire à prendre conscience que la matière, fécondée par l'Esprit, permet d'accéder aux réalités divines.

Symboliquement, Dante, après avoir été, dès le départ, confronté à l'image de 3 perversions de la Matière, les 3 représentants de l'animalité en l'Homme, la luxure, l'orgueil et l'avarice, se retrouve aux pieds de la Montagne de Lumière. Il y est invité par Virgile, son guide, à "prendre une autre voie" : *Il te faudra tenir autre voyage.*

Avec la lettre Lamed, de valeur numérologique 30, nous sommes invités à "réaliser notre forme" et, seul, un retournement de conscience, nous permet de constater que le Pouvoir, l'Avoir et le Valoir ne peuvent constituer une fin en soi. Et Dante, symboliquement, plonge en Enfer, au contact, précisément de toutes les perversions de la matière, livrée à elle-même. Puis il se "retourne" vers l'autre hémisphère pour remonter au Purgatoire, puis au Paradis.

Dans les 3 mondes successifs, il réalise lui-même peu à peu, par transmutation de tout son être, au contact des Damnés, puis des Pénitents et, enfin, des Élus, cette forme d'Union entre la Matière et l'Esprit. Ceci le conduit pour terminer à la Béatitude et au contact direct avec Dieu ou, plus précisément, avec le Principe Divin, dans sa Trinité, et entouré de la Rose des Bienheureux.

Celle-ci évoque, à l'évidence, la Couronne, symbole de la sephirah Kether. Il est parvenu à la source primordiale de toute création, ou comme le disent les Kabbalistes, *la cause des causes, la racine des racines.*

33 est donc la somme de 30 + 3, privilégiant 2 sentiers, parmi les 32 existants.

Il s'agit, avec le nombre 3, du 13e sentier, celui de *l'Intelligence unifiante* ou de *la Conscience de cohésion de l'unité*, associé à Guimel. C'est là où l'aspirant cherche, dans sa queste personnelle, à retrouver l'unité avec sa source divine intérieure. Dante place son âme de Poète "en disponibilité", pour parvenir à cette Unité, en se confiant à ses 3 guides successifs : Virgile, puis Béatrice, et, enfin, Saint Bernard.

Il s'agit aussi du 22e sentier, celui de *l'Intelligence fidèle* ou de la *Conscience fidèle*, associé à Lamed, là où l'aspirant ajuste son moi personnel conformément aux lois du Karma. Les Damnés de l'Enfer de Dante sont plongés dans des affres matérielles ajustées à leurs fautes, les pécheurs du Purgatoire se voient infligés des peines conformes à la loi du talion, et les Élus du Paradis jouissent des béatitudes, en juste retour de l'Amour qu'ils ont déversé sur le Monde, au cours de leur existence terrestre.

33 = 3 x 11...

Nous verrons plus loin le sens profond de nature alchimique d'une composition en 3 fois 11 Chants, à l'intérieur de chacun des 3 mondes.

Mais en restant dans l'optique de la Kabbale, nous retrouvons un symbolisme directement attaché à ce que nous pourrions appeler, au risque de faire grincer quelques dents, **"la vibration primordiale de la Divine Comédie"**...

11 correspond à la lettre hébraïque Kaf qui incarne l'ancrage de l'Homme dans la Matière, *Le Verbe qui se fait chair.* Cette lettre est elle-même associée au Soleil, l'astre qui incarne toute la puissance divine exprimée dans le monde matériel et constitue aussi le "modèle de la réalisation", c'est-à-dire l'atteinte de l'identité profonde du Soi. Cette lettre est aussi en correspondance avec le 21e sentier de l'Arbre de Vie. Celui-ci relie la sephirah Hesed (la Grâce) à la sephirah Netsah (la Victoire). C'est celui que les kabbalistes appellent le sentier de *la Conscience désirée et recherchée* ou de *l'Intelligence de la conciliation et de la récompense*. C'est le lieu d'éveil des aspirations les plus élevées chez l'aspirant en quête de la Lumière.

Dante évoque *le rafraîchissement de la pluie éternelle*, ailleurs décrite comme *la Rosée*. C'est la Grâce, bien sûr, répandue sur les Élus. Nous sommes au XIVe Chant du Paradis, celui qui accueille les âmes des Sages... Et il écrit que Dieu en 3 personnes, est chanté 3 fois par chacun des esprits présents, avec une telle mélodie qu'elle constitue la récompense suprême :
"ch'ad ogni merto saria giusto muno."
Qu'à chaque mérite revient juste récompense.

Tout ceci entre en écho certain comme une magie sacrée du nombre 11.

La lettre Kaf est associée, enfin, à l'arcane de la Force dans le tarot, qui nous invite à méditer sur cette force intérieure puissante qui anime Dante au point de lui faire écrire un poème sacré en 14 233 vers !...

Cette force permet à l'aspirant, sur la voie de son évolution, de maîtriser les pulsions de son Ego et d'ouvrir ce dernier aux réalités rayonnantes de l'Esprit.

Le Nombre 235

Par ailleurs, la lettre Kaf a la valeur numérologique de 20, symbole de fécondation de la Matière par le germe divin. Il s'agit du Nombre 2, sur le plan des dizaines c'est-à-dire celui de l'Incarnation, reliée à la force d'Amour.

Le poème est rythmé par des vers de 11 pieds.

Au-delà des nombreux commentaires de type littéraire que cela a suscité, la symbolique de la **force intérieure** évoquée ci-dessus semble apporter un éclairage particulier, puisqu'il souligne ce que nous avons appelé "la vibration primordiale", à savoir cette force intérieure qui anime l'Œuvre toute entière et pousse Dante des affres de l'Enfer à l'extase du Paradis, à la queste du mariage divin entre Matière et Esprit et, finalement, de la Béatitude, au contact de la Lumière et de la source originelle de toutes choses.

4, par le 13, le nombre d'un poème de...
14 233 vers, récit situé en l'An 1300...

Le nombre 13 est inclus dans le millésime choisi par Dante, l'année 1300. Le **début du siècle** marque donc le milieu de la vie du Poète.

En dehors de la référence aux cycles d'évolution, évoquée plus haut, la symbolique rattachée au nombre 13 est très éclairante pour la datation d'une telle œuvre.

Une année 1300, qui débute un nouveau siècle, est placée sous le signe de l'arcane 13 du tarot, arcane sans nom, mais souvent désignée comme Mort et Renaissance. A travers sa Divine Comédie, Dante effectue une sorte de "Renaissance" effective, marqué comme il l'a été par l'échec de sa vie publique et par l'exil. Sa Renommée des dernières années de sa vie, et surtout sa renommée post-mortem vont même le conduire à ce qu'il appelle de tous ses vœux : l'Immortalité.

En nous replaçant dans l'optique de la Kabbale et de l'Hermétisme Chrétien, nous avons d'autres correspondances édifiantes pour la signature de cette année universelle 1300. La 13e lettre de l'alphabet hébraïque, en effet, est Mem, lieu d'arrêt et de gestation, invitant à l'éveil par un certain repli sur soi. Le 23e sentier de l'Arbre de Vie correspond à cette lettre.

C'est celui qui relie Geburah (la Rigueur) à Hod (la Gloire). Il est dénommé par les Kabbalistes le sentier de *la Conscience soutien* ou de *l'Intelligence stable*. Sur ce sentier, l'aspirant peut se nourrir de vérités profondes et éternelles. Mem a pour valeur numérologique 40, nombre matriciel invitant l'aspirant à se ressourcer, en menant une queste au plus profond de lui-même. Dante avoue dans plusieurs de ses œuvres combien la Science Théologique et la Philosophie lui furent un soutien aux pires moments de sa destinée.

Au total, l'œuvre comporte 14 233 vers, ce qui en réduction théosophique donne 1+4+2+3+3 = 13 = 4. Le nombre 13 est le symbole même de la transmutation de l'Être, mort du vieil homme et renaissance à la Lumière. Il signe donc "le parcours du Poète" dans la Divine Comédie.

4 symbolise l'objet même de la transmutation : *la Matière que l'Esprit doit investir et maîtriser.*

9 cercles en Enfer, 7 corniches au Purgatoire + 2 assises dans l'Antipurgatoire (= 9), et 9 cercles au Paradis...

Chacun des 3 mondes de l'Au-delà, l'Enfer, le Purgatoire et le Paradis, est ainsi composé de 9 cercles, soit le carré de 3, figure déjà évoquée par Dante dans la "Vita Nova" (voir plus haut). La strophe de la Divine Comédie est formée de 3 vers, à rimes entrelacées 3 par 3. Le "Divin Trinitaire" est ainsi sursignifié comme un rythme indispensable à la nature sacrée du Poème, nature annoncée en tant que telle par Dante lui-même.

A peine est-il nécessaire de rappeler que la somme des structures des 3 mondes donne 27 = 9...

Ce nombre incarne, selon la Kabbale, l'accomplissement d'un cycle.

C'est donc, tout naturellement, le nombre qui désigne le cadre du voyage, pour chacun des 3 cycles attachés aux 3 mondes. Mais c'est aussi le nombre de l'achèvement d'une étape d'incarnation, correspondant à la totalité de l'Œuvre.

Le Purgatoire, ce monde de transition et d'expiation, entre l'Enfer et le Paradis, comporte 7 corniches, correspondant aux 7 péchés capitaux : orgueil, envie, colère, paresse, avarice et prodigalité, gourmandise et luxure et aux 7 vertus correspondantes : humilité, amour, douceur, sollicitude, pauvreté et générosité (ensemble), tempérance et chasteté.

Parmi les 9 cercles du Paradis, 7 correspondent aux 7 planètes de la Tradition primordiale, Lune, Mercure, Vénus, Soleil, Mars, Jupiter et Saturne, les 2 autres aux Étoiles et au Premier Mobile. Les 9 cercles du Paradis correspondent par ailleurs aux 9 hiérarchies angéliques.

Nous reviendrons dans le détail sur le symbolisme rattaché à tous ces éléments dans le chapitre consacré aux sites de la Divine Comédie.

Le nombre 9 correspond dans le tarot à la figure de l'Hermite. Cet homme âgé, portant la barbe du Sage, est vêtu d'un longue cape bleue, couleur de l'ouverture et de la réceptivité, sur une robe d'apparence monastique rouge, couleur du feu divin, et muni d'une lampe tempête, symbole de Conscience et de Sagesse épanouies.

Nous ne pouvons pas éviter de faire le rapprochement entre cette figure et les silhouettes de Dante et de Virgile, dessinées par Gustave Doré (1).

Tous deux sont investis de ce que les Kabbalistes appellent *l'achèvement féminin,* qui, loin d'être un enfermement, représente au contraire un état d'ouverture vers un nouveau dépassement...

Au 33e et dernier chant du Paradis (v.115-117), Dante écrit :

---

(1) *La Divine Comédie* par Pier-Angelo Fiorentino et illustrée par Gustave Doré, Librairie Hachette, 1891.

> *Dans la profonde et claire subsistance*
> *du haut foyer, trois cercles m'apparurent,*
> *de trois couleurs et d'une contenance ;*
> *comme iris en iris me semblait l'un*
> *miré en l'autre ; et le tiers semblait feu,*
> *respirant des deux parts égale ardence.*

Il s'agit là, bien sûr, de la Sainte Trinité, la racine du 9, comme l'écrit la Poète dans la "Vita Nova"... Mais là, nous sommes dans l'Empyrée. Tout s'achève dans un 10e ciel, qui n'est pas sur le même plan que les 9 précédents, certes, mais cela introduit un autre nombre clé de la Divine Comédie.

10, racine carrée de 100, nombre total des Chants : les 10 sciences correspondant aux 10 ciels...

Ces 10 sciences sont les suivantes : Grammaire, Dialectique, Rhétorique, Arithmétique, Musique, Géométrie, Astrologie, Physique et Métaphysique (ensemble), Philosophie morale et, enfin, correspondant au ciel de l'Empyrée, la science de Dieu, la suprême science...

Quant à la Rose des Bienheureux, dans le ciel immobile de l'Empyrée, elle comporte une infinité de degrés.

La figure humaine de Dieu apparaît mystérieusement fondue aux lignes géométriques du cercle divin. La mesure exacte du cercle est une limite infinie. Valeur 100, précisément. A noter que 100, c'est aussi, d'après la Kabbale, la valeur numérique de la lettre hébraïque Qôf, qui désigne l'Illumination. C'est, selon Virya, le symbole de *la fusion dans un tout mais en gardant la capacité d'être un. Le macrocosme constitué d'une infinité de microcosmes parfaitement individuels* (1).

Les vers de Dante, au dernier chant du Paradis (v.137-141), sont comme un écho à cette Illumination et à cette vision :
> *tel me venait la vision nouvelle :*
> *je voulais voir comment l'image (*) au cercle*
> *se put conjoindre, et comment lieu y trouve ;*
> *mais à ce vol ne suffisaient mes ailes (**):*
> *quand mon esprit fut frappé par un foudre*
> *qui son souhait lui portait accompli.*

(*) la nature humaine
(**) mes facultés intellectuelles et spirituelles

Le choix du nombre 10, qui structure le Paradis, dans son ensemble, autour des "Sciences", s'éclaire vivement quand nous nous tournons une fois de plus vers la Kabbale. 10 incarne en effet la "Puissance Divine", au sein de la Matière, sous la forme de principes et de lois inéluctables auxquelles nous renvoient précisément les fameuses "Sciences". Au premier rang d'entre elles, figure la "Science de Dieu", évoquée dans l'Empyrée.

---
(1) *Lumières sur la Kabbale* par Virya, Éditions Jeanne Laffitte, 1989.

10 correspond à la lettre hébraïque Yod qui, tout à la fois, est la 10e lettre de l'alphabet et a cette valeur numérologique. Il s'agit du "germe divin", symbole de la présence agissante et rayonnante au sein du monde créé.

Cette lettre est elle-même associée au 20e sentier de l'Arbre de Vie, reliant Hesed (la Grâce), sphère de Vivification, à Tiphereth (la Beauté), sphère d'Unification.

Ce sentier est dénommé *Conscience de Volonté* ou *Intelligence de la Volonté*. La volonté personnelle de l'aspirant sur la voie - en l'occurrence il s'agit ici de Dante au cours de son voyage - peut s'y harmoniser avec la volonté divine, et son "moi personnel", fécondé par une puissance supérieure, peut participer aux plans cosmiques de la Création, au terme de ce voyage.

A cette lettre correspond l'arcane de la Roue de Fortune, dans le tarot, qui incarne la roue du Destin et la loi du Karma. L'aspirant sur la voie, comme le fait Dante, doit essayer de gagner le "Centre", pour saisir le sens de son existence et comprendre les lois pour son développement sur le plan matériel et terrestre. Ce centre symbolise le lieu de prise de conscience de ces lois. Il est situé au plus profond de l'être. Le Poète met, littéralement, en scène cette "découverte" d'Unicité entre microcosme humain et macrocosme, parmi les derniers vers de sa Divine Comédie, reproduits ci-dessus…

Giuseppe Vandelli, commentateur italien de Dante (1), précise en termes de Foi Chrétienne, le sens des vers du Poète, qui décrit *"comment la nature humaine, finie et la nature divine, infinie* (symbolisée par le cercle), *peuvent dans le Christ former un tout."*

Le Nombre, ordonnancement de toutes choses…

En fait, toute l'architecture de la Divine Comédie est construite sur des combinaisons kabbalistiques de nombres. Le Poète se réfère à l'art de la Musique, dans sa fameuse apostrophe : *"O hommes, qui ne pouvez voir le sens de ce poème (canzone), ne le rejetez pourtant pas ; mais observez sa beauté qui est grande, soit pour la construction, ce qui concerne les grammairiens, soit pour l'ordre du discours, ce qui concerne les rhétoriciennes, soit pour le nombre des ses parties, ce qui concerne les musiciens."*

Mais nous pouvons lire à travers les trois mots de *construction*, *ordre* et *nombre*, le dessein premier du Poète : "l'ordonnancement de toutes choses" concernant la pensée, l'écriture et l'art poétique. Et derrière cet "ordonnancement" se profile toute la démarche Kabbalistique, envisagée dans la perspective de l'Hermétisme Chrétien…

Il existe une merveilleuse adéquation entre le nombre de vers de chaque partie de la Divine Comédie et la queste de l'Initié Dante : l'Enfer compte 4720 vers = 13 = 4, ce qui désigne la Gestation transformatrice (lettre Mem-13) et le passage dans le monde créé terrestre, (lettre Daleth-4), et la matérialité à maîtriser (lettre Daleth-4) ; Le Purgatoire compte 4755 vers = 21 = 3,

---

(1) *La Divina Commedia - testo critico della Società Dantesca Italiana* par Giuseppe Vandelli, Éditions Ulrico Hoepli, Milano, 1989.

ce qui désigne une perfection potentielle à acquérir, par vivification purificatrice (lettre Schin-21), et le Trinitaire, associé à la reconnaissance par l'aspirant de son destin (lettre Guimel-3) ; Le Paradis compte 4758 vers= 24 = 6, ce qui désigne la force de l'Amour, et le pouvoir de lier et d'unifier, synthèse de toute la Création, union fécondante entre le Microcosme humain et le Macro-cosme (lettre Vav-6). Le nombre 24 nous renvoie aux 24 vieillards de l'Apocalypse de Saint Jean, associés au pouvoir de régénération de la terre par le Christ. Notons que 24 au carré (=576) ou au cube (=13824) nous donne 18 = 9.

La lettre Tsade, 18e lettre de l'alphabet hébraïque et de valeur numérologique 90, correspond à l'adombrement de l'esprit et à l'accès à la Transcendance. La lettre Teith, 9e lettre et de valeur numérologique 9, correspond à la Perfection achevée, image du Paradis et de tous ses Bienheureux, telle que le Poète nous le transmet. Il faut avouer que le Paradis de Dante en 4758 vers ne peut être mieux numérologiquement consacré !...

Avant même l'entrée dans l'ultime monde de la Perfection, l'apparition glorieuse de Béatrice sur le char de l'Église, au Paradis Terrestre, a lieu, elle-même, au 73e vers du XXXe Chant, au milieu donc de ce chant qui en contient 145. Ce 30e chant est précédé de 63 chants. 6+3=9, toujours ce même symbole d'accomplissement.

Dante, et (ou) la Providence Divine, la grande inspiratrice, "semblent" avoir fait en sorte que le 17e vers du 2e chant de l'Enfer soit le 153e du Poème dans son ensemble. En effet, le chant I, qui est un prologue, compte 8x17=136 vers. (136+17=153).

Or, ce 153e vers concerne "L'Adversaire de tout mal", c'est à dire Dieu. Ce nombre nous renvoie à la "pêche miraculeuse" des 153 poissons, évoquée par Saint Jean, à la fin de son Évangile (21,11) !...

Ce nombre de 153 intervient, au cours d'une apparition du Christ, après sa mort et sa résurrection. Il souligne, à travers le miracle, l'intervention divine pour donner à manger à ceux qui n'ont pas pu, par leurs propres moyens, trouver leur nourriture. *Il (Jésus) leur dit : "Jetez le filet à droite du bateau et vous trouverez." [...] Alors Simon Pierre monta dans le bateau et tira à terre le filet, plein de gros poissons : cent cinquante trois ; et quoiqu'il y en eût tant, le filet ne se déchira pas.* Ainsi, Pierre, "le pêcheur d'hommes", ramène son filet. Rappelons au passage que Saint Jean est le patron de Florence, ville natale de Dante.

Ce nombre 153, hautement sacré, s'éclaire à nouveau pour nous, grâce à la Kabbale. 1, Aleph, origine de toutes choses, l'impulsion primordiale, 5, He, le souffle divin créateur, permettant d'harmoniser le plan matériel avec les lois de l'Esprit, 3, Guimel, la reconnaissance par l'homme de son destin, pour un développement et un accomplissement.

Parmi tous les Apôtres, réunis au bord du lac de Tibériade, après que le miracle ait été accompli, Simon Pierre s'entend dire par le Christ (Jean 21,18,19) :

*En vérité, en vérité, je te le dis
quand tu étais jeune,
tu mettais toi-même ta ceinture,
et tu allais où tu voulais ;
quand tu auras vieilli,
tu étendras les mains,
et un autre te ceindra
et te mènera où tu ne voudrais pas.*
Il signifiait, en parlant ainsi, le genre de mort par lequel Pierre devait glorifier Dieu. Ayant dit cela, il lui dit : "Suis-moi."

Et 153, en réduction, donne 9, que les Kabbalistes associent à *l'achèvement au féminin*, lié à une capacité de retrait et de recentrage sur soi, à l'élimination du non-essentiel et à l'ouverture à la Transcendance,... Et 9 est le Nombre de Béatrice comme le Poète nous l'a si bien dit, prototype de cet achèvement, à ses yeux !...

Au 33e et dernier chant du Purgatoire, au cours duquel est édictée la prophétie du 515, Dante a "choisi" (?) le 119e vers, pour faire apparaître la Dame mystérieuse, dénommée Mathilde. Celle-ci fait baigner et boire Dante dans le fleuve Léthé et l'initie aux plus hautes vérités.

Louis Philippe May souligne, dans son ouvrage (1), toutes les implications arithmétiques et toutes les combinaisons que suppose ce nombre de 119. Mais nous pouvons aussi remarquer que, par réduction théosophique, 119 = 11 = 2. Le nombre 11, associé à la lettre Kaf, correspond à l'ancrage de l'Esprit dans la Matière, et se traduit par cette force intérieure, soumettant les volontés de l'Ego et 2, associé à la lettre Beith, incarne le pouvoir de fécondation de l'Esprit et de rayonnement extérieur, et, notamment, l'expression de la puissance créatrice de l'Aleph (2 fois 1). Or, la purification du Léthé, à laquelle est soumise le Poète, est précisément destinée à enlever à l'âme le souvenir de ses péchés et des travers qui minent son rayonnement et son pouvoir d'unification intérieure. Mais, pour atteindre sa perfection, dans l'expérience de la Béatitude, l'âme aura encore besoin d'un deuxième ferment de fécondation, dans l'autre fleuve de l'Eunoé. Celui-ci lui rendra la mémoire des bonnes actions.

515 et 666, entre Prophéties...

Dante insère dans la "Divine Comédie" 5 prophéties en dehors de celle de Béatrice, la fameuse prophétie du 515, déjà citée et si largement commentée et cela suit une composition très structurée :

```
Prophétie de Virgile----------------------┐
Prophétie de Ciacco-------------┐         │ 666
Prophétie de Farinata-----------│ 515 ----┘
Prophétie de Brunetto Latini----┘         ┐ 666
Prophétie de Nicolas III--------┘ 515
```

---
(1) *A la découverte de la Divine Comédie, Dante et la mystique des nombres* par Louis Philippe May, Éditions La quadrature du cercle, 1968.

Entre les deux premières et entre les deux suivantes, il y a 666 vers ; entre la prophétie de Ciacco et celle de Farinata, il y a 515 vers ; entre les deux dernières, il y a 515 vers également. Référence donc est faite d'une part à l'Apocalypse (nombre de la bête) et d'autre part à la prophétie de Béatrice.

Nous reviendrons en détail sur la prophétie de Béatrice, dans le chapitre consacré à la progression de Dante avec ses guides successifs.

Pourquoi 666, le nombre de la bête ?
C'est ici qu'il faut de la finesse ! Que l'homme doué d'esprit calcule le chiffre de la Bête, c'est un chiffre d'homme : son chiffre, c'est 666. Ainsi s'exprime Saint Jean dans son Apocalypse (13,18), titre biblique : *le Dragon transmet son pouvoir à la Bête.*

Certains traducteurs écrivent : *C'est ici la Sagesse.*

Les deux traductions sont valables, vu l'ambivalence (et ne disons pas l'ambiguïté !) de cette "Bête". Nombre du Diable et nombre de L'Éternité. 666 donne en réductions successives 18 et 9 et 9, scripturalement, n'est qu'un 6 inversé ! La qualité du 6, associée à la lettre Vav, incarnant le pouvoir de lier et d'unifier, est cruciale pour parvenir à la "Perfection" du 9.

Par ailleurs, Vav correspond au 16e sentier de l'Arbre de Vie, reliant la sephirah Hochmah (la Sagesse), sphère de la Fécondation de la Matière par l'Esprit, à la sephirah Hesed (la Grâce), sphère de la Vivification. Ce sentier a pour nom la *Conscience glorieuse* ou *l'Intelligence Triomphale*. Il ouvre à l'Homme, au positif, la possibilité d'avoir la confiance en la Grâce divine et en son rayonnement qui confère Joie et Abondance.

Or Dante, à plusieurs reprises dans son Paradis, insiste sur ce point à propos du peuple des Bienheureux.

Mais si ce sentier est maléficié, c'est un lieu parfaitement stérile ; l'Homme, privé des énergies divines, y voit la matière réduite à sa dimension purement extérieure, et ceci l'asservit et le plonge précisément dans sa "bestialité".

Dans son ouvrage sur "L'Occultisme" (Éditions Marabout Université - 1974), Julien Tondriau écrit que l'Enfer compterait 6 légions démoniaques, chacune comprenant 66 cohortes, chaque cohorte se divisant en 666 compagnies de 6666 démons chacune, soit un total de 1.758.064.176 démons. Et ce nombre "mythique", après réduction théosophique, donne 45 = 9 !...

L'ambivalence, bien entendu, se retrouve encore dans les perspectives eschatologiques sur "la Fin des Temps", illustrées magistralement dans l'ouvrage de Jean Phaure sur Le Cycle de l'Humanité Adamique (1), Fin des Temps, dont nous serions proches.

----
(1) *L'Occultisme*, Éditions Marabout Université, 1974.
(2) *Le Cycle de l'Humanité Adamique* par Jean Phaure, Éditions Dervy 1994. Et la suite : *Les Portes du IIIe millénaire*, Éditions Ramuel, 1994.

Mais, là encore, gardons-nous de ne retenir que la dimension matérielle, planétaire. Parvenu au Temps du Millénium nous pourrions retrouver le Paradis ! Jean Phaure nous invite à prendre la juste mesure de ce combat avec la Bête et ce qu'il en dit s'applique admirablement bien au contexte initiatique et prophétique de la Divine Comédie : *La fin de notre cycle est à l'image d'un aquarium : toute une boue ténébreuse s'accumule pesamment à sa base, mais d'infimes particules s'en détachent et remontent sans cesse à l'appel de la lumière, participant à cet internel **équilibre** entre Grâce et Pesanteur, Lumière et Ténèbres. [...] Notre temps de la Fin est à la fois tragique et passionnant. Mille **signes** d'Espérance et de lumière s'offrent à ceux qui librement ont **choisi** la douloureuse "remontée". Le temps de l'Église de Philadelphie, et, combien plus encore, celui du Règne de l'Esprit Saint, verront enfin accomplir par ces "hommes libres" le grand rêve templier d'**Unité** de l'espèce humaine.*

Entendons, à présent les prophéties de la Divine Comédie :

La prophétie de Virgile

Au Premier Chant de l'Enfer, Virgile annonce à Dante, menacé par la 3e bête du prologue, la louve de l'Envie : *Il te faudra tenir autre voyage.*

Et il décrit cette bête qui, face à l'Homme, *si fort le guerroie qu'elle le tue.* C'est alors que le premier guide du Poète prédit la venue du "Veltro", le Vautre, chien ardent commis à la chasse aux fauves et aux loups, en particulier... Bien sûr, ceci s'entend au plan symbolique.

La louve incarne la Curie romaine, accusée par Dante de simonie, et plus généralement la société dépravée. Et le "Vautre" évoque quelque puissance salvatrice, sur laquelle tant de commentaires ont voulu mettre des personnalités de l'époque ou des entités de pouvoir, telles qu'un nouveau Pape, un Empereur, ou tout simplement le Christ rédempteur en son Triomphe...

Sans doute, le "Vautre" figure-t-il, ici, avant tout une sorte de "Justice immanente", faisant le tri entre les damnés voués à *la seconde mort* et les Bienheureux voués à la *seconde vie éternelle,* car Virgile, affirmant au Poète son rôle de guide, annonce bien la couleur (v.109-121) !

Cestui la chassera par toute ville
à temps qu'il l'ait remise dans l'enfer
là où Envie jadis la débûcha.
J'avise donc, pour ton bien, et je loue
que tu me suives ; et je serai ton guide
te hors-jetant d'ici par lieux éternels
où s'entendent les cris du désespoir,
où se voient les dolents esprits antiques
dont chacun hurle à la seconde mort ;
puis tu verras ceux-là qui sont contents
dedans le feu, espérant tôt ou tard,
venir parmi les âmes bienheureuses ;

La prophétie de Ciacco

Au Chant VI de l'Enfer, dans le cercle des *Gourmands*, Dante rencontre un certain Ciacco, à l'allure d'un symbole exemplaire de pervertion.

Ciacco signifie littéralement "Cochon". Ce nom désigne, selon Boccace, un parasite glouton, médisant, peu recommandable, mais qui dût à son apparence courtoise et policée d'être apprécié des nobles et des bourgeois de Florence. Sa prophétie concerne l'histoire de la rivalité entre Guelfes Blancs et Noirs, qui valut à Dante son exil. Le Poète l'interroge sur ce qui va se passer à Florence entre les partis :

> *[...] dis-moi la raison,*
> *Pourquoi lui donne assaut telle discorde.*

Réponse de Ciacco :

> *Et il reprit : Après longue querelle,*
>   *viendront au sang ; et le parti sauvage*
>   *chassera l'autre avec mainte offensaille.*
> *Puis il faudra que l'une gent trébuche*
>   *dans trois soleils* (1), *et que l'autre surmonte*
>   *par la force d'un tel qui or louvoie* (2).
> *Longtemps tiendra celle-ci le front haut*
>   *faisant son joug peser sur la vaincue,*
>   *pour colère et pour deuil que l'on en prenne.*
> *Si deux justes y sont* (3), *qui les écoute ?*
>   *superbe, envie et avarice règnent,*
>   *es trois brandons* (4) *qui au cœur boutent feu.*

(1) à la fin de la troisième année par rapport à 1300.
(2) le Pape Boniface VIII.
(3) Dante et son ami Cavalcanti (?)
(4) les 3 péchés incarnés par les 3 bêtes sauvages auxquelles Dante est confronté au prologue de l'Enfer.

Aux calendes de Mai 1300, éclata la guerre, à Florence, sur la place de la Trinité (Tout un symbole !). Les Guelfes Noirs étaient chassés par le *parti sauvage* des Guelfes Blancs. En 1302, les Blancs sont exilés à leur tour et Dante fait partie de la proscription. Par la suite, il va devoir prendre ses distances avec son propre parti !

La prophétie de Farinata

Au Chant X de l'Enfer, dans le cercle des Hérétiques et parmi les Épicuriens, le Poète croise Farinata degli Uberti, chef des Gibelins de Toscane, 50 ans plus tôt... Celui-ci prédit :

> *Mais avant que la dame ici régnante* (1)
>   *cinquante fois ait rallumé sa face,*
>   *ton cœur saura combien pèse telle art.*

(1) Hécate, symbole de la Lune, Reine des Enfers.

Effectivement, après 4 années et 2 mois, en Juin ou Juillet 1304, Dante perd toute chance de retourner un jour à Florence. Les efforts des Guelfes Blancs restent vains.

La prophétie de Brunetto Latini

Au Chant XV de l'Enfer, dans le cercle des Blasphémateurs et des Intellectuels violents contre l'Esprit, fils de Dieu, Dante rencontre ce maître Brunetto qui lui est si cher. La Destinée d'homme *libre et solitaire* du Poète est en cause...
> *A tant d'honneur Fortune te réserve*
> *que noirs et blancs te voudront dévorer ;*
> *mais ce n'est point fourrage pour leur bec.*

Les Guelfes Noirs exilèrent et condamnèrent Dante à être brûlé vif. Le Poète dut ensuite se séparer des Guelfes Blancs, son propre parti, *une compagnie méchante et sotte* (Chant XVII v62), de l'aveu même de son aïeul Cacciaguida, chevalier vénéré devant l'Éternel.

Les autres exilés Blancs tentèrent de rentrer par la force dans Florence et échouèrent. Dante ne voulut pas y participer et fut, alors, accusé de haute trahison.

Le *cher cep de ma lignée* comme Dante appelle son ancêtre, formule, en ce même Chant XVII du Paradis (v.67-69), la seule attitude possible de "l'homme libre", face aux dépravations de la "Bête" :
> *De sa bestiauté ses entreprises*
> *feront la preuve ; et l'honneur sera tienne*
> *d'avoir été tout seul en ton parti.*

La prophétie du Pape Nicolas III

Cette prophétie clôt la série des prophéties de l'Enfer, celle de Béatrice intervenant au Paradis Terrestre, au sommet du Purgatoire.

Le Pape Nicolas III, dans le 8e cercle, celui des Trompeurs et dans la 3e fosse, réservée aux Simoniaques, est planté dans le sol, la tête en bas et la plante des pieds rongée par le feu. Tous les Papes simoniaques sont ainsi sensés se recouvrir l'un l'autre au cours du temps.

L'illustre damné dit au Poète (Chant XIX v.82-84) :
> *car après lui viendra de vers ponant*
> *un pasteur parjuré de plus laide œuvre,*
> *tel, qu'il devra recouvrir moi et l'autre : [...]*

"*Lui*", c'est Boniface VIII, son successeur, qui, par tromperie réussit à convaincre Célestin V de se démettre de cette charge. Et le "*pasteur parjuré*" est le fameux Pape Clément V, qui transféra le siège de la papauté en Avignon, abandonna à Philippe-le-Bel les dîmes ecclésiastiques pour cinq ans, et lui laissa faire les poursuites contre les Templiers, trois raisons majeures pour la haine manifestée par Dante à l'égard de ces deux hommes.

La prophétie du "Cinq Cent Dix et Cinq"…

La prophétie du 515 est émise par Béatrice, au dernier chant du Purgatoire, au Paradis Terrestre. Nous reviendrons sur cette prophétie, car c'est de loin la plus importante et celle qui a fait couler le plus d'encre en raison de sa suprême "énigmaticité" !

Elle annonce, au premier abord seulement, la venue d'un "sauveur" pour l'Italie.

> *car je vois à coup sûr - et si, l'annonce -*
> *tels astres, francs d'achoppail et encombre,*
> *proches déjà de nous donner bon temps,*
> *où mû par Dieu un cinq cent dix et cinq*
> *viendra occire enfin la larronnesse*
> *et le géant qui fornique avec elle.*

Ce "515", pour ce qui nous intéresse ici, à savoir un Nombre "structurant" l'intervention successive des différentes prophéties en liaison avec le Nombre de la Bête, le "666", ce 515 nous renvoie à cette fondamentale ambivalence que nous avons déjà soulignée. Cette ambivalence est renforcée par les multiples commentaires, suscités eux-mêmes par des textes aux allures volontaires d'Oracles de Delphes. Leur entendement semble donc livré, comme celui de leur modèle, *aux seules oreilles qui peuvent l'entendre !*…

Nous sommes placés par le Poète soit devant certains personnages historiques, nocifs à ses yeux, et d'autres, pouvant juguler le mal, soit devant l'entité symbolique de la "Bête Humaine" et devant son antidote, la "Puissance Salvatrice", soit même devant la perspective eschatologique, offrant le spectacle du combat incessant entre la Lumière et les Ténèbres, jusqu'au triomphe de la première… Choisir entre ces voies d'interprétation relève sûrement d'un défi que le Poète ne souhaite, vraisemblablement, pas nous faire relever. Les idées de Justice, de Paix, d'Amour et de Vérité, sont en même temps contingentes, in-temporelles et universelles.

En fin de compte, le lien numérologique que Dante paraît avoir tissé entre ces différentes prophéties, hors la prophétie de Béatrice, est bien "la Dualité", pour le meilleur et pour le pire. 515 réduit donne 2. Seule, "La Force intérieure de rédemption", tendue vers l'Unification, peut canaliser et maîtriser les forces du mal. 515 vers séparent les prophéties de Ciacco et de Farinata : querelle et division, face auxquelles Dante ne peut qu'opposer sa force intérieure pour assumer son exil, et aussi séparation, dualité "positive", celle-ci du Poète d'avec son propre parti des Guelfes Blancs.

Notons que la prophétie de Béatrice, qui met en scène la venue d'un "sauveur" de l'Italie et de l'Empire, destiné à remettre de l'ordre entre pouvoir temporel et pouvoir spirituel et assurer ainsi "une dualité de pouvoir", créatrice de Paix, porte elle-même le Nombre 515…

666 vers relient la prophétie de Virgile et celle de Ciacco, et, dans les deux cas, la "Bête" est bien la figure centrale, la louve d'envie avec Virgile et le "parti sauvage" et le Pape Boniface VIII dans la prophétie de Ciacco.

Le Nombre

Ici encore, la réduction théosophique du 666 donne 9, Nombre de l'accomplissement pleinier d'un cycle, tout comme le produit de 6X6X6 = 216 = 9. Or, nous avons bien, dans la prophétie de Virgile, "l'antidote", qui peut accomplir le miracle d'une "nouvelle ère". C'est le fameux "Vautre".

En résumé, une partition de 9 nombres majeurs

Le Poète nous avertit. Si le sens de la Divine Comédie prend en maintes occasions les accents du mystère et de l'énigme, c'est qu'il s'agit d'une œuvre "sacrée" qui livre ses vérités à ceux qui les cherchent.

Et il nous invite à **observer sa beauté [...] pour le nombre de ses parties, ce qui concerne les musiciens.**

La partition de cette "musique des sphères" comporte 10 Nombres, détenteurs d'un symbolisme Hermétique, profondément Chrétien, et ancré sur la Kabbale hébraïque :

1 Aleph — L'Unité divine, l'impulsion primordiale qui pousse le Poète à entreprendre son voyage dans les trois mondes, l'Unité qu'il retrouve dans l'Empyrée, derrière le Multiple.

3 Guimel — La Trinité dans sa perfection, toute entière saisie par Dante dans son extase finale, et aussi le moule universel de la Forme, pour l'Homme : Corps, Âme et Esprit et les 3 phases du Grand Œuvre Alchimique, correspondant aux 3 mondes de l'Au-Delà.

5 He — L'Homme, microcosme, avec le pouvoir d'éveiller la dimension spirituelle, le Poète, voyageur de l'Au-Delà et son guide Virgile, missionné par Béatrice pour lui ouvrir la voie de la Raison humaine. Et désignant avec le 100 et le 10 la prophétie de Béatrice.

7 Zaïn — La réalisation d'un cycle passant par la maîtrise des forces ennemies et aboutissant à la victoire, telle la remontée des 7 corniches du Purgatoire, pour découvrir les 7 péchés capitaux et les 7 vertus majeures, et parvenir au Paradis Terrestre.

9 Teith — La Perfection achevée, l'accomplissement d'un cycle d'Incarnation, "l'ouverture au féminin", ceci rapporté aux 9 cercles des hiérarchies angéliques du Paradis, aux 9 cercles du Purgatoire (7 corniches + 2 assises de l'Antipurgatoire), le Nombre de Béatrice, la vibration du nom "Commedia", et, aussi, sous l'aspect du 9 maléficié (la perception de toutes choses pervertie par la matière et l'Ego, l'Illusion), les 9 cercles de l'Enfer, la réduction du nombre de la Bête, le 666, etc.

10 Yod — La présence de Dieu dans le Créé, l'acceptation par l'Homme de son Destin, entre ciel et terre, et l'ouverture à la Vie, rapportées aux 10 ciels de Paradis.

11 Kaph

La force divine dominant l'être matériel et lui permettant d'assimiler les forces de la nature, ou l'ancrage de l'Esprit dans la Matière, tels que traduits par les états de conscience du Poète.
Et 11 = 2, la dualité en mouvement, augmentant, degré par degré, la richesse intérieure... Chaque monde de la Divine Comédie est traité en 33 chants = 11 x 3, double référence donc à cette "force" et au ternaire.

13 Mem

L'épreuve du changement radical de plan de conscience, "Mort du vieil homme et Renaissance", correspondant à chaque étape du voyage de Dante, au sein de chacun des 3 mondes visités, jusqu'à la "Seconde Naissance" dans l'Empyrée : ***mutando-m'io***, écrit-il au vers 114 du dernier chant du Paradis, "me transformant"...
13, nombre en réduction des 14233 vers de l'Œuvre, qui donne 4 : la Divine Comédie s'affirme bien comme l'œuvre de régénération de la Matière (Nombre 4).

33

33 ans, l'âge de la mort et de la résurrection du Christ, ésotériquement, l'âge de l'Illumination ou de l'harmonisation au plan cosmique, selon de nombreuses écoles religieuses, mystiques ou initiatiques.
C'est le nombre de chants choisi par Dante pour chacune des 3 étapes du voyage, hors chant I de l'Enfer, prologue général de l'Œuvre.
En réduction théosophique, 33 donne 6, associé par la Kabbale à la lettre Vav, correspondant au pouvoir de lier et d'unifier le Microcosme et le Macrocosme, la Créature et son Créateur, le monde profane et le monde sacré, par l'expérience de l'Amour, de l'échange et de la fusion avec l'Autre et les autres.

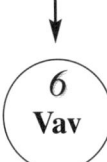

6 Vav

Dante, entre les forces de Lumière et les forces des Ténèbres "progresse", mû par sa soif d'Amour, de Lumière et de Justice, et guidé, jusqu'à l'expérience finale de l'Union...

100 Qôf

Ce nombre est la valeur numérologique de la lettre Qôf, incarnant l'accession à la vérité de l'Un, la fusion dans le grand Tout, évoquée par Dante au dernicr chant du Paradis, avec son Illumination et l'allégorie du "Cercle". Ceci correspond à l'opération solaire alchimique, symbolisée par l'arcane du Soleil dans le tarot. Tel est, enfin, le nombre total des chants de la Divine Comédie.

Les Nombres en leur forme ordonnée ou l'Arbre de Vie…

Nous venons de voir quelques nombres essentiels qui gouvernent la composition de la Divine Comédie, ceci relevant, sans doute, nous le rappelons, pour partie d'intentions conscientes et affirmées de la part du Poète et pour partie inspirées, hors du champ de sa conscience, par la Divine Providence !... Tous ces nombres sont ordonnés dans le cadre de l'Arbre de Vie, structure définie par les Kabbalistes, à l'image de la Création Divine.

Cet arbre incarne pour l'Homme le moyen de connaître Dieu, présent en toutes ses créatures, et les 32 sentiers, qu'il inclut, lui permettent de réintégrer les sphères divines et de s'unir au Principe Divin. (*Voir* notre Introduction et l'annexe *sur les repères des grandes traditions*)

Rappelons ici simplement que les 10 sephiroth expriment le Principe originel incarné au plan matériel. Ce sont les **dix formes que Dieu a produites pour diriger par elles les mondes inconnus et invisibles et les mondes visibles.** (extrait du Sepher Ha Zohar, cité par Charles Rafaël Payeur, dans son ouvrage sur "La Kabbale et l'Arbre de Vie", cité plus haut).

Les 22 cineroth sont les voies par lesquelles circulent les énergies entre les sephiroth. Elles sont associées aux 22 lettres de l'Alphabet Hébraïque, chacune d'elle ayant, comme nous l'avons vu dans l'introduction, une valeur ordinale, de rang, et une valeur numérologique, les neufs premières ayant même valeur ordinale et numérologique. Et 5 lettres finales s'ajoutent aux précédentes. Dieu les a *gravés et burinées. […] Il a formé selon elles tout le Formé et tout le futur à former.* (in le Sepher Yetsirah)

Ces lettres, enfin, sont en correspondance avec chacun des 4 éléments, avec les Planètes, avec les arcanes du tarot, avec les hiérarchies angéliques, etc.

Nous découvrirons, dans un prochain chapitre, que l'ascension des ciels au Paradis se conforme, avec une parfaite exactitude, à la remontée des sentiers de l'Arbre de Vie, avec toutes leurs correspondances…

Et la Kabbale se trouve tout naturellement reliée aux opérations du Grand Œuvre Alchimique.

Les allusions aux "Arbres", axes du monde, reliant Ciel et Terre, vivants symboles de la régénération et de la Vie, en perpétuelle évolution ;... arbres, sources de vie et sources de croissance et de développement spirituel ;... arbres dont la sève évoque l'Eau, les racines, la Terre, le feuillage, l'Air et le frottement par la main de l'Homme, le Feu ;...arbres, chargés des fruits de la connaissance ;... Arbre de "l'Interdit"; Arbre de la Connaissance du Bien et du Mal ;... les Arbres sont très présents dans la Divine Comédie.

Dante témoigne de leur profond symbolisme, notamment au chant XXVIII (v.109-114), en des termes qui nous paraissent désigner à demi-mot tout à la fois l'Arbre de Vie, et l'Arbre de la Connaissance du Bien et du Mal :

e la percossa pianta tanto puote,
che della sua virtute l'aura impregna,
e quella poi, girando, intorno scuote ;

> *e l'altra terra, second ch'è degna*
> *per sè e per suo ciel, concepe e figlia*
> *di diverse virtù diverse legna.*

Nous pouvons traduire ces deux tercets ainsi :
> *Et l'arbre frappé a tel pouvoir,*
> *que de sa vertu la brise est imprégnée,*
> *puis celle-ci, en tournoyant, l'agite à l'entour ;*
> *et l'autre terre, selon qu'elle est digne*
> *par elle-même et par son ciel, conçoit et engendre*
> *de diverses vertus les diverses essences.*

Au Paradis terrestre, au 33e chant (v.61-66), après la prophétie du 515, le Poète est mis en présence de "l'Arbre de la Science", qui est en fait "l'Arbre de la Connaissance du Bien et du Mal".

Ayant bu l'eau de l'Eunoé, qui rend aux âmes la mémoire de toutes leurs bonnes actions, il se trouve prêt à *"monter aux étoiles"*. Cela se passe le mercredi de Pâques, le 13 avril 1300 (total : 12 et 3) de 11 heures du matin à midi. Et Béatrice l'avertit, évoquant le rachat de la faute d'Adam par la mort et la résurrection du Christ (traduction d'André Pézard) :
> *Pour y avoir mordu, l'âme première*
> *cinq mille années en peine et désirance*
> *dut attendre celui qui sur soi-même*
> *punit ce coup de dents. Ton esprit dort*
> *s'il n'estime qu'un soin exprès fit l'arbre*
> *tant haut, et sur son chef le trestourna.*

Les lettres et les nombres qui leur sont associés nous éclairent, comme nous l'avons vu, sur le sens profond de la composition de la Divine Comédie, mais ces nombres et d'autres encore sous-entendent aussi les différentes péripéties du voyage de Dante dans l'Autre Monde.

Mais le symbolisme des nombres, bien sûr ne relève pas seulement de la tradition de la Kabbale et de l'Hermétisme Chrétien, mais aussi de la Tradition Universelle, à laquelle participe largement, par exemple, la Mythologie gréco-latine, qui nourrit fortement, comme chacun le sait, l'Hermétisme tout entier.

La Mythologie gréco-latine du nombre 9 : Voyage et Gestation...

Le fameux attachement de Dante au Nombre 9, celui-là même qui est attaché au nom de Béatrice et au nom de la "Commedia", renvoie à tout le symbolisme mythologique. Multiples sont les analogies entre certains aspects de ce symbolisme et le contenu le plus immédiat de l'œuvre.

La Mythologie est une référence culturelle de base pour le Poète, et ceci, en particulier, dans le sillage de l'œuvre même de Virgile. Et à celui-ci revient l'honneur de guider le Poète jusqu'au Purgatoire...

Ainsi, 9 jours est la durée du voyage de Déméter, alias Cérès pour les Romains, déesse dont le culte est attaché à "l'espérance de la vie éternelle" et qui a entrepris ce voyage à la recherche de sa fille Perséphone. Elle a eu cet enfant de Zeus et le ravisseur de son fils n'est autre que le dieu des Enfers, Hadès… Un compromis, imposé par Zeus à Hadès, sauvera l'enfant. Celui-ci restera désormais, chaque année, 9 mois auprès de sa mère et 3 mois auprès d'Hadès. L'Initiation aux fameux Mystères d'Eleusis visait à identifier l'aspirant à cet enfant divin qui échappe à la mort…

Par ailleurs, le mythe de Léto s'inscrit lui sous le signe du nombre 9. Cette descendante des Titans est la mère des jumeaux Apollon, dieu de la Lumière, associé au Soleil, et Artémis déesse de la chasse, *la Dame des animaux sauvages* et associée à la Lune, tous deux engendrés par Zeus. Elle fut le souffre-douleur par excellence, parmi d'autres, de l'épouse de Zeus, Héra, déesse protectrice du mariage et des femmes mariées et d'une jalousie farouche. Léto souffrit pendant 9 jours et 9 nuits des douleurs de l'enfantement.

C'est au cours de 9 nuits d'amour que le Dieu des dieux conçut les 9 Muses, évoquées à plusieurs reprises par Dante dans la Divine Comédie, au premier rang desquelles Polymnie, la muse de la poésie lyrique.

Et la vision du Poète se calque sur la Mythologie avec les 9 sphères célestes et les 9 cercles infernaux.

Nous voyons bien, par ces quelques exemples, que le nombre 9 est associé, dans les mythes les plus anciens, à "**la Gestation**" et au résultat acquis avec effort, et parfois douleur…

La queste d'Immortalité de Dante, avec tout l'effort et toutes les épreuves nécessaires se fonde sur un voyage initiatique. Dans cette optique, les nombres sacrés sont associés à sa progression spirituelle et aux interventions des 3 guides successifs : Virgile, Béatrice et saint Bernard.

Progression spirituelle, guides et… nombres sacrés

"Ce que c'est que donner un nom" : Beatrice, Beatitudine, Virgilio, Bernardo…

[…] à mes yeux parut pour la première fois la glorieuse dame de ma pensée, laquelle fut appelée Béatrice par bien des gens qui ne savaient ce que c'est que donner un nom.
"Vita Nova" II, 1

Dans la perspective de l'Hermétisme Chrétien, donner un nom revient à conférer à la personne qui va le porter les "énergies" que recèle ce nom à travers les lettres qui le composent et leurs correspondances astrologiques et numérologiques. Voir l'Introduction.

Nous avons découvert plus haut l'extraordinaire réalité du sens vibratoire et énergétique, développé par le prénom de Durante et par son diminutif Dante, passé à la postérité.

Nous ne pouvons commencer, parmi les noms des guides du Poète, que par celui de Béatrice, bien qu'elle n'intervienne chronologiquement qu'après Virgile. De toute manière, Virgile, annonçant sa mission, prononce son nom dès le 2e chant de l'Enfer, en rapportant précisément à Dante ses paroles :
"I'son Beatrice che ti faccio andare..."
C'est moi Béatrice qui te fais aller...

Comme cela a été déjà dit, ce prénom, à travers les équivalences numérologiques des lettres le composant, et en réduction théosophique correspond au nombre 9. Et Dante lui-même associe ce nombre à *sa dame*.
Le diminutif "Bice" correspond au nombre 1.

Rappelons, une nouvelle fois, que 9 représente l'incarnation et la manifestation du principe divin dans le monde d'en-bas, le plan terrestre et matériel. Ce nombre désigne ainsi l'être pleinement réalisé, l'Esprit ayant fécondé la Matière et se trouvant reflété dans la Personnalité. Béatrice est authentiquement, comme l'évoque le Poète, le symbole de son inspiratrice sur le plan spirituel.

Sur un plan psychologique, ce nombre confère à l'être qui lui correspond une grande sensibilité et une grande réceptivité, qui le portent à l'écoute et au ressenti très vif de ce qui émane des êtres et des choses.

C'est elle-même qui fut ce nombre ; je veux dire en image ; et je l'entends ainsi : le nombre trois est la racine de neuf, [...] Donc si le trois est par lui-même facteur du neuf, et si le facteur propre des miracles est trois - à savoir Père, Fils et Esprit saint, lesquels sont trois et un, - cette dame fut accompagnée de ce nombre du neuf pour donner à entendre qu'elle était un neuf, c'est-à-dire un miracle, dont la racine, autrement dit la racine du miracle, n'est autre que la merveilleuse Trinité.
("Vita Nova" XXIX, 3)

Ce qu'écrit ici Dante se passe de commentaires ! Mais si nous introduisons, ce que nous n'avons pas fait jusqu'ici, les correspondances astrologiques, le portrait spirituel de Béatrice se fond encore davantage avec l'image que l'Œuvre du Poète nous en donne.

B	E	A	T	R	I	C	E
taureau	lion	bélier	balance	sagitt.	sagitt.	gémeaux	lion
terre	feu	feu	air	feu	feu	air	feu
fixe	fixe	card.	card.	mutab.	mutab.	mutab.	fixe

L'élément "feu", incorruptible, prédomine, prédisposant à une spiritualité dynamique et à la confiance en ses propres valeurs, au Courage et à la Foi. L'équilibre entre les signes cardinaux, fixes et mutables, est la marque de capacités égales d'engagement, de persévérance et de prise de distance ou d'adaptation aux circonstances, tant sur le plan spirituel que sur le plan psychologique. Cet équilibre peut être atteint par la personne qui porte ce prénom, pour peu que son libre arbitre sache en jouer...

D'un point de vue kabbalistique, "l'intiale" du prénom est la marque essentielle, car elle amène l'ouverture à toutes les énergies que les autres lettres portent en elles-mêmes. Signalons, au passage, que Dante ne se prive pas de jouer de certaines intiales symboliques dans son poème.

Nous découvrons notamment le fameux "M", lettre de feu dessiné au ciel de Jupiter, au XVIIIe chant du Paradis et correspondant à l'aigle impériale. Et même les 5 premiers mots du Livre de la Sagesse sont écrits, lettre par lettre de feu, dans le ciel, par les *princes justes*...

La Kabbale des lettres n'est, bien sûr, pas très loin !...

L'initiale, donc le "B" de Béatrice, correspond à la lettre Beith de l'alphabet hébraïque. Le livre de la Genèse commence par un Beith. Cette lettre est associée aux mystères de la Création. L'Évangile de Saint Jean commence aussi par cette lettre. Elle correspond aux clés secrètes de la Connaissance et permet à la puissance de la Création, l'origine de toute chose, inclue dans la lettre Aleph, de s'extérioriser et de s'exprimer.

Cette lettre est en correspondance avec l'arcane de la Papesse dans le tarot, qui nous rappelle que le contact avec Dieu passe par **la qualité, toute féminine, de réceptivité et d'écoute.**

Clés de la Connaissance, réceptivité, écoute, ouverture, instruisant le contact avec Dieu, n'est-ce pas, ontologiquement, le rôle même que joue Béatrice dans la Divine Comédie vis-à-vis du Poète ? !...

Sur un plan complémentaire, comme l'évoque Charles Rafaël Payeur, dans son ouvrage précité sur l'Arbre de Vie, la lettre "B" a pour mot-clé numérologique "la coopération", et pour mot-clé astrologique "la détermination" !...

La coïncidence entre le portrait spirituel et psychologique, que nous livre Dante de sa *Dame*, dans la Divine Comédie, et cette queste de sens par le prénom est flagrante.

Le diminutif "Bice", parfois employé par le Poète, introduit une autre notion clé, à travers le Nombre 1, l'Aleph, le Bateleur dans le tarot, correspondant à cette force, cette impulsion primordiale de l'esprit, initiatrice de la Création. Ce diminutif renvoie donc à la queste de l'Unité perdue. L'œuvre illustre cette marche du Multiple vers l'Un, Unité nommément désignée par Dante dans l'Empyrée, avec l'image du cercle, déjà évoquée plus haut.

L'association étymologique et symbolique de Béatrice à la Béatitude est une opération qui trouve, elle aussi, son écho dans la même queste de sens Hermétique.

B	E	A	T	I	T	U	D	E
2	5	1	2	9	2	6	4	5
taur.	lion	bélier.	bal.	sagit.	taur.	vierg.	cancer.	lion
terre	feu	feu	air	feu	terre	terre	eau	feu
fixe	fixe	card.	card.	mut.	fixe	mut	card	fixe

Ce mot accentue l'équilibre des éléments et des caractères, associés aux lettres et aux nombres. Mais il est surtout notable que le nombre, incarné par ce mot, soit, en réduction théosophique, le même que celui de Béatrice, le nombre 9 !...

Et, bien entendu, le sens kabbalistique de la "Perfection du créé", liée à l'accomplissement pleinier d'un cycle d'incarnation, le fameux "achèvement féminin", tout auréolé de la force de retrait intérieur et d'ouverture au divin, renforce encore la légitimité du rapprochement entre le prénom et le mot !

Notons cependant, pour la rigueur de notre analyse, que le mot italien "**Beatitùdine**" renvoie, par le même processus numérologique au nombre 5, différent de celui du prénom.

Mais sa signification kabbalistique a un rapport, lui aussi, avec le rôle joué par la *Dame*, puisqu'il s'agit, avec la lettre hébraïque He, du "souffle divin créateur", renvoyant à cette force spirituelle qui éveille l'essence profonde de l'être pour, en quelque sorte, "l'alchimiser" et ouvrir sa conscience intérieure.

Notons ici que nous préférons nous en tenir au prénom de "Beatrice", semblable au vocable français, mais en langue vulgaire italienne, plutôt que suivre les nombreuses spéculations de certains commentateurs, autour d'un nom, modifié par rapport au texte de l'œuvre et transposé en "Beatrix".

Le 1er guide de Dante, par ordre d'entrée en scène, est Virgile, soit, toujours en langue vulgaire italienne utilisée dans la Divine Comédie, "Virgilio". Se reporter plus haut pour l'analyse du nom complet en latin : Publius Virgilius Maro.

Le nom de Virgilio apparaît pour la première fois au chant I de l'Enfer (v.79-84) :

Or se' tu quel Virgilio e quella fonte
che spandi di parlar si largo fiume ?
rispuos'io lui con vergognosa fronte.
O delli altri poeti onore e lume,
vagliami'l lungo studio e'l grande amore
che m'ha fatto cercar lo tuo volume.

Que nous pouvons traduire :

Or es-tu ce Virgile et cette fontaine
qui répand d'éloquence si large fleuve ?
lui répondis-je, le front honteux.
O lumière et honneur des autres poètes,
que me gratifient l'étude et le grand amour
qui m'ont fait quérir ton livre.

V	I	R	G	I	L	I	O
4	9	9	7	9	3	9	6
lion	lion	sagit.	bal.	sagit.	poiss.	lion	poiss.
feu	feu	feu	air	feu	eau	feu	eau
fixe	fixe	mut.	card	mut.	mut.	fixe	mut.

Majorité de signes de feu, ici encore, comme pour Béatrice, ouvrant, ontologiquement au courage, à l'autorité et au goût du défi. Signes fixes et mutables dominants, mais à part égale. Ceci souligne l'affrontement et l'équilibre des forces de détermination, de persévérance et d'évolution.

Et ce dernier élément de portrait spirituel est d'autant plus souligné que ces deux polarités s'équilibrent autour d'un pivot, représenté par la lettre "G", correspondant à un signe d'air, cardinal, impliquant la capacité à s'engager.

Cette *fontaine de sagesse*, comme le désigne Dante et qui fait *honneur et lumière* à tous les poètes et suscite la ferveur de lecture d'un disciple et son amour pour le maître, porte donc bien son nom, sous sa forme passé à la postérité, en langue vulgaire italienne.

Son nombre-synthèse 2 renvoie, précisément, au pouvoir de "fécondation" et d'essaimage à travers l'Amour et le rayonnement extérieur. Il est associé à la lettre hébraïque Beith et l'arcane de la Papesse, dans le tarot, dont nous avons déjà parlé, en évoque bien le symbolisme fondamental : la clé de la **"Connaissance secrète"**…

Par la suite, Béatrice laissera elle-même le soin à Saint Bernard de Clairvaux de guider les pas ultimes du Poète, tandis qu'elle reprendra sa place dans la Rose des Bienheureux.

"Bernardo", tel est son nom en langue vulgaire. Il apparaît pour la première fois au chant XXXI v.102 du Paradis. Avant de se nommer, lui-même, il est évoqué par Dante, dès le vers 59 :

………………… *et un grand vieil* (vieillard)
vois-je vêtu comme la claire gent (*).
Par les yeux et les joues son vis (*) est teint
de bénigne liesse, et dans son geste
paraît l'amour qui sied à tendre père.
………
Et la reine du ciel, pour qui je brûle
trestout d'amour, nous accordera grâce ;
car je suis son féal servant, Bernard.

(*) les élus, tout de blanc vêtus
(**) son visage

Cette incarnation de la contemplation mystique, vouée à la Vierge, Reine du ciel, qui, seule, permet à l'Homme, et va permettre au Poète, de s'élever, pour avoir le contact avec le divin et la Béatitude, a un prénom qui convient à un portrait spirituel tout à fait authentique :

B	E	R	N	A	R	D	O
2	5	9	5	1	9	4	6
taur.	lion	sagit.	**Soleil**	bélier	sagit.	cancer	poiss.
terre	feu	feu	feu	feu	feu	eau	eau
fixe	fixe	mut.		card.	mut.	card.	mut.

"Bernardo", c'est d'abord du "feu", élément ontologiquement relié au courage, à l'autorité et au goût du défi, à l'enthousiasme aussi. Rappelons-nous la puissance et le rayonnement des prêches de Saint Bernard !

L'excès de feu ouvre, toutefois, la porte à la surestimation de soi, à l'orgueil et à l'égocentrisme et en particulier l'autoritarisme. Si la vision idéalisée de Dante à l'égard de "Bernardo" est loin d'un tel aspect négatif, la réalité historique n'est pas exempte de cette part d'ombre dans le portrait spirituel du saint homme...

A noter l'équilibre très fort entre les trois catégories de signes, cardinaux (force de l'engagement), fixes (persévérance) et mutables (adaptation aux circonstances et évolution). Cet équilibre est d'autant plus éloquent qu'il s'articule autour de la figure centrale du Soleil, associé à la lettre "N".

Certains prénoms incluent ainsi soit le Soleil soit la Lune (lettre M) et ceci donne alors une indication supplémentaire très intéressante sur leur symbolique vibratoire.

En position initiale (1re lettre) ou centrale comme ici, la présence du Soleil renforce la dominante "feu".

Le nombre-synthèse du prénom "Bernardo" est le 5. Il incarne l'énergie divine qui harmonise le plan matériel conformément aux exigences de l'Esprit. Sur un plan psychologique, la personne qui porte un prénom de cette valeur numérologique a, en principe, une capacité particulière à centrer toute son énergie, pour témoigner des forces de Lumière et de l'Esprit et rayonner une profonde sagesse intérieure... Ceci lui est offert comme possibilité et, bien sûr, son libre-arbitre peut malheureusement en mésuser. Saint Bernard, dans la vision de Dante, est presque l'archétype de l'homme qui, dans son incarnation au plan terrestre, réalise cet idéal.

Le nombre 5 est associé, dans la Kabbale, à la lettre He, incarnant "le souffle divin créateur". L'arcane du pape dans le tarot porte également ce nombre. Il nous donne bien l'image de cette force spirituelle, toujours prête à révéler l'essence profonde qui sommeille dans l'être.

Autrement dit, c'est l'incarnation même du "maître spirituel". Et ce maître spirituel peut être "extérieur" comme ici, s'agissant de Saint Bernard, mais aussi "intérieur", et renvoyant, alors, à la Conscience et à son pouvoir de "mobilisation" et de "mise en contact" avec le Divin.

Nous allons voir, à présent, d'autres nuances de ces portraits spirituels des 3 guides du Poète, dans l'évolution même de leurs interventions au sein de la Divine Comédie.

Évolution avec les guides et nombres sacrés…

Nous présentons les commentaires qui suivent comme un essai très résumé. Ce sujet mériterait, à lui tout seul, un ouvrage entier. En préalable, quel est le sens de la recherche que nous avons menée ?

Il serait naturellement absurde ou extravagant de prétendre que Dante ait structuré son poème de façon à faire cadrer consciemment et, surtout, systématiquement, toutes les apparitions du nom ou toutes les évocations des 3 guides spirituels qui l'accompagnent dans son voyage, avec un numéro de vers, conférant par le procédé de la réduction théosophique une valeur ordinale, comprise entre 1 et 9 et toute la symbolique associée. Nous ne prétendons, comme nous le répétons volontiers à plusieurs reprises, dans notre ouvrage, que noter des "coïncidences" plus ou moins flagrantes.

Celles-ci ont pu être "organisées" sciemment, pour une part, ou constituer le fruit d'une "providence", au plein sens de ce mot, pour une autre part. "Providence", du latin religieux "providentia", providere = pourvoir.

Ceci correspond au sage gouvernement de Dieu sur la Création. (in Dictionnaire Le Robert).

Ces apparitions des guides, numérologiquement balisées, "signent", en quelque sorte, du sceau de Béatrice (ou de "Bietris", dans la traduction d'André Pézard, prise généralement en référence), et du sceau de Virgile ou de Bernard, des actions, des personnages et des contextes, qui sont en relation cohérente avec la symbolique numérologique, kabbalistique et hermétique. Ce sont comme autant d'étapes et de cycles d'évolution dont le sens profond correspond à leur ordre d'apparition, marqué par la numérotation des vers.

Le cheminement de Dante est naturellement, à maints égards celui de tout aspirant sur le sentier. D'ailleurs, le Poète est, au terme de ce voyage dans l'Au-delà, missionné pour rendre compte de ce qu'il a vu et au dernier chant du Paradis (v.67-72), craignant l'infidélité de sa mémoire, il s'écrit :

O souveraine clarté qui te relèves
   tant au-dessus de nos prises mortelles,
     prête à mon âme un peu de ta semblance,
  et fais la langue mienne assez gaillarde
     pour qu'elle puisse, à la futur gent,
       de ta gloire laisser une étincelle ; […]

Nous avons choisi et développé plus en profondeur le sceau de Béatrice, plus que tout autre, dans la mesure où il est étroitement associé à la finalité de l'Illumination dans la queste de Dante et à la suprême fonction de guide spirituel, au-delà de la simple Raison Humaine, et **d'initiatrice aux mystères** que la *Dame* remplit.

Nous avons, par ailleurs, associé, la plupart du temps, aux nombres, les arcanes du tarot. Ce mot "arcane" est apparu à la fin du XVe siècle et vient du latin "arcanum" qui signifie "secret" et désignait "une préparation mystérieuse", en langage alchimique. Cette préparation était réservée aux adeptes. (in Dictionnaire Le Robert).

Cette dernière précision est faite pour souligner que nous exprimons, au cours des commentaires qui suivent, une interprétation, inspirée, avant tout, de la tradition de l'Hermétisme Chrétien et de la Kabbale. En réalité, au-delà des commentaires que la Tradition inspire, l'arcane préserve tous ses secrets et doit avant tout parler à chacun de nous selon ses intuitions. Au lecteur, en conséquence, de poursuivre sa propre interprétation des vers de la Divine Comédie que nous avons cités, en rapport avec les apparitions de "Beatrice, Virgilio et Bernardo"…

Avant d'aborder plus avant, pour commencer, le sceau de Béatrice, rappelons que nous trouvons déjà cette fameuse "coïncidence providentielle" dans le nombre même de citations de chacun des 3 guides de Dante, en rapport avec leur mission.

Virgilio apparaît 31 fois nominativement, sans compter donc les périphrases et les diverses appellations. Réduit, ce nombre donne 4. Soit le nombre de l'incarnation de l'Esprit sur le plan matériel. Il est associé à l'arcane de l'Empereur, dans le tarot. Celui-ci symbolise le processus de l'incarnation et le pouvoir d'agir au plan terrestre en conformité avec les lois cosmique et divines. Or, c'est lui, Virgilio, qui guide Dante en Enfer puis au Purgatoire pour l'aider à réaliser successivement, en termes alchimiques, "l'œuvre au noir et l'œuvre au blanc", et en d'autres termes, à procéder à l'examen des turpitudes humaines et des épreuves de l'Enfer, puis à celui de la purification et de la régénération au Purgatoire.

Virgilio, 5 fois nommé en Enfer, c'est le Pape du tarot, le maître spirituel, la force spirituelle nourrie de Raison Humaine, la conscience intérieure, qui guide et préserve l'aspirant sur la voie de son évolution, et lui fait éviter les faux pas. Virgilio, 24 fois nommé au Purgatoire, soit, en réduction 6, c'est l'Amoureux du tarot, symbole de la situation dans laquelle le maître place sans cesse son disciple, à la croisée des chemins, dans l'épreuve du choix.

Dante découvre ainsi combien l'exemple d'autrui peut l'aider à surmonter ses propres vulnérabilités et lui assurer le bénéfice d'une "croissance personnelle" par le lien fécondant entre le Haut et le Bas, l'Esprit et la Matière. La mission de Virgile s'arrêtera au Purgatoire, car, dit-il au Poète :
le juste empereur qui là-haut règne,
pour ce que vers sa loi je fus rebelle,
en sa cité ne veut point que je vienne.

"Virgilio", 2 fois nommé, néanmoins, au Paradis, c'est la Papesse qui rappelle au Poète que le contact avec Dieu passe par la réceptivité et lui enseigne l'art de se mettre à l'écoute de la Création et découvrir l'Amour universel. Bien sûr, le maître cède, très rapidement, sa place à Béatrice, sur ce plan.

"Beatrice", en langue vulgaire italienne, nommée 67 fois, au total, soit 13. 13, nombre de la gestation, associé à l'arcane XIII du tarot, sans nom ou parfois nommée Mort et Renaissance. C'est le symbole de l'épuration en vue de la croissance intérieure.

"Beatrice" guide Dante au Paradis pour réaliser, en termes alchimiques, "l'Œuvre au Rouge et l'Opération du Soleil".

Mais, "Beatrice" est nommée, tout au long de la Divine Comédie.
"Beatrice", 5 fois nommée en Enfer, c'est encore le Pape, symbole du maître spirituel qui donne mission à Virgilio de faire faire les premiers pas à Dante, dans la voie de sa queste spirituelle. "Beatrice", 18 fois nommée au Purgatoire, soit 9, la "perfection achevée", associée à l'Hermite du tarot, qui incite l'aspirant à la recherche intérieure, au dépouillement des valeurs tissées autour de l'Ego, pour trouver en lui la force d'accéder au contact avec le Divin. Les reproches adressés par Béatrice au Poète sont bien tissés eux aussi autour des errements de ses instincts matériels qui vont bien au-delà du seul reproche d'infidélité !...

"Beatrice", 44 fois nommée au Paradis, soit 8, nombre de l'équilibre universel, associé à l'arcane de la Justice, symbole de la nécessaire ouverture contemplative pour exercer le pouvoir de justice universelle, image de la Justice en analogie avec la "pesée des âmes" ou psychostasie de l'Ancienne Égypte, dans laquelle la déesse Maât incarnait cette "médiation cosmique".

A certains égards, "Beatrice" est, symboliquement, une réincarnation de Maât, quand au chant XXX du Paradis (v.136-138), elle déclare, parlant de Dante :

Si bas chut-il, que déjà tous remèdes
pour son salut étaient trop courts, hormis
de lui montrer la foule des perdus.

Béatrice est ultimement relayée par Saint Bernard pour guider le Poète dans la dernière trajectoire céleste. Saint Bernard est évoqué 8 fois, uniquement au Paradis, plus 1 fois sous le nom de "Frate Bernardo", soit, au total, 9 fois. Mais il n'est cité par son nom que 2 fois. A l'éclairage du nombre 8, Saint Bernard, guide suprême, s'intègre à l'essence divine elle-même, comme Béatrice, au rang des Bienheureux. 8 est souvent associé, symboliquement, au Christ. Le XXXIIe chant du Paradis se termine par l'image d'un Saint Bernard, vivante incarnation, à sa manière, du "Verbe", incarnation inscrite dans la dévotion à la Vierge Marie (v.149-151) :

suis bien ma haute voix en ta ferveur,
et que ton cœur de mon dit ne s'écarte.
Et il emprit cette sainte prière :...

Et la prière à Marie débute le dernier chant de la Divine Comédie toute entière (v.1-3 et 22-27) :

O Vierge mère, et fille de ton fils,
humble et haussée plus haut que créature,
terme arrêté d'un éterne conseil,
[...]
Ore cestui, qui des plus basses fosses
de l'univers jusques ici a vu
l'éterne sort des âmes une à une,
supplie à toi que par grâce lui prêtes
suffisante vertu pour élever
ses yeux plus haut vers la salut dernière.

Le nom "Bernardo", 2 fois cités, nous rappelle encore, à travers le nombre 2, le symbole de cette force d'Amour qui résume toute la participation des Bienheureux au mystère divin, en particulier, toujours par rapport à la dévotion à Marie (chant XXXI v.100-102 et 139-142) :
> *Et la reine du ciel, pour qui je brûle*
> *trestout d'amour, nous accordera grâce ;*
> *car je suis son féal servant, Bernard.*

Ce à quoi fait échos l'aveu de Dante :
> *Bernard, sitôt comme il vit son regard*
> *ferme et tendu en sa chaude chaleur,*
> *tourna le sien d'un tel amour à elle*
> *qu'il me fit plus ardent à la mirer.*

Entrons à présent plus avant dans les arcanes du cheminement spirituel, relié aux apparitions du nom et du personnage de Béatrice.

1re étape : les interventions nominatives ou allusives de Béatrice en Enfer et le cheminement spirituel, balisés par les nombres sacrés ...

> *Je suis Bietris qui d'y aller te presses ;...*
> 206ᵉ vers = 26 = 8 (chant IIv.70)

Virgile révèle à Dante la mission que lui a confiée Béatrice de le guider jusqu'à elle en lui prodiguant sa parole *de tout soin besognable à son salut* et il rapporte au Poète ses paroles.

Dans le 1er chant, Dante a exprimé à Virgile son désir d'être conduit par lui au bout du Purgatoire, après avoir traversé l'Enfer et compte sur Béatrice pour lui faire franchir les portes du Paradis. Mais il faut attendre le 2ᵉ chant, en fait le 1er de l'Enfer, à considérer le précédent comme le prologue de toute la Divine Comédie, pour entendre Virgile raconter comment il a été investi d'une mission précise par Béatrice et ainsi entendre le nom de celle-ci, prononcé pour la 1re fois.

206ᵉ vers, 26 puis 8, en réduction. Énergie transformante de l'Amour (2), pouvoir de lier et d'unifier, (6), 26, valeur numérologique du Tétragramme sacré, nom imprononçable de la Divinité. Et ceci conduisant au 8 : la purification et la régénération du Poète, en marche vers son salut et à la recherche de l'Unité perdue, nombre de l'arcane de la Justice, symbole de la Médiation Cosmique. C'est par amour, poursuit Béatrice qu'elle intervient, en suivant la parole de Sainte Lucie, qui l'a elle-même incitée à intervenir pour aider Dante sur la voie de son salut.

> *Ce dit : - Biétris, louange de Dieu vraie,*
> *que n'aides-tu celui qui tant t'aima...*
> 239ᵉ vers = 14 = 5 (chant IIv.103)

Telle est la parole de Sainte Lucie, rapportée par Virgile.

5, l'énergie divine harmonisant le plan matériel conformément aux lois divines. L'aspirant sur la voie concentre toute son énergie au service de l'Esprit. 5 est associé à l'arcane du Pape, dans le Tarot, symbole de la force spirituelle qui enseigne et vivifie la double nature de l'Être (les deux personnages au premier plan de l'arcane).

La sainte, vierge et martyre de Syracuse incarne bien, en effet, selon l'expresion d'Henri Longnon (1), *la grâce illuminante sans laquelle l'homme ne peut se sauver et que seule déclenche la divine Miséricorde (la Vierge Marie)*. C'est elle qui aidera plus tard Dante à entrer au Purgatoire. Le Poète a une particulière dévotion pour cette sainte, souvent évoquée pour les maladies des yeux.

Il est inutile d'insister sur le symbole du prénom lui-même, "Lucie", rattaché à la Lumière, appelée à investir le double plan matériel et spirituel.

Notons, au passage, que ce prénom est lui-même associé au nombre 5 !

Et ses 3 premières lettres, soit le prénom Luc, au masculin, ont pour valeur 3 !

De celle-là, dont les beaux yeux voient tout
1346e vers = 14 = 5 (chant X, v.131)

Quelle plus belle image de la "claire-voyance", liée à la conscience intérieure, celle de Béatrice, peut-on ici encore rattacher à l'un des aspects du symbolisme du nombre 5 !

...à dame ayant clergie, si là j'arrive
1988e vers = 26 = 8 (chant XV, v.90)

Dans le 7e cercle de l'Enfer, Dante rencontre son maître Brunetto Latini qui figure parmi les *Violents contre Dieu* et qui lui prophétise son destin d'être *dévoré* aussi bien par les Guelfes Noirs, ses ennemis, que par les Guelfes Blancs, son propre parti. Il s'en remet à Béatrice, plus tard, pour tirer au clair bien des épreuves.

Cette dame a *clergie*. Elle possède effectivement cette sagesse qui lui est inspirée par son lien étroit avec le Créateur, parmi les Bienheureux, lien symbolisé par la lettre hébraïque Heith, elle-même associée au nombre 8.

Et comme nous l'avons déjà évoqué plus haut, Béatrice incarne bien cette "Dame de Justice" du tarot, symbolisant, à l'instar de la déesse Maât, l'équilibre et la médiation cosmique.

En conclusion, les interventions nominatives ou allusives du personnage de Béatrice en Enfer, sont liées à la mission qu'elle a confiée à Virgile, sous l'incitation de Sainte Lucie et la volonté miséricordieuse de la Vierge Marie.

Elles sont également liées à la position d'attente du Poète à l'égard de la *Dame*, qui doit parfaire son "Initiation".

---

(1) *La Divine Comédie* par Henri Longnon, Éditions Classiques Garnier, 1962.

2e étape : les interventions nominatives ou allusives de Béatrice au Purgatoire, son apparition au Paradis terrestre et le cheminement spirituel, balisés par les nombres sacrés...

Dame d'en haut descendit, me priant...
4773e vers = 21 =3 (chant I,V.53)

Virgile explique sa mission, reçue d'En-haut, d'émanation divine (Nombre 3) à Caton d'Utique. Dante a placé ce personnage comme gardien du Purgatoire, en tant que symbole de discernement et de liberté. Nous sommes, par ailleurs, sur la plage du Purgatoire, lieu des âmes délivrées de la concupiscence du péché et promises, par le Jugement Dernier, au séjour parmi les Bienheureux.

M'entends-tu bien ? de Biétris est mon conte...
5455e vers = 19 = 10 = 1 (chant VI,v.46)

Nous sommes dans l'Antipurgatoire, parmi les Imprudents et les Négligents et Virgile s'adresse à Dante. Ce dernier évoque le fléchissement du jugement divin devant la prière et son guide lui demande de renoncer à ses doutes, car, lui dit-il, il parle de Béatrice qui :
fera lumière entre le vrai et ton esprit.

La "vivification purificatrice" ou l'éveil du Poète (lettre Schin associée au nombre 21) doit conduire à l'unification de sa conscience et à sa "clairevoyance", au sens ontologique de ce terme.

quand tu verras Bietris, elle saura
te combler en ce vœu comme en tout autre
6779e vers = 29 = 11 = 2 (chant XV, v.77)

Dans le passage de la 2e à la 3e corniche du Purgatoire, apparaît l'Ange de la Miséricorde. Virgile commente le partage des biens terrestres et des biens célestes. Il affirme à Dante que plus il y a au Paradis d'esprits qui s'enflamment, plus on trouve à aimer par **un jeu de miroir entre les âmes.**
Autrement dit, l'incarnation de l'Amour au plus haut niveau saura prendre le relais de la "Raison humaine", Béatrice remplaccra Virgile comme guide du Poète. Le "2", ici, procède du 11. L'Amour, à travers une dualité créatrice de complémentarités est le plus beau fruit de cette force intérieure "unificatrice", qui soumet l'Ego à l'autorité de l'Esprit, la Matière au gouvernement de l'Esprit.

[...] au-delà est-ce affaire
tout à Biétris, car c'est texte de foi.
7179e vers = 24 = 6 (chant XVIII,v.48)

Virgile personnifie la "Raison humaine". Il peut révéler à Dante ce que celle-ci peut connaître, mais au-delà de la Raison, Béatrice, allégorie de la

"Foi", est la seule à même de révéler ce qui relève du surnaturel. Le "6" symbolise, ici en particulier, l'interaction féconde entre le Divin et l'Homme. C'est le nombre de la "Transformation".

Nous sommes sur la 4ᵉ corniche du Purgatoire celle des Paresseux. Le Poète y développe la théorie de l'Amour : *du libre-arbitre et de la responsabilité humaine.* Le nombre 6 est associé dans le tarot à l'arcane de l'Amoureux, précisément symbole du problème du choix et du libre arbitre !

C'est la noble vertu qu'entend Biétris...
7204ᵉ vers = 13 = 4 (chant XVIII, v.73)

Virgile évoque le pouvoir du libre-arbitre de dominer les errements de l'amour, les *appétits des premiers instincts,* la distinction entre *les bons et les mauvais amours. La noble vertu* correspond à la maîtrise de la Matière (nombre 4) par l'Esprit et cela relève, au-delà de la Raison humaine, de l'inspiration de l'Esprit, puisant aux sources divines. Le Poète doit se préparer à intégrer cette dimension spirituelle et divine et non pas seulement s'en remettre à l'action rationnelle du libre-arbitre. Cela passe, notamment, par l'éradication des errements "égoïques" et purement instinctuels, en vue de la croissance intérieure. Cette opération est incarnée par le nombre 13, associé à la lettre hébraïque de la "Gestation", Mem, et imagée par l'arcane de la lame XIII du tarot, Mort et Renaissance.

que là je vienne où trouverai Biétris...
7990ᵉ vers = 25 = 7 (chant XXIII, v.128)

Sur la 6ᵉ corniche du Purgatoire, celle des Gourmands, entendus au sens large de ce terme, d'appétit inassouvissable, en tous domaines et allant jusqu'à la débauche des femmes florentines, celle des mœurs décrites par Forèse, l'ami de Dante. l'allusion est faite aux années de commune débauche de Forèse et du Poète. Dante évoque à son ami l'action de Virgile, son guide qui *l'a tiré de l'abîme* puis il désigne la relève que prendra Béatrice. Il sera guidé par une initiatrice d'essence divinisée. Le nombre 7 est associé, ici, à l'idée d'un "passage" précis, celui où Dante sera purifié et disposera alors, car il s'agit d'une anticipation (!), d'une maîtrise lui permettant de découvrir l'essence spirituelle au cœur des réalités matérielles. Ce sera la fin d'un cycle débuté en Enfer, mais il aura besoin de ce guide, d'essence divinisée, Bienheureuse, pour aller vers "l'Unité parfaite".

entre Biétris et toi n'a que ce mur.
8472ᵉ vers = 21 = 3 (chant XXVII, v.36)

Sur la 7ᵉ corniche du Purgatoire, celle des Pécheurs de la chair, apparaît l'Ange de la Chasteté. Dante cite la 6ᵉ béatitude évangélique : *Heureux ceux qui ont le cœur pur, car ils verront Dieu.* (Matthieu V, 8). Un mur de flammes se présente. Il effraye Dante. Virgile l'encourage à le traverser. Ce mur n'est pas la mort mais un "supplice", symbole de purification avant d'entrer au contact des âmes saintes (Nombre 3).

> .... *mon beau doux père*
> *allait contant sans cesse de Biétris,...*
> 8489ᵉ *vers = 29 = 11 = 2 (chant XXVII, v.53)*

Une voix chante et guide les 3 poètes, Virgile, Dante et Stace, dans la traversée du mur de flammes. Virgile, le *beau doux père,* dit : *Vois déjà ses yeux me semble.* Le regard de Béatrice, très souvent évoqué, symbolise le mythe d'Amour divinisé de la Dame et le mur de flamme la séparation symbolique du pur et de l'impur (nombre 2). C'est encore cette force intérieure qui, seule, permet de chasser la peur et de franchir le mur de purification ignée (nombre 11).

Les 3 Poètes commencent à monter vers le Paradis Terrestre. Dante plonge dans le sommeil et voit en songe Lia, la première femme de Jacob, symbole d'une vie active, matérielle, emplie de services et d'amour du prochain, selon les Pères de l'Église. Cette vie incarne ainsi "la dualité bénéfique", reliée à la Charité. Dante s'éveille et, encouragé par Virgile, reprend l'ascension.

> *Tant que riants s'en viennent les beaux yeux...*
> 8572ᵉ *vers = 22 = 4 (chant XXVII, v.136)*

A la fin de ce même chant XXVII, Virgile confie le Poète à son nouveau guide, Béatrice, symbolisée par ses yeux et prend un solennel congé qui se termine par ce tercet en forme, à la fois, de louange et de mise en garde pour le Poète :

> *car franc et droit et sain est ton arbitre,*
> *et ne faire à son gré ne serait forfaire.*
> *Je te baille sur toi couronne et mitre.*

Ici, le 4, matériel et terrestre, est éclairé par le 22, associé à la lettre hébraïque Tav, la dernière de l'alphabet, symbole de la perfection de la Création, et à l'arcane du Mat dans le Tarot, symbole de l'aspirant sur la voie de son évolution, pleinement éveillé aux choses de l'Esprit, et disposant d'une force intérieure qui le guide vers un monde qui lui est encore totalement inconnu... Dante, doué à présent d'un libre-arbitre *franc, droit et sain*, selon l'expression de Virgile, s'apprête à entrer dans le Paradis, en passant d'abord par le Paradis Terrestre... La couronne et la mitre symbolisent, au premier degré, les deux pouvoirs, temporel et spirituel, mais remis ainsi symboliquement par Virgile à Dante, après sa purification par le mur de flammes, ils symbolisent sur un plan plus subtil l'élévation et la puissance d'illumination, comme une sorte de second baptême d'Initiation Chrétienne.

> *m'apparut une dame en vert mantel,...*
> 8912ᵉ *vers = 20 = 2 (chant XXX, v.32)*

Au début du XXXᵉ chant (notons le numéro du chant lui-même !), Béatrice apparaît pour la première fois, en personne, sur le "Char de l'Église".

Son nom n'est pas prononcé, mais un symbolisme visuel extraordinaire nous renvoie aux composantes essentielles de "l'être spirituellement réalisé".

La *Dame au vert mantel* apparaît donc sous le signe du "2", incarnation du pouvoir de fécondation par l'amour et le rayonnement extérieur. Il est associé à la lettre hébraïque Beith, que les Kabbalistes mettent en relation avec les "mystères de la Création" et les "connaissances secrètes" (cf. les Mystères d'Éleusis dans une autre tradition).

Le tarot présente une image éloquente du 2 en la personne de la Papesse, détentrice des connaissances secrètes, dont elle présente le livre ouvert. Elle incarne aussi cette capacité d'ouverture et de réceptivité, toute féminine, qui permet à l'aspirant sur la voie, tout comme Dante, de se mettre à l'écoute de la Création et d'y déceler l'empreinte de l'Esprit et sa dimension sacrée.

Ouvre les yeux : c'est Biétris, c'est bien elle !
8953e vers = 25 = 7 (chant XXX, v.73)

Au Paradis Terrestre, Béatrice est apparue comme *une dame en vert mantel, dont la robe eut couleur de flamme vive*. Virgile a disparu. Et Dante se fait apostropher de sévère manière. Béatrice le tance vertement en prenant les anges à témoin de son infidélité, la plus grave, l'infidélité au plan fusionnel, spirituel :

Alors que de la chair j'étais montée
à l'esprit, et qu'en moi beauté croissait
avec vertu, je lui devins moins chère ;
par fausse voie il détourna ses pas
suivant tels biens dont l'image est flatteuse
mais qui jamais n'ont rempli leurs promesses.

L'Homme heureux est bien celui qui, par sa force intérieure et sa maîtrise de la Matière, peut découvrir l'essence spirituelle au sein de cette Matière. Telle est la vérité exprimée par le nombre 7 et par ce jeune prince maître à bord du Chariot, l'arcane associé du tarot.

En ce 30e chant du Purgatoire, les anges entonnent le Psaume 30, qui exprime, avec chaleur, tout l'espoir placé par l'Homme en Dieu :

En toi, Yavhé, j'ai mon abri..........................
Sois pour moi un roc de force.......................
Tire moi du filet qu'on m'a tendu,
car c'est toi ma force................................
tu ne m'as point livré aux mains de l'ennemi,
tu as mi au large mes pas.

Mais le psaume n'est pas complet. Ici s'arrête, précise le Poète, le chant des anges. Sa progression spirituelle n'est pas encore achevée, même s'il *ouvre les yeux*, traduisons sa "conscience", comme le lui demande Béatrice…

Biétris parut, tournée envers la bête...
9075ᵉ vers = 21 = 3 (chant XXXI, v.80)

Au Paradis Terrestre, après les premiers reproches de Béatrice et les premiers aveux de Dante, la dame du ciel fait face au Griffon, symbole de l'Homme-Dieu, qui réunit les deux natures. Ici, l'Unité, partant de la Dualité et de la puissance de l'Amour (nombre 21) conduit à la condition Divine. Le Griffon représente le Christ, qui, au sein de la Trinité, est le Fils de Dieu qui s'est fait Homme.

avant que descendît Biétris au monde,
9102ᵉ vers = 12 = 3 (chant XXXI, v.107)

Le Poète se repent de ses fautes et la mystérieuse Mathilde le fait plonger dans l'eau du Léthé, fleuve de l'oubli des mauvaises actions, et l'y fait boire. Après cette purification, il est entouré par les nymphes, symboles des vertus cardinales. Ces nymphes sont représentées par la constellation de la Croix du Sud, face au ciel austral ; *au ciel sommes étoiles,* disent-elles.

Elles sont *servantes* de Béatrice, elles la marquèrent de leur sceau pour son incarnation dans le monde d'en-bas : elles lui furent *signées pour ses servantes,* avant même qu'elle *ne descendît au monde...*

Béatrice symbolise, ici, pour le Poète la "Révélation", reliée au nombre 3 et un "Accomplissement" de la créature humaine, à l'image de Dieu, relié au nombre 12. Par ailleurs, ce dernier nombre nous renvoie aussi à l'arcane du Pendu dans le tarot, qui exprime bien ce retournement de conscience dans lequel le monde est perçu sous l'éclairage de l'Esprit, préalable à l'Illumination.

où Biétris face à nous lors fut tournée.
9109ᵉ vers = 19 = 10 = 1 (chant XXXI, v.114)

Les nymphes amènent le Poète devant le Griffon, l'Homme-Dieu et il se trouve face à Béatrice à cause de cette position, sans qu'elle-même ne se soit tournée. Elle n'a pas encore pardonné. Mais Dante peut espérer, en reconnaissant la puissance divine, incarnée dans la Matière et manifestée par l'image du Griffon (nombre 10), s'acheminer vers son unité profonde (nombre 1). Il lui faudra aussi accepter les conséquences de ses fautes, autrement dit la loi de son Karma. Cette dernière est symbolisée par l'arcane de la Roue de Fortune du tarot, correspondant, lui aussi, au nombre 10.

Notons que le 19 représente, à travers la lettre hébraïque Qôf qui lui est associée, l'accession à la vérité de l'Un. Nous voyons bien que chaque numérotation des vers s'insère, à travers les réductions théosophiques successives, dans un processus symbolique, hautement significatif, d'évolution spirituelle, concernant le Poète.

Dans les yeux de Béatrice, le Griffon garde, en deux natures, l'unité de sa personne, mais l'image qui parvient à Dante prend tantôt l'apparence humaine tantôt l'apparence divine. C'est toute la différence entre le regard de l'être totalement réalisé et l'aspirant !...

> *Tourne, Biétris, tourne tes saints regards*
> 9128e *vers = 20 = 2 (chant XXXI, v.133)*

Le sourire de Béatrice incarne l'Amour Divin et ses yeux l'Intelligence et la Sagesse Divines. Les nymphes incitent la Dame à faire *renaître* le Poète (nombre 20, associé à l'arcane du Jugement dans le tarot), en réveillant la force d'Amour en lui et en le portant à son niveau fécondateur le plus élevé (nombre 2). **L'insistance de Dante sur les yeux de Béatrice**, évoqués à maintes reprises, est justifiée par le symbolisme profond qui leur sont attaché. Les yeux de Béatrice sont, écrit le Poète, *brillants comme des émeraudes*. Ce choix de la pierre n'a rien d'innocent. La lumière "verte" rappelle le *vert mantel* déjà cité. C'est la pierre d'Hermès, douée d'un puissant pouvoir régénérateur et aussi pierre de la connaissance secrète, toute entière attachée à l'image du Graal ! Mais, ici, ces yeux sont associés, de plus, à l'image des *saints regards*, ceux des 4 Vertus Cardinales, le Courage, la Justice, la Prudence et la Tempérance, et des 3 Vertus Théologales, la Foi, l'Espérance et la Charité.

> *[...] lorsque Biétris descendit de son char, [...]*
> 9176e *vers = 23 = 5 (chant XXXII, v.36)*

10 ans, le temps d'un cycle, se sont écoulés depuis la mort terrestre de Béatrice, quand Dante progresse dans le Paradis Terrestre. L'armée des vertus cardinales et théologales, *chevalerie du céleste royaume,* défile. Le char de Béatrice s'immobilise et la Dame du Ciel en descend... Tout le chœur des anges murmure le nom d'Adam et entoure l'arbre de la Science du Bien et du Mal.

Dans ce contexte, le nombre 5 symbolise bien l'énergie divine qui met le plan matériel en harmonie avec les lois de l'esprit. Le propre regard de Dante, homme terrestre, présent de son vivant dans le royaume céleste, en est le témoin. L'arcane du Pape, dans le tarot, correspond à ce nombre 5. Il incarne le "maître spirituel" qui préserve l'Homme sur le sentier de sa réalisation.

Le nombre 5 correspond à la lettre hébraïque He, le *souffle divin créateur*. Elle est elle-même associée au 15e sentier de l'Arbre de Vie, celui de la *Conscience stabilisante* ou *Intelligence constituante*. Par ce sentier, le Verbe descend au sein de la conscience humaine pour l'animer d'un souffle nouveau. Béatrice, en descendant de son char, va incarner, par sa présence effective auprès du Poète, le nouveau guide spirituel. Le Griffon, Homme-Dieu, incarnation du Christ, rappelle bien sûr ce "Verbe" et nous avons la présence de l'Arbre de la Connaissance du Bien et du Mal, avec tout son symbolisme chrétien.

> *Plein de crainte je dis : où est Biétris ?*
> 9225e *vers = 18 = 9 (chant XXXII, v.85)*

Dante est pris d'un *étrange endormement*. Puis il s'éveille. Sa queste de Béatrice est comme un appel profond, celle d'une "recherche", au sens métaphysique. Le 18 correspond à la lettre hébraïque Tsade, dont la signification kabbalistique est l'adombrement de l'Esprit, qui va placer la conscience

Le Nombre 267

humaine du Poète "en pleine lumière". Ceci nous est suggéré par *l'éveil* après l'endormissement. Le 9, associé à la personne même de Béatrice comme nous l'avons déjà longuement expliqué, incarnation de la "Perfection achevée", nous renvoie aussi à l'image de cet Hermite du tarot, recentré en lui-même et y puisant la force nécessaire, précisément à chasser toute crainte et à accéder à la Transcendance, ce qui concerne, là, directement Dante.

ce dit Biétris ; et, féal serviteur...
9246e vers = 21 = 3 (chant XXXII, v.106)

Béatrice vient d'intimer l'ordre à Dante de garder les yeux fixés sur le char de l'Église et de retransmettre tout ce qu'il aura vu par écrit, à son retour sur terre, *pour le bien du monde qui mal vit...* Le nombre 3 symbolise donc ici l'instrument qui véhicule le divin à l'intention du monde des hommes mortels et pécheurs, le char de l'Église. Ce nombre procède du 21, qui correspond, précisément, dans le tarot, à l'arcane du Monde, en tant que symbole de la Matière avec ses 4 éléments, régénéré, alchimisé par l'éveil de l'Esprit, un Monde, pleinement accompli dans sa "Forme". Cet arcane est également en correspondance avec la dernière lettre de l'alphabet hébraïque, Tav, dont la signification kabbalistique est la "Perfection de la Création", elle-même.

Mais les "aventures" du char, avec toutes ses "transformations", plus ou moins monstrueuses, au cours de ce chant, symbolisent celles de l'Église, ramenée à sa dimension terrestre, pour le meilleur et surtout pour le pire, et renvoyant encore aux vicissitudes de la Matière !...

Et Biétris, soupirante, apitoyée...
9304e vers = 16 = 7 (chant XXXIII, v.4)

Le chœur des 7 vertus entonne le Psaume 78, dans lequel les Hébreux pleurent Jérusalem et le Temple, détruits par les Gentils. Le Poète n'en reproduit que la première expression : *Dieu, en ton héritage...* Mais reproduisons les deux premiers tercets. Ils sont édifiants pour le sens symbolique relatif au char :

Dieu, ils sont venus, les païens, dans ton héritage,
ils ont souillé ton temple sacré ;
ils ont fait de Jérusalem un tas de ruines,
ils ont livré le cadavre de tes serviteurs
en pâture à l'oiseau des cieux,
la chair des tiens aux bêtes de la terre.

Au-delà des rapprochements que les commentateurs font généralement avec l'histoire de l'Église à l'époque et les griefs énoncés dans l'œuvre de Dante, ce psaume peut, à une lecture plus ésotérique, évoquer **le combat plus global entre les forces de Lumière et les forces des Ténèbres.**

Le Poète fait aussi un rapprochement entre l'attitude de Béatrice et celle de la Vierge Marie qui n'est pas *plus palissante* à voir son fils mis en croix...Quand l'esprit, incarné au plan terrestre, dans toute sa plénitude (image du Christ) réconcilie la Terre et le Ciel (nombre 16), l'être est doté d'une force de pénétration des réalités spirituelles et aussi d'une distanciation qui lui permettent d'aller au-delà de toutes les apparences, de percer tous les mystères. Il a atteint une perfection comme Marie et Béatrice. Le nombre 7 (1+6) incarne la maîtrise qui conduit à cette perfection. Notons que le nombre 16 est, par ailleurs, associé à l'arcane de la Maison-Dieu du tarot. C'est, en effet, à une véritable "transmutation foudroyante" que le Poète est invité par Béatrice. Il doit recevoir de plein fouet "la foudre divine". En ce sens, nous assisterons au Paradis à son "Extase" finale...

La mention des *damoiselles, tour à tour, trois et quatre*, qui psalmodient, peut tout aussi bien être interprétée, en référence au chant alterné des 4 Vertus Cardinales et des 3 Vertus Théologales. Sur le plan de la Numérologie Sacrée, il s'agit bien des composantes de la "perfection humaine" du Nombre 7 : 4, les éléments de la Matière plus 3, l'essence divine, symbolisée par le "Trinitaire", sur lequel nous reviendrons, dans l'étape suivante, au Paradis.

Concernant l'évolution spirituelle du Poète, au cours de son voyage dans l'Au-delà, nous avons deux vers qui se situent à une charnière. Nous sommes au milieu du 33e et dernier chant du Purgatoire, et très précisément aux deux tiers de la Divine Comédie, celle-ci comptant, nous le rappelons, 14233 vers. Nous ne sommes plus dans le cadre d'une citation du nom de Béatrice, mais d'une sentence énoncée par celle-ci à l'intention de Dante :

Mais comme je te vois devenu pierre
en intellect, et plus que pierre éteint, [...]
9373e *et* 9374e *vers = 4 et 5 (chant XXXIII, v.73 et 74)*

Béatrice, à cet instant précis, dit au Poète que son Esprit s'est pétrifié de manière opaque, ne pouvant saisir que "l'interdit" de l'Arbre de la Science du Bien et du Mal, qui figure la Justice de Dieu sur un plan moral. Elle souhaite qu'il en garde le souvenir :

Tu saurais qu'au moral l'arbre figure
la Justice de Dieu en ses défenses.
Mais comme je te vois devenu pierre
en intellect, et plus que pierre éteint,
si que mes dits par leur flamme t'aveuglent,
je veux qu'en toi tu les emportes peints,
en souvenir sinon par écriture,
comme un romieu (*) son bourdon ceint de palme.

(*) Pèlerin se rendant à Rome.

La force spirituelle du "maître" éveille, en principe, chez le disciple, la claire conscience intérieure, au contact avec le Divin. Mais ici, c'est l'aspect maléficié du nombre 5 qui doit être évoqué. Le disciple peut tomber dans la passivité, comme pétrifié. Il reste, alors, dans l'opacité de la matière, celle du nombre 4, lui aussi maléficié.

Et Dante est aveuglé par le discours de Béatrice. Il a encore besoin, non seulement d'aide extérieure, mais aussi d'aller vers son centre, puiser une force intérieure, ouvrir la conscience encore et encore...

Ceci prend place au dernier chant du Purgatoire, pour rappeler que du chemin reste à faire, même au Paradis, le vrai ! Car, au Paradis Terrestre, le Poète a bu l'eau du Léthé, fleuve qui fait oublier aux âmes le souvenir de leurs fautes, et il va boire, à la fin de ce même dernier chant du Purgatoire, l'eau de l'Eunoé, qui fait, au contraire, "jaillir" la mémoire des bonnes actions dans ces mêmes âmes…

En conclusion, la présence de Dante au Purgatoire est liée, toujours, dans le cadre de la mission confiée par Béatrice à Virgile, son premier guide, à une phase de purification et de transformation spécifique. A chacune des apparitions du nom même de "l'Initiatrice", sont liés implicitement par la numérotation des vers, des nombres porteurs de sens, coïncidant avec les énoncés du Poète. Ces nombres reflètent, avec une cohérence remarquable, le sens même des événements associés à ces apparitions : rappel de la mission de Virgile, finalité du voyage ; rôle de Béatrice et des personnages qui l'entourent, avec le Griffon, l'Homme-Dieu, le Christ, les 4 Vertus Cardinales et les 3 Vertus Théologales ; le Libre-arbitre, la recherche intérieure du Poète, etc.

Rappelons que c'est au dernier chant du Purgatoire que Dante évoque la prophétie du *Cinq Cent Dix et Cinq,* annonce énigmatique d'un *défenseur de l'empire terrestre,* selon la belle expression d'André Pézard. Nous reviendrons sur ce sujet.

Entrons au Paradis, l'ultime étape du voyage …

3ᵉ étape : les interventions nominatives ou allusives de Béatrice au Paradis et le cheminement spirituel, balisés par les nombres sacrés…

Les apparitions du nom de Béatrice sont si nombreuses au Paradis que nous synthétiserons davantage notre démarche pour cette ultime étape.

Le nom apparaît à une ou plusieurs reprises dans 26 chants sur les 33 que compte le voyage dans le monde céleste. Déjà ce nombre "26" éveille naturellement, en terme de structure du poème, un écho, sans aller bien loin !...

Le nombre de la fécondation par l'Amour, dualité au sens positif, et 6, nombre du "choix" et de la "transformation", et bien sûr aussi, 26, la valeur numérologique du nom imprononçable, du Tétragramme sacré, YHWH, dans la Kabbale ; et les 26 générations qui séparent Moïse d'Adam, ce dernier, qui vient d'être évoqué au Paradis Terrestre.

C'est aussi au verset 26 de la Genèse (I, 26), que l'Éternel dit : *Faisons l'Homme à notre image.* C'est au verset I, 26 d'Ezéchiel, évoquant *le char de Yavhé* et la voûte céleste, qu'il est dit : *Au-dessus de la voûte qui était sur leur tête, il y avait quelque chose qui avait l'aspect d'une pierre de saphir en forme de trône, et sur cette forme de trône, dessus, tout en haut, un être ayant apparence humaine.* Plusieurs généalogies bibliques sont cadrées sur le nombre 26 ou des multiples de 26. Etc.

Ce symbolisme participe directement, nous le voyons, aux visions du Poète au Paradis céleste, après le Paradis Terrestre.

Dante, par-delà la guidance spirituelle de Virgile, symbole de l'Humaine Raison, avec ses forces et ses limites, est, au terme du Purgatoire, purifié et animé d'une force intérieure régénérée, quittant sa condition momentanée d'être pétrifié par le discours de Béatrice. C'est bien le nombre 7 qui est associé à la dernière apparition du nom de Béatrice, au Purgatoire, une fois Virgile disparu.

Mais 26 = 8, en réduction théosophique. Le passage au Paradis associe les apparitions de Béatrice au nombre même du Christ, de l'équilibre cosmique, de la Justice Immanente, nombre de l'Homme-Dieu, à l'image du Macrocosme, évoqué, ci-dessus, par les versets de la Genèse et d'Ezéchiel.

Au total, le nom de Béatrice apparaît 44 fois, au Paradis, comme si la structure du poème voulait encore évoquer pour nous que la finalité de l'œuvre est bien celle de la découverte par Dante de la "Totalité du Cosmos", figurée par la Croix et, aussi, l'application de cet itinéraire de voyage à la parfaite maîtrise de la matière, à travers les 4 éléments, alchimiquement "transmutés" !

A l'intérieur de ces 44 apparitions du nom de Béatrice au Paradis, nous avons la répartition suivante et ses significations :

L'Unité

2 fois l'Unité, associée à l'arcane du Bateleur du tarot, par le 19 et le 10 :
Chant XVII, au 11.746^e vers = 19 = 10 = 1,
Chant XXIV, au 12.772^e vers = 19 = 10 = 1.

Au chant XVII, Dante est au 5e ciel, régi par la planète Mars, celui des âmes des Combattants de la Foi, parmi lesquels figure son ancêtre Cacciaguida. Il est quelque peu inquiet de son avenir. Béatrice l'incite à exprimer tout le "feu" de son désir, *Avec,* dit-elle, *le pur relief du sceau intérieur.* Et Cacciaguida va tenir pour le Poète, et au-delà de sa personne, pour ses lecteurs, le rôle du "Soleil", astre *illuminant,* allusion à la *sainte lampe.* De fait, le Poète avouera : *Et mon envie, comme il plaisait à Biétris, fut confessée.* Nous verrons plus loin le 11.771^e vers, associé au nombre 8. Au chant XXIV, Dante est au 8e ciel, celui des "Étoiles fixes", siège du Triomphe du Christ. Béatrice adresse une prière aux Bienheureux pour le Poète (voir aussi au nombre 7, plus loin). Le Poète décrit le feu divin qui émane de Béatrice (v. 19 à 24) :

> *De celle que je vis plus précieuse*
> *enfin sortit un feu si enchanté*
> *que nul plus clair après lui n'y resta ;*
> *et autour de Béatrice à trois reprises*
> *il se vira dans un chant si divin*
> *qu'à le noter bronche ma fantaisie.*

Le Nombre 19 est associé au symbole Solaire, à Dieu lui-même, et le 10 est le symbole du "germe divin", incarné par la lettre hébraïque Yod, dans la Kabbale.

Il correspond à l'arcane de la Roue de Fortune dans le tarot, représentant la roue du destin, la loi du Karma à laquelle est confronté Dante comme tout aspirant, lui-même incarné par le Bateleur (nombre 1).

La Dualité

5 fois le nombre de la Dualité et de la puissance fécondante de l'Amour, associé à la Papesse.
Chant XVIII, au 11.900^e vers, par le 11
et au 11.936^e vers, par le 20,
Chant XXX, au 13.745^e vers, par le 20,
Chant XXXII, au 13.916^e vers, par le 20,
Chant XXXIII, au 14.096^e vers, par le 20.

Au chant XVIII, Dante est au 5e ciel, parmi les Combattants de la Foi et exprime un sentiment d'amour spiritualisé, au plus haut niveau (v.14 à 18) :
.... *soudain mon âme*
de toute autre désir fut affranchie,
tant l'éterne beauté dardant ses rais
parmi le clair visage de Biétris
put m'enchanter de son second aspect.

11, arcane de la Force, symbole de la force intérieure jaillissant de l'esprit. Et, si tant est que le nombre 2 souligne l'impérieuse complémentarité et le pouvoir de fécondation et de rayonnement extérieur, la 2e apparition du nom de Béatrice la surenchérit (v.52 à 54) :
Je me tournai vers le destre côté
afin de lire en Biétris mon devoir
marqué par signe ou, possible, en parole ;...

Au chant XXX, Dante est au 10e ciel, dans l'Empyrée, parmi les Anges et les Bienheureux (v.128-129) :
jà m'entraînait Biétris ; et dit : "Regarde,
comme est grand le couvent des blanches robes !"

Ces "blanches robes" sont le symbole des Élus dans l'Apocalypse de Jean (7,14) : *Ce sont ceux qui viennent de la grande épreuve : ils ont lavé leurs robes et les ont blanchies dans le sang de l'agneau.*

Au chant XXXII, toujours dans l'Empyrée, Saint Bernard présente à Dante la disposition de la Rose des Bienheureux, avec les deux catégories d'élus : *les élus de l'Ancienne et de la Nouvelle loi* (v.7 à 9) :
Dans la tierce rangée que font les stalles
est assise Rachel, en dessous d'Ève,
aux côtés de Biétris, comme on l'a dit.
Ici, selon la plupart des commentateurs, Rachel incarne la vie contemplative et Béatrice la Théologie, l'une ne pouvant se développer sans l'autre.

Mais notons surtout que "la dualité fécondante" est donc particulièrement soulignée dans le cadre de l'Amour Divin et de la Science Divine, qui fait, de cet Amour, son axe... Nous voyons, majoritairement, le nombre 2 associé au 20. Or ce nombre évoque l'arcane du Jugement, dans le tarot, symbole de "l'éveil de la conscience à de nouvelles réalités" et de "renaissance", par le processus fécondateur du germe divin (voir ci-dessus).

Quant à l'arcane de la Papesse, associée au nombre 2, il est le symbole même de la "femme initiatrice" présentant le livre de la Connaissance des 2 mondes, visible et invisible. Cette femme est dotée de toute la Sagesse. Elle se confond avec le personnage de Béatrice, envisagé dans le cadre de sa fonction de guide suprême, à laquelle le Poète lui-même l'a consacrée.

Au dernier chant, dans l'Empyrée, Dante va pouvoir plonger son regard dans l'essence infinie de Dieu. Il se trouve placé devant une triple "révélation": l'Unité du Cosmos en Dieu, l'Unité et la Trinité en leur intime essence, et le Mystère de l'Incarnation. Et il termine son périple dans l'Extase de l'Amour Divin.

Au tiers environ du chant, au 14.096^e vers, sous le nombre 2 par le 20, le nom de Béatrice est cité pour la dernière fois dans la Divine Comédie.

Il termine pratiquement la prière adressée par Saint Bernard à la Vierge, en faveur de Dante. Cette prière est pétrie du tout puissant et fécondant Amour Universel (nombre 2) et reliée à la perspective du "Salut" par la voie de la "Résurrection", magnifiquement imagée par la 20e arcane du Jugement, dans le tarot. Le saint la conclue par ce tercet (v.37 à 39) :

Vaincs par ta garde humains emportements :
et vois combien d'élus avec Biétris
joignent vers toi les mains en ma prière !

Le Trinitaire

6 fois le nombre de la Trinité, associé à l'Impératrice :
Chant V, au 10.092^e vers = 3 par le 12
Chant XIV, au 11.379^e vers = 3 par le 21
Chant XXI, au 12.378^e vers = 3 par le 21
Chant XXIII, au 12.630^e vers = 3 par le 12
Chant XXVII, au 13.287^e vers = 3 par le 21

Au chant V, au ciel de la Lune, celui des âmes qui n'ont pas accompli leurs vœux, Béatrice se tourne *où le monde est le plus vif*, c'est-à-dire vers le Soleil et l'Empyrée, pour puiser la force vive de monter au ciel de Mercure...

Au chant XIV, au ciel du Soleil, parmi les âmes des Sages, Dante évoque le dogme de la Trinité (v.28 à 30) :

Cet un, et deux, et trois qui toujours vit
et toujours règne en trois et deux et un,
non circonscrit, mais circonscrivant tout,...

Puis Béatrice apparaît comme "source d'énergie", pour monter encore plus haut (v.79 à 84) :

Le Nombre 273

> *Mais Biétris m'apparut belle et riante,*
> *si belle qu'il la faut laisser aux limbes*
> *des visions qui de mémoire ont fui.*
> *Et en elle, mes yeux reprirent force,*
> *et je me vis seulet avec ma dame*
> *jà transporté en plus haute salut.*

Au chant XXI, au 7ᵉ ciel, celui de Saturne et des Contemplatifs, Dante évoque l'échelle de Jacob et la Trinité sous la forme suivante :
L'Amour, inspiration du Saint Esprit,
La Sagesse, le Verbe qui s'exprime,
Et l'Œuvre de Dieu, le gouvernement divin du Monde.

Au chant XXIII, celui des Étoiles Fixes et lieu du Tromphe du Christ, Dante cite la parole de Béatrice sur ce Triomphe (v.19 à 21) :
> *Et Biétris dit : "Voici que l'ost s'avance*
> *du triomphe de Christ : voici récolté*
> *trestout le fruit du tournoi de ces sphères !"*

"Ecco le schiere del triunfo di Cristo". Selon Dante, *"le schiere"* sont les bataillons, à l'image toute féodale que les hommes agitent comme seule résultante ou fruit de l'influence des astres…

Le chant XXVII, toujours au 8ᵉ ciel, commence par la référence à la Trinité, chantée par les Bienheureux (v.1 à 3) :
> *Gloire au Père et au Fils, et à l'Esprit*
> *gloire ! entonna le paradis trestout,*
> *et de son doux chanter je m'enivrais.*

Le lecteur notera que, pratiquement toujours, les numéros des vers cités, à l'intérieur d'un chant donné, correspondent à des nombres en lien direct avec leur contenu, en plus de la numérotation globale que nous suivons !...

Dante met en scène, par la suite, dans ce même chant, le courroux de Saint Pierre à propos des convoitises de l'Église. Et le Poète évoque martyrs et exactions de gens d'Église. Puis, attiré d'astre en astre, par la vertu des yeux de sa Dame, il quitte le 8ᵉ ciel et sa constellation natale des Gémeaux.

Il parvient au 9ᵉ ciel, celui du Premier Mobile, où siègent Dieu et les Anges. Béatrice lui explique, alors, la nature de ce ciel et ses rapports avec les autres… Elle souligne notamment ceci (v.109 à 114) :
> *Ce ciel a pour tout lieu l'esprit divin,*
> *où s'enflamment l'amour qui le tournoie*
> *et la vertu dont il verse l'ondée.*
> *Lumière, amour, l'embrassent dans leur cercle*
> *comme il tient les suivants ; et cette enceinte,*
> *celui-là seul la comprend qui la serre.*

Ces paroles semblent, à l'évidence, renvoyer tant au nombre divin 3 qu'à ses constituants : le 2, puissance de l'Amour, et l'Unité. Le nombre 21 est associé à l'arcane du Monde, dont l'image nous parle du "cercle", incarnation parfaite du Monde, mais pouvant aussi évoquer la Rose des Bienheureux, symbole du Monde céleste.

Le Quaternaire

4 fois le 4, nombre le la Matière, associé à l'Empereur :
Chant V, au 10.129e vers, 4 par le 13
Chant X, au 10.786e vers, 4 par le 22
Chant XI, au 10.885e vers, 4 par le 22
Chant XIV, au 11.308e vers, 4 par le 13

Au 1er ciel, celui de la Lune, réservé aux âmes qui n'accomplirent pas leurs vœux, Béatrice adresse à Dante un enseignement concernant le *vœu failli*. L'essence d'un vœu est faite de la *matière* dont il est fait, dit-elle, pauvreté, chasteté, etc. et la *"convenenza"*, c'est-à-dire l'engagement, le choix effectué. Il existe un enjeu très vaste qui condamne tout changement et ceci largement *comme quatre dans six,* écrit Dante. Rappelons-nous que 6 est, en particulier, le nombre du "choix".

Mais le 4 par le 13, qui désigne le numéro du vers d'apparition du nom de Béatrice, c'est tout le symbole de la Matière, liée à la transmutation, à la Mort du vieil homme et à la Renaissance, l'abandon de toute déviation et de tout superflu au profit de l'essence à retrouver.

Béatrice fustigera, au chant V précisément, le dévoiement de l'engagement (v.82 à 84) :

N'imitez point l'agneau qui de sa mère
laisse le pis, tout musard et folâtre,
et par plaisir se combat à soi-même !

Au 4e ciel, celui du Soleil, réservé aux âmes des Sages, nous sommes au chant X, nombre qui évoque l'arcane de la Roue de Fortune du tarot, quand Dante évoque les *roues célestes !...*

Le Poète s'écrit (v.59-60) :

.... si fort en lui se jeta mon amour
qu'il éclipsa Biétris par oubliance.
Elle n'en fut piquée, ains en sourit,
et la splendeur de ses doux yeux riants
mit en éclats le faisceau de mon âme.

Un court instant, l'amour de Béatrice est ainsi oblitéré par celui de Dieu, mais il se retrouve sous l'effet du "regard", lui-même d'essence divine...

Le nombre 22, cité ci-dessus, est associé, à travers son "rang" (22e arcane), à l'arcane du Monde, avec, selon la Kabbale, la valeur numérologique de 400. C'est l'étape ultime de la Matière devenue, au terme de l'évolution, le parfait reflet de l'Esprit. Le 4, par le 22 est ainsi la Matière entièrement alchimisée, transfigurée par l'Esprit.

Rappelons que Le Monde porte le numéro "21", mais qu'il est classé par de nombreux spécialistes de la Tradition en 22e position, après le Mat, l'arcane "sans nombre".

Au chant XI, Dante est toujours dans le 4e ciel, parmi les Sages. Au 11e vers de ce chant, le nom de Béatrice réapparaît. Le Poète a commencé le chant par la critique des vanités du monde terrestre et en particulier celles de *la matière*, nommément désignée. Il oppose sa position, pleine d'ardeur, aux côtés de Béatrice (v.10 à 12) :

> *tandis que moi, franc de toutes ces riens,*
> *j'étais avec Biétris dans les hauts cieux*
> *accueilli de façon tant glorieuse.*

Au début du chant XIV, toujours dans le ciel où siègent les âmes des Sages, Béatrice parle tout de suite après l'âme de Saint Thomas d'Aquin en s'adressant au cercle des docteurs. Elle se fait l'interprète du questionnement de Dante. La lumière *en laquelle fleurissent vos purs esprits,* dit-elle, demeurera-t-elle lorsque *vous serez refaits de chair ?* Cette lumière est celle des "corps glorieux" des Élus, appelés à la Résurrection, au Jugement dernier.

Nous retrouvons ici, pour la citation de Béatrice, le nombre 4 par le 13, autrement dit, la Matière liée à l'arcane de la Mort et de la Renaissance...

Le Quinaire

Nous trouvons 5 fois le nombre 5, celui de l'énergie divine structurante, associée à l'arcane du Pape :

Chant I, au 9.509^e vers, 5 par le 23
Chant IV, au 9.878^e vers, 5 par le 32
Chant IV, au 10.004^e vers, 5 par le 14
Chant X, au 10.778^e vers, 5 par le 23
Chant XXX, au 13.631^e vers, 5 par le 14

Dans le prologue du Paradis, Dante monte au ciel avec Béatrice (v.64 à 66) :

> *Biétris encore aux éternelles roues*
> *de tous ses yeux s'attachait ; et sur elle*
> *je tins ferme ma vue, d'en-haut démise.*

Et le Poète, grâce à elle, se montre prêt à *outre-passer l'humain.*
"Trasumanar" dit le texte en langue vulgaire italienne...
Le nombre 5 et l'arcane du Pape, qui lui est associé, incarnent cette énergie divine et cette force spirituelle, prêtes à soulever des montagnes et à transformer le simple "humain" en émanation divine.

Au chant IV, parmi les âmes du 1er ciel, qui n'accomplirent pas leurs vœux, Béatrice devine la pensée de Dante et son désir d'éclairer ses doutes sur le vrai séjour des élus et la possibilité de renoncer à un vœu. A la fin du chant, le Poète note (v.139 à 142) :

> *Biétris me regarde, les yeux remplis*
> *d'étincelles d'amour si très divines*
> *que ma vertu défaite tourna bride ;*
> *et je clinai les cils, comme perdu.*

Ici la vertu est "la force du regard" de Dante qui ne peut soutenir l'intensité de celui du véritable Amour Divin, de nature "étincelante", c'est-à-dire "incandescente". Pure allégorie que l'Hermétisme Chrétien affectionne tout particulièrement !... L'Amour Divin "brûle" d'un feu purifiant et transformant. Le Poète "cline les cils", comme pour se protéger.

Le symbolisme du nombre 5 est sollicité, également, en rapport au début du chant, avec la "claire-voyance" de Béatrice. La lettre hébraïque He est associée à ce nombre et a la signification kabbalistique du "souffle divin créateur", le souffle de vie, qui modèle l'univers et toute chose à l'image de Dieu. Au ciel du Soleil, au chant X, parmi les âmes des Sages, Dante célèbre, précisément, l'Œuvre du Grand Architecte et sa merveilleuse organisation.

Le nom de Béatrice réapparaît, associé à l'éloge qu'elle fait, elle-même, de cette énergie divine insufflée par les Anges et qui a fait progresser le Poète (v.52 à 54) :

> *Biétris alors commença : "Remercie*
> *le pur soleil des anges qui par grâce*
> *t'a fait monter en ce soleil sensible."*

Au chant XXX, Dante est parvenu dans l'Empyrée.

Il a la vision des 9 chœurs angéliques qui dansent autour du *Point* qui l'a ébloui : Dieu. Puis cette vision laisse la place à l'image de Béatrice, vers qui son amour l'a *contraint* de porter son regard. Il célèbre alors la radieuse beauté de sa Dame, au moment de sa plus grande splendeur, juste avant qu'il ne la revoit une dernière fois dans la Rose des Bienheureux, au XXXIIe chant. Le nombre 5, associé à l'énergie divine et au souffle créateur, est éclairé, en sous-nombres, par les couples 2 et 3 et 1 et 4. Sans insister, rappelons que le premier de ces couples met l'accent sur la Dualité fécondante de l'Amour et le Mystère divin de la Trinité et que le second met l'accent sur le Germe divin (1) alchimisant la Matière (4). Ces réalités métaphysiques et hermétiques sont incluses dans les tercets du poème, reproduits ci-dessus.

Le Sénaire

3 fois le nombre 6, celui de la fécondité créatrice de l'unité, dans l'expérience du "Choix" et de la relation à l'Autre, incarné par l'Amoureux du tarot :

Chant II, au 9.609^e vers, 6 par le 24
Chant V, au 10.023^e vers, 6 (direct)
Chant XXIII, 12.687^e vers, 6 par le 24

Dès le 1er ciel, celui de la Lune, attribué aux âmes qui n'accomplirent pas leurs vœux, Dante souligne la *soif innée et perpétuelle* du Royaume de

Dieu, qui l'anime et l'emporte avec Béatrice, plus vite que la flèche d'une arbalète. La Puissance du "désir de Dieu" s'exprime précisément dans la recherche féconde entre plan terrestre et plan céleste, associée au nombre 6 et à l'arcane de l'Amoureux.

Au Ve chant, dans le même ciel de la Lune, Béatrice explicite au Poète la source de la Beauté qui l'anime. L'éclat de ses yeux est dû à la force et à la perfection de sa *vue spirituelle* qu'elle partage avec tous les Bien-heureux.
Ceux-ci saisissent la Lumière de Dieu et la Sagesse, encore inaccessible aux humains les plus évolués. Béatrice transmet ainsi à Dante, par son regard, la flamme qui brûle en elle, pour l'inviter à la suivre dans un même élan d'amour. Or que voyons-nous dans l'arcane de l'Amoureux, sinon cette flèche de l'angelot, symbole d'une invitation à suivre la voie transformante de l'amour et de la lumière ? !...
L'expérience du choix, "inspiré" d'en-haut, est reliée à ce "pouvoir de lier et d'unifier", incarné par la lettre hébraïque Vav, de valeur numérologique 6. Et le 24 amenant au 6, nous rappelle encore que c'est par l'énergie fécondante de l'Amour (2) que la Matière peut-être alchimisée…

Au XXIIIe chant, au ciel des Étoiles Fixes, lieu d'extase pour le Poète, apparaissent tous les Bienheureux et le Christ. Dante évoque les voies de la réconciliation entre Dieu et les hommes. Béatrice l'interpelle, un instant, soulignant que l'attachement du Poète à son visage l'empêche de voir toutes les âmes du *Beau jardin, assemblées pour le triomphe du Christ* (v.70 à 72) :
Te veux-tu de mon vis énamourer
au point de ne voir mie le beau jardin
qui sous les feux de Christ vient de fleurir ?

Amour Humain, Amour Divin, la difficulté du choix et les altérations sont bien symbolisées par l'arcane de l'Amoureux, associé au nombre 6.

Le Septénaire

9 fois le nombre 7, nombre de la Perfection dynamique de l'Esprit et de la Matière, associé à l'arcane du Chariot :
Chant III, au 9.862^e vers, 7 par le 25
Chant IX, au 10.600^e vers, 7 direct
Chant XV, au 11.509^e vers, 7 par le 16
Chant XXIV, au 12.760^e vers, par le 16
Chant XXIV, au 12.805^e vers, par le 16
Chant XXVI, au 13.120^e vers, 7 direct
Chant XXVII, au 13.219^e vers, 7 par le 16
Chant XXIX, au 13.480^e vers, 7 par le 16
Chant XXXI, au 13.831^e vers, 7 par le 16

A la fin du chant III, où sont apparues les âmes qui n'accomplirent pas leurs vœux, Dante se retourne vers Béatrice dont la splendeur trouble ses esprits.

Au chant IX, au ciel de Vénus, celui des âmes assujetties à l'Amour, Dante évoque toute l'assurance que lui donne le regard de Béatrice (v.16 à 18) :
Comme devant, les beaux yeux de Biétris
arrêtés sur les miens me firent sûr
que mon désir trouvait son cher aveu.

Sans aller plus avant dans l'énoncé des différents apparitions du nom de Béatrice, sous le signe du nombre 7, notons simplement que le 7 intervient, pour la majorité de la liste des chants ci-dessus, par une première réduction théosophique par le 16. Ceci est très important.

Ce nombre est associé à l'arcane de la Maison-Dieu, parfois appelée aussi la Tour Foudroyée. Et, dans la perspective kabbalistique, ce nombre 16 est associé à la lettre Ayin, qui incarne *la vision spirituelle,* née des profondeurs de l'être.

L'arcane de la Maison-Dieu illustre bien que l'effet de l'énergie divine peut être "foudroyant" et mettre à mal toute volonté d'équilibre de l'être sur le sentier. L'éclairage de l'esprit peut être comme une *foudre céleste* qui fait subitement prendre conscience à l'aspirant que tous ses schémas de pensée sont à repousser. C'est, alors, une véritable **révolution de conscience** qui se produit pour lui. Or, ici, Dante avoue le trouble de son esprit et, seul le regard de la "pleine conscience" de Béatrice lui permet de prendre la mesure de son désir d'Amour et de Béatitude.

Au ciel de Mars, parmi les âmes combattantes de la Foi, là où Dante rencontre, comme nous l'avons vu, l'âme de son trisaïeul Cacciaguida, il se retourne encore vers Béatrice, à la queste de cette "force stimulante" qui émane d'elle et qui se concrétise, cette fois, symboliquement dans un sourire (v.70 à 72) :
Vers Biétris me tournai : bien m'ouït-elle
avant tout son, et me sourit d'un signe
qui fit à mon souhait croître les ailes.

Au début du chant XXIV, au ciel des Étoiles Fixes et du Triomphe du Christ, Béatrice fait une prière aux Bien-heureux en faveur de Dante. Cette prière évoque Dieu, la source d'où vient la science spirituelle, objet de la queste du Poète. Puis, ce dernier, un peu plus loin dans le même chant, se retourne vers Béatrice, qui l'incite à répondre à Saint Pierre sur la question de sa Foi. Il passe bien son examen et reçoit la pleine approbation du Saint Homme... Au chant XXVI, encore au ciel des Étoiles Fixes, Saint Jean interroge Dante sur la Charité. Le Poète, qui avait été rendu aveugle au chant précédent par la Lumière de Saint Jean, recouvre la vue. *Au feu des yeux de Béatrice,* il recouvre aussi ses esprits que ses sens avaient altérés.

Toute cette allégorie de "cécité spirituelle", face à **l'éblouissement de la lumière de Jean**, souligne les épreuves que supposent l'atteinte de la "perfection dynamique entre l'Esprit et la Matière", symbolisée par le nombre 7 (3+4). Et ces épreuves elles-mêmes sont magnifiquement imagées dans l'arcane de la Maison-Dieu. Quand la Tour de tous nos enfermements est foudroyée nous sommes aveuglés et nous en venons à marcher sur les mains, pour notre plus grand bien !...

Au chant XXVII, toujours dans le même ciel des Étoiles Fixes, après l'hymne des Bienheureux à la Sainte Trinité, nous voyons Saint Pierre invectiver le Pape Boniface VIII et les évêques de la Curie Romaine. Béatrice change de figure tout comme le saint rougit de courroux.

Au début du chant XXIX, au 9ᵉ ciel, celui du Premier Mobile, où resplendissent Dieu et les Anges, Béatrice regarde fixement le "Point" qui a ébloui le Poète, la source lumineuse de Dieu.

Au chant XXXI, dans l'Empyrée, Saint Bernard, qui a pris le relais de Béatrice pour guider le Poète, dit à ce dernier que la Dame l'a appelé et l'a fait quitter sa place dans la Rose des Bienheureux pour répondre à son désir de trouver des réponses à ses questionnements. Il lui montre Béatrice à sa place dans la Rose.

L'Octonaire

6 fois le nombre de la Purification, de la Régénération et de l'Équilibre, associé à l'arcane de la Justice :
Chant VII, au 10.304ᵉ vers, 8 en direct
Chant X, au 10.763ᵉ vers, 8 par le 17
Chant XVI, au 11.600ᵉ vers, 8 direct
Chant XVII, au 11.771ᵉ vers, 8 par le 17
Chant XXV, au 12.932ᵉ vers, id.
Chant XXXI, au 13.841ᵉ vers, id.

Au ciel de Mercure et des âmes qui firent le bien pour avoir honneur et gloire, Dante évoque l'effet d'émoi irradiant que la seule évocation du nom de Béatrice suffit à produire sur lui (v.13 à 19) :
Mais cet émoi dont je suis tout esclave
* au seul murmure ou d'un **Bé** ou d'un **is***
*   me rabattait mieux que n'endort un charme.*
En tel état peu me souffrit Biétris,
* et m'éclairant d'un tel rai de sourire*
*   qu'en un brasier tout homme fût heureux, ..."*

Parmi les âmes des Sages, au ciel du Soleil, au chant X, Dante évoque toute la science et la splendeur de l'Œuvre du Grand Architecte de l'Univers.

Mais il nous parle surtout, dans le cadre de ce qui nous intéresse en priorité ici, du pouvoir de Béatrice qui les fait tous deux accéder plus haut, si soudainement, qu'elle abolit, en ses actes, "la notion de temps".

Or, symboliquement, le graphisme du nombre 8 nous renvoie aussi au symbole de l'Infini, qui abolit toutes limites de temps et d'espace. Et l'Équilibre universel, lui-même, s'incarne dans la lettre Heith, dont la valeur numérologique est 8.

Au début du chant XVI, au ciel de Mars, celui des âmes combattantes de la Foi, Dante est auprès de Cacciaguida, comme nous l'avons déjà vu. Ici, le Poète chante la *noblesse de sang* de son trisaïeul et Béatrice, un peu à l'écart, *sourit et tousse* pour manifester sa présence et son écoute, à l'instar d'une héroïne du roman français de Lancelot du Lac !

Nous devons souligner ici un aspect très important du nombre 8, correspondant au contenu de la Divine Comédie, quitte à sortir un peu du seul cadre des nominations de Béatrice. Au ciel des Étoiles Fixes, au chant XXV, dans lequel est évoqué, nous l'avons déjà vu, le Triomphe du Christ, Dante donne comme une "définition de son poème", dont les traductions d'Henri Longnon (1), d'une part et d'André Pézard (2), d'autre part, nous paraissent rendre les nuances indispensables du texte original en langue vulgaire italienne. L'association du nombre 8 au Christ lui-même nous autorise à faire cette petite digression...

Si jamais il advient que le sacré poème
où la terre et le ciel ont mis tous deux la main...
Traduction d'Henri Longnon
Si ce m'advient, que le sacré poème
dont terre et cieux par moi se sont armés...
Traduction d'André Pézard

Ce ne sont pas les "coïncidences providentielles", que nous sommes en train d'évoquer entre les apparitions du nom de Béatrice et le contenu symbolique des tercets concernés, qui viendront contredire le Poète !... Mais Béatrice, elle-même, interpelle, au chant XXV significativement Saint Jacques Le Majeur, dont le tombeau est à Compostelle, lieu, avec Rome, du plus grand pèlerinage de la Chrétienté :

"*Ridendo allora Beatrice disse : [...]*"
Deux tercets que nous traduisons ainsi :
Riant alors, Béatrice dit :
"*Illustre vie, par qui furent célébrées*
la grandeur de notre basilique,
fais résonner l'espérance à cette hauteur :
tu sais, que tu en fus autant de fois l'image,
que Jésus aux trois donna sa plus grande affection."

Les 3 apôtres Saint Jacques, Saint Pierre et Saint Jean reflètent, selon les commentaires médiévaux de la Bible, l'Espérance, la Foi et l'Amour. Le Christ, par 3 fois, les entraîna, eux seuls, en premier lieu, au mont Thabor, pour la Transfiguration, puis pour assister à la résurrection de la fille de Jaïre et, enfin, pour l'accompagner jusqu'à son agonie au Jardin des Oliviers...

Imaginons-nous plus belle apostrophe pour l'incarnation du nombre 8, associé au Christ, comme nous l'avons dit, et correspondant à l'arcane de la Justice ? !

Dans l'Empyrée, au chant XXXI, parmi les Anges et les Bienheureux, le Poète nous replonge dans le symbole de cette force d'équilibre universel et inspirante, purificatrice et régénératrice, associée à la lettre hébraïque Heith, de valeur numérologique 8 et à laquelle correspond l'arcane de la Justice.

---

(1) *Dante La Divine Comédie* par Henri Longnon, Éditions Garnier, 1938.
(2) *Dante Œuvres Complètes* par André Pézard, Éditions de La Pléiade-NRF, 1965.

Et le Poète désire à l'évidence nous convaincre que Béatrice en est la plus parfaite incarnation (v.73 à 87) :
> *Des plus hauts lieux où naissent les tonnerres*
>   *nul œil mortel ne se trouve lointain*
>   *fût-il abandonné au fond des mers -*
> *tant comme de Biétris fut lors ma vue ;*
> ....
> *O dame en qui mon espoir trouve sève*
>   *et qui pour mon salut souffris naguère*
>   *de laisser en enfer tes pas marqués,*
> ....
> *Tu m'as retrait, de servage, en franchise*
>   *par tous les arts et par toutes les voies*
>   *qu'à telles fins te fut donné d'entreprendre.*

Le nombre 8 est presqu'exclusivement rattaché, en première réduction théosophique, au nombre 17, pour toutes les apparitions du nom de Béatrice, sous le signe de ce nombre. 17 est associé à l'arcane des Étoiles.

Dans son ouvrage sur la Kabbale, déjà cité à plusieurs reprise, Charles-Rafaël Payeur décrit cet arcane en des termes qui, pour nous, font écho non seulement aux tercets du chant XXXI, cités ci-dessus, mais encore à l'ensemble du Voyage de Dante, dans les 3 mondes de l'Au-delà, avec l'extase au dernier chant du Paradis... *Cette lame,* écrit-il, *est un hymne à la beauté du monde résultant de l'action du divin sur le plan incarné de la création.*
[...] Elle est l'image même de la grâce qui résulte d'une communion plus étroite avec les mondes célestes [...] Cette lame incarne aussi l'image du don gratuit pratiqué sans effort et sans idée de contrepartie. L'aspirant accède alors à un état de paix et d'harmonie profonde avec lui-même, comme avec le cosmique.

Le Novénaire

4 fois le nombre 9, celui de l'achèvement et de l'ouverture, associé à l'Hermite :
Chant XXII, au 12.582ᵉ vers, 9 par le 18
Chant XXIII, au 12.645ᵉ vers, 9 par le 18
Chant XXV, au 13.041ᵉ vers, 9 en direct
Chant XXXI, au 13.824ᵉ vers, 9 par le 18

Au ciel des Étoiles Fixes, au chant XXII, celui du Triomphe du Christ, Dante et Béatrice sont inscrits symboliquement dans le signe de naissance du Poète, les Gémeaux. Dante invoque ce signe. Béatrice l'invite à regarder *plus bas*, pour considérer le chemin parcouru, à ce stade, avant de plonger dans "l'essence divine" (v.124 à 132) :
> *"Tu es si près du suprême salut"*
>   *prit à dire Biétris, "qu'il te convient*
>   *avoir la vue bien claire et aiguisée ;*
> *adonc avant qu'en son sein tu pénètres,*

> *remire en bas : vois quelle part du monde*
> *dessous tes pieds déjà s'est abîmée ;*
> *que ton cœur de son mieux réponde en joie*
> *au festoiement de l'essaim triomphal*
> *qui vient parmi ces voûtes éthérées."*

Béatrice fait donc prendre conscience à Dante, en quelque sorte, d'un "accomplissement", aspect essentiel du symbolisme du nombre 9. L'Hermite est l'arcane du tarot qui lui est associé.

À ce stade, l'être sur le sentier de son évolution personnelle, comme l'est Dante, s'est dépouillé de toutes les valeurs échafaudées par l'Ego. Il peut se retourner sur lui-même, en son intériorité, pour trouver l'énergie qui le fait accéder à la Transcendance et à "l'essence divine". C'est exactement l'invitation faite au Poète et formulée par Béatrice…

Notons que le nombre 9, procède, ici, du 18, qui correspond lui-même à l'arcane de la Lune. Or cet arcane symbolise cette **régénération** nécessaire pour parvenir à une nouvelle étape d'existence et achever la transformation de l'être. Les Kabbalistes parlent d'un principe maternel qui "enfante le nouvel être". Béatrice joue, entre autres rôles, ce rôle de "mère initiatrice". Il en va de même pour les autres vers cités et associés au nombre 9.

Comme nous l'avons vu précédemment, au début du chant XXIII, au ciel des Étoiles Fixes, lieu du Triomphe du Christ, Béatrice s'est écriée : *Voici que l'ost s'avance du triomphe du Christ.* Elle salue l'apparition des Bienheureux et tout ce que les sphères célestes apportent aux humains : *vois récolté trestout le fruit du tournoi de ces sphères !* Et nous avons vu aussi que le nom de Béatrice apparaît dans un vers qui correspond à la Trinité, expression la plus complète du Divin. A présent, le nom de Béatrice réapparaît, dans ce même chant, dans un vers correspondant au nombre 9, celui de la "Pefection achevée". Ici le Poème prend les accents du plus pur Hermétisme sur la relation entre le Haut et le Bas (v.31 à 37) :

> *et entremi leur vive resplendeur*
> *perçait le feu de la divine essense*
> *tant clair que mon regard ne le souffrait.*
> *Oh, Biétris, oh, ma douce guide et chère !*
> *Elle me dit : "Cela qui te surmonte*
> *est vertu de quoi rien ne se défend.*
> *En elle est la sagesse et la puissance*
> *qui entre ciel et terre ouvrit les voies*
> *dont le monde eut si longue désirance."*

Notons ici que Dante fait vraisemblablement référence à la première épître aux Corinthiens (I, 23 à 25) sur la "Sagesse du monde et la sagesse chrétienne" : *[…] nous proclamons nous un Christ crucifié, scandale pour les Juifs et folie pour les païens, mais pour ceux qui sont appelés, Juifs et Grecs, c'est le Christ, puissance de Dieu et sagesse de Dieu. Car ce qui est folie de Dieu est plus sage que les hommes, et ce qui est faiblesse de Dieu est plus fort que les hommes.*

Au chant XXXI, dans l'Empyrée, auprès des Anges et des Bienheureux, Dante a encore un questionnement pour lequel il cherche à avoir les réponses de Béatrice. Et, oh ! surprise…il découvre un vieillard qui va lui servir de guide pour la suite, Béatrice étant retournée à sa place dans la Rose des Bienheureux (v.59 à 63) :

je cuidais voir Biétris, et un grand vieil
vois-je vêtu comme la claire gent.
Par les yeux et les joues son vis est teint
de bénigne liesse, et dans son geste
paraît l'amour qui sied à tendre père.

C'est encore une réalité du symbolisme de l'Hermite, associé au nombre 9, que de retrouver toujours et toujours de nouveaux questionnements, de nouvelles recherches de l'aspirant, sur la voie, en l'occurrence Dante.

Après le principe féminin de la "mère initiatrice", le Poète est encouragé par le principe masculin du "père", comme un enfant de Dieu pour qui le mot "perfection" est pétri de recherches infinies !...

Le 9 est associé à la lettre hébraïque Teith, qui termine la première série de lettres. Ces 9 lettres constituent, selon les Kabbalistes, **les vecteurs de forces principielles** dont est constitué l'Être profond.

En ce sens, le 9 est le nombre de l'Homme pleinement réalisé. Sa personnalité est le reflet parfait de l'Esprit. Ceci se traduit, sur le plan psychologique par une souveraine réceptivité, une sensibilité achevée, qui permet à la personne, ayant atteint ce stade d'évolution, de ressentir tout ce qui émane des choses et des êtres qui l'entourent et aiguise son sens du "service".

Nous avons là, bien sûr, les traits mêmes de l'image de Béatrice, donnée par Dante, tout au long de son voyage.

Si nous faisons référence aux sentiers de l'Arbre de Vie, la lettre Teith correspond au 19ᵉ sentier, celui que les Kabbalistes dénomment le sentier de *la conscience du Mystère de toutes les activités spirituelles* (*Sekhel Sod Hapolouth Ha Rou' haniyouth Koulam,* dans le traité du Sepher Yetsirah).

Parfois, la traduction varie, et ce sentier est alors appelé *l'Intelligence du Secret et de toutes les activités des êtres spirituels* (Traduction indiquée par Ch.R. Payeur, précité).

Les interventions de Béatrice nous donnent de multiples illustrations de cette nature de conscience ou d'Intelligence…

D'autre part, ce sentier relie la sephirath Hesed, dénommée la Grâce et lieu de la Vivification spirituelle, à Geburah, dénommée la Rigueur, et lieu de la Rectification.

Béatrice incarne, oh combien, aux yeux de Dante, l'inspiratrice de ces deux "opérations" !...

Ceci vient renforcer encore le sens que nous devons attribuer à l'affirmation du Poète qui énonce que **Béatrice EST ce nombre…**

Apparitions notables de Virgile, en Enfer et au Purgatoire, et cheminement spirituel, balisés par les nombres sacrés...

Virgile, nous l'avons déjà dit, est omniprésent tout au long de l'Enfer et du Purgatoire, lieux de sa guidance. Il ne disparaît qu'au XXXe chant du deuxième monde, 3 chants avant la fin de celui-ci. Il est nommé 31 fois (voir nos commentaires sur ce nombre, plus haut), sans compter les périphrases et les diverses appellations.

Le caractère "initiatique" du voyage de la Divine Comédie le rapproche de celui de l'Enéide, par certains côtés et certains symbolismes.

Mais ce qui nous intéresse, ici, c'est avant tout, comme nous l'avons fait pour Béatrice, de reconnaître l'œuvre de la providence ou des choix du Poète (?), entre apparitions et numérologie sacrée des vers.

Suivre toutes les apparitions avec le même souci de précision que pour la Dame, en liaison avec l'évolution spirituelle, constituerait l'objet d'un ouvrage à lui tout seul. Aussi, nous nous concentrerons sur quelques apparitions qui marquent les points les plus remarquables de notre optique d'analyse.

Virgile a la mission de guider le Poète à travers les cercles de l'Enfer et de le ramener, à travers le Purgatoire, jusqu'à Béatrice. Celle-ci lui a donné cette mission, sous l'inspiration de l'Amour et de deux autres femmes célestes : la Vierge Marie et Sainte Lucie. Amour et Lumière sont les deux "moteurs" d'une évolution spirituelle, commandée du Ciel. Mais "le passage obligé" pour le grand œuvre de transmutation est l'exercice de la Raison Humaine. C'est par cette dernière que Virgile est à même d'accomplir sa tâche.

Cette "Raison" atteint des limites, ensuite, que seules d'autres forces, de source céleste, peuvent dépasser pour conduire "le voyageur" à son ultime dessein. Nous comprenons ainsi que l'évolution spirituelle à ses étapes supérieures et décisives, passe en priorité par Béatrice que nous privilégions dans notre analyse.

Néanmoins, à travers cette guidance, soumise aux facultés de raisonnement de l'esprit humain, des phases essentielles de "prises de conscience" de la part du Poète, sont balisées, une fois de plus, par les "coïncidences providentielles" de la Numérologie Sacrée.

Virgile apparaît pour la première fois, dès le 1er chant de l'Enfer (v .61 à 63), qui sert de prologue à toute la Divine Comédie. Symboliquement, il se présente tout d'abord de manière "anonyme", comme *ombre ou homme certain* et comme *une figure offerte qui semblait enrouée par long silence*. La Providence, elle-même, a souvent pour l'Homme ces apparences quelque peu mystérieuses et muettes.

Mais c'est une *figure offerte*...

A l'Homme de savoir la saisir, comme Dante qui sort des frayeurs de la *selve obscure* (forêt obscure), de la "plage déserte" et des 3 bêtes sauvages, emblèmes des perversions humaines.

> *Tandis qu'au plus bas lieu j'allais tombant*
> *fut à mes yeux une figure offerte*
> *qui semblait enrouée par long silence.*

Puis "l'ombre" décline, toujours anonymement, les "indices" de son identité, parmi lesquels sa qualité de poète et son œuvre à peine voilée (v.73 à 75) :

> *Je fus poète et chantai de ce juste*
> *fils d'Anchise, qui vint des bords de Troie*
> *quand la superbe Ilion fut brûlée.*

Dante, alors, prononce son nom, pour la première fois, sous la forme d'une interrogation (v.79 et 80) :

> *Or es-tu ce Virgile et cette font* (= fontaine)
> *qui répand de parler si large fleuve ?*

Le nom est donc prononcé au 79ᵉ vers de ce premier chant de l'Enfer. Le nombre 7 (ici 7+9=16=7) incarne tout le pouvoir de pénétration nécessaire à l'aspirant sur la voie pour découvrir l'essence spirituelle, associée elle-même au nombre 3, au sein des réalités matérielles, associées au nombre 4, composantes essentielles du 7. Ce nombre est associé à la lettre Zaïn, dont la calligraphie évoque une flèche ou un poignard à lame flamboyante, symbole de cette force de pénétration, et de retrait aussi, pour aller au-delà du mystère. Il correspond à l'arcane du Chariot, symbole d'une maîtrise acquise par une fidélité à l'essence spirituelle intérieure de l'être. Le Poète requiert l'aide de Virgile, comme en écho à ces observations (v. 82 à 90) :

> *O lumière et honneur de tous poètes,*
> *[...]*
> *Tu es mon maître et conseil et auteur ;*
> *[...]*
> *Vois la bête qui m'a tourné en fuite :*
> *ô fameux sage, aide et garde-moi d'elle*
> *qui fait trembler mes veines et mon pouls !*

Dans la mesure de ses moyens, soit l'Humaine Raison, le maître Virgile va s'efforcer d'ouvrir le regard, la conscience et l'esprit du Poète à cette essence spirituelle qui doit triompher de la "bête". C'est l'enjeu des phases de "l'œuvre au noir", en Enfer, qui va placer Dante face à tous les exemples de pervertion de la Matière et de "l'œuvre au blanc", au Purgatoire, qui lui fait vivre les efforts de tous ceux appelés à vivre leur pénitence purificatrice.

Au chant II de l'Enfer, la parole de Béatrice, donnant mission à Virgile, est rapportée par ce dernier et une requête suffit à résumer l'enjeu, en ce sens (v.67 à 69) :

> *Porte vers lui ta parole aornée* (*);
> *de tout soin besognable* (**) *à son salut*
> *aide-le tant, que j'en sois consolée.*
> (*) ornée au sens ici d'éloquente, d'édifiante
> (**) qui opère pour son salut

La Science et la Raison de Virgile sont célébrées en plusieurs occasions en Enfer, mais tout particulièrement au chant XI, dans lequel le poète latin découvre à Dante l'organisation "morale" et les cercles des damnés.
C'est Dante qui s'écrit à l'adresse de son guide (V.91 à 93) :
O soleil qui guéris la trouble vue,
tant m'est bel quand tu fais mes doutes fondre
que, non moins que savoir, douter m'agrée.
Et Virgile répond à ses attentes d'explication sur les "usuriers" qui offensassent la divine bonté (v.97 à 105) :
.... Philosophie,
à qui l'entend, note en plus d'une part
comment Nature a bon heur prend son cours
dans la pensée et l'art (= l'œuvre) sainte de Dieu ;
et si tu sais ta Physique bien lire
tu trouveras, non après maintes pages,
que notre art suit d'abord l'art naturelle
à son pouvoir, comme apprentif son maître,
si que notre art est à Dieu comme nièce (*)
(*) petite fille

Dante souligne ainsi la fonction première du maître, porteur de lumière (*Soleil*) et vecteur d'ouverture de la conscience (*guéris la trouble vue*), le guidant vers l'attitude du "doute", aussi salutaire que la captation du savoir !

Et Virgile lui édicte le principe de la prééminence de la pensée et de l'œuvre de Dieu, source de la Nature. Conformément à la Physique d'Aristote, que le Poète apprécie beaucoup, l'Art, au sens général d'activité créatrice, de notre "œuvre" sur terre, imite, dit Virgile, la Nature, comme le disciple imite le maître, autant qu'il peut… Et, ainsi, notre œuvre est comme la "petite fille" de Dieu. Cette véritable "Genèse", Dieu, Nature et Création est essentielle dans la bouche de Virgile, en tant que guide d'initiation et d'évolution spirituelle pour Dante.

Nous avons là, en forme de syllogisme magnifiquement imagé, une des bases de la pensée hermétique chrétienne, que nous pouvons reformuler en disant que toute œuvre sur terre doit respecter l'essence spirituelle de la Matière, en conformité avec les lois divines.

Ce "*Soleil*", qui désigne Virgile, intervient au 91e vers du chant II, soit numérologiquement, l'unité par le 10, soit l'archétype même de l'ouverture. Le nombre 1 renvoie, d'un point de vue kabbalistique à l'origine de toutes choses. Il est associé à la 1re lettre hébraïque, l'Aleph, qui les contient toutes. Aleph incarne le commencement de toute chose et l'unité dont procède toute manifestation. Le nombre 1 renvoie aussi à l'arcane du Bateleur, qui est dans la posture d'une prise de conscience de toutes ses potentialités, muni de tous ses outils, et appelé à l'évolution nécessaire de sa nature terrestre, matérielle.. Telle est la condition de Dante au début de son voyage.

Le nombre 10, à travers sa correspondance avec l'arcane de la Roue du Destin, qualifie bien la nature de ce lien entre le Haut et le Bas et de cette ouverture indispensable pour que l'être comprenne les lois qui régissent son développement, cette reconnaissance du Destin, livré à l'exercice de son libre-arbitre. Le Poète sera le témoin privilégié de cette loi du Karma qui pèse sur la punition des damnés, en Enfer, et la pénitence des rachetés, au Purgatoire. Les uns sont punis par où ils ont fauté et les autres subissent la pénitence conforme à la nature de leur expiation !...

Mais ce *Soleil* Virgilien apparaît, pour reprendre le décompte des vers, comme pour Béatrice, au 1705e vers depuis le début de la Divine Comédie, soit, en réduction théosophique, le 4 par le 13. C'est le nombre de la Matière, du "Passage dans le monde créé", relié à la lettre Daleth, reflet de l'Esprit au cœur de la Matière, à l'image de cette *Nature* et de cette *Physique*, qui renvoie au divin, dans le poème.

Et 4 correspond à l'arcane de l'Empereur, symbole du processus d'Incarnation et de la capacité à agir sur le plan terrestre en conformité avec les lois divines. Nous parvenons à ce 4 par le 13, symbole de cette "gestation" qui conduit à la croissance personnelle et au développement spirituel par le dépouillement et la purification. Ceci est le cœur de la démarche de Dante dans les deux premiers mondes de l'Au-delà, sous la conduite de Virgile.

C'est au dernier chant de l'Enfer, à son 106e vers, 4687e depuis le début, que nous retrouvons une "coïncidence" fort intéressante entre le propos de Virgile et le nombre sacré, obtenu par réduction théosophique. Le 7, ici, consacre une fin de cycle, dans laquelle les voyageurs ont, en quelque sorte, fait le tour des perversions de la Matière, hors de la fécondation par l'Esprit, et telles qu'elles apparaissent dans les différentes catégories de damnés rencontrés au royaume des ombres maléficiées. C'est Virgile qui répond à une question d'orientation posée par le Poète (v.106 à 108) :

"Tu cuides" me dit-il "n'avoir encore
   atteint le centre, où je me pris au poil
   du ver rongeur dont la terre est rongée."

Dante croit être au-delà du centre de gravité de la Terre, marqué par les hanches de Lucifer, *le ver rongeur,* puissant symbole qui souligne la nature de "l'ange déchu". Le ver, associé symboliquement à la vermine, nom collectif des insectes qui s'attaquent à l'Homme, évoque la vie renaissant de la pourriture et de la mort. Mais son évocation, ici, suit surtout l'interprétation qu'en fait Jung, à savoir l'aspect destructeur de la Libido, au lieu de son aspect fécondant. Et plus globalement, dans une interprétation hermétique, "le ver rongeur" est l'Ego qui arrache à la Matière son essence spirituelle ou, pire encore altère celle-ci, à l'instar de ce que fit le "Porteur de lumière" et qui causa sa chute...

Virgile explique ensuite au Poète que leurs corps ont fait un demi-tour aux flancs de Lucifer et qu'il a donc à présent, au-dessus de sa tête l'hémisphère austral et non plus l'hémisphère boréal. La Montagne du Purgatoire est la seule terre de l'océan austral, ceci devant être entendu sur un plan symbolique. Virgile fait référence, aussi, au point du ciel, au-dessous duquel Jésus fut crucifié, le zénith de Jérusalem.

(voir plus loin le chapitre consacré à la progression dans les sites).

Le nombre 7, pour en revenir à lui, désigne la fin du 1er cycle du voyage, celui effectué en Enfer. Conformément au symbolisme évoqué ci-dessus, le 7 nous rappelle que, même au moment où nous croyons comme Dante avoir atteint une certaine maîtrise, nous pouvons être encore abusé par nos sens et notre entendement. L'arcane du Chariot dans le tarot, associé à ce nombre, peut être maléficié, symbolisant alors l'état de celui qui s'identifie totalement à sa dimension extérieure, sans référence à son essence spirituelle intérieure, et plongeant dans l'illusion ! Cette simple erreur d'orientation du Poète lui rappelle donc, sur un plan plus profond, qu'il y a encore beaucoup de chemin à faire... Ses observations et ses prises de conscience à l'égard des dérives de l'Ego, incarnées par les diverses catégories de damnés, ne constituent que la première étape. Celle de l'œuvre au noir des Alchimistes.

Pour le Purgatoire, nous retiendrons les propos de Virgile au chant XVII, dans le passage de la 3e à la 4e corniche, de celle des Colériques à celle correspondant à "l'Accidia", mot italien désignant ceux qui "manquent d'ardeur" dans la réalisation du Bien. Il y évoque l'Amour comme principe de toute vertu et de tout vice. Or, comme l'a montré Alexandre Masseron (1), toute l'ordonnance morale du Purgatoire, s'articule autour de ce thème, en 3 phases : *amour du mal du prochain* (corniches I à III), *amour trop ardent pour les biens périssables* (corniches V à VII) et, entre les deux, *amour trop peu ardent pour le bien* (corniche IV).

Cette "*Accidia*", ce manque d'ardeur intervient au milieu du Parcours du Purgatoire, qui est aussi le milieu de toute la Divine Comédie.

Virgile édicte le principe à Dante (v.91 à 96) :
- *Ni créateur, mon fils, ni créature*
commença-til "onc ne fut sans amour,
ou naturel, ou voulu, tu le sais.
Le naturel est toujours sans erreur,
mais l'autre peut errer par faux objet,
ou par trop de vigueur ou par trop peu.

Cette intervention de Virgile commence au 91e vers du chant XVII, soit l'Unité par le 10, et au 7084e depuis le début, soit également l'Unité par le 19 et le 10. Virgile oppose l'amour naturel, que nous pouvons dire spontané et intuitif, non soumis à l'erreur, à l'amour voulu, auquel peut d'ailleurs prendre part la "raison", amour qui peut entraîner la faute soit par faux objet soit par manque de maîtrise d'intensité, telle une énergie livrée à elle-même.

Le nombre 10, associé à l'arcane de la Roue de Fortune nous rappelle que cette relation de l'Homme à son prochain s'inscrit au centre même de cette symbolique du Karma et de la Roue du Destin.

Celle-ci souligne l'inéluctable lien de l'Être aux impératifs, et aux périls, de sa queste de salut, au centre de laquelle se développe cette énergie d'Amour...

---

(1) *Lumières sur la Kabbale, manuel initiatique*, par Virya, Éditions Jeanne Laffitte, Marseille, 1989.

Celle-ci souligne l'inéluctable lien de l'Être aux impératifs, et aux périls, de sa queste de salut, au centre de laquelle se développe cette énergie d'Amour... Virgile poursuit en écrivant que l'Amour est, ainsi, à l'origine de toute vertu et de toute mauvaise action, ouverte au châtiment (v.103 à 105) :

Par là peux-tu comprendre que l'amour
   est de toute vertu en vous semence,
   et de toute œuvre encourant blâme ou peine.

Il s'agit bien ici de l'amour humain, celui qui s'exerce au plan matériel et terrestre. Le 103e vers du chant, valeur numérologique 4 est aussi le 7096e, de valeur numérologique 4. Et 4 désigne la matière que l'esprit peut précisément investir pour le meilleur et pour le pire, selon l'orientation que l'Homme donne à cette force d'Amour. Virgile exprime le fondement de cette conception, à savoir la double relation de l'Homme à Dieu et de l'Homme à son Prochain, inhérente à l'essence de l'Être (v.106 à 111) :

Or puisque amour onc ne peut détourner
   *ses regards du **salut** de son sujet,*
   tout être échappe à la haine de soi ;
et puisque l'on ne peut penser un être
   vivant par soi, divisé du premier,
   quel homme, effet de Dieu, le peut haïr ?

Le mot **salut** que nous soulignons intervient au 107e vers du chant (= 8) soit au 7.100^e depuis le début (= 8). Tel est le fruit de l'Équilibre universel, de la Justice immanente et de l'Amour du Christ, symboles du 8 !...

Enfin, Virgile présente les 3 modes d'amour du mal du prochain qui sont châtiés sur les corniches du Purgatoire : l'Orgueil sur la 1re corniche, l'Envie sur la 2e corniche et la Colère sur la 3e corniche.

Au 124e vers de ce chant (= 7), soit le 7.117^e (= 7 par le 16) depuis le début, nous franchissons la ligne médiane de tout le Poème...

Cet amour, trois fois tors (*), de pleurs se paye
(*) = Gauchi

La signification kabbalistique de la lettre hébraïque Ayin, associée au nombre 16 est "la vision spirituelle" que l'être peut acquérir en découvrant le secret de son essence divine, au prix de quelques tumultes intérieurs. Le 7 est associé à la lettre Zaïn, qui incarne, au niveau du "principe", cette force de pénétration au cœur des choses et des êtres et de retrait, qui conduit l'être à s'ouvrir au monde et à se détacher pour échapper à l'emprise des forces de l'Ego, sans quoi l'illusion est au bout du chemin.

Or les 3 formes d'amour du mal du prochain, évoquées par Virgile, sont précisément les ferments, *les germes*, comme il le dit, de cette mauvaise *herbe* qui pousse au cœur de l'Homme, démuni de la force du 7, ou pervertissant, dans l'illusion, cette force...

Nous le voyons, les coïncidences entre numérologie sacrée et tercets se multiplient en ce chant, essentiel dans le développement de la Divine Comédie, et placé en son centre.

Et cette analyse coïncidentale dépasse, en fait, la simple mention du nom de Virgile et de ses apparitions.

Les apparitions de Saint Bernard au Paradis ont, elles aussi, quelques puissants échos numérologiques.

Nous nous limiterons aux plus évidentes.

Apparitions notables de Saint Bernard au Paradis et cheminement spirituel, balisés par les nombres sacrés.

Nous avons déjà évoqué, plus haut, l'apparition du guide suprême du Poète, au XXXIe chant du Paradis. Nous y renvoyons le lecteur.

Au 139e vers de ce même chant, soit au 13.934^e depuis le début, soit 2 par le 20, le nom de Saint Bernard est à nouveau cité par le Poète. Il est associé à cette image de ce que nous pourrions appeler "la contagion de la force d'amour", en coïncidence avec la symbolique du nombre 2, dont nous avons déjà parlé, à plusieurs reprises. Ce vers prend place parmi les 4 qui terminent le chant lui-même (v.139 à 142) :

> *Bernard, sitôt comme il vit mon regard*
> *ferme et tendu en sa chaude chaleur,*
> *tourna le sien d'un tel amour à elle*
> *qu'il me fit plus ardent à la mirer.*

Les regards enflammés du saint et du voyageur s'adressent, bien sûr, à Marie, celle que Saint Bernard vient de désigner comme *la reine à qui ce règne est sujet et dévot*, le règne étant celui de la Paix et de la Béatitude, au sein de la Rose des Bienheureux. Il est important de noter que le 2 est ici amené par le 20, soulignant tout le processus de fécondation de la Matière par le germe divin et, à travers la lettre hébraïque associée, Reish, la "Réunion du Haut et du Bas, dans la projection des forces divines", lettre dont le hiéroglyphe symbolise "l'esprit manifesté". Quelle plus belle expression pouvons-nous trouver de tout ceci que la personne de Marie ? !... L'expression de l'Amour et de la Dévotion Mariale de Saint Bernard est, incontestablement, une des plus belles images de tout le Poème.

Au 49e vers du dernier chant de la Divine Comédie, soit le 14.137^e depuis le début, soit 7 par le 16, le nom de "Bernardo", cité pour la dernière fois, est associé au constat du Poète sur son propre état d'évolution spirituelle, qui lui permet d'élever sa conscience vers le dessein qu'il porte en lui depuis le début de son voyage outre-tombe (v.46 à 51) :

> *Et moi qui approchais alors du terme*
> *de tous mes vœux, comme j'avais à tâche,*
> *en moi parfis l'ardeur (*) de mon désir.*
> *Bernard en souriant me faisait signe*
> *de regarder là-haut ; mais par moi-même*
> *j'étais déjà rendu tel qu'il voulait.*

(*) *"je portai à son ardeur suprême mon désir de voir Dieu"*
(note d'André Pézard)

Dante signifie implicitement que la mission de guide de Saint Bernard est achevée, puisqu'il a atteint l'état de maîtrise, suggéré par le nombre 7.

Rappelons-nous, ici, ce jeune prince de l'arcane du Chariot !

Quant au 16, associé à la lettre hébraïque Ayin, il suggère bien que le Poète a "la vision spirituelle", celle qui détruit l'illusion, sous l'illumination divine, et amène la prise de conscience de la totalité des choses. Le hiéroglyphe de la lettre évoque la "Lumière dévoilée"…

L'Alchimie des Nombres, la Roue du Destin et l'Amour

La Divine Comédie se termine au 14.233^e vers, soit, toujours par réduction théosophique, 4 par le 13, comme si la "Providence", inspiratrice du Poète, voulait souligner une ultime fois, au plan de la numérologie sacrée, l'enjeu d'évolution et de transformation intérieure scellé aux arcanes du Poème. Et, ce sont en réalité de nombreux aspects de celui-ci qui transparaissent à travers ces deux simples nombres !...

La 13e lettre hébraïque, Mem, incarne, en tant que lettre de nature matricielle, **le siège du développement de l'être**. Ce développement passe par la Mort du vieil homme et sa Renaissance. Rappelons-nous l'arcane XIII du tarot… Dante doit affronter les affres de l'Enfer pour remonter ensuite la Montagne du Purgatoire et accéder finalement au Paradis.

La réduction ultime 4 désigne l'objet de cette soumission indispensable à une aussi difficile gestation : la Matière, et à travers elle l'harmonisation en particulier des 4 éléments. Dante est sévèrement confronté à la symphonie baroque et parfois agressive des éléments, qui participent, eux-mêmes, aux épreuves infligées aux damnés de l'Enfer ou aux repentis du Purgatoire… Et cette symphonie prend les accents les plus mélodieux ensuite au Paradis.

Mais, si nous creusons encore, le 13 inclut le 10 et le 3, soit, à travers la 10e lettre, Yod, la présence de Dieu dans le créé, la manifestation, le germe de vie, caché au sein de la création, et, à travers l'arcane de la Roue de Fortune, la loi du Karma, qui pousse Dante à prendre conscience des lois divines qui alchimisent cette Matière, et l'oriente en profondeur vers son intériorité, pour lui faire trouver son "centre". Car, à plusieurs reprises le Poète fait, précisément mention de ses troubles.

Et le nombre 3, à travers la lettre Guimel, est le symbole de la reconnaissance de son destin, qui constitue "le moule universel de la forme", symbole surtout de la Divinité dans sa perfection. Cette Trinité, Dante, au terme d'un accomplissement intérieur, la perçoit au Paradis, dans toute l'étendue de son mystère. Le nombre 3 est en correspondance, enfin, avec l'arcane de l'Impératrice du Tarot, qui invite l'aspirant à soumettre la volonté de l'Ego à celle de l'Esprit. Ici, ce sont deux images qui peuvent se superposer.

C'est celle de Béatrice, l'initiatrice qui pourfend, au début, cet Ego chez le Poète puis, à travers la réaffirmation de la force d'Amour authentique et donc spirituelle, le "réharmonise", en quelque sorte. C'est aussi celle de Marie, la Reine du Ciel, qui nous semble incarner merveilleusement ce que

Vyria, précité, désigne comme sens profond de la lettre Guimel : *La modulation du Verbe créateur dont l'énergie provient directement de Aleph et Beith.*

Aleph est, au sens profond, selon cet auteur, *le principe originel* et Beith *le Temple de Dieu et de l'âme.* Ainsi, le nombre sacré qui correspond au dernier vers de la Divine Comédie, le 4, par le 13 (10 + 3), apparaît comme un symbole parfaitement synthétique des aspects majeurs du Poème, envisagés dans la perspective de l'Hermétisme Chrétien et de la Kabbale : maîtrise des éléments, gestation douloureuse, double initiation par Béatrice et, à travers elle, par Marie, accomplissement du Destin par réharmonisation, à travers la Force d'Amour.

Le dernier mot du Poème, qui est aussi le dernier de l'Enfer et du Purgatoire est *stelle*, les étoiles. Mais il nous faut bien en préciser le sens pour les 3 mondes :
"*riveder le stelle*", "revoir les étoiles", à la fin de l'Enfer, correspond, symboliquement, à une première "libération" ;
"*salire alle stelle*", "monter vers les étoiles", à la fin du Purgatoire, correspond à une épreuve d'ascension parmi les pénitents ;
et enfin," *l'amor che move il sole e l'altre stelle*", "l'amour qui anime le soleil et les autres étoiles", à la fin du Paradis et surtout de la "totalité" du Poème, correspond à la reconnaissance du Tout, du Monde, dans son Unité.

Ainsi s'accomplit, en 4 vers, le terme du voyage initiatique, selon la traduction d'André Pézard (v.142 à 145) :
Ci défaillit ma haute fantaisie ;
mais tu virais et pressais mon vouloir
comme une roue au branle égal, amour
qui mènes le soleil et les étoiles.

L'Amour, force d'attraction et d'harmonisation suprême, abolissant toute forme d'illusion égoïque *(alta fantasia,* haute fantaisie), cette force même, qui meut les sphères célestes, et à travers elles, la Roue du Destin, à l'image de la fameuse Roue de Fortune, est l'énergie essentielle du microcosme et du Macrocosme.

Mais la notion de Destin, que nous avons vu rattachée au nombre 10, éclate aussi dans les prophéties, édictées par la Divine Comédie, au premier rang desquelles figure la fameuse prophétie du *Cinq Cent Dix et Cinq,* selon la formulation précise de Dante, à l'allure franchement kabbalistique…

La Prophétie du "Cinq Cent Dix et Cinq"

Nous nous devons, avant de tenter une interprétation plus personnelle et plus franchement ésotérique, au vrai sens de ce terme, rappeler brièvement les grands axes d'interprétation des multiples commentateurs qui se sont penchés sur cette très énigmatique Prophétie.

La Prophétie, telle qu'en elle-même...

Pour tenter d'expliciter le sens de cette prophétie, nous sommes étroitement tributaires, bien sûr de la traduction. Nous en proposons 3 ci-dessous : celle d'Henri Longnon, celle d'André Pézard et une troisième personnelle, estimant que certaines nuances peuvent être introduites. (Chant XXXIII du Purgatoire v.40 à 45) :

Le texte en italien vulgaire est le suivant (original) :

> **ch'io veggio certamente, e pero il narro,**
> **a darne tempo già stelle propinque,**
> **secure d'ogni'intoppo e d'ogni sbarro,**
> **nel quale un cinquecinto diesce e cinque,**
> **messo di Dio, anciderà la fuia**
> **con quel gigante che con lei delinque.**

Traduction d'Henri Longnon (1) :

> *Je vois, si clairement que je puis le prédire,*
> *Des astres qui déjà, libres de tout obstacle*
> *Et de tout frein, sont prêts à nous donner un temps*
> *Durant lequel un Cinq Cent Dix et Cinq,*
> *Mandé par Dieu, occira la rapace*
> *Et le géant qui fornique avec elle.*

Traduction d'André Pézard (2) :

> *car je vois à coup sûr - et si, l'annonce -*
> *tels astres, francs d'achoppail et encombre,*
> *proches déjà de nous donner bon temps,*
> *où mû par Dieu un cinq cent dix et cinq*
> *viendra occire enfin la larronnesse*
> *et le géant qui fornique avec elle.*

Essai d'une autre traduction :

> *car je vois sans aucun doute, et ainsi le rapporte,*
> *déjà nous est offert le temps par les étoiles proches,*
> *libres de tout obstacle ou de toute barrière,*
> *où un cinq cent dix et cinq,*
> *envoyé de Dieu, viendra occire la larronnesse*
> *et ce géant qui fornique avec elle.*

Original en italien : *La Divina Commedia - testo critico della società dantesca italian* par Giuseppe Vandelli, Éditions Ulrico Hoepli, Milano, 1989.
(1) *La Divine Comédie* par Henri Longnon, Éditions Garnier, Paris, 1962.
(2) *Dante Œuvres Complètes* par André Pézard, Éditions Gallimard-NRF, coll. de La Pléiade, 1965.

Le foisonnement d'interprétations...

Les recherches des commentateurs ont fait fleurir des interprétations de diverses natures et même celles qui ont été qualifiées des plus imaginatives ou imaginaires (?!), sont à examiner. Tout tourne autour de la venue d'un sauveur du monde terrestre, qui mettra de l'ordre en particulier dans les affaires de l'Empire et de l'Église. Mais nous tenterons de montrer que la contingence historique n'est sûrement pas la seule clé d'interprétation crédible !...

Ceci est exposé par le menu dans l'édition de la "Divina Commedia", avec le texte critique de la Società Dantesca. Le lecteur pourra aussi se reporter aux propres commentaires de Henri Longnon, d'André Pézard, d'Alexandre Masseron (1) et de bien d'autres, pour ne citer que les auteurs des éditions en langue française.

Les interprétations les plus connues sont les suivantes : il y a, tout d'abord, celles qui se rattachent au transfert des nombres en chiffres romains DXV, pour 515, de leur anagramme, DXV devenant DVX, le "Duc", ou le "Vautre" du 1er chant de l'Enfer, alias Can Grande delle Scala, protecteur mécène de Dante, à Vérone. L'un des exégètes a identifié le "Duce", Benito Mussolini, soi-même !

Il y a, ensuite, celles qui, conservant cette transposition en DXV, ont cherché les noms susceptibles d'être cachés par des "initiales" D.X.V. allant jusqu'à faire de Dante le "Vautre" du Christ, le fameux "Veltro".

Notons que littéralement le mot "Veltro" peut aussi se traduire par "le lévrier"… Ce chien, *à jambes hautes, au corps allongé, à l'abdomen très étroit, au museau effilé, agile et rapide,* tel que le décrit le dictionnaire Le Robert, doit son nom à sa fonction de chasseur de lièvre. Le mot apparaît vers 1130, près d'un siècle et demi avant la naissance de Dante. La symbolique du chien, en général, est très contradictoire selon les diverses traditions.

Cependant, la distinction est forte entre le chien, en général, précisément, et le lévrier. Ce dernier bénéficie d'une noblesse d'allure et d'une puissance d'action qui en fait un animal pur. Certains auteurs n'ont pas manqué de souligner que le *"Veltro"* de Dante incarne le sauveur de l'humanité ou le Précurseur du second avènement Christique.

Ce sont les Musulmans qui établissent la plus nette différence symbolique entre le chien vulgaire et le lévrier… A ce lévrier s'oppose, symboliquement, l'objet de son action de chasse, traduisons, dans le contexte de cette prophétie, son objet "d'épuration et de régénération": le lièvre. Le lapin, en général, est considéré comme un animal lunaire, qui peut, comme la Lune, hanter les nuits, apparaître et disparaître à sa guise, mourir et renaître. Il se multiplie de manière prolifique. Mais le lièvre se distingue du lapin "vulgaire", en ce sens que son symbolisme est plus franchement ambivalent. Le lièvre incarne, en effet, cette force de croissance, d'abondance, de multiplication des êtres et des choses, mais aussi, sous sa forme maléficiée, une force de perversion par la démesure, la luxure, l'incontinence, la soif d'accumulation.

---
(1) *Dante La Divine Comédie* par Alexandre Masseron, Éditions Albin Michel, 1995.

Conclusion, avec le lévrier et le lièvre, nous avons une image tout à fait analogique avec le *messo di Dio* qui occira le *géant,* être chthonien, symbole de démesure, de prolifération matérielle, et d'indigence spirituelle, et la *laronesse*, symbole de tous les accaparements et de tous les vices, que d'aucuns ont voulu identifier par l'Empereur Henri VII de Luxembourg, alias le *messo di Dio*, devant mettre un terme aux exactions du Roi de France, Philippe Le Bel, *quel gigante* et de la Papauté, ou de la Curie Romaine, dans son ensemble, alias *la fuia...*

Alexandre Masseron, dans son ouvrage sur la Divine Comédie, précédemment cité, rapporte les diverses interprétations des lettres romaines, transposant le nombre Cinq Cent Dix et Cinq, dans sa progression originale :
"Domini Xristi Vicarius" (un nouveau Pape)
"Defensor Xristianitatis (et) Vrbis" (l'Empereur)
"Dei Xristi Verbum" (une nouvelle incarnation du Verbe)
"Domini Xristi Vltor" (le "vengeur" du Christ)
"Dante Xristi Vertagus" (Dante Vautre du Christ)
"Dante Xristi Vicarius" (Dante Vicaire du Christ)

En s'adonnant à un jeu de cache-cache linguistique, une autre voie d'interprétation se reporte sur le nom de l'Empereur "Arrigo", pour Arrigo VII, (cité dans l'édition italienne de Giuseppe Vandelli), Henri VII, associé à une interprétation kabbalistique, faisant intervenir l'écriture Hébraïque, et qui redonne en réduction la valeur du 515 = 11 = 2 :

	A	R	R	I	G	O
valeur numérologique :	1	90	90	9	7	30

Alexandre Masseron rapporte une interprétation différente qui utilise l'orthographe du nom en "Arrico" et non "Arrigo", qui en valeur numérologique donne 515.

D'autres interprétations de la Prophétie font du 515 une date, en se raccrohant à l'histoire de l'Empire Romain.

L'hypothèse de l'année 1315 est avancée pour la venue de l'autorité susceptible de rétablir, selon le vœu de Dante, l'harmonie entre le pouvoir temporel et le pouvoir spirituel. Cette année se réfère à la simple addition du sacre de Charlemagne en 800 + 515 = 1315. Mais hélas, pour la réalisation de la Prophétie, cette autorité, en la personne d'Henri VII, comte de Luxembourg, mourut en 1313, encore une date fortement connotée par la numérologie sacrée… Certaines prophéties centenaires considéraient cette date comme celle, en particulier, d'une rénovation de l'Église.

Cette manière de prophétie annonçant la venue d'un héros est inspirée de l'Apocalypse, dans laquelle Saint Jean désigne Néron par le chiffre 666, chiffre de la bête, obtenu par addition kabbalistique des nombres représentés par les lettres hébraïques et équivalentes à "Nero Caesar". Jouant sur l'ordre des lettres en caractères latins, les commentateurs se sont livrés ici, encore, à des interprétations plus ou moins alambiquées, soit dit sans jeu de mot irrévérencieux pour la science alchimique !...

Les repères d'interprétation selon Henri Longnon...

Dans ses commentaires, accompagnant sa traduction de la Divine Comédie, Henri Longnon donne en revanche, à notre avis, une explication fort plausible. Se référant à l'attente exprimée par Dante d'un Empereur, *un héritier de l'aigle* comme il le dit, une hypothèse a consisté à déterminer, comme nous l'avons dit ci-dessus, l'année 1315, pour la venue d'une autorité "régénératrice"... Le trône du "grand Empire", dans la réalité, était vacant, mais il s'agit d'une prophétie.1315 serait la date approximative du temps où Dante compte voir se réaliser les espérances du salut de l'Église par une juste répartition des rôles entre le Pape et l'Empereur. Le Poète mit tous ses espoirs dans l'Empereur Henri VII, comte de Luxembourg, et fut par la suite très déçu.

Notons que *la fuia, la larronnesse*, est, sans contestation possible, dans cette perspective, le symbole de la cour de l'Église à Rome, dont la simonie usurpe les droits impériaux, cette simonie étant largement évoquée dans le voyage du Poète en Enfer.

Le "Veltro" et la Vierge, selon Louis Philippe May...

Une autre explication "séduisante" est donnée par Louis Phiplippe May (1). 515 serait le nombre associé à une personne par le jeu des lettres la désignant, ces lettres composant le fameux carré magique d'origine pythagoricienne :

```
S A T O R
A R E P O
T E N E T
O P E R A
R O T A S
```

Cet arrangement de lettres recouvre un carré magique numérique, soit les lettres du mot grec PARTHENOS qui signifie Vierge. La somme des nombres représentés par les lettres grecques composant ce mot est égale à 515.

Et Louis Philippe May commente ainsi son interprétation : *Ainsi, 515 est le nombre de la Vierge, qui était Pallas Athénée pour les Grecs et Minerve pour les Latins, qui est Marie pous les Chrétiens. Et c'est bien sous cette double égide que se déroule tout le poème de la Divine Comédie.*

Dante associe en effet les mythes païens, les divinités de l'Olympe, les héros et les sages de l'Antiquité à leurs homologues chrétiens. Minerve est la déesse de la Connaissance et de l'organisation rationnelle de la Sagesse. C'est avec l'assentiment de la Vierge Marie que Béatrice délègue Virgile pour guider Dante, dans la Lumière de la grâce illuminante, incarnée par Sainte Lucie.

---

(1) *A la découverte de la Divine Comédie, Dante et la mystique des nombres* par Louis Philippe May, Éditions de la Quadrature du cercle, 1968.

Quelle que soit finalement la référence, Empereur ou Vierge Marie, ou Minerve, la prophétie du 515 annonce le triomphe du Pur sur l'Impur. C'est cela l'important, surtout, pour Dante.

Louis Philippe May souligne une autre forme de cohérence. La prophétie du *Veltro*, souvent traduit par le Vautre, apparaît au chant I de l'Enfer. Elle annonce le règne de la Vertu, de la Sagesse, et de l'Amour et par dessus tout de la Justice. Elle rejoint celle du *"Jam redit et Virgo"* de Virgile, interprétée comme l'annonce du Christ.

Or la prophétie du Veltro se développe sur les vers 101 à 105 du chant I de l'Enfer et la somme des numéros de ces vers est égale à 515 !...
Parlant de la "bête" et du lévrier ou du "Vautre"...
*e più saranno ancora, infin che 'l Veltro
verrà, che la farà morir con doglia
Questi non ciberà terra nè peltro,
ma sapïenza, amore e virtute,
e sua nazion sarà tra feltro e feltro.*

Nous pouvons traduire ainsi :
*et plus seront-ils encore, jusqu'à tant que le Vautre
vienne, qui la fera mourir à grande douleur.
Celui-ci ne se satisfera ni de terres ni d'étain argenté,
mais de sapience, d'amour et de vertu,
et son peuple sera entre feutre et feutre.*

Et le Poète ajoute qu'il sera *le salut de cette humble Italie...*

L'interprétation de Jean Hein ...

Un autre commentateur, Jean Hein, dans son ouvrage, intitulé "Enigmaticité et Messianisme dans la Divine Comédie" (1), donne d'autres explications intéressantes sur la prophétie du 515. Pour lui 515 est *le temps défini comme une course à la mort et comme le nombre du mouvement... Le chiffre sauveur, dit-il, qualifie la durée du règne du Vautre et de ses descendants.* Ainsi, s'agissant de la Numérologie Sacrée, la filiation la plus fortement marquée est, sans aucun doute, la filiation pythagoricienne.

Sur ces diverses interprétations autour de la venue du Vautre, c'est Jean Hein qui nous permet de conclure de manière fort judicieuse : *Sa naissance dans le feutre serait une allusion à un agencement stellaire, à la pauvreté du Sauveur annoncé, à un mode électif particulier. L'animal libérateur désignerait Dante lui-même, un pape, le Christ, un empereur ou un preux. Les autres prévisions énigmatiques de la Commedia semblent obscurcir plus encore le mystère. Le 515 a été entendu soit comme un anagramme, soit comme une durée. Si le 666 de l'Apocalypse est le chiffre de la Bête, le 515 ne serait-il pas le nombre du Vautre ?*

---
(1) *Enigmaticité et Messianisme dans la Divine Comédie* par Jean Hein, Éditions Leo S. Olschki, Firenze, 1992.

L'auteur fait remarquer aussi que la thématique de l'Apocalypse est "remaniée" par Dante dans son Poème et que si le 666 récapitule en quelque sorte le Passé, le 515 récapitule le Temps Futur à venir. Le Poète, même s'il prend des libertés avec les croyances Millénaristes, ne manque pas néanmoins d'y souscrire…

Vers une interprétation plus ésotérique…

Sans prétendre abolir, bien au contraire, le Mystère qui pèse sur cette Prophétie essentielle, nous proposons, sous l'éclairage très spécifique de l'Hermétisme Chrétien, une nouvelle interprétation.

Nous avons donné plus haut une première traduction, aux côtés de celles d'Henri Lognon et d'André Pézard. Mais si nous voulons nous tenir le plus proche possible du sens "spirituel et hermétique", en allant vers ce que le Poète lui-même appelle le sens anagogique, nous devons coller non pas à la lettre du texte, mais à son "esprit", au plein sens de ce terme.

Aussi proposons nous, ici, après notre précédente traduction, une deuxième traduction en ce sens. Il ne s'agit pas de chercher à "signifier" à tout prix, ce qui serait pure trahison, mais d'essayer de communier avec les mots et les expressions :

Car j'ai vision certaine, et c'est pourquoi je la conte,
déjà les astres sont près de nous donner le temps,
à l'abri de tout obstacle et de toute encombre,
durant lequel un Cinq Cent Dix et Cinq,
envoyé de Dieu, occira l'usurpatrice
et ce géant qui, avec elle, se dévoya.

Dante, par la bouche de Béatrice, souligne lui-même l'aspect profondément énigmatique donné à cette prophétie, en se référant à l'obscurité des oracles de Thémis et aux questions terriblement mortelles du Sphinx !

Un certain Michel de Nostredame n'a rien à envier à Dante pour cette énigmaticité qui sied bien aux prophéties !...

L'allusion au Sphinx, dévorant les voyageurs, incapables de répondre aux fameuses énigmes, à Thémis, "fille d'Uranus" et de la Terre, et aux neufs Naïades, nous semble intéressante d'un point de vue ésotérique. Elle nous permet d'aller au-delà donc des explications habituelles des commentateurs, impliquant même des erreurs de lecture de manuscrits par Dante ! Pourquoi ne pas laisser au Poète ses propres "délires poétiques" et, alors, nous avons un sens symbolique fabuleux, qui peut être évoqué ici.

Le monstre de Thèbes, moitié lion, moitié femme, symbolise la débauche et la domination perverse.

N'oublions pas toutes les calamités qui tombèrent sur le royaume de Thèbes uniquement parce qu'Œdipe eut l'audace de résoudre l'énigme du Sphinx, en fait de la Sphinge, fille de Typhon et de la Chimère !

Quant à Thémis, la vengeresse de la Sphinge morte, son nom signifie "Justice Divine".

Elle est la fille d'Uranus, symbole de l'éveil du feu primordial et de la colère du Chaos. Face au Dieu des Océans, Uranus fait figure de Dieu du Ciel. L'Océan symbolise "l'indifférencié", dont le Dieu du Ciel a pour dessein de se dégager. A propos du processus uranien d'évolution, nous lisons dans le Dictionnaire des symboles une formulation, concernant le cadre mythologique, qui se transpose parfaitement dans la perspective de l'Hermétisme Chrétien (1) : *Tout ce qui détache l'homme de la terre, l'élève au ciel, qui est son empire mythologique, (en référence au chaos), et le tend vers l'absolu, et l'effort vertical est sous ses auspices [...] Possédé par l'instinct de démesure et de puissance, il est l'homme du progrès en quête d'un âge nouveau, si du moins il n'échoue pas dans l'aventure de l'apprenti sorcier.*

Transposé dans la perspective de l'Hermétisme Chrétien, ceci nous renvoie au processus de Transmutation qui permet à l'être de se dégager d'un plan strictement terrestre et des maléfices d'une matière non spiritualisée, pour accéder aux plans divins supérieurs. Cette verticalisation, alchimisant les forces de l'instinct par l'énergie spirituelle et divine, lui permet alors de reconnaître sa propre identité et l'identité des deux mondes d'En-Bas et d'En-haut, dans l'expérience de Dieu et de l'Absolu. Ceci n'est rien d'autre que le processus suivi par le Poète dans son voyage dans les 3 mondes de la Divine Comédie.

Thémis est aussi la fille de la Terre. Celle-ci nous renvoie bien sûr à la "Mère", à la fécondité et à la régénération... Ainsi, nous voyons, concernant cette prophétie du 515, que s'il s'agit, sur un plan exotérique, d'une référence probable à la venue d'un Empereur, héritier de l'Aigle, pour régénérer le Pouvoir Temporel, nous avons bien un enrichissement de sens certain sur un plan ésotérique.

Pourquoi citer Thémis (la Justice), Uranus (la Verticalisation) et la Terre (la Régénération), quand on est un Poète, tel que Dante, sinon parce que la Mythologie réveille en soi tant de richesse symbolique et spirituelle ? !...

Nous pensons donc que ce serait de toute façon abusif de limiter le sens de cette prophétie en le centrant sur les seuls problèmes contingents de l'époque et en particulier sur ceux relatifs aux rapports entre Pouvoir Temporel et Pouvoir Spirituel et entre l'Église et les Politiques.

Ce nombre de "500, 10 et 5", qu'il convient de lire comme tel, par fidélité au texte original italien de *"Cinque-cento diece e cinque"*, sans se précipiter uniquement sur le "515", qui n'est qu'une résultante, évoque toutefois immanquablement le parallélisme avec le 666. Ce "Cinq cent dix et cinq" est un *messo di Dio*, un envoyé de Dieu, qui, à l'inverse du "666" répond à un "programme numérologique" très positif et plus puissant, car appelé à triompher.

Ici, pour éclairer tout à fait notre lanterne, tel le fameux Hermite du tarot, nous devons plonger dans tout le contexte de la Divine Comédie et, ainsi parvenir à saisir le sens profond de cette prophétie.

---

(1) *Dictionnaire des symboles* par Jean Chevalier et Alain Geerbrant, Éditions Robert Laffont, 1969.

Nous sommes au 33ᵉ et dernier chant du Purgatoire, lorsqu'elle est formulée par Béatrice elle-même !... Le Poète est aux deux tiers de son voyage initiatique. Il a côtoyé les tourments de l'Enfer et a médité sur les 9 catégories de pécheurs châtiés dans leurs cercles respectifs, ceci jusqu'au face à face avec Lucifer, l'ange déchu, gardien ultime de la *"giudecca"*, parmi les traîtres, au centre de la Terre. Mais n'oublions pas qu'il a rencontré les géants horribles de la Fable Grecque, presque tous *fils de la Terre* et mêlés aux géants de la Genèse. Tous ont voulu rivaliser avec Dieu.

Ceux de la "Fable" escaladent l'Olympe et veulent prendre la place des Dieux. Mais Jupiter sort du *grand combat*, mené en Thessalie, en vainqueur grâce à l'aide de sa fille Athéna, déesse de la Justice.

Et puis, ce sont 4 géants qui se distinguent en particulier : Nemrod, auteur du projet de la Tour de Babel (voir Genèse X), premier roi de Babylone, grand chasseur ; Ephialte, fils de Neptune et d'Ihimédie, qui réalise des exploits pour effrayer les Dieux ; Briaré, fils du Ciel et de la Terre, de loin le plus monstrueux, avec ses 50 têtes, vomissant du feu et avec ses 100 bras, dont 50 brandissent l'épée et 50 le bouclier ; le quatrième, enfin, Antée, le seul qui ne se dresse pas contre les Dieux, fils de Neptune et de la Terre.

Notons ici un point important : au contact direct de la Terre, Antée est invincible. Il dort sur le Terre nue, sa mère, et reprend toutes ses forces, comme régénéré. Mais Hercule, homme d'une force physique exceptionnelle, parce que demi-dieu, perce son secret, l'élève dans ses bras et peut alors l'étouffer !...

Si nous retournons à présent au texte de Dante, ce *quel gigante* peut s'interpréter comme l'archétype du symbolisme du Géant : l'être chthonien, incarnant la toute puissance des forces telluriques et purement matérielles.

Celles-ci, mal maîtrisées, hors du contrôle de l'Esprit, peuvent conduire l'Homme à la pire domination de ses instincts et à son "Involution".

La Fuia, alias *la ladra*, c'est-à-dire "la voleuse", peut être entendue, ici, à un sens également archétypique et pas nécessairement assimilée à la Curie Romaine, usurpatrice des droits impériaux. Au chant XXXII du Purgatoire, celui qui précède l'énoncé de la Prophétie, nous sommes déjà au Paradis Terrestre. Nous avons assisté à l'évolution du Char de l'Église, avec Béatrice, accompagnée par le chœur des Vertus Théologales et Cardinales, et à l'évocation de l'Arbre de la Science du Bien et du Mal, tout dépouillé de ses fleurs et de son feuillage et de l'appel du chœur : *Adam !*

Ici encore, toutes les interprétations gravitent autour des contingences historiques, de l'histoire de l'Empire et de l'Église, alors que nous pouvons prendre toutes ces évocations au sens tout simplement de la "Symbolique Biblique" : Ève est "l'usurpatrice", et, au-delà du personnage bien sûr, la cause de l'enfermement dans la Matière, dans lequel Adam a copieusement pris sa part, lui aussi.

Mais c'est en fait la Kabbale qui nous apporte une lumière essentielle sur la Prophétie sinon la clé, volontairement dissimulée par le Poète !

Le Cinq cent dix et cinq, à la lumière de la Kabbale...

Cet *envoyé de Dieu* est donc symbolisé par un programme numérologique. André Pézard considère, à juste titre, que Dante ne cherche pas à désigner un personnage connu, mais joue des nombres à la manière hébraïque, comme le fameux 666 de l'Apocalypse.

Certes, le 666 a pu désigner Néron, à travers la valeur numérologique de *"Nero Caesar"*. Certes 666 est sans aucun doute le nombre de la bête et de l'Antéchrist, correspondant à la somme des 6 premiers nombres, associés aux lettres romaines I (=1), V (=5), X (=10), L (=50), C (=100) et D (500). Et, ainsi, 666 est une valeur, avec laquelle on aime bien jouer pour identifier Attila, Hitler ou Napoléon Bonaparte !... Et, de même, nous avons D (=500) X (=10) V (=5), dont nous avons évoqué plus hauts les nombreuses possibilités d'anagrammes et d'interprétations.

Mais ce qui nous paraît plus important, c'est de prendre en compte le "contenu symbolique" de ces valeurs.

"Cinquecento"...

Avec le parcours des 22 lettres de l'alphabet hébraïque, l'œuvre de transmutation de l'Être s'achève par 4 lettres impliquant une véritable transcendance et une transfiguration du monde. Un processus de libération se réalise, conduisant l'Être à participer aux réalités les plus subtiles de l'Esprit.

L'arcane du Monde dans le tarot, correspondant à la 22e lettre, Tav, incarne ce "Monde Transfiguré".

Au-delà la Transcendance se poursuit encore...

Le 500 est la valeur numérologique du Kaf final, qui, avec d'autres lettres "finales", nous situe à l'étape ultime où l'énergie divine délivre l'Homme de l'emprise de toutes les forces d'involution et l'assimile totalement dans la Lumière Divine. Ce sera l'expérience finale du Poète, au Paradis, lors de son Extase. **En formulant cette Prophétie du *"Cinq cent dix et cinq"*, Béatrice, au-delà de la visée d'un dessein collectif, "prépare" le Poète à cette expérience "ultime".** Mais, néanmoins, pour rester sur le plan collectif, la Transcendance, la Transfiguration du Monde, la Libération par l'Esprit, sont autant de dimensions qui imagent parfaitement la mission de ce *Messo di Dio* évoqué par Dante et qui rejoint l'archétype du Démiurge en contribuant intensément à son Œuvre.

"Diece..."

Le 10 est la valeur numérologique de la 10e lettre de l'alphabet, Yod, qui symbolise le germe, la présence Divine dans la Création. Et l'arcane de la Roue de Fortune, en correspondance analogique avec cette lettre, met l'accent sur la prise de conscience nécessaire à l'Homme pour se mettre à l'écoute des plans supérieures et surtout des lois divines, paraphrase du célèbre adage Hermétique : *Ce qui est en haut et comme ce qui est en bas et ce qui est en bas et comme ce qui est en haut, pour accomplir les miracles d'une seule chose.*

Ainsi, l'envoyé de Dieu, dans cette Prophétie, qui apporte *Transcendance, Transfiguration et Libération*, réalise sa mission en insufflant le "germe divin" au monde et **en faisant renaître la "divinité en chaque être"**. Mais, bien entendu, le 10 nous renvoie aussi au **"Nombre de la Création Universelle"** à la fameuse Tetraktys Pythagoricienne, la somme du principe divin (Nombre 1), du couple originel (Nombre 2), masculin et féminin, Adam et Ève (voir plus haut), des 3 niveaux du Monde, Infernal, Terrestre et Céleste, des 3 niveaux de vie, physique, psychique et spirituel (Nombre 3) et, enfin, des 4 éléments de la Matière, 4 points cardinaux, 4 saisons,... (Nombre 4).

"... e cinque."

He, 5e lettre de l'alphabet hébraïque, a pour valeur numérologique 5, et se situe sur le plan principiel des unités. Elle correspond au "souffle divin créateur" et aussi à une "mission de responsabilité". Et l'arcane du Pape, dans le tarot en est une illustration analogique, mettant bien l'accent sur l'ouverture à la Spiritualité, en nous situant sur le plan de la conscience évolutive. Le Pape du tarot symbolise, en fait, ici "le maître intérieur", cette forme de conscience visant à découvrir l'essence profonde de l'être, et lui permettant, pour paraphraser le Poète *d'occire en lui toutes les forces aliénantes de l'Ego, image de "la fuia" et de la Matière maléficiée, image de ce "gigante"*. Rappelons-nous ici la mythologie, évoquée ci-dessus, qui est en parfaite analogie, elle aussi.

Ce programme numérologique désigne, en fin de compte, au-delà d'un "mystérieux" personnage libérateur, tranfigurateur et rédempteur, tout le processus lui-même de l'Opération de "Transformation", autrement dit du "Grand Œuvre Alchimique", que tout aspirant sur la voie désire réaliser.

Et, en ce sens, la Prophétie du Cinq Cent Dix et Cinq se calque tout à fait sur le processus, signifié par l'Apocalypse de Jean, la "Révélation" aux Chrétiens... Celle-ci se décrypte, elle-même aussi, sur les deux plans : celui du "collectif" (la Fin des Temps) et celui de "l'individuel" (l'Œuvre de Transmutation Spirituelle). Toute analyse numérologique, dans cette perspective "sacralisée", conduit à une réduction théosophique : 500 + 10 + 5 = 515 = 5 + 1 + 5 = 11 = 2. La force agissante en ce *"messo di Dio"* résume sa nature profonde et celle de l'opération qu'il incarne. Il s'agit de la force spirituelle (11), dont l'essence intrinsèque est la puissance de l'Amour (2) s'exerçant dans cette aspiration fusionnelle autour de l'Unité, qui nous concerne tous individuellement...

"Cinquecento diece e cinque"... au 9347ᵉ vers de la Divine Comédie ? !...

Nous retrouvons une remarquable coïncidence providentielle entre la désignation de cette figure prophétique et la numérotation du vers ! Le *"Cinq cent dix et cinq"* est cité au 43ᵉ vers (=7) du chant XXXIII (33 et 6), soit au 9347ᵉ vers depuis le début (= 5). Cette série de nombres coïncide, à nouveau, avec toute la portée de cette prophétie. Les événements et la figure emblématique de *l'envoyé de Dieu* s'inscrivent, d'un point de vue kabbalistique, dans une progression : 5, 6, 7, sans oublier la portée symbolique aussi du 33.

De manière très résumée, le 5 nous renvoie bien au souffle divin créateur, qui apporte l'énergie nouvelle de l'esprit et magnifie la spiritualité dans la conscience, pour évoluer (lettre hébraïque He) ; le nombre 6 nous renvoie au pouvoir de lier et d'unifier et à la création par l'union et la fécondation (lettre hébraïque Vav), œuvre du *"messo di Dio";* le nombre 7 nous renvoie à cette première victoire, symbolisée par le Prince, dans l'arcane du Chariot, maîtrisant ses valeurs profondes et pouvant guider ce chariot, quelles que soient les forces antagonistes de sa mise à l'épreuve...

Autrement dit, de l'Union, symbolisée par la lettre Vav, associé au nombre 6, résulte, selon l'expression de Vyria, dans son ouvrage précité, *une semence qui génère l'esprit et la forme*. Cette semence est associée à la lettre Zaïn. C'est pourquoi le nombre 7 symbolise l'accomplissement d'un processus, que vient incarner toujours ce fameux *envoyé de Dieu,* comme un sauveur, soit le fameux *"Veltro",* comme le désigne en fait les nombreux commentateurs. Et ils lui supposent diverses identités.

Reste à souligner aussi le nombre 33 qui "éclaire" le 6. Le pouvoir de lier et d'unifier, évoqué ci-dessus dépend d'une double référence au nombre 3, référence à la "Divinité dans sa perfection". A chaque grande étape de la Divine Comédie, nous retrouvons cette référence, avec le nombre de chants (voir nos commentaires plus haut). Notons, complémentairement, sur le plan du nombre 6 (2 fois 3), que nous sommes à la fin du Purgatoire. Nous avons franchi avec Dante les deux premières étapes. Quand la troisième aura été franchie, soit à la fin du Paradis, nous aurons atteint la "Perfection du créé" et un "achèvement", correspondant au nombre 9 (3 fois 3).

Mais celle qui, selon l'expression du Poète, *est ce nombre 9*, en lançant cette Prophétie, qui a fait couler tant d'encre, nous apparaît aussi comme une célèbre prêtresse d'Apollon !...

Béatrice, telle la Sibylle...

En conclusion, nous pouvons dire que le *"Messo di Dio"* peut bien être un élément de la contingence historique autour des affaires de l'Église et de l'Empire, comme l'ont évoqué tant de commentateurs. Mais la Prophétie de Béatrice peut être interprétée tout autant sur un plan eschatologique, dépassant largement l'année 1315 !

Le soin mis par le Poète à "programmer" numérologiquement la désignation de *l'envoyé* avec ces 3 nombres de *"Cinquecento diece e cinque"*, dont on aurait tort, selon nous, de bousculer le merveilleux ordonnancement, ce soin-là révèle une volonté de symbolisme évident sur laquelle la Kabbale projette toute sa Lumière...

Transcendance, Transfiguration et Libération par le triomphe final de la "Grande Force Spirituelle", Victoire de l'Esprit et de Dieu, à la fin des Temps... Et en descendant du collectif à l'individuel, ne s'agit-il pas d'une anticipation de ce qui va se passer pour le Poète à la fin de son voyage ? !

L'Initiatrice le "prépare" à l'ultime expérience de l'Illumination dont il devra rendre compte à son retour au Monde... Et l'ultime guide au Paradis, Saint Bernard, évoqué comme "l'être de lumière" par excellence, n'est-il pas le "Messo di Dio" qui conduit Dante vers son Extase ? !

Et Dante lui-même ne justifie-t-il pas pleinement tous les développements précédents sur un sens profond, ni contingent, ni historique, de la Prophétie, quand il s'écrit, face aux effets du rayonnement divin (dernier chant du Paradis v.79 à 87) :

Mais je pris cœur à soutenir l'assaut
du rai luisant, et tins durement jointe
ma vue au feu de vaillance infinie.
O flot croissant de grâce, par qui j'ose
planter mes yeux dans l'éterne lumière
à la perdition de leur vertu !
Dans son profond je vis comme s'entressent
d'amour liées en un livre les pages
qui çà et là par le monde s'effeuillent :
[...]

Suit ensuite sa vision finale de l'Unité du Monde animé par la force d'Amour : *amour (toi) qui mènes le soleil et les étoiles...*

Une telle superposition de sens n'est-elle pas finalement le propre d'une Prophétie ?

La Sibylle, grande prêtresse d'Apollon, Dieu Solaire, et devineresse, ne délivrait-elle pas ses divinations de telle façon que l'auditeur n'avait qu'à entendre ce qu'il voulait ou pouvait bien entendre ? !...

Béatrice, elle-même "Messagère de Dieu", initiatrice, ne tient-elle pas le même rôle face au Poète, qui est aussi Homme politique et Philosophe, ouvert aux messages de toutes natures, mythologiques, symboliques, eschatologiques, exotériques et ésotériques, mais reçus, dans un contexte spécifique, celui de l'attente du terme d'un voyage initiatique, tout imprégné d'une Transmutation spirituelle et personnelle ? !

CHAPITRE V

La Symbolique Sacrée des Sites dans les 3 Mondes de la Divine Comédie

Enfer, Purgatoire et Paradis

Par moi va-t-on dans la cité dolente,
  Par moi va-t-on dans l'éterne douleur,
  Par moi va-t-on emmi la gent perdue.
  [...]
Vous qui entrez, laissez toute espérance.

DIVINA COMMEDIA, Inferno III, I à IX

DÉSORMAIS pour courir meilleures eaux
  la nef de mon esprit hisse la voile,
  laissant derrière soi mer si cruelle.
Je chanterai ce deuxième royaume
  où l'âme humaine en gravissant, se purge
  et de monter au ciel redevient digne.
  Purgatorio I, I à VI

Tout ce, vraiment, dont je pus en pensée
  faire trésor cherchant le saint royaume
  sera l'étoffe à présent de mon chant.
  Paradiso I, X à XXII

"Un Poète, Âme, Corps et Esprit…"

Face au symbolisme du Nombre, dans la structure globale de la Divine Comédie, et dans la progression spirituelle du Poète, accompagné de ses 3 guides, tel que nous venons de l'évoquer, un symbolisme complémentaire, d'une richesse inouïe, irradie les 3 sites du Voyage dans l'Autre-Monde.

Ce symbolisme emprunte, certes, beaucoup à la Mythologie et à l'Univers Biblique, comme de nombreux commentaires en attestent. Mais la perspective de l'Hermétisme Chrétien, précédemment définie, et puisant ses sources dans diverses traditions, telles que celles des textes fondateurs des Pères de l'Église, de l'Alchimie, de la Kabbale, de l'Astrologie Traditionnelle, du Tarot sacré, etc., en enrichit considérablement l'interprétation pour nous en donner le sens profond et caché.

D'exotérique, l'interprétation devient alors foncièrement ésotérique.

Et, bien sûr, avec ce changement d'optique, nous devons rappeler au lecteur quelque chose d'essentiel pour apprécier ce voyage au pays des symboles universels. A la volonté et au désir conscient du Poète, y compris son goût pour une dimension énigmatique, s'ajoute le concours de la Divine Providence et de l'Inspiration Poétique, tout à fait comparable, dans sa spontanéité irrationnelle, à l'art médiumnique. Et tout ceci s'imbrique et se mélange naturellement… Ce que nos commentaires, appuyés sur la Tradition, avancent, dès lors, pourrait heurter certains esprits chagrins, pétris de rationalisme et de dogmes d'interprétation littéraire ou philosophique. Nous leur suggérons de laisser aller leur sensibilité sur les chemins de l'intuition.

La puissance évocatrice, pour ne pas dire le magnétisme, exercé par le *Poème Sacré,* tel que le nomme le Poète lui-même, est incontestablement dû à une création impliquant les 3 réalités ontologiques du Génie Florentin : son Âme, son Corps et son Esprit. Ce sont ces 3 réalités ontologiques, fusionnées, qui lui ont sûrement dicté ses vers !… Les analyses symboliques qui suivent vont essayer d'en témoigner aux différents plans de la Géographie Sacrée, de la Topographie, des Formes, des Objets, de la Nature, des Éléments, etc.

Nous visiterons successivement le site de l'Enfer, dans lequel s'exercent les Forces du Mal, puis le site du Purgatoire, dans lequel s'exercent les Forces de Rédemption, et, enfin, le site du Paradis, dans lequel les Hiérarchies Célestes, décrites par Denys l'Aréopagite, nous accompagnent dans la remontée de l'Arbre de Vie, et à travers les différents ciels.

Au Paradis, le Poète semble prendre moins de liberté avec les ordonnancements transmis par la Tradition, que pour L'Enfer et le Purgatoire.

Il y suit, en fait, l'ordre de la plus pure Tradition Kabbalistique et de l'Hermétisme Chrétien, avec toutes les correspondances symboliques.

Toutefois, dans le détail, la vision personnelle reprend ses droits avec vigueur.

Le Site de l'Enfer et les Forces du Mal...

Haut et Bas Enfer

Alexandre Masseron (1) décrit avec précision l'itinéraire suivi en Enfer par Dante et son guide Virgile. L'axe du gigantesque cône, tête en bas, de l'Enfer, "enfermé" dans l'hémisphère boréal de la Terre, passe par Jérusalem.

Et, croisant la surface de la Terre, à l'image d'un cercle, en un point, non identifié, cet axe désigne aussi, à une profondeur non précisée, la porte d'entrée du Royaume des Morts.

L'Enfer est divisé en "Haut Enfer" et "Bas Enfer". Le premier regroupe un vestibule, où le Poète situe les Limbes, et 5 cercles. Le second, qui est la Cité de Dité, alias Lucifer, l'Ange Déchu, comprend 4 cercles.

Nous ne revenons pas sur la symbolique des nombres largement développée. Notons toutefois que le Haut Enfer est ainsi associé au nombre 5, qui, sous son aspect maléficié, nous renvoie à l'asservissement du souffle divin en soi aux forces de l'Ego : or, ce sont les pécheurs de la chair, les gourmands, les avares et les prodigues, les colériques et les rancuniers, que Dante croise dans les 5 premiers cercles.

Et le Bas Enfer est associé au nombre 4, qui, sous son aspect maléficié, nous renvoie à l'Ego, aveuglé par l'esprit du Monde, incapable d'avoir une relation féconde avec la matière, dépourvu de toute force spirituelle et divine et pouvant aller jusqu'à se cristalliser dans un immobilisme mortifère, or, ce sont les hérétiques, les violents de tous poils, les trompeurs et les traîtres que Dante croise dans les 4 derniers cercles, pour arriver face à Lucifer, "immobilisé" dans les glaces éternelles de la Giudecca...

Dante et Virgile traversent le Styx sur la barque de Phlégias et se retrouvent face aux grandes murailles de fer qui ceinturent Dité. L'entrée est farouchement défendue par les Furies. Seul, un messager céleste, non identifié, *qui, marchant de son pas, rez les eaux, à pied sec, passait le Styx,* leur permet d'entrer.

Ainsi ce qui semble séparer les damnés du Haut et du Bas Enfer, d'un point de vue ésotérique, c'est l'attitude et le comportement de "l'Ego".

En dehors de Dité, les damnés ont péché par non retenue de leur Ego et de ses désirs, pervertissant ainsi leur essence divine. Ce sont les infidèles, les luxurieux, les gourmands, les avares et les prodigues et les *"accidiosi"* ou "tièdes, peu ardents" dans leur foi.

Toute la configuration globale que nous venons de décrire brièvement est bourrée de symboles.

---

(1) *Dante La Divine Comédie* par Alexandre Masseron, Éditions Albin Michel, coll. La Bibliothèque spirituelle, 1995.

À l'intérieur de Dité, les damnés ont péché par malignité et perversion de l'Ego lui-même. Ce sont les hérétiques, les violents, les fraudeurs et les traîtres.

La référence à Jérusalem renvoie au lieu du Sacrifice, certes, mais aussi au miroir de la Jérusalem Céleste, cité idéale à reconstruire par les Hommes. L'hémisphère boréal renvoie à la direction du Nord, précisément pays des "neufs plaines infernales". Jérémie voit une marmite inclinée dont le contenu penche à partir du nord. Le Dieu de Jérémie est contre les terres du Nord, d'où viennent la malice et l'idolâtrie.

Mais, pour les Grecs, les Hyperboréens, peuple du Nord, apportaient au contraire la Sagesse. Et le Nord est aussi le pays de la Lune et de la Voie Lactée. La Lune est l'astre de la "coagulation", selon la Kabbale. Elle permet de faire de l'Âme le reflet fidèle de l'Esprit pour que celui-ci puisse pleinement s'exprimer dans la Matière. Ceci nous renvoie à "l'Incarnation" et à la sephirah Yesod de l'Arbre de Vie, lieu de cette "coagulation" de l'Esprit dans la Matière. La Voie Lactée est un lieu de passage d'origine divine. Elle relie les mondes divins et les mondes terrestres.

L'imprécision du Poète sur la "profondeur", concernant la porte d'entrée de l'Enfer, située par ailleurs sur l'axe du cône du monde infernal, constituent non seulement un mystère poétique, mais renvoie aussi à l'insondabilité des voies chthoniennes.

Les Furies, au-delà d'une référence mythologique aux 3 divinités infernales, Alecto, Mégère et Tisiphone, bras de la vengeance sur les criminels, sont associées par la Tradition de l'Hermétisme Chrétien, et par la Kabbale, à la sephirah de Tit Aïsoun, "l'Ordure, la Boue", contrepartie ténébreuse de la sephirah Netsah de l'Arbre de Vie. C'est le lieu de perversion et de corruption de la Matière. Nous reviendrons sur ces Forces du Mal, un peu plus loin.

Le Messager du Ciel, *da ciel messo*, ange anonyme, qui permet aux voyageurs de l'Outre-Tombe d'entrer à l'intérieur de la Cité de Dité, est sans doute un ange représentant la Hiérarchie Céleste des Principautés. Celles-ci correspondent à la sephirah Netsah (La Victoire), qui à l'inverse de Tit Aïsoun, est un lieu d'harmonisation et d'équilibre entre l'Essence et la Forme.

Et, précisément, le Messager invective les Furies qui tentaient de faire obstruction au passage des deux voyageurs, sur le thème de *"l'oltracotanza", "l'outrecuidance"*, correspondant à la surestimation de l'Ego, et qui les fait s'opposer à la volonté céleste. Or, celle-ci, écrit le Poète, ne se laisse jamais détourner de son but. Netsah est associée à Vénus, la Planète traditionnelle de l'Harmonisation et de l'Amour. *Que vaut contre Destin cosser la tête ?*, interroge encore le Messager à l'adresse des Furies.

La volonté céleste, exprimée, nous nous en souvenons, par 3 femmes, Marie, Sainte Lucie et Béatrice, est de faire voyager Dante dans toutes les sphères où l'Esprit n'investit pas la Matière conformément à la Loi d'Amour.

Figures fondamentales

Les 9 cercles concentriques, de plus en plus profonds, forment, nous l'avons dit, un "cône". La progression de Dante et de son guide et maître spirituel, Virgile, évoque tout à la fois le symbole de la "**Spirale**" et la progression dans un "**Labyrinthe**". Et cette progression est toute tendue vers un centre : *"la Giudecca",* dans laquelle Lucifer est "prisonnier" des glaces éternelles. Ce n'est pas un progression vers l'Unité. Lucifer a une triple face, le ternaire ou la Trinité, en quelque sorte inversée, maléficiée, celle-là même qui nous renvoie à la "Chute".

Nous avons donc la conjonction de divers symboles : le Cercle, le Centre, la Spirale, **le Cône orienté vers le Bas**, le labyrinthe, les progressions dans chaque cercle et de cercle en cercle n'étant en aucune façon rectilignes, mais bien au contraire en zigzags, avec ruptures et sauts d'obstacles…

Cette conjonction de symboles traduit à merveille les chemins convulsifs de l'Involution, de l'Un au Multiple. Et la sortie de l'Enfer est particulièrement éloquente, intervenant au XXXIVe chant et montrant Dante et Virgile qui "remontent" vers *l'autre face du Monde*, par "les ailes de Lucifer".
Les "ailes" sont l'attribut céleste de l'Ange déchu.
> *Ore es venu sous la voûte opposée*
> *à celle où est notre grand-sèche enclose,*
> *et dont le faîte a vu sous lui détruire*
> *l'homme-dieu né sans tache et mort sans tache :*
> *dessous tes pieds se trouve le noyau*
> *dont l'autre face a formé la Judecque.*
> *En çà vient le matin, en là le soir ;*
> *et cestui, dont le poil nous fit échelle,*
> *comme il était reste encore planté.*
> (Chant XXXIV v.112 à 120)

C'est par les ailes que les deux voyageurs peuvent s'élever, avec l'allusion à la montée du Soleil, symbole de Renaissance, évoquée un peu plus haut (v.94 à 96) :
> *"Car lève-toi"* dit le maître *"en estal :*
> *la voie est longue, et mauvaise la trace ;*
> *jà le soleil à mi-tierce (*) remonte."*
> (*) 7 heures et demie du matin.

Ce tercet, bien entendu, a une double signification, exotérique et ésotérique. L'expression en langue vulgaire italienne *"già il sole a mezza terza riede"* nous renvoie symboliquement au chemin d'évolution et de transformation, suivi par le Poète. Et le tercet, dans son ensemble, nous renvoie à toute la tradition du voyage au royaume des morts, dans les Ténèbres, et la remontée vers la Lumière. Les épreuves sont encore à venir. Le Grand Œuvre est loin d'être terminé.

Le Cercle, le Centre et Lucifer

En s'éloignant de l'Unité centrale, tout se divise et se multiplie. Dante part **à la rencontre du "Multiple"**, soit les péchés de diverses natures des hommes et il va tendre à "descendre", selon le chemin de **l'Involution**, jusqu'au centre de l'Enfer, vers une fausse unité ou une unité maléficiée par la "Chute" et incarnée par Lucifer, au triple visage (chant XXXIV, v.34 à 38) :

> *S'il fut tant beau comme or semble hideux,*
> *et osa sourciller vers son faiteur,*
> *bien faut-il que tout deuil de lui provienne.*
> *Hélas, quelle merveille à moi parut*
> *quand j'avisai en sa tête trois faces !*

L'une des faces, celle de devant, est *pourprée*. Les deux autres sont de couleurs différentes, correspondant chacune à l'une des épaules, centres psychospirituels en l'Homme, en rapport avec d'une part la colonne de droite de l'Arbre de Vie, pôle masculin, et actif de la Création, et avec d'autre part la colonne de gauche, pôle féminin et passif de la Création.

La face de droite est de couleur *entre aube et jaune*, et la *senestre couleur comme ont les gens là où le Nil dévale*, autrement dit brune.

Le "pourpre" de la face centrale, soit un rouge sombre, correspond à l'aspect féminin, nocturne du Rouge, incitant à la vigilance, inquiétante, mystérieuse, couleur de l'âme et de la Libido, le feu central de l'homme et de la terre. Mais c'est aussi la couleur de la "régénération". Elle évoque l'Œuvre au Rouge" dans le Grand Œuvre Alchimique, en phase "critique". C'est la couleur de la Connaissance ésotérique ouverte aux seuls initiés et visible au cours de "la Mort Initiatique"…

> *"L'âme, là-haut, qui a plus âpre peine"*
> *dit mon maître "est Judas Iscariote ; […]"*

Il est dans la bouche de Lucifer, correspondant à la face de devant. La plus grande traîtrise est celle faite à son bienfaiteur. Le personnage de Judas, qui donne son nom à toute cette région centrale de l'Enfer, est le symbole même de l'initié totalement perverti par le Mal. Promis à figurer parmi les élus, il est la face la plus hideuse de la Chute, et aussi de l'Œuvre au Rouge avortée !…

La face de droite *entre aube et jaune*, correspond, en fait, à l'épaule gauche du point de vue de Lucifer, côté féminin, passif, centre psychospirituel correspondant à la colonne de la "Rigueur" de l'Arbre de Vie. La couleur jaune est celle de la terre fertile. Mais, elle est associée, ici, à l'image des liens sacrés de l'amour divin, rompus, précisément, par Lucifer. Elle est annonciatrice des approches de la mort, du déclin et de la vieillesse. Postérieurement à l'époque de Dante, les portes des traîtres seront symboliquement peintes en jaune pour les signaler aux passants, aux XVIe et XVIIe siècles.

De la bouche de Lucifer, dans cette face de gauche, pend l'un des deux meurtriers de César. Dante compare cette mort à la Passion du Christ.

La face de gauche, couleur brune de la Vallée du Nil, est reliée à l'épaule gauche, qui est en fait la droite du point de vue de Lucifer, correspondant à l'aspect actif, masculin et à la colonne de droite de l'Arbre de Vie, la colonne de la "Miséricorde".

La couleur brune est en réalité celle de l'argile, associée à une dégradation de couleurs pures, rouge et noir. Elle concerne à la phase de putréfaction du Grand œuvre Alchimique.

De la bouche pend le deuxième meurtrier de César.

Les deux meurtriers sont, eux aussi, des traîtres à leur bienfaiteur, la plus honteuse des traîtrises pour le Poète. Il s'agit de Brutus, neveu de Caton, qui se donna la mort et de Cassius Longinus… Curieuse rencontre, avec ce dernier nom, évoquant le fameux centurion qui perça le flanc du Christ en croix, avec sa lance.

L'insistance du Poète sur ces 3 bouches horribles de Lucifer nous reporte, enfin, au symbolisme de cette ouverture par laquelle passent le souffle, la parole et la nourriture. Ce symbole de la Puissance Créatrice et, à travers le Verbe, de la Conscience, joue un rôle essentiel de médiation entre l'Être et les plans supérieurs ou inférieurs vers lesquels il peut tendre.

Ces 3 bouches de l'Ange déchu deviennent les 3 gueules du Monstre, incarnant **la Trinité maléficiée de l'Être**, dans son Corps, dans son Âme et dans son Esprit.

La Spirale et le Labyrinthe

La progression générale des deux voyageurs se fait dans le sens "centripète" d'une spirale orientée vers le bas. Dante est, en effet, confronté à un processus "involutif", avec des degrés aggravés de péchés, au fur et à mesure de la descente. Mais ceci ne constitue qu'un sens global de progression négative. D'un cercle à l'autre de l'Enfer, les deux voyageurs rencontrent divers obstacles à leur cheminement, de sorte que le mouvement spiralé se double d'un net aspect labyrinthique : arches brisées, falaises à contourner, etc. Le fil d'Ariane est incarné par les guides célestes qui veillent sur Dante et Virgile.

L'arrivée au centre du labyrinthe, comme au terme d'une première étape de ce voyage initiatique, fait état d'une première transformation de la conscience du Poète, au contact de toutes les perversions matérielles dont il a été le témoin. La victoire du Spirituel sur le Matériel et de l'Éternel sur le Périssable se profile à l'horizon du Purgatoire, dans lequel la progression se fera de bas en haut, dans le sens "évolutif" […].

Nous vérifions bien, comme l'a écrit Marcel Brion, dans son ouvrage sur Léonard de Vinci, en 1952, que *plus le voyage est difficile, plus les obstacles sont nombreux et ardus, plus l'adepte se transforme, et au cours de cette initiation itinérante acquiert un nouveau soi.* Le Poète, lui-même, avoue cette transformation intérieure à plusieurs reprises.

Ainsi, Spirale et Labyrinthe, loin d'être antinomiques, s'associent. D'un point de vue alchimique, le Poète termine, dans la cité de Dité, la 1re phase du Grand Œuvre, l'Œuvre au Noir.

Le Nombre 9

Le lecteur se reportera au chapitre consacré à cette symbolique du nombre pour l'analyse approfondie des aspects numérologiques liés à ce site en 9 cercles. Rappelons ici, seulement, que le nombre 9, à plusieurs reprises célébré par le Poète, notamment à propos de Béatrice, symbolise, ici, pour cette première étape du voyage dans l'Autre Monde, et dans la perspective de l'Hermétisme Chrétien et de la Kabbale, l'achèvement d'un cycle, avec une idée de destruction nécessaire pour atteindre une plus grande perfection et une idée d'ouverture à une autre réalité : **de la Mort à la Vie, des Ténèbres à la Lumière...**

Le nombre 9 est associé à l'arcane de l'Hermite du tarot, qui incarne le retrait du monde et de ses illusions, le repli sur soi pour accéder à la Transcendance. Et celle-ci conduit l'aspirant vers Dieu. Se dépouillant des valeurs de l'Ego, essentiellement matérialistes, l'aspirant vise à être présent au Monde d'en-bas, tout en demeurant au contact du monde céleste. Telle est la démarche de Dante, ce "vivant" au monde des morts, qui aura le privilège de monter dans l'Empyrée pour en redescendre et témoigner.

Dans le monde des damnés, le Poète se trouve confronté aux "Forces du Mal", telles que la Tradition les décrit.

Sombres sephiroth, planètes maléficiées et Forces du Mal

L'Hermétisme Chrétien nous invite à voir si, dans la symbolique des 9 cercles et de leurs peuples de damnés correspondants, une clé d'interprétation, inspirée par le texte de Dante, peut se trouver dans les 3 attributs maléficiés de l'Arbre de Mort, issu de la déformation de l'Arbre de Vie : les sephiroth sombres ou lieux d'involution, les légions démoniaques qui y sont à l'œuvre et les planètes maléficiées qui leur correspondent. Il s'agit alors de l'image inversée de l'Arbre de Vie qui sert de cadre à l'action des Forces du Mal.

A la différence du Paradis, où nous verrons que le Poème suit rigoureusement les étapes d'une remontée de l'Arbre de Vie, avec des allusions soit directes soit à peine voilées du Poète, ici les rapprochements sont plus délicats à faire. Cependant les catégories de damnés correspondent très exactement aux catégories de Forces du Mal recensées par la Kabbale, considérant, ici, des enseignements évoqués dans notre introduction. Dante bouleverse simplement l'ordre des choses et la Géographie Sacrée du Monde des Ténèbres. Le Poète suit sa propre vision poétique, sans référence rigoureuse à l'ordonnancement des lieux, les sephiroth sombres, ou "Quliphoth", et des Forces qui s'y exercent.

Nous pouvons en dresser le tableau très résumé suivant :

l'ordre traditionnel		*Expression des forces négatives*	Numéro du cercle catégorie de Damnés selon Dante
Sephiroth de l'Arbre de Vie	*Quliphoth de l'Arbre de Mort (correspond Planète maléficiée)*		
Kether	Gehenomoth (1er Mobile)	Force de néantisation, supplanter l'autorité de Dieu.	9. Traîtres Lucifer.
Hochmah	Gehenoum (Uranus)	Aveuglement, rupture avec les forces de l'Esprit.	6. Hérétiques
Binah	Gehenne (Saturne)	Cristallisation, enfermement, athéisme.	4. Avares, Prodigues
Hesed	Ozlomoth (Jupiter)	Pulsions mortifères, avidité sans limite.	3. Gourmands
Geburah	Irasthoum (Mars)	Forces de destruction, violence ou inertie.	7. Pécheurs de violence
Tiphereth	Bershoat (Soleil)	Forces de séparation, éclatement.	5. Colériques
Netsah	Tit Aïsoun (Vénus)	Luxure, dégradation, préversion, corruption.	2. Pécheurs de chair
Hod	Abron (Mercure)	Aveuglement, mensonge, conception préétablie	8. Trompeurs
Yesod	Sheol (Lune)	Enfermement de l'esprit, rêverie, frein de l'incarnation.	1. Limbes : Païens, infidèles
Malkuth	Aretz (Terre)	Emprisonnement dans le monde d'en-bas, loin des sphères divines	**Vestibule de l'Enfer**

Ainsi, même en admettant le renversement de l'ordre, conforme à la plongée dans les cercles de l'Enfer, ceux-ci demeurent dans le désordre et nous n'avons d'allusion de la part du Poète ni aux hiérarchies démoniaques, ni aux planètes. Seule la nature précise des damnés, par l'image qui nous en est donnée, correspond tout à fait à l'expression de ces forces négatives, associées à chacune des Quliphoth, lieux où elles s'exercent et les sentiers qui leur sont reliés.

Et, par ailleurs, au plan symbolique, l'influence des planètes maléficiées coïncide très précisément, ce qui ne saurait nous étonner venant de Dante.

Les Traîtres et Lucifer, au 9e cercle, sont sous l'emprise du 1er Mobile maléficié, agent de révolte ; les Hérétiques, au 6e cercle, sous celle d'Uranus maléficiée, agent d'anarchisme ; les Avares et les Prodigues, au 4e cercle, sous celle de Saturne maléficiée, agent de cristallisation, d'avarice et de rancune ; les Gourmands, au 3e cercle, sous celle de Jupiter maléficiée, agent d'extrême avidité et d'ostentation ; les Pécheurs de violence, au 7e cercle, sous celle de Mars maléficiée, agent d'impulsivité et d'agressivité ; les Colériques, au 5e cercle, sous celle du Soleil maléficié, agent d'orgueil et d'intolérance ; les Pécheurs de chair, au 2e cercle, sous celle de Vénus maléficiée, agent de manipulation affective et de sexualité exacerbée ; les Trompeurs, au 8e cercle, sous celle de Mercure maléficiée, agent de mensonge et de ruse ; les Païens et les infidèles, au 1er cercle, dans les Limbes, sous celle de la Lune maléficiée, agent de mauvaise "coagulation" entre le Corps et l'Esprit ; et, enfin, notre voyageur, Dante lui-même, dans le Vestibule de l'Enfer, à l'entrée du chemin, au désert et au pied de la Montagne, sous celle de la Terre maléficiée, agent d'égarement et d'emprisonnement dans la Matière […]

Le Site du Purgatoire et les Forces de Rédemption…

Le site du Purgatoire est plus complexe. Il intègre en fait 4 parties, elles-mêmes subdivisées :

Le rivage de l'Île du Purgatoire,

L'Antipurgatoire, au pied de la Montagne, avec ses 2 assises ou talus escarpé, les *"Balzi"*,

La Montagne, avec ses 7 corniches, les *"Girone"* que d'autres traducteurs dénomment "girons" pour évoquer leur forme caractéristique, ce terme désignant la partie horizontale d'une marche d'escalier ou d'un grand tournant.

Le Paradis Terrestre, qui s'ouvre sur une *belle forêt*.

7 corniches + 2 assises = 9, même numérologie sacrée que pour les 9 cercles de l'Enfer, désignant, en particulier, l'accomplissement d'un cycle d'évolution, d'une nouvelle phase de transformation, l'Œuvre au Blanc de l'Alchimie.

Dante, en 6 vers, synthétise admirablement et très symboliquement, tout l'enjeu de la deuxième étape de son voyage initiatique (Purgatoire, I,v.1 à 6) :

> *Désormais pour courir meilleures eaux,*
> *la nef de mon esprit hisse la voile,*
> *laissant derrière soi mer si cruelle.*
> *Je chanterai ce deuxième royaume*
> *où l'âme humaine, en gravissant, se purge*
> *et de monter au ciel redevient digne.*

L'Esprit, tel un navire, s'éloigne de la *mer cruelle*. Ceci se traduit, d'un point de vue alchimique, par les premières transmutations de la "Materia Prima". La *voile* hissée renvoie au vent céleste qui pousse cet Esprit vers d'autres rivages, d'autres "réalités". Et aussi, ce qui était "voilé" s'est révélé, mais d'autres mystères attendent le voyageur... Le but ici est d'entrer dans *le deuxième royaume*, après celui des Forces du Mal, celui des Forces de Rédemption, incarnées, nous allons le voir, en tout premier lieu par la Vierge Marie et le cortège des Vertus.

La fameuse question des damnés au chant VIII de l'Enfer, v.84-85, a trouvé une réponse provisoire :

> *[…] Qui est cestui qui, n'ayant mort,*
> *s'en va par les contrées de la gent morte ?*

Les premiers mystères révélés l'ont été pour que le Poète en témoigne, certes, mais surtout pour que sa propre âme accomplisse l'œuvre de transmutation, voulue par les trois inspiratrices célestes, Béatrice, la Vierge et Sainte Lucie. En ce nouveau royaume du Purgatoire, l'âme humaine se purge pour devenir *digne de monter au ciel*. Le Purgatoire est, d'un point de vue alchimique, le lieu de la "Purification", de la "Résurrection", en vue d'obtenir la "Pierre Blanche", à même de changer les métaux en argent […] Mais nous verrons cela en détail, plus loin, dans le chapitre consacré à cette interprétation alchimique de la Divine Comédie.

Au terme du premier chant du Purgatoire, le Poète et son guide, Virgile, abordent le rivage de *"l'isoletta"*, la petite île ou l'îlot du Purgatoire (v.130 à132) :

> *Puis nous venons au rivage désert*
> *qui onc ne vit ses ondes naviguées*
> *d'homme sachant l'art de rentrer ensuite.*

Il y a là, comme l'ont souligné les commentateurs, une discrète allusion au voyage d'Ulysse, au début de l'Odyssée, à qui le Poète fait dire au chant XXVI de l'Enfer, v.97 à 99 :

> *rien ne put étouffer en moi l'ardeur*
> *de prendre encor connaissance du monde,*
> *et des vices humains et des vaillances ;...*

Vices et Vertus, c'est cela même qui structure le voyage au Purgatoire.

Notons que le symbolisme de l'île, renvoie tout à la fois à l'idée d'un "centre ou d'un but spirituel", atteint après navigation périlleuse et un refuge contre les eaux tumultueuses, ou encore "une terre promise". Et à ceci s'ajoute une connotation de "fragilité", soulignée, précisément, par la dimension réduite de *"l'isoletta"*... Sur celle-ci débarquent les âmes bienheureuses, rescapées du royaume de la Damnation.

Transposé en termes d'alchimie spirituelle, l'île symbolise le lieu dans lequel s'opère le Grand Œuvre, dans sa phase "blanche", sur un plan opératif, et, en parallèle, la transmutation spirituelle de l'Adepte.

Force d'Amour, Vices et Vertus

Alexandre Masseron (1) décrit admirablement ce qu'il appelle *l'ordonnance morale du Purgatoire*. Nous pouvons le résumer brièvement ainsi, en nous inspirant de ses tableaux synoptiques. La Force première de Rédemption réside dans l'Amour, mais comme toute force, elle a sa contrepartie négative, dont les différentes formes sont associées aux 7 corniches de la Montagne du Purgatoire.

Précisons que ces formes d'Amour maléficié peuvent être, d'un point de vue ésotérique, interprétées comme les déviations égocentriques, incarnées par les 7 péchés capitaux : orgueil, envie, colère, avarice et prodigalité, gourmandise, luxure et le manque d'ardeur, en italien *"l'accidia"*.

Selon Alexandre Masseron, l'orgueil, l'envie et la colère correspondent à *l'Amour du mal du prochain* et leurs lieux d'expiation sont, respectivement, les 1re, 2e et 3e corniches, et les vertus, qui les jugulent, l'Humilité, l'Amour, avec un grand "A", et la Douceur.

L'avarice et la prodigalité, la gourmandise et la luxure correspondent à *l'Amour trop ardent pour les biens périssables* et leurs lieux d'expiation sont, respectivement, les 5e, 6e et 7e corniches, et les vertus qui les jugulent sont la Pauvreté et la Générosité, la Tempérance et la Chasteté.

Et, au centre, expié sur la 5e corniche, "l'Accidia" correspond à *l'Amour trop peu ardent pour le bien* et la vertu qui guérit ce manque d'ardeur, la Sollicitude.

Dans l'Antipurgatoire qui suit le débarquement sur la plage de l'île, et précède l'ascension des 7 corniches, les âmes sont dans l'attente de leur expiation. Parmi ces âmes, il y a les Excommuniés, sur la plage encore, puis les Négligents, qui occupent la 1re assise, les Victimes de mort subite qui occupent la 2e assise, les Princes négligents qui occupent une place à part dans la *Vallée* qui leur est destinée.

De l'Antipurgatoire à la première corniche du Purgatoire lui-même, au 9e chant, le Poète fait un songe prémonitoire, dans lequel il se voit transporté jusqu'à la porte du Purgatoire par sainte Lucie. Et, à son réveil, il parvient effectivement aux 3 marches de la porte, auprès de l'ange portier...

---

(1) *Dante La Divine Comédie* par Alexandre Masseron, Éditions Albin Michel, coll. la Bibliothèque spirituelle, 1995.

Le Paradis Terrestre "couronne" en quelque sorte la Montagne du Paradis et le Poète y situe une densité peu ordinaire, par rapport aux autres lieux, de symboles et notamment : l'Arbre de la Connaissance du Bien et du Mal, dont le feuillage et les fleurs se renouvellent, les vicissitudes du Char de l'Église, la Prophétie du 515, largement évoquée précédemment, la remontée à la source "unique" des deux fleuves de purification, le Léthé et l'Eunoé, la mission confiée au Poète par Béatrice pour témoigner de son expérience à son retour sur Terre.

Notons que de nombreuses critiques et de nombreux débats entre commentateurs ont été soulevés par cette partie du Poème. Nous essayerons de montrer que d'un point de vue ésotérique, nous avons, contrairement à beaucoup d'idées reçues, un contenu poétique et symbolique tout à fait admirable et, osons le mot, "lumineux" !...

Nous voyons bien, par ailleurs, que *l'ordonnance* du Purgatoire, dans son ensemble, pour reprendre l'expression d'Alexandre Masseron, a comme un "effet d'écho" vis-à-vis de l'Enfer, mais dans une progression différente et inversée : la Luxure a son lieu d'expression en 7e et dernière corniche au Purgatoire, et au 2e cercle de l'Enfer, la Gourmandise en 6e corniche du Purgatoire et 3e cercle de l'Enfer, l'Avarice et la Prodigalité en 5e corniche au Purgatoire et au 4e cercle de l'Enfer, la Colère en 3e corniche du Purgatoire et au 5e cercle en Enfer.

Avec l'Envie en 2e corniche et l'Orgueil en 1re corniche du Purgatoire, nous n'avons pas d'écho formel avec les cercles de l'Enfer, car ces deux péchés capitaux entrent en composition ou en cause vis-à-vis des catégories de damnés en Enfer. L'Envie concerne les Épicuriens du 6e cercle de l'Enfer et les Trompeurs du 8e.

L'Orgueil gouverne les Pécheurs de Violence, les Colériques, les Rancuniers, et les Traîtres, et au bout de la chaîne, Lucifer a l'orgueil suprême de l'Ange Rebelle à Dieu. Le dénominateur commun est bien l'Ego, force majeure d'aveuglement qui chasse la Lumière intérieure.

Comme pour l'Enfer, nous ne voyons aucune référence rigoureuse dans ce classement. Nous devons l'admettre comme une vision poétique personnelle. S'agissant du royaume des ténèbres, nous avons vu toutefois les références potentielles aux Forces du Mal et aux incarnations symboliques maléficiées des Planètes, selon la tradition de l'Hermétisme Chrétien et de la Kabbale.

Au Purgatoire, l'analyse d'Alexandre Masseron souligne admirablement le cadre de référence Hermétique précis, à savoir les perversions ou les insuffisances de la Force d'Amour, reliées au combat entre Vices et Vertus.

Nous allons entrer plus en profondeur, à présent, dans cette symbolique Hermétique Chrétienne, au-delà même des observations de l'auteur que nous venons de citer. Nous suivrons pour cela le déroulement du "voyage", étape par étape.

Sur la Plage de l'île du Purgatoire…

Lors de ce débarquement sur la plage de l'île, au lever du jour, le Capricorne se trouve au zénith, à la saison où Dante se situe. Tout le flanc de la montagne du Purgatoire et toute la mer, jusqu'à l'horizon oriental, sont irradiés par la lumière solaire. Un messager céleste porte une branche d'olivier.

La nef des âmes, embarquées au port d'Ostie, selon une tradition qui remonte très haut, au moins à Saint Augustin, vient d'aborder… Ces âmes entrent en contact avec le Poète, qui lui-même est accueilli par l'ange.

Caton d'Utique est le gardien du Purgatoire, selon le choix personnel de Dante. Il fut de son vivant le défenseur farouche de la liberté de Rome et se donna la mort en 46 avant Jésus Christ pour ne pas survivre au nouveau régime instauré : la République. Ce choix du Poète est conforme à la réputation de grandeur d'âme du personnage, déjà loué par les Pères de l'Église.

Caton s'écrie, au terme du chant II, à l'attention des âmes qui n'ont pas connu Dieu (v.122 et 123) :
Courez au mont dépouiller cette écaille
qui ne vous laisse voir Dieu Manifeste !

Les écailles ont un symbolisme, à double direction, obstacle qui empêche l'Homme de voir le ciel, comme ici, mais aussi symbole de la limite de la terre et du contact avec le ciel, comme sous les pieds du Christ en ascension, dans l'Art Roman.

Nous voyons que l'abord du Purgatoire baigne dans tout le symbolisme de la queste des pèlerins et de l'Initiation : la Montagne lumineuse, la branche d'olivier, la promesse de victoire par purification et d'accession des élus au Paradis, la nef des âmes qui n'ont pas connu Dieu, eux-mêmes assimilables à des non baptisés, dans la perspective chrétienne. Cette nef est comparable à l'Arche, s'inscrivant dans tout le symbolisme de la navigation. L'Arche, dans la tradition chrétienne, est, entre autres choses, le symbole de la présence de Dieu dans le peuple de son choix et aussi de l'Église ouverte à tous pour leur salut et le salut du Monde. La Nef, ce grand navire à voiles du Moyen Âge, rejoint le symbolisme du grand bateau de Noé. Rappelons-nous aussi les charpentes d'églises en forme de nef renversée… Tout comme nous disions plus haut que l'île, dans la perspective alchimique, est le lieu de réalisation du Grand Œuvre, de même la Nef, à l'instar de l'Arche, représente le vase alchimique, où se réalise la transmutation des métaux, ou, tout au moins ici, amène les âmes vers le lieu de leur purification.

Et Caton, tel un maître spirituel en puissance, invite les postulants à retirer l'écaille qui les empêche de voir la Lumière Divine.

Notons que le signe du Capricorne, régi par Saturne, et sous lequel le débarquement des âmes prend place, symbolise le début d'un nouveau cycle, correspondant au début du zodiaque d'Extrême-Orient. Ce cycle est celui de la persévérance et de l'empire à prendre sur soi, avec patience et ténacité, pour que l'Esprit maîtrise la Matière, que la Volonté maîtrise l'instinct. Tels sont bien la Planète et le signe opportuns pour cette nouvelle phase du Grand Œuvre, qui prend place en Purgatoire.

Au pied de la Montagne du Purgatoire, sur les deux assises...

Pour atteindre la "dignité" de l'ascension au ciel, Dante souligne bien "la lenteur" qui sied à l'évolution des âmes, comme nous venons de le dire à propos du signe du Capricorne (Chant III, v.10 à 12) :

Lorsque son pas fut quitte de la hâte
qui de nos faits dissipe l'honesté,
mon cœur étreint d'abord pour le reproche
se rélargit à pensers et désirs,
et j'adressai mon regard vers le puy
qui plus haut vers les cieux se démarine. (*)

(*) s'élève au-dessus des mers.

Le Poète a encore quelque inquiétude, sous l'influence de son séjour en Enfer. Un soleil rouge frappe son dos et projette l'ombre de son corps sur le sol.

Virgile le rassure et en appelle au pouvoir de Dieu, car la seule Raison Humaine a ses limites pour percevoir les "Mystères" (Chant III, v.31 à 36) :

A souffrir chaud et froid, et toutes peines,
tels corps sont disposés, par la Vertu
qui ne veut que l'on voie comment elle œuvre.
Fol est qui croit que le raison terrestre
puisse voler par la voie infinie
que suit une substance en trois personnes.

Le chemin du sommet de la Montagne apparaît enfin, après examen et Virgile exhorte le Poète à ne jamais redescendre et monter sans cesse jusqu'à l'apparition d'un envoyé céleste, *un sage meneur* (Chant IV, v.34 à 39) :

Montés au bord souvrain de la falaise
où prend la longue pente à découvert,
"Quel chemin ferons-nous, mon maître ?" dis-je.
Et lui : "Que nul de tes pas ne décline ;
gagne toujours contremont à ma suite,
tant qu'un sage meneur nous apparaisse.

Plus loin, Virgile souligne la nature "évolutive" de la progression et, ce faisant, il se réfère d'un point de vue ésotérique, à l'archétype de l'énergie ascensionnelle qui saisit l'aspirant sur la voie de l'Évolution (Chant IV, v.88 à 90) :

Et lui à moi : "Cette montagne est telle
qu'au bas toujours les premiers pas sont rudes ;
mais plus amont l'on va, moins elle blesse.
Quand sa roideur te paraîtra si douce
que grimper te sera tâche légère
comme par nef descendre au fil d'un fleuve,
lors seras-tu au bout de ce sentier ;
attends là-haut de reposer tes peines."

Le Cycle de l'Enfer

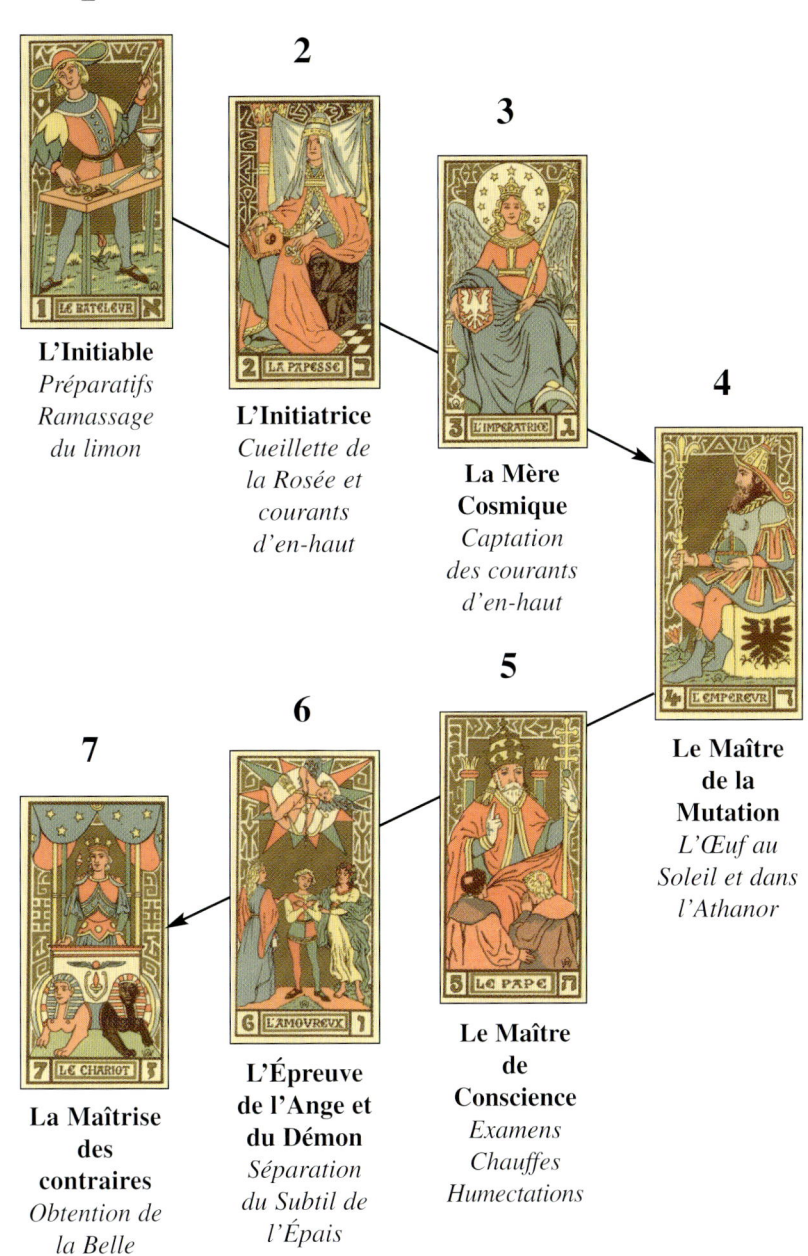

1

L'Initiable
*Préparatifs
Ramassage
du limon*

2

L'Initiatrice
*Cueillette de
la Rosée et
courants
d'en-haut*

3

**La Mère
Cosmique**
*Captation
des courants
d'en-haut*

4

**Le Maître
de la
Mutation**
*L'Œuf au
Soleil et dans
l'Athanor*

5

**Le Maître
de
Conscience**
*Examens
Chauffes
Humectations*

6

**L'Épreuve
de l'Ange et
du Démon**
*Séparation
du Subtil de
l'Épais*

7

**La Maîtrise
des
contraires**
*Obtention de
la Belle
d'Argent*

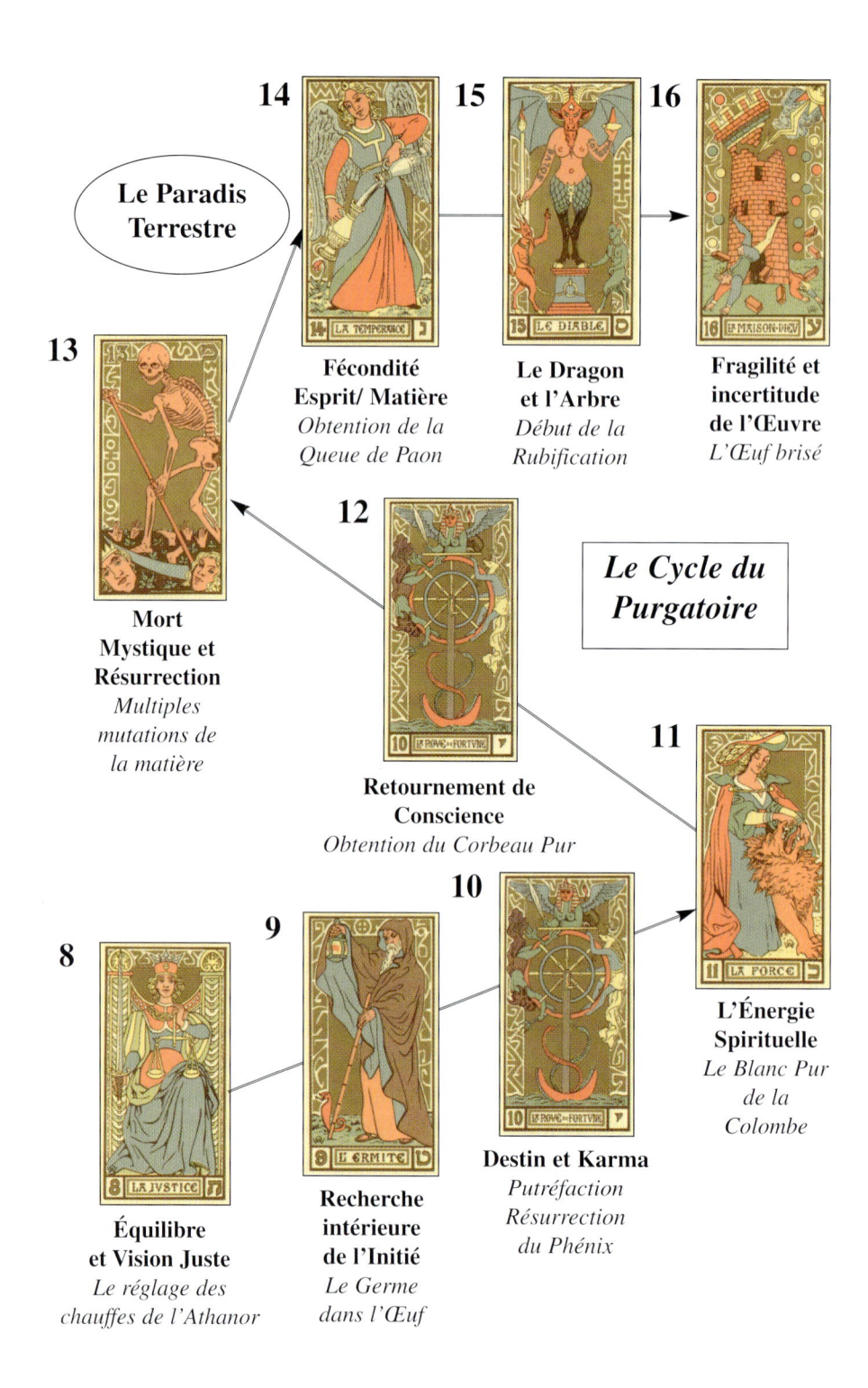

Le Paradis Terrestre

14 Fécondité Esprit/ Matière
Obtention de la Queue de Paon

15 Le Dragon et l'Arbre
Début de la Rubification

16 Fragilité et incertitude de l'Œuvre
L'Œuf brisé

13 Mort Mystique et Résurrection
Multiples mutations de la matière

12 Retournement de Conscience
Obtention du Corbeau Pur

Le Cycle du Purgatoire

11 L'Énergie Spirituelle
Le Blanc Pur de la Colombe

8 Équilibre et Vision Juste
Le réglage des chauffes de l'Athanor

9 Recherche intérieure de l'Initié
Le Germe dans l'Œuf

10 Destin et Karma
Putréfaction Résurrection du Phénix

La Totalité et l'Extase
L'au-delà du Grand Œuvre
L'Ergon
au Sabbat des Sages

22

L'Éveille accompli
L'Ergon
L'Œuvre achevée

21

Le Cycle du Paradis

20

La Transfiguration
Élixir et "Pouvoirs"

18   **19**

La Sublimation
Multiplications
et Adjonctions

L'Illumination
L'Or
La Connaissance
L'énergie

17

Vibrations
Cosmiques
Rubification
Multiplications

L'EMPYREE

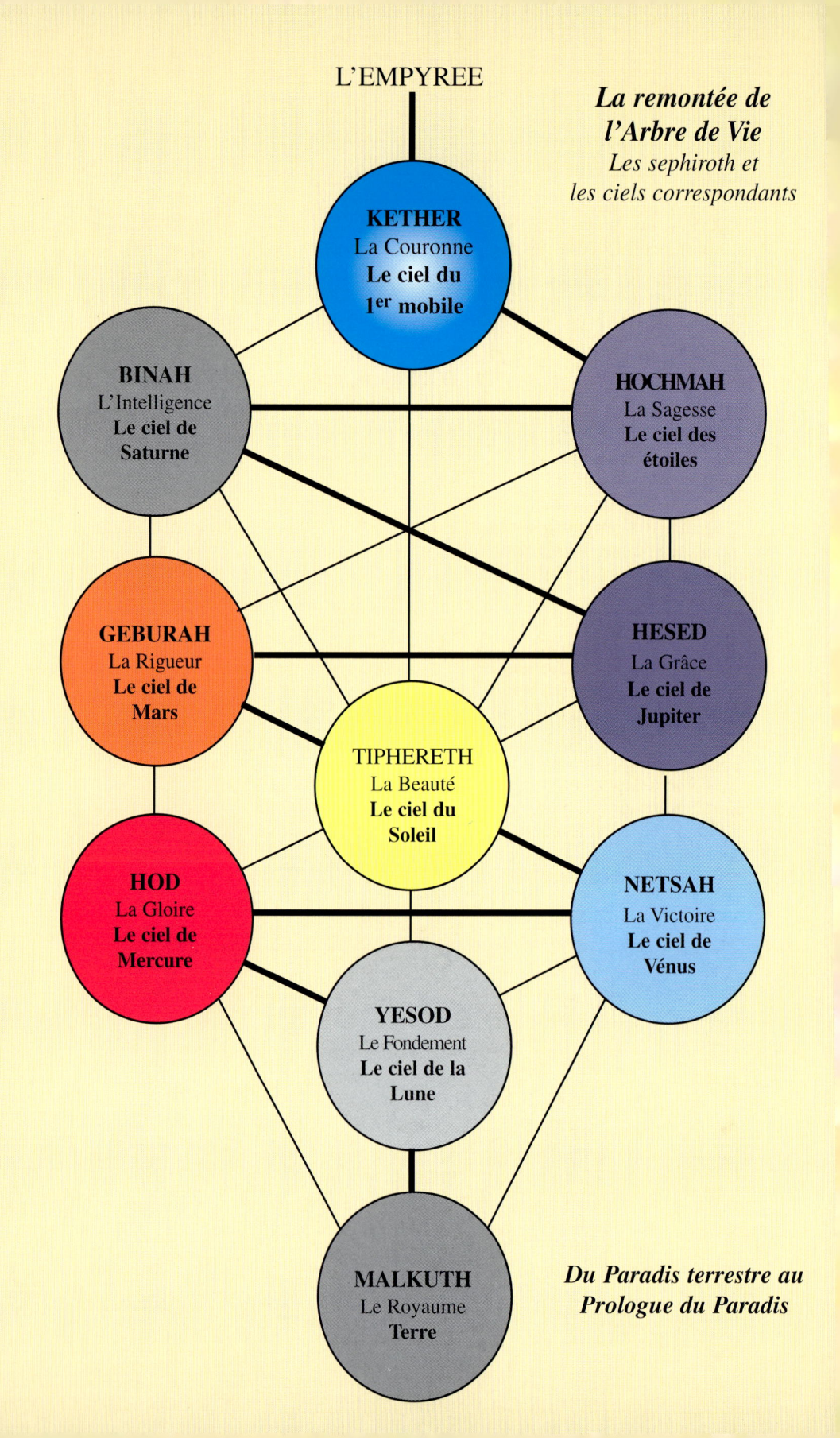

La remontée de l'Arbre de Vie
Les sephiroth et les ciels correspondants

KETHER
La Couronne
Le ciel du 1ᵉʳ mobile

BINAH
L'Intelligence
Le ciel de Saturne

HOCHMAH
La Sagesse
Le ciel des étoiles

GEBURAH
La Rigueur
Le ciel de Mars

HESED
La Grâce
Le ciel de Jupiter

TIPHERETH
La Beauté
Le ciel du Soleil

HOD
La Gloire
Le ciel de Mercure

NETSAH
La Victoire
Le ciel de Vénus

YESOD
Le Fondement
Le ciel de la Lune

MALKUTH
Le Royaume
Terre

Du Paradis terrestre au Prologue du Paradis

Les deux voyageurs découvrent un *talus tout empierré, un gros perron,* et, derrière lui, blotti dans l'ombre, l'âme de Belacqua, un luthier florentin, paresseux, exemple de négligence, qui tarda à se convertir à la nouvelle foi.

Il doit, symboliquement, attendre le bon vouloir de l'Ange Portier du Purgatoire, *autant de tours attendre des cieux sur moi,* avec somme toute, une patience égale à sa nonchalance terrestre.

Magnifique exemple de Karma !

Virgile et le Poète montent alors à la 2e assise, celle des âmes pécheresses, mortes de mort violente et repentis in extremis ! Parmi eux, figurent deux âmes, deux exemples édifiants : Jacopo del Cassero et Buonconte da Montefeltro. Le premier, guelfe blanc de Florence, ami du Poète et podestat à Bologne, fut assassiné par un rival politique. Le deuxième, Gibelin, contribua à créer les conditions d'une guerre entre Arezzo et Florence et fut tué à la bataille de Campaldino. Parmi ces âmes, notons encore la "Pia", femme Siennoise, épouse d'un podestat guelfe de Toscane, assassinée par son mari, par défenestration. La jalousie ou le désir d'en épouser une autre fut le mobile du crime !

Toujours dans la deuxième assise de l'Antipurgatoire, les deux voyageurs rencontrent d'autres âmes pénitentes : L'Arétin, juge d'Arezzo, professeur de Droit à Bologne, eut la tête tranchée par représailles de ses propres condamnations à mort ; Frédéric, fils de famille, tué dans une guerre de familles et de partis politiques ; le comte Orso degli Alberti, tué par un proche parent ; Pierre de la Brosse, chirurgien de Louis IX et de Philippe le Hardi, accusé de trahison et pendu, etc.

Mais un personnage, haut en couleurs, *ombre assis sur la roche, seul seulette,* apparaît aussi et formule une prière. Il s'agit de Sordel, fameux troubadour, auteur de chansons, écrites en Provençal et de nature politique et satirique. Il mena force aventures galantes et fut l'hôte, notamment, du comte de Provence Raymond Béranger IV et de Charles 1er d'Anjou.

Les voyageurs pénètrent, toujours dans l'Antipurgatoire, dans *la belle vallée des princes négligents.* C'est Sordello qui parle, présentant tous les habitants de cette vallée. L'image opposant les cris des martyres aux soupirs dans la *Ténèbre pure* a un sens symbolique saisissant (Chant VII, v.28 à 30) :

Lieu est là-bas, non dolent de martyres
mais de ténèbre pure, où le regret
ne sonne point en cris mais en soupirs.

Nous sommes dans les "Limbes". Nous y découvrons des personnages qui ont manifesté dans leur existence les vertus naturelles mais que *les dents de la mort trop tôt happèrent* et *que n'adoubèrent les trois saintes vertus,* la Foi, l'Espérance et la Charité. Ils ne purent ainsi s'occuper de leur salut. Il ne leur reste donc plus que les soupirs éternels d'âmes plongées dans les Ténèbres.

D'un point de vue ésotérique, le regret est une force négative qui entretient dans l'âme une profonde et lancinante souffrance, de nature tout à fait différente de celle des martyres qui, très violente, leur ouvre la voie du salut.

Dante sera interrogé sur les 3 vertus théologales, avant de pouvoir atteindre sa vision extatique dans l'Empyrée (Paradis, Chants XXIV, XXV et XXVI). Le Poète et son guide prennent ensuite un sentier qui les amène à flanc de vallée ... C'est là que jaillit la référence à toute une palette de couleurs et de senteurs et au *"Salve Regina"*, chanté par les âmes assises parmi les herbes et les fleurs. Il s'agit d'un contexte symbolique extraordinaire, que nous pouvons envisager, de nouveau, avec les différentes clés hermétiques et alchimiques (Chant VII, v73 à 81) :

> *Fin or et fin argent, carmin, céruse,*
> *bois-inde clair comme l'azur serein,*
> *fraîche émeraude en vert vin détrempée,*
> *seraient vaincus tour à tour par les teintes*
> *des herbes et des fleurs nées en ce nid*
> *comme est vaincu l'apprentif par le maître.*
> *Nature n'y fut pas seulement peintre ;*
> *mais des souëvetés de mille odeurs*
> *en formait une inconnue et mêlée.*

Le choix par le Poète de toutes ces références de couleurs, très précises, n'est pas le fruit du hasard.

Le *Fin or* est le symbole de la Connaissance, de la Transmutation et du Grand Œuvre achevé. C'est aussi le principe actif, mâle, solaire et diurne, le symbole chrétien de l'Amour Divin.

Le *Fin argent* est le symbole de la Sagesse Divine et aussi celui du principe passif, féminin, lunaire.

Le *Carmin* est le rouge le plus vif, symbole de l'Ardeur et de la Beauté, de la Jeunesse et de l'Action.

Le *Céruse*, ou blanc d'argent (carbonate basique de plomb), ou "blanc d'ouest", introduisant au monde lunaire, couleur du "passage et de la transfiguration".

Le *Bois-inde clair comme l'azur serein* est le symbole de "la voie infinie", de la matrice cosmique à travers laquelle perce la lumière d'or, expression de la volonté divine.

La fraîche émeraude en vert vin détrempée, enfin, est la couleur qui perce les plus grands secrets pour l'Alchimiste. L'émeraude est la pierre de Lucifer, avant sa chute, le vert du Graal et de la "Vie".

À cette palette de peintre incomparable, s'ajoute la *"soavità"*, qu'André Pézard traduit fort joliment par les *souëvetés*, au pluriel, désignant tout à la fois les douceurs et la suavité de *mille odeurs*. Et la Nature, à partir de ces senteurs *en formait une, inconnue et mêlée,* puissant symbole de l'Union Harmonique !

Dante poursuit (v.82 à 84) :

> *Sur le vert et les fleurs vis-je ces âmes*
> *assises, qui du dehors ne paraissent,*
> *chantant Salve Regina par la cluse.* (*)

(*) la vallée.

Le "Salve Regina", réservé aux moines aux débuts de l'Église, est une prière que le bréviaire romain a rajouté et que le fidèle récite après les vêpres, pour implorer la grâce divine de la part de la Vierge. Ici, les princes négligents de leur salut, à cause de leurs préoccupations temporelles, imitent les moines. Ils implorent cette grâce pour les sortir de la vallée des larmes et les rendre dignes de voir le Christ.

Ainsi, le Poète évoque, à travers cette vallée, comme une sorte d'Athanor symbolique, dans lequel la transmutation spirituelle du Purgatoire se prépare, aux couleurs de tous les "principes agissants".

Les âmes de ces princes négligents entament ensuite les hymnes de leurs complies, toujours au sein de cette vallée de l'Antipurgatoire.

C'est alors qu'apparaissent 2 Anges, gardiens des lieux...

Rappelons que Dante situe cette scène au crépuscule du Dimanche de Pâques, le 10 Avril 1300, ce qui est hautement symbolique d'un point de vue Chrétien pour ces âmes "en attente" de leur rédemption. Notons que la réduction théosophique de cette date nous donne le nombre 9 ! Nous ne revenons pas sur sa symbolique, déjà décrite à plusieurs reprises.

Les 2 anges mettent en fuite *le serp* (serpent). L'Amour Divin (nombre 2) met en fuite le dragon cosmique, *le séducteur* qui entraîna avec lui les anges (Saint Jean, Apocalypse 12,9). Ils tiennent 2 épées flamboyantes, coupées à leur sommet et sans pointe. Leur robe est *verte comme la feuille à peine éclose* et leurs ailes vertes. Et ils se posent de part et d'autre des âmes.

Le serpent prend la fuite, au bruit que font les ailes fendant l'air (Chant VIII, v.106 à 108) :
> *Le serp, oyant l'air fendre aux vertes ailes,*
> *s'enfuit, et d'un essor égal les anges*
> *vont revolant à leurs hautes angardes. (*)*

(*) postes de garde avancés.

Nous avons là pratiquement la description d'une scène, aux allures bibliques, figurant sur certains chapiteaux d'églises romanes.

Le *vert de feuille à peine éclose*, très voisin du vert du bourgeon, symbolise, bien sûr, le vert de la "Vie", attachée elle-même à la force de régénération que ces âmes "négligentes", mais parées de "vertus naturelles", non théologales, aspirent à connaître. Notons, au passage, que le processus de transformation chlorophyllien renvoie à tout le symbolisme de la purification et de la régénération : la chlorophylle, sous l'action de la "lumière", absorbe le gaz carbonique, nocif, de l'air et rejette de l'oxygène...

Le vert est la couleur de la vertu théologale de l'Espérance que ces âmes, partant de vertus naturelles, sont appelées aussi à "reconnaître".

Mais le vert, de part sa racine étymologique, nous renvoie à "la vertu" en général : Vert, du latin *"viridis"* et Vertu, du latin *"virtus"*.

Au chant IX du Purgatoire (v.19 à 33), Dante plonge dans un profond sommeil et rêve d'un aigle qui l'emporte.

Les commentateurs assimilent généralement l'aigle à la "grâce éclairante". Comme l'écrit André Pézard (1), *le feu qui brûle Dante est l'ardeur de la charité, du saint amour qui renouvelle le pécheur, et le dispose à la pénitence, donc au salut*. Et l'auteur note qu'au chapitre II de l'Enfer, dans son sommeil également, *Lucie le transporte au seuil du Purgatoire proprement dit*. Remarquons aussi que la cosmographie de l'époque de Dante situait la Sphère du Feu entre celle de l'Air et le Ciel de la Lune.

Mais nous pouvons compléter cette interprétation, conformément à tout le symbolisme du mythe de Ganymède, et de l'Aigle lui-même, qui est, ici, le Poète le précise lui-même, *à pennes d'or* et qui vient faire des cercles au-dessus de lui, *terrible comme la foudre*.

Et c'est le Feu qui fait sortir Dante de son rêve. L'Aigle est le Roi des Oiseaux, messager du feu céleste, c'est-à-dire du Soleil, que lui seul peut fixer sans se brûler les yeux. Denys l'Aréopagite précise que *la figure de l'aigle indique la royauté, [...] multiple*. Or, ici, l'aigle a les plumes d'or. Au Moyen Âge les ailes de l'aigle, s'élevant vers la Lumière, sont assimilées à "la prière". Et les Psaumes en font le symbole de la régénération spirituelle…

Mais ici l'aigle manque de brûler avec le Poète dans ses serres. Selon la Tradition en Occident, l'aigle possède un pouvoir de rajeunissement. Il s'expose au soleil et, quand son plumage est brûlant, il plonge dans une eau pure et retrouve ainsi une nouvelle jeunesse. Ceci peut être comparé à l'Initiation et aux opérations alchimiques, qui comprennent le passage par le Feu et l'Eau et conduisent à la mort du Vieil Homme et à "la Renaissance" de l'Enfant-Homme nouveau…

Les cercles effectués dans le rêve du Poète, avant de risquer le Feu, sont l'image d'un processus cyclique de transmutation. Dans certains ouvrages alchimiques, l'aigle symbolise, plus précisément, la libération et l'émergence de la Pierre Philosophale. Celle-ci passe par l'épreuve purificatrice et régénératrice du Feu, avec, en particulier, tous les risques d'essuyer un échec, à tout moment. Le sens du mythe de Ganymède est tout à fait semblable.

Ganymède, fils du Roi de Troie, "le plus beau des mortels", chassait sur le mont Ida. Il fut enlevé par Zeus, transformé en aigle, et transporté sur l'Olympe. Il devait y résider comme échanson, servant à boire aux Immortels.

Le "Mortel", qui atteint ainsi la perfection, ne peut qu'être emporté par le Feu Divin et devenir lui-même source de Sagesse. C'est l'enjeu même du Grand Œuvre accompli, menant l'Adepte à l'état d'Ergon.

Sur les 7 corniches de la Montagne du Purgatoire…

Nous abordons, dans un chapitre consacré à la Numérologie Sacrée des 3 mondes de la "Divine Comédie", tout le symbolisme structurel qui se rattache à l'imaginaire de Dante. Nous n'y revenons pas. Rappelons seulement que le Rivage avec la Plage, l'Antipurgatoire, avec ses 2 assises, les 7 corniches de la Montagne sacrée et le Paradis Terrestre, en son sommet, forment,

---

(1) *Dante - Œuvres Complètes* par André Pézard, Éditions Gallimard-NRF, coll. La Pléiade, 1965.

en s'additionnant, 10 régions, tout comme il y a 10 régions au total en Enfer et 10 au Paradis. Et nous savons maintenant, pour l'avoir souvent abordé, que ce nombre 10, selon la Tradition de l'Hermétisme Chrétien et de la Kabbale, représente la toute puissance divine, incarnée au sein de la matière, comme un ensemble de principes et de lois inéluctables. Ce nombre est associé à la lettre hébraïque Yod, qui incarne la présence agissante rayonnante de Dieu dans la Création, ou comme l'exprime si joliment Virya (1), *le germe de la vie toujours prêt à revivre sous la moindre impulsion.* Par ce nombre structurant, le Poète nous rappelle que la Divine Comédie, par 3 fois, en 3 Mondes, vise la recherche essentielle de la Divinité au fond de tout être…

Le nombre 10 est aussi associé, nous l'avons vu, à la Roue de Fortune, dans le tarot, qui n'est rien d'autre que la Roue du Karma, qui incite le pèlerin sur la voie à accepter pleinement son destin, à s'ouvrir à la "vraie vie", en orientant sa conscience vers le centre de lui-même et y puiser toute la connaissance et la sagesse nécessaires au développement de soi, en conformité avec ces grandes lois et principes inéluctables de l'Univers, créé par Dieu.

Le Nombre 7 des corniches, quant à lui, représente une étape intermédiaire. Ayant parcouru toutes ces corniches, le Poète aura acquis le pouvoir de pénétration des choses qui lui permettront de découvrir l'essence spirituelle au cœur de toutes les réalités matérielles. Il disposera aussi d'une force de repli et de retrait, pour aller au-delà des Mystères déjà percés… Ce nombre est associé à la lettre hébraïque Zaïn qui incarne, précisément, cette double force de pénétration et de retrait, qui est, aussi, "combat de la vie", vers l'accomplissement.

Il est également associé à l'arcane du Chariot, dans le tarot, qui incarne la victoire sur les puissances ennemies, les antagonismes de l'être (purification) et l'incitation à s'élever et évoluer encore plus avant et plus haut !

Le Poète, au terme de ces 7 corniches, pourra entrer au Paradis Terrestre, lieu de transition avec le Paradis proprement dit.

Sur un autre plan, nous retrouvons avec le cheminement sur la Montagne du Purgatoire, le symbolisme des cercles concentriques, de plus en plus petits, figure du cône, comme en Enfer, mais ici orienté vers le haut, dans un sens "évolutif". La progression des deux voyageurs, dans l'Enfer, représentait un enfoncement progressif dans les réalités involutives, de plus en plus fortes, de perversion de la matière, jusqu'au point d'orgue de la Traîtrise à son maître, en la personne de Lucifer. L'élévation des deux voyageurs, très difficile, comme l'évoque le Poète, représente sur la Montagne un cheminement "évolutif" pénible, éprouvant, vers une transmutation de la Matière jusqu'au Paradis Terrestre "d'avant la Chute". Entre précipice et falaise, pour chaque corniche, le Poète nous précise l'échelle de grandeur, au Chant X, v.22 à 27) :

Depuis le bord où il touche le vide
jusqu'au droit pied de la roche en ressaut,
un corps d'homme pourrait trois fois s'étendre ;

---
(1) *Lumières sur La Kabbale* par Virya, Éditions Jeanne Laffitte, 1989.

> *et tant loin comme pût voler ma vue*
> *à mon senestre ou à mon destre flanc,*
> *si faite me semblait cette corniche.*

3 fois la longueur d'un corps humain : ici, la référence tout à la fois au nombre 3 et au corps humain, souligne, semble-t-il, le lien étroit unissant la réalité corporelle et matérielle de l'Homme à l'Essence trinitaire divine et aussi le fait que la montée vers Dieu est une voie étroite d'épreuves. Concernant ce dernier aspect, la progression entre précipice et falaise nous renvoie aux deux risques ou empêchements majeurs au développement de soi : la régression par la chute et l'inhibition par l'obstacle apparemment infranchissable. Rappelons-nous, dès lors, l'expression populaire : "gagner son Paradis" !…

A la différence de l'Antipurgatoire, le passage d'une corniche à l'autre se fait par des escaliers à *degrés divers*. Nous y reviendrons à propos des éléments symboliques d'environnement. Notons seulement ici que l'escalier est le symbole de la progression et de l'ascension vers la Connaissance et la Transmutation de l'Être tout entier. Il se rattache à la symbolique de "l'axis mundi" et de la spirale, constituée par les 7 corniches. Les *degrés divers*, évoqués par le Poète, singularisent, bien sûr, les difficultés porpres à chaque étape et correspondent à l'expiation de chaque catégorie de vice ou de péché.

Rappelons que l'échelle se rattache à un symbolisme voisin, aux innombrables références bibliques, mais avec une nuance très importante par rapport à l'escalier. L'échelle, de part sa verticalité, incarne, en plus de sa signification ascensionnelle, l'idée d'échange dans les deux sens, entre le Bas et le Haut, tandis que l'escalier met l'accent sur une ascension progressive, très humainement marquée, même si la grâce de Dieu et les aides célestes interviennent comme pour les voyageurs de la Divine Comédie. Escalier comme échelle ont, par ailleurs, leur face "nocturne" et "maligne", au sens profond de ce terme, c'est-à-dire gouvernée par le "Malin", celui qui incite, à tout instant, au faux pas !…

Dante s'endort, au Chant XXVII du Purgatoire, sur l'escalier du Paradis Terrestre et Virgile, sa mission terminée, prend congé de lui, sans qu'il ne s'en aperçoive, alors qu'il rêve. Quand le Poète s'éveille, Virgile adresse un solennel congé à celui qu'il vient de guider jusqu'aux portes du Paradis. *Fils, tu as vu feu temporel*, c'est-à-dire celui des épreuves du Purgatoire et *feu éternel,* c'est-à-dire celui des peines éternelles de l'Enfer.

Toute cette fin de chant XXVII est un admirable et intense chant symbolique. La Raison humaine n'a plus d'empire au-delà du Purgatoire. Seules la Foi et la Science des choses divines, la "Révélation", incarnée par Béatrice, sont à même de guider à nouveau le Poète jusque dans l'Empyrée vers la "Béatitude" (v.131 à 135) :

> *[………] dorénavant, prends ton plaisir pour guide,*
> *hors des étroites voies, hors des étranges.*
> *Vois le soleil qui sur ton front clairoie,*
> *vois l'herbette, les fleurs, les arbrissels*
> *qu'ici produit la terre pure et simple.*

Et le Poète a acquis "la claire conscience", gage du plein exercice de son "libre arbitre", 1re étape de sa transformation spirituelle (v.140) :
> *[…] car franc et droit et sain est ton arbitre,*
> *et ne faire à son gré serait forfaire.*
> *Je te baille sur toi couronne et mitre.*

Certes la couronne et la mitre renvoient, exotériquement, aux deux pouvoirs, temporel et spirituel, comme le disent en général les commentateurs, mais sur un plan ésotérique, plus profond, nous préférons parler d'un "accomplissement" qui conduit Dante sur le chemin de la Transcendance et sa queste d'immortalité, avec la couronne, et d'ouverture au contact direct avec le divin qui lui est dévolu, avec la mitre.

L'Amour dans tous ses états…

Tel est le contexte symbolique général du Purgatoire. Précisons, pour terminer sur cette première approche, la symbolique des 7 corniches en relation avec les 7 péchés capitaux et la nature de leur châtiment. La Numérologie sacrée, la Tradition de l'Hermétisme Chrétien et la Kabbale constituent des clés essentielles gouvernant l'ensemble des choix métaphoriques et allégoriques et l'imaginaire de Dante dans ce royaume de la "rédemption".

Le Poète bâtit en fait tout un ensemble de correspondances symboliques entre les péchés, leur châtiment, les Béatitudes et les prières et, enfin, les traits dominants de tout l'environnement du voyage…

Alexandre Masseron, précédemment cité, et à qui nous devons une très belle traduction de la Divine Comédie, a clairement montré ce jeu de correspondances. Nous le suivrons donc, sur un plan global, mais nous souhaitons apporter une interprétation complémentaire, utilisant les clés des traditions préalablement citées. La première clé d'interprétation des correspondances s'applique à plusieurs corniches à la fois. C'est pour ainsi dire le moteur des comportements… Il s'agit de cette force intérieure, propre à la condition humaine, qui peut revêtir des formes involutives et négatives, contraires à sa destination : l'Amour. Cette force doit, pour employer une terminologie alchimique, être "transmutée" en force évolutive, au Purgatoire.

C'est par la bouche de son guide Virgile, maître en Raison Humaine, que le Poète entend formuler, au Chant XVII, en passant de la 3e à la 4e corniche, respectivement lieux des Colériques et des Tièdes, toute une conception de l'Amour, principe de tous les vices et les vertus. Virgile annonce au préalable la force qui pousse à l'ascension, sous la forme de l'Ange de la Paix, qui a présidé à la sortie de la 3e corniche, celle des Colériques. Mais derrière cet ange se cache l'Esprit Divin du Créateur lui-même, force de la Lumière (chant XVII, v.55 à 57) :
> *C'est un divin esprit qui, sans prière,*
> *nous met sur le chemin de la montée,*
> *et qui se cache en sa propre lumière.*

Et Virgile poursuit plus loin (v.91 à 93) :
- *"Ni créateur, mon fils, ni créature"*
commença-t-il "onc ne fut sans amour,
ou naturel ou voulu, tu le sais."

Nous avons là l'opposition essentielle entre la force d'Amour qui s'exprime "au naturel" et le jeu de la Volonté.

Virgile explique ensuite que la "Nature", œuvre de Dieu, ne peut nous faire aimer que ce qui est bon, à condition de n'aimer ni trop ni trop peu. Et la volonté en amour peut *errer par faux objet*. Il arrive qu'on aime le mal en croyant aimer le bien et qu'on aime trop peu Dieu lui-même, *le premier bien*.

Et le guide constate (chant XVII, v.103 à 105) :
Par là peux-tu comprendre que l'amour
est de toute vertu en vous semence,
et de toute œuvre encourant blâme ou peine.

Il évoque les 3 formes d'amour du Mal envers le prochain, qui ont déjà été rencontrées sur les corniches précédentes et les 3 formes d'amour trop ardent pour les biens mondains, périssables, qui sont, par nature, imparfaits et limités. Ils ne peuvent pas apporter le bonheur à l'Homme. Ces 3 nouvelles formes, les voyageurs vont les rencontrer sur les corniches supérieures.

L'amour du Mal du prochain génère les 3 péchés capitaux de l'Orgueil, de l'Envie et de la Colère, correspondant aux 3 premières corniches visitées par Dante, Virgile et Stace. Leur "transmutation" doit conduire aux 3 Vertus d'Humilité, d'Amour spiritualisé et associé au pardon et de Douceur. Cette dernière vertu peut aussi être considéré comme celle de la Tendresse. Au Chant XVIII, Virgile termine son exposé sur l'Amour, en évoquant le libre arbitre et la responsabilité humaine.

Nous avons ainsi 3 expressions "involutives" de l'Amour qui structurent globalement le Purgatoire, avec un degré décroissant de gravité des péchés qui leur correspondent. En Enfer la gravité croissait au contraire avec la plongée dans les cercles de plus en plus profonds.

L'Amour trop peu ardent pour le Bien génère ce que Dante appelle *"l'Accidia"*. Il s'agit, comme le souligne Alexandre Masseron, en se référant à Saint Thomas d'Aquin d'une *sorte de tristesse qui rend l'homme lent à accomplir le bien spirituel, par crainte de l'effort physique*. D'autres auteurs appellent les *"Accidiosi"* des Paresseux. Mais le péché de paresse est sans doute trop précisément limité par rapport à une faiblesse d'amour plus globale, même si littéralement le mot *"Accidia"* se traduit par la paresse ou la fainéantise !... La "Tiédeur" de l'Amour à l'égard de toutes choses tient ainsi une place centrale parmi les corniches du Purgatoire, sur la 4e.

Virgile nous en donne une image éloquente et chargée de symboles, en quelques mots (chant XVII, v.85 à 87) :
"Ceux qui" dit-il *"au plein amour faillirent*
qu'on doit au bien, leur manque ici réparent :
ci rebat-on la rame à tort mollie."

L'Amour est une source d'énergie qui doit se répandre sans compter.

C'est une force de "plénitude"…

La *rame* symbolise la force de volonté et de détermination qui non seulement fait "progresser" l'être mais lui permet de se "diriger". L'Amour est don intense, total et parfaitement dirigé. La transmutation du vice "d'Accidia" conduit à exercer ce qu'Alexandre Masseron désigne par la "Sollicitude", soit un souci attentif et affectueux de tous les instants, mais elle apporte, nous semble-t-il, plus encore : l'ardeur dans l'écoute et le don…

Dans la perspective de l'Hermétisme Chrétien, l'Amour, à l'œuvre dans le sens évolutif, suppose un engagement total de l'être dans cette force d'origine et d'essence divine. La *rame,* évoquée par le Poète souligne l'aspect "moteur" de cette force.

La progression sur l'arbre des sephiroth, selon la Kabbale, est aussi à l'image de cette conquête et de cette fusion, auxquelles semblent faire échos ces paroles dans la bouche de Virgile au chant XVII, v.106 à 111 :

Or puisque amour onc ne peut détourner
ses regards du salut de son sujet,
tout être échappe à la haine de soi ;
et puisque l'on ne peut penser un être
vivant par soi, divisé du premier,
quel homme, effet de Dieu, le peut haïr ?

En fait, quelque part, le péché "d'Accidia" et sa contrepartie vertueuse de sollicitude et d'ardeur d'écoute et de don, résument tous les autres aspects involutifs et évolutifs, des péchés et des vertus représentés par les âmes des autres corniches du Purgatoire. Ce n'est donc pas un hasard si Dante a pris soin de situer l'exposé sur l'Amour, au passage de la 3e à la 4e corniche, au chant XVII, soit exactement au centre de toute sa Divine Comédie. En amont de ce voyage, nous avons le préambule et les 9 cercles de l'Enfer, plus la plage de l'île, l'Antipurgatoire et les 3 premières coniches du Purgatoire, et, au-dessus, les 3 dernières corniches du Purgatoire, le Paradis Terrestre et les 9 ciels du Paradis, plus l'Empyrée :

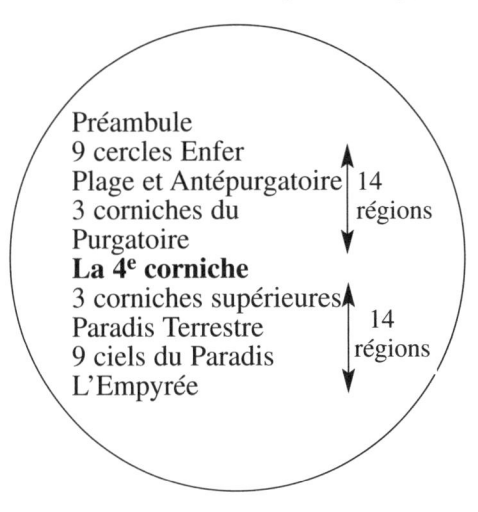

Préambule
9 cercles Enfer
Plage et Antépurgatoire | 14 régions
3 corniches du Purgatoire
La 4e corniche
3 corniches supérieures | 14 régions
Paradis Terrestre
9 ciels du Paradis
L'Empyrée

Si nous mettons à part le 1er chant de l'Enfer, qui est le préambule général de la Divine Comédie, nous avons très exactement 49 chants avant ce XVIIe chant du Purgatoire, et 49 chants après. C'est dire toute la valeur symbolique de cet exposé de Virgile sur l'Amour. Car celui-ci est le pivot même d'une œuvre de Transformation spirituelle appliquée à notre humaine condition et notre matérialité, telle que l'a voulue le Poète. Par réductions théosophiques successives, nous avons 2 x 49, 2 x 13, 2 x 4 et 8 est le nombre du Christ dont l'image tutélaire couvre toute l'œuvre !

La 3e forme d'Amour agissant involutivement est celle de l'Amour trop ardent pour les biens de ce monde, périssables, imparfaits et limités. Elle génère les 3 péchés capitaux de l'Avarice et son contraire la Prodigalité, de la Gourmandise et de la Luxure, correspondant successivement aux âmes des 3 corniches supérieures visitées par les voyageurs. La "Transmutation" de ces 3 péchés conduit aux 3 vertus de Pauvreté et Générosité, de Tempérance et de Chasteté.

La "mise en scène" du Poète, dans son ascension du Purgatoire, s'articule autour des conversations qu'il a avec les "candidats élus". Nous y découvrirons la description des châtiments dont ces âmes sont l'objet et des "exemples" qu'ils ont à suivre et sur lesquels ils doivent méditer…

Le poète Stace, auteur de la "Tébaïde", qui a fini sa propre purification et se trouve prêt à monter au Paradis, apparaît à la 5e corniche, celle des Avares et des Prodigues, et il accompagne Dante et Virgile jusqu'au Paradis Terrestre. Notons qu'il a derrière lui une expiation de 12 siècles, 12, complétude d'un cycle. Il est mort en 96 Ap. J.-C. Dante souligne toute l'originalité de ce personnage à ses yeux.

Pourquoi Stace et pourquoi au chant XXI ?!...

L'admiration de Stace pour Virgile est bien sûr un point de rencontre avec la propre ferveur de Dante pour l'auteur de l'Enéïde. Le "vrai" Stace, et non le personnage très estimable qu'en fait le Poète, fut surnommé, à propos de son œuvre de la Thébaïde, "le singe de Virgile".

Il y chanta l'expédition des "Sept" contre Thèbes et le "Grand Achille". Dante, lui, exprime toute sa propre ferveur envers son guide et maître (chant XXI, v.124 à 126) :

Celui-là qui à mont guide mes yeux
est ce poète en qui tu trouvas force
à bien chanter des hommes et des dieux.

Quelque soit "la servilité au modèle" que les commentateurs prêtent à Stace à l'égard de Virgile, Dante et lui se trouvent réunis par un même sujet de ferveur. Publius Papinius Statius, de son vrai nom, prend dans l'évocation du Florentin valeur de symbole.

Le chant porte le nombre 21, nombre de la Perfection dans la Bible, symbole de la puissance créatrice de l'Amour pleinement incarné et amenant à l'unification de toutes choses. Ce nombre est associé à la lettre hébraïque Schin, incarnant la vivification purificatrice du feu de l'esprit et à l'arcane du

Mat (ou du Fou), dans le tarot, associé à l'aspirant pleinement éveillé aux réalités de l'esprit. Sa marche, à l'unisson de la voie intérieure, le conduit vers le monde nouveau qui lui est encore totalement inconnu...
L'Amour du maître est le reflet de cette queste.
De fait, Stace va accompagner les deux autres voyageurs jusqu'au Paradis Terrestre. Et Dante prend soin de nous évoquer que la libération de Stace du Purgatoire a provoqué le fameux "tremblement de terre" et suscité le chant du Gloria, qui avait profondément surpris le Poète, au chant précédent.

Deux rêves éminemment édifiants...

Deux rêves chargés de symboles viennent investir le sommeil du Poète au Purgatoire, l'un sur la 4e corniche, celle des *"Accidiosi"* et l'autre sur l'escalier qui mène de la 7e corniche au Paradis Terrestre.
Le premier rêve intervient au chant XIX (v.7 à 15) :

je vis par songe une donzelle bègue,
louche en ses yeux, et sur ses pieds détorse,
ayant moignons pour mains, et blême chère.
Je l'esgardais ; et comme le soleil
rend force aux corps grevés par froide nuit,
mon regard mêmement dégourdissait
sa lèvre, et redressait en peu d'espace
ses jambes et ses yeux, puis colorait
au gré d'amour son éperdu visage.

Cette *donzelle bègue* incarne l'Avarice, la Gourmandise et la Luxure, soit les 3 formes de l'incontinence d'amour pour les biens de ce monde, péchés expiés sur les 3 corniches suivantes, non encore visitées par Dante et son guide. Le regard du Poète, qui a comme "un pouvoir rectificateur", est symboliquement assimilable à la conscience agissante. Puis cette *douce sirène*, comme il la désigne ensuite et l'a fait s'exprimer, évoque son pouvoir de détournement à l'approche d'Ulysse et de ses compagnons.
Le Poète semble évoquer, en fait, Circé, en transformant la magicienne en sirène et en remplaçant la liqueur enchantée de la magicienne de l'Odyssée, qui mua les compagnons d'Ulysse en pourceaux, par un chant qui égare Ulysse de son chemin. Intervient ensuite une *sainte dame et empressée [...] pour la confondre [...]* Il s'agit vraisemblablement d'une allégorie de la Continence. Le Poète nous laisse dans l'anonymat !
Et Virgile le réveille. Plus loin, il lui donne la clé de ce songe (chant XIX, v.58 à 60) :

Tu as vu" dit mon duc "l'antique estrie
qui seule ormais dessus nous est pleurée,
et tu as vu comment on s'en délie."

L'estrie incarne la tentation des biens terrestres et matériels. C'est la styge ou la sorcière, symbole des 3 vices de l'Avarice et son contraire, la Prodigalité, de la Gourmandise et de la Luxure, déjà cités et expiés dans les 3 corniches supérieures.

Le 2ᵉ songe, au Purgatoire, saisit le Poète alors qu'il s'est assoupi dans l'escalier qui mène au Paradis Terrestre et qui relie la 7ᵉ corniche, celle des pécheurs de la chair à ce dernier (chant XXVII). Les voyageurs viennent de rencontrer l'ange de la Chasteté qui oblige Dante, Virgile et Stace à traverser un mur de flammes (voir l'analyse des éléments plus loin) et à chanter avec lui le chant *"Beati mundo corde !..."*, Bienheureux les purs de cœur !...

Dante subit lui-même une épreuve. C'est la seule qu'il subit, d'ailleurs, directement dans sa personne. L'ami Boccace témoigne dans sa "Vita di Dante" de ce vice du Poète qui lui vaut cette épreuve purificatrice par le Feu.

Apparaît dans le songe du Poète tout d'abord Lia, fille aînée de Laban et première femme de Jacob, qui donna beaucoup d'enfants à son mari. Elle est le symbole de la vie active, selon les Pères de l'Église, vouée au bien du prochain et se sert moins de ses yeux que de ses mains... Puis c'est au tour de sa sœur Rachel, la fille cadette de Laban, et seconde femme de Jacob, qui ne donna que deux fils, Joseph et Benjamin, à son mari. Elle est le symbole de la vie contemplative, toujours selon les Pères de l'Église et elle s'adresse, sans intermédiaire, à l'Amour de Dieu. Rachel, dit Lia, dans le songe de Dante, ne peut quitter son miroir de toute la journée et *son heur est fait de vue, le mien d'ouvrage*.

D'un point de vue ésotérique, ces deux songes se complètent bien évidemment et nous paraissent aller à quelque chose d'essentiel dans le domaine de la queste spirituelle de l'Homme, au-delà de l'exemple individuel de Dante. *La donzella bègue* qui se transforme en *sirène*, puis en *l'estrie* désignée par Virgile, incarne les diverses convulsions auxquelles se livre cette force d'amour, mal gouvernée en l'Homme, et qui finissant par se confondre avec l'Ego, conduit au pire usage de la matérialité. Quant à Lia et Rachel, elles incarnent les deux facettes d'une authentique vie spirituelle qui crée les conditions de la Joie et du Bonheur, à travers une double fécondation, celle de la présence au Monde et celle de l'Amour Divin.

Mais le jeu des correspondances imaginées par le Poète ne s'arrête pas à ces premiers éléments de symbolisme. Il s'élargit à la nature des châtiments endurés par les pécheurs, à celle des exemples d'incarnation des vertus mis en avant, et empruntés par Dante, aussi bien aux Écritures qu'à la Fable et à l'Antiquité païenne, dans un grand élan unitaire, et aussi aux Béatitudes, aux Prières, et aux Chants sacrés. La complexité et la richesse symbolique nous obligent ici à envisager ces correspondances non plus en fonction des 3 formes d'Amour, mais péché par péché, soit corniche par corniche.

1ʳᵉ corniche : la Symbolique de l'Orgueil, chants X, XI, XII...

La 1ʳᵉ corniche est le lieu où s'expie le premier péché, le péché d'Orgueil. Le châtiment est symboliquement marqué par des images lourdes de sens. Tête baissée, genoux à la poitrine, les Orgueilleux expient leur péché, écrasés sous de très lourds poids. Ceci renvoie au fameux "Ego" qui, trop enflé, représente un poids difficilement supportable, une exigence de tous les instants. Ceci ne permet plus au sujet de voir clairement le chemin de l'Esprit qui s'offre à lui. La conscience se ferme, mais l'attitude d'Humilité peut, dès lors, permettre l'expiation. Tels sont les deux sens de la "tête baissée". La connaissance intérieure, l'engendrement, symbolisé par les genoux, et le chakra cardiaque, symbolisé par l'emplacement de la poitrine, entrent en circuit fermé, rebels à toute attitude de don (genoux contre la poitrine).

Mais le sens inverse, là encore, renvoie à l'expiation : la mise en relation de l'effort de connaissance et du chakra cardiaque. Rappelons que le mot "genou" a la même racine que le mot "générer, engendrer…" La prière en correspondance avec cette expiation est le "Pater", prière de demande et d'humilité, qui, dans la perspective Hermétique, revêt des aspects très édifiants, en rapport à la nature du péché à expier. Cette prière contient en effet un ensemble de formules, qui reflètent de nombreux symboles au service de l'évolution spirituelle de l'Être.

Celui-ci peut puiser tout une nourriture spirituelle, qui le guide vers l'Illumination, l'Union avec la Lumière Divine. Et, en particulier, cette prière aide à accomplir cette union entre le "Soi ordinaire", l'Ego et le "Soi spirituel" : *Que Ta Volonté soit faite sur la Terre comme au Ciel…* Cette formule, resituée dans le cadre de la Kabbale, appelle toute la Lumière et les Énergies divines à descendre du Ciel sur la Terre, l'Esprit à féconder la Matière, des sephiroth Kether à Malkuth, à travers l'Arbre de Vie, dont il sera question au Paradis de la Divine Comédie" L'Ego, englué dans la Matière, est appelé à se transmuter. Mais cela, bien sûr, est infiniment long et difficile pour la cohorte des Orgueilleux ...

La "Béatitude", proférée par l'Ange de l'Humilité, est celle du *"Beati pauperes spiritu…"*, repoussant l'attrait des richesses et des honneurs, nourriture de l'insatiable Orgueil. Ayant gravi la Montagne, le Christ fait son sermon (Matthieu V,3) :
> *Heureux ceux qui ont une âme de pauvre,*
> *car le Royaume des cieux est à eux…*

et, plus loin, il invite à prier en secret, la vraie prière, le Pater (Matthieu VI,9 à 13).

Parmi les exemples de Vertu, donnés par Dante, il y a celui de la Vierge, médiatrice des hommes auprès de Dieu (Luc I,38) :
> *Marie dit alors : "Je suis la servante du Seigneur ;*
> *qu'il m'advienne selon ta parole !". Et l'ange la quitta.*

Et, ceci traduit par le Poète (chant X, v.40 à 42) :
> *On eût juré qu'il dît : "Ave Maria",*
> *car là était la Dame figurée*
> *qui du céleste amour tourna la clef ;...*

Le lecteur peut se reporter, plus loin, à notre présentation de la symbolique de la Reine du Ciel.

Dante donne un autre exemple édifiant de Vertu en la personne de David, *l'humble psalmiste* qui, malgré sa fonction royale, dansa en toute humilité devant l'Arche d'Alliance, comme un humble baladin, provoquant le dédain de son orgueilleuse femme, Mikal. Nous en reproduisons le passage essentiel du 2e livre de Samuel (VI,14 à 16) :

David dansait tournoyant de toutes ses forces devant Yahvé, il avait ceint un pagne de lin. David et toute la maison d'Israël faisaient monter l'arche de Yahvé en poussant des acclamations et en sonnant du cor. Or, comme l'arche de Yahvé entrait dans la cité de David, la fille de Saül, Mikal, regardait par la fenêtre et elle vit le roi David qui sautait et tournoyait devant Yahvé, et, dans son cœur, elle le méprisa.

Et, exprimé par Dante (Chant X, v.64 à 69) :
*Là au vaisseau béni frayait la route
ballant, robe troussée, l'humble psalmiste
qui en ce jour fut plus et moins que roi.
En face était portraite à la fenêtre
d'un grand palais Micol se merveillant
comme femme chagrine et dépiteuse.*

Le Poète emprunte aussi des exemples de Vertu à l'Antiquité païenne, soulignant implicitement cette belle unité traditionnelle du sens du sacré. Il évoque Trajan, rappelé à la vie sur les prières de Saint Grégoire 1er et mourant une deuxième fois, après sa conversion au Christianisme. Le symbolisme très riche de l'imaginaire de Dante s'imprime aussi dans l'environnement des acteurs célestes…

Saint Gabriel, l'ange de l'Annonciation, est associé à l'image d'une statue de marbre blanc. Cette matière est le symbole de l'éternité et de la pureté.

L'ange de l'Humilité frappe le front du Poète de son aile pour effacer le premier "P", initiale du Péché d'Orgueil. A chaque corniche, l'ange, correspondant à la catégorie d'expiation, suit le même rituel. Ce dernier symbolise, en fait, l'ouverture du chakra frontal. Rappelons-nous, ici, l'émeraude qui ornait le front de Lucifer et celui d'Adam, et qu'ils perdirent, tous deux, lors de leur chute, l'un par orgueil et trahison de Dieu, et l'autre par désobéissance à Dieu…

Enfin, les exemples très nombreux d'orgueilleux sont autant de symboles puissants. Ainsi Nemrod, le constructeur de la Tour de Babel, le Roi Saül, vaincu dans une bataille contre les Philistins, et préférant se laisser tomber sur son épée plutôt qu'aux mains de ses ennemis, Cyrus, le Roi de Perse, sauvagement puni par Thamyris, la Reine des Scythes, Massagètes, dont le fils fut non moins sauvagement mis à mort par Cyrus, etc.

L'orgueil suscite la violence des autres et de soi-même, la violence punit l'orgueil !

2ᵉ corniche : la Symbolique de l'Envie, chants XIII,XIV,XV…

La 2ᵉ corniche est le lieu où s'expie le deuxième péché, le péché d'Envie. Le châtiment est symboliquement marqué par plusieurs images.

Habillés d'un cilice, vêtement d'étoffe rude destiné à la mortification, et qui se confond avec la couleur des pierres sur lesquelles ils s'appuient, les Envieux sont "assis". Leurs paupières sont cousues par un fil de fer, de sorte qu'ils sont rendus aveugles, eux dont le regard, chargé d'envie, se posait sur tout ce qui pouvait être possédé par les autres et les rendre heureux !…

Eux, les jaloux du bonheur des autres, sont plongés dans une honteuse nuit. Et l'aveuglement physique rejoint celui de la conscience.

La prière correspondant à cette expiation, est celle des Litanies des Saints, qu'ils invoquent pour obtenir la pitié qu'ils ont, eux-mêmes, si souvent refusée d'accorder aux autres. Selon certains commentateurs, il s'agirait du Confiteor. Marie, Michel et Pierre sont invoqués *et tous les saints*. Mais référence est faite aussi, par Dante, à Matthieu (V,43) : *Et moi, je vous dis : faites du bien à ceux qui vous haïssent, et priez pour ceux qui vous persécutent et calomnient* et aux paroles de la Vierge à Jésus, aux Noces de Cana (Jean II,1-11), *"Vinum non habent"*, ils n'ont pas de vin...

Et, au cœur de l'attitude d'expiation, il y a la Charité et l'Amour du Prochain (chant XIII, v.37 à 39) :

Et le bon maître : "En ce cercle est fouettée
coulpe d'envie, et les cordes du fouet
à la piquer sont d'amour bien cinglantes."

Les cordes du fouet, appliquées au péché d'envie, sont comme les incarnations de toutes les paroles de charité que Dante et son guide ont entendues. La "Béatitude", chantée par l'ange de la Miséricorde, au chant XV, est celle du *"Beati Misericordes"*, Matthieu (V,7) : *Heureux les miséricordieux, car ils obtiendront miséricorde.*

Et exprimé par Dante (chant XV, v.37 à 39) :

Nous montions ; et sa voix chanta derrière :
"Bienheureux ceux qui ont miséricorde !"
et puis : "Réjouis-toi dans la victoire."

L'idée de victoire, dans un sens Hermétique, traduit ici la conquête de l'Esprit sur les Forces du Mal et le triomphe de l'Amour, l'Amour Divin, seul capable d'apporter l'entière Joie.

Parmi les exemples de Vertu d'Amour donnés par Dante, en dehors de la Vierge Marie, *Aimez qui vous a fait du mal*, dans Matthieu V,43 (voir ci-dessus), figure Oreste. Pylade, pris pour Oreste en Tauride, selon le mythe, voulut mourir à la place de son ami. Oreste survit et dit : *Je suis Oreste*. Pylade répliqua : *Non ! c'est moi qui suis Oreste*.

Cet exemple antique est bien sûr la plus parfaite expression de l'Amour du prochain, qui, tout à la fois, paraphrase le commandement Chrétien *Tu aimeras ton prochain comme toi-même*, et renvoie au sacrifice du Christ.

Le symbolisme très riche de l'imaginaire dantesque s'imprime aussi dans l'environnement des acteurs célestes. L'éclatante lumière de l'ange de Miséricorde force le Poète à détourner son regard et à crier (chant XV, v.25 et 26) :

Qu'est-ce là, beau doux père, à quoi ma vue
ne peut trouver bouclier qui lui vaille.

Et l'ange signifie la décroissance de difficulté de l'ascension, reliée à celle des péchés eux-mêmes (chant XV, v.35 et 36) :

il dit à joyeux ton : "Entrez ici
vers des degrés moins roides que les autres.

Enfin, parmi les exemples d'Envieux, citons Caïn (Genèse IV, 14-15) et, dans l'Antiquité pré-chrétienne, Aglaure. Caïn, après le meurtre d'Abel, s'adresse à Yahvé : *Vois ! Tu me bannis aujourdhui du sol fertile, je devrai me cacher loin de ta face et je serai un errant parcourant la terre : mais le premier venu me tuera !*

Et, exprimé par Dante (chant XIV, v.133 à 135) :
> *Tué serai par quiconque me trouve,*
> *et puis s'éteint comme meurt un tonnerre*
> *qui tout à coup a rompu son nuage.*

Extraordinaire symbole que cette association au "tonnerre" qui s'éteint !

Quant à Aglaure, la légende rapporte qu'elle fut changée en rocher par Mercure, car elle s'opposait à l'amour de ce dernier pour sa sœur Hersé.

Aglaure et Hersé avaient une sœur Pandrossas et toutes trois étaient les filles de l'Homme-Dragon Cécrops, premier roi d'Attique, et, lui-même à demi-né d'un dragon. Cette légende, au plan ésotérique, évoque la cristallisation de l'Ego, de nature maléficiée, né du dragon, qui s'enferme dans ses convoitises et inhibe le juste Amour, celui d'Hersé, pour les valeurs de l'Esprit, symbolisé par Mercure. Dante évoque, en particulier, la corruption générale du Val d'Arno et de la Romagne, en son temps. Ce sont des voix mystérieuses qui crient à l'entour, tout en progressant, des exemples d'envies expiées. Puis, cheminant de la 2e à la 3e corniche, Dante reçoit de la part de Virgile un commentaire éloquent et hautement spirituel sur *le partage des biens terrestres et des biens célestes*, ce qui l'amène à exprimer *l'infinie loi d'Amour*. Ce passage admirable se passe de tout commentaire (chant XV, v.64 à 75) :

> *Et lui : "Ayant sur les terrestres choses*
> *l'esprit fiché encor, tu ne recueilles*
> *des lumières du vrai rien que ténèbres.*
> *Cet infini et ineffable bien*
> *qui là-haut règne, il s'élance à l'amour*
> *comme en clair corps passe un rai de soleil.*
> *Tant il trouve d'ardeur, tant il se donne ;*
> *donc plus la charité se fait profonde,*
> *plus y recroît l'éternelle valeur.*
> *Et plus d'esprits en paradis s'enflamment,*
> *plus on trouve à aimer, et plus on aime :*
> *comme miroir, chacun rend jour à tous."*

3e corniche : la Symbolique de la Colère, chants XV, XVI, XVII...

La 3e corniche est le lieu où s'expie le 3e péché, le péché de Colère. Le châtiment est symboliquement marqué par plusieurs images, lourdes de sens. Les Colériques marchent dans une épaisse fumée qui obscurcit toute leur vision. La Colère "aveugle", selon l'expression populaire bien connue, certes, mais la fumée est, ici, soulignée dans ses deux dimensions, l'aveuglement et l'asphyxie (chant XV, v.142 à 145) :

> *Or voilà que vers nous une fumée*
> *vint peu à peu, obscure comme nuit,*
> *et lieu n'avions à nous guérir d'icelle :*
> *si nous ôta et les yeux et l'air pur."*

La fumée, selon la Tradition, est l'image des relations entre Terre et Ciel : fumée des sacrifices ou fumée de l'encens, prière ou hommage. Ici, nous sommes dans le sacrifice. Le plan de l'aveuglement renvoie au jugement altéré de la conscience et l'asphyxie à l'extinction même de la vie consciente.

Une conscience, envahie par la Colère, non seulement s'obscurcit, mais peut même être entièrement éradiquée !

Ce passage dans la 3e corniche est l'occasion pour Dante de développer toute une pensée autour du libre-arbitre et d'exposer les causes, selon lui, de la corruption du monde, en son siècle, au premier rang desquelles la confusion des pouvoirs Spirituel et Temporel.

Ceci se passe au centre même de la Divine Comédie. Ce qui tient le plus au cœur du Poète, engagé dans la vie de la Cité, et à l'homme de cœur, au plus profond de lui-même, est développé tout au long des chants XVI et XVII. Au chant XVI, la Corruption, 50e chant depuis le début, au chant XVII, l'Amour, 51e chant depuis le début. Nous sommes bien à l'épicentre de l'Œuvre. Mais le premier nombre réduit donne 5, qui correspond à l'arcane du Pape dans le tarot. Quand cet arcane est maléficié, il incarne en particulier l'appropriation par la souverain pontife perverti de la puissance divine, pour la satisfaction exclusive de sa soif de pouvoir et de richesse. Cela nous renvoie à la vision même du Poète à l'égard de la Curie Romaine…

Le deuxième nombre 51, réduit, donne 6, nombre qui correspond à l'arcane de l'Amoureux dans le tarot. Quand cet arcane est maléficié, il incarne en particulier le pécheur pris entre deux réalités : les valeurs illusoires du plan matériel de l'existence, happé par l'instinct, et les valeurs spirituelles, entre lesquelles il n'ose choisir ! Ce n'est ni plus ni moins que la cause du péché d'Accidia, de tiédeur dans l'amour, décrit par le Poète dans ce chant…

Nous avons là une nouvelle coïncidence providentielle entre le nombre et le contenu, comme nous en avons vu tant d'autres plus haut !

Au 51e chant, le Poète aborde donc le péché *"d'Accidia"*, qui correspond au manque d'ardeur et bien plus encore, péché qui, d'un certain point de vue, résume tous les autres, comme nous l'avons déjà dit, ou, mieux encore, les suscite. Mais n'anticipons pas.

A l'aveuglement des Colériques fait écho la prière de *"l'Agnus Dei"*, chanté par les esprits, qui, comme le dit Virgile, *vont rompant les nœuds de la colère* (chant XVI, v.16 à 21) :

> *J'oyais cent voix, et chacune semblait*
> *prier de paix et de miséricorde*
> *l'agneau de Dieu qui les péchés enlève.*
> *"Agnus Dei", si chantaient leurs exordes ;*
> *même parole et même ton en tous :*
> *entre eux apparaissait toute concorde.*

Le mot *concorde*, qui termine ce passage et rime en Français comme en Italien avec le mot *miséricorde*, est bien sûr chargé de sens symbolique, que traduit bien la définition du dictionnaire lui-même (Le Robert).

Du latin "Misericordia", qui a le cœur (cor) sensible au malheur (miseria) et "Concordia", Paix, Harmonie qui résulte de la bonne entente entre les membres d'un groupe, "avec" le cœur. Charité, Amour et Paix.

La "Béatitude", chantée par l'ange de la Paix, est celle des "Beati pacifici", dans Matthieu (V,9). Il s'agit de la 7e Béatitude. Notons au passage la coïncidence numérologique, nous renvoyant, à travers l'arcane du tarot, assoiée à ce nombre, au symbolisme d'une harmonie trouvée entre l'essence intérieure de l'Être et l'action dans le Monde.
Heureux les artisans de la paix,
car ils seront appelés fils de Dieu.
Et traduit par Dante (chant XVII, v.69-70) :
Bienheureux, car ils sont sans ire male, les pacifiques !

Ici, le Poète suppose, à l'instar de Saint Grégoire ("Moral" V,30), qu'il peut y avoir une sainte colère. Certains Hermétistes parlent de la "Colère des Justes".

Nous ne pouvons pas quitter cette 3e corniche sans évoquer aussi le symbolisme traduit pas les vers de Dante, lors de ses visions extatiques, qui débutent ce voyage au pays de *l'Ire aveuglante* (chant XV, v.85 à 117).

Nous n'en reproduisons ci-dessous que les aspects les plus saillants. Le lecteur aura à cœur, nous le souhaitons vivement, de se reporter à l'ensemble de ces tercets admirables :
Là me sembla par une avision
être tiré en extase soudaine ;
et je voyais unes gens dans un temple
et sur le seuil une femme, [...]
Puis m'apparut une autre ayant aux joues
les eaux du cœur que le chagrin distille
quand une grande injure en nous l'engendre.
[...]
Que ferons-nous à qui mal nous souhaite,
si nous devons condamner qui nous aime ?
[...]
Puis je vis gens enflammés d'un feu dire
occire un jouvencel à coups de pierre,
[...]
Et lui, je le voyais couler à terre
par dure mort qui déjà le grevait,
mais de ses yeux il fit portes au ciel
et, priant au Seigneur en telle guerre
qu'il pardonnât à ses persécuteurs,
montrait cet air qui pitié déverouille.

Quelle puissance évocatrice ! La première femme est naturellement Marie qui parle sans colère à Jésus, retrouvé, au milieu des docteurs, dans le Temple de Jérusalem, après 3 jours de disparition (Luc II,41-52); la deuxième femme est l'épouse de Pisistrate, célèbre tyran d'Athènes qui s'indigna, un peu promptement, du baiser fait en public à sa fille par un jeune homme, épris d'elle ; le *jouvencel* est Saint Étienne, le martyr, lapidé par les Pharisiens (Actes des Apôtres, VI). Tout ceci nous est confirmé par les nombreux commentateurs de la Divine Comédie.

Mais il faut surtout souligner, sur un plan plus ésotérique, que le choix d'exemples de la part du Poète se concentre sur des situations hautement "éprouvantes" pour l'âme de leurs acteurs : l'angoisse d'une mère, symbole de l'Esprit divin incarné, et, enfin, la blessure de ce que l'âme ressent un peu vite comme une injure, et le sublime pardon du martyre par le feu de la colère et la pierre…

Jésus, retrouvé par sa mère au Temple, répond, dans l'évangile concerné, ceci : *Ne saviez-vous pas que je dois être dans la maison de mon Père.*

Le Poète s'arrête, lui, sur la question de Marie, traduisant l'inquiétude et une certaine "incompréhension" de prime abord, après une recherche de son fils faite "sans colère". Mais, dans l'évanouissement de la vision de la Vierge pour une autre, Dante souligne de manière très judicieuse "le silence" de Marie, que nous pouvons imaginer chargé d'Amour et de pardon, en conformité avec le texte biblique.

L'exemple de Pisistrate surenchérit sur cette faculté de l'être d'éviter toute colère par une attitude de pardon.

A sa femme qui réclame vengeance de la séduction de sa fille, il rétorque par ce que nous pourrions appeler "la logique de l'Amour" : non seulement il pardonne, lui, au jeune garçon entreprenant et impertinent, mais il lui donne sa fille en mariage en énonçant une question qui nous interpelle sur toute la problématique du pardon : *Que ferions-nous à qui nous veut du mal, si nous condamnons celui qui nous aime ?*…

4ᵉ corniche :"l'Accidia", ou le manque d'ardeur et la paresse de l'âme, chants XVII, XVIII, XIX…

Au seuil de la 4ᵉ corniche, au XVIIᵉ chant, Dante développe toute sa pensée autour de l'Amour : la Nature, œuvre de Dieu, ne peut nous faire aimer que ce qui est bon. Encore faut-il aimer *en juste mesure*, ni trop ni trop peu. Tant que l'Amour s'adresse au *Premier Bien*, à Dieu, et qu'aux autres biens, œuvres des hommes *il se mesure, il ne peut conseiller méchant plaisir*…

Mais il arrive que nous aimions le Mal, en croyant aimer le Bien. Il arrive aussi que nous aimions Dieu avec un manque d'ardeur prononcé.

L'Amour est la *semence* de la Vertu en l'Homme.

L'Amour *ne peut détourner ses regards du salut de son sujet*. Ceci permet à tout être *d'échapper à la haine de soi*.

L'Homme est, métaphysiquement, solidaire de son "prochain". Celui qui aime le mal pour lui-même, ne fait que reporter le mal sur son prochain.

Et le Poète cite *trois germes* de ce Mal : la rivalité, la jalousie et l'injure. Cette dernière crée la soif de vengeance. Chacun aspire à la Paix, mais *"l'Accidia"*, le manque d'ardeur en amour, qui correspond à la paresse de l'âme, conduit à la pénitence de la 4e corniche du Purgatoire.

Les biens de la Terre ne rendent pas l'Homme heureux. *La bonne essence, racine et fruit de toute bonne chose,* c'est-à-dire Dieu lui-même, elle seule, conduit à la Félicité. L'amour excessif de ces biens terrestres conduit aux péchés expiés sur les trois corniches supérieures.

Nous voyons bien ici affirmé, ce qui est au cœur même de tout l'Hermétisme Chrétien : seul l'Amour Divin, qui incite l'Être à retrouver son Unité et sa Solidarité au Prochain, qui n'est qu'une autre part de lui-même, et, ainsi son essence divine, seul, cet Amour conduit au Salut et à la Félicité.

En revanche, l'Amour excessif de la Matière pour elle-même, éloigne l'Homme de sa Félicité, car la destinée de la Matière est précisément d'être transmutée par l'Esprit, lui-même animé par cet Amour Divin.

Au chant XVIIIe, Dante paraît encore plus directement faire écho à cette perspective hermétique chrétienne ...

C'est Virgile, le Maître qui parle (v.19 à 27) :

L'âme que Dieu forme prête à aimer
se laisse à tout objet plaisant mouvoir
dès que plaisir éveille amour en acte.
De choses vraies, la vertu percevante
tire une image et en nous la déploie
si bien que l'âme à l'image se tourne.
Or se tournant, si l'âme à elle penche,
ce penchant est amour, fruit de nature
qui, par plaisir, germe et se noue en vous.

Notons, fortement marqué, le rôle de l'Imagination et de l'Imaginaire, dans l'expérience de l'Amour, qui, à partir de prémices authentiques, de *choses vraies*, peut conduire, à travers le principe du plaisir, à "l'emprisonnement de l'âme"...

Et, plus loin (chant XVIII, v.49 à 54) :

En tout sujet (forme substantielle
unie à la matière ou détachée),
une vertu spécifique est enclose,
vertu que l'on ne sent si elle n'œuvre
et qui en ses effets seuls se démontre :
comme en plantes la vie par vert feuillage.

Au-delà de simples considérations philosophiques sur la *substance*, la *forme*, accidentelle ou pas, etc. sur lesquelles les commentateurs de l'Œuvre ont largement glosé, nous retenons, d'un point de vue hermétique, avant tout, cette notion de *vertu*, au cœur de tout sujet, qu'il soit d'essence matérielle ou spirituelle, et que nous devons prendre au sens d'une "**énergie**" à l'œuvre en toute chose ou en toute être, y compris, bien sûr, les créatures célestes, si largement évoquées par le Poète.

Virgile annonce à Dante, toujours dans ce même chant, que Béatrice lui parlera du "Libre-arbitre".

Ce dernier est le fondement même de la capacité de l'Homme à "réguler" cette force d'Amour et à l'orienter dans le bon sens, à la canaliser et, bien sûr, à la freiner, comme le dit littéralement Dante ("ritenerlo") (chant XVIII, v.70 à 75) :
> *Or donc, mettons que de nécessité*
> *jaillisse tout amour qui vous éprend,*
> *en vous est le pouvoir de le refraindre.*
> *C'est la noble vertu qu'entends Bietris,*
> *parlant de libre arbitre ; en ta mémoire*
> *retiens ce nom, s'elle t'en doit parler.*

Les âmes paresseuses, qui manquent d'ardeur, se découragent et manquent de confiance en l'Amour Divin, ont un châtiment qui, là encore, reflète un puissant symbolisme. Elles courent sans cesse, éperonnées par *franc désir et juste amour*. Elles sont donc au supplice par cette force et cette ardeur qui leur manquaient précisément de leur vivant ! L'une d'elles dit au Poète : *Si grande envie de mouvoir nous emplit qu'arrêter ne pouvons...*

Cette catégorie d'élus, en pénitence au Purgatoire, ne prononce aucune prière, à la différence de toutes les autres. Sans doute, la pulsion incessante du mouvement ne leur permet-elle pas de trouver les conditions d'expression favorables. En courant, ils n'ont qu'à pleurer et méditer !...

En revanche, l'ange du *Bon zèle*, de la sollicitude expression de l'Amour Divin, chante la "Béatitude" *"Beati qui lugent"*, Bienheureux ceux qui pleurent (Matthieu V,5) : *Heureux les affligés, car ils seront consolés.*

Et Dante cite la "Béatitude" en latin, en terminant en italien vulgaire (Chant XIX, v.51) : *leurs âmes baigneront en consolation.*

Parmi les exemples de la vertu d'ardeur et de sollicitude donnés par le Poète, figurent, en un saisissant raccourci, la Vierge Marie et un exemple tiré de l'Antiquité païenne, qui n'est autre que Jules César, lui-même (chant XVIII, v.100 à 102) :
> *En hâte fut Marie à la montagne ;*
> *et Cesar, quand fallut dompter Ilerde*
> *poignit Marseille ains de courre en Espagne.*

Marie courut en hâte à la montagne pour visiter sa cousine Elisabeth, chez Zacharie ("La visitation", Luc I,39) : *Et il advint, dès qu'Elisabeth eut entendu la salutation de Marie, que l'enfant tressaillit dans son sein et Elisabeth fut remplie d'Esprit Saint. Alors elle poussa un grand cri et dit : "Bénie es-tu entre les femmes, et béni le fruit de ton sein ! Et comment m'est-il donné que vienne à moi la mère de mon Seigneur ? Car vois-tu, dès l'instant où ta salutation a frappé mes oreilles, l'enfant a tressailli d'allégresse en mon sein. Oui, bienheureuse celle qui a cru en l'accomplissement de ce qui lui a été dit de la part du Seigneur."*

Cet exemple illustre, ô combien, tout ce que nous avons évoqué ci-dessus, à propos de l'Esprit fécondant la Matière et du jaillissement de la Félicité, quand l'Amour Divin fait son œuvre !...

Quant à César, courant au siège de Lérida, évitant de s'arrêter à Marseille, ville pourtant révoltée, et laissant à Brutus le soin de punir la ville rebelle, nous avons en lui une magnifique illustration de "l'élan" déterminé, de l'engagement. Bien sûr la cause n'a aucun rapport, pour autant, avec l'ardeur d'Amour et de Paix.

Parmi les exemples de péché *"d'accidia"*, nous avons l'épisode des Hébreux dans le désert, qui moururent avant d'entrer en terre promise…

Dans son premier discours, Moïse, à propos des instructions de Yahvé à Cadès, s'écrit (Deutéronome I,37-39) : *A cause de vous Yavhé s'irrita même contre moi et me dit : "Toi non plus, tu n'y entreras pas. C'est ton serviteur Josué, fils de Nûn, qui y entrera. Affermis-le, car c'est lui qui devra mettre Israël en possession du pays.*

"Affermis-le", tel est le message anti-accidia…

Et Dante résume l'allusion ainsi (chant XVIII, v.133 à 135) :

[……………………………] *"La gent ingrate*
pour qui s'ouvrit la mer fut dépeuplée
ains que Jourdain vit arriver ses hoirs (*)

(*) ains que = avant que
hoirs = héritiers naturels

Le Poète évoque aussi l'épisode des compagnons d'Enée, les Troyens, qui préfèrent rester en Sicile plutôt que d'affronter avec lui de nouvelles difficultés pour se rendre en Italie (chant XVIII, v.136 à 138) :

et celle (la gent) *qui ne put souffrir l'ahan* (l'effort)
jusques au terme avec le fils d'Anchise,
se voua d'elle-même à jours sans gloire.

Il y a bien d'autres accents symboliques dans le Poème. Au début du chant XIX, notamment, Dante fait une allusion directe aux géomanciens qui prédisaient l'avenir d'après les figures géométriques, formées par des objets à terre ou des signes sur le papier. Quand la figure obtenue s'apparentait à la première moitié d'étoiles de la constellation du Verseau ou à la seconde de la constellation des Poissons, ils la désignaient comme une *Fortune Majeure*, qui commandait succès et prospérité pour celui qui les consultait. Pour le Poète, cette référence s'associe à une heure précise (chant XIX, v.1 à 3) :

À l'heure où la chaleur du jour, vaincue
peu à peu par la terre, ou par Saturne,
ne tiédit plus les rais (=rayons) froids de la lune.

et tout à la fois hautement symbolique, car, marquée du sceau *de la terre ou de Saturne*, elle est celle où (v.4 à 6) :

[…] les géomants voient, avant l'aube,
à l'orient leur Majeure Fortune
sourdre par voies où bientôt fuira l'ombre,..

Tel est le contexte, dans lequel Dante a sa fameuse vision, que nous avons déjà commentée plus haut, de la femme bègue, qui louche, qui a la face blême et les pieds tordus, les deux mains coupées, avalanche de traits symboliques pour désigner l'incarnation de l'Avarice, de la Gourmandise et de la Luxure, que les élus vont expier sur les corniches supérieures du Purgatoire…

Le regard ardent du Poète, porté sur elle, transforme ce vivant symbole en "douce sirène", à l'image de Circé, qui, par ses pouvoirs, égara Ulysse. Et une autre femme se substitue à la précédente, dans les visions de Dante, symbole de la Continence : *une sainte dame et empressée*, pour confondre Circé, la magicienne !...

Au cours de ce XIXe chant, les voyageurs s'engagent dans la 5e corniche, celle des Avares et des Prodigues. Virgile a invité le Poète, pour ce faire, à frapper le sol des talons et à porter son regard vers le :
[..................] bon leurre que vire
le roi du ciel entre les hautes roues.

Certains rites initiatiques associent le fait de frapper le sol du talon au franchissement d'une étape d'évolution comme un accord demandé aux autorités de l'Invisible.

Les *hautes roues* désignent les sphères célestes. Celles-ci sont le *leurre*, au vrai sens du terme, "l'appât" par lequel Dieu incite l'âme à porter son "regard" vers les biens célestes. Le Poète s'identifie, par métaphore, au faucon, qui regarde ses pieds, crie et prend son envol, poussé par le désir ardent à l'égard de sa proie. Rappelons que la Tradition au Moyen Âge faisait du faucon le symbole de la victoire sur la concupiscence. Solaire, ouranien, mâle, diurne, c'est un symbole ascensionnel par excellence, victorieux sur le principe femelle, nocturne, lunaire. Bien plus, en Égypte ancienne, il symbolise le principe céleste. Il est associé, entre autres divinités, à Horus.

La métaphore utilisée par Dante, dans sa situation propre, n'en prend que plus de relief !...

5e corniche : la Symbolique de l'Avarice et de la Prodigalité, chants XIX,XX,XXI,XXII...

Les voyageurs débouchent sur la 5e corniche, sur laquelle Avares et Prodigues subissent le même sort. Ils sont couchés, face contre terre, visage collé au sol, dans l'immobilité, pieds et poings liés. Ils pleurent et murmurent, avec de profonds soupirs, le Psaume *"Beati immaculati in via"*, et plus précisément le passage, cité par le Poème, *"Adhaesit pavimento anima mea"*, *Mon âme a été attachée à la terre (ou à la poussière)*.

Le Poète s'adresse à l'une de ces âmes en pénitence, en l'occurrence le Pape Adrien V, ambitieux et cupide, qui monta sur le trône de Pierre en Juillet 1276 et mourut 38 jours après seulement (chant XIX, v.91 à 94) :
Esprit en qui pleurer mûrit la grâce
   sans quoi vers Dieu l'on ne peut retourner,
      relâche un peu pour moi ton maître ouvrage.
         Dis, qui fus-tu ? pourquoi ces dos tournés ?
Et Adrien lui répond (v.97 à 99) :
"Pourquoi le ciel ne voit que nos derrières.",
   dit-il, "tu le sauras ; mais, de premier
      scias quod ego fui successor Petri."

Il décline son identité de *successeur de Pierre* en Latin, langue officielle de l'Église.

Le Psaume, *soupiré* par ces âmes, est le CXVIII (1 et 25), Éloge de la Loi Divine :

> *Heureux, impeccables en leur voie,*
> *ceux qui marchent dans la loi de Yahvé !*
> *Mon âme est collée à la poussière,*
> *vivifie moi selon ta parole."*

Un verset du même psaume, non cité par Dante, résume l'enjeu transformateur qui s'offre à ces âmes (verset 72) :

> *Un bien pour moi que la loi de ta bouche,*
> *plus que millions d'or et d'argent.*

Durant leur existence ici-bas, ces âmes ne portèrent leur regard que vers les biens terrestres et ne se soucièrent pas d'élever cette existence vers Dieu. Ce désir des biens périssables les ont, ainsi, détourné du bien suprême.

Ils furent dans l'incapacité d'agir selon la loi divine.

Adrien avoue (v.112 à 126) :

> *Mais, jusque-là, je fus âme chétive,*
> *de Dieu sevrée, parfaitement avare.*
> *[...]*
> *Comme avarice éteignit notre amour*
> *à tout vrai bien, de quoi périt notre œuvre,*
> *de même nous tient ici serrés justice,...*

Sans doute que l'expression *"onde operar perdèsi"* désigne, dans le contexte de ce chant, sous la plume de Dante, beaucoup plus que l'action banale ici-bas, le Grand Œuvre lui-même...

Le Poète envisage, en effet, ce péché d'Avarice, comme celui qui a une influence particulièrement nocive sur le Monde en général. Il s'écrit, reprenant l'évocation de la louve, comme dans l'Enfer (Purgatoire, chant XX, v.10 à 12) :

> *Hé maudite sois-tu, antique louve*
> *qui cours à proie plus que toute autre bête,*
> *pour cette faim, creuse et sans fond et noire !*

L'une des évocations les plus saisissantes du Poème sur l'effet dévastateur de la cupidité est celle de Philippe le Bel, avide des richesses détenues par l'Ordre du Temple et qui fît main basse sur elles en condamnant au bûcher le Grand Maître et 50 autres chevaliers.

Le Poète fait témoigner Hugues Capet, fondateur de la dynastie royale de France, car l'avarice et l'obsession des acquisitions de biens est le vice dominant, selon lui, de tous les descendants de ce Roi, qui se présente ainsi (chant XX, v.43 à 45) :

> *Je fus racine à cette male plante*
> *qui porte ombrage à la terre chrétienne,*
> *si qu'en rares contrées bon fruit s'en cueille.*

Et, un peu plus loin, Dante associe l'image du Préfet de Judée qui abandonna Jésus aux juifs et se lava, symboliquement parlant, les mains du "problème" (v.91 à 96) :

> *Mais le nouveau Pilate, en qui fureur*
> *n'est assouvie, moquant les saints décrets,*
> *fond sur le Temple à convoiteuses voiles.*
> *Quand goûterai-je, ô Seigneur, la liesse*
> *de voir jaillir la vengeance renclose*
> *qui en secret fait douce ta colère ?*

L'évocation de ce péché d'Avarice, tout comme son inverse, d'ailleurs, la Prodigalité, et plus généralement derrière eux, l'évocation de la frénésie pour les biens terrestres, nous renvoie à l'un des thèmes les plus importants de l'Hermétisme Chrétien. Ceci apparaît nettement quand nous analysons les images archétypiques auxquelles le Poète se réfère plus ou moins explicitement. Quand l'Esprit investit de manière négative et maléficiée la Matière, il peut s'y dissoudre totalement. L'Homme est alors prisonnier du monde d'en-bas, le regard rivé sur les réalités matérielles, sans possibilité de contact avec le monde divin. Autrement dit, la Matière est totalement désacralisée, dépossédée de l'Esprit qui l'anime. Et le Psaume, cité par Dante, appelle, en revanche, à cette "vivification par l'Esprit" : *Vivifie-moi, selon ta parole,* est-il écrit...

Le chant XX se termine sur une clameur des âmes "matérialistes", comme nous pouvons les appeler, dans cette attente de "vivification". Cette clameur est accompagnée d'un tremblement de la Montagne du Purgatoire.

Le concept de "tremblement de terre" accompagne symboliquement, selon la Tradition les profondes remises en causes, les révolutions intérieures, celles qui, à l'instar de la Foudre dans l'arcane de la Maison-Dieu du tarot, tentent de remettre à l'endroit l'être concerné.

"*Gloria in excelsis Deo*" (Luc II,14)... *Gloire à Dieu au plus haut des cieux et sur la terre paix aux hommes objets de sa complaisance !* Tels les Anges saluant la naissance de Jésus.

Ici, le chant XX mérite bien sa numérologie !...

Le nombre 20 symbolise en effet, dans la perspective Kabbalistique et Hermétique Chrétienne, le processus de la fécondation de la Matière par le germe divin. Il correspond à la lettre hébraïque Reish, que les Kabbalistes associent à la "Pauvreté", considérée comme le dépouillement vis à vis des artifices extérieurs. Ce nombre est aussi celui de l'arcane du Jugement dans le tarot. Nous y voyons un personnage jeune de dos, face à un homme et une femme d'âge plus mûr. Le personnage de dos sort d'un tombeau. Un ange au-dessus de lui joue de la trompette. Cette image traduit l'éveil d'une conscience nouvelle, issue de l'union des deux principes masculin et féminin, amenant l'aspirant à participer aux réalités divines, en s'ouvrant aux réalités spirituelles et au monde d'En-Haut (l'Ange). En renonçant aux illusions de l'Ego, pour s'harmoniser aux valeurs véritables de l'Esprit, l'être redevient cet être jeune. Dans certains tarots, cet être jeune est même figuré comme **un enfant** pour souligner ce retour à la pureté de la conscience.

Le Poète nous rend témoin au XXIe chant d'une libération du Purgatoire, saluée au chant précédent par le tremblement de la Montagne et le "Gloria".

Il s'agit de celle d'un esprit, ayant achevé sa purification et prêt à monter au ciel. C'est l'esprit du poète Stace, dont nous avons vu que Dante a dressé une image beaucoup plus originale que celle de l'authentique auteur de la "Thébaïde"... Et c'est Stace lui-même qui fournit les explications (chant XXI, v.61 à 66) :

> *De telle pureté la seule enseigne*
>   *est ce désir à changer de couvent,*
>   *libre vœu qui surprend l'âme et l'enchante.*
> *Devant, certe, elle veut ; mais trop l'empêche*
>   *la contre-envie, que Dieu dans sa justice*
>   *tourne au souffrir, comme au faillir fut prompte.*

Le désir de l'âme de quitter la corniche où elle expie ses péchés, est le seul signe qui lui soit donné d'être assez pure pour monter. C'est une volonté libre, spontanée, absolue, envahissante, qui la pousse à quitter sa peine et à monter au ciel. A ce signe spontané s'oppose le désir mis par Dieu dans cette âme d'expier ses fautes, désir aussi fort que l'appétit du péché sur la Terre.

C'est l'envie contraire de souffrir pour racheter l'envie du péché.

Cette conception, empruntée à Saint Thomas d'Aquin, trouve ici une expression poétique saisissante. Traduite dans l'optique Hermétique et Kabbalistique, cette doctrine associe deux idées essentielles de toute progression spirituelle : la manifestation spontanée de l'Esprit Divin, "transformateur", qui vient *enchanter*, au sens profond du terme, l'âme, comme l'écrit le Poète, à un moment où elle ne s'y attend pas ; et l'équilibre karmique entre la faute et le châtiment, associé à la Justice Divine.

Sur le premier point, et par analogie, l'arcane du Soleil, dans le tarot, rend bien compte du processus d'Illumination qui se réalise et cette puissance de Lumière devient une véritable force de rédemption, pour l'âme qui en est à ce stade.

Sur le deuxième point, et toujours par analogie, l'arcane de la Roue de Fortune rend bien compte de cet équilibre karmique, qui invite à prendre conscience des lois de l'univers et de l'immanence de la justice divine.

Cet achèvement d'une purification et la libération du Purgatoire, pour une âme, prise en exemple par le Poète, se situent au chant XXI de cette deuxième partie de l'Œuvre. Ceci nous invite encore à nous reporter à cette "coïncidence" providentielle entre Contenu et Nombre.

La Kabbale confère au nombre 21 le sens de la "vivification purificatrice". Il est associé à la lettre hébraïque Schin, correspondant à l'action dynamique de l'Esprit vivifiant, qui harmonise toute chose.

La Tradition l'associe à l'arcane du Mat (ou du Fou), dans le tarot, qui symbolise l'être pleinement éveillé aux réalités de l'Esprit, se laissant guider par la voix intérieure, vers un monde nouveau, qui lui est encore totalement inconnu. Ce monde, il le trouvera, comme Dante, à la fin de la Divine Comédie, en Empyrée, à l'image de l'arcane du Monde dans le tarot, mettant en scène le symbole des "Quatre vivants", autour du personnage central, incarnant lui-même la Matière alchimisée et régénérée, grâce à l'éveil accompli de l'Esprit.

Le voyage de Dante, Virgile et Stace dans la 5ᵉ corniche s'achève au chant XXII. L'ange de la Justice, qui efface rituellement, au front du Poète, le 5ᵉ "P", prononce la 6ᵉ "Béatitude", en partie seulement (Matthieu V,6) : *"Beati qui sitiunt justitiam"*, *Heureux les assoiffés de justice*. Le Poète saute le verbe *"esuriunt"*, correspondant au début de la "Béatitude" : *Heureux les affamés de la justice*, qu'il citera plus loin (Purgatoire XXIV, v.154).

La progression de Dante se fait *plus légère*.

A ce stade, Virgile édicte un trait fondamental de la Loi d'Amour : son aspect "propagateur" (chant XXII, v.10 à 12) :

>   *Mon maître alors commença : "Tout amour*
>   *par vertu allumé, un autre allume*
>   *pour si peu que dehors son feu paraisse : [...]"*

Dante parachève le portrait de Stace, en découvrant son péché de prodigalité et sa conversion au Christianisme, pure invention de sa part, comme l'ont souligné les commentateurs.

L'ascension de la 5ᵉ à la 6ᵉ corniche est très longue. Le Poète y évoque tous les compagnons illustres de Virgile dans les Limbes. Puis les voyageurs sont mis en présence d'un arbre, au milieu de leur chemin. Cet arbre est *chargé de fruits mûrs et doux-fleurants* et se rétrécit par le bas, à l'inverse du sapin, interdisant qu'on y monte... Une *onde claire* s'épand sur le feuillage, du haut des rochers surplombants. Au cœur de ce feuillage, une voix crie : *De ce manger aurez famine*. Puis elle évoque tour à tour, comme autant d'exemples de divine providence : la Vierge, intervenant auprès du Christ aux Noces de Cana ; Daniel, refusant les mets de Nabuchodonosor (Daniel I,3 à 20) et acquérant la sagesse ; l'âge d'or de l'Humanité, dans lequel était fourni *à juste faim et soif*, la nourriture de sauterelles et de miel, dont Saint Jean le Baptiste se nourrit au désert (Matthieu III,4). Tout ceci prélude à l'entrée sur la corniche des Gourmands... Comme pour chaque corniche, les exemples de Vertus donnés incluent la Vierge et des personnages du monde antique païen.

6ᵉ corniche : la Symbolique de la Gourmandise, chants XXIII et XXIV...

Notons que Dante, Virgile et Stace arrivent sur cette corniche le mardi de Pâques, 12 avril 1300, vers midi, à l'heure du repas !... Les Gourmands ont les yeux *obscurs et caves*, dans un visage décharné, maigre, tant que *la peau dessus l'os était moulée,* et pâle. Leur châtiment consiste à passer et repasser devant des fruits et une eau limpide qu'ils ne peuvent pas goûter !

Un vrai supplice de Tantale donc ! (chant XXIII, v.64 à 69) :

>   *Car cet gent, qui pleure en son chanter*
>   *pour avoir outrément servi la gueule,*
>   *ici par faim et soif se refait sainte.*
>   *De boire et de manger trop nous renflamme*
>   *l'odeur sortant du fruit et de l'ondée*
>   *qui jaillit et s'épand sur la verdure.*

Ils pleurent en chantant la 6ᵉ Béatitude (Matthieu V,6) : *"Beati qui esuriunt... justitiam"*, *Heureux les affamés... de justice*, mais dans un texte

transposé ainsi par le Poète (chant XXIV, v.151 à 154) :
> *Et j'ouïs : "Bienheureux ceux que la grâce*
> *éclaire assez pour que l'ardeur du goût*
> *aux fumets du désir leur cœur n'enfume,*
> *si toujours ils ont faim de choses justes."*

Vitupérant contre les injustices de Florence, comme le dit joliment André Pézard : *L'idée visible de Dante est qu'il n'est pas "juste" que les uns s'engraissent pendant que les autres ont faim.*

La "Gourmandise" est transposée aussi, en partie, sur un plan général.

Le chant XXIII inclut, dans ses tous premiers tercets, la prière du Psaume "Miserere", verset 17, *"Labia mea domine"* :
> *Seigneur, ouvre mes lèvres,*
> *et ma bouche publiera ta louange.*

La bouche des "Gourmands" s'ouvrira à la louange, car les lèvres peuvent servir à autre chose que d'assouvir les désirs les plus matériels.

Parmi les exemples de vices punis, figure le personnage haut en couleurs de Forèse Donati, frère du fameux Corso Donati, chef des Guelfes Noirs Florentins. Poète et ami de Dante, malgré les divergences politiques, il échangea avec le Poète des sonnets satiriques (voir le chapitre consacré aux œuvres). Dante lui reprochait déjà sa gourmandise. Et il le retrouve sur la 6e corniche du Purgatoire et c'est de sa bouche même qu'il apprend la nature du châtiment des "Gourmands", évoquée ci-dessus.

En fait, les "Gourmands" sont selon lui *portés d'un arbre à l'autre*. Ils acceptent la souffrance due à leur châtiment de faim surexcitée et non assouvie. Le 2e arbre apparaît au chant XXIV. C'est un rejeton de l'arbre du Bien et du Mal, planté dans le Paradis Terrestre, au sommet de la Montagne du Purgatoire : c'est le *grand arbre qui tant de pleurs refuse et de prières*, et qui est pourtant *vif et pesant de fruits*, arbre dont les pénitents doivent s'écarter…

Parmi d'autres exemples de vices punis, figurent les Centaures, enivrés au festin des Lapithes, organisé pour les noces de Pirithoos, et qui s'emparèrent de la jeune épouse et d'autres femmes. Ils furent tués par les Lapithes, aidés par Thésée. Les Lapithes sont un peuple semi-légendaire qui habitait les Montagnes de Thessalie… Comme il le fait toujours avec prédilection, Dante "épingle", ici encore, un exemple de Pape pécheur en "haute gourmandise", Martin IV (Pape de 1281 à 1285). Fou d'anguilles du lac de Bolsène, il les faisait mariner dans du vin "grenache", avant de les rôtir !… Une fois bien repus, il pensait à la Sainte Église et avait coutume de dire : *O Dieu ! Combien nous souffrons de maux pour la Sainte Église !* Ce pécheur-là est condamné par Dante au jeûne forcé, parmi l'armée des gourmands, non sans une pointe d'humour (chant XXIV, v.20 à 24) :
> *[…] et cette face*
> *plus loin, pourpointe à fond, cuir contre cuir,*
> *est d'un qui eut en ses bras sainte Église :*
> *il fut de Tours et purge ici par jeûne*
> *anguilles de Bolsène et vin grenache.*

L'ange de la Tempérance intervient, selon le rituel déjà observé pour chaque ange tutélaire des corniches. Il apostrophe tout d'abord les voyageurs, en leur disant ici (chant XXIV, v.133 et 141) :
Qu'allez-vous si pensant, tous trois seulets ?
[...]
ci faut passer, qui à paix se veut rendre."
Et le Poète reçoit le signe de purification (v.148 à 150) :
tel un vent me toucha parmi le front,
et je sentis le mouvoir de la plume
qui fit la brise embaumer d'ambroisie.

Il s'agit bien sûr, du parfum d'Immortalité. Selon la Tradition, l'être qui consomme l'Ambroisie, devient ce qu'il consomme, un immortel. Dans la perspective de l'Hermétisme Chrétien, l'Ambroisie est assimilée à l'Eucharistie. Le corps de Sauveur est le *vrai pain des anges*, celui qui confère également l'accès au Royaume de Dieu et à l'Éternité.

Cette allusion à l'Ambroisie est ici placée au 24ème chant du Purgatoire, et associée à la 6ᵉ Béatitude, que nous avons évoquée plus haut. Cette Béatitude est, du reste, interprétée par Dante, très librement, dans le sens de la *faim des choses justes*, comme il l'écrit : *"esuriendo sempre quanto è giusto !"*

La référence à la numérologie sacrée s'impose à nouveau. Consciemment ou non - mais nous opterions, ici, pour la claire conscience - le Poète situe une référence au breuvage d'Immortalité dans un chant dont le nombre 24 nous renvoie aux 24 vieillards de l'Apocalypse, associés précisément au déroulement du temps et de l'Histoire Humaine, ainsi qu'à la double harmonie (2 x 12) du Ciel et de la Terre, 12 étant le nombre sacré des élus (12 tribus d'Israël, 12 Apôtres).

La réduction théosophique de 24 donne 6, qui, entre autres choses, est le nombre de l'épreuve entre le Bien et le Mal, le nombre du péché dans l'Apocalypse, mais aussi le nombre de l'interaction féconde entre le Haut et le bas, entre les dimensions Divines et Humaines.

La gourmandise des *choses justes* et du *pain des anges* est la voie vers l'Immortalité, tant désirée par le Poète...

Les trois voyageurs commencent la longue ascension de l'escalier qui conduit à la dernière corniche. Le feu qui y brûle les oblige a frôler le précipice. Au rebord de la falaise, un vent souffle vers le haut et préserve ainsi un mince sentier pour les voyageurs, qui se mettent l'un derrière l'autre, en file indienne, comme nous dirions aujourd'hui, et cheminent entre les flammes et le précipice (chant XXV, v.115 à 117) :
Nous devions donc suivre le bord déclos
par un et un ; peur me faisait le feu
de l'une part, et de l'autre la chute.

Le feu symbolise ici tout à la fois la passion qui précipita sur terre les Luxurieux dans leur vice et l'instrument de leur purification au Purgatoire.

Au cours de l'ascension entre la 6ᵉ et la 7ᵉ corniche, le poète Stace, qui accompagne Dante et Virgile, ayant lui-même achevé sa purification, fait un discours très symbolique, mené en 3 points principaux : la génération de l'Homme (copulation, fécondation, principe vital), la création de l'âme douée de raison et, enfin, l'âme, *ombre*, après la mort et les corps d'aspect "factice". Dante y manifeste des "emprunts" à la Somme de Saint Thomas d'Aquin et, à travers lui, à Aristote. Notons en particulier l'évolution de l'âme. La vertu "active" du sang mâle (le sperme) devient l'âme de la matière qu'elle engendre dans la matrice. A ce stade, il s'agit d'une âme "végétative", *l'âme d'une façon de plante*, capable d'assurer les fonctions de base de la vie. Elle est le "germe" des sens. Puis le fœtus *se trouve bien chevillé de cervelle* et (chant XXV, v.71 à 75) [...]

> [......................] Il souffle
> un esprit neuf, d'abondante vertu,
> qui tire à lui ce qu'il y trouve actif,
> en lui le mue, et fait une âme seule
> qui vit et sent et sur soi se revire.

Cette dernière mutation se fait sous l'influence divine, celle du *1er moteur*... À la mort du corps, (v.80 à 84) :

> l'âme quitte la chair, mais elle emporte
> en sa vertu l'humain et le divin :
> mémoire, intelligence et volonté
> en acte, et moult plus vives que devant ;
> les autres facultés restent muettes.

Cette vision de l'âme s'inscrit tout à fait dans la perspective de l'Hermétisme Chrétien avec la référence au "germe divin" qui transforme une âme "végétative" en une véritable création, dans laquelle *souffle l'esprit neuf* et qui "individualise" l'âme au sein du corps. À la mort, les deux principes, le principe humain (expérience, destin, karma, etc.), qui concerne l'individu et le multiple, et le principe divin, qui concerne l'Unité, ces deux principes survivent au corps. Dante indique pour terminer que, dans le monde de l'Au-delà, cette âme, mise par la mort en présence de ses fautes et de ses mérites (cf. le Karma), se précipite, par sa libre volonté, soit vers la rive d'Achéron, celle des Damnés, soit vers la rive du Tibre, celle des Élus.

Elle génère un corps aérien que le Poète appelle *ombra*, l'ombre...

7ᵉ corniche : la Symbolique de la Luxure ou des "Pécheurs de la chair", chants XXV, XXVI et XXVII...

> *Et de cet art je cuide qu'ils ne cessent*
> *par tout le temps que la flamme les brûle :*
> *en telle cure et par telles emplâtres*
> *faut que la plaie à la fin se recouse.*
> (chant XXV, v.136 à 139)

La "plaie", correspondant au péché de luxure, ne peut se cicatriser ainsi que grâce à la purification par le feu, la méditation et les prières.

La prière que chantent les pécheurs de la chair est celle des *"Summae Deus clementiae"* que Dante, ici encore, adapte à sa façon en quelque sorte.

L'originale est formulée : *"Summae parens clementiae"*. Cette prière correspond aux mâtines du samedi (chant XXV, v.121 à 123) :
*Summae Deus clementiae : ce chant
ouïs-je alors au cœur du brûlement,
et d'y mirer fut plus vif mon souci.*

Cet hymne inclut des vers bien appropriés aux pécheurs de la chair.

Ceci explique le choix du Poète. Et, à la fin de cette prière, les âmes crient très fort : *"Virum non conosco"*, Je ne connais point d'homme, qui est la parole de la Vierge Marie adressée à l'Archange Gabriel, quand celui-ci lui annonce la future naissance du Christ (Luc I,34-35) : *Comment cela sera-t-il, puisque je ne connais pas d'homme ?* Et l'Archange lui répondit : *L'Esprit Saint viendra sur toi, et la puissance du très haut te prendra sous son ombre ; c'est pourquoi l'être saint qui naîtra sera appelé Fils de Dieu.*

Et les pénitents criaient encore (chant XXV, v.131-132) :
*Diane aux bois cachée bannit Hélice
quand poison de Vénus l'eut atteinte."*

Hélice, ou Callisto, était une des nymphes qui accompagnait Diane.

Elle fut séduite par Jupiter, chassée par Diane et transformée par le Dieu des Dieux en constellation : la Grande Ourse. Ceci est rapporté par Ovide dans ses Métamorphoses.

Ainsi les élus, pénitents de la luxure, qui comptent aussi bien des personnages chrétiens que des personnages appartenant au monde antique non chrétien, ont un ensemble de prières et de méditations, mariant des références aux deux mondes. Mais en réalité, nous apprenons au chant XXVI que les pécheurs de la chair appartiennent à deux catégories de pénitents, qui progressent en sens inverse l'une de l'autre. La première marche dans le même sens que Dante, Virgile et Stace. Il s'agit des pécheurs luxurieux qui ont violé la loi naturelle. Cette catégorie est symbolisée par Sodome et Gomorrhe, les deux villes de Judée qui périrent sous la pluie de souffre et de feu pour avoir enfreint les lois naturelles du cosmos (Genèse XVIII-20 et XIX-25) : *Yavhé fit pleuvoir sur Sodome et Gomorrhe du souffre et du feu venant de Yavhé, et il renversa ces villes et toute la plaine, avec tous les habitants des villes et la végétation du sol. Or la femme de Lot regarda en arrière, et elle devint une colonne de sel.*

Notons que nous avons avec ce texte une analogie extraordinaire avec l'arcane de la Maison-Dieu dans le tarot, qui met littéralement en scène, avec la Tour foudroyée, cette purification divine !…Et citons aussi, bien sûr, les accents alchimiques, avec le souffre, le feu et le sel.

La deuxième catégorie de pécheurs de la chair marche dans le sens contraire de la précédente. Il s'agit de ceux qui ont "excédé" ou perverti les lois naturelles. Elle est symbolisée selon Dante par la légende de Pasiphaé, la femme du roi de Crète, Minos, qui s'éprit d'un taureau. Elle fit sculpter une carcasse de vache par le sculpteur Dédale et s'y réfugia pour y recevoir ses assauts.

Ces amours monstrueuses engendrèrent le monstre du Minotaure !...
Résumé par le Poète (chant XXVI, v.41-42) :
Dans la vache entre Pasiphe
pour que le taureau coure à sa luxure.

Quand ces deux catégories de pécheurs de la chair se croisent, ils se donnent un rapide baiser d'amour et de paix et citent en criant Sodome et Gomorrhe et Pasiphaé.

Parmi les exemples de vertus, opposées à ces pécheurs de la chair et cités par Dante, figurent la Vierge, Diane et des femmes et des maris chastes.

L'ange de la Chasteté chante la 6e Béatitude, *"Beati mundo corde"*, *Bienheureux les purs de cœur*, comme l'écrit le Poète. Le texte de Matthieu (V-8) est le suivant : *Heureux les cœurs purs, car ils verront Dieu.*

Au chant XXVII, Dante est soumis, à sa manière, à l'épreuve du feu.

L'ange de la chasteté invite le Poète à traverser un mur de flammes, ce qui l'effraye grandement. (v.10 à 12) :
Puis : *"Nul ne va plus loin sans que le monde*
ici le feu : entrez-y, âmes saintes :
et au chant qui en sort ne soyez sourdes."

Le Poète se penche sur le mur de flammes et imagine des corps humains que jadis il a vu brûler, lors du supplice du bûcher à Florence.

Virgile l'encourage à traverser en lui assurant (v.21) :
Mon fils, mon fils,
ci peut être tourment, non certes mort."
Et plus loin (v.25 à 27 et 32) :
Tiens pour certain que si tu demeurasses
au lit de ce brasier cent mille années,
il ne saurait d'un poile te faire chauve.
[...]
viens avec moi, entre bien assuré !

Cette "inaltérabilité" promise par le maître est due, bien sûr, aux protections célestes qui viennent de celle qui a inspiré ce voyage de Dante, de son vivant, dans l'Autre Monde. Mais la crainte du Poète subsiste et Virgile donne l'argument irréfutable (v.36) : *entre Biétris et toi, n'a que ce mur.* Mais cette épreuve demandée à Dante et cet argument vont bien au-delà de leur aspect exotérique, au premier degré. Ici se profile en effet le thème de l'inaltérabilité d'une matière investie par l'Esprit et habitée par l'Amour Divin. Le feu est non seulement un agent de purification, mais un agent de transformation, pour l'accession au Paradis Terrestre, situé par le Poète, au-delà de la 7e corniche et au sommet de la Montagne du Purgatoire.

La voix de l'Ange, qui est lui-même plongé dans une lumière insoutenable au regard de Dante, reprend la formule du Jugement Dernier (Matthieu XXV-34). Elle est là pour nous signifier le sens profond de ce passage par le mur de flammes : *Alors le Roi dira à ceux de droite : "Venez les bénis de mon Père, recevez en héritage le Royaume qui vous a été préparé depuis la fondation du monde."*

"Venite, benedicti Patris mei !" résonne le texte du Poète.

Notons enfin que ce "passage", qui va conduire au Paradis Terrestre, se situe au 27e chant du Purgatoire, et au 61e chant de la Divine Comédie dans son ensemble (34 chants de l'Enfer + 27 chants du Purgatoire).

Ces deux nombres, par réduction théosophique, donnent respectivement 9 et 7.

Dans la tradition de l'Hermétisme Chrétien, reliée elle-même à la tradition kabbalistique, le nombre 9 est celui du processus permettant à tout être de refléter à l'extérieur l'essence divine qu'il porte au plus profond de lui-même. Il incarne l'achèvement d'une étape d'incarnation, mais ouverte sur une autre progression. En fait, pour reprendre l'optique de l'Alchimie Spirituelle, Dante parvient, après l'œuvre au Noir de l'Enfer et l'œuvre au Blanc du Purgatoire, au Paradis Terrestre. L'œuvre au Rouge reste à réaliser au-delà…

Rappelons une nouvelle fois que le nombre 9 est associé par les Kabbalistes à la lettre hébraïque Teith, incarnant l'achèvement d'un cycle d'évolution. Il correspond aussi à l'arcane de l'Hermite, dans le tarot, qui symbolise une notion de retrait volontaire du monde, d'un repli pour accéder à une ultime transcendance, conduisant l'Être, sur le sentier, vers Dieu. Ceci nous rappelle que l'Être peut assurer sa présence au monde tout en se référant à sa citoyenneté céleste.

Telle est la destinée fondamentale de Dante dans la Divine Comédie, sur les traces de Béatrice… Il va entrer en contact avec le Divin, ultimement guidé par Béatrice, porteuse de Béatitude, et revenir, ensuite, au monde des vivants pour témoigner de ce qu'il a vu, entendu, ressenti…

Le nombre 7 symbolise la création achevée, totalement investie des forces de l'Esprit et de la Lumière. (cf. : le 7e jour de la Création dans la Genèse). Ce nombre incarne aussi le pouvoir donné à l'être pour pénétrer l'essence spirituelle au cœur des réalités matérielles. C'est pourquoi il est associé à la lettre hébraïque Zaïn, qui a cette forme caractéristique de flèche transperçant les Ténèbres pour que la Lumière brille à nouveau, symbole du "combat intérieur". Ce nombre correspond à l'arcane du tarot intitulé Le Chariot, qui incarne cette aptitude de l'Être à progresser en s'identifiant aux valeurs spirituelles profondes dont il est porteur, et en maîtrisant toutes les forces antagonistes.

Le Poète a ainsi situé une épreuve qui salue le "passage" vers le Paradis terrestre, dans un chant qui, structurellement, et par référence à la numérologie sacrée, symbolise l'accomplissement par la purification et la transformation intérieure. En écrivant la Divine Comédie, il vise à illustrer ce "voyage mystique" qui peut reconduire l'Homme au bonheur perdu, que symbolise le Paradis terrestre, dans l'attente du "passage ultime" au Paradis lui-même.

De nombreux commentateurs ont souligné à juste titre que les 6 chants consacrés au Paradis Terrestre constituent le cœur et le chef-d'œuvre de l'Œuvre tout entière.

Le Site du Paradis Terrestre : la Symbolique d'une pièce en 5 actes et un épilogue, chants XXVII à XXXIII...

Le déroulement du voyage, ici, se développe, comme l'a très bien noté Alexandre Masseron (1), à la manière d'un récit aux accents mêlés d'épopée, de poème lyrique, de tragédie, de comédie, d'histoire et de roman.

Dans la perspective de l'Hermétisme Chrétien qui nous retient en priorité, et qui, en réalité, nécessiterait un ouvrage complet consacré au Paradis Terrestre, nous envisagerons une sorte de pièce en 5 actes principaux.

Nous n'évoquerons que les temps les plus forts, symboliquement parlant : l'achèvement de la montée et l'adieu de Virgile à Dante, mission terminée pour l'incarnation de la Raison Humaine ; le fleuve du Léthé, l'Eunoé, la belle dame, le Paradis Terrestre et l'âge d'or ; l'illumination de la forêt, la procession mystique et le char de l'Église ; l'apparition de Béatrice, ses reproches, la confession de Dante, le pardon et la purification dans les eaux du Léthé ; l'Arbre de la science du Bien et du Mal, les métamorphoses et la disparition du char ; l'avertissement de Béatrice, la prophétie du DXV et la source commune du Léthé et de l'Eunoé.

Acte I : Fin de la mission de Virgile au chant XXVII

Point fort de la montée, après l'épreuve du mur de flammes, à l'aurore d'une nuit de sommeil, nous découvrons l'évocation par Virgile du "doux fruit" de la félicité terrestre, à la portée du Sage... Mais cette félicité est imparfaite et s'oppose ainsi à la félicité céleste (v.115 à 117) :

Ce doux fruit qu'au hasard, de branche en branche
s'en va quêtant le souci des mortels,
aujourd'hui même apaisera tes faims.

Et le Poète sent croître ses *ailes*, symbole de l'attribut des créatures célestes, vers lesquelles il se dirige, et symbole aussi de passage au corps subtil, d'élan permettant à Dante de transcender sa condition humaine par l'Esprit qui a fait son œuvre (v.121 à 123) :

Tant de désir par-dessus mon désir
d'être là-haut s'enflait, qu'à chaque pas
je sentais à l'envol croître mes ailes.

La mission de Virgile, incarnation de la Raison Humaine, est terminée. Elle a fait son œuvre : le Poète a été confronté au feu éternel de la damnation en Enfer et au feu temporel et purifiant des élus au Purgatoire (v.127 à 129) :

et dit : "Fils, tu as vu feu temporel
et feu éterne ; ore es venu en lieu
où plus outre, par moi je ne discerne.

---

(1) *Dante La Divine Comédie* par Alexandre Masseron, Éditions Albin Michel, coll. La Bibliothèque spirituelle, 1995.

Au-delà, le Poète doit commencer par prendre son *plaisir pour guide, hors des étroites voies, hors des étrangers*, parmi l'herbe, les fleurs, et tout ce que produit le Paradis Terrestre. Il le peut, car à son front *le soleil clairoie*.

C'est l'Esprit qui le guide, ouvert à la contemplation, jusqu'à ce qu'un nouveau guide, d'essence céleste celui-là, apporte l'inspiration divine susceptible de le mener à l'Extase finale. Ce nouveau guide est symbolisé par les *beaux yeux* de Béatrice qui *s'en viennent*. Le Poète, à l'entrée du Paradis Terrestre, est ainsi doté de 4 attributs essentiels, pour poursuivre sa progression : le soleil de *l'Esprit* brille à son front, il dispose d'un *libre-arbitre*, comme les âmes qui se sont purifiées au Purgatoire, et, enfin, "*la couronne et la mitre.*

Au premier degré, comme précisé plus haut, la couronne et la mitre sont les symboles des pouvoirs temporels et spirituels. Mais nous préférons les interpréter ésotériquement, comme les 2 sceaux de l'Initié, promis au séjour des Bienheureux et incarnant la double maîtrise du matériel et du spirituel.

Acte II : Les fleuves du Léthé et de l'Eunoé, la belle dame, le Paradis Terrestre et l'âge d'or, aux chants XXVIII et XXIX

Comme un écho positif à la *forêt obscure* du début de l'Enfer, les voyageurs pénètrent dans *la divine forêt, épaisse et vive qui à mes yeux* (c'est Dante qui parle) *tamisait le jour neuf.*

Selon la Tradition, la forêt a toujours suscité, auprès des poètes surtout, un mystère à double sens, invitant soit à l'angoisse (forêt de perdition) soit à la sérénité (forêt d'asile). Cette ambivalence est magnifiquement illustrée par l'opposition entre une jungle et une forêt de chênes par exemple (cf. : la tradition celtique). Mais ici nous verrons que la forêt du Paradis Terrestre sera comme irradiée par une lumière surnaturelle, mais n'anticipons pas !…

Dante progresse tout d'abord dans une campagne et se trouve arrêté par l'obstacle de la rivière du Léthé. Ce fleuve de la mythologie païenne serpentait dans le royaume des morts et séparait le Tartare des Champs Élyséen.

Son nom est d'origine grecque. Il signifie **l'oubli.**

Le Léthé fut, même à l'époque classique, une divinité grecque, conçue comme une abstraction, symbole de l'oubli. Les âmes des morts buvaient de l'eau de ce fleuve pour oublier les circonstances de leur vie. De même, les âmes destinées à une nouvelle existence terrestre y buvaient et perdaient ainsi tout souvenir de la mort. Anchise mena Enée aux bords du Léthé et lui montra ceux qui seraient un jour leurs descendants et attendaient pour boire l'eau du fleuve. Dante transpose à sa façon de grand poète mystique, ce symbole.

Le Léthé, au Paradis Terrestre, n'enlève aux âmes purifiées que le souvenir de leurs péchés et de leurs mauvaises expériences. Il concourt ainsi au perfectionnement de leur état de béatitude vers lequel elles tendent.

Le fleuve du Léthé a comme "pendant" celui de l'Eunoé, que Dante rencontrera aussi et qui, lui, contribue, selon le Poète, au souvenir des bonnes actions !… Son nom signifie **bon esprit, bonne pensée**, étant traduit *bonne mémoire* par Dante.

Mais ce deuxième fleuve est, à la différence du Léthé, dû au pur et simple imaginaire dantesque. C'est au chant XXVIII que le Poète se trouve placé devant une véritable apparition (v.37 à 40) :
>*Or m'apparut - comme naît par merveille*
>>*soudaine chose et jette hors de cours*
>>*toute autre idée - une dame seulette*
>*qui s'en allait chantant fine chanson*
>>*et cueillant à choisie parmi les fleurs*
>>*dont sous ses pas la sente fut brodée.*

Cette *dame seulette* porte en italien le doux nom de *"Matelda"*, ainsi désignée seulement au dernier chant du Purgatoire. C'est une véritable figure emblématique, car elle est *Dame belle qu'Amour réchauffe et dore de tous ses rais*. Les commentateurs ont prêté à cette dame diverses identités et, entre autres, celle de Mathilde de Canossa, qui défendit l'Église contre les empereurs germaniques au XIIe siècle. Mais surtout ils lui ont attribué divers traits hautement symboliques : la perfection de la vie active, telle qu'elle fut menée par l'Adam et l'Ève d'avant la chute et associée elle-même aux 4 vertus morales, la dispensatrice de vertus spirituelles, la Sapience, la Philosophie, etc.

Mais sans aucun doute, en nous référant étroitement au texte, nous voyons que le Poète nous livre lui-même plusieurs clés essentielles pour qui sait les décrypter. Matelda cueille des fleurs *parmi les fleurs*, dont tout le chemin est *brodé*, et surtout *Amour la réchauffe et la dore de tous ses rais*.

Les fleurs, selon la Tradition, représentent les âmes des morts élues.

Elles sont les figures archétypiques des âmes. Pour Saint Jean de la Croix, elles sont l'image des vertus de l'âme. Cette Dame, dont la beauté est étincelante, est en fait une incarnation de l'Amour Divin qui réchauffe et transforme tout ce qu'il investit. Sa cueillette des âmes (les fleurs) est en parfaite symbiose avec la fonction rituelique qu'elle remplit en amenant le Poète à se purifier successivement avec les eaux du Léthé et de l'Eunoé. C'est elle qui chante, au chant XXIX, le Psaume XXXI,1, *"Beati, quorum tecta sunt peccata !"*, *Heureux qui est absous de son péché, acquitté de sa faute !* La suite, non citée par Dante, est aussi en rapport direct avec cette arrivée au Paradis Terrestre : *Heureux l'homme à qui Yavhé ne compte pas son tort, et dont l'esprit est sans fraude !*

Au chant XXVIII, la Belle Dame joue également "un rôle d'initiatrice", portant à la connaissance du Poète toutes les conditions de ce séjour de l'Humanité d'avant la Faute :
>*"Vous êtes neufs" dit-elle "en ce parvis*
>>*élu pour nid à l'humaine nature ;*
>>*et de mon ris vous merveillant peut-être*
>*ne savez que cuider ; mais tout le psaume*
>>***Delectasti*** *vous rend ample lumière*
>>*qui peut chasser de vos cœurs ces brouées"* (*).

(*) Brouillards. (chant XXVIII v.76 à 81)

Le psaume XCI-5, "le Cantique du Juste", est cité par la Belle Dame pour exprimer toute sa joie à la vue des merveilles de l'Éden. Écoutons ce psaume :

> *Tu m'as réjoui, Yavhé, par tes œuvres*
> *devant l'ouvrage de tes mains je m'écrie :*
> *Que tes œuvres sont grandes, Yavhé,*
> *combien profonds tes pensers."*

L'initiatrice poursuit, évoquant la "Faute" :

> *Le souvrain bien, qui seul plaît à soi-même,*
> *fit l'homme bon, pour le bien, et en gage*
> *d'éterne paix, lui bailla ce jardin.*
> *Par sa faillie (=faute) brève y fut sa demeure ;*
> *en pleurs et longs ahan (=peine), par sa faillie,*
> *honnête ris et doux jeu se changèrent.*

Puis elle évoque la "fontaine" qui alimente le Léthé, fleuve de l'oubli des choses "négatives", et l'Eunoé, fleuve de mémoire des choses "positives", les deux fleuves de purification évoqués précédemment. L'Eau est le "Nectar", breuvage des dieux de l'Antiquité. Matelda associe l'Âge d'or des poètes antiques au Paradis Terrestre des Chrétiens. Ce nectar évoque aussi, bien sûr, l'Élixir d'Immortalité :

> *L'eau que tu vois [...]*
> *ains naît de sûre et gaillarde fontaine*
> *qui du vouloir de Dieu autant recouvre*
> *comme elle verse à deux chenaux ouverts.*

Acte III : L'illumination de la forêt, la procession mystique et le Char de l'Église, au chant XXIX…

De l'autre côté du Léthé, une procession étrange et lumineuse apparaît, chargée d'un symbolisme extraordinaire. L'Église vient au-devant des repentis pour entendre leur confession et les appeler parmi les rangs des élus.

L'interprétation symbolique de ce chant dans tous ses détails mérite des développements qui dépassent le contexte du présent ouvrage. Nous voulons attirer l'attention sur certains d'entre eux qui se réfèrent ici encore à des enseignements de la Tradition la plus ancienne et, en particulier, ceux de l'Hermétisme Chrétien.

Les voix chantent un "Hosanna", écrit le Poète, tandis que la procession porte les 7 candélabres, c'est-à-dire les "7 esprits de Dieu" de l'Apocalypse (Jean IV,5 "Vision prophétique"), à l'origine des "7 dons du Saint Esprit". Suivre les 7 candélabres revient à marcher dans le sillage de l'Esprit Saint. Dieu remet à l'Agneau les destinées du Monde et… *Du trône partent des éclairs, des voix et des tonnerres et sept lampes de feu brûlent devant lui, les sept Esprits de Dieu.* La Dame, Matelda, reproche au Poète de ne pas regarder ce qui se passe derrière les 7 candélabres… Les 24 Vieillards de l'Apocalypse (IV,4) suivent, *tout vêtus de blanc*, s'avançant *deux à deux*, et *couronnés à fleurs de lys*. Tous chantent la salutation de l'Ange Gabriel à Marie (Luc I,28) :

*Entre toutes les filles
d'Adam bénie es-tu !*

Cette salutation est une adaptation de celle de l'Ange Gabriel, dans l'Annonciation selon Saint Luc : *Réjouis-toi, comblée de grâce, le Seigneur est avec toi.*

Dans le texte de l'Apocalypse, les 24 Vieillards sont assis autour du trône divin, avec des couronnes d'or sur leurs têtes, au lieu du lys, dans la vision du Poète. Puis ce sont les 4 animaux du "tétramorphe", représentant les 4 évangélistes, qui apparaissent (cf. la vision d'Ezéchiel I et X), *couronnés de vert feuillage*, dans la vision de Dante. Les "4 vivants" portent chacun 6 ailes, dont les plumes sont *brodées d'yeux*. Le Poète souligne qu'il est en accord avec Jean pour le nombre d'ailes, à la différence d'Ezéchiel, qui en attribue 4 seulement !

Entre les "4 vivants", écrit-il :
*un char roulant sur deux roues en triomphe,
qui au col d'un griffon s'en vint traîné.*

Les membres du griffon ont la couleur d'or pour sa partie d'oiseau et les autres : *blanc tout le reste, et de vermeil frappé.*

Ce char ne figure pas dans le texte de l'Apocalypse de Jean, qui présente une vision plus statique et contemplative. Nous avons là, en partie en commun avec le texte de la Bible et en partie dû à l'imagination du Poète, un symbolisme tout à la fois d'une rare beauté et d'une rare densité.

Le nombre 7 renvoie à ce que nous avons à plusieurs reprises évoqué.

Ici, il est dans le sillage direct de toute la symbolique biblique, qui en fait un grand usage : les 7 jours de la Création, les 7 branches des candélabres, les 7 degrés de la Perfection, les 7 cieux où habitent les hiérarchies angéliques, les 7 années de la construction du Temple par Salomon, ... Le nombre 7 est, du reste, utilisé 77 fois dans l'Ancien Testament.

7 est associé à un processus achevé du connu et une ouverture, un passage vers l'inconnu.

C'est aussi le symbole d'une certaine perfection atteinte. Mais, ici, il faut surtout noter que le nombre 7 est la clé de l'Évangile de Saint Jean, lui-même : les 7 semaines, les 7 miracles, les 7 mentions du Christ, *Je suis,* etc. Il est cité 40 fois au cours de son Apocalypse. Les 7 Églises, les 7 sceaux, les 7 fléaux des 7 coupes, les 7 têtes de la "bête infernale", Satan qui copie Dieu, "le singe de Dieu", ...

Ce nombre de la Perfection évoque la Création totalement investie des forces de Lumière, à l'instar de cette vision de l'Apocalypse. Il est associé à l'arcane du Chariot dans le tarot, qui évoque toute la capacité à restaurer dans le monde le règne de l'Esprit. Cet arcane est aussi l'image de la maîtrise des forces ennemies, acquise par celui qui se trouve investi des forces divines (le prince couronné).

Le *blanc étincelant* des vieillards renvoie à la "révélation", à la grâce, à la transfiguration éblouissante. La progression *deux à deux* renvoie au symbole de l'Amour, force motrice de l'Esprit et du Monde.

La *couronne de fleurs de lys*, substituée par le Poète à la couronne d'or du texte de Jean, renvoie au symbole de "l'élection", selon la tradition biblique, par contraste à l'or qui incarne la lumière divine elle-même.

Le *vert feuillage*, qui couronne les "4 vivants" est une création, symboliquement très intéressante, de la part de Dante. Cet emprunt au règne végétal nous introduit, en effet, dans un symbolisme très précis. La couronne est formée nécessairement d'un "rameau" de feuillages, qui, s'il demeure vert, symbolise la Résurrection et l'Immortalité. La partie aérienne du végétal nous réfère à l'Arbre de Vie, dont est tiré la sève ou le Breuvage d'Immortalité.

Autrement dit, les "4 vivants", symbole de l'universalité de la présence divine, ou les 4 évangélistes, porteurs du message du Christ, incarnent, dans la perspective Hermétique, la combinaison des énergies, reliées à chacun des 4 éléments et à l'œuvre dans le microcosme et le Macrocosme.

Rappelons brièvement ici ces énergies et ces correspondances, dans l'optique des "4 vivants". L'Air, associé à l'aigle de Jean, incarne les énergies de communication entre le Ciel et la Terre et les énergies intellectuelles. Le Feu, associé au Lion de Marc, incarne les énergies dynamiques et physiques, émanées de la divinité et, par là, les forces fécondantes et régénératrices. La Terre, associée au Taureau de Luc, incarne la "materia prima", donneuse de forme, et les énergies de concrétisation des forces de l'Esprit au sein de la Matière. L'Eau, associée à l'Ange de Matthieu, incarne les énergies, liées elles-mêmes aux forces instinctuelles et à celles des sentiments, et constitue aussi un symbole de vitalité et de fécondité. A noter que l'Air et le Feu sont traditionnellement considérés comme des éléments masculins, actifs et l'Eau et la Terre comme des éléments féminins et passifs.

Au-delà de cette association aux 4 éléments, nous avons consacré, par ailleurs, un chapitre spécial au symbolisme des éléments en général, car il prend une part active et de tout premier plan tout au long de la Divine Comédie.

Répétons-le, les "4 vivants" portent, dans la vision de Dante, 6 ailes, aux *plumes brodées d'yeux,* 6 ailes, comme dans l'Apocalypse de Jean, tandis qu'Ezéchiel n'en voit que 4. Ici encore, ces 2 nombres sont particulièrement chargés de sens, dans le contexte du chant, et, surtout, s'agissant de ce que le "tétramorphe" représente lui-même à l'égard de la vocation initiatique du voyage du Poète dans l'Autre Monde.

En effet, le 6 renvoie à l'interaction féconde entre le Haut et le Bas, entre les dimensions Divines et Humaines. Il est lié à la lettre hébraïque Vav, incarnant le pouvoir de lier et d'unifier. Il est associé aussi à l'arcane de l'Amoureux du tarot, qui, par le thème du choix invite Dante à unir le monde profane et le monde sacré. Or les "4 vivants", qui, nous l'avons vu, sont les incarnations des 4 éléments mis en œuvre dans toute création et en particulier l'Homme, invitent celui-ci à réaliser le retour à l'Unité, au terme de sa transformation par le Grand Œuvre d'Alchimie Spirituelle. Ce terme est magnifiquement symbolisé par l'arcane du Monde, dans le tarot, qui, précisément, inclut le "tétramorphe" dans sa configuration.

Maintenant, si nous suivons Ezéchiel, ce que Dante nous dit ouvertement avoir écarté pour se conformer à la vision de Saint Jean, nous avons 4 ailes. Le nombre 4 renvoie à un tout autre symbolisme : l'incarnation de l'Esprit sur le plan matériel, soit les 4 éléments, considérés non plus dans le sens d'un choix d'évolution, vers l'unification, mais comme 4 parties prenantes d'une incarnation matérielle. Ce nombre est associé d'ailleurs à la lettre hébraïque Daleth, qui incarne le passage dans le monde créé, l'incarnation matérielle. Et ce nombre est aussi associé à l'arcane de l'Empereur dans le Tarot, qui symbolise, avant tout, le pouvoir d'œuvrer sur le plan terrestre en conformité avec les lois cosmiques et divines. A noter qu'Ezéchiel, dans la vision du Char de Yavhé (Ezéchiel I,8), écrit notamment : *Sous leurs ailes, il y avait des mains humaines tournées vers les quatre directions, de même que leurs faces et leurs ailes à eux quatre.* Ceci corrobore justement ce qui vient d'être dit.

Nous le voyons donc, le choix du Poète entre les deux visions, si implicite ou inconscient soit-il, est très cohérent dans le contexte de la Divine Comédie, et là surtout où cette vision est située, dans la partie du voyage initiatique consacrée au Paradis Terrestre !...

Quant aux *yeux* dans les plumes des ailes, qui appartiennent non seulement à la vision de Dante, mais aussi à celle de Saint Jean, leur symbolisme nous paraît particulièrement clair dans la perspective Hermétique dans laquelle nous nous plaçons. Si "l'œil unique", inclus dans le fameux "triangle lumineux", évoque pour nous Dieu, en tant que source de Vie et de Lumière, la multiplicité des yeux "brodés" dans les ailes, nous renvoie aux émanations célestes de cette Divinité. Les "4 vivants", les 4 évangélistes, propagent cette Vie et cette Lumière dans toute l'œuvre du Grand Architecte de l'Univers. C'est leur fonction même. Par ailleurs, ces yeux pourraient être également associés aux multiples rayons de conscience divine provoqués auprès de ceux qui contemplent ces "4 vivants". Mais ce point de vue du "spectateur", en quelque sorte, convient mieux à la vision d'Ezéchiel, telle que nous l'avons vue ci-dessus. Or cette vision ne fait aucune mention de ces yeux dans les ailes, à la différence de celles de Saint Jean et de Dante !...

Nous le voyons, Ezéchiel "extériorise" l'émanation de l'énergie divine, en usant d'autres symboles.

Mais revenons à la vision de Dante...
Entre les "4 vivants", un Char roule sur 2 roues, traîné par un griffon, avec des membres d'oiseau, couleur d'or, et tout le reste *blanc et de vermeil frappé.* Ce Char, tel que décrit, appartient en propre à la vision du Poète. Il incarne le Char de l'Église. Les 2 roues nous renvoient au nombre de l'Amour, cette énergie de l'Amour Divin étant la base d'évolution du microcosme au sein du Macrocosme. Nous renvoyons sur ce point le lecteur à la vision d'Ezéchiel, qui déploie un symbolisme de la roue extraordinaire, mais qui ne figure pas dans celle de Saint Jean.

C'est Ezéchiel qui nous donne une clé essentielle d'interprétation, bien que la vision de Dante ne s'y réfère pas : *Là où l'esprit les poussait, les roues allaient, et elles s'élevaient également, car l'esprit de l'animal était dans les roues.*

L'arcane de la Roue de Fortune, dans le tarot, avec en son centre une manivelle qui nous invite à retrouver en nous-mêmes le souffle de l'Esprit, conforme aux lois divines, est une magnifique illustration de cette clé.

Le Griffon, cet animal fabuleux à bec et ailes d'aigle et corps de lion, doublement solaire, participe du monde céleste et du monde terrestre. C'est le symbole des deux natures, liées, de manière consubstantielle, à l'image du Christ. Il relie l'énergie céleste de l'aigle, rehaussée ici par le symbole des membres "couleur or", à l'énergie terrestre du lion, rehaussée par le symbole d'un corps blanc frappé de vermeil. Le blanc est la couleur de la Grâce et de la Théophanie. Le vermeil, très précisément, est *un argent doré, recouvert d'un ton chaud tirant sur le rouge*, nous dit le dictionnaire (Le Robert) !...

C'est dire l'association symbolique des deux métaux solaire et lunaire, notre double nature, l'argent doré, avec le rouge puissant de la force...

L'ensemble décrit, dans la vision du Poète, l'animal qui incarne au plus haut niveau, l'association de la sagesse divine et de la force humaine, qui est sensée ici entraîner le Char de l'Église, d'une Église triomphante et céleste, si loin du reste de celle, bassement terrestre, vilipendée par Dante, en tant d'occasions.

La vision du Poète s'enrichit encore des 3 Dames au côté de la roue droite du Char, dansant en cercle, l'une rouge, couleur de la flamme, incarnant la vertu théologale de la Charité, la seconde verte, couleur d'émeraude, incarnant la vertu d'Espérance, la 3e enfin, blanche, couleur de neige fraîchement tombée, incarnant la Foi. La 1re, la Charité et la 3e, la Foi, guident alternativement la danse, autour de l'Espérance. La Charité règle le chant tout entier... La danse en cercle se réfère encore au thème de la Roue et au Ciel, au Cosmos, régulateur des créations et de la vie, ici bas.

4 autres Dames, vêtues de pourpre, dansent au rythme marqué par celle qui a une tête à *3 yeux*. Les vertus cardinales, Force, Justice, Prudence et Tempérance, couleur de la Charité, sans laquelle elles ne peuvent exister, sont conduites par la Prudence. Car c'est elle qui a 3 yeux, l'un dirigé vers le Passé, dont elle tire les leçons, l'autre vers l'Avenir, qu'elle s'efforce de prévoir et, au centre, le Présent, le "pont" entre les deux, qu'elle doit ordonner.

N'oublions pas que la pourpre est associée non seulement à la cardinalité, mais aussi, sur un plan alchimique, à la Pierre Philosophale, pur concentré des rayons du Soleil.

Les vertus cardinales, jointes aux vertus théologales, mènent l'aspirant au pouvoir suprême sur lui-même et à la totale réussite du Grand Œuvre.

7 personnages, toujours la symbolique du nombre 7, évoquent ensuite les textes sacrés et leurs auteurs : les Actes des Apôtres de Saint Luc et les Épîtres de Saint Paul, de Saint Pierre, de Saint Jean, de Saint Jacques et de saint Jude. Parmi eux émerge *un vieillard seulet derrière eux tous... dormant d'un visage qui parle*. Nous voyons là encore un symbolisme fulgurant !

L'Apocalypse du songe de Saint Jean, endormi, transparaît sur son visage, sur lequel l'Avenir du Monde pourrait se lire sans parole !

Ces 7 personnages sont vêtus de blanc comme les 24 Vieillards, mais à la différence des précédents, ils sont couronnés de *roses et autres fleurs vermeilles,* et non de lys. Ceci confère à leur visage et spécifiquement à leur front, un rayonnement de feu, *de toute braise au-dessus du sourcil...*

Certains commentateurs écrivent ici que la Charité embrase ces personnages. Nous pensons, plus précisément, par référence au symbolisme traditionnel des roses et du vermeil, ce dernier déjà évoqué précédemment, que les Saints Apôtres ont des attributs très connotés d'iconographie et de symbolisme de l'Hermétisme Chrétien. La rose est associée à la "coupe" qui recueillit le sang du Christ, à la transfiguration des gouttes de ce sang, et aux plaies du Christ elles-mêmes. Elle tient sa place au cœur de la Croix et renvoie naturellement aussi au Graal. Au-delà, la Rose est encore symbole de régénération, de don d'Amour. Le Poète, dans son Extase au Paradis, évoquera la Rose éternelle des Bienheureux. N'oublions pas aussi la Rose Alchimique blanche, de l'œuvre au blanc, et rouge, de l'œuvre au rouge.

Quant aux fleurs vermeilles, elles renvoient, comme nous l'avons évoqué plus haut, à la double nature solaire et lunaire de l'Homme.

Ainsi, tout ce symbolisme des roses et fleurs vermeilles s'accorde pour en faire les attributs "naturels" d'un point de vue Hermétique, des Saints Apôtres. Ceux-ci ne furent-ils pas les archétypes d'authentiques êtres humains dans leur nature, mais aussi vecteurs du message du Christ, et promis à leur propre "transfiguration", dans l'Amour du Christ ?!...

L'éclat du tonnerre stoppe la procession face au Poète, avec les 7 candélabres qui ouvrent le cortège... Nouvel acte.

Acte IV : L'apparition de Béatrice, ses reproches, la confession de Dante, le pardon et la purification par le Léthé, aux chants XXX et XXXI...

Nous sommes aux chants XXX et XXXI du Purgatoire. Nous n'attirerons l'attention, ici à nouveau, que sur les aspects essentiels en relation avec notre perspective d'interprétation hermétique et kabbalistique.

Béatrice apparaît d'abord voilée sous les fleurs des anges... Elle porte un voile qui tombe de sa tête et ce voile blanc est couronné du *feuillage de Minerve*. Elle est vêtue d'un manteau vert et d'une robe *couleur de flamme vive*. Le voile fait référence tout à la fois à la "Connaissance cachée" et à une séparation toute virtuelle, en vertu de l'adage : *Ce qui se révèle en se voilant n'a d'égal que ce qui se voile en se révélant !*...

Et cette connaissance cachée que Béatrice va révéler au Poète, cette séparation virtuelle est de couleur blanche, d'essence céleste, couleur de la Foi.

Ce voile est couronné du *feuillage de Minerve*, c'est-à-dire de rameau d'olivier, symbole de paix et de fécondité, de purification et de grâce, émises en direction du Poète et aussi symbole de l'Arbre des Bienheureux, des élus en Paradis, en direction de celle qui le porte. Et voici le *vert mantel*, manteau couleur d'espérance et la robe *couleur de flamme vive,* couleur de la Charité.

Blanc, Vert et Rouge, ce sont les 3 couleurs des vertus théologales qui revêtent ainsi Béatrice, avec des attributs bénéfiques pour qui les contemple comme pour qui les porte.

Et c'est au vers 73, vers pivot du chant XXX, qui en contient 145 (72 + 1 + 72), que Béatrice décline son identité à Dante. 7 + 3 = 10. Nous retrouvons le nombre 10, celui de la Puissance Divine, incarnée au sein de la Matière et adoptant la forme de Principes et de Lois inéluctables, nombre associé à la lettre hébraïque Yod, symbole de la présence agissante et rayonnante, dynamisante, de Dieu dans le Créé, au sein de l'Univers.

Ce nombre est également associé à l'arcane de la Roue de Fortune, dont nous avons déjà parlé à plusieurs reprises, symbole de la Roue du Destin et de la loi du Karma. Béatrice va faire ressentir à Dante tout le poids de cette loi, o combien meurtrissante pour lui…

"Guadarci ben ! ben son, ben son Beatrice.
Come degnasti d'accedere al monte ?"

Que nous pouvons traduire :

Regardes bien ! C'est bien moi, je suis bien Béatrice.
Comment daîgnas-tu accéder à la Montagne ?

Cette apostrophe doit être le plus scrupuleusement et le plus fidèlement traduite. C'est beaucoup plus qu'à une reconnaissance que Béatrice invite le Poète. Ce sera, au fil des vers qui suivent, à une vraie prise de conscience. Béatrice est elle-même plus qu'un ancien objet d'amour terrestre, la créature mythique d'une élue, symbole de la Sagesse Divine. La référence à Minerve, dans un contexte Chrétien, en est la preuve formelle !

Le "Voyage" de Dante dans les 3 mondes de l'Au-delà, est celui d'une queste du salut par une transformation intérieure, le portant loin, très loin, du *chemin perdu* du premier chant de l'Enfer. Et c'est la Sagesse Divine qui a inspiré ce voyage.

Ici, c'est l'étape du Paradis Terrestre.

Après l'œuvre au noir de l'Enfer et l'œuvre au blanc du Purgatoire, avant d'entrer dans l'œuvre au rouge, la dernière purification, avec son lot de pleurs et de repentir, est nécessaire.

Comment daîgnas-tu accéder à la Montagne ?
"non sapei tu che qui è l'uom felice ?"
Ne savais-tu pas qu'ici est l'homme heureux ?

Les anges chantent le psaume XXX, de même numérologie que le chant lui-même, notons-le bien au passage ! 30, c'est la valeur numérologique de la lettre hébraïque Lamed que les Kabbalistes associent à "l'enseignement" et dont l'idéogramme représente un aiguillon ! Cette lettre est elle-même associée à l'arcane du Pendu, dans le tarot, qui symbolise une remise en question totale du moi personnel au service de l'Esprit, nécessitant une profonde "metanoïa". C'est à celle-ci qu'en réalité Béatrice invite le Poète.

Le Psaume XXX, qui est la "prière dans l'épreuve", est chanté par les anges et le Poète précise qu'ils s'arrêtent au *"pedes meos"*, c'est-à-dire au 9e verset :

En toi, Yahvé, j'ai mon abri,
sur moi pas de honte à jamais !
En ta justice affranchis-moi, délivre-moi,
tends l'oreille vers moi, hâte-toi !

Sois pour moi un roc de force,
[…]
Tire-moi du filet qu'on m'a tendu,
[…]
Dieu de vérité, tu détestes

> *les servants de vaines idoles ;*
> *[...]*
> *Toi qui a vu ma misère,*
> *connu l'oppression de mon âme,*
> *tu ne m'as point livré aux mains de l'ennemi,*
> *tu as mis au large mes pas."*

C'est parce qu'il a mis son espoir en Dieu que le Poète a osé gravir la Montagne, répondent les anges à Béatrice... Le reproche d'infidélité adressé par elle à Dante dépasse, à l'évidence, le simple plan d'une infidélité d'amour humain et charnel (chant XXX, v.124 à 132 et 136 à 138) :

> *Alors que de la chair j'étais montée*
> > *à l'esprit, et qu'en moi beauté croissait*
> > *avec vertu, je lui devins moins chère ;*
> *par fausses voies il détourna ses pas*
> > *suivant tels biens dont l'image est flatteuse*
> > *mais qui jamais n'ont rempli leurs promesses.*
> *[...]*
> *Si bas chut-il, que déjà tous remèdes*
> > *pour son salut étaient trop courts, hormis*
> > *de lui montrer la foule des perdus.*

Le Poète s'est enfoncé dans la forêt des erreurs, comme il l'a écrit au début de son voyage initiatique et les fausses voies, la queste égotique des seuls biens terrestres, l'ont écarté du salut et empêché de suivre la voie de l'Amour Divin et de l'Esprit fécond, générateur de beauté intérieure et de vertu, incarné par Béatrice. Et ainsi, le seul remède est celui de ce voyage au pays des damnés et des élus, initié par l'incarnation de la Sagesse Divine. En vertu des lois divines, Dante devra se purifier à l'eau du Léthé pour oublier ses fautes, mais à condition de les avoir pleurées, en avoir sérieusement souffert et s'être repenti.

Sous l'accumulation de reproches de la part de Béatrice, le Poète, s'évanouit, symbole s'il en fut de la dilution de l'Être sous le poids de ses péchés.

Quand il revient à son état normal, il est plongé dans le Léthé, guidé par la fameuse *"Matelda"*, évoquée plus haut. La Dame le fait boire cette eau de l'oubli des fautes passées. Puis la traversée de ce fleuve est comme un échos à la traversée de ceux de l'Enfer, l'Achéron, le Cocyte et le Styx, en particulier, fleuves qui sont eux aussi, à leur manière, vecteurs de purification, mais dans lesquels les douleurs physiques, les brûlures de l'âme, les lamentations ont force d'épreuves horribles.

Rappelons ici que le "fleuve d'en-haut" de la tradition hébraïque, reprise par l'Hermétisme Chrétien, est celui des grâces et des influences célestes. Normalement, il descend verticalement, selon l'axe du monde, puis se répand à l'horizontal, à partir de son centre, dans les 4 directions cardinales jusqu'aux confins de l'Univers.

Ce sont les 4 fleuves du Paradis Terrestre cités dans la Genèse (II,10 à 14) : *un fleuve sortait d'Éden pour arroser le jardin et de là il se divisait pour former quatre bras. Le premier s'appelle le Pishôn : il contourne tout le pays de Havila, où il y a l'or ; l'or de ce pays est pur et là se trouvent le bdellium et la pierre de cornaline. Le deuxième fleuve s'appelle le Gihôn : il contourne tout le pays de Kush. Le troisième fleuve s'appelle le Tigre : il coule à l'orient d'Assur. Le quatrième fleuve est l'Euphrate.*

Notons que le Poète passe symboliquement de la rive gauche du fleuve du Léthé à la rive droite, autrement dit du côté passif au côté actif, symbole de sa transformation. Sur la rive droite, les vertus cardinales l'amènent face au Griffon et à Béatrice. Le regard de celle-ci est fixé sur l'animal aux deux natures, que nous avons décrit plus haut, image du Christ.

Le Poète situe cette action le Mercredi de Pâques, 13 avril 1300, vers 10 heures du matin. Il s'agit, ici encore, d'un véritable cumul de nombres, symboliquement relié au thème de l'action qui s'y passe. En bref résumé, cela se passe un Mercredi, donc, jour de Mercure, planète de l'intellect, mais surtout en correspondance yetsiratique, selon la Kabbale, avec la lettre hébraïque Reish, elle-même associée à l'arcane du Jugement, dans le tarot.

Autrement dit, le jour de la confession et de la purification de Dante par le fleuve de l'oubli, qui ressemble quelque part à un baptême, est symboliquement relié à l'Intellect, lieu de jonction entre la dimension spirituelle et la dimension corporelle. La lettre Reish symbolise cette union du Haut et du Bas, dimension essentielle de la création de toutes choses.

L'arcane du Jugement donne l'image de l'éveil à une conscience nouvelle, issue de l'union de la personnalité (l'Ego) et de l'Esprit et la participation aux réalités divines. L'Être, soumis au Jugement, est invité à redevenir **l'enfant** qu'il fut, loin des illusions de l'Ego. La lettre Reish a en valeur ordinale 20, nombre associé au processus de fécondation par lequel le germe divin pénètre la Matière. Elle a la valeur numérologique 200, qui incarne la réconciliation entre le Haut et le Bas, l'Esprit et la Matière. Cette lettre nous renvoie à la puissance créatrice de l'Amour, pleinement incarnée sur le plan terresrre. Tel est bien le sens de l'Amour, incarné par Béatrice, et auquel le Poète fut infidèle.

Par ailleurs l'action ne se passe pas un Mercredi ordinaire, mais le Mercredi de Pâques. Inutile de s'appesantir sur le sens symbolique de cette période, qui couvre en fait tout le déroulement au Purgatoire et au Paradis, après le Vendredi et le Samedi Saints en Enfer. La Divine Comédie s'inscrit, dans la perspective de l'Hermétisme Chrétien, en liaison avec toute la symbolique rattachée à la Passion et à la Résurrection du Christ (voir pour plus de détail sur ce point notre Chapitre VII)

Le mois d'Avril, 4e mois de l'année, fait référence au nombre de l'Incarnation de l'Esprit sur le plan matériel, associé à la lettre hébraïque Daleth, symbole de ce passage dans le monde créé, matériel. 4 est également, nous l'avons déjà vu, associé à l'arcane de l'Empereur, dans le tarot, qui nous invite à trouver l'Esprit en chaque chose et incarne tout le pouvoir d'œuvrer sur le plan terrestre en conformité avec les plans supérieurs. C'est bien la nature de l'Incarnation du Poète, invité de son vivant au voyage dans les 3 mondes de l'Au-delà, à la suite de ses propres fautes, qui est en cause.

Enfin, le jour considéré et l'année, au cours desquels se déroule l'action de purification, font référence tous les deux au nombre 13.

Ce nombre, qui correspond à l'assumation du Destin, de la mort mystique et de la résurrection, est associé à la lettre hébraïque Mem. Celle-ci incarne un repliement de l'être sur soi, ce qui est le cas de Dante, pour se préparer à un nouveau cycle d'expérience. Il s'agit ici de l'épreuve du Poète avant d'entamer la montée au Paradis, jusqu'à son Extase dans l'Empyrée.

L'association de cette lettre à l'arcane du tarot, souvent dénommée Mort et Renaissance, renvoie à cette ascèse personnelle, faite d'humilité et de dépouillement, et balisée par la confession, à laquelle le Poète est invité.

Nous le voyons bien, ce cumul de correspondances numérologiques et kabbalistiques est d'une étonnante cohérence autour d'une idée-clé : en ces instants, Dante est amené sur la voie d'une recherche intérieure et d'une sorte de baptême lui assurant une transformation "essentielle", au vrai sens de ce terme. Il s'agit d'une authentique "régénération spirituelle" le préparant aux expériences finales de la Divine Comédie, qui permet à un "vivant" d'avoir le contact absolu avec l'Essence Divine !…

Alors, dans cette optique, combien paraissent secondaires toutes les discussions des commentateurs, au fil des siècles, sur le sens moral ou intellectuel des égarements du Poète, sur la nature de ses péchés de chair, de ses errements politiques, religieux ou philosophiques. Le sens profond, atteint ici, réside dans le fait que l'infidélité à Béatrice symbolise, avant tout, l'écart d'une âme d'exception vis à vis des conditions de son Salut et que l'épreuve, à laquelle elle est soumise, vise la restauration de l'Esprit dans les réalités matérielles, en vue de l'expérience de la Béatitude.

Finalement, Béatrice nous donne la clé, en parlant de sa propre *montée de la chair à l'esprit* et en déclarant au Poète (chant XXXI, v.43 à 48) :

Pourtant, afin que tu portes vergogne
de ton erreur, et qu'en autres rencontres
tu sois plus fort pour ouïr les sirènes,
dépose ormais la semence des pleurs :
écoute, apprends comme au chemin contraire
ma chair ensevelie te devait duire (= amener).

Le Poète est purifié dans les eaux du Léthé. *"Asperges me"*, dit le Psaume L,9, le "Miserere", chanté par les anges. Ses versets font écho au sens profond de ce que vit le Poète en ces instants :

Ote mes taches avec l'hysope, je serai pur ;
lave-moi, je serai blanc plus que neige.

Rends-moi le son de la joie et de la fête :
qu'ils dansent, les os que tu broyas !
Détourne ta face de mes fautes,
et tout mon mal, efface-le.

Dieu, crée pour moi un cœur pur,
restaure en ma poitrine un esprit ferme ;
ne me repousse pas loin de ta face,
ne m'enlève pas ton esprit de sainteté.

Rends-moi la joie de ton salut,
assure en moi un esprit magnanime
[...]

Ici prend place une description du rôle réciproque joué par les 3 vertus théologales et les 4 vertus cardinales, déjà évoquées plus haut. Ce rôle est lui-même associé à un symbolisme éloquent, concernant Béatrice et Dante.

Les vertus cardinales (Force, Justice, Prudence et Tempérance), entourent de leurs bras le Poète, à sa sortie du Léthé, comme pour le protéger des vices contraires. Elles ont pour rôle de le conduire vers *les yeux de Béatrice*, symbole de la "Vérité Révélée".

Mais ce sont les 3 vertus théologales (Foi, Espérance et Charité), qui *à leurs feux de pure joie* (= la Béatitude) *aiguisent ta vue*. Elles ont le privilège de pénétrer plus à fond le regard de la Vérité.

Et nous avons là l'évocation d'une trajectoire, lourde de sens, du regard du Poète, fixé sur les yeux, couleur d'émeraude, de Béatrice, qui, eux-mêmes, sont concentrés sur le griffon, la bête aux deux natures, humaine et divine, symbole du Christ. Et le Griffon se reflète dans les yeux de Béatrice, tantôt comme Lion, nature humaine, tantôt comme Aigle, nature divine. Mais si l'image change alternativement, la Bête, elle, reste "immuable". Et le Poète s'écrit, alors, que son âme se nourrit de cette nourriture divine : *ces nouvelles viandes qui, en rassasiant, la faim ravivent...*

La Sagesse Divine, la Vérité ou l'Esprit, incommensurables, ne sauraient, en effet, rassasier ceux qui y goûtent, car infinie est leur exigence !

Les 3 vertus théologales invitent Béatrice à révéler, après ses yeux, sa *seconde beauté*, sa bouche, ou plus précisément son *sourire*.

Sans doute, pouvons-nous, comme certains commentateurs l'ont fait, interpréter les yeux de Béatrice comme symbole de l'Esprit ou de l'Intelligence Divine et son sourire, comme celui de l'Amour Divin. Mais nous pensons, ici encore, qu'en référence à toute la symbolique traditionnelle, les yeux incarnent, avant tout, ici, le véhicule qui reçoit et émet la Lumière Divine, c'est-à-dire le fameux "miroir de l'âme", tandis que la bouche symbolise le Verbe et le Souffle, qu'un sourire signe du sceau de la Perfection !...

Le Poète nous livre, semble-t-il, à demi-mots, ce sens profond des *deux beautés* de Béatrice (chant XXXI,v.139 à 145) :

O resplendeur d'éternelle clarté
est-il un sage ayant pâli sous l'ombre
du haut Parnasse ou bu en sa fontaine,
de qui l'art ne parût tout empêché,
te cuidant peindre en ta figure vive
de l'harmonie des neufs cieux aombrée,
quand par les airs s'envola ton sourire !

Acte V : L'Arbre de la Science du Bien et du Mal, les transformations et la disparition du Char, aux chants XXXII et XXXIII...

La procession mystique, après une pose, reprend et quitte le Paradis Terrestre. Le Griffon a attaché le Char à l'Arbre de la Science du Bien et du Mal, qui était tout dépouillé, provoquant la pousse instantanée de feuillages et de fleurs. Le Poète s'enfonce dans les bras de Morphée et, à son réveil, il est incité par Béatrice, assise sur la terre, à observer attentivement les mutations du Char, au contact de l'Arbre, symbole, au plan moral, de la Justice Divine, à laquelle Adam a désobéi. L'Homme ne peut porter sa main à l'Arbre. C'est un interdit.

Les transformations du Char sont sensées représenter les vicissitudes de l'Histoire de l'Église, en proie aux démons du pouvoir temporel et proie, en particulier, du Roi de France, le très fameux et très horrifique Roi "Très Chrétien", Philippe le Bel, dont Dante a la haine la plus absolue !... Cette haine est alimentée, en particulier, par le massacre au bûcher des Chevaliers de l'Ordre du Temple et par ce qu'il considère comme la captivité de la Papauté en Avignon, avec Clément V. Le Poète traite Philippe le Bel, ici ou là, de nouveau Pilate ou de Goliath, le géant philistin vaincu par David (Samuel I,17 et II,21).

Il est hors de doute, à considérer la lettre du texte et les nombreuses références données par Dante, que cette interprétation des transformations du Char est tout à fait probante. Mais nous pensons, dans le droit fil du fameux sens anagogique, célébré par le Poète, qu'un symbolisme plus caché est mis en scène dans ce chant XXXII du Purgatoire.

En bref, les vicissitudes du Char de l'Église, à travers les imbroglios des pouvoirs spirituel et temporel et des rapacités réciproques de la Curie Romaine et des puissants de ce monde, reflètent un combat beaucoup plus universel et édifiant pour le simple sujet, qui entreprend comme le Poète un voyage initiatique en vue de sa propre transformation intérieure.

Ce combat, c'est celui des forces supérieures de l'Esprit, de la queste intérieure du Divin en soi, du retour à l'Unité, tendant à pousser l'Homme vers la partie "Aigle" de sa nature, à l'image du Griffon, contre les forces inférieures de la Matière et les sollicitations extérieures, tendant, elles, à pousser l'Homme vers la partie "Lion" de sa nature et lui interdisant, naturellement, l'accès à l'équilibre immuable de la *Bête aux deux natures*.

De l'Esprit au triomphe de l'Ego, la défaite est là...

Quelques exemples illustrent bien ce propos.

Avant même d'entrer dans la description des transformations du Char, la vision de l'Arbre de la science du Bien et du Mal est campée avec vigueur et nous oriente déjà vers notre interprétation du symbolisme au deuxième degré des vicissitudes du Char. Au départ, l'Arbre est dénudé de ses feuillages et de ses fleurs alors que *le nom d'Adam* est crié par la *milice céleste*. Or, cet arbre est décrit malgré tout comme *vigoureux*, il est *agréable au goût*. Mais l'Homme ne doit pas y puiser une nourriture, car, dit la milice céleste : *Ainsi gardons semence de justice*. La désobéissance d'un seul homme a suffi à le dénuder. Le Griffon, lui, obéit. Le Christ y amarre le Char de l'Église.

L'Arbre, alors, prend couleur violette, symbole de Haute Spiritualité.

Il s'agit, ici, non de l'Église temporelle et terrestre, mais de l'Église mystique et éternelle. Le Poète s'est endormi, puis réveillé. Il évoque l'endormissement de Pierre, Jean et Jacques, témoins de la Transfiguration du Christ. Ici, le texte même de la Genèse et celui de l'épilogue de l'Apocalypse de Jean, aux deux extrémités des textes bibliques, Ancien et Nouveau testaments réunis nous édifient sur le sens de ces évocations de l'Arbre de la science du Bien et du Mal et de l'Arbre de Vie et de tous les enjeux du combat évoqué ci-dessus entre forces antagonistes.

Dans l'épreuve de la Liberté en Paradis, puis de la Chute, nous lisons (Genèse II,8,9 et 16,17 ; III,22 à 24) : *Yahvé Dieu planta un jardin en Éden, à l'orient, et il y mit l'homme qu'il avait modelé. Yahvé Dieu fit pousser du sol toute espèce d'arbres séduisants à voir et bons à manger, et l'arbre de vie au milieu du jardin, et l'arbre de la connaissance du bien et du mal.*

Et Yahvé Dieu fit à l'homme ce commandement : " Tu peux manger de tous les arbres du jardin. Mais de l'arbre de la connaissance du bien et du mal tu ne mangeras pas, car, le jour où tu en mangeras, tu deviendras passible de mort."

Nous connaissons la suite, Ève et le Serpent, ... et : *[...] Yahvé Dieu dit : "Voilà que l'homme est devenu comme l'un de nous, pour connaître le bien et le mal ! Qu'il n'étende pas maintenant la main, ne cueille aussi de l'arbre de vie, n'en mange et ne vive pour toujours !" Et Yahvé Dieu le renvoya du jardin d'Éden pour cultiver le sol d'où il avait été tiré. Il bannit l'homme et il posta devant le jardin d'Éden les chérubins et la flamme du glaive fulgurant pour garder le chemin de l'arbre de vie.*

Dans l'épilogue de l'Apocalypse (18) Jean affirme : *Je déclare, moi, à quiconque écoute les paroles prophétiques de ce livre : "Qui oserait y faire des surcharges, Dieu le chargera de tous les fléaux décrits dans ce livre ! Et qui oserait retrancher aux paroles de ce livre prophétique, Dieu retranchera son lot de l'arbre de Vie et de la Cité sainte, décrits dans ce livre !" Le garant de ces révélations l'affirme : "Oui, mon retour est proche !" Amen, viens, Seigneur Jésus Que la grâce du Seigneur Jésus soit avec tous ! Amen.*

Corinne Heline (1) s'est attachée à décrire le message occulte de la Bible, recherchant la *signification cachée des Saintes Écritures à la lumière de la sagesse antique*, ceci dans un ouvrage en 7 volumes. Elle nous éclaire de manière remarquable sur ce thème de l'Arbre de la connaissance du bien et du mal et sur ce passage de la Genèse (Tome I, pp. 43 et 44) : *L'arbre de la connaissance symbolise la double conscience qui s'instaura en l'Homme après la Chute. Paul (*) nous recommande de savoir distinguer le vrai du faux, le réel de l'irréel ; il nous rappelle que les choses visibles n'ont qu'un temps alors que les invisibles sont éternelles. L'Arbre de la connaissance devient l'arbre de la mort. A sa base les aspirants peinent, se sacrifient et servent afin qu'il redevienne l'arbre de vie.*

(*) voir Paul, la 2e épître aux Corinthiens, 4,18.

---

(1) *Le Message occulte de la Bible* par Corinne Heline, Édition Isis-Sophia t. I, Montréal (Québec), 1992.

Corine Heline poursuit : *Le fait d'avoir mangé du fruit de l'arbre du bien et du mal éveilla l'Homme à l'existence du Monde physique. Une sorte d'intuition lui ouvrit alors les yeux. L'imagination commença à fonctionner sur le plan matériel ; elle **imagina** des objets physiques à l'extérieur d'elle-même. Graduellement, le centre de la conscience passa du plan spirituel au plan matériel ; il **chuta**. [...] La gratification des sens fit alors son apparition, ce qui introduisit la maladie et la mort dans l'expérience humaine.*

*Parallèlement à sa descente dans un corps de plus en plus dense, l'Homme perdit peu à peu sa vision spirituelle. Les conditions qui prévalaient dans le Monde physique fermèrent finalement les portes de l'Éden éthérique dans lequel il avait habité jusqu'alors. Ainsi **mourut**-il aux mondes supérieurs."*

Un peu plus loin (p. 49), commentant le troisième passge de la Genèse (III,22 à 24), cité plus haut, elle écrit : *Avant la Chute, toute vie avait conscience de l'universel. Chaque créature vivante savait qu'elle était inséparable des autres. Comme tout ce qui existait faisait partie du Un indivisible, on ignorait la peur, car il n'y avait rien à craindre. [...] Mais les brouillards de la matière qui enserrèrent la conscience humaine après la Chute lui firent graduellement perdre cette certitude innée de l'unité. Un sentiment de séparativité lui succéda, ce qui entraîna de nombreux conflits qui générèrent de grandes souffrances.*

Henri Longnon (1), commentant l'attachement du Char de l'Église à l'Arbre, écrit à juste titre : *Puisque l'Arbre est le symbole de l'Empire, et le Char, celui de l'Église, en attachant le Char à l'Arbre, le Griffon veut rappeler l'établissement du siège de l'Église à Rome, l'union nécessaire de l'Empire avec l'Église et la réconciliation de l'humain et du divin par le Christ. Mais d'autre part, comme le timon du Char de l'Église représente la Croix, et que celle-ci, suivant une vieille tradition, fut tirée d'un rejeton de l'Arbre du Bien et du Mal emporté par Seth du Paradis Terrestre, l'acte du Griffon symbolise également le rachat par le Christ du péché originel, la Rédemption elle-même.*

L'auteur suggère bien une double lecture symbolique sur ce passage de la Divine Comédie. Mais nous pensons qu'il convient de la généraliser et, en même temps, de l'élargir, s'agissant des diverses autres péripéties "historiques" des rapports entre les deux pouvoirs.

Ce qui est décrit ou suggéré par Dante, à mots couverts, renvoie chaque fois, à notre avis, à cette double lecture, contingente et temporelle d'une part, spirituelle et éternelle d'autre part. Autrement dit, les aspects collectifs, politiques et religieux, apparaissant en clair ou en filigrane, ont leur écho dans une Alchimie de l'Humanité toute entière et aussi sur le plan de la conscience individuelle du postulant sur le chemin de son évolution, à l'instar du Poète lui-même...

Ce point de vue illumine tout à fait l'instruction donnée par Béatrice à Dante aux vers 103 à 105 de ce XXXIIe chant du Purgatoire :

---

(1) *Dante La Divine Comédie* par Henri Longnon, Éditions des Classiques Garnier, 1962.

Mais pour le bien du monde qui mal vit,
  prends garde au char : et ce que tu vas voir,
  là-bas rentré peine-toi de l'écrire.

L'oiseau de Jupiter fonce sur l'Arbre de la connaissance du Bien et du Mal et en déchire l'écorce, les fleurs et les feuilles nouvelles. Il frappe le Char qui ploie comme *nef en grand fortune*, comme un bateau dans la tempête.

Cette première attaque du Char, au premier degré, fait référence à l'Empire Romain (l'aigle), persécuteur des Chrétiens aux premiers siècles.

Mais, au deuxième degré, l'aigle de Jupiter incarne, sur un plan négatif ici, et au niveau individuel du postulant sur le chemin, les énergies maléficiées de l'Ego qui tentent d'éradiquer les protections (l'écorce), la fécondité (les fleurs) et la créativité (les feuilles nouvelles) de l'Esprit. Par extension, le Char incarne, au niveau individuel, l'âme investie par la Foi.

La seconde attaque du Char voit un renard aux os décharnés et *à jeun* s'élancer à l'intérieur du Char *triomphal*. Béatrice le met en fuite aussi vite qu'est permis à un animal aux *os sans chair* de fuir... Au premier degré, les commentateurs y voient un symbole des hérésies à l'attaque de l'Église, contre lesquelles réagit Béatrice, assimilable elle-même à l'Église en tant que gardienne de la Vérité Révélée. Au deuxième degré, nous y voyons, toujours sur le plan de l'évolution individuelle, les ruses de l'Ego, souvent déjouées par l'Esprit (les os sans chair), poursuivant leur rôle de sape de l'âme.

A la troisième attaque, l'aigle descend à l'intérieur du Char et le laisse couvert de ses plumes et Dante entend alors, telle la voix d'un cœur souffrant venue du ciel, *Tant mare* (= par malheur) *es-tu chargée, ô ma nacelle !* Les commentateurs voient en général dans les plumes qui englobent le Char, le pouvoir temporel abandonné à Rome par Constantin, au profit des papes.

C'est la fameuse "donation de Constantin". Quant à la voix, ce serait une allusion à une légende concernant cette donation. Pareille voix du ciel aurait alors crié : *Aujourd'hui le poison s'est répandu dans l'Église de Dieu.*

Au deuxième degré, nous y voyons, au plan de l'évolution individuelle, l'aigle, symbole, ici, de l'Ego et de son orgueil, inonder l'âme de ses faux pouvoirs (les plumes), s'efforçant de corrompre en elle les forces spirituelles si nécessaires à son évolution. C'est alors la "vibration d'amour divin" que le Poète entend, chantée par un être céleste.

La terre s'ouvre entre les deux roues du Char et un dragon en sort. Il enfonce sa queue dressée dans le Char, puis la ramène pour emporter une partie du fond. Ici, au premier degré, les commentateurs y voient de multiples significations : l'Antéchrist, Satan, etc. Ils se tournent vers les textes sacrés : le sermon XXXIII de Saint Bernard sur le Cantique des Cantiques, incluant, en quelque sorte, ces attaques. Alexandre Masseron, déjà cité à plusieurs reprises, en déduit que la 4e attaque serait celle de l'Antéchrist. L'auteur rejoint, en cela, l'opinion de Pietro di Dante, le fils du Poète.

Le dragon "sort" sans doute de l'Apocalypse de Jean !

Antéchrist ou Satan, dans tous les cas, l'esprit d'orgueil et de convoitise, qui attaque l'Église, est une hypothèse vraisemblable. Relisons l'Apocalypse (XII,9 et XX,2) : *"On le jeta donc, l'énorme Dragon, l'antique Serpent, le Diable ou le Satan, comme on l'appelle, le séducteur du monde entier, on le jeta sur la terre et ses Anges furent jetés avec lui. Il (un Ange) maîtrisa le Dragon, l'antique Serpent - c'est le Diable, Satan - et l'enchaîna pour mille années."*

Mais, ici encore, nous pouvons avoir une deuxième lecture, au plan individuel du postulant sur la voie de sa transformation, Dante lui-même en l'occurrence. D'abord, ce Dragon a tout autant les allures d'un scorpion plutôt que d'un serpent. Il ôte *sa mâle queue, comme guêpe enlève son aiguille !...*

Et, ici, en plus, il emporte une partie du fond du Char ! Ce Dragon-là synthétise, à notre sens, toutes les forces ténébreuses, qui ne cherchent qu'à *envenimer*, c'est-à-dire empoisonner, voire à déstructurer l'âme du *Fidèle de Dieu* ou du *Fidèle d'Amour* (la terre qui s'ouvre). Il va jusqu'à lui arracher une partie de ses fondements les plus précieux (le fond du Char).

La description que le Poète fait ensuite du Char, une fois qu'il a subi les 4 attaques (noter le nombre 4, symbole de la matérialité) et ses multiples transformations, ont rencontré de la part des commentateurs des interprétations complexes qui reflètent non seulement l'Église pervertie, mais aussi les différentes péripéties de son histoire. C'est comme si le Poète avait, en quelque sorte, "codé" toutes ses diatribes contre Boniface VIII, Clément V, Philippe le Bel, le transfert de la papauté en Avignon, etc.

Mais les images les plus saisissantes, pour nous, confirment bien notre hypothèse sur un symbolisme au 2e degré, n'excluant aucunement, bien sûr, le précédent, qui est d'une rare pertinence. Nous ne nous plaçons plus sur le plan politico-historique, de l'Église, mais sur celui du combat éternel entre les forces perverties de l'Ego et les aspirations de l'âme, l'appel de la Foi et de l'Amour, pour l'être sur son chemin d'évolution. C'est comme si, derrière le contingent historique des rancœurs et des constats, exprimés par le Poète, se profilaient les conditions de sa propre évolution personnelle, comme témoin, au cours de son voyage initiatique.

Que le lecteur approfondisse et complète lui-même ces quelques exemples, donnés à titre de repères. 7 têtes surgissent de toute part, comme des excroissances : 3 au timon, *cornus à front de bœuf* et 1 à chaque angle, avec 1 seule corne. Il s'agit bien des 7 péchés capitaux, fruits de la perversion de l'âme. Il y a aussi cette *putain à demi-nue* qui joue de la prunelle, assise sur le Char et le *Géant* qui se tient près d'elle comme pour la protéger, et qui, tous deux, *souventes fois s'entrebaisaient la bouche*. Ils incarnent, sans doute ici, pour prendre une terminologie psychanalytique, "la libido", quelque peu dévergondée (la putain) et les forces de nature chthonienne et matérielle, issues de la terre (le géant).

Un tel géant, comme nous l'apprend la Mythologie, ne peut être vaincu que sous l'effort conjugué d'un dieu et d'un homme. Zeus foudroie, Héraclès achève le travail avec ses flèches !...

Contre la bestialité terrestre et la matérialité dévoyée, l'homme a besoin de Dieu, mais Dieu lui laisse le libre arbitre pour achever le travail.

Et, à la fin du chant XXXII, Dante s'implique lui-même. La putain tourne vers lui son *œil convoiteux*. Le géant, *le rude galant*, alors, la flagelle de la tête aux pieds, et, *crevant de soupçon et de mal rage,* il détache le Char monstrueux et l'entraîne loin dans la forêt, au point de les dissimuler complètement au regard du Poète.

Dans notre hypothèse d'interprétation symbolique, au niveau de l'Être individuel, ce final prend des accents édifiants quant au "chemin d'évolution". Dante, à cette étape de son voyage initiatique, se trouve confronté à l'image de 3 forces négatives qui s'associent : celle de la Libido déréglée (la putain), celle de la Matière pervertie (le géant des forces chthoniennes) et celle de l'Âme dévoyée (le Char transformé en monstre). Toutes les 3 sont emportées, entremêlées, dans les profondeurs de l'Inconscient (la forêt).

Dans les derniers instants du paradis Terrestre (chant XXXIII) le chant du Psaume LXXVIII, *"Deus, venerunt gentes",* est psalmodié, à voix douce, par les vertus théologales et les vertus cardinales, qui incarnent, elles ensemble, toutes les forces authentiques de l'âme purifiée. Les deux premiers versets résonnent, ici, comme un écho à ce qui vient d'être évoqué sur le combat qui jalonne le chemin d'évolution (Psaume LXXVIII, Psaume d'Asaph, 1 et 2) :

Dieu, ils sont venus, les païens, dans ton héritage,
ils ont souillé ton temple sacré ;
ils ont fait de Jérusalem un tas de ruines,
ils ont livré le cadavre de tes serviteurs
en pâture à l'oiseau des cieux,
la chair des tiens aux bêtes de la terre.

Ceci est comme le contrepoint exact des images des derniers tercets du chant précédent sur la fuite en forêt des forces du mal.

Épilogue : L'ultime chant du Purgatoire...

Bien entendu, ce chant XXXIII, au Paradis Terrestre, sert de charnière avec la 3e partie de la Divine Comédie, consacrée au Paradis céleste.

Béatrice, accompagnée des 7 Dames, incarnations des vertus, et de Dante, Stace et Matelda, remonte le fleuve du Léthé - symbole purificateur par l'oubli des actions négatives - jusqu'à sa source... Nous découvrons, là, que cette source est également celle de l'Eunoé, symbole purificateur par la mémoire des actions positives.

Ceci nous renvoi à un symbolisme fondamental, que les multiples commentateurs ne semblent pas avoir souligné à ce jour : l'âme puise à la même source la faculté d'oubli de ses errements passés et celle de la mémoire de ses "bonnes actions"... Dans la perspective des Poèmes Orphiques, les morts, en buvant l'eau du Léthé, perdaient tout souvenir de leur vie antérieure. De même les âmes, destinées à une nouvelle existence terrestre, y buvaient pour perdre tout souvenir de la mort. Mais l'Initiation, reçue au cours de la vie, consiste en partie à connaître les formules du passé qui aident à trouver la bonne voie dans l'Autre Monde. La mémoire assure, alors, l'accession à la Béatitude.

Carl Gustav Jung considère la source comme l'image de l'âme elle-même, en tant qu'origine de la vie intérieure et de l'énergie spirituelle.

Par ailleurs, selon la Tradition, la source est symbole d'origine de la Vie et de la Grâce. Elle est associée à la Connaissance, qui conduit à la Perfection et à la Béatitude.

Ces trois références, parmi d'autres, nous incitent à considérer que l'Oubli et la Mémoire ne sont, dans le présent contexte, que les deux faces d'une même réalité : la "Conscience". La fameuse balance, qui figure dans les mains de la Justice, l'arcane du tarot, symbolise cet état d'équilibre et de médiation, inspirée du Divin, et qui est recherché par le postulant sur le chemin… Rappelons-nous la "Pyschostasie" des anciens Égyptiens, la pesée des âmes au jugement post mortem : sur un plateau figure le cœur du défunt, symbole de la conscience, enfermée dans une urne, et sur l'autre plateau, une plume d'autruche de la déesse de la Justice, Maât. Les grands témoins sont : le dieu Thot, dieu lunaire, comptable, maître du langage, et à ce titre scribe lors de la "Psychostasie" ; le dieu Anubis, dieu des morts et conducteur des âmes ; et, enfin, Sobek, le dieu à tête de crocodile, dieu du temps, à l'image du dieu grec Cronos. Si la plume fait pencher la balance, le défunt est sauvé, sinon il est condamné, car sa "conscience" pèse trop lourd…

Mais revenons à la progression de Dante. L'arrivée à la source du Léthé et de l'Eunoé se produit le Mercredi de Pâques, 13 avril 1300, date dont nous avons commenté précédemment le symbolisme, à l'éclairage de l'Hermétisme Chrétien et de la Numérologie Sacrée.

Nous devons cependant préciser que la source est atteinte à Midi précis, soit au terme des 12 premières heures de la journée. 12, produit du 3 et du 4, nous rappelle l'accomplissement par élévation du terrestre dans l'ordre du divin. Il renvoie aussi à la Jérusalem céleste, avec les 12 Apôtres, les 12 portes, les 12 assises. Et l'Arbre de Vie porte 12 fruits. Les 144.000 élus de l'Apocalypse sont eux-mêmes le produit de 3 et de 12.000 (Apocalypse, 14,1) :

Puis voici que l'Agneau apparut à mes yeux ; il se tenait sur le mont Sion, avec cent quarante-quatre milliers de gens portant inscrits sur le front son nom et le nom de son Père.

La purification du Poète est achevée à cet instant et c'est précisément là que mission lui est confiée de témoigner au monde des vivants, lorsqu'il y retournera, de ce qu'il a vu dans l'Autre Monde. Alexandre Masseron, dans son ouvrage sur la Divine Comédie, précise, à juste titre, que : *le but suprême de la Divine Comédie est le salut du monde dévoyé ; et l'histoire du salut de Dante est le moyen voulu par Dieu pour remettre l'humanité dans le droit chemin, comme le poète lui-même qui le représente symboliquement.*

Nous avons sûrement là une justification formelle du rôle de "Prophète", à sa manière, que bien des commentateurs s'accordent à reconnaître au Poète.

A ce stade, l'âme purifiée de Dante est prête à entrer au Paradis. Car, après les affres de la souffrance et de la rédemption, il aura aussi à témoigner de toutes les hiérarchies du monde céleste et de sa propre Extase finale. Le texte du Purgatoire prend fin avec 4 vers, d'une rare beauté, et qui vibrent comme l'image même d'un "baptême" (chant XXXIII, v.142 à 145) :

Je m'en revins de l'onde trois fois sainte
refait ainsi qu'une plante nouvelle
de feuillage nouveau renouvelée :
pur, et prêt à monter jusqu'aux étoiles.

Mais, au cours de ce dernier chant du Purgatoire, nous avons aussi les explications, données par Béatrice, sur les transformations et les vicissitudes symboliques du Char, dont le Poète a été le témoin, au cours du chant précédent. Béatrice fait la fameuse prophétie du DXV, qu'il faut lire 500, 10 et 5, *"Cinquecento diece et cinque"*, et que nous avons commentée et interprétée au chapitre sur la Numérologie Sacrée de la Divine Comédie.

Ici encore, nous voyons bien les deux plans de symbolisme, déjà distingués plus haut, celui collectif, concernant l'Église et celui individuel concernant l'évolution de l'Initié. Aux vers 34 à 36 du chant XXXIII, nous lisons :

Le beau vaisseau qu'au serpent tu vis rompre
fut et n'est plus ; mais sachent les coupables
que Dieu se venge et de souppes n'a crainte.

Le vaisseau désigne le Char, le serpent le dragon et les *souppes* des tranches de pain trempées dans du vin, du lait et du bouillon. A propos de ces *"suppe"* (en italien vulgaire), André Pézard, dans son ouvrage consacré aux œuvres complètes de Dante, fait référence au livre de Daniel et conclut : *Dieu ne craint pas de patienter et de perdre ses serviteurs, car il ne manque pas de moyens pour les défendre et assurer sa vengeance.*

Au plan collectif de l'Église, les commentateurs associent les paroles de Jean, dans l'Apocalypse, visant la Bête, au transfert de l'Église en Avignon, qui n'était plus l'Église de Saint Pierre. Les coupables seront châtiés, au premier rang desquels figure Philippe le Bel (le géant). C'est lui qui a "ravi" le Char de l'Église. Béatrice poursuit ses explications en disant que la vengeance de Dieu ne craint aucune prescription ! L'aigle qui a laissé ses plumes sur le Char et en a fait un monstre puis une proie, ne sera pas toujours sans héritier. Elle affirme qu'elle voit avec certitude, et le prophétise, que des étoiles s'approchent et annoncent un temps (v.43 à 45) :

où mû par Dieu un cinq cent dix et cinq
viendra occire enfin la larronnesse
et le géant qui fornique avec elle.

Rappelons ici, à nouveau, que les commentateurs voient dans l'Aigle, l'Empire, qui ne sera pas toujours vacant. La prophétie annonce la venue d'un sauveur, qui mettra fin aux maux de l'Église et à la confusion des pouvoirs temporel et spirituel. Ce sera un "libérateur" qui pourra, selon le vœu le plus cher du Poète, établir les bases d'un monde meilleur, moins rapace et plus juste.

Si nous reprenons notre hypothèse d'interprétation au plan individuel de l'Initié sur le chemin de son évolution, le symbolisme, déjà explicité précédemment, se retrouve en parfaite cohérence intrinsèque et en référence probable au développement de l'Apocalypse de Jean. Ce texte terminal de la Sainte Bible suscite, en effet, lui aussi, une double lecture symbolique : la perspective eschatologique sur l'évolution de l'Humanité toute entière et la perspective individuelle concernant la "transmutation de l'Âme".

L'Âme, dans le texte de Dante, est symbolisée par le Char. Elle se trouve dévoyée, et en partie détruite, comme nous l'avons évoqué plus haut, par les forces ténébreuses, symbolisées, elles-mêmes, par les assauts du Dragon.

Elle est ensuite *dérobée* à la conscience du Poète par les forces instinctuelles de la Matière, symbolisées par les forces chthoniennes du *géant* (Voir plus haut pour le détail).

Ces forces instinctuelles, bestiales, associées au géant, et aussi à la *putain*, la *larronnesse*, seront éradiquées par Dieu. L'Ego, symbolisé par l'Aigle et son expression favorite d'orgueil, a inondé l'âme (le Char) de ses faux pouvoirs (les plumes), s'efforçant de corrompre en elle les forces spirituelles, nécessaires à son évolution. Ceci vise la transformation du Char en monstre avec ses 7 péchés capitaux. Mais l'Ego se transformera lui-même, en donnant naissance à une contrepartie positive.

Le Cinq Cent Dix et Cinq donne en réduction théosophique successivement 11 et 2. Il s'agit d'une "force" (arcane correspondant au 11, dans le tarot) qui débouche sur l'harmonisation par l'Amour (nombre 2). Cette "force d'Amour", qui conduit l'Esprit, nourri par la Lumière Divine, à prendre assise au fond de la Matière, réalise effectivement la prophétie du DXV : tuer les effets d'une alchimie malfaisante entre la bestialité (*la larronnesse, la putain à demi-nue*) et les forces instinctuelles et régressives de la Matière (*le géant*).

Il s'agit, en fait, de la "transmutation de l'âme" du postulant sur la voie, à l'image du Christ.

Au début du chant, le Poète cite une phrase de l'Évangile de Saint Jean (XVI,16) sur l'annonce faite par le Christ, à ses apôtres, de son retour : *Encore un peu et vous ne me verrez plus et puis un peu encore et vous me verrez.*

C'est sa mort et sa résurrection qui sont ainsi annoncées. Cela prouve que Dante, au-delà sans doute de ses évocations volontairement sybilines, et qui ont donné lieu à tant d'interprétations, est, en réalité, imprégné, avant toute chose, de cet "Esprit" de la Destinée de l'Humanité, au plan collectif, et de ce chemin initiatique, au plan individuel, qui sous-tendent, tous deux, l'ensemble de son œuvre, et pas seulement la Divine Comédie.

Dans le *châtiment de Babylone*, de l'Apocalypse de Jean (XVII,7 et 8), nous trouvons une étonnante ressemblance avec la Bête à 7 têtes et à la Prostituée, des images dantesques. Babylone symbolise tout à fait cette perversion de l'âme, dans laquelle ont œuvre la Prostituée *fameuse* et la *Bête qui la porte, aux sept têtes et aux dix cornes*. L'ange, annonçant la Chute de Babylone (Apocalypse XVIII,1 - 3) semble entrer en écho avec les deux interprétations, évoquées à propos de ce dernier chant du Purgatoire, l'une au niveau politico-historique des rapports entre l'Empire et l'Église, l'autre au niveau individuel de l'alchimie de l'âme, aux prises avec son évolution :

*Après quoi, je vis descendre du ciel un autre Ange, ayant un grand pouvoir, **et la terre fut illuminée de sa splendeur.** Il s'écria d'une voix puissante : "**Elle est tombée, elle est tombée, Babylone** la Grande ; elle s'est changée **en demeure de démons**, en repaire pour toutes sortes d'esprits impurs, en repaire pour toutes sortes d'oiseaux impurs et dégoûtants. Car au vin de ses prostitutions se sont abreuvées toutes les nations, et les rois de la terre ont forniqué avec elle, et les trafiquants de la terre se sont enrichis de son luxe effréné."*

La suite de l'Apocalypse, avec les 2 combats eschatologiques, la Jérusalem céleste et la Jérusalem messianique, supportent admirablement les visions dantesques, quelle que soit l'une ou l'autre des interprétations.

Nous renvoyons vivement le lecteur à sa lecture approfondie et à une méditation. Il sera, d'ailleurs, saisi, nous en sommes sûrs, par "l'actualité" du texte de Saint Jean !

Avant de quitter le Paradis terrestre, il est essentiel d'évoquer le symbolisme, rattaché à l'Arbre de la Connaissance du Bien et du Mal, dont l'inviolabilité est affirmée avec véhémence, à travers 26 vers (chant XXXIII, v.52 à 78). Nous n'avons qu'à nous reporter, ici à nouveau, à l'Épilogue de l'Apocalypse de Saint Jean et lire et relire les paragraphes 18 à 21 !

Notons que cet "épilogue" embrasse aussi l'idée du "Retour", qui a un écho direct dans le texte de Dante, avec la Prophétie du Cinq Cent Dix et Cinq. Notons aussi que 3 vers, les vers 76 à 78 justifient, sans doute, notre hypothèse d'interprétation au plan individuel de l'évolution de l'Initié sur le chemin. C'est Béatrice qui parle, voulant que Dante s'imprègne de sa parole :

"voglio anco, e se non scritto, almen dipinto,
che'l te ne porti dentro a te per quello
che si reca il bordon di palma cinto."

Que nous pouvons traduire ainsi :

Je veux encore, sinon écrite, au moins en image,
que tu la portes au fond de toi comme celui
qui s'en revient avec son bourdon ceint de palme.

"Il bordon", le bourdon, est ce bâton, fait de feuilles de palme, que les Pèlerins portaient au retour de la Palestine, comme mémoire et preuve de leur séjour en Terre Sainte. L'image est "percutante" et ne nous laisse aucun doute sur cet aspect de transmission orale que l'Initié (Dante) est chargé de faire à son tour, en témoignant des "images" reçues !

Sur un plan de numérologie sacrée, il est remarquable que cette évocation de l'Arbre de la Connaissance du Bien et du Mal se réalise précisément en 26 vers, quand nous savons que 26 est, en effet, le nombre du nom de Dieu en Hébreu, YHWH, le nom imprononçable, $10 + 5 + 6 + 5 = 26$, que c'est au verset 26 de la Genèse que Dieu dit : *Faisons l'homme à notre image*, que 26 générations séparent Moïse d'Adam. Et 26 est formé du 2 et du 6 et sa réduction théosophique donne 8. Or, le nombre 2 incarne le pouvoir de fécondation et de rayonnement extérieur, l'Esprit qui crée et organise l'Univers, appuyé sur la force d'Amour. Il est associé à la lettre hébraïque Beith.

Le livre de la Genèse et l'évangile de Saint Jean commencent tous les deux par un Beith. Cette lettre recèle en elle-même, les Clefs de la Connaissance. Répétons-le, ce nombre 2 est également associé à l'arcane de la Papesse, dans le tarot, qui symbolise la révélation sur la façon de se mettre à l'écoute de la Création (la Dualité), afin d'y déceler l'empreinte de l'Esprit.

Par extension, 2 est le nombre de l'Amour, sous sa forme la plus sacrée, inspirée par l'Esprit.

Le nombre 6 est le symbole fondamental de l'interaction féconde entre la dimension divine et la dimension humaine et il est associé à la lettre hébraïque Vav, qui, elle-même, incarne le **"pouvoir de lier et d'unifier"**. Il est encore associé à l'arcane de l'Amoureux, dans le tarot, qui symbolise en particulier l'importance de l'Autre, comme support de croissance personnelle, et tout le problème du **"Choix"** entre les voies d'évolution qui s'offrent à l'Être. Ce choix peut être naturellement une épreuve. Mais le nombre 6 peut être "maléficié"... Dans l'Apocalypse de saint Jean, souvent cité ci-dessus, le nombre 6 prend, précisément, une valeur négative, sous la forme redondante du 666, le chiffre de la **"Bête"**. Il est alors relié au péché...

La réduction de 26 donne 8, nombre de la purification et de la régénération, obtenues par médiation avec l'Autre. Cette régénération est évoquée par le graphisme même du nombre 8, qui, à l'horizontal, nous indique le signe de l'Infini. Universellement, c'est le nombre de "l'équilibre cosmique", un achèvement, une "complétude". Il est associé à la lettre hébraïque Heith, symbole de l'équilibre universel, pour les Kabbalistes, et à l'arcane de la Justice, dans le tarot, incarnation de l'ouverture contemplative, indispensable pour manifester cette vertu. Après les 6 jours de la Création et le 7e du Sabbat, il y a le 8e jour de la Résurrection et de la Transfiguration du Christ et l'annonce de l'ère future pour l'Humanité. Enfin, le nombre 8 est ainsi associé au Nouveau Testament, comme le 7 l'est à l'Ancien Testament.

Nous voyons bien, en conclusion, que le dénombrement de 26 vers, consacrés par Dante, à l'intérieur de ce dernier chant du Purgatoire, à l'Arbre de la Connaissance du Bien et du Mal, est comme un "écho numérologique", en parfait accord, au contenu symbolique. Ceci est sans doute l'œuvre d'une inspiration du Poète, liée à la Divine Providence.

Que le lecteur en juge !

La Vie est présentée comme une "course à la mort", c'est le message à transmettre aux hommes par le Poète. Toute atteinte portée à cet Arbre, est une offense faite à Dieu, un péché. Le Christ est mort pour, précisément, expier le péché du premier homme, Adam. L'Arbre représente la Justice de Dieu et l'obéissance qui lui est due. Le nom de Dieu, en Hébreu, YHVH a lui-même, répétons-le, la valeur 26, incluant les valeurs des 4 lettres.

Yod, présence de Dieu dans le créé, de valeur 10, Puissance Divine incarnée dans la Matière et adoptant la forme de Principes et de Lois inéluctables, associé à l'arcane de la Roue de Fortune, dans le tarot, roue du destin et loi du Karma, exprimée précisément par Dante, à propos de l'Arbre :
5000 ans de souffrance pour le coup de dent du premier homme, écrit le Poète.

He, le souffle divin créateur, de valeur 5, énergie divine harmonisatrice du plan matériel avec les lois de l'Esprit, associé à l'arcane du Pape, dans le tarot, force spirituelle éveillant l'essence profonde de l'Être.

Vav, pouvoir de lier et d'unifier, valeur 6, interaction féconde entre le Haut et le Bas, l'Humain et le Divin, et aussi le Masculin et le Féminin, associé à l'arcane de l'Amoureux, dans le tarot, choix et découverte de l'importance de l'Autre.

En conclusion, Dieu et l'Arbre, en 26 vers, est-ce, après tout cela, un hasard, une volonté du Poète ou une inspiration de la Divine Providence ? La coïncidence est là. C'est ce qui compte...

À chaque étape de la pénitence accomplie au Purgatoire, l'ange gardien de chaque corniche dessine un "P" avec son aile sur le front du Poète et chante une béatitude, correspondant précisément, comme nous l'avons décrit plus haut, à chaque nature d'expiation. Nous ne pouvons pas quitter le deuxième monde, sans attirer l'attention sur le sens profond du symbolisme traditionnel qui se cache derrière ce fameux rituel.

Le "Rituel" des anges, à chaque corniche du Purgatoire...

L'aile, bien sûr, symbolise le mouvement même de libération de l'âme, en rapport avec l'élément Air, élément subtil par excellence. Le thème des ailes est d'origine Platonicienne et les Pères de l'Église, et les mystiques, l'ont sans cesse exploité. Mais l'aile de l'ange exprime encore son rattachement à l'essence divine, auréolée de toute sa puissance, de sa béatitude et de son incorruptibilité. La pointant ainsi vers le front du Poète, l'ange signifie tout à la fois l'accomplissement d'une purification et l'élévation vers une nouvelle transcendance. Mais elle n'est pas pointée au hasard. Elle effleure, en fait, le siège du chakra frontal, "**l'Ajna chakra**" des Hindous.

L'Hermétisme Chrétien nous fait saisir tout le symbolisme et les enjeux d'évolution rattachés à ce chakra. Nous nous référons ici à Charles Rafaël Payeur, déjà cité à plusieurs reprises (1). Ce chakra a 96 pétales. Ce nombre évoque un état de conscience où l'être sur le chemin est en parfaite harmonie avec son essence profonde. Il rayonne les forces spirituelles autour de lui. Nous renvoyons le lecteur, ici, à d'autres développements que nous avons déjà faits sur le symbolisme du nombre 9, correspondant à l'homme pleinement réalisé, et du nombre 6, symbole d'interaction féconde entre les divers plans du microcosme au sein du Macrocosme. La Tradition associe au chakra frontal l'arcane du Jugement, dans le tarot, signifiant bien, par là, une "Renaissance", et la couleur "indigo", qui évoque un processus d'épuration et de sublimation du Corps et de l'Esprit. Rayonner la puissance de l'Amour, issue d'un rapport fusionnel avec l'Autre et l'exprimer tout autour de soi, tel est l'enjeu d'un travail initiatique sur ce chakra.

---
(1) *Les Chakras - symbolisme et méditation* par Charles-Rafaël Payeur, t. II, Éditions de l'Aigle, Canada (Québec), 1996.

Symboliquement, le geste-clé est le regard concentré sur les yeux de l'Autre. Cette gestuelle est répétitive dans le texte même du Poète, à propos des yeux de Béatrice et, ici, spécifiquement, dans la relation avec l'ange, il s'agit de l'Amour Divin qui relie l'ange au Poète, à chaque étape de sa progression au Purgatoire. Dante souligne, par le geste de l'aile, en quelque sorte son **adombrement par l'ange.**

Bien plus, pour souligner la coïncidence avec les images dantesques, précisons que le chakra frontal permet de rayonner cette force d'Amour, libératoire pour l'Humanité entière, sur le sentier de sa rédemption. Or, c'est là même la mission, nous l'avons vu, confiée au Poète : retourner dans le monde des vivants, au terme de son voyage, pour témoigner d'un tel processus. N'oublions pas, enfin, que, parmi toutes les parties du corps, le front symbolise, en tant que partie avancée du crâne, les forces de l'Intellect, engagé, actif... S'y trouve le siège du 3e œil ! L'ouverture de ce troisième œil peut constituer aussi une interprétation complémentaire de la gestuelle de l'ange au Purgatoire.

Annick de Souzenelle, dans son merveilleux ouvrage sur le Symbolisme du corps humain (1), nous livre une très belle image, qui coïncide avec ce que le Poète est en train de vivre, dans ce contexte : *Il est certain,* écrit-elle, *que l'émeraude, de couleur verte, indique chez celui qui, avec l'ouverture du 3e œil, la retrouve à son front, son intégration à l'Arbre de Vie.*

Ainsi, Dante, doublement purifié dans le Léthé et l'Eunoé, termine son 33ème chant du Purgatoire par une image qui n'est pas sans correspondance avec la belle formule d'Annick de Souzenelle !

Reprenons une nouvelle fois ces vers 142 à 145 :
Je m'en revins de l'onde trois fois sainte
 refait ainsi qu'une plante nouvelle
 de feuillage nouveau renouvelée :
 pur, et prêt à monter jusqu'aux étoiles.

L'intégration à l'Arbre de Vie n'est-elle pas proche pour le Poète et l'expérience de son Extase dans l'Empyrée n'est-elle pas la résonance de l'éclair de Kether en Malkuth ?!

Mais n'anticipons pas et entrons en Paradis, sur les traces du Poète...

---

(1) *Le Symbolisme du corps humain* par Annick de Souzenelle, Éditions Dangles, 1984.

Le Site du Paradis, les Hiérarchies Célestes et la "remontée" de l'Arbre de Vie ...

Nous avons intentionnellement présenté le symbolisme au Purgatoire, avec beaucoup de détails, car cette étape intermédiaire du voyage initiatique de Dante dans l'Autre Monde présentait un univers très complexe.

Le symbolisme du Paradis, toujours envisagé dans notre perspective de l'Hermétisme Chrétien, nourri de la Kabbale et de la Numérologie sacrée, est beaucoup plus simple. Il s'organise autour de 3 thèmes principaux, qui s'associent et s'interpénètrent : les 10 univers reliés aux influences planétaires, selon l'Astrologie Traditionnelle ; les Hiérarchies Célestes ou Intelligences motrices, associées aux "Sciences" et aux différentes catégories d'âmes parmi les élus ; la référence implicite à l'Arbre de Vie, avec les univers des 10 sephiroth.

Ces 3 axes interprétatifs n'en font, en réalité, qu'un seul, dans la mesure où la démarche du Poète dans le Paradis s'inscrit comme une "remontée" dans l'Arbre des 10 sephiroth, correspondant aux "10 ciels", depuis la sephirah de Malkuth jusqu'à la sephirah de Kether...

Et, chemin faisant, dans notre optique, nous allons voir, sous l'aspect des correspondances entre les sephiroth et les Planètes, les Hiérarchies Célestes et les "sciences", se déployer un symbolisme d'une étonnante cohérence et d'un extraordinaire enseignement.

Nous renvoyons le lecteur à notre annexe sur les repères des grandes traditions pour toutes les définitions de base, concernant la Kabbale et l'Arbre de Vie. Rappelons seulement, ici, pour la bonne compréhension, une citations de Virya, auteur d'un manuel initiatique sur la Kabbale hébraïque, et une autre de Charles-Rafaël Payeur, extraite de son livre sur l'Arbre de Vie, et présentée dans l'optique de l'Hermétisme Chrétien (1).

Virya écrit : *Les Sephiroth sont des réceptacles dans lesquels la lumière divine est reçue, et par lesquelles elle se manifeste... Les Sephiroth forment un principe universel, une équation parfaite des lois de la nature dont les données régissent le macrocosme et le microcosme."*

Et Payeur : *L'enseignement Kabbalistique nous précise que cet engendrement des sephiroth (par Dieu) et, par conséquent, de notre univers, résulta du jaillissement soudain d'une lumière supra naturelle au sein de l'espace vide engendré par le retrait de Dieu. Nous sommes à l'ultime limite de l'incréé, c'est l'Aïn Soph Aur, la "lumière vide et sans borne". Les Anciens nous apprennent que cette lumière prit alors la forme d'un éclair fulgurant qui, sillonnant l'espace cosmique, engendra les dix sephiroth les unes après les autres.*

C'est, symboliquement, et très exactement, le trajet de cet éclair, mais à l'envers, dans un but de "remontée à la source", que Dante parcourt, à travers les 33 chants du Paradis !...

---

(1) *Lumières sur la Kabbale* par Virya, Éditions Jeanne Laffitte, 1989.
(2) *La Kabbale et l'Arbre de Vie* par Charles Rafaël Payeur, Éditions de l'Aigle, Québec, 1996.

Ceci, même si physiquement sa progression se fait à travers les cercles concentriques. D'ailleurs, les sephiroth sont, elles-mêmes, symboliquement représentées par des cercles, symboles, dans ce contexte, d'unité principielle et d'activité du ciel.

Notons aussi que la mystique du Pseudo-Denys l'Aréopagite décrit les rapports de l'Être créé avec sa cause, à travers ce symbolisme du centre et des cercles concentriques, en parfaite cohérence avec les visions dantesques finales de la Divine Comédie.

Nous allons rapidement découvrir, sephirah par sephirah, les étapes franchies par Dante et tout le jeu de correspondances symboliques qui montre, à l'évidence, que le Poète, non seulement était parfaitement au fait de cet enseignement, mais qu'il a aussi la volonté de la traduire en images de la plus pure et la plus significative beauté !…

Du Paradis Terrestre au Prologue du Paradis, au chant I : Malkuth, "le Royaume"…

En fait, la descente aux Enfers, située dans l'hémisphère boréal, avec les châtiments des damnés et la montée de la Montagne du Purgatoire, jaillissant sur une île, à l'emplacement de Jérusalem, dans l'axe du cône de l'Enfer, et située dans l'hémisphère austral, avec les expiations des pénitents, ces étapes, sont franchies toutes les deux sur la Terre. Cette dernière est associée, selon la tradition Kabbalistique, à la sephirath Malkuth, "le Royaume", réceptacle, pour reprendre l'expression de Virya, de l'Incarnation.

De celle-ci, il a été question en permanence, tout au long des 34 chants de l'Enfer et des 33 chants du Purgatoire, avec, comme synthèse, pourrions-nous dire, l'itinéraire au Paradis Terrestre, situé au sommet de la Montagne du Purgatoire. Ce dernier lieu est celui, édifiant, de l'Homme, pleinement incarné, Corps et Esprit, avant la Chute, et jouissant de tous les bienfaits de la Nature et de la Lumière Divine.

L'ascension du Paradis se prépare au Prologue et, là, plusieurs allusions à peine voilées au cheminement vers Kether sont faites par le Poète. Il invoque Apollon, symbole de la Lumière Divine, pour l'inspirer et se met en queste de la "couronne" de laurier, symbole de l'Immortalité et, par ailleurs… dénomination de la sephirah Kether, en référence à tout son symbolisme (voir plus loin). L'Arbre de Vie est même désigné (chant I, v.25 à 27) :

"venir vedra'mi al tuo diletto legno,
e coronarmi allor di quelle foglie
che la matera e tu mi farai degno.

Ce que nous pouvons traduire :
Tu me verras venir à ton arbre bien-aimé,
et me couronner de ces feuilles de laurier
dont la matière et toi m'aurez fait digne.

Par delà le contexte mythologique de la légende de Daphné, fille du fleuve Pénée, qui se changea en laurier pour échapper à l'amour d'Apollon, un sens beaucoup plus caché, "anagogique", comme dit le Poète, se rapporte à la démarche de l'initié prenant appui sur l'Arbre de Vie, et à tout le mystère de l'Incarnation, Âme, Corps et Esprit.

Dante n'engage-t-il pas cette "remontée" de l'Arbre, quand il affirme puis questionne ainsi (chant I, v.70 à 75) :
> *"Outrepasser l'humain", humain langage*
> *ne peut dire que c'est ; vaille l'exemple*
> *à ceux qu'attend par grâce un don pareil.*
> *Fus-je âme nue, nouvelette créée,*
> *ou âme et corps, quand tu me soulevas*
> *de ta lumière, Amour maître des cieux ?*

Seul cet Amour, assimilé à Dieu lui-même, a la réponse, conclut le Poète.

C'est bien par Malkuth que Kether s'incarne pleinement et se manifeste "corporellement" à travers le Cosmos tout entier. En Malkuth, toutes les émanations sephirothiques se révèlent "matériellement".

Les yeux du Poète sont presque toujours centrés sur ceux de Béatrice, qui, eux, regardent le Soleil (Dieu), tandis que les deux "voyageurs" font une ascension vertigineuse, à travers la sphère de feu, d'où descend la foudre, entre la Terre et la Lune. Dante découvre des contradictions apparentes entre les lois ordinaires de la Terre et ce qu'il voit. Béatrice va bientôt lui expliquer **l'ordre de l'univers.** Nous revenons sur le thème de la foudre ! (v.91 à 93) :
> *Sur terre n'es-tu plus, comme tu cuides ;*
> *mais nul foudre fuyant son vrai séjour*
> *ne courut comme toi qui là remontes.*

Elle évoque ensuite l'ordre de l'univers qui règne dans toute création :
> *C'est la forme qui fait à Dieu l'univers ressemblant.*

L'errance de *tous les êtres créés* est un fait inéluctable (v.112 à 114) :
> *donc par la large mer de l'être, ils nagent*
> *à divers ports, selon l'instinct donné*
> *qui chacun d'entre eux porte vers son principe.*

Ceci nous renvoie, sans aucun doute, aux divers "états d'évolution", correspondant aux sephiroth de l'Arbre de Vie. La "Providence" qui règle l'ordre de l'univers, tient, par sa Lumière, l'Empyrée, le plus ardent des cieux, dans une Paix éternelle. Ce ciel correspond, nous le verrons, à Kether, "la Couronne". Cette sephirah est le siège de la "conscience pure". C'est le trône même de Dieu, d'où toute réalité émerge et prend naissance.

C'est ce que nous enseigne la Kabbale et ce que chante le Poète...

Malkuth est la 10ème sephirah de l'Arbre de Vie. Le nombre 10 représente l'expression et la manifestation concrètes de l'Esprit sur le plan terrestre. C'est le nombre de l'Incarnation. Le Paradis Terrestre nous a révélé l'Incarnation "parfaite", celle d'avant la Chute.

L'ascension vers le 1er ciel, celui de la Lune, se fait en ligne droite, comme se feront d'ailleurs celles entre tous les cieux. Arrivé dans un ciel, Dante y tourne pendant un temps plus ou moins long et repart comme "une flèche" - nous retrouvons le trajet de la foudre à rebours ! - vers le ciel au-dessus.

Yesod, "le Fondement", au Ciel de la Lune, chants II,III,IV et V (en partie) ...

Après avoir traversé comme une flèche la sphère de feu, Dante et Béatrice arrivent au Ciel de la Lune. C'est le 1er ciel, en fait dans le sens de la progression du Poète et de son guide. Il correspond, topographiquement, au cercle le plus étroit autour de la Terre.

Une grande question occupe tout d'abord la quasi-totalité du premier chant : pourquoi la Lune a-t-elle des taches ? Il est évident que nous devons en faire une lecture relative à l'Astrologie symbolique, sans s'en tenir à la réalité physique de l'astre matériel.

Telle est donc la question de Dante.

Béatrice lui répond longuement, comme dans une véritable thèse, condamnant au passage une conception d'Averroès, le fameux philosophe arabe.

Nous avons essentiellement dans ce chant un ensemble de spéculations philosophiques et théologiques que Dante destinait, selon ses dires, à des *initiés*... Avant même de poser la question et d'obtenir la réponse de Béatrice, le Poète écrit, à propos de la fusion "essentielle", au vrai sens de ce terme, entre la nature de l'Homme et Dieu, cette phrase étonnante, qui nous renvoie bien implicitement à Yesod, la 9e sephirah.

Celle-ci correspond en effet au pouvoir de coagulation et de matérialisation, assurant la descente de l'Esprit dans la matière et leur fusion. C'est par elle que toute réalité se concrétise. Or que chante le Poète (chant II,v.40 à 45) ? :

cela devrait en nous désir accroître
de voir enfin cette essence où l'on voit
comme à Dieu s'est unie notre nature.
Ce que l'ont tient à foi, nous le verrons
là-haut, non par discours, mais en soi clair
comme les premiers vrais que croit tout homme.

Et la réponse finale de Béatrice à la question posée par Dante ne fait, ni plus ni moins, qu'allusion à cette Lumière et cette Essence Divine qui, de palier en palier, de sephirah en sephirah, se transmet depuis Kether, qui correspond au 1er Mobile et à l'Empyrée, jusqu'ici, au ciel de la Lune. Chaque ciel, siège de chaque sephirah, transmet ses propres "vertus" (chant II,v.112 à 123) :

Dedans le ciel de la divine paix
vire une sphère ès vertus de laquelle
l'être de tout ce qu'elle enclot repose.
Le ciel suivant percé de mille vues
vient partageant cet être diversé
à toute essence ou nature en lui sise.
Les autres cieux, chacun selon son art,
disposent à leurs fins chaque nature
et les vertus dont ils ont la semence.
Ainsi s'en vont tous ces orgues du monde
de degré en degré comme tu vois,
tenant d'amont de qu'ils rendent aval.

Les anges sont les *bienheureux moteurs* du mouvement des sphères
(v ;127 à 129) : *Le branle et la vertu des saintes sphères,*
comme l'art du martel est dû au fèvre (=artisan),
sont dus aux bienheureux moteurs : les anges.

Ce sont les hiérarchies célestes effectivement qui accompagnent le "pèlerin" sur le chemin de l'Arbre de Vie. Le rôle du *chœur des esprits* est assimilé à celui qui relie l'Âme au Corps. Notons que les Kabbalistes considèrent la sephirah Yesod comme la "fondation", sur laquelle l'Âme appuie ses forces émotionnelles. D'où son nom de "Fondement" (v.133 à 141) :
Et comme l'âme infuse en votre poudre
court déliée en des membres divers
tous ordonnés à diverses puissances,
ainsi virant sur sa propre unité,
le chœur de ces esprits en feu déploie
ses dons multipliés aux astres.
Chaque vertu fait divers alliages
avec les corps précieux qu'elle avive
en s'y fondant comme l'âme à la chair.

Nous verrons qu'à chaque ciel correspond une influence planétaire spécifique, en concordance avec la nature de chaque sephirah dans l'Arbre, qui est le siège d'une authentique alchimie spirituelle de l'être, un véritable Athanor, pour la réalisation du Grand Œuvre.

La conclusion de Béatrice sur la question de Dante concernant *les taches de la Lune*, est sans ambiguïté : l'Intelligence motrice exerce son influence sur l'astre de manières différentes, en ses diverses parties (v.145 à 148) :
De là provient, non du dru ou du rare,
l'inégale splendeur de ces lumières ;
telle vertu est le formel principe
dont les degrés font le clair et le trouble.

Cette argumentation sur les *taches de la Lune* nous suggère, au-delà du seul discours philosophique, imprégné de références astrologiques, un sens plus profond, directement relié à la nature de ce qui s'opère en Yesod, sephirah correspondant au 1er ciel du Paradis dantesque : la fusion entre Esprit et Matière, qui se réalise, en principe, en Yesod, sephirah associée au ciel de la Lune, donc sous l'influence de cet astre, atteint des degrés différents de réalisation. C'est aussi cela que le discours de Béatrice semble dire à mots cachés.

Au chant III, le Poète rencontre des âmes qui, dans leur incarnation sur Terre, ont été dans l'impossibilité d'accomplir leurs vœux religieux, dans un mélange de contraintes, de manque de volonté et de crainte, nourrissant ce manque de volonté. Béatrice, au chant IV (v.106 à 111), le dira clairement :
Je veux qu'en ce débat tu considères
comme, à la force, un peu de gré (*) se mêle,
si bien que le mal fait perd son excuse.
Un vouloir absolu ne consent point
au dam (*); mais il consent, quand il redoute
de choir en plus d'ahan (*) s'il se refuse.

(*) gré = volonté ; dam = dommage ; ahan = effort, peine.

Tout comme la sephirath Malkuth est le réceptacle du Corps, selon les Kabbalistes, Yesod est celui de l'Ego, dont l'énergie première est précisément celle de la "volonté" et du "désir". Cette sephirah correspond, par ailleurs, à l'incarnation des principes spirituels dans le monde concret de la Matière.

Une personne qui, dans son évolution, s'épanouit en priorité conformément à cette sephirah, a, en particulier, une forte personnalité.

Or, quel que soit le sort final terrestre que les personnages évoqués par Dante aient eu, ils sont bien le produit d'une forte personnalité et doués de *volonté relative sinon absolue,* pour reprendre une image du Poète, plongée à la fois dans des contraintes violentes et une vocation authentique. C'est bien le cas de Piccarda Donati, sœur de Forèse Donati, l'ami d'enfance de Dante. Toute vibrante d'Amour Divin, elle entra au couvent de sainte Claire, comme franciscaine, et en fut arrachée par Corso Donati, son autre frère, et mariée de force à un gentilhomme de Florence, Rossellino della Tosa. Par "miracle" (?), elle fut prise, le soir même de ses noces, d'une violente fièvre, qui se transforma en lèpre et elle passa bientôt de vie à trépas. Ceci est peut être bien une légende, mais elle demeure édifiante.

Il y a le cas aussi de Constance, fille posthume de Roger II, Roi de Sicile. Elle épousa l'Empereur Henri VI, fils du célèbre Frédéric Barberousse et eut un fils Frédéric II. Selon une légende, elle se fit nonne et fut retirée du couvent par l'archevêque de Palerme pour lui faire épouser Henri VI.

La première partie du chant V est consacrée à un exposé théologique sur les vœux religieux, leur essence, leur valeur, les limites et les conditions de leur permutation. Dante, en effet, à la fin du chant précédent, demande à Béatrice si l'âme peut, *par d'autres œuvres,* compenser un vœu non accompli, pour ne pas perturber son accession à la Béatitude. Béatrice rappelle, alors, au Poète que si *la liberté de la volonté,* donnée par Dieu aux *créatures intelligentes,* est aliénée par l'Homme, celui-ci ne peut rien donner en compensation, car il ne possède rien de valeur égale à cette liberté. Néanmoins, Béatrice affirme que la *matière du vœu* peut être telle que l'Âme puisse la modifier sans commettre de péché.

Mais aucun être ne peut changer *le faix qu'il a sur l'épaule,* c'est-à-dire son fardeau, sans que *ne tourne en sa faveur la clef blanche et la clef jaune.*

Ces deux clefs sont tenues en main par l'ange qui préside à la porte du Purgatoire (chant IX) comme nous l'avons précédemment vu. La pénitence suppose, symboliquement, "une double opération de purification", qui ouvre l'âme aux réalités supérieures.

Clef blanche : le blanc est la couleur du "passage", du "candidat". Blanc se dit "candidus", couleur "initiatrice" et couleur de la Théophanie.

Clef jaune : couleur de la Lumière Divine, de l'Éternité et, aussi, de la "terre fertile". Seule une transmutation de l'Âme, par intervention divine, peut ainsi autoriser la permutation d'un vœu.

Ici se place une assertion, en apparence très sybiline, que les traductions peuvent tirer dans un sens ou dans un autre (chant V, v. 58 à 60) :

>   *"e ogni permutanza credi stolta,*
> *se la cosa dimessa in la sorpresa*
> *come 'l quattro nel sei non è raccolta.*

Traduction d'André Pézard :
>   *Et crois que c'est folie d'aller au change,*
> *si dans le prix qu'on met le prix qu'on lâche*
> *n'est recueilli comme quatre dans six.*

Traduction d'Henri Longnon :
>   *Tout changement, sois sûr, est insensé*
> *Si la chose reprise, au don qui la remplace,*
> *N'est contenue comme quatre dans six."*

Et nous proposons la traduction suivante :
>   *et chaque permutation crois-le est stupide*
> *si la chose écartée de manière inattendue*
> *comme le quatre dans le six n'est pas réunie.*

Les commentateurs voient en général dans la formule *comme quatre dans six* une image signifiant "largement", c'est-à-dire en plus grande quantité. Ils se situent sur un plan exotérique.

Nous pensons qu'il y a implicitement référence au symbolisme numérologique et kabbalistique, reliant deux sephiroth entre elles, sur lesquelles nous revenons plus loin dans le détail. Notre proposition de traduction vise à suivre tout simplement la formulation de Dante au plus près, car elle paraît moins sybiline qu'on a voulu le prétendre, pour peu que nous faisions appel à une interprétation plus ésotérique.

En résumé, la 6e sephirah de l'Arbre de Vie, Tiphereth, "la Beauté", est celle du pouvoir d'unification : les potentialités divines apparaissent après avoir été évaluées, rectifiées et ajustées. En Tiphereth se rejoignent toutes les autres émanations séphirothiques de l'Arbre, dont bien sûr celles de Hesed.

Cette sephirah correspond à l'Amour de Dieu. Sous l'aspect de la Miséricorde, Dieu communique sa grâce et vivifie le créé. Tout changement du "fardeau" que l'être a sur les épaules suppose une unification, en Tiphereth, associée au nombre 6 et dans laquelle opère l'Amour Divin et la Grâce Divine, émanations de la sephirah Hesed, associée au nombre 4. Et, comme cela a été dit par Béatrice, dans le tercet précédent, ce sont les deux clefs, la blanche et la jaune, qui peuvent, seules, permettre à l'âme de modifier ce "fardeau". Et nous lisons au chant V (v.64-66) :
>   *"Non prendan li mortali il voto a ciancia :*
> *siate fedeli e cio far non bieci*
> *come Ieptè alla sua prima mancia ;"*

Ce que nous pouvons traduire :
>   *Que les mortels ne prennent pas le vœu à la légère :*
> *soyez fidèles et cela ne le faites pas de travers*
> *comme Jephté dans sa première manche ; [...]*

La présence de ce rappel en Yesod est d'autant plus significative que le chant V, dans sa deuxième partie, va nous faire pénétrer au ciel de Mercure, qui, conformément à la Tradition, correspond symboliquement à la sephirah

Hod, "la Gloire". Celle-ci est la première sephirah où la lumière divine se révèle à la conscience humaine, sous la forme d'images mentales que l'être sur la voie de son évolution peut conceptualiser. Béatrice avait souligné que le don de liberté a été fait par Dieu à l'Homme, comme être "doué d'intelligence" (chant V,v.22-23).

En cette nouvelle queste de l'Intellect, l'Homme Chrétien est aidé (chant V,v.73 à 78) :
>*Soyez, chrétiens, plus pesants au mouvoir :*
>>*ne soyez point comme plume à tout vent*
>>*et ne croyez que toute onde vous lave.*
>
>*Vous avez, neuf et vieux, le Testament,*
>>*l'Église et son pasteur, lesquels vous guident :*
>>*tant vous suffise à votre sauvement.*

A chaque ciel, les commentateurs de l'œuvre du Poète, ont associé "une science" du Trivium et du Quadrivium, en se référant au passage du "Convivio" (II,14-15), dans lequel Dante écrit, en se référant lui-même à Saint Thomas d'Aquin : *Le Ciel cristallin, qu'on a ci-devant compté pour Premier Mobile, a en soi comparaison très manifeste à la Morale Philosophie ; car Morale Philosophie, selon que dit Thomas à propos du second livre de l'Éthique, nous ordonne en vue des autres sciences. [...] et pareillement ledit ciel ordonne par son mouvement la quotidienne révolution de tous les autres, par laquelle chaque jour tous ceux-là reçoivent et adressent ici-bas la vertu de toutes leurs parties.*

Ces "Sciences" sont au nombre de 9 : Grammaire, au ciel de Lune ; Dialectique, au ciel de Mercure ; Rhétorique, au ciel de Vénus ; Arithmétique, au ciel du Soleil ; Musique, au ciel de Mars ; Géométrie, au ciel de Jupiter ; Astrologie, au ciel de Saturne ; Physique et Métaphysique, au ciel des Étoiles ; Philosophie Morale, au ciel du 1er Mobile ; les deux dernières correspondances étant citées directement par le Poète dans son œuvre.

Nous verrons que ces correspondances entre "Sciences" et "Ciels", si elles ont été parfois contestées par certains commentateurs, en se basant uniquement sur la "lettre" du texte de Dante, sont parfaitement cohérentes, n'en déplaise à ces commentateurs, avec le contenu archétypique de chaque sephirah. Er ce contenu est lui-même parfaitement cohérent avec le contenu des chants du Paradis !

Notons que la "Science" associée à Yesod, correspondant elle-même au ciel de la Lune, est la Grammaire. Or, l'essence même de cette "Science" consiste dans l'ensemble des règles à suivre pour parler et écrire correctement une langue et l'étude systématique de ses éléments constitutifs...

Cette essence ne correspond-t-elle pas à ce "pouvoir de coagulation" associé à la sephirah Yesod ?!... La maîtrise de la langue n'est-elle pas le premier pas de l'Être vers la conquête de son identité profonde, par l'expression "juste" ?!...

Hod, "la Gloire", au Ciel de Mercure, chants V (en partie), VI et VII...

et comme dard qui en plein but se frappe
ains que la corde ait cessé de frémir,
sitôt courûmes-nous au second règne.
(chant V, v.91 à 93)

Le second règne de Mercure est celui des âmes qui, sur Terre, furent très actives à faire le bien pour acquérir honneur et gloire. Mercure, dans l'Arbre de Vie exerce son influence dans la 8e sephirah, celle de Hod, "la Gloire". Nous l'avons dit, la Lumière Divine se révèle en Hod, à la conscience humaine, sous la forme d'images mentales. Mais Hod est aussi la sephirah de la "médiation et de la communication avec les plans subtils".

Nous en avons l'illustration directe par les propos de l'âme de l'empereur Justinien, au chant VI. Celui-ci est entièrement consacré, en effet, au discours tenu par l'âme de cet empereur, apparue à Dante, à la fin du chant V.

Ce discours présente tout un historique de Rome, centré sur la politique et la justice. Justinien s'y présente comme celui qui, par la volonté du "Premier Amour", identifiée à l'inspiration du Saint Esprit, a fait œuvre d'épuration législative. Et aussitôt qu'il marcha dans la voie de l'Église, il se vit inspiré par la grâce de Dieu. Puis il annonce au Poète que cette *petite étoile* - il s'agit de Mercure - est *adoubée de bons esprits qui ont œuvré sur Terre pour que leur vienne là bruit et honneur.*

Et il constate (chant VI, v.115 à 117) :
quand à ces fins tendent nos vœux, pour sûr
les rais du vrai amour par ces traverses
à la gloire d'en haut tendent moins vifs.

Autrement dit, trop de désir de renommée éloigne l'Homme du vrai but de l'Amour Divin. Mais la Justice purifie les désirs, leur interdisant de se tourner vers de mauvaises fins. Et l'âme de l'empereur Justinien évoque, sous la plume de Dante, l'histoire ou plutôt la légende de Romieu de Villeneuve, grand sénéchal du comte de Provence, Raymond Bérenger, et qui fut injustement accusé d'avoir dilapidé le trésor de son maître, qu'il avait pourtant servi avec loyauté. Raymond lui demanda des comptes et Romieu, humble pèlerin de Saint Jacques de Compostelle, qui s'était arrêté en Provence, au retour de Galice, s'en retourna aussi pauvre qu'il était venu...

Et le chant conclut de manière éloquente (v.140 à 142) :
Si le monde savait le cœur qu'il eut
quêtant son pain à bouchée à bouchée,
tant bien le loue, assez plus le louerait.

Bien entendu, l'émotion avec laquelle Dante évoque ce personnage est en liaison directe avec sa propre destinée d'exilé et la vision de l'infortune, née d'une mauvaise information du monde sur les mérites d'une âme d'exception. Nous sommes bien, par un contre-exemple, en présence de ce pouvoir de médiation et de communication avec les plans subtils qui correspond à la sephirah Hod, "la Gloire", et qui, ici, firent grand défaut au fameux comte de Provence, pour mieux apprécier son protégé d'un temps ...

Au chant VII (v.1 à 3), toujours au ciel de Mercure, les bienheureux se séparent du Poète en chantant un tercet qui associe du latin et de l'hébreu rituélique !

"HOSANNA sanctus Deus sabaoth
superillustrans claritate tua
felices ignes horum malacoth !"

Ce qui peut être traduit ainsi :
HOSANNA, Dieu saint des armées,
toi qui d'en-haut illumines de ta clarté
les bienheureux feux de ces royaumes.

Ce tercet nous paraît traduire, dans un chant saisissant, une fois de plus, l'essence même de l'Arbre de Vie, qui de Kether, "la Couronne", trône de Dieu, à Malkuth, "le Royaume", retrace le parcours créateur de la Lumière Divine, avec le concours des armées célestes, c'est-à-dire des hiérarchies angéliques, que nous découvrirons évoquées plus loin par le Poète.

En ce même chant VII, dernier chant consacré au ciel de Mercure et aux âmes actives et bienfaitrices, deux thèmes centraux illustrent le pouvoir de médiation et de communication avec les plans subtils, pouvoir correspondant à la sephirah Hod. Il s'agit du thème de l'Incarnation du Christ pour le rachat de l'Homme, après la faute originelle et celui de l'incorruptibilité de certaines âmes. Évoquant la mort du Christ sur la croix, Béatrice donne une image sublime de la "médiation", associée à ce que rapportent les Écritures Saintes (chant VII,v.46 à 48) :
Pour ce, d'un fait sortirent plusieurs choses :
la même mort à Dieu plut et aux Juifs ;
par elle trembla terre et cieux s'ouvrirent.

Dante, qui doute que ce sacrifice fut le seul moyen pour notre rédemption, s'entend rappeler par Béatrice la Loi d'Amour, qui doit s'imposer à la raison (v.58 à 60) :
Ce décret (de Dieu) *doit rester enseveli*
frère, aux yeux de ceux-là dont la raison
ne s'est mûrie à la flamme d'amour.

Elle rappelle aussi au Poète le rôle du feu sacré qui resplendit en tout être et qui est plus ardent chez ceux qui ressemblent le plus à Dieu. Et *Dieu, par siennes voies, ralliât l'homme à sa plénière vie,* c'est-à-dire par la voie de la Miséricorde et (ou) de la Justice, deux voies majeures, précisément, de communication avec les réalités divines.

Au départ, l'Homme fut créé avec 3 prérogatives : sa ressemblance à Dieu, sa liberté et son immortalité. A la différence des anges, créés par Dieu *Tels qu'ils sont là, dans tout leur être,* toutes les choses créées sont composées de Matière et d'une Forme sous influence des astres, et corruptibles.

Mais l'Homme est doté d'une âme, insufflée directement par la Bonté suprême de Dieu, le prédisposant à l'Amour. Et ceci lui promet la résurrection de son propre corps en "corps de lumière", *sachant comme l'humaine chair fut faite, à l'heure que Dieu forma les deux premiers parents.*

Dans la perspective de l'Hermétisme Chrétien, nous pouvons dire que ce chant se termine, en fait, par le rappel de la réalité ontologique de l'être humain : Esprit et Matière. L'Esprit (ou l'Âme) doué(e) du pouvoir suprême de médiation et de communication avec les plans supérieurs, permet à la Matière de se transformer.

C'est, comme nous l'avons déjà écrit, dans la sephirah Hod, "la Gloire", que s'exercent cette médiation et cette communication. La "science", associée au ciel de Mercure, est **la Dialectique**. Or l'essence même de cette "science", ensemble des moyens mis en œuvre dans la discussion pour démontrer, réfuter et emporter la conviction, selon la définition du dictionnaire, est en parfaite concordance avec le pouvoir de médiation et de communication.

Dans la remontée de l'Arbre de Vie, nous entrons avec les chants suivants, VIII et IX, en contact avec la sephirah Netsah, "la Victoire", associée au pouvoir "d'harmonisation" et au ciel de Vénus, celui des "Esprits aimants"...

Netsah, "la Victoire", au Ciel de Vénus, chants VIII et IX ...

C'est la plus grande beauté *à voir plus belle apparaître ma dame* - qui indique à Dante qu'il est monté au Ciel de Vénus. Les bienheureux de ce 3e ciel du Paradis apparaissent eux-mêmes doués d'un rayonnement plus intense (chant VIII,v.16 à 21) :

Et comme en plein brasier luisent bluettes,
   comme une voix ressort entre dix voix
   quand l'une danse et de plain vont les autres,
je vis courir dans le clair de l'étoile
   autres clartés, virant plus ou moin vite,
   selon qu'en Dieu plonge l'œil de ces âmes.

Parmi ces *feux* résonne un "Hosanna", écrit le Poète, *que depuis ne me quitte l'envie encor d'ouïr.* L'un d'eux s'avance vers les voyageurs, offrant de répondre à leur désir et de puiser en eux la joie (v.31 à 33) :

Puis l'un d'eux se porta plus près de nous
   et parla seul : "Trestous à ton plaisir
   sommes-nous prêts, si de nous tu as la joie."

Le chœur angélique du 3e ciel est constitué des Principautés, qui précisément sont associées à la sephirah Netsah, "la Victoire". Or, que nous apprend la Kabbale à propos de cette sephirah ?

Netsah est la sphère du parfait équilibre entre l'Essence et la Forme. *Toute chose au contact de son rayonnement devient le reflet de la splendeur divine et témoigne de son indicible harmonie,* écrit Charles Rafaël Payeur (1). Elle répand dans toute la création la beauté transcendante de Dieu et l'illumine de mille feux, incitant l'aspirant sur le chemin de son évolution, Dante en l'occurrence, au ravissement et à la joie.

---

(1) *La Kabbale et l'Arbre de Vie* par Charles Rafaël Payeur, Éditions de l'Aigle, Canada (Quebec), 1996.

Béatrice, elle-même, rayonne cette joie caractéristique de Netsah, née de l'équilibre et de l'harmonie entre Essence et Forme et de la relation d'Amour d'essence divine, tout comme la haute figure de Charles-Martel évoquée par le Poète et avec lequel il échange longuement au chant VIII. Le poète chante cette Lumière et cette Joie, à son propos, comme une "aura" qui enveloppe l'être, ceci avec une image comparative saisissante (v.52 à 54) :

Je suis à toi celé par cette joie
    qui entour moi rayante me dérobe
    comme le ver que sa soie enveloppe.

Ce thème du **rayonnement de Lumière et de Joie**, attaché à Netsah, se retrouve au chant IX, quand les bienheureux du 3e ciel apparaissent à Dante dans une forte clarté qui les enveloppe, dérobant ainsi à ses yeux leur apparence humaine. Ces bienheureux sont ceux qui, sous l'influence de Vénus, ont manifesté toute leur ardeur, tout leur amour vers un objet digne de cette planète, soit Dieu lui-même.

Sur un autre plan, le chant VIII évoque la question de l'influence des ciels sur le caractère et les aptitudes personnelles de l'être. La haute figure de Charles-Martel "raisonne" tout haut, sur ce sujet, pour le Poète. Fils aîné de Charles II d'Anjou, roi de Naples, il fut couronné lui-même roi de Hongrie et Dante se lia d'amitié pour lui, lors d'un séjour qu'il fit à Florence et au cours duquel il manifesta beaucoup d'amitié pour le peuple Florentin.

Dieu exerce sa providence sur terre, à travers les ciels, explique le Poète. L'influence de ces derniers agit donc en vue d'un but déterminé, en conformité avec une vie en société. Il y faut des "fonctions" différentes pour que l'Homme vive *en citoyen sur terre. De diverses racines faut donc qu'en la cité croissent vos œuvres*, écrit Dante, soit que l'on naît Solon, législateur, Xerxès, guerrier, ou Melchisédech, prêtre, ou autre encore... Et il précise le dernier maillon de son raisonnement, en référence à Charles-Martel (chant VIII,v.142 à 144) :

Et si votre bas monde avait égard,
    à ce fond que nature aux êtres baille,
    selon ces dons y croîtrait bonne graine.

L'Homme, hélas, ne favorise pas toujours ces dispositions "naturelles", nées en réalité des influences célestes, et la société ne peut pas être parfaitement heureuse. Nous voyons là un discours qui conforte encore si bien cette présence de Netsah au ciel de Vénus de la Divine Comédie.

Selon les Kabbalistes, en effet, cette sephirah correspond, sur un plan psycho-spirituel, à des personnes intimement "harmonieuses", attachantes, et selon l'expression de Virya (1), *Toujours prêtes à agir tête baissée, malgré les conséquences souvent déplorables.* (Netsah) *Fait des personnes ouvertes vers les autres, très pédagogues.* Elles savent faire ressortir dans leur vie quotidienne les arcanes de leur vie intérieure !...

---

(1) *Lumières sur la Kabbale - manuel initiatique* par Virya, Éditions Jeanne Laffitte, 1989.

Elles savent faire, ou inciter les autres à faire "l'acte pratique", qui assure la réalisation des intentions. Autrement dit, ce sont de parfaits catalyseurs d'action. Et si, comme le dit le langage populaire, "elles sont bien inspirées", c'est qu'elles expriment, de manière visible, leur harmonie intérieure, en parfaite conformité avec leurs dispositions "naturelles".

Or l'Humanité, dans son ensemble, va bien souvent a contre courant et se trouve hors du "bon chemin" (chant VIII,v.145 à 148) :
> "Ma voi torcete alla religione
> tal che fia nato a cignersi la spada,
> e fate re di tal ch'è da sermone :
> onde la traccia vostra è fuor di strada."

Que nous pouvons traduire :
> Mais vous détournez vers la religion
> tel qui est né pour ceindre l'épée,
> et faites roi tel qui l'est pour le sermon :
> aussi votre queste est-t-elle hors du chemin.

L'une des âmes bienheureuses du ciel de Vénus est une certaine Cunizza, fille d'un tyran, damné en Enfer (chant XII,v.109-110). C'est une femme célèbre par ses trois maris et ses multiples amants, parmi lesquels figure le fameux troubadour Sordello, évoquée au Purgatoire (chant VI,v.58 à 75). Les commentateurs n'ont eu de cesse de fournir des explications pour savoir pourquoi Dante la situe au Paradis !…

En fait, cette femme se convertit, à la fin de sa vie et mit toute son ardeur dans de bonnes œuvres et dans l'Amour de Dieu. Elle déclare, joliment, elle-même : *et ici resplendis m'étant brûlée aux feux de cette étoile.*

Nous avons, ici, la marque de Vénus, attachée comme nous l'avons dit à cette ardeur qui fait rayonner l'intériorité, empreinte de la sephirah Netsah.

Cette marque a pu trouver, dans l'Amour de Dieu, la pénitence et le rachat des péchés, les raisons d'envoyer Cunizza au Paradis ! Nous ne sommes pas loin de l'image d'une héroïne biblique qui a pour nom Marie Madeleine ou Marie de Magdala !

Folquet de Marseille, troubadour provençal, *autre âme joyeuse* et qui *se fit perçante comme rubis où le soleil se frappe,* est lui aussi exemplaire de cette relation à Netsah. Troubadour de l'amour pour les femmes, à travers de nombreuses cours d'Europe, il racheta ses débordements passés en entrant dans l'ordre de Cîteaux. Il fut abbé de l'abbaye du Thoronet, puis évêque de Toulouse, prit part à la répression des Albigeois et favorisa la fondation de l'Ordre des Frères Prêcheurs.

Il se caractérise bien par cette qualité d'esprit fonceur, ouvert aux autres, catalyseur d'action, mettant sa vie courante au diapason d'une ardente vie intérieure et produisant parfois le meilleur et parfois le pire.

Quand il s'agit du pire, nous sommes en présence du caractère maléficié de la sephirah sombre Tit Aïsoun, correspondant à Netsah et engageant notamment à la luxure et à la perversion.

Notons que le 3e ciel, celui de Vénus, marque une étape dans l'organisation globale du Paradis selon Dante, comme l'édicte lui-même le bienheureux Folquet de Marseille : *Ce ciel où meurt en fine pointe l'ombre de votre monde...*

Il y a donc une différence essentielle entre les 3 ciels inférieurs de la Lune, de Mercure et de Vénus, dans lesquels les bienheureux conservent une apparence humaine, et les ciels supérieurs où ils sont transfigurés. Nous avons là encore une étonnante analogie avec la structure de l'Arbre de Vie. La Tradition Kabbalistique, en effet, distingue 3 triades de sephiroth, se projetant dans la 10ème et dernière sephirah, Malkuth : celle de l'immanence divine, Yesod, Hod et Netsah, les 3 sephiroth dont nous venons de parler, triade dénommé "la triade créatrice", puis Tiphereth, Geburah et Hesed, "la triade cosmologique" et, enfin, Binah, Hochmah et Kether, "la triade supérieure".

Sur un plan plus "profane", rappelons que la "science", associée au ciel de Vénus, est **la Rhétorique**. L'essence même de cette dernière, l'art de bien parler et la bonne mise en œuvre des moyens d'expression sont les instruments obligés d'une bonne harmonisation, au sens de Netsah, harmonisation entre l'intériorité et l'expression externe, qui se concrétise ensuite dans les actes. Et cet art ou cette "science" est bien sûr l'outil favori de la force Vénusienne ! Ce sont, par ailleurs, les Principautés qui constituent la hiérarchie céleste correspondante.

Montons donc, à présent, au 4e ciel, celui du Soleil, en Tiphereth, 1re sephirah de "la triade cosmologique"...

Tiphereth, "la Beauté", au Ciel du Soleil, chants X, XI, XII, XIII et XIV (en partie) ...

Le Poète situe dans ce ciel les Docteurs et les Théologiens, ou les Âmes des Sages. Nous y découvrons l'admirable **Science de l'Architecte du Monde**. Ce sont presque 4 chants qui sont ainsi consacrés à ce ciel, avec la *montée au Soleil* et une première couronne de Sages, chantant la gloire de Dieu, autour de la haute figure de Saint Thomas d'Aquin, au chant X.

Ce sont des "lumières" qui chantent et dansent et non plus des formes humaines. Leur éclat surpasse celui du Soleil. La première couronne de Sages paraît davantage être celle de théologiens philosophes, la deuxième, que nous verrons plus loin, plus mystique, selon l'avis de nombreux commentateurs. Sans doute en est-il ainsi. Mais les différents personnages choisis par Dante sont surtout, là encore, exemplaires, dans leur évocation, des éléments kabbalistiques, constitutifs de la sephirah correspondant à ce ciel, soit Tiphereth, "la Beauté". Avant même cette évocation de la première couronne de Sages, le chant X commence par celle de la Sainte Trinité : le Père, qui est la *Puissance première et ineffable*. Il regarde *en son fils avec l'Amour que l'un et l'autre éternellement respire*. Le Père a créé les deux mondes matériel et spirituel (chant X, v.4 à 6) :

> *en si bel ordre fit tout ce qui roule*
> *par espace ou esprit, qu'à cette vue*
> *il n'est cœur qui de Dieu saveur (*) ne prenne.*

(*) vertu

Deux mouvements, écrit le Poète, *s'entrechoquent* dans les hautes sphères : le mouvement diurne, d'orient en occident, et le mouvement du zodiaque (annuel), d'occident en orient. Ils se croisent aux équinoxes. Le zodiaque est (v.154-15) :

l'oblique anneau qui porte les planètes
pour satisfaire au monde qui les clame."

Le monde a besoin de cette influence des planètes. Avec cette inclinaison de l'Équateur sur le plan de l'Écliptique, il y a bien sûr le phénomène des saisons qui rythment la vie humaine, mais surtout l'affirmation du symbole solaire *insoutenable au regard humain* (v.46 à 48) :

Et si nos fantaisies (=notre imagination) *demeurent basses*
vers un si haut brasier, ce n'est merveille
puisque nuls yeux le soleil ne surmontent.

Cette "source" d'énergie divine fait écho à la constitution de la Sainte Trinité : le Fils est engendré et le Saint Esprit procède du Père et du Fils.

Le Poète débute tout ce chant X, en évoquant en fait toutes les grandes bases essentielles de l'Hermétisme Chrétien : la Puissance Créatrice, la Sainte Trinité, la loi d'Amour, les deux mondes de la Matière et de l'Esprit, le zodiaque et l'influence symbolique des planètes.

Et cela nous est présenté autour du Soleil, qui correspond précisément à la sephirah centrale du Microprosope, dénommé "le Petit Visage" (le *"Zeïr Anpin"*), ou la face "révélée" de Dieu, qui regroupe, lui-même les 6 sephiroth centrales de l'Arbre de vie.

Cette sephirah, Tiphereth, est comme une synthèse de toutes les émanation séphirotiques. Elle correspond à la figure du "Fils". Le "Petit Visage" est composé des sephiroth suivantes, hors Tiphereth : celles que nous avons déjà vues en œuvre, dans les ciels précédents : Hod, "la Gloire", Netsah, "la Victoire" et Yesod, "le Fondement"; et celles que nous verrons dans les ciels plus élevés, dans notre "remontée" de l'Arbre, sur les traces de Dante…

Au-dessus du Microprosope, se situe le Macroprosope, "le Grand Visage" (*"Arich Anpin"*), représentant la "Face cachée de Dieu", et composé des 3 sephiroth supérieures : Hochmah, "la Sagesse", Binah, "l'Intelligence" et Kether, "la Couronne".

Mais revenons au ciel du Soleil, tel que l'évoque Dante, et retrouvons la marque de Tiphereth… Aux vers 52 et 53 de ce même chant X, Béatrice s'adresse au Poète en ces termes :

[...] Remercie
le pur soleil des anges qui par grâce
t'a fait monter en ce soleil sensible.

Ceci renvoie au symbolisme solaire divin, évoqué par Dante dans son "Convivio" : **Il n'est rien de sensible par tout le monde qui soit plus digne d'être pris pour exemple de Dieu que le Soleil.** Et le Poète affirme alors son immense "dévotion" et son amour qui *éclipse* un instant Béatrice elle-même laquelle, loin de s'en formaliser, en sourit !…

Suit l'évocation de la Couronne des Sages. Nous y découvrons Saint Thomas d'Aquin, le plus célèbre des docteurs dominicains. C'est sur son œuvre, les Commentaires d'Aristote, la Somme théologique, la Somme contre les Gentils, œuvre qui constitue le monument essentiel de la Scolastique, que le Poète repose tout l'appareil doctrinal et l'illustration poétique des dogmes et des croyances Chrétiennes de la Divine Comédie. Ceci n'empêche pas Dante d'être en opposition avec le grand sage, sur certains points.

Saint Thomas fut surnommé le "Docteur Angélique", en raison de la sainteté de sa vie. Dialectique et Scolastique sont mises au service de la Théologie dans un effort pour accorder Foi et Raison, dogmes chrétiens et théories d'Aristote, tout en maintenant la primauté de la Théologie sur la Philosophie. (Voir à ce sujet notre chapitre consacré à la "Destinée" de Dante).

Le Pape Léon XIII fit du Thomisme la Philosophie officielle de l'Église. Saint Thomas fut canonisé en 1323 (=9), superbe date, soit dit en passant, du point de vue de la Numérologie Sacrée. Selon la Kabbale, le nombre 9 est symbole de la "Perfection achevée" et, dans le tarot, l'Hermite, 9e arcane, est l'image de cet être tout tendu vers la recherche intérieure !...

Mais ce qui nous importe, ici, c'est que la sephirah Tiphereth correspond au "pouvoir d'unification". C'est un lieu de jonction où convergent et s'unissent toutes les autres émanations sephirothiques. Les Kabbalistes y situent la *synthèse et l'harmonie des forces émotionnelles de l'âme* et l'organisation des "énergies". D'où sa position de véritable carrefour et centre de l'Arbre de Vie. D'un point de vue psycho-spirituel, elle correspond à des personnes sensibles et équilibrées, qui possèdent toutes les qualités d'ouverture, de bonté, de don, de partage de la sephirah Hesed et toutes celles de rigueur, voire d'intransigeance et d'ininfluençabilité de la sephirah Geburah, les deux sephiroth immédiatement supérieures à Tiphereth. Nous avons là pratiquement le portrait-robot psycho-spirituel de Saint Thomas d'Aquin, tel que la Tradition l'a transmise.

Albert de Cologne, évoqué par Dante, est Albert le Grand, maître de Saint Thomas d'Aquin à Cologne et qui, selon certaines rumeurs d'époque aurait été emprisonné par Charles Ier d'Anjou, alors qu'il se rendait au concile de Lyon (1274). Mais cette version des faits, reprise par Dante à son compte, serait inexacte. Ce grand érudit introduisit dans son enseignement "le péripatétisme", philosophie chère au cœur des Aristotéliciens, ainsi que les idées de certains Néoplatoniciens. Il fit connaître les penseurs arabes, commentateurs d'Aristote. Notons qu'Aristote voyait dans la Philosophie la totalité du savoir humain et qu'il distingua en tout être une "Matière" (être en puissance) et une "Forme" (être en acte), principe immanent d'organisation de la Matière. Enfin, tout être est organisé et tend vers sa perfection, qui est sa forme. Ainsi l'Homme, doué de Raison, est au sommet de l'ordre hiérarchique de l'espèce animale.

Le choix par Dante d'Albert le Grand, propagandiste des idées aristotéliciennes et néoplatoniciennes n'est pas innocent, situé ici même au ciel du Soleil, associé à la sephirah Tiphereth.

François Gratien, célèbre canoniste italien, s'appliqua, dans son fameux recueil de Droit Canon, "Concordantia discordantium Canonum", à montrer l'accord des lois civiles et des lois ecclésiastiques.

Ces deux derniers exemples s'intègrent parfaitement dans la dimension du "pouvoir d'unification", incluse en Tiphereth. *Gratien éclaira, si bien l'un et l'autre droit, que cela plaît en Paradis*, écrit Dante.

Pierre Lombard, autre exemple donné par le Poète, fut maître de Théologie à Paris et y mourut, évêque. Son œuvre est orientée dans le même sens "unificateur" que celle de Gratien, mais appliqué à la Dogmatique et non pas au Droit Canon.

Puis le Poète nous gratifie d'une très belle évocation, qui ne peut plus laisser planer de doute sur la référence implicite à la Tradition de l'Hermétisme Chrétien, et à la Tradition kabbalistique (chant X,v.115 à 117) :

Tu vois plus loin la flamme de ce cierge
qui perça mieux que tout être de chair
dans la nature et l'office des anges.

Dante fait référence, ici, à Denys l'Aréopagite, converti par Saint Paul, premier évêque d'Athènes, martyrisé vers 95 ap J.C. et à qui est attribué le fameux traité "De coelesti hierarchia", consacré aux hiérarchies célestes et présentant la nature et le rôle des anges. Le Poète s'en inspire directement aux chants XXVIII et XXIX du Paradis, au 9e ciel, celui du Premier Mobile.

Nous sommes, avec ce traité, au cœur même de l'archétype de la "médiation" que représente Tiphereth. En effet, chaque émanation sephirothique correspond, dans la hiérarchie céleste, à un chœur angélique et un Archange-recteur. La sephirah Tiphereth, "la Beauté", est une clef de voûte de toute la Création, par laquelle passent les influences de toutes les autres sephiroth. C'est le centre "cardiaque", celui de l'Amour et du Christ intérieur.

Tiphereth est comme une synthèse de l'Arbre de Vie. Et Si Denys l'Aréopagite et toute la Tradition attribuent la hiérarchie des "Puissances" à Tiphereth, c'est qu'en cette sephirah la parfaite maîtrise intérieure de l'Homme tend à s'exprimer ; et par là, l'Homme cherche à s'élever et à s'identifier au Roi Solaire entre tous, le Christ.

L'auteur du Traité sur les Hiérarchies Célestes écrit ceci à propos des "Puissances" : *Quant au nom des saintes Puissances, il révèle leur égalité de rang avec les "Dominations" et les "Vertus", la belle ordonnance, harmonieuse et sans confusion, qui leur permet d'accueillir les dons divins...*

L'évocation de Denys l'Aréopagite vient donc parfaitement à sa place, comme Sage parmi les Sages, en ce ciel du Soleil Roi, associé à la sephirah Tiphereth.

Puis le Poète désigne un autre personnage, dont l'identité fait mystère (chant X,v.119-120) :

Cet avocat des saints temples de Christ
chez qui s'arma Augustin de bien dire.

Parmi bien des personnages attribués à cet "avocat", Paul Orose, prêtre espagnol du Vème siècle, né à Tarragone et auteur d'une "Histoire contre les païens", écrite à la demande de Saint Augustin, tient bien sa place, lui aussi, en Tiphereth, en véritable apologiste de la Chrétienté.

D'autres personnages de la Couronne des Sages, dans laquelle siège Saint Thomas d'Aquin, posent problème aux commentateurs pour leur présence au Paradis. Laissons ici les "énigmes dantesques" mais disons que parfois les commentateurs pourraient donner leur langue au chat !

Alexandre Masseron (1) dit, avec humour, que nous pouvons nous remémorer ici le vers le plus célèbre de la Divine Comédie, en Enfer :
Vous qui entrez, laissez toute espérance.

Rappelons que la première couronne de Sages ainsi évoquée comporte 12 personnages, nombre symbole de complétude, selon la Numérologie Sacrée.

Au chant XI, nous remarquons avant tout l'éloge approfondi de Dante à l'égard de Saint François d'Assise et aussi, indirectement, celui adressé à Saint Dominique. En fait, Saint François n'apparaît pas ici, car le Poète le situe dans l'Empyrée, lui conférant le plus haut rang parmi les fondateurs d'Ordres Monastiques. Nous retrouvons dans les évocations de ces trois grands vecteurs de Foi et d'Amour Divin, des expressions et des images qui appartiennent en propre à la sphère de l'Arbre de Vie correspondant à Tiphereth. Saint Thomas s'adresse ainsi à Dante (chant XI, v.19 à 21) :
Comme je luis sous les rais qu'elle jette,
ainsi mirant dans l'éterne clarté
je saisi l'ochoison (= je comprends) *de tes pensées.*

Lieu de rayonnement des potentialités divines et de convergence des autres émanations sephirothiques, telle est bien ici la marque de Tiphereth.

La Providence gouverne le Monde, mais l'œil de l'Homme ne peut découvrir le secret de ses finalités. La claire Sagesse l'emporte sur toute vue mortelle, nous rappelle Dante... En Tiphereth, Kether est "inatteignable" et du reste les trois sephiroth supérieures représentent la face cachée de l'Arbre de Vie.

Puis le Poète évoque le cri que le Christ, époux mystique de l'Église, poussa sur la Croix. Tiphereth est représentée par la Croix, précisément, symbole à la fois de la dispersion de l'unité originelle en quatre éléments matériels et du retour à l'Unité, rendu possible par le sacrifice du Christ et la victoire des forces de l'Amour et de la Lumière sur les forces de la Division et des Ténèbres. La Croix est devenue également le symbole du Paradis des Élus, grâce à son aspect "opératif". Une édition de la Divine Comédie du XVe siècle la montre au milieu d'un ciel couvert d'étoiles et rempli de bienheureux : gloire éternelle atteinte grâce au sacrifice de l'Agneau.

Saint François d'Assise est présenté par Dante comme celui qui fut *en son ardeur tout séraphique*, et Saint Dominique, *l'autre en terre fut, par sapience, de clarté chérubique esplendissant...*

Or, le Poète situe Saint François au 9e ciel, ciel du Premier Mobile, avons-nous dit, c'est-à-dire, sur l'Arbre de Vie, en Kether, sephirah à laquelle

---

(1) *Dante La Divine Comédie* par Alexandre Masseron, Éditions Albin Michel, coll. Spiritualités, 1995.

correspond, en effet, le chœur angélique des Séraphins. Saint Dominique n'est évoqué qu'indirectement. Dante aurait donc pu le rencontrer au ciel des Étoiles, soit en Hochmah, sephirah à laquelle correspond le chœur angélique des Chérubins. Saint Thomas d'Aquin dit qu'en parlant seulement de Saint François, il loue les deux, car leurs œuvres eurent la même fin.

Nous lisons, toujours au chant XI,v.50 et 73 à 78 :
        ....Un soleil naquit au monde
      [...]
      Mais pour ne trop aller à vis couvert,
          il sied qu'en mon parlage errant tu prennes
          pour ces amants François et Pauvreté.
      Jà leur concorde et leur joyeuse guise
          faisaient près d'eux amour naître à miracle
          et doux regards, sources de saints pensers ;

Cette belle image est, toujours, à l'unisson de ce pouvoir de rayonnement et de médiation propre à la sephirah Tiphereth. La pure lumière solaire ou Christique y naît d'une alchimie. Et Tiphereth est bien à l'origine d'une force rédemptrice, d'une poussée à l'unité retrouvée, capable de générer ce "miracle" d'amour, évoqué par le Poète…

PLus loin, ce dernier évoque les stigmates que Saint François reçut vers la fête de l'Exaltation de la Sainte Croix (voir plus haut ce que nous avons écrit du symbole de la Croix, attaché à Tiphereth).

Le chant XI se termine sur une allégorie, à deux niveaux de significations. Saint Thomas d'Aquin s'adresse toujours à Dante (v.136 à 139) :
      ton vœu sera contenté en partie ;
      car tu verras par où l'arbre s'éclisse (*)
      et qu'entendait ma glose corrigée :
      "Où l'on s'engraisse à bien, qui ne foloie." (*)
(*) s'éclisse = s'écharde, dépérit ; foloie = s'égare

L'Ordre des Frères Prêcheurs, fondé par Saint Dominique, perdit ses vertus du début et certains de ses frères, attirés par les prélatures. L'Ordre dégénéra en partie. Tel est le sens donné généralement par les commentateurs, avec, comme souvent, de nombreuses discussions. Dans notre perspective de rapprochement avec l'Arbre de Vie, cela s'éclaire de manière très vive sur un plan symbolique. Le dépouillement de l'Arbre, déjà évoqué précédemment, représente la perversion du pouvoir d'unification. À Tiphereth correspond une forme maléficiée, une sephirah sombre, dénommée Bershoat, le "Puits de l'Abîme", incarnant toutes les forces d'éclatement et de destruction de toute réalité. L'influence de cette sephirah interdit tout enrichissement de nourriture spirituelle et provoque l'égarement.

Au chant suivant, le chant XII, apparaît une deuxième Couronne de Bienheureux. Saint Bonaventure, qui appartient à l'Ordre des Frères Mineurs ou Franciscains, fait l'éloge direct de Saint Dominique et indirect de Saint François. C'est lui qui présente ses onze compagnons au Poète. Notons le nombre 12 de la "complétude", pour cette deuxième couronne aussi.

Nous retrouvons toujours le thème du "rayonnement". Mais la description, de nature psycho-spirituelle, de Saint Bonaventure est toute sous-tendue par les valeurs de Tiphereth. Celle-ci génère, comme l'écrit le Kabbaliste Virya (1), *une personne sensible, équilibrée, qui possède toutes les qualités de Hesed et de Geburah*, soit l'ouverture, le dévouement, la bonté, l'enthousiasme, de la première sphirah et l'intransigeance, la rigueur, la sévérité de la deuxième. Le Saint déclare à Dante (chant XII,v.55 à 60) :

Léans naquit l'amant par fine amour
de la romaine foi, le saint lutteur
bénigne aux siens, aux ennemis farouche.
Sitôt créé, son esprit fut rempli
de tant vive vertu que dès le sein
de sa mère il la fit prophétiale.

Sa mère rêva, en effet, tandis qu'elle était enceinte de lui, qu'elle accouchait d'un chien blanc et noir, tenant dans ses crocs une torche et incendiant le monde entier !... Ce symbolisme présente une extraordinaire cohérence avec ce qui vient d'être dit. Et, un peu plus loin (v.85 à 87) :

en peu de temps il se fit docteur magne :
tant, qu'il se mit à enclore (*) la vigne
qui tôt blanchit si le vigneron dort.
(*) travailler et conserver.

Certes, l'Arbre de Vie est à la disposition de l'Homme, mais, sans effort personnel, sans posture active, aucune évolution n'est possible. La capacité d'harmonisation d'une personne hautement spirituelle, mais sachant garder les pieds sur terre, et sa force fécondante, telles sont aussi les marques de Tiphereth, visibles dans l'évocation par le Poète de Saint Dominique (v.97 à 105) :

Puis en accord, par doctrine et vouloir,
avec le saint office apostolique,
comme un torrent pressé de hautes veines
il se frappe aux halliers (*) de l'hérésie,
efforçant son élan plus rude aux souches
où plus se fait la résistance grosse.
De lui, plus tard, plusieurs ruisseaux jaillirent
dont le jardin catholique s'arrose,
plein d'arbrissels plus naissants et plus vifs.
(*) rameaux.

La force fécondante de Saint Dominique permit en effet la création de nombreux ordres obéissant à la règle dominicaine, *les divers ruisseaux*, mais sa fougue anti-hérétique, le fit combattre l'hérésie Albigeoise, action que d'aucun pourrait attribuer à l'œuvre de la sephirah sombre Bershoat !...

Parmi les 11 compagnons de l'Ordre présentés par Saint Bonaventure, figure notamment Hugues de Saint Victor, théologien et philosophe français,

---
(1) *Lumières sur la Kabbale* par Virya, Éditions Jeanne Laffitte, 1989.

qui voulut, dans son monastère, défendre l'éducation humaniste, tout en la soumettant à la théologie, dans une volonté d'harmonisation. Et surtout nous trouvons le fameux Docteur de l'Église Saint Jean Chrysostome, qui mena une vie ascétique et fit de célèbres prédications. Chrysostome veut dire "Boucle d'or". C'est un surnom très évocateur de sa puissance de "rayonnement". Il fut un grand organisateur de vies hospitalières et se distingua par son intransigeance.

Harmonisation, rayonnement, organisation, telles sont les marques essentielles de Tiphereth. Nous le voyons, ces bienheureux méritent bien, dans l'imaginaire dantesque, leur place au ciel du Soleil, correspondant à la sephirah Tiphereth. Tant leurs attributs psycho-spirituels que leurs œuvres témoignent de qualités attachées à cette sphirah.

Au chant suivant, le chant XIII, les deux couronnes d'élus dansent et chantent. Nous retrouvons l'allusion au sacrifice du Christ sur la Croix (Voir plus haut ce que nous avons dit de ce symbole rattaché à Tiphereth). Ici, sont évoqués la poitrine du Christ, percée par la lance et le rachat des péchés.

Nous retrouvons l'évocation des chœurs angéliques et la "distribution" de la lumière divine par leur canal. A travers eux se profilent naturellement les différentes sphères de l'Arbre de Vie. Nous le répétons, c'est bien en Tiphereth, carrefour-synthèse de cet Arbre que cette évocation tient bien sa place (chant XIII,v.52 à 66) :

Ce qui ne meurt et ce qui peut mourir
    n'est qu'une resplendeur de cette idée
    que notre sire en son amour engendre ;
car la clarté qui aussitôt dérive
    du Père en son luisant, sans se déjoindre
    de lui ni de l'amour qui les tierçoie (*)
par sa bonté ramasse mille rais
    en tels êtres nouveaux comme en miroirs,
    par éternel décours (*) demeurant une.
Puis d'acte en acte, aux dernières puissances
    elle coule, et ses rais à tant déclinent
    qu'ils ne font plus que contingences brèves ;
et sous ce nom j'entends, dans le bas monde,
    les choses engendrées, que par leur branle
    les cieux font naître avec ou sans semence.

(*) tierçoie = l'amour devient trois fois plus grand au sein de la Trinité; décours = déclin.

Nous avons bien l'impression qu'ici le Poète évoque indirectement tout le principe d'organisation de l'Arbre de Vie, lui-même lié au processus de la Création. A partir de la semence du Principe, incarnée par Kether, à travers la triade suprême, réunissant les sephiroth Kether, Hochmah et Binah, Père, Fils et Saint Esprit, le rayon divin, attaché à la Loi d'Amour, émet et distribue, *comme dans un miroir,* sa Lumière fécondatrice. Et il le fait par le canal des 9 *substances,* les 9 chœurs angéliques, correspondant aux 9 sephiroth, hors Malkuth. Nombre 9, bien sûr !...Cette "distribution" maintient l'Unicité du Principe.

Parvenu au "Royaume", la sephirah Malkuth, la Lumière ne rayonnera que par intermittence. *En ce bas monde, les choses et les êtres créés, les contingences brèves, sont engendrées par le mouvement des sphères divines, avec ou sans semence.* Dante poursuit ainsi (v.67 à 69) :
*La cire ouvrée et le pouce qui œuvre (*)
ne sont constants : et plus ou moins s'éclaire
la forme sous l'idée, son premier signe."*
(*) la cire = la matière ; le pouce qui œuvre = les cieux et la nature.

La création matérielle est diverse et les êtres corruptibles et de brève durée. L'Esprit, la Lumière divine illuminent plus ou moins cette Matière. Et, conséquence (v.72) : *Vous naissez doués d'esprits divers*. Dante poursuit en rappelant l'empreinte du Créateur ou de ses ministres, qui crée la "Perfection" dans la Matière. Le germe divin, issu de Kether, transparaît dans toutes ses créatures (v.79 à 81) :
*Donc si l'ardent amour convie à l'œuvre
le clair regard de la vertu première,
toute perfection au sceau s'attache.*

Ainsi, le Poète évoque, à demi-mots, tout le Mystère de la Création et la descente "involutive" dans l'Arbre de Vie. Et ceci appelle la "remontée" que nous faisons, avec lui, à travers les ciels du Paradis...

Les trois grandes figures de Bienheureux, évoqués dans ce chant XIII, sont Salomon, Adam et le Christ, avec, à la clef, la question d'apprécier leurs Sagesses respectives. C'est au 1er livre des Rois (II,1,9), que le Poète se réfère pour illustrer la nature de la sagesse de Salomon : la sagesse d'un Roi :
Donnes à ton serviteur un cœur plein de jugement pour gouverner ton peuple, pour discerner entre le Bien et le Mal, car qui pourrait gouverner ton peuple, qui est si grand ?

Et Dieu lui accorde cela, parce que, dit-il : *tu as demandé cela, que tu n'as pas demandé pour toi de longs jours, ni la richesse, ni la vie de tes ennemis, mais que tu as demandé pour toi le discernement du jugement, voici que je fais ce que tu as dit : je te donne un cœur sage et intelligent comme personne ne l'a eu avant toi et comme personne ne l'aura après toi.*

Mais cette sagesse est aussi celle de l'Homme, qui peut être Roi en son Royaume, en Malkuth, habité de la Lumière du Juste, loin des périls de l'Ego (la richesse et la violence à l'égard de l'ennemi). Adam et le Christ sont évoqués tous les deux à partir d'images analogiques et complémentaires. Pour l'un, Adam, il s'agit de la création d'Ève, *le sein d'où fut tirée une côte* et la Faute qui s'en suit. Pour l'autre, le Christ, il s'agit du flanc *qui, percé par la lance, paya si cher et le dû et l'avoir*, le Christ qui paya de son sang la dette passée ou à venir de l'Humanité.

La sagesse d'Adam, d'avant la Chute, est celle de la créature de Dieu, dans sa perfection, mais elle reste celle de l'Homme "corruptible".

La sagesse du Christ, qui verse son sang pour le rachat de l'Homme, est celle émanant du Père et elle s'avère "intarissable".

Derrière toute cette question de préséance de la sagesse de Salomon et de nature de la Sagesse Humaine, qui occupe tout le chant XIII, se profile en fait l'archétype symbolique de la "Transmutation de l'être", correspondant au chemin initiatique de l'Arbre de Vie et à son enjeu. La remontée "évolutive" de l'Arbre se fait à partir de Malkuth, "le Royaume", dans lequel la Sagesse Humaine peut opérer, pour que le postulant sur le chemin, soi-même Roi en son Royaume individuel, maîtrise les forces de son Ego et les puissances séductrices de la Matière. L'enjeu, tout comme le voyage de Dante le montre, est le retour à l'Origine et à l'Unité, au Principe suprême, en Kether, où se réalise la fusion sacrée entre Esprit et Matière, dans la Lumière de la Conscience Pure, autrement dit l'atteinte pour le postulant de la Perfection.

Le Poète évoque *l'idée pure* imprimée par le Saint Esprit et l'Amour Divin dans la *créature*. Quand Dieu tira Adam de l'argile, il lui donna cette perfection (chant XIII,v.52 à 54), déjà cité plus haut :

> *Ce qui meurt et ce qui ne peut mourir*
> *n'est qu'une resplendeur de cette idée*
> *que notre sire* (= Dieu) *en son amour engendre ;...*

Ce n'est sûrement pas le hasard, ici encore, si Dante a choisi le chant XIII pour y situer cette évocation, à peine voilée, du "chemin" de l'Arbre de Vie, de la Lumière, de la Création et du Sacrifice du Christ. Qu'il nous suffise d'évoquer le symbolisme de ce nombre 13, incarnant l'étape où l'Esprit, réalisé au plan matériel et terrestre, face à toutes les réalités de l'Ego, doit assumer son Destin. Ce nombre est associé à la lettre hébraïque Mem, qui incarne le cycle Vie-Mort et la "Renaissance", par une transformation inéluctable, un éveil et un développement. L'arcane XIII du Tarot, sans nom, mais souvent dénommée "Mort et Renaissance" image de manière particulièrement éloquente l'enjeu de cette transformation au plan initiatique, qui passe par la "mort mystique" du "vieil homme" et la renaissance, à l'instar de l'Enfant.

La "science" que les commentateurs associent au ciel du Soleil, et qui correspond par là même à Tiphereth, est celle de **l'Arithmétique**, étymologiquement Arithmêtikê, en grec, de Arithmos = nombre.

Cette "science" est intimement liée, sur un plan symbolique, à ce pouvoir d'unification associé à la sephirah Tiphereth. Cette partie des Mathématiques, qui étudie *les propriétés élémentaires des nombres rationnels*, selon la définition du dictionnaire (Le Robert), a pour support le nombre. Celui-ci retient bien cette fonction première d'unification : *Le nombre naturel (1,2,3,4,...) est un symbole caractérisant une unité ou une collection d'unités considérée comme une somme.*

Bien plus, le fameux "Nombre d'or", si éloquent dans la création esthétique, est bien là pour nous rappeler que la Perfection procède non seulement de proportions harmonieuses, mais encore d'une conception unificatrice de l'acte créateur et de "rythmes" (voir l'étymologie du mot "nombre").

Ceci est contenu dans la définition même de ce "Nombre d'or" : le rapport entre la plus grande des deux parties et la plus petite est égal au rapport entre le tout et la plus grande.

Tiphereth est traduit par l'expression de la "Beauté" et inclut cette idée de perfection, liée à l'harmonie de structures arithmétiques, et, au-delà, mathématiques...

Nous retrouverons la Géométrie en Hesed, au ciel de Jupiter.

Le chant XIV se partage entre la fin de l'étape au ciel du Soleil, parmi les Sages et les Théologiens, correspondant à la sephirah Tiphereth et le début de celle du ciel de Mars, parmi les *chevaliers du Christ,* comme les appelle Dante, c'est-à-dire les âmes de ceux qui ont combattu pour la Foi. Ce ciel correspond à la sephirah Geburah, siège de la hiérarchie céleste des "Vertus".

Avant de quitter le ciel du Soleil, le Poète évoque tour à tour l'éclat des corps glorieux des bienheureux, *cette lumière en laquelle fleurissent vos purs esprits* et qui *reste après que vous serez refaits de chair,* après la résurrection de la chair, la joie céleste de ces mêmes bienheureux, sous *la pluie* de la grâce divine, et, enfin, le dogme de la Trinité, ici merveilleusement traduit par André Pézard (chant XIV,v.28 à 33) :

> *Cet un et deux et trois qui toujours vit*
> *et toujours règne en trois et deux et un,*
> *non circonscrit, mais circonscrivant tout,*
> *était par un chacun de ces esprits*
> *trois fois chanté en telle mélodie*
> *qui serait beau guerdon à tout mérite.* (*)

(*) Le traducteur commente ce dernier vers, en disant : *il ne saurait y avoir pour la plus vertueuse des vies une récompense plus belle que d'entendre un chant pareil dans les cieux.*

Par la suite, Salomon rappelle au Poète que si la Grâce est proportionnelle au mérite. la vision béatifique l'est à la Grâce ; l'éclat de la lumière des élus, expression de leur charité, est proportionné à l'ardeur de celle-ci et l'ardeur de la charité l'est elle-même à la vision béatifique. C'est donc le mérite qui commande l'éclat de la Lumière des Bienheureux. Nous pouvons y lire un reflet de la loi du Karma... Témoin, ce proverbe de Salomon (Proverbes II,13,9) :

> *La lumière des justes est joyeuse*
> *la lampe des méchants s'éteint.*

Après la Résurrection, la lumière de la Grâce croît, la Vision Béatifique s'en trouve rehaussée, elle même fait grandir l'ardeur de la Charité et celle-ci fait grandir la "Splendeur". Ce symbolisme du rayonnement, étroitement mêlé aux archétypes des potentialités et de l'Essence divines, la Grâce, la Béatitude, la Charité, la Joie Céleste et la Trinité, est en rapport "direct" avec ce lieu de transmutation, incarné par la sephirah Tiphereth.

Au sein de cette sephirah, précisément, où se réalise, comme nous l'avons dit, une "médiation", toutes les potentialités divines sont évaluées et ajustées. Cette sephirah, associée au symbole de la Croix, incarne fondamentalement la Lumière...

Et cette Lumière est Beauté Absolue.

Mais cette Lumière procède d'une "purification".

L'affirmation, en ce sens, de Robert Ambelain (1), cité dans "Les Guides de lumière" (2), est particulièrement éloquente : *La croix est le symbole de la lumière purificatrice ou dissociatrice, selon le sujet qu'on soumet à sa puissance [...] Elle illumine, guide et soutient le pèlerin idéal.*

Une 3ᵉ Couronne de 12 Bienheureux, dont le Poète ne nous cite ni les noms ni la composition, à la différence des deux précédentes, apparaît ensuite *par-dessus l'or du Soleil...* Elle possède toutefois le véritable rayonnement de l'Esprit Saint : *"oh vero sfavillar del Santo Spiro !"*, s'écrit Dante, *Oh ! vraies étincelles de l'Esprit Saint !*. Or l'Esprit-Saint est lui-même toute charité, celle-là même qui assure aux bienheureux l'éclat de leur lumière. À peine est-il besoin, aussi, sans doute, de souligner la parenté phonétique entre "Charité" et "Clarté"...

Et Béatrice, alors, apparaît au Poète *belle et riante*.

En elle, ses propres yeux reprennent force, alors qu'ils n'ont pas pu soutenir l'ardente lumière de la 3ᵉ Couronne. Sa Dame retrouve cette fonction *de source et de guide*, qui l'amène instantanément en présence du ciel de Mars (chant XIV, v.85 à 87) :

D'être plus élevé bien m'avisai-je
au sourire enflammé du cinquième astre,
qui m'apparut plus rouge qu'en nulle heure.

Notons que la "Planète rouge", tient sa couleur, au plan symbolique de ses vertus d'engagement, d'énergie combative et d'ardeur dans l'action, vertus qui qualifient bien les bienheureux que nous allons rencontrer au 5ᵉ ciel, ciel de Mars, associé à la sephirah Geburah, "la Rigueur"...

Geburah, "la Rigueur", au Ciel de Mars, chants XIV (en partie), XV, XVI, XVII et XVIII (en partie) ...

Au ciel de Mars, nous trouvons les Chevaliers du Christ, les combattants de la Foi (chant XIV,v.96) : *"O Elios, che si li addobbi !"*, s'écrit le Poète, que nous pouvons traduire ainsi : *Oh ! Helios, qui si bien les adoube !*

Hélios, Dieu Solaire, "arme" les Chevaliers du Christ, en les "irradiant" de sa lumière... Et nous vivons la vision de Dante, avec référence à la "voie lactée", la galaxie en grec, entre les deux pôles, sur la nature de laquelle les savants se disputaient à l'époque du Poète...

Les lumières des Bienheureux, combattants de la Foi, forment une croix grecque, blanche comme la voie lactée, qui se profile sur le fond rouge de Mars. Sur le blanc de la croix se détachent les feux, de couleur rouge, eux aussi, qui incarnent les Bienheureux. Le Christ lance des éclairs blancs.

Les lumières se rejoignent et se croisent, dans un mouvement, d'un bout à l'autre des bras et de la cime au pied de la Croix. Quand elles se frôlent, elles étincellent plus vivement encore.

----

(1) *La talismanie pratique* par Robert Ambelain, Éditions Niclaus, 1949.
(2) *Les Guides de Lumière* par Charles Rafaël Payeur, Éditions de l'Aigle Québec, t. I, 1992.

Et une mélodie se répand avec deux expressions saisies par l'oreille du Poète : *Ressuscite* et *Sois vainqueur,* image de la Résurrection et du Triomphe sur le Mal (chant XIV, v.127 à 129) :
> *Ces musiques si fort m'enamouraient*
> *que nulle rien jusqu'alors ne connus*
> *qui m'enlaçât de liens plus suaves.*

Nous sommes incontestablement en pleine référence au symbolisme de la Chevalerie et retrouvons le symbole de la Croix. Mais ici, la Croix n'a plus la même fonction que celle que nous avons vue au ciel du soleil et en Tiphereth. Elle représente ici le support de la lutte des forces d'Amour et de Lumière contre les forces des Ténèbres. Ici, le Poète évoque les *"vivi soggelli d'ogni bellezza"*, autrement dit *les sceaux vivants de toute beauté*, qui se montrent de plus en plus "actifs", à mesure que le pèlerin-voyageur, Dante, monte, et alors qu'il ne s'est pas tourné vers eux !...Et plus le Poète s'élève, plus la *sainte joie* de monter devient vive.

Les commentateurs ont épilogué sur le fait de savoir si ces "sceaux" renvoyaient aux yeux de Béatrice ou aux Cieux, ou aux Bienheureux. Dans notre perspective de "remontée des ciels", associée à la remontée des sephiroth de l'Arbre de Vie, le sens est clair : **sceaux vivants** sont bien les lieux, de plus en plus "actifs" dans l'évolution, c'est-à-dire **les sephiroth**.

La remontée correspond au sens "évolutif". Et plus le Poète s'élève, plus il se rapproche du contact avec Kether, siège de la Béatitude, au ciel du Premier Mobile.

Par ailleurs, cette mélodie, associée au chant sur la Résurrection et le Triomphe sur le Mal, que le Poète saisit, incarne parfaitement l'art associé à la sephirah Geburah, dans laquelle nous sommes avec le ciel de Mars, à savoir **l'art de la Musique**. Celle-ci est nommément désignée par Dante : *ces musiques*, écrit-il, qui le remplissent de la force d'Amour et *l'enlacent de liens plus suaves...* Rappelons, ici, que Geburah, dans la perspective de l'hermétisme Chrétien, est le lieu où la Rigueur s'exprime de la manière la plus parfaite. Tel n'est pas le moindre aspect de l'art musical !... La douceur délicieuse, célébrée par Dante, n'est atteinte qu'au prix de cette rigueur, précisément. Toute forme, en Geburah, s'épure et s'ajuste. Cette sephirah est symbolisée par le Glaive ou l'Épée, attribut essentiel du Chevalier, dans l'exercice de sa mission de lutte contre l'Infidèle.

Bien sûr, nous pouvons entendre cette dernière expression au sens historico-culturel classique. Mais, sur un plan plus spirituel, le combattant de la Foi est aussi l'aspirant qui, en toute rigueur, doit procéder à sa propre "Rectification". Ici, l'Action et la Vertu doivent s'exercer. L'Épée au bras du Chevalier est aussi le Verbe aux lèvres... Car le glaive est aussi le symbole de la Vérité, sortant de la bouche du Verbe (Apocalypse de Saint Jean,I,16) :
> *..... Dans sa main droite il a sept étoiles, et de sa bouche sort une épée acérée, à double tranchant ; et son visage, comme le soleil, brille dans tout son éclat.*

Les Kabbalistes associent à Geburah des personnes intransigeantes et rigoureuses, qui sont, en particulier portées sur la loi morale, le civisme et le patriotisme. Les Vertus (Malakim) sont les êtres angéliques associés à cette sephirah et soumis à l'Archange-recteur Camaël, nom qui signifie "Rigueur de Dieu". Les commentateurs de la Divine Comédie associent eux aussi les Vertus au ciel de Mars.

Au chant suivant, chant XV, l'âme du trisaïeul du Poète, Cacciaguida, apparaît et fait un joyeux accueil à son arrière petit-fils. L'Ancêtre-Chevalier se révèle en évoquant les illustres familles de Florence à son époque : les Ravignan, les Nerli, les Vecchietti, les Della Tosa,...

La plus grande "marque" de cette époque, à Florence, selon lui, était la Paix, tandis que lui, Cacciaguida, en parfait chevalier, alla guerroyer contre la *mécréante loi,* la religion musulmane, dont *le peuple a usurpé notre juste héritage,* à savoir le tombeau du Christ avec la Terre Sainte.

Le chant se termine par la mort du chevalier, parti défendre la Foi Chrétienne, et venu du *martyre* à la Paix, au Paradis (chant XV, v.145 à 148) :

Je fus enfin par cet gent félonne
   désempêché d'un monde mensonger,
   l'amour duquel a mainte âme flétrie ;
et je vins du martyre à cette paix.

Au chant XVI, l'évocation des grandes familles de Florence se poursuit et le Poète, à travers ses questions et les réponses obtenues de son trisaïeul, nous conduit à un constat sur le "bonheur de la cité"... L'évolution de la population, sa dureté et l'accroissement de la richesse, non seulement ne contribuent pas à ce bonheur, mais encore le détruisent par l'émergence des rivalités entre les familles et les luttes incessantes. Évoquant l'une de ces familles, les Adimari, qui obtinrent ses biens, pendant son exil et n'eurent de cesse d'intriguer pour empêcher son retour à Florence, le Poète a cette image saisissante pour les désigner (chant XVI, v.115 à 117) :

La race outrecuidée (*), qui s'endragonne
   sur ceux qui fuient et, montre-t-on les dents
   ou les deniers, comme agnel se raccoise, (*)...
(*) outrecuidée = présomptueuse ;
   se raccoise = se radoucit.

Le Poète évoque, par ailleurs, la statue de Mars, l'ancien "patron" de la ville de Florence, située sur le Ponte Vecchio, près duquel Buondelmonte fut tué le jour de ses noces en 1215, date qui consacra la division des citoyens de Florence entre Guelfes et Gibelins...

Au chant suivant, le chant XVII, Dante nous livre beaucoup d'éléments pour sa propre biographie. Il demande à Cacciaguida de lui éclaircir certaines prophéties le concernant, après l'exhortation que lui a faite Béatrice de manifester son ardeur et son désir de connaître son destin : *Boutes-nous hors la flamme de ton désir....et qu'elle saille marquée au vif de l'empreinte foncière.*

Cacciaguida, avant de répondre au souhait de Dante, lui rappelle l'accord qui s'établit entre la prescience divine et la liberté humaine, compte tenu de la contingence du monde matériel et de la loi de nécessité du monde spirituel (chant XVII, v.37 à 45). Ce texte est essentiel :

Le futur contingent, qui point ne joue
  hors du livre où matière écrit vos choses,
  est peint trestout dans l'éternelle vue ;
mais il n'en reçoit point nécessité,
  non plus qu'en l'œil dont elle est remirée
  nef qui descend le cours d'un rude fleuve.
Comme arrive d'un orgue à vos oreilles
  douce harmonie, à mon regard parviennent
  d'en haut les temps qui envers toi s'apprêtent.

Puis il fait part des souffrances liées à l'exil, des réconforts qu'il y trouvera, de l'hospitalité à la cour des Scaligers, et de la haute figure de celui qui sera un de ses meilleurs protecteurs, le seigneur de Vérone Can Grande della Scala. Celui-ci est considéré, par ailleurs, comme le restaurateur du parti Gibelin et de l'autorité impériale dans toute l'Italie du Nord, identifiable sans doute au fameux "Veltro", annoncé par le Poète en Enfer (voir plus haut nos commentaires sur les Prophéties). La figure de Clément V, le Pape d'Avignon, qui trompa l'Empereur et dressa contre lui les États d'Italie, est également évoquée, comme le *gascon qui dupe Henri,* le fameux Henri VII de Luxembourg en qui Dante plaça tous ses espoirs !...

Le chant se termine par la mission donnée à Dante de raconter sa vision, fidèlement, sans aucun mensonge, laissant *chiens gratter où est la rogne.* La vérité pourra paraître difficile à entendre de prime abord, mais elle sera une *nourriture vitale,* une fois digérée. L'esprit de ceux qui "écoutent" ne se satisfait pas d'exemples dont la source est inconnue ou cachée, ni de simples apparences...

Nous le voyons bien, en résumé, tout ce luxe d'évocations de la Florence "terrestre", livrée à la course au pouvoir, à l'enrichissement, aux luttes intestines, n'a de sens, au ciel de Mars, au Paradis, que pour inciter le Poète à témoigner de ce qu'il aura vu, au mépris des réactions négatives qu'entraîne toute vérité vraie proférée... Car la Vérité n'est une exigence que de ceux qui sont prêts à l'écouter. Et grande est alors leur exigence à l'égard de la "source" même de cette Vérité. Cette mission, confiée à Dante, implique l'archétype fondamental de la Rigueur, attaché à la sephirah Geburah.

Cacciaguida, dont le nom même évoque cette "traque" du combattant de la Foi, revêt tout le symbolisme du Chevalier, "adoubé" par Hélios (écrit *Elios* par le Poète), symbole de Dieu-solaire. Il est un modèle de rigueur, dans toutes ses propres évocations Florentines, adressées à Dante. Si ce dernier n'évoque pas pour nous matériellement toutes les armes de ce chevalier, néanmoins, le personnage en possède les vertus manifestes, telles qu'en rend compte un passage de la Bible, intitulé "le combat spirituel", (Épître aux Éphésiens VI,10-17) :

En définitive, rendez-vous puissants dans le Seigneur et dans la vigueur de sa force. Revêtez l'armure de Dieu, pour pouvoir résister aux manœuvres du diable. [...] Tenez-vous donc debout, avec **la Vérité pour ceinture, la Justice pour cuirasse,** *et pour chaussures* **le zèle à propager l'Évangile de la paix ;** *ayez toujours en main le bouclier de la Foi, grâce auquel vous pourrez éteindre tous les traits enflammés du Mauvais ; enfin recevez* **le casque du Salut** *et le glaive de l'Esprit, c'est-à-dire la parole de Dieu.*

Le chant XVIII, pour partie seulement, clôt l'étape du voyage au ciel de Mars. Dante va nous y montrer les preux chevaliers, dont l'action déterminée et constante se calque sur la "pensée". La splendeur de Béatrice affranchit l'âme du Poète de tout autre désir. Mais celui-ci est invité à détourner encore son regard et à écouter à nouveau Cacciguida. *Le paradis n'est pas tout en mes yeux,* lui profère-t-elle. Ici, les commentateurs parlent en général d'une comparaison faite entre le Paradis et un arbre qui a ses racines au Paradis Terrestre et sa cime dans l'Empyrée. Et les fruits de l'arbre sont censés être les Bienheureux. C'est le trisaïeul qui parle (chant XVIII, v.28 à 33) :
> *Il commença : "En cette quinte assise*
> *de l'arbre qui prend vie en sa couronne*
> *et toujours porte fruits sans feuille perdre,*
> *sont des esprits bienheureux qui sur terre*
> *firent tel bruit avant d'entrer aux cieux*
> *que maint trouvère y prendrait riche étoffe."*

Nous pensons qu'ici est livrée à demi-mots encore, en fait, la référence à l'Arbre de Vie, que nous sommes en train de "remonter", à travers les différents ciels. Les correspondances sont manifestes entre les Ciels, les sephiroth, le contenu du Poème, les hiérarchies célestes et, pour finir, les "Sciences" qui sont associées aux Ciels par les commentateurs (Voir les explications plus haut à propos de la sephirah Yesod).

La quinte assise de l'Arbre, désignée par le Poète, est bien le numéro de la sephirah Geburah, à partir du Principe suprême en Kether, car les sephiroth son numérotées à partir du sommet de l'Arbre, "la Couronne", elle-même nommément citée également par Dante, dans ce passage.

L'Arbre reçoit la Vie, la semence de la Création depuis son sommet et au-delà... Il "engendre" sans cesse. Tels sont les *fruits*. Il ne perd pas de feuille, car la Béatitude au Paradis est éternelle, rien n'y est corruptible... Les *esprits bienheureux*, ici désignés, ont une renommée qui se rattache aux chansons de geste, telles que la chanson de Roland et le Cycle de Charlemagne, dans lesquelles les guerres sont des croisades : d'où l'allusion au *trouvère*, qui y puise l'inspiration, *la riche étoffe.*

Et Cacciaguida poursuit (chant XVIII, v.34 à 36) :
> *"Adonc regarde aux cornes de la croix :*
> *chaque preux à son nom va tressaillir*
> *comme un éclat de foudre en sa nuée."*

Et nous voyons, avec Dante, surgir tout un ensemble de "héros" :
Josué, vainqueur de nombreux peuples ; Judas Machabée, qui délivra, avec ses frères, son peuple de l'esclavage ; Charlemagne, Roland, Guillaume d'Orange, qui lutta contre les Sarrasins ; Godefroy de Bouillon, qui prit part à la première croisade et mourut comme premier Roi de Jérusalem...

Nous avons vu que la "Musique" est associée au ciel de Mars et à la sephirah de la "Rigueur", Geburah. Cela peut surprendre au premier abord.
Mais cet Art, par certains côtés est une "science", au sens profondément spirituel du terme, avec toutes ses rigueurs et toutes ses règles. Mais c'est **la Musique sacrée** qui nous semble concernée, ici, en priorité. Outre l'obéissance à ces règles, cette partie de la Musique apporte une confirmation saisissante du rôle joué par certaines vibrations et assemblages de notes et de rythmes dans l'expression des forces spirituelles en action pour la queste du Chevalier-Pélerin de la Foi, au ciel de Mars...

Et ce sont les Vertus, la hiérarchie angélique associée à Geburah qui confère à ce chevalier les énergies et les armes nécessaires à sa queste, pour qu'il trouve son identité divine profonde et la défende contre toutes les attaques du monde terrestre.
Au cours du chant XVIII, et, instantanément, le Poète se retrouve face aux *blancheurs de la sixième étoile*, c'est-à-dire Jupiter. Nous sommes passés au 6e ciel, associé aux *Princes Justes, Sages et Pieux* et à la 6e sephirah de l'Arbre de Vie, Hesed...

Hesed, "la Grâce", au Ciel de Jupiter, chants XVIII (en partie), XIX et XX ...

A ce ciel, les commentateurs de la "Divine Comédie" font correspondre la "science" de **la Géométrie**, c'est-à-dire la *science de l'espace, de toutes les espèces d'espace*, selon l'expression de Kant, *science des ensembles ordonnés à plusieurs dimensions*, selon celle de Russel. Telle est la définition donnée par le dictionnaire (Le Robert). Nous pouvons dire qu'en Hesed, la vivification des formes, dont la hiérarchie angélique des "Dominations" est l'incarnation, procède d'un assemblage des forces de l'Esprit qui "se coagulent". Les "principes spirituels" investissent et animent les formes matérielles de la Création. Grâce, dons, vertus et bienfaits provenant de Dieu sont dispensés par les "Dominations". Nous voyons l'analogie évidente avec "la formation des espaces" de la Géométrie... Nous renvoyons le lecteur, sur ce point, à toute la symbolique des figures "essentielles", au sens profond de cet adjectif, que nous évoquons, par ailleurs, à plusieurs reprises : le Triangle, l'Octogone, l'Hexagone, le Cercle, etc.

Les esprits, *les saintes créatures*, volettent, enflammées, et figurent des lettres de notre alphabet : un "D", un "I", un "L",... Les lettres forment la phrase latine suivante : "Diligite Justiciam qui judicatis terram", soit les premiers mots du Livre de la "Sagesse", chapitre de la Sagesse et de la destinée humaine (I,1) : *Aimez la Justice, vous qui jugez la Terre*.

La suite du texte, qui n'est pas transcrite par Dante, apporte un éclairage supplémentaire, en conformité, nous allons le voir, avec la fonction de la sephirah Hesed :

[...] ayez sur le Seigneur de droites pensées,
et cherchez-le en simplicité de cœur,
....
il se révèle à ceux qui ne lui refusent pas leur foi,
car les pensées tortueuses éloignent de Dieu,
et, mise à l'épreuve, la Puissance confond les insensés.

Non, la Sagesse n'entre pas dans une âme malfaisante,
elle n'habite pas dans un corps tributaire du péché.
Car l'esprit saint, l'éducateur, fuit la fourberie,
il se retire devant des pensées sans intelligence,
il s'offusque quand survient l'injustice.

Le "M" final du mot latin "terram" se transforme d'abord en fleur de lys, puis en aigle impérial. Le Poète rattache l'idéal de Justice au Saint Empire, que préfigura l'Empire Romain. Et il termine le chant, en revanche, par une invective à l'adresse de tous les marchands du temple et de tous ceux qui, sur terre, souillent les rayons de justice qui émanent de Jupiter, en particulier les papes de l'époque, Boniface VIII, Clément V et Jean XXII, qui excommuniaient et, moyennant finances, permettaient la réintégration de leurs ouailles les plus fortunés et les plus pervertis.

Toutes les déviances à l'esprit de Justice évoquées par le texte biblique sont illustrées par Dante, tant dans ce chant que dans bien d'autres de la Divine Comédie. Mais surtout deux termes sont à mettre ici en exergue, s'agissant des correspondances à la sephirah Hesed, lieu où s'assemblent et fusionnent toutes les forces qui permettent à l'Esprit de vivifier toutes les réalités matérielles : point de sagesse dans une âme *malfaisante* ou dans un corps *tributaire du péché*. Fourberie, sottise et injustice font fuir l'Esprit Saint, dit le livre de la Sagesse, cité par le Poète...

Nous le voyons, ce début de texte écrit dans le ciel de Jupiter, à travers la vision de Dante, sous-entend que, seule, la droiture du "Prince" lui permet d'assurer le bonheur de son peuple, dans la Justice. Adressé aux dirigeants de nos états modernes, ceci reste d'une étonnante actualité.

La "**vivificatio**", du latin ecclésiastique, est l'étymologie de ce puissant mot de "vivification", que la sephirah Hesed incarne. C'est l'Esprit qui vivifie la Matière et crée les conditions d'une vie spirituelle vouée à l'Immortalité.

La Numérologie Sacrée, dont nous avons si souvent parlé, donne la valeur 4 à ce mot, écrit en français, comme pour nous rappeler, bien sûr, l'impérieux ancrage de la Matière qu'il convient d'alchimiser. Et cette opération est d'ailleurs soulignée par la première réduction théosophique des nombres de la "vivification" : le nombre 13 !...

Cette vie-là suppose la mort du vieil homme et la "renaissance" (cf. : l'arcane XIII du tarot).

Le mot en latin, l'étymologie, "vivificatio", lui, donne 8 en réduction théosophique de ses nombres. Ceci nous renvoie à l'idée de perfection de la création, atteint par l'achèvement d'un cycle d'incarnation. Ce nombre est associé à l'arcane de la Justice dans le tarot. Celui-ci invite l'Homme à être et se comporter dans le Monde, en demeurant, à l'image d'un être en partie "céleste", humble, patient, discret, persévérant et juste. Pour les Kabbalistes, Hesed incarne la clémence, la bienveillance illimitée, l'ouverture et le partage.

La plupart de ces qualités sont bien celles des bienheureux du ciel de Jupiter évoqué par Dante, des *Princes vieux, sages et justes...*

Au chant XIX, l'Aigle Impérial, dessin formé par les corps de lumière des esprits de ces princes, est l'emblème de l'Empire et donc, dans la perspective dantesque, du Droit, de la Justice et de l'Ordre civil, qui coïncident avec les desseins de Dieu. Ce vivant symbole de la Justice Divine commence par rappeler que les jugements de Dieu ne peuvent être cernés ou scrutés. La Justice Divine est, en fait, insondable. Comparativement, notre perception et notre conscience des réalités divines sont limitées (chant XIX, v.52 à 57) :

et notre vue, laquelle ne peut être
que l'un des rais de la claire pensée
qui plus ou moins emprègne toute chose,
ne peut de sa nature avoir vaillance
telle que Dieu, son principe, ne perce
moult au-delà de ce qu'elle aperçoit.

C'est la Grâce Divine, fruit de l'Amour Divin pour ses créatures, qui vivifie la création en Hesed, jusqu'à lui donner sa vraie dimension. Mais cela échappe à l'Intelligence Humaine, largement ancrée dans la Matière (chant XIX, v.64 à 66) :

Il n'est clarté que d'un soleil sans voiles,
qui toujours luit ; hors de là c'est ténèbre,
ombrage de la chair, poison fumeuse.

Puis les affirmations concernant le salut des païens, la Foi et les œuvres de la Foi, nécessaires au salut, amènent l'Aigle à se lancer dans un violent réquisitoire contre certains princes chrétiens qui, au Jugement Dernier, *seront de lui moins proches que tel gentil qui ne connaît le Christ*. Imaginons la puissance de ce réquisitoire, proféré d'une seule voix par tous les Bienheureux qui composent le dessin lumineux de cet Aigle !...

Il illustre précisément toutes les contre-qualités et les contre-valeurs des actes, correspondant à la sephirah sombre Ozlomoth, contre-partie ténébreuse de Hesed, à travers le témoignage de Dante : les *infidèles* (Perses et Éthiopiens), les dévastateurs (L'empereur Albert d'Autriche), les faussaires (Philippe le Bel), les orgueilleux (Edouard II d'Angleterre et Robert Bruce d'Ecosse), les luxurieux, de *lâche vie* (Ferdinand IV de Castille, Venceslas IV de Bohême), les avares *honteux* et les lâches (Frédéric II d'Aragon et roi de Sicile), etc.

Puis, le chant XX commence par les chants des bienheureux, que le Poète déclare *tomber de sa mémoire*. Puis l'œil de l'Aigle, dessiné dans le ciel par les flammes de ces bienheureux, est décrit avec minutie par Dante. Il est formé, selon la description faite par l'Aigle lui-même, de 6 princes ou souverains qui sont autant d'archétypes les plus nobles parmi les esprits, toujours conformément aux choix personnels de Dante : le Roi David, *le chantre inspiré du Saint Esprit*, qui transporta l'arche de ville en ville ; l'Empereur Trajan, qui, épris de justice en faveur d'une veuve, dut sa rédemption à l'intercession de Saint Grégoire ; Ezéchias, Roi de Juda, dont la vie fut prolongée de 15 ans par Dieu, à sa prière, laquelle évoquait sa *fidélité* et sa *probité de cœur* (Les Rois Livre II, 20,1-6) ; l'Empereur Constantin, qui transféra le siège de l'Empire de Rome à Bizance et se fit Grec, eut ainsi une bonne intention, un *bien* qui engendra *un mal*, selon Dante, mais lui valut, à lui-même le salut. Et le Poète cite encore le Roi de Sicile, Guillaume II le Bon, qui aima tant ses sujets et les garda si heureux que son royaume put passer pour le Paradis Terrestre ! Ce fut, dit Dante *un juste roi* dont les cieux *s'énamourent*.

Le dernier, enfin, des 6 nommés, est un des compagnons d'Énée, cité dans le livre II de l'Énéide, donc par Virgile, *le maître* !... Il tomba dans le dernier combat de Troie. Virgile écrit de lui qu'il est *le seul vraiment juste, le seul véritable ami de l'équité qui fût chez les Troyens* (Énéide II).

A la fin de cette présentation de l'Aigle, le Poète affirme en force que l'Aigle est le symbole de la Justice, image façonnée par Dieu et reflet de la beauté conférée à son œuvre, selon son *bon plaisir* (chant XX, v.76 à 78) :

telle vit-on se réjouir l'image
de l'éterne beauté, dont le plaisir
ou non-plaisir fait belle ou non toute œuvre.

Malgré les différences d'interprétation des commentateurs, nous affirmons, ici, dans la perspective de l'Hermétisme chrétien, que cette association entre Justice et Beauté et ce *bon plaisir* de Dieu, entendu, en fait, comme la joie attachée à toute création parfaite, se réfère directement au chemin de l'Arbre de Vie, dans le sens du "processus de la Création", de Kether à Malkuth, inverse de celui de la "remontée" des ciels par Dante.

Rappelons-nous à présent, en bref résumé : nous sommes ici au ciel de Jupiter, associé à la sephirah Hesed, "la Grâce", siège, comme nous l'avons dit, de la vivification de la Matière par les principes spirituels. Les forces s'assemblent et donnent naissance à des "formes". A la sephirah suivante, dans le sens de la descente de l'Arbre, en Geburah, "la Rigueur", le glaive de la Justice, avons-nous vu, épure toute forme. Et à la sephirah suivante, encore, en Tiphereth, "la Beauté", se trouve le siège de la "manifestation" de la Beauté parfaite, qui est aussi le lieu de jonction entre toutes les émanations séphirothiques, un véritable centre alchimique de la "transformation"...

Le Poète paraît très surpris de la présence de l'Empereur Trajan et de Riphée au Paradis et de leur rédemption. L'Aigle, alors, lui précise (chant XX, v.103 à 105) :

> *Ils ne sont morts païens comme tu cuides,*
>   *mais sûrs en Christ, et ses pieds adorant,*
>   *ou martroyés ou promis à martroi. (*)*
> (*) ou martyrisés ou promis au supplice.

L'Empereur Trajan fut tiré de l'Enfer par la prière de Saint Grégoire. Celui-ci incarna pour lui la vertu d'Espérance. Riphée fut placé au Paradis par la Grâce Divine, motivée elle-même par la droiture du compagnon d'Énée et sa foi en la Rédemption. Plus de 1000 ans avant que le Christ n'institua le baptême, Riphée fut ainsi racheté par les trois dames qui siègent au côté droit du Char de l'Église, les trois vertus théologales : la Foi, l'Espérance et la Charité. Rappelons que ces vertus, les plus importantes pour le Salut, ont, étymologiquement, pour objet Dieu lui-même. Transposées dans l'univers de l'Arbre de Vie, elles sont comme trois facettes du Principe suprême qui s'exprime en Kether.

Ainsi, quand André Pézard traduit les *tre donne* par *les trois beautés*, désignant les trois vertus théologales, il explicite, au regard de l'Hermétisme Chrétien, les trois essences divines suprêmes, la fidélité au Verbe et, à travers lui, au Père, l'espérance de la rédemption et la loi d'Amour de Dieu et du Prochain en vue de Dieu, ceci dans leur synthèse : la Beauté de la Création. Et nous sommes rapportés bien sûr à Tiphereth (chant XX, v.127 à 129) :

> *Ces trois beautés lui vinrent par baptême*
>   *que tu as vues à la destre du char,*
>   *plus de mille ans devant que fût baptême : [...]*

Et le chant XX se termine par l'énoncé du mystère de la "Prédestination". Les intentions de Dieu quant au destin de l'Humanité et de l'avenir du Monde ne peuvent pas être "scrutées" par les simples mortels et même les Bienheureux, qui "voient" Dieu, ne connaissent pas tous les Élus encore et se réjouissent de ces *grâces bornées*, car leur bonheur tient à *vouloir ce que Dieu veut de nous.*

La cause première, insondable, cela nous renvoie à "l'Inconnaissable".

Et la *racine* de la Prédestination, selon l'expression du Poète, correspond à Kether, "la racine des racines", selon la Kabbale, ou la "cause des causes", source primordiale de toute création.

Kether est émanée de l'Aïn Soph, l'Infini, le Dieu inconnaissable, mais aussi la Perfection à atteindre que l'intellect limité ne peut comprendre, l'Unité où tout a son origine et au contact de laquelle Dante sera plongé par son extase finale, au dernier chant de la Divine Comédie.

Puis au chant XXI (v.13 à 18), nous lisons :
> *Vois : nous sommes levés au septième astre*
>   *qui sous le pis flamboyant du Lion*
>   *mêle ses rais aux rais du vaillant signe.*
> *Elance ton esprit après tes yeux*
>   *et de ceux-ci fais miroirs à l'image*
>   *qu'en ce miroir tu verras paraissante.*

C'est par ces paroles de Béatrice que nous sommes avec Dante propulsés instantanément au 7e ciel, celui de Saturne, la plus "haute" des planètes connue au XIVème siècle. Ce ciel est en correspondance avec la sephirah Binah.

Binah, "l'Intelligence", au ciel de Saturne, chants XXI et XXII (en partie)...

Les Kabbalistes comparent souvent les sephiroth à des miroirs, tendus au Pèlerin sur la voie de son évolution. Ici, Dante compare lui-même l'astre Saturne, associé par la Tradition à cette sephirah, à un miroir !

Béatrice, "l'initiatrice", *ma céleste guide*, comme la désigne le Poète, invite le regard de celui-ci, symbole de sa "conscience", à se transformer en miroir, à l'image du ciel de Saturne. A l'époque du voyage de Dante dans l'Autre Monde, Saturne est dans la constellation du Lion.

L'influence de ce signe vibrant, expansionniste et *ardent*, comme l'écrit le Poète, se mêle donc à celle de Saturne, l'astre de "vertu structurante", propre à rectifier toute déviation de la conscience.

Notons que ce sont les Trônes, hiérarchie céleste associée à Binah, qui assurent, en fait, cette fonction de correction de conscience pour permettre à l'Homme de réaliser sa propre destinée...

Au 7e ciel, ciel de Saturne, le Poète rencontre les esprits qui ont mené sur terre une vie contemplative. Ils sont en ce ciel plongés dans le silence.

Ces âmes descendent une échelle d'or dont le sommet se perd dans l'Empyrée. Ce symbole reprend le thème biblique de l'échelle de Jacob (Genèse, XXVIII,12 - intitulé "Le songe de Jacob") : *Il eut un songe : Voilà qu'une échelle était dressée sur la terre et que son sommet atteignait le ciel, et des anges de Dieu y montaient et descendaient ! Voilà que Yahvé se tenait devant lui et dit : "Je suis Yahvé, le Dieu d'Abraham ton ancêtre et le Dieu d'Isaac. La terre sur laquelle tu es couché, je la donne à toi et à ta descendance ". [...] Jacob s'éveilla de son sommeil et dit : "En vérité, Yahvé est en ce lieu et je ne le savais pas. [...] Ce n'est rien de moins qu'une maison de Dieu et la porte du Ciel !*

Et le Poète écrit sur ce thème (chant XXI, v.25 à 33) :

Dans le cristal qui cerne les planètes
et tient son nom du roi cher sur lequel
malice un temps fut gisante pour morte,
je vis mille degrés amont s'étendre
comme pétris d'une lumière d'or
si haut que mes regards ne les suivaient.
Je vis aussi descendant l'échelage
tant de splendeurs, que je cuidai qu'y fussent
épars les feux de toutes les étoiles.

L'échelle de Jacob et cette échelle d'or font référence au sentier de l'Initiation, qui a sa contrepartie dans l'échelle céleste qui relie les Pléiades à Orion (Amos, V,8) :

C'est lui qui fait les Pléiades et Orion, qui change en matin les ténèbres épaisses et obscurcit le jour comme la nuit ; lui qui appelle les eaux de la mer et les répand sur la face de la terre ; Yahvé est son nom."

Sur le sentier de l'Initiation, les âmes quittent les sphères divines et descendent dans le monde de la Matière pour ensuite remonter vers Dieu et s'unir à lui, à la fin de leur Manifestation. Nous avons, ici encore, bien sûr, l'analogie avec la descente et la remontée de l'Arbre de Vie.

Le texte de la Genèse, cité ci-dessus, montre, au réveil de Jacob, la prise de conscience que la manifestation de la Matière, habitée des forces de l'Esprit, place l'initiable à la porte du Ciel. De Kether à Malkuth et de Malkuth à Kether, sur l'Arbre de Vie, les voies involutives et évolutives sont en analogie complète.

Le texte de Dante, précité en parallèle avec la Bible, enrichit notre vision de symboles saisissants ! le *cristal qui cerne les planètes* désigne la substance même dont est faite symboliquement Saturne. Or le cristal est une image traditionnelle de "l'immaculée conception", dans la perspective chrétienne, et renvoie à celle de l'âge d'or, où le monde vécut sous Saturne, dans l'Innocence (voir, ci-dessus, nos commentaires sur le Purgatoire).

Binah, sephirah correspondant au ciel de Saturne, est la sephirah de la "Révélation", de la Lumière éblouissante de Dieu dans le monde créé. Elle est l'Essence de la Matière, la Matrice de la Vie. Les Trônes, hiérarchie angélique associée à Binah, veillent à corriger la conscience et éclairer l'Homme tout au long des épreuves de son incarnation terrestre.

La lumière d'or sur les *mille degrés* de l'échelle du texte de Dante, est en correspondance avec le rayonnement divin, certes, mais plus encore avec ce germe, de Lumière pure, à l'origine de toutes choses, qu'incarne Kether, dans l'Empyrée, "la cause des causes", "la racine des racines", précédemment évoquées…

Mais progressons à présent avec Dante dans le ciel de Saturne… Le Poète demande à l'une des âmes, qui se révélera par la suite être celle de Saint Pierre Damien, pourquoi *se tait dans cette roue la douce symphonie de paradis qui plus bas si dévote ès autre sonne*. La réponse est que Dante a l'ouïe et la vue d'un simple mortel et lui, comme esprit contemplatif, ne chante point et vient seulement porter témoignage de la parole (le Verbe) et de la lumière qui le revêt. Et il n'exprime pas pour autant plus d'amour que ses semblables.

C'est seulement le rôle que Dieu lui a confié. Pourquoi, alors, lui avoir confié ce rôle à lui et non à d'autres, questionne à nouveau le Poète ?

Réponse : les desseins de la Providence sont impénétrables. Même lui qui "voit", au sens de la "voyance", l'Essence Suprême, dont émane *la clarté divine,* descendue sur lui, même lui, et même le Séraphin qui appartient à la hiérarchie angélique la plus proche de Dieu, au ciel du Premier Mobile, en Kether, aucun des deux ne peut répondre au Poète !…

Celui-ci se voit ensuite préciser que l'objet de sa question *se renfonce dans l'éternel abîme du destin*. Ceci nous renvoie, incontestablement, à l'essence même de l'Aïn Soph de la Kabbale, dont est issue Kether, la première et la plus élevée des sephirah de l'Arbre de Vie.

Notons à ce sujet que cette sephirah Kether est non seulement la source des 9 autres sephiroth de l'Arbre, mais aussi celle des 22 sentiers qui les relient entre elles et qui sont associés aux lettres sacrées de l'alphabet Hébraïque. Nous évoquerons ces dernières, plus loin, dans notre chapitre consacré aux analogies directes entre les étapes du voyage initiatique de la Divine Comédie et les arcanes du tarot.

Nous nous sommes, en effet, attachés, pour l'instant, à analyser uniquement les correspondances entre les 10 ciels et les 10 sephiroth, à travers les images poétiques utilisées par Dante. Car la visite des ciels constitue comme autant d'étapes précises du chemin évolutif de "remontée" de l'Arbre de Vie, comme nous l'avons vu jusqu'ici.

Retenons encore dans ce chant le tournoiement final des *mille flammes*, qui descendent de degré en degré, devenant à chaque tour plus belles et s'arrêtant autour de Saint Pierre Damien. Ce tournoiement évoque, à l'évidence, le symbole du "swastika", incarnation de la volonté originelle de Dieu, manifestée en Kether, sephirah à laquelle ce symbole est associé.

René Guénon, dans ses écrits sur le Symbole de la Croix, y décèle, selon une image admirable, *l'action du Principe à l'égard du Monde*.

Et dans le XXIe chant du Paradis, nous voyons bien que ces flammes des Bienheureux descendant l'échelle symbolisent des parcelles vivifiantes des énergies divines, venues d'en-haut. Mais elles crient *vengeance*...

Nous allons voir pourquoi, au chant suivant.

Dante gravit l'échelle mystique des contemplatifs pour passer du 7e au 8e ciel. C'est la première fois que son transfert ne se fait pas instantanément. C'est Béatrice qui répond aux attentes du Poète sur les raisons du *cri de vengeance* des Bienheureux (chant XXII, v.16 à 18) :

Le glaive d'ici-haut ne tranche en hâte,
ni en retard, fors qu'au gré de ceux-là
qui à désir ou à crainte l'attendent.

Dieu ne craint pas de patienter ni de perdre ses serviteurs, disait Dante au chant XXXIII du Purgatoire (v.36 et suivants). Il ne manque pas de moyens pour assurer leur défense ou sa propre vengeance. Le Poète reprend ici l'argument.

La figure de Saint Benoît apparaît tout à fait à bon escient dans ce ciel de Saturne, auquel est associée la sephirah Binah. Les moines de Vicovaro, rapportent plusieurs commentateurs, connaissaient la sainteté de la vie de Benoît. Ils le voulurent pour supérieur et même le supplièrent de l'être. Mais sa discipline fut si rigoureuse qu'ils tentèrent rien de moins que de l'empoisoner ! Il retourna dans sa grotte, dans laquelle il s'était retiré à l'âge de 14 ans. Beaucoup de disciples se réunirent autour de lui. Il les répartit dans de nombreux monastères, dont il garda la direction par-dessus les abbés, qu'il mit lui-même à leur tête. Il évangélisa les populations païennes, fonda, près du Mont Cassin, des églises et un monastère qui devint le plus grand d'Occident et fut le centre de l'Ordre Bénédictin. C'est là qu'il mourut.

Charlemagne ordonna une enquête sur les monastères et se demanda, tant ils s'étaient développés, s'il existait d'autres ordres que l'Ordre Bénédictin !

Celui-ci eut un nouvel essor au XIème siècle, avec l'abbaye de Cluny en Bourgogne... Le mélange de bonté, d'ardeur et de rigueur fit de Benoît un instrument exceptionnel de révélation et de propagation de la Foi, à l'image de cette description de Béatrice sur les esprits contemplatifs (XXII, v.46 à 48) :

> *Ces présents feux furent tous des esprits*
> *contemplatifs, allumés de l'ardeur*
> *qui fleurs et fruits de sainteté fait naître.*

Nous avons là comme l'archétype de ce qui évolue en Binah, sous l'influence des Trônes. Nous l'avons déjà dit, ces derniers veillent à corriger toutes les déviances de la conscience écartant l'Homme de son Destin, tout en lui révélant les lumières nécessaires à sa Rédemption. C'est une déviance vers la matérialité que le Poète évoque à propos des Bénédictins dégénérés, *la gent qui de part Dieu demande (= mendie)* et dont on peut dire (v.85 à 87) que :

> *La chaire mortelle est si tôt alléchée*
> *que bonne commençaille en vous n'a suite :*
> *scion de chêne est loin de faire glands !*

Béatrice pousse le Poète à remonter l'échelle vers le 8ᵉ ciel, le ciel des Étoiles. L'allusion à Béatrice et à Dante, concernant le signe des Gémeaux prend aussi, symboliquement, sa place dans ce ciel de Saturne, auquel les commentateurs associent **la "science" de l'Astrologie**. Le Poète reconnaît l'inspiration qu'a pu conférer son signe de naissance à sa pensée (chant XXII, v.112 à 114) :

> *Glorieuse maison ! étoiles pleines*
> *de grand vertu, dont je tiens et avoue*
> *trestoute ma pensée, quoi qu'elle vaille,...*

Béatrice, à ce stade, exhorte Dante à regarder le chemin parcouru et à manifester sa joie, à la vision des armées célestes qu'il va découvrir au chant suivant. Les *Gémeaux divins* l'entraînent et il *retourne aux yeux de la très belle*. Le regard de Béatrice symbolise, notons-le à nouveau, la conscience du guide, celle qui, "naturellement", évite les faux pas au Pèlerin sur le chemin...

Dante s'élève donc vers le 8ᵉ ciel...

Hochmah, "la Sagesse", au Ciel des Étoiles (le Zodiaque), chants XXII (en partie) à XXVI, et XXVII (en partie)

Ce sont 5 chants pleins et 2 partiels qui sont consacrés par Dante à ce ciel. C'est la plus longue étape en un seul lieu, dans toute la Divine Comédie.

Et cela est particulièrement significatif tant au plan exotérique qu'au plan ésotérique. Nous sommes à l'avant-dernier ciel, celui qui correspond aux "Étoiles", c'est-à-dire au cercle du Zodiaque, dans la tradition Kabbalistique et à la sephirah Hochmah, "la Sagesse". Notons toutefois que d'autres auteurs citent la planète Uranus comme symboliquement associée à Hochmah. Mais cette planète est bien sûr inconnue à l'époque de Dante. Et, par ailleurs, le ciel des Étoiles du Poète est tout à fait assimilable au Zodiaque, dans son ensemble. Dans la sephirah Hochmah se manifeste, selon la Tradition kabbalistique, le cercle zodiacal, et ceci dans le monde d'Assiah, celui du stade final du processus de la Création, de l'action et de l'existence proprement dite.

Le cercle zodiacal est associé ici au pont qui s'établit entre la conscience du moi individuel et le Cosmos, entre le Microcosme et le Macrocosme. C'est en Hochmah, plus généralement, que se situe l'origine des puissances intellectuelles, conceptrices, imaginatives… Cette injonction de Béatrice, dès lors, au chant XXII (v.124 à 132), s'éclaire d'un jour tel qu'il mérite bien les 5 chants pleins plus les 2 partiels consacrés à ce ciel :

"Tu es si près du suprême salut"
prit à dire Biétris, "qu'il te convient
avoir la vue bien claire et aiguisée ;
adonc avant qu'en son sein (*) tu pénètres,
remire en bas : vois quelle part du monde
dessous tes pieds déjà s'est abîmée ;
que ton cœur de son mieux réponde en joie
au festoiement de l'essaim triomphal (*)
qui vient parmi ces routes éthérées.
(*) au sein du ciel des étoiles, l'essaim des
Bienheureux, célébrant le triomphe du Christ.

Et la conscience "individuelle" de Dante, précisément en cet instant, est guidée par son signe de naissance : *tandis que les Gémeaux divins m'entraînent.*

Si nous embrassons d'un long panoramique toute l'évolution du Poète au 8e ciel, nous avons les 21 grandes étapes ou tableaux suivants :

Au chant XXIII, tout d'abord… L'apparition de tous les Bienheureux et du Christ, en son triomphe et l'Extase du Poète (v.19 à 21 :

Et Biétris dit : "Voici que l'ost (*) s'avance
du triomphe du Christ : vois récolté
trestout le fruit du tournoi de ces sphères !
(*) l'armée

Puis paraît l'ineffable beauté de Béatrice qui se cristallise dans son rire ou son sourire (v.22 à 23) :

Je croyais voir flamboyer son visage :
ses yeux furent dorés de telle joie
qu'il m'en convient passer sans plus long conte.

La remontée du Christ dans l'Empyrée a lieu face aux yeux *"infirmes"* du Poète (v.85 à 87) :

Bénigne ardeur qui les empreins ! aux nues
tu revolas pour ne donner encombre
à ces yeux d'homme impuissants envers toi.

La milice céleste paraît et c'est ensuite le triomphe de la Vierge. Elle est couronnée par la flamme ardente de l'Archange Gabriel, vêtu d'une flamme qui tournoie et qui chante, jusqu'à la remontée dans l'Empyrée (v.94 à 102) :

parmi le ciel descendit une flamme
formée en cercle à guise de couronne,
qui la ceignit se mouvant autour d'elle.

> *La mélodie qui plus douce résonne*
> > *chez nous et plus souëf l'âme à soi tire,*
> > *semblerait nue épaisse qu'un tonnerre*
> *éventre, auprès du son de cette lyre,*
> > *couronnant de ses rais le beau saphir,*
> > *dont le plus clair des cieux s'ensaphire :...*

L'hymne des élus est chanté en son honneur, le *"Regina coeli"*, et les blanches flammes des apôtres brillent d'amour pour Marie (v.124 à 129) :

> *chaque blancheur vers le haut s'étendit*
> > *de tout son feu, d'où me fut manifeste*
> > *la tendre amour qu'ils avaient à Marie.*
> *Et puis en mon présent là demeurèrent,*
> > *chantant "Reine du ciel" à voix si douce*
> > *que le plaisir onque puis n'en cessa.*

Le chant XXIII se termine par l'évocation de la Béatitude céleste reliée à l'Ancien et au Nouveau Testaments (v.136 à 139) :

> *Sous le haut fils de Dieu et de Marie,*
> > *ici va triomphant de sa victoire,*
> > *avec l'antif et le nouveau concile (*)*
> *celui qui tient les clefs de telle gloire."*

(*) Ancien et Nouveau Testaments

Nous ne pouvons qu'être ébloui par ce langage pétri de symbolisme puisé aux sources de la Tradition la plus ancienne et qui fait écho à tout celui contenu dans les Saintes Écritures !...

Trois principaux "tableaux" ou étapes interviennent au cours du chant XXIV... Béatrice adresse une prière aux Bienheureux en faveur de Dante leur demandant de lui laisser recueillir un peu de Rosée, évocation à peine voilée selon nous au "nectar des alchimistes", dans la voie de la régénération, et, naturellement aussi symbole de la Grâce vivifiante et de la Rédemption, dans la perspective de l'Hermétisme Chrétien et de la Kabbale Hébraïque, (v.7 à 9) :

> *faites raison à son désir sans bornes :*
> *laissez-lui prendre un petit de rosée,*
> *vous qui buvez à la font (*) dont il rêve.*

(*) la fontaine

La joie des Bienheureux éclate. Nous avons déjà suffisamment souligné cette insistance du Poète à évoquer le rôle de la Joie parmi les êtres célestes pour ne pas y revenir (v.10 à 13) :

> *[...] et chaque âme joyeuse,*
> > *comme en ferme pivot miroir qui vole*
> > *vrilla sa flamme à guise de comète.*

A la demande de Béatrice, Saint Pierre "examine" le Poète sur la question de la Foi et lui délivre une chaleureuse approbation. Ceci occupe la plus grande partie du chant. Notons les formules-clés :

La demande de Béatrice (v34 à 37)...

> *"Éternelle clarté du pêcheur d'hommes*
> > *à qui notre Signeur venu en terre*
> > *laissa les clefs de la mirable joie,*
> *tente cestui comme il te plaît", dit-elle,*

Définition de la Foi par le Poète (v.64 à 66) :
> *"foi est substance à choses espérables",*
> repris-je, *"et argument des non-visibles ;*
> *et telle m'apparaît sa quiddité,*(*)
> *ô père [...]"*
> (*) l'essence d'une chose en tant qu'exprimée dans sa défini
> tion (XIVème siècle de "quidditas", latin scholastique).

Affirmation de nature "ésotérique" (v.70 à 74) :
> *Et moi sur ce : "Car les profondes choses*
> *qui de leur vision me font largesse*
> *tant sont cachées aux yeux de notre monde,*
> *que tout leur être est en pure créance ;*
> *sur laquelle créance espoir se fonde : [...]"*

Dieu "amour, désir" et force motrice (v.130 à 132) :
> *Et je réponds : "Je crois en un seul Dieu,*
> *seul éternel, qui sans que rien le meuve*
> *tout le ciel meut par amour et désir."*

Unité et Trinité de Dieu (v.139 à 141) :
> *"Je crois en trois personnes éternelles :*
> *d'une essence les crois, si une et trine*
> *qu'elle souffre à la fois l'***est*** et le* ***sunt.***"

Et, enfin, Saint Pierre bénit le Poète et, symboliquement l'adombre du Feu céleste qui lui a inspiré ses réponses sur la question de la Foi (v.151 à 154) :
> *ainsi, me bénissant à joyeux hymne,*
> *quand je me tus, de trois tours me ceignit*
> *l'apostolique feu, par le command*
> *duquel je fis ces répons : tant lui plurent.*

Trois autres "tableaux" ou étapes essentiels occupent le chant suivant, le XXVe : Dante formule le suprême désir du retour dans sa Patrie et de l'obtention de la couronne d'Immortalité, la couronne de lauriers que l'iconographie traditionnelle lui a d'ailleurs conservé à jamais... 5 vers signent la remise de cette couronne par Saint Pierre et la "consécration", au sens fort de ce terme, du Poète, prêt à retourner, dans la gloire, à Florence (v.7 à 12) :
> *d'une autre voix ormais, sous autre poil*
> *reviendrai-je poète, et le chapel*
> *prendrai dessus les fonts de mon baptême,*
> *puisque c'est là que j'entrai dans la foi*
> *qui fait à Dieu reconnaître les âmes,*
> *et pour quoi Pierre ainsi mon front cercla.*

Une nouvelle apparition "lumineuse" vient au Poète en l'âme de Saint Jacques. Comme Saint Pierre, le saint "examine" Dante sur une autre question concernant l'Espérance et approuve ses réponses (v.67 à 69) :
> *je dis alors : "Espoir est sûre attente*
> *de la gloire à venir, que font germer*
> *grâce divine et ancienne mérite."*

Et un peu plus loin (v.88 à 90) ...
*Et moi : "L'antive et la neuve Écriture
marquent ce but où vise l'espérance :
but des âmes que Dieu a d'amour prises."*

L'apparition de Saint Jean, dont la lumière aveugle le Poète, après qu'il ait tenté de voir le corps du Saint sans succès, est aussi une étape très importante symboliquement.

Nous lisons aux vers 112 à 114 le rappel de la Cène, au cours de laquelle *un de ses disciples, que Jésus aimait, se trouvait à table tout contre Jésus* (Évangile selon Saint Jean XIII,23). C'est Béatrice qui parle :
*Voilà celui qui gisait sur le sein
de notre pélican, celui qui fut
de sur la croix élu au grand office.*

Puis, aux vers 118 à 123, le Poète constate :
*Tel est celui qui tant guette et s'arguë
de voir un peu s'éclipser le soleil
qu'enfin, par voir, il devient non-voyant ;
et tel me fis-je à ce troisième feu,
jusqu'une voix me dit : "Pour chose voir
qui ci n'ont place, à quoi bon t'éblouir ?*

Le "pélican" est bien sûr le symbole du Christ dans l'iconographie chrétienne mais il nous renvoie dans cette scène précise évoquée par le Poète à un archétype alchimique puissant. Le Pélican est assimilé à la "nature humide" que le soleil réduit pour le faire renaître. Il a ainsi été assimilé au sacrifice du Christ et à sa Résurrection. Le sang et l'eau de la plaie de Jésus, par ailleurs, donne au croyant la possibilité de "revivre" lui-même, ce qui nous renvoie à l'Eucharistie et à toute sa symbolique dans la perspective de l'Hermétisme Chrétien.

Bien entendu, comme le disent habituellement les commentateurs de l'œuvre du Poète, Jean, *élu au grand office*, ceci nous renvoie à l'apostrophe du Christ faite sur la croix à Marie et au Saint : *Femme, voici ton fils* et au disciple : *Voici ta mère* et l'évangile conclut : *Dès cette heure-là, le disicple l'accueillit chez lui* (Évangile de Saint Jean XIX,26 et 27).

Mais, situé dans le contexte présent, **le grand office** cité par le Poète va plus loin encore, **désignant Saint Jean comme le vecteur privilégié de la transmutation de tout candidat sur le chemin...**

Dans cette optique, "l'aveuglement" du Poète, à la vue de Jean, prend un tout autre sens et beaucoup de relief ! Sur le sentier de son évolution, le Pèlerin se heurte à cet obstacle classique de "découverte" de certaines réalités qui, souvent, l'aveuglent, alors qu'elles ne le devraient pas, s'il s'y était bien préparé. Et quand Jean dit : *Pour chose voir qui ci n'ont place, à quoi bon t'éblouir ?,* cela va au-delà du seul fait que le Poète chercherait inutilement à percevoir, sous le voile de lumière, le corps matériel de Jean, resté sur terre, comme ceci est le plus souvent interprété. La remarque a une portée, nous semble-t-il, plus générale.

Au chant XXVI, nous avons trois étapes importantes :
Saint Jean "examine" Dante sur la question de la Charité et les Bienheureux applaudissent aux réponses du Poète, qui retrouve la vue. Ce retour à "la claire voyance" après les "bonnes réponses" accrédite tout à fait ce que nous venons de dire d'une interprétation plus globale de l'aveuglement du Pèlerin... Le Poète se réfère à "l'Alpha et l'oméga" de plusieurs passages bibliques et entre autres, bien sûr, de l'Apocalypse de Jean (I,8) en disant (v.16 à 18) :   *Le bien qui fait contente cette cour,*
tel est l'alpha et l'oméga du livre
qu'amour me lit à basse ou haute voix.

Et nous avons, ici, une sorte d'adhésion implicite du Poète à tout ce que Saint Jean représente comme "modèle de connaissance des réalités célestes", autour de la figure centrale de la Charité (v.52 à 54) :
Les saintes vues ne me furent cachées
qu'avait l'aigle du Christ ; ains, je connus
où il voulait profès m'acheminer.

Le Poète reprend ensuite son discours comme un "acte de foi" (v.55 à 63) :   *Je repris donc : "Chacune des morsures*
qui peuvent faire à Dieu tourner les cœurs
m'a poussé au bercail de charité ;
l'être de l'univers, mon être même,
la mort que Dieu soutint pour que je vive,
et ce qu'espère avec moi tout fidèle,
outre la vive gnose or que j'ai dite,
m'ont tiré de la mer de l'amour tors
et mis au port de l'amour droiturier.

A peine est-il besoin de dire que nous avons là un admirable condensé de la perspective Hermétique Chrétienne : le recours à Dieu dans l'épreuve, la Charité, l'Essence divine en l'être, le "Suprême Sacrifice", la Gnose Chrétienne, la Puissance de l'Amour...

Une deuxième étape dans ce chant intervient avec l'apparition d'Adam et le rappel de la "vraie raison" de la colère de Dieu : le péché d'orgueil d'Adam et Ève, qui voulurent en savoir "autant que Dieu"...
Adam s'adresse au Poète en ces termes (v.112 à 115) :
Ce n'est, mon fils, d'avoir goûté du fruit
qui fut par soi cause de mon exil ;
mais seulement d'avoir passé le signe. (*)
(*) la borne assigné aux hommes par Dieu.

Une troisième étape est constituée par les 4 questions que Dante formule à l'intention d'Adam et les réponses de *la première créature humaine*.
Les commentateurs déduisent des propos de cette dernière que 6498 ans se sont écoulés depuis que Dieu plaça Adam au Paradis Terrestre.
Première question de temps posée par Dante.
Notons que ce nombre, en réduction théosophique, donne 9. L'image du tarot correspondante, le fameux Hermite, symbolise parfaitement cette

existence d'errance et de recherche à laquelle notre Premier Ancêtre voua l'Humanité, de part la colère de Dieu, tout comme d'ailleurs notre faculté d'ouverture et notre potentiel de transformation !..

La langue reçue de Dieu fut "altérée", car, précise Adam (v.127 à 129) :
> ... *nul effet de raison sur terre*
> *ne peut durer toujours, quand vos plaisirs*
> *selon que le ciel mue se renouvellent.*
> *Que l'homme parle est œuvre de nature ;*
> *mais en quels mots ou quels, nature laisse*
> *que vous fassiez comme mieux vous agrée.*

Autre question de Dante : combien de temps Adam resta-t-il au Paradis Terrestre ? Réponse : un peu moins de 7 heures ! C'est là que se manifeste la colère de Dieu face à la désobéissance par orgueil, autrement dit par manifestation intempestive de l'Ego ! Enfin, Adam fait allusion au nom de Dieu, "**I**" au début (v.133 à 135) :
> *"Avant qu'au deuil d'enfer je descendisse,*
> *sur terre I fut le nom du bien suprême*
> *d'où me vient l'allégresse ou je m'enrobe ;"*

Puis ce fut "**EL**" (v.136 à 138) :
> *puis il se nomma EL ; et c'est dans l'ordre,*
> *car aux mortels coutume est comme feuille*
> *en l'arbre, qui s'en va, et vient une autre.*

Les commentateurs ont beaucoup discuté autour de cette lettre "I", inscrite dans le texte, qui peut tout aussi bien être le chiffre romain de l'Unité.

La part évidente d'énigme que revêt au premier abord cette "évolution" de la désignation de Dieu, se retire largement dans la perspective hermétique et kabbalistique que nous suivons en priorité. La référence à l'Unité primordiale de Dieu est parfaitement cohérente "à l'origine". Nous sommes vraisemblablement bien en présence du chiffre romain. Après la Chute, la désignation par l'expression Hébraïque "EL", se référant à la "Puissance de Dieu", nous renvoie au nom du Dieu d'Israël dans la Bible, entrant fréquemment dans la composition des noms propres de ses "héros" humains, Béthel, Samuel, ... et des êtres célestes, Rafaël, Gabriel,...

"*L'uso de' mortali*", la coutume est bien de nommer diversement toutes choses, en vertu de leur propre versatilité. L'histoire de l'Humanité, d'avant à après la Chute, est bien celle du passage de l'Unité en Dieu à la diversité mettant en exergue la Puissance de Dieu !...

Le chant XXVII n'est que partiellement consacré au 8e ciel, celui des Étoiles (le Zodiaque), associé à la sephirah Hochmah, "la Sagesse". Mais il comporte au moins encore 5 étapes importantes, correspondant à ce ciel et l'étape de montée au 9e ciel qui le conclut.

Au départ, les Bienheureux - *Tout* le Paradis - chantent le "Goria Patri" (v.1à 3) :
> *Gloire au Père et au Fils et à L'Esprit*
> *gloire !* "*entonna le paradis trestout,*
> *et de son doux chanter je m'énivrais.*

Puis nous découvrons Saint Pierre lançant ses invectives contre les papes Boniface VIII, ou Clément V ou Jean XXII :
> *En robe de bergers maints loups rapaces*
> *par tous pâtis et enclos se répandent :*
> *ô défense de Dieu, pourquoi dors-tu ?*

Puis mission est donnée à Dante par Saint Pierre de témoigner en toute vérité (v.64 à 66) :
> *Et toi, mon fils, qui pour ce poids mortel*
> *dois redescendre encore, ouvre la bouche,*
> *ne cache point le mal que je ne cache.*

"Lo mortal pondo", ce poids mortel, certes peut désigner le fardeau du corps mortel, mais surtout, à travers lui, le poids de la "Faute originelle" qui pèse sur tout représentant de l'Humanité.

Le retour des Bienheureux dans l'Empyrée constitue une nouvelle étape et, symboliquement, le Poète les perd de vue, sa claire conscience ne parvenant pas encore à l'Empyrée (v.73 à 75) :
> *Or mon regard poursuivait leurs fantômes*
> *et les suivit tant que l'espace accru*
> *ne lui ôta de cheminer plus outre.*

Et Béatrice, encore une fois, incite le Poète à regarder vers le bas, en direction de la Terre, comme pour mesurer le chemin déjà parcouru, et faute de ne pouvoir atteindre encore l'ultime perspective... Dante écrit (v.76 à 78) :
> *Ma dame alors, quand elle me vit quitte*
> *de guetter les hauteurs me dit : "Rabaisse*
> *les yeux, et vois quel tour tu viens de faire.*

Le Poète monte ensuite au 9e ciel, celui du Premier Mobile et des hiérarchies angéliques, sous l'impulsion du regard de Béatrice, symbole à la fois de l'ouverture de conscience et de l'énergie d'Amour qui l'entraîne.

Cette étape, elle-même, comporte 2 temps forts :

Après avoir affirmer son *amoureux esprit,* qui *toujours songe d'aller après ma dame donoyant,* le Poète revient sur la vertu que le regard de Béatrice lui communique et qui l'a conduit d'astre en astre jusqu'au 8e ciel, où se trouve sa constellation natale des Gémeaux, et qui à présent lui fait quitter le beau nid de Léda, mère des Gémeaux, Castor et Pollux, pour l'amener au 9e ciel, ciel impétueux du Premier Mobile (v.97 à 102) :
> *Et la vertu dont me baigna sa vue*
> *tôt m'arracha au beau nid de Léda*
> *pour me lancer par le ciel ravineux.*
> *De ces contrées, prochaines ou hautaines,*
> *je ne saurais, tant elles sont égales,*
> *dire laquelle Biétris élut pour siège.*

Il ne connaît pas encore le *siège* de Béatrice. Cela prépare le "ravissement", au sens profond de ce terme qui l'attend, plus loin, dans cette découverte... Cette "montée" au 9e ciel présente un autre temps fort, dans la perspective Hermétique Chrétienne que nous suivons en priorité. En effet, en quelques images saisissantes, le Poète résume toute une conception du Cosmos Divin, qui affirme son essence, son énergie motrice, son mouvement et le mouvement qu'il imprime aux sphères en conformité aux facteurs du nombre parfait, l'Amour et la Lumière qui l'embrassent et la position du 9e ciel, associé à la sephirah Kether, au nom évocateur de "la Couronne". Ce ciel comme le chante le Poète, est effectivement celui de l'esprit divin, *et cette enceinte, celui-là seul la comprend qui la serre…* Et Kether, autrement dit, englobe toutes les potentialités de l'Arbre de Vie.

Relisons ces images extraordinaires (v.109 à 114) :
Ce ciel a pour tout lieu l'esprit divin
 où s'enflamment l'amour qui le tournoie
 et la vertu dont il verse l'ondée.
Lumière, amour, l'embrassent dans leur cercle
 comme il tient les suivants ; et cette enceinte,
 celui-là seul la comprend qui la serre.
Son mouvement par autres ne se règle,
 mais tout mouvoir par le sien se mesure
 comme le dix par demie et par quinte.

Nous venons de distinguer 21 "tableaux" ou moments forts de ce passage de Dante au 8e ciel, ciel des Étoiles (ou du Zodiaque) et de son passage au 9e ciel, ciel de l'Empyrée. "La Sagesse", incarnée par la sephirah Hochmah, elle-même associée au 8 ème ciel, dispose, d'après la Bible (Livre de la Sagesse VII, 22-23) de 21 attributs. Le nombre 21 symbolise effectivement la Sagesse Divine et la Perfection de la Création, dans la perspective Kabbalistique. Notons que l'éloge de la Sagesse, dans ce passage de la Bible, consacré à la queste de Salomon, se présente comme un écho complémentaire à ce dernier passage du Poème de Dante, que nous venons de citer (Livre de la Sagesse, VII,28-30) : *car Dieu n'aime que celui qui habite avec la Sagesse, Elle est, en effet, plus belle que le soleil, elle surpasse toutes les constellations, comparée à la lumière, elle l'emporte ; car celle-ci fait place à la nuit, mais contre la Sagesse le mal ne prévaut pas.*

Nous pouvons interpréter les 21 étapes ou tableaux de ce 8e ciel du Paradis de Dante, comme un ensemble de témoignages ou de reconnaissances de cette "Perfection", liée à la Sagesse Divine.

Au chant XXIII, Béatrice ne dit-elle pas au Poète, qui ne peut supporter la lumière qui émane du Christ (v.35 à 39) :
Elle me dit : "Cela qui te surmonte
 est vertu de ce quoi rien ne se défend.
En elle est la sagesse et la puissance
 qui entre ciel et terre ouvrit les voies
 dont le monde eut si grande désirance."

C'est aussi bien sûr une allusion à la réconciliation toujours possible entre les plans supérieurs et l'Homme. Et vers la fin du chant XXVII, qui clôt cette série de chants consacrés au 8e ciel, Béatrice énonce explicitement à Dante le défi essentiel de l'aspirant sur le chemin… **Retrouver l'Enfant en soi, incarnation de l'Innocence dans la Foi.**

Nous voyons bien ici que le ciel des Étoiles et toute la Sagesse du Monde, sous l'empreinte du cercle zodiacal de la Tradition kabbaliste, correspond à la sephirah Hochmah, "la Sagesse".

Cette sephirah est la 2ᵉ, dans l'ordre descendant de l'Arbre de Vie, chemin de "l'éclair jaillissant", qui l'engendra. Le nombre 2 est associé à **l'Amour-Sagesse**. La hiérarchie angélique correspondant à ce ciel et à cette sephirah est celle des Chérubins, qui font office de "communicateurs" suprêmes, ouvrant à la Connaissance et au contact avec Dieu, ce que Dante va vivre dans son Extase finale.

A son propos, Denys l'Aréopagite, qui fut, rappelons-le, le premier évêque d'Athènes et le disciple direct de Saint Paul, écrit dans son ouvrage sur les Hiérarchies Célestes : *...quant à celui (le nom) des Chérubins, il enseigne leur pouvoir de connaître et de voir Dieu, leur aptitude à recevoir le plus haut don de lumière et à contempler dans sa puissance primordiale la splendeur hiérarchique, à se combler du don qui rend sage et à le communiquer sans envie aux esprits de second rang, par effusion de la sagesse reçue,...* Ce sont en langue originale les "Ophanim".

Les 21 tableaux du Poète, que nous avons distingués, parmi les autres, sont l'illustration du chemin de reconnaissance de la Sagesse Divine, suivi par Dante, à travers en particulier ses **3 mises à l'épreuve principales**, concernant sa connaissance des "vertus théologales" : sa rencontre avec Adam, renvoyant au thème de la Chute ; sa vision des Bienheureux et des Milices Célestes ; la prière de Béatrice en sa faveur et le "nectar alchimique" requis pour lui, la Rosée. La mission de Dante, consistant à témoigner, à son retour au monde des vivants, sans rien oublier ni travestir, de ce qu'il a vu, est, bien sûr, celle de la transmission de la Connaissance par l'Initié.

Par ailleurs, les deux "sciences", associées par les commentateurs de Dante au ciel des Étoiles, sont **la Physique et la Métaphysique**. Ce sont aussi celles qui peuvent être associées, selon leurs définitions médiévales, à la sephirah Hochmah : la première, en tant que science des causes naturelles, la seconde, qui "étymologiquement" la suit, en tant que science de connaissance de l'Être absolu et des Causes de l'Univers.

Kether, "la Couronne", au Ciel du Premier Mobile, chants XXVII (en partie), XXVIII et XXIX...

Évoquant la nature du ciel cristallin du Premier Mobile, 9ᵉ ciel du Paradis, Béatrice, nous l'avons déjà vu, résume en quelques images les données essentielles de l'Hermétisme Chrétien et d'une Cosmogonie Hermétique. Mais revenons-y pour plus de précision. Le Premier Mobile est ainsi nommé, car c'est son mouvement qui, telle une horloge cosmique, donne l'impulsion à l'Univers entier, autour du centre immobile. Ce ciel cristallin est en l'Esprit Divin, et c'est la force d'Amour, qui en s'y allumant, la met en mouvement.

Notons que le "Cristal", selon la Tradition la plus ancienne, symbolise le plan intermédiaire entre le visible et l'invisible et la Sagesse ouverte à l'Homme. La Lumière qui le transperce renvoie à l'Immaculée Conception.

Angelus Silésius dit que *Marie est un cristal, son fils, la lumière céleste, ainsi la traverse-t-il toute sans pourtant la briser.*

L'Esprit Divin, dit Béatrice, distribue la vertu telle une pluie : *la vertu dont il verse l'ondée*. La référence à la pluie nous renvoie aussi, bien sûr, à la double notion de purification et de nourriture, apanages de la vertu.

La Lumière et l'Amour embrassent, comme dans un cercle, le ciel cristallin, lui-même gouvernant les autres cercles des autres ciels. Seul, Dieu, qui serre cette *enceinte*, la comprend. Rappel ici du mystère insondable de la Divinité. C'est donc **l'Intelligence de Dieu**, dont le siège est au 10ème ciel, dans l'Empyrée, qui allume l'ardent Amour dans le ciel du Premier Mobile, le 9e ciel.

Notons le nombre 10, dont la signification kabbalistique nous renvoie à la "présence de Dieu dans le créé" et nombre qui nous renvoie aussi à la fameuse "Tétraktys" de Pythagore et la décade de son enseignement, sur laquelle nous reviendrons à propos de ce 10ème ciel. Le nombre 9, associé à la "Perfection du créé", désigne le ciel de Kether, avec l'image la plus édifiante de cette perfection, à savoir la "Cour céleste" des Anges et des Bienheureux !...

Mais revenons aux évocations de Béatrice.

Derrière cette organisation du Cosmos, se profile le "Nombre Parfait", car le mouvement du Premier Mobile de ne se règle sur aucun autre mais gouverne tous les autres *comme le dix par demie et par quinte*. 2 et 5 sont les facteurs du nombre parfait. Et le temps, dit la Dame, comme une sorte de conclusion de cette organisation cosmique, est comme une plante aux ramifications infinies qui prend racine dans ce ciel du Premier Mobile, et répand sa frondaison dans tous les autres ciels. Elle y crée et communique, en fait, le mouvement à la base de toutes les évolutions dans le Cosmos : révolutions des astres, déroulement des saisons, éclipses, jours et nuits, etc. (v.118 à 120) :

Et que le temps prenne au creux de ce vase
sa racine, et envoie sa feuille ès autres,
ceci, ormais, te peut être visible.

Nous sommes bien d'emblée dans le "miroir" de la sephirah Kether, la toute première de l'Arbre de Vie, dans le sens de la descente vers Malkuth. De cette sephirah, toute réalité prend naissance et se met en mouvement... *Source suprême de la Création*, écrit Charles Rafaël Payeur (1), *Kether représente la quintessence existentielle de l'univers, l'énergie intrinsèque de la vie.*

Cette sephirah, qui est appelée par les Kabbalistes, comme nous l'avons vu, la "Cause des causes" ou la "Racine des racines", est aussi décrite comme le siège de la "Conscience". Toutes les réalités intelligibles et tous les concepts en émanent. Elle est la source de toutes les autres sephiroth que nous venons d'envisager dans cette "remontée" de l'Arbre de Vie, tout comme le ciel auquel elle est associée, le 9e, *tient les suivants,* selon les propos mêmes de Béatrice à Dante... Elle est aussi la source des 22 sentiers qui relient les sephiroth entre elles et donc, par association, des 22 lettres de l'Alphabet Hébraïque, que nous envisageons plus loin. Nous ne voulons pas rendre trop complexe l'évocation de cette analogie de la remontée des 10 ciels du Paradis aux étapes d'une remontée de l'Arbre de Vie.

---

(1) *La Kabbale et l'Arbre de Vie* par Charles Rafaël Payeur, Éditions de l'Aigle, Canada (Quebec), 1996.

C'est pourquoi nous nous sommes concentrés sur les 10 sephiroth, comme autant d'étapes franchies sans transition. Le Poète nous y invite d'ailleurs lui-même en évoquant des transferts instantanés d'un ciel à l'autre.

En revanche, à considérer l'ensemble de son voyage dans les trois mondes de l'Au-delà, ce sont précisément les 22 sentiers qui doivent retenir notre attention. Ils sont en effet directement reliables au processus de l'Alchimie Spirituelle, illustrée par les 22 Arcanes du tarot, elles-mêmes portant les symboles de forces et de personnages et archétypes mis en œuvre dans les visions dantesques. Ceci est l'objet de notre chapitre final.

Cette parenthèse étant faite, poursuivons la découverte du ciel du Premier Mobile, en correspondance avec la sephirah Kether. Autour d'un point de Feu immobile et si rayonnant qu'il oblige le regard du Poète à se fermer sous peine de le brûler, autour de ce symbole de Dieu, origine de toutes choses, tournent les 9 cercles *lumineux et concentriques* des Chœurs Angéliques. Le premier cercle tourne très vite, mais le mouvement se ralentit au fur et à mesure que les cercles s'éloignent du centre. De même l'ardeur lumineuse est dégressive. Béatrice explique à Dante les correspondances entre ces 9 chœurs et les cieux de l'Univers. La Hiérarchie, la Destinée et le rôle des Anges sont inspirés du fameux traité de Denys l'Aréopagite.

Ces chœurs sont les intelligences motrices des 9 cieux. Le ciel du Premier Mobile est le plus grand, mais c'est le plus petit des cercles des chœurs angéliques qui lui correspond. C'est le chœur des Séraphins. Le 2e cercle est celui des Chérubins. Puis viennent les Trônes, les Dominations, les Vertus, les Puissances, les Principautés, les Archanges et les Anges.

L'Empyrée, terme du voyage du Poète, que nous verrons plus loin, est le 10ème et dernier ciel dans le sens de la remontée. Notre esprit l'imagine infini. Il est, en fait, "sans mesure et sans lieu", et "l'Aïn Soph" des Kabbalistes peut lui être associé. L'Initiatrice révèle à Dante les raisons cachées de toute cette structure en ces termes : *Frère, dit Béatrice, de ce point dépend le ciel et la nature toute.* Le mouvement du premier cercle, celui des Séraphins, est le plus rapide, car c'est l'Amour le plus ardent qui le stimule.

Denys l'Aréopagite ne dit rien d'autre : *La sainte dénomination de Séraphins, aux dires des hébraïsants, signifie soit "incendiaires" soit "chauffants...* Le nom provient en effet du mot "saraph" qui signifie "brûlant". En contact avec le trône de Dieu, ce sont les messagers des énergies de la vie.

Porteurs de lumière, ils œuvrent pour dissiper toutes ténèbres, en dispensant le feu divin. Ils ont en fait, nous suggère Denys l'Aréopagite, tous les pouvoirs du feu : ardeur, purification, authenticité personnelle, lumière, illumination, dissipation des ténèbres. Le chœur des Séraphins est associé par la Tradition de l'Hermétisme Chrétien, en liaison avec la Kabbale, à la sephirah Kether. Et cette dernière est le lieu de "la conscience pure, le trône de Dieu", d'où toute réalité jaillit.

Dante est amené à une prise de conscience saisissante de la contradiction, qui n'est qu'apparente, entre les données du monde sensible, qui montrent des sphères d'autant plus divininisées, rapides et parfaites qu'elles sont éloignées du centre, et les données du monde surnaturel, qui montrent l'inverse.

La réponse de Béatrice à sa question est claire (chant XXVIII, v.64 à 72 et 76 à 78) :
> *Les cercles corporés sont brefs ou amples*
> *selon le plus ou le moins de vertu*
> *qui se répand dans toutes leurs parties.*
> *Plus de bonté veut donner plus de grâces ;*
> *plus grande grâce un plus grand corps emplit*
> *s'il est en chaque part bien achevé.*
> *[...]*
> *mirablement verras-tu correspondre*
> *du bas en haut et du pourtour au centre*
> *à plus grand ciel plus vive intelligence.*

Cette explication souligne une des difficultés principales rencontrée par l'aspirant sur le chemin de son évolution : la distance entre la réalité corporifiée, matérialisée, apparente et son essence. L'explication de Béatrice revient à dire qu'un grand corps est nécessairement pénétré de plus grande vertu qu'un petit, à condition que l'un et l'autre soient capables de l'accueillir en toutes leurs parties. Et le ciel du Premier Mobile, qui entraîne tout le reste de l'Univers avec lui, correspond au cercle et au chœur angélique *le plus connaissant* et *le plus ardent*. Le Poète se réjouit de la réponse en écrivant : *et* (je) *vis le vrai comme étoile en plein ciel,* merveilleuse image, qui traduit l'évidence de la "Vérité Révélée"…

Les cercles des chœurs angéliques étincellent (v.90 à 93) :
> *[...] ces roues traînant chacune*
> *un poudroyant sillage d'étincelles :*
> *à mil pour un leurs feux passent le nombre*
> *des grains qui vont doublant sur l'échiquier.*

Ceci renvoie au conte oriental mettant en scène l'inventeur des échecs, qui demande au Roi de Perse de placer des grains de blé sur un échiquier selon une croissance géométrique. Les récoltes du royaume n'y suffisent pas !…

Cette image est doublement signifiante. Au premier degré, elle met l'accent sur le nombre "incalculable" des Anges. Au deuxième degré, elle traduit l'insondabilité du Principe d'énergie divine qui se répand à travers eux dans l'Univers, et elle renvoie, dans la perspective kabbalistique, à la profondeur de l'Aïn Soph, dans laquelle la Lumière est douée d'une sublimité sans fin.

De chœur en chœur s'élève alors "l'Hosanna" adressé au Point Fixe qui les attache à la place qu'ils ont toujours eu. Dans la description faite par Béatrice des différents chœurs angéliques, nous découvrirons des allusions directes à la structure de l'Arbre de Vie, une fois de plus !

Avec les Trônes se termine, dit-elle, le premier ternaire, sans le nommer. Il s'agit, à l'évidence, des 3 chœurs angéliques attachés à la "**triade supérieure**" des sephiroth : Kether, "la Couronne" (9e ciel), avec les Séraphins, Hochmah, "la Sagesse" (8e ciel), avec les Chérubins, et Binah, "l'Intelligence" (7e ciel), avec les Trônes…

Cette triade correspond aux principes essentiels et ontologiques de la Création et à la dimension spirituelle chez l'Homme. Elle rappelle le repos de l'Esprit, de l'Âme pourrait-on dire aussi, attachée au contact de la Vérité, et la Joie qui en découle. Et le regard de la Vérité prend le pas sur l'Acte d'aimer.

Béatrice cite ensuite le second ternaire : les Dominations, attachées à Hesed, "la Grâce" (6e ciel), les Vertus, attachées à Geburah, "la Rigueur" (5e ciel), et les Puissances, attachées à Tiphereth ; "la Beauté" (4e ciel).
C'est la triade intermédiaire des sephiroth de l'Arbre de Vie, appelée par les Kabbalistes la **"triade cosmologique"**, relative aux principes de la Création et au "Moi Supérieur" chez l'Homme.

L'Initiatrice cite, enfin, le troisième ternaire : les Principautés, attachées à Netsah, "la Victoire" (3e ciel), les Archanges, attachés à Hod, "la Gloire" (2e ciel), et le dernier cercle, celui des Anges, attachés à Yesod, "le Fondement" (1er ciel). Cette dernière triade, dénommée **"la triade créatrice"**, correspond aux puissances cosmiques, à l'acte créateur et au "Moi Personnel" chez l'Homme, autrement dit "l'Ego".
La dernière sephirah, ou la première, si nous nous plaçons dans le sens de la "remontée" de l'Arbre, Malkuth, est associée, nous l'avons vu, au Paradis Terrestre de la Divine Comédie, et à "l'Homme d'Avant la Chute".
Cette sephirah n'entre naturellement pas en jeu, ici, dans l'évocation des hiérarchies angéliques par Béatrice.

La Dame évoque encore le rôle de médiation des hiérarchies angéliques entre le Haut et le Bas, le microcosme et le Macrocosme (chant XXVIII, v.127 à 129) :
Tous admirant envers le haut se tendent,
et vers le bas sont vainquants par leur force :
à Dieu tous entraînés, tous ils entraînent.
A cet instant, elle nomme directement Denys l'Aréopagite, l'auteur résumé du "De coelesti hierarchia", pour citer le nom originel en latin. Elle dit que le Pape Saint Grégoire le Grand rit de sa propre erreur. Il déplaça en effet les Trônes, dans cette hiérarchie et dans son ouvrage "Moralia in Job", et Dante le suivit dans son "Convivio". Ce sont les Vertus qui sont déplacées aussi par le même Pape dans ses homélies sur les Évangiles. Cette remarque est un prétexte pour souligner le caractère sacré et caché d'une telle vérité, révélée à un mortel, avec beaucoup d'autres mystères !...

Au chant suivant, chant XXIX, Béatrice expose au Poète la création des Anges, associée à la création du Monde, dans la simultanéité (v.16 à 18) :
en son éternité hors de tout temps,
hors de tout lieu borné, par bon plaisir,
l'éterne amour en amours neufs s'ouvrit.
Cette belle traduction rend bien compte de l'analogie archétypique à la double tradition de l'Hermétisme Chrétien et de la Kabbale, qui font de la Création un acte d'Amour de la part de Dieu, provenant d'un "vide sans borne".

L'Aïn Soph. Dieu, disent les Kabbalistes, se retira *de lui-même en lui-même,* et par cet acte généra en son sein un espace pour le monde à venir.

Notons toutefois que l'interprétation de ce "vide" est très diversement faite par les tenants de cette Tradition.

Les *neufs amours* renvoient, bien sûr, aux 9 hiérarchies angéliques, mais aussi aux formes d'énergies qu'ils représentent, au-delà du dénominateur commun de l'Amour-sagesse, aux cieux et aux sephiroth correspondantes, lieux d'évolution des "Créatures". Ce récit de la Création nous renvoie ensuite à un ensemble de références de nature Hermétique (chant XXIX, v.22 à 24) :

Forme et matière, en pures ou conjointes,
jaillirent nées d'un être sans faillie,
comme d'arc à trois nerfs saillent trois flèches.

La "forme pure" est la nature angélique, véhicule de l'Esprit. La "matière pure" est la nature corporelle. *Conjointes,* elles constituent la Nature Humaine. Ces 3 "réalités" jaillissent de Dieu (les 3 flèches). Mais nous pouvons, à un deuxième degré d'interprétation, y voir l'Adam Kadmon, *l'être sans faillie,* le prototype de l'Homme Parfait. Celui-ci, à l'image de Dieu, jaillit en son essence "trinitaire" : Âme, Corps, Esprit (les 3 flèches).

Et tel par verre ou par cristal ou ambre
rai de splendeur perce d'un vol si vif
qu'en y touchant il l'a déjà tout pris,
ce triple effet par un maître forgé
brûla, d'un coup, de tous les rais de l'être,
sans distinguer début et suite et fin.

La Création fut instantanée et parée de sa perfection, avec la simultanéité des 3 parties, forme pure, matière pure et forme et matière conjointes en l'Humaine Nature. L'Homme a donc été créé au même instant que l'Ange (Cf : Saint Augustin et Saint Thomas d'Aquin).

Mais nous pouvons, ici encore, découvrir à travers cette vision, un deuxième degré d'interprétation. Ce rayon lumineux traverse le verre, symbole de vérité absolue, ou le cristal, symbole de l'Immaculée Conception, ou l'ambre, symbole du lien entre Microcosme et Macrocosme, entre l'âme individuelle et l'âme universelle. L'ambre est aussi symbole de l'attraction solaire, spirituelle et divine. Denys l'Aréopagite dit que l'ambre est attribué aux essences célestes. Réunissant les formes de l'or et de l'argent, il symbolise à la fois la pureté incorruptible et inépuisable de l'or et l'éclat lumineux et céleste qui appartient à l'argent. Quant au *rai de splendeur* et au *triple effet par un maître forgé,* cela renvoie aussi à cette image de la Tradition Kabbalistique du jaillissement soudain d'une lumière supra naturelle au sein de l'espace vide, engendré par le retrait de Dieu. Ce jaillissement prit la forme d'un éclair fulgurant, sillonnant l'espace cosmique, engendrant les 10 sephiroth et les 22 sentiers de l'Arbre de Vie.

Rappelons-nous, 3 colonnes en naquirent, la colonne de gauche, celle de la Rigueur, pôle féminin de la Création, la colonne de droite, celle de la

Miséricorde, pôle masculin, et, au centre, la colonne de l'Équilibre Harmonique, réconciliant les contraires au sein de la Création et représentant "l'Axis Mundi" des Anciens. Et, bien sûr, à l'image de cet Arbre, correspond l'Adam Kadmon, l'Homme Parfait, évoqué ci-dessus et dont chaque membre est associé à une sephirah.

Les images qui suivent dans le texte du Poète sont d'évidents reflets de cette organisation de la Création, pour qui veut bien les déceler... Et elles "parlent" plus simplement que bien des commentateurs se sont acharnés à le faire, avec difficultés et contradictions.

Les *substances* (forme, matière et les deux conjointes en l'Homme) ont un ordre et un fondement. Nous retrouvons les 3 triades de sephiroth de l'Arbre de Vie, liées au siège des chœurs angéliques et ayant un "rôle spécifique" à jouer :

La triade supérieure (Kether, Hochmah, Binah), correspondant aux principes essentiels et ontologiques de la Création et à la dimension spirituelle, au niveau du Microcosme (l'Homme) (chant XXIX, v.33-34) :

Un ordre et fondement à ces substances
   fut concréé : celles-là en qui règne
   acte pur, dans le monde ont plus haute aire ; [...](*)
   (*) La *"cima nel mondo"* dit le texte italien qui peut
   être traduit aussi par *la cime du monde.*

La triade inférieure (Netsah, Hod, Yesod), appelée "triade créatrice", correspond aux puissances cosmiques et à l'acte créateur et, au niveau du Microcosme, au Moi Personnel, à l'Ego (v.34) : *pure puissance eut le plus bas parage (la parte ima).*

La triade intermédiaire (Hesed, Geburah, Tiphe-reth), dénommée "la triade cosmologique", correspond aux principes cosmologiques de la Création et notamment le lien entre le Haut et le Bas, l'Esprit et la Matière et, sur le plan du microcosme, au "Moi supérieur" (V.35-36) :

au mi-degré sont enserrés, d'un nœud
qui onc ne rompt, puissance et acte unis.

Les Anges, moteur des cieux et des astres, en délégation divine, ont été créés pour des fonctions précises. Nous l'avons vu à propos des différents ciels, liés aux sephiroth de l'Arbre de Vie. Ils ont donc été créés simultanément à tout le Monde, à l'inverse de ce qu'écrit l'un des Pères de l'Église, Saint Jérôme, et conformément à ce qu'affirme Saint Thomas d'Aquin, qui réfuta son opinion (v.40-41)) :

mais le vrai que je dis est par les scribes
du Saint-Esprit noté en mainte place : [...]

Béatrice évoque ensuite les Anges *fidèles* à Dieu et les Anges *rebelles*.

A *l'orgueil de ce maudit*, c'est-à-dire Lucifer, est due *la chute des démons*. Mais *la grâce illuminante* et *le mérite* des Anges fidèles, ceux que le Poète peut voir en Paradis, leur valut une conscience rehaussée.

Ils ont donc *une ferme et pleine volonté*. Leur modestie, liée à la Bonté, c'est-à-dire à l'Amour-Sagesse et leur fidélité à Dieu les adaptent d'autant mieux à leur rôle de *veilleurs*.

Béatrice interpelle la propre conscience du Poète en ces termes (v.64 à 66) :
> *Ne doute point, mais sois bien assuré*
> *qu'on a mérite à recevoir la grâce,*
> *dans la mesure où le cœur s'ouvre à elle.*

A travers cette opposition entre les Anges fidèles, souvent dénommés "Anges de la Lumière", et les Anges rebelles, souvent dénommés "Anges des Ténèbres", nous avons l'une des clés Hermétiques fondamentales. La volonté de l'Ego, seule, conduit au Mal et à la Chute. Elle n'est rien sans la Grâce.

Et la Grâce ne s'octroie qu'à un cœur "ouvert à l'Amour-Sagesse".

Théâtre de cette alchimie spirituelle : l'Arbre de Vie.

La Kabbale et l'Hermétisme Chrétien nous enseignent qu'à chaque sephirah de l'Arbre de Vie, et à la hiérarchie angélique de Lumière lui correspondant, s'oppose une sephirah "sombre", à laquelle correspond une légion démoniaque ou "d'anges des ténèbres".

Béatrice s'en prend ensuite aux discours philosophiques des hommes, animés précisément par la volonté de paraître et d'obtenir la renommée, victimes donc de leur Ego (v.85 à 87) :
> *Vous, sur terre, battez plus d'un sentier,*
> *philosophant ; à tel point vous entraîne*
> *l'amour du beau semblant et son renom.*

Le courroux du ciel vient d'avantage encore de l'abandon des Écritures ou de ses falsifications, alors que leur propagation a tant fait couler de sang, notamment aux apôtres, qui utilisèrent l'Évangile comme arme dans les batailles pour la Foi (v.109 à 114) :
> *A son premier couvent Christ ne disait :*
> *"Allez, prêchez au monde fatrasies (*)*
> *ains leur donna fondement véritable :*
> *L'Évangile, dont seul furent sonnantes*
> *leurs joues, et qui leur fut pour les batailles*
> *où s'allume la foi écu et lance."*
> (*) poèmes, formés de dictons et de proverbes, et d'apparence énigmatique.

Les *clercs vont prêcher par fadaises et quolibets* et leur Ego (nous transposons) enfle leur capuchon ! (v.115 à 117) :
> *[…] si les badauds bien rient,*
> *sans plus chercher le capuchon se renfle.*

Et, énonce, toujours Béatrice, le trafic des indulgences et les superstitions témoignent de la *folie en terre*. Fermant ce qu'elle appelle une *digression*, elle évoque l'impossibilité pour les hommes de dénombrer les Anges et se réfère à Daniel (VII,10), dans sa vision de l'Ancien et du Fils de l'Homme ("Le Songe de Daniel") dont le texte est le suivant :
> *Un fleuve de feu coulait,*
> *issu de devant lui.*
> *Mille milliers le servaient,*
> *myriade de myriades, debout devant lui.*
> *Le tribunal était assis,*
> *Les livres étaient ouverts.*

Béatrice précise que la Lumière de Dieu illumine chaque Ange d'une manière différente, lui octroyant une vision de Dieu différente et un amour proportionné à *l'acte de concevoir*. Cela réaffirme les rôles différents joués par les hiérarchies angéliques, dans les différents cieux, soit aux différents niveaux de l'Arbre de vie. Celui-ci est encore implicitement désigné, à travers l'image finale donnée par la Dame, c'est-à-dire l'image des **miroirs**. Ce mot est parfois attribué par les Kabbalistes, aux sephiroth, précisément... Béatrice termine son "apostrophe" ainsi (V.142 à 145) :

Tu vois donc la hautesse et amplitude
de l'éterne valeur, qui s'est créé
tant de miroirs où elle se morcelle,
demeurant une en soi comme devant.

Au ciel du Premier Mobile, que nous venons de découvrir, correspondent donc le Principe suprême, le siège de la Conscience pure (Mashabah), et le trône de Dieu d'où toute réalité émerge et prend naissance. En Kether, qui est la sephirah associée à ce ciel, la forme duelle, masculine et féminine, en action au sein de la Création, est encore en fusion. C'est l'union des contraires, l'androgynat, qui qualifie les hiérarchies angéliques.

Tout le discours de Béatrice, en particulier au chant XXIX, nous a rappelé la structure de l'Arbre de Vie et le processus de la Création. La "science" associée au ciel du Premier Mobile est **la Philosophie Morale**. Ce dernier mot doit être entendu au sens des "règles de vie". Il est relatif à "l'Esprit", à la "Pensée", opposé à "matériel et physique" et aussi, naturellement, au sens philosophique strict : *qui concerne l'action et le sentiment, (opposé à logique, intellectuel)*" (Dictionnaire Le Robert).

Notons, au passage, que le nombre correspondant à ce mot de Morale, le substantif, du latin "mores" (= mœurs), est le 10. Or, rappelons-nous : ce nombre est celui de la Puissance Divine, incarnée au sein de la Matière, conformément à des Principes et des Lois inéluctables. Il est associé à la lettre Hébraïque Yod, incarnation de la présence agissante et rayonnante de Dieu au sein de l'Univers et à l'arcane du tarot dénommée la Roue de Fortune, symbole de la roue du Destin et de la loi du Karma. Cet arcane nous invite à nous réorienter vers le centre de nous-même, pour prendre conscience des grandes lois de l'Univers guidant notre propre évolution et notre développement.

Il y a 10 sephiroth dans l'Arbre de Vie et ce nombre n'est donc pas un hasard ! Ayant connu les 9 premiers ciels, Dante monte, encore instantanément, au 10ème ciel, celui de l'Empyrée. Ce nom, étymologiquement, désigne le "séjour de la divinité". Les 10 sephiroth de l'Arbre de Vie ont été ainsi, symboliquement, "remontées" à partir du Paradis Terrestre, lui-même associé à Malkuth, "le Royaume", autrement dit le siège de l'Incarnation pleine et entière et de l'expression sur le plan terrestre.

L'arrivée du Poète au 9e ciel a correspondu, à travers la sephirah Kether, à l'atteinte du siège de la Conscience Pure et de la source primordiale de toute création.

Au-delà, Dante est prêt donc, comme l'a énoncé Béatrice, à entrer au contact direct de Dieu et à expérimenter l'Extase finale dans l'Empyrée.

Rajoutons que cette ultime étape lui permet d'entrer dans le secret de "**la Science de Dieu**", ultime "science", associée au 10ème ciel.

L'Empyrée, Ciel de "Pure Lumière", immatériel et immobile, associé à "l'Aïn Soph Aur"
chants XXX à XXXIII

Le Poète a franchi de multiples étapes, au cours de son évolution dans les 3 mondes de l'Au-delà. Il y a comme une adéquation parfaite entre tout ce qu'il a vécu, ramené à quelques représentations archétypiques, et la fameuse "décade" enseignée par Pythagore. Celle-ci est, pouvons-nous dire, véritablement "prodigieuse", au vrai sens de ce terme : "prodigium" = événement de caractère magique ou surnaturel !

Les Nombres-archétypes de Pythagore

Que le lecteur juge d'une telle adéquation par rapport à la définition de cet enseignement Pythagoricien, les nombres ne correspondant pas aux ciels mais aux archétypes :

1- nombre de la Divinité inamovible et parfaite et de l'Unité primordiale ;
2- nombre de la Dualité de l'être humain pris entre le Bien et le Mal, entre les contraires masculin et féminin, qui doivent fusionner pour se compléter ;
3- nombre de la Trinité d'essence divine : Lumière, Intelligence et Verbe ;
4- nombre des éléments : Eau, Feu, Air et Terre, des 4 points cardinaux, des 4 saisons, etc. et des archétypes qui conjuguent les énergies : la Force, l'Ambition, la Justice, le "Ressort" ou la Révolte ;
5- nombre des plaisirs, de la procréation et de la créativité ;
6- nombre de l'Épreuve, de l'assujettissement et de l'esclavage ;
7- nombre sacré par excellence égal à 4, tétrade de la création ordonnée, stabilisée, orientée, etc.+ 3, triade de l'Homme. 7 est aussi le siège du Mystère de la Création ;
8- nombre de la Justice Humaine ;
9- nombre de transition, de nature cyclique, entre passé et avenir, et de l'Humain vers le Divin ;
10- nombre synthèse de la Création, image d'une perfection qui renvoie à la Tétraktys et ses 4 plans de la Création ($1 + 2 + 3 + 4 = 10$).

Cette dernière est symbolisée par le fameux triangle intégrant :
– la Monade, Dieu en son principe unitaire et potentiel ;
– la Dyade, la dualité à l'œuvre en toute chose ;
– la Triade, l'Homme au centre de la Tétraktys et en ses 3 principes ontologiques (physique, psychologique, spirituel) ;
– et, enfin, la Tétrade, accomplissement de la Création, renvoyant aux 4 éléments, aux 4 orientations, etc.

"Aimer" et "Connaître" ne sont qu'un seul et même mot dans la Bible et correspondent à un "Acte" !... Comme vient de le dire Béatrice au chant XXIX (v.17-18), *hors de tout lieu borné, par bon plaisir, l'éterne amour en amours neufs s'ouvrit.* La Beauté de la Dame, devenue *indescriptible*, dans l'Empyrée, incarne cet Amour-Sagesse, née de la Lumière et de la Connaissance.

Neuf, ce nombre si cher à Dante, qu'il associe lui-même à son inspiratrice, dans sa valeur emblématique "d'Initiatrice", en fait aussi le symbole vivant de la Béatitude. Or 9 est, selon la Kabbale, le nombre de la Perfection du Créé. Une étape d'Incarnation est achevée. Il s'agit de "**l'achèvement féminin**" des Kabbalistes, correspondant à un cycle complet réalisé et à **l'ouverture à "une autre réalité"**. Le Poète va être, effectivement, plongé dans cette dernière.

"Come subito lampo...", Comme un éclair soudain...

L'engendrement des sephiroth, correspondant au Paradis Terrestre et aux 9 premiers ciels, a résulté du jaillissement soudain d'une Lumière surnaturelle, au sein de l'espace vide, engendré lui-même par le retrait de Dieu.

Dans l'Empyrée, nous sommes, derrière le Poète, à l'ultime limite de l'incréé, analogique à l'Aïn Soph Aur.

La "lumière vide et sans borne" va être précisément celle qui baigne toute la "Rose des Bienheureux", semblable à un immense amphithéâtre, autour du Christ, et au-dessus duquel volent les myriades d'Anges, comme un essaim d'abeilles, allant des Élus vers Dieu et vice versa.

Et nous avons vu précédemment l'analogie de certaines évocations faites par Béatrice à Dante avec cet "**éclair fulgurant**", suivant le processus de la Création, à travers les 10 sephiroths et les sentiers les reliant et à partir d'un point origine, situé en Kether, au ciel du Premier Mobile. Dante nous parle lui-même, directement, de ce point et de ce qu'il symbolise (chant XXX, v.10 à 15) :

> *Pareillement le triomphal tournoi,*
> *jouant sans trêve autour du point vainqueur*
> *qui en ce qu'il enclôt feint de s'enclore,*
> *à peu à peu se mourut à ma vue ;*
> *je fus contraint de ramener mes yeux*
> *vers Biétris, par aimer et ne plus voir.*

Le *triomphal tournoi* est la ronde des 9 chœurs angéliques, associés aux 9 ciels. Et il nous est dit que Dieu renferme en lui toute chose et que ce point qui le symbolise n'est qu'en apparence enfermé dans ce tournoi, car étant à l'origine de toute chose, il ne peut y être inclus.

Et Béatrice complète encore cette vision très analogique aux références kabbalistiques (v.37 à 42) :

> *en ton d'un guide affranchi de sa tâche,*
> *elle dit : "Nous voici hors de la sphère*
> *majeure, au ciel de la pure clarté ;*

> *clarté spirituelle et d'amour pleine ;*
> *amour de tout vrai bien, plein de liesse ;*
> *liesse qui transcende toute douceur.*

Dans son manuel initiatique, intitulé Lumières sur la Kabbale, déjà cité, Virya écrit que *L'Aïn Soph est l'unité qui est au-dessus de tous les mondes, l'Un où tout a son origine, où tout a son existence et vers qui tout retourne.*

Mais nous devons, ici, lever l'incertitude qui pourrait naître chez le lecteur devant une apparente contradiction. Nous parlons en effet "d'une lumière vide et sans borne" à propos de l'Aïn Soph Aur. Or le Poète nous présente un ciel immatériel et immobile, *de pure lumière*, où siègent la Cour de Dieu et Dieu lui-même, sur des plans différents.

Il y a deux populations célestes, les Anges et les Bienheureux. Et cela apparaît aux yeux de Dante d'abord sous une forme symbolique puis la "Rose des Bienheureux" apparaît dans toute sa splendeur.

Z'ev Ben Shimon Halevi, auteur qui a consacré un des meilleurs ouvrages à l'Arbre de Vie (1), nous éclaire parfaitement sur l'interprétation de ces univers kabbalistiques (chapitre III L'existence négative). Il écrit :

Il y a un univers relatif et un univers absolu. Dans l'entre-deux se déploie l'existence négative. L'absolu se situe au-delà de l'éternité elle-même. Intemporel, informel, insubstantiel, il transcende l'existence. À la fois rien et tout, non changeant et non immuable, il est.

L'univers relatif est la manifestation de la Création, le déroulement d'une impulsion divine : croissance, floraison, fructification, puis déclin, mort, retour à la source d'une nouvelle naissance.

L'existence négative est présente à tous les niveaux de la Création. Elle se tient au-delà de l'espace-temps. (voir plus haut les propos de Béatrice).

Sans cette existence, il n'y aurait ni Galaxie ni Humanité. C'est un "contenant" vide, le vide en quoi nous existons. Vacuité, arrière-plan immobile de la temporalité, l'existence négative *permet à l'être humain d'être ce qu'il est*. Et l'auteur nous communique un schéma éloquent, présentant 3 cercles concentriques, du plus grand, en périphérie, au plus petit, au centre : Aïn, le Vide, l'Absolu, inconnaissable par l'Homme, Aïn Soph, l'Infini, Aïn Soph Aur, la Lumière Illimitée, avec au centre, Kether, le Point, la Première Couronne. Telle est "l'existence négative"...

Le dernier cercle correspond à la vision de Dante dans l'Empyrée.

L'auteur écrit à son propos : *Un voile frôle l'univers relatif : Aïn Soph Aur, la Lumière illimitée, omniprésente et omnipénétrante. Certains rayons cosmiques traversent notre planète comme un rai de lumière traverse une vitre.*

Cette dernière "observation" est directement évoquée, nous l'avons déjà vu, par Dante. Par ailleurs, au début de l'ultime étape dans l'Empyrée, le Poète est touché par cette Lumière qui fait le "vide" de sa vision (chant XXX, v.46 à 51) :

---

(1)*L'Arbre de Vie - introduction à la Cabale* par Z'ev Ben Simon Halevi, Éditions Albin Michel, coll. Spiritualités Vivantes, 1989.

> *Comme un éclair soudain jette en déroute*
> *les esprits de la vue, et prive l'œil*
> *de ressentir l'effet de coups plus forts,*
> *je fus noyé d'une vive lueur,*
> *et son éclat me laissa d'un tel voile*
> *le front bandé, que je ne vis plus goutte.*

Mais que découvrons-nous successivement dans l'Empyrée de Dante ?

Observons tout d'abord, que cette dernière étape du voyage au Paradis, commençant par le chant XXX, se déroule sur 4 chants. Nous avons la présence sous-jacente et puissante de la Numérologie Sacrée. (Voir notre chapitre consacré à cette clé d'interprétation).

La numérotation du premier chant est celle du nombre 30. Dans la perspective Hermétique Chrétienne et Kabbalistique, il s'agit de la valeur numérologique de la lettre hébraïque Lamed. Cette lettre a la forme d'un "aiguillon" et incarne la force qui permet aux réalités concrètes de rayonner ce dont elles sont porteuses. Lamed évoque le mouvement d'accomplissement qui amène l'aspirant, en l'occurrence Dante, sur la voie de sa transformation, à réaliser sa "Forme", à être pleinement ce qu'il est, à l'image de Dieu.

Les Kabbalistes voient en cette lettre **le symbole de l'enseignement**.

En réalité, la Divine Comédie en est l'image, poème d'initiation et d'instruction, sous le guidage de Virgile, incarnation de la Raison Humaine, de Béatrice, incarnation de la "Science de Dieu" et de la Révélation conduisant à la Béatitude, et, enfin, Saint Bernard, incarnation des pouvoirs de l'ultime contemplation mystique, conduisant à la vision béatifique et au contact direct avec la Divinité. Ce dernier guide apparaît au chant XXXI du Paradis.

Notons que le nombre 3 est associé ainsi aux 4 chants de l'Empyrée, 30, 31, 32, 33, soit 30 + 1, + 2 et + 3. Et 3, c'est tout à la fois la Tri-Unité de l'être vivant, la Trinité Divine, Père, Fils et Saint Esprit, l'Unité de Dieu en 3 personnes et bien entendu le nombre du Ciel.

Le premier chant 30 est réductible à 3. Au début de l'Empyrée, dans les visions de Dante, la beauté indescriptible de Béatrice, *la clarté spirituelle et d'amour pleine*, l'éclair et la *vive lueur* qui *voile* son regard, le fleuve de lumière et d'étincelles, la clarté qui *règne là-haut, qui rend visible le créateur à toute créature*, les cercles de la Rose des bienheureux, *épanouie en odeur de louange vers le soleil d'un printemps qui ne passe,* et jusqu'au symbole du siège d'Henri VII, comte de Luxembourg, qui aux yeux de Dante aurait pu apporter l'idéal de l'Empire, tout cela est sous-tendu par le sentiment de la Perfection, œuvre du Divin. Au chant XXXI, le Poète place Béatrice au 3e degré (toujours le nombre 3) de la Rose des Bienheureux.

Ce nombre "parfait" est la racine de 9, le nombre de Béatrice, de l'aveu même de Dante (voir plus haut). Dans la "Vita Nova", il écrit qu'en raison de ses vertus, sa Dame était véritablement *un neuf*. Rappelons que le nom de "Beatrice", en Italien et "Béatrice" en Français, donne 36 = 9, en réduction théosophique des équivalences numérologiques des lettres.

Mais la "Perfection" passe, dans une optique Pythagoricienne, par la réunion de 2 nombres : le 3 symbole du Ciel et de la dimension spirituelle et le 4 symbole de la Terre et de la dimension matérielle.

Avec 4 chants, associés à la conjugaison du nombre 3 avec la progression 0, 1, 2, 3, et consacrés au Ciel de l'Empyrée, dans lequel le Poète baigne dans une ambiance de Perfection absolue, il faut admettre que réside ici la marque d'une volonté du Poète ou de son inspiration sous "l'éclat" de la Providence !...

Il y a une réelle "progression" dans les 3 chants suivant le chant 30, qui sert d'introduction à l'Empyrée.

En 31, Saint Bernard vient remplacer Béatrice comme guide du Poète.

Le symbole, sur la Terre, d'un contemplatif, fidèle serviteur de la Vierge Marie, et élevé après sa mort au rang de saint bienheureux, apparaît dans ce chant qui, en réduction (3 + 1), donne 4. Il doit conduire le Poète à son but suprême, tant espéré, de la Vision Béatifique et du contact direct avec le Divin, au chant XXXIII. De plus, dans le sens kabbalistique, nous avons l'ordre du nombre du 3 vers le 1, qui incarne cette progression du retour vers l'Unité. Au cours de ce chant XXXI, apparaît *la grande chevalerie que dans son sang le Christ fit son épouse*, soit l'Église triomphante, ainsi que la foule des Anges qui, *tel un essaim d'abeilles*, descendent dans la grande fleur, la "Rose des bienheureux"...

L'abeille est le symbole de l'Âme et du Verbe. "*Dbure*", nom de l'abeille en Hébreu, vient de la racine "*Dbr*" qui signifie "la Parole". Son symbolisme renvoie ainsi au Christ lui-même, de par l'image du "miel", la douceur et la miséricorde, et de par son "dard", le Christ de Justice. Pour Bernard de Clairvaux, l'abeille symbolise l'Esprit Saint. Et Virgile, le premier guide de Dante, écrit que les abeilles renferment une *parcelle* de la divine Intelligence !... Dans toutes les traditions, l'abeille est "un être de feu", ce qui nous renvoie à la fonction archétypique de l'Ange, vecteur du "feu divin", dans des rôles précis accordés à chaque hiérarchie céleste, comme nous l'avons vu précédemment.

En son 3e rang, à partir du haut, dans la "Rose", Béatrice est sur *le trône loti à ses vertus*. Et la proximité immédiate de Dieu abolit toute *distance*. En conséquence, le Poète voit l'image de sa Dame sans altération. Il la loue pour le chemin parcouru et la prie, à l'aide de 8 mots-clés pour tout aspirant sur la voie de sa transformation : Espoir, Salut, Grâce, Force, Puissance, Bonté, et passage de l'Esclavage - traduisons "de la Matière" -, entrevu en Enfer, à la Liberté - traduisons "de l'Esprit" -, au terme du voyage (chant XXXI, v.88 à 90) :

Maintiens vers moi cette magnificence,
si que mon âme, ore par toi guérie,
de mon corps se dénoue à toi plaisante.

C'est encore la prière, liée au Saint Amour et à l'idée de Perfection accomplie du voyage initiatique, que saint Bernard évoque (même chant, v.94 à 96) :

> *Et le saint vieil : "Afin que tu achèves*
> *parfaitement" dit-il "ta longue route,*
> *à quoi prière et amour saint m'envoient,"*

En tant que fidèle serviteur de Marie, le Saint promet la grâce de la *Reine du Ciel,* qui est assise au plus haut degré de la "Rose" (chant XXXI, v.100 à 102) :

> *"Et la reine du ciel, pour qui je brûle*
> *trestout d'amour, nous accordera grâce ;*
> *car je suis son féal servant, Bernard."*

"Piu di mille angeli"… plus de mille anges…

Nous ne pouvons, à présent, que reproduire toute la fin de ce chant XXXI (v.130 à 142), tant ces tercets sont chargés des symboles "essentiels" de la perspective chrétienne de l'Hermétisme, que nous commentons ci-dessous :

> *En ce milieu, je vis plus de mille anges*
> *les ailes étendues, qui faisaient fête,*
> *tous divers en leurs arts par leur éclat.*
> *Et je vis rire à ces jeux et ces chants*
> *une beauté dont les yeux mettaient joie*
> *aux yeux riants de tous les autres saints.*
> *Mais eussé-je en parler telle richesse*
> *comme en imaginer, je n'oserais*
> *tenter le premier trait de son délice.*
> *Bernard, sitôt comme il vit mon regard*
> *ferme et tendu en sa chaude chaleur,*
> *tourna le sien d'un tel amour à elle*
> *qu'il me fit plus ardent à la mirer.*

Plus de mille anges, c'est l'Immortalité du Bonheur Céleste. L'Arbre de Vie compte des "jours" de 1000 ans. Les "Justes" ont 1000 ans à vivre, et Adam, s'il n'avait pas commis la Faute, devait vivre 1000 ans !… 1000 ans, c'est un secret "indéfini" et la Perfection de la vie, selon Saint Augustin. La Gnose judéo-chrétienne d'Égypte édicta la doctrine selon laquelle la "semaine cosmique" était constituée par 7 millénaires.

Notons que la dernière lettre de l'alphabet Hébraïque, le Tsade final a une valeur numérologique de 900 et c'est la limite supérieure.

Ces Anges ont les *ailes déployées,* symbole de "l'Esprit libéré", sublimé, actif et propageant la lumière divine. Ils font la fête et rayonnent de manière diverse, selon *leurs arts,* symbole des fonctions remplies par les différents chœurs angéliques.

La *Beauté* intrinsèque de la Vierge, qui rit d'allégresse au jeu et au chant des Anges et renvoie cette joie comme dans un miroir aux yeux des autres saints, manifeste le symbolisme hermétique, qui associe le pouvoir de rayonnement à l'achèvement du Grand Œuvre alchimique de transformation spirituelle.

L'Être Parfait ne peut que rayonner la plus pure beauté et irradier les êtres ouverts et prêts à recevoir son influx. Et, bien sûr, le Poète ne saurait exprimer l'effet produit par un tel rayonnement, qui échappe à tout vocabulaire et à toute imagination !

Enfin, extraordinaire image finale de la propagation de la Lumière, Saint Bernard renforce la propre ardeur du regard de Dante, en regardant simplement Marie avec toute la force d'Amour d'un Bienheureux…

La "Rose" communique l'idée d'une Unité à travers la multitude des Anges et des Bienheureux, tout à la fois, figée dans l'Éternité et étincelante de Vie. Or, c'est le chant "30 et 1" qui nous le communique !

Le chant "30 et 2" nous fait franchir une nouvelle étape dans l'Empyrée.

La Rose des Bienheureux et les archétypes Bibliques et Hermétiques…

Le chant commence par l'explication donnée par Saint Bernard sur la structure de cette "Rose des Bienheureux". La forme d'amphithéâtre qu'elle revêt comprend 2 grandes divisions : les élus de l'Ancienne et de la Nouvelle Loi, sur les degrés supérieurs, et les enfants morts avant l'âge de raison et les autres, sur les degrés inférieurs.

Les élus de l'Ancienne Loi sont à la gauche de la Vierge et ceux de la Nouvelle Loi sont à sa droite. Remarquons le symbolisme qui rattache donc ceux qui attendaient le Messie au côté gauche qui, traditionnellement, représente l'aspect inactif, réceptif, sensible et féminin. Et notons que sont assises sous la Vierge, outre la femme originelle, Ève, Rachel, Sarah, Rébecca, Judith et Ruth, les femmes qui sont parmi les incarnations des archétypes féminins les plus caractéristiques de l'Ancien Testament.

Et ce même symbolisme rattache ceux qui ont eu à propager la Foi du Christ au côté droit qui, traditionnellement, représente l'aspect actif, initiateur et masculin. Et notons que sont assis en face de la Vierge et sous le "précurseur" Saint Jean Baptiste, les 3 grands fondateurs d'Ordres Religieux, Saint François d'Assise, Saint Benoît et Saint Augustin.

Les enfants juifs sont à gauche de la Vierge, associés aux bienheureux de l'Ancien Testament et les enfants chrétiens aux bienheureux du Nouveau Testament.

7 places "remarquables" sont également attribuées à des Bienheureux de tout premier plan, suivant la disposition générale. A gauche de la Vierge, Adam et Moïse, à droite, Saint Pierre, Saint Jean l'Évangéliste et… Béatrice !

Un siège notable, nous l'avons déjà vu, est attribué, à droite de Marie, mais fondu dans les rangs des Bienheureux du Nouveau Testament, à la personne de Henri VII de Luxembourg, en qui Dante vit le souverain de l'Empire idéal. Mort prématurément, il lui donne en quelque sorte une revanche devant l'Éternité !… En face de la Vierge et à gauche du "précurseur" Saint Jean Baptiste, se trouve Sainte Lucie et à droite Saint Anne.

A chacune de ces apparions les vers du Poète cinglent, métaphoriquement parlant, notre imagination, comme pour nous communiquer l'essence d'un archétype biblique :

A propos du "Précurseur" (chant XXXII, v.31 à 33) :
> *de même, en face, est assis le grand Jean*
> *qui souffrit, toujours saint, et le désert*
> *et le martyre, et puis l'enfer deux ans ;...*

Notons au passage une fois de plus la coïncidence entre le symbolisme numérologique correspondant à ces vers (3 et progression 1,2,3) et celui du "Précurseur"...

A propos d'Adam (chant XXXII, v.121 à 123) :
> *celui-là qui la jouxte au lez senestre*
> *est notre aïeul dont la bouche hardie*
> *fit goûter aux humains telle amertume ;*

A propos de Saint Pierre (v.124 à 126) :
> *à destre peux-tu voir le père antif*
> *de sainte Église, à qui Jésus fia*
> *les clefs du ciel, notre fleur gracieuse.*

A propos de Saint Jean l'Évangéliste (v.127 à 130) :
> *Cil qui en son vivant put voir dans l'ombre*
> *les temps peineux faits à la belle épouse*
> *qui fut par clous et par lance conquise,*
> *sied près de Pierre ; [...]*

Saint Jean l'Évangéliste est évoqué à travers les épreuves de l'Apocalypse qu'il vit.

A propos de Moïse (v.130 à 132) :
> *[...............] et au côté d'Adam*
> *se tient le duc sous qui vécut de manne (*)*
> *le peuple ingrat, remuable et rétif.*
> (*) dans le désert.

A propos d'Anne, la mère de Marie, nous ne résistons pas au plaisir de citer le texte original en italien "vulgaire", dont la musicalité est extraordinaire (v.133 à 135) :
> *"Di contra'Pietro vedi sedere Anna*
> *tanto contenta di mirar sua figlia,*
> *che non move occhio per cantare osanna ;"*

Que nous pouvons traduire :
> *En face de Pierre vois siéger Anne*
> *si heureuse de contempler sa fille,*
> *qu'elle ne bouge le regard pour chanter Hosanna ;...*

A propos de Sainte Lucie (v.136 à 138) :
> *Lucie enfin qui dépêcha ta dame*
> *quand tu clinais les yeux, prêt à la ruine,*
> *fait face au chef de l'humaine famille.*

Il s'agit de Sainte Lucie de Syracuse, vierge et martyre, qui, en raison de son nom même (Lucia = Luce = Lumière), était invoquée dans les maladies des yeux.

Dante, guéri de sa propre maladie des yeux, en contracta une immense dévotion pour la Sainte. Par ailleurs, la Divine Comédie en fait le symbole de la "Grâce illuminante", déclenchée par la seule miséricorde de la Vierge Marie. C'est Sainte Lucie qui aide le Poète à pénétrer dans le Purgatoire.

Rappelons nous : c'est elle qui, sur l'injonction de la Vierge Marie, prévient Béatrice du danger que court Dante dans la fameuse forêt obscure, au tout début de son voyage initiatique…

Notons que dans la "Rose des Bienhereux", Béatrice figure, assise près de Rachel, qui, elle-même symbolise la vie contemplative… Mais c'est la vision de Marie et de l'Archange Gabriel qui retient notre attention, en priorité, dans cette présentation de l'Empyrée (chant XXXII, v.82 à 87) :

Mais quand le temps vînt enfin de la grâce,
   faute d'avoir parfait baptême en Christ,
      ces innocents furent là-bas reclus.
Mire à présent la face qui à Christ
   plus se ressemble ; car sa clarté seule
      te pourra disposer à voir ce Christ.

Le nom du Christ est, sans doute, intentionnellement cité à "3" reprises aux vers 83, 85 et 87, donc alternés avec 3 autres vers, et rythmant ainsi en force 2 tercets successifs. Fruit de l'inspiration providentielle, les 3 vers mettent en avant le "baptême en Christ", avec la Force intérieure (nombre 11 en réduction), la ressemblance au Christ, avec la Transformation (nombre 13 en réduction) et, enfin, la clarté de Marie qui permet de "voir" le Christ, avec l'harmonisation du plan matériel aux lois de l'Esprit (nombre 15) !…

Et, pour le lecteur exigent, en deuxième réduction, nous avons le 2 qui renvoie à la force d'Amour, le 4, à la Matière "alchimisée" et le 6, à l'interaction fécondante entre le Haut et le Bas, entre la dimension Humaine et la dimension Divine !… Marie, mère du Christ, est celle dont le visage ressemble le plus au Christ. Cette ressemblance doit être prise au double sens mère-fils et "divine similitude". De plus, pour un simple mortel comme Dante, seule l'aura divine de la Vierge, son "essence lumineuse", peut lui faire entrevoir le Christ. Le Poète revient une fois de plus sur le thème de la "Joie" des bienheureux, joie de nature béatifique.

L'Ange Gabriel est le premier "amour" à descendre vers elle, "ailes déployées en avant", vers Marie et chantant "Ave maria, gratia plena", chant repris en chœur par les Bienheureux. Et le Poète souligne (v.99) la force "illuminative" de cette descente et de ce chant :

   et toute vue en était plus sereine."

Et questionnement du Poète à Saint Bernard :

   quel est cet ange en ce jeu plein de joie
      qui ses yeux plonge aux yeux de notre reine,
         si amoureux qu'il semble feu vermeil ?

La vision de Gabriel est chargée de nombreux symboles à décrypter individuellement. Tout d'abord, rappelons que Gabriel est l'Archange-recteur du chœur des Anges associé à la sephirah Yesod, lieu de fondement de la

Création, par laquelle Dieu sensibilise son peuple et toute réalité se "concrétise"… Denys l'Aréopagite écrit : *Si le nom d'Anges leur convient plus proprement qu'à ceux qui les précèdent, c'est dans la mesure où leur hiérarchie s'applique aussi à ce qui est manifesté et concerne davantage les choses de ce monde.*

Ceux qui les précèdent… sont les 8 autres chœurs angéliques correspondant aux autres sephiroth de l'Arbre de Vie.

Les Anges constituent la hiérarchie la plus proche de l'Homme, destinée à le guider sur la voie de sa réalisation, par l'introspection et par la recherche du Christ intérieur. Ceci renvoie, analogiquement, au fameux "Connais-toi toi-même" antique ! L'Archange Gabriel régit ce chœur angélique qui, selon la Tradition de l'Hermétisme Chrétien, comprend 8 anges, ayant chacun une action sur l'un des 5 sens, sur la Mémoire, sur l'Imagination et sur "la claire-sensorialité".

Gabriel est ce messager céleste qui tour à tour apparut à Zacharie, pour lui annoncer que sa femme Elisabeth attendait un enfant (Luc, I-19) et fut envoyé par Dieu à Nazareth, pour l'Annonce faite à Marie (Luc, I-26 - 27).

En tête donc, comme l'écrit le Poète, il plonge, indiquant par ses ailes déployées en avant, symbole de l'Esprit "éclairant", la source de Réalisation et de Rédemption - *toute vue en était plus sereine* - que représente la Vierge, mère du Christ. Et la force d'Amour qui habite Gabriel le transforme en *feu vermeil*. Le vermeil est un rouge particulièrement vif, léger, diurne, solaire, symbole d'activité "irradiante"… Dante demande à Saint Bernard, son guide dans l'Empyrée, l'identité de Gabriel. Et le Saint répond en évoquant le mystère de l'Annonciation.

Gabriel est présenté avec des références à des termes de l'ancien lyrisme courtois et amoureux, comme le souligne André Pézard, dans sa traduction des œuvres complètes du Poète, déjà citée à plusieurs reprises : la *"baldezza"*, soit la hardiesse, le courage et aussi l'allégresse, dans la langue des troubadours, et la *"leggiadria"*, soit la légèreté de mouvement et de parole, l'aisance, l'élégance et la grâce. Tels sont les attributs de l'Archange, si magnifiquement traduits par la palette de Giotto !

Mais le Poète associe, du même coup, ces attributs à une âme en générale. C'est donc toute la hardiesse, l'allégresse et la grâce, qui peuvent être *en un ange ou dans une âme,* qui sont réunies en Gabriel.

Ce symbolisme, rattaché à toute la mission du Christ, qui se chargea *du poids de notre chair,* écrit le Poète, nous renvoie à la Destinée de l'Homme lui-même, qui doit, pour se réaliser effectivement, réaliser en lui le Grand Œuvre d'alchimie spirituelle, se libérer du seul poids de la Matière et allier Matière et Esprit.

Les chansons de geste des Troubadours, dont le langage inspire ici Dante, sont le théâtre fréquent d'âmes étirées entre les forces pesantes de la Matière et de l'Ego et les exigences de l'Esprit et de l'Amour. Et ceci appelle les qualités de courage et d'assurance, d'une part, et celles d'élégance, de grâce et de légèreté, d'autre part, pour faire évoluer les êtres et les situations.

Gabriel porta, écrit le Poète, *la palme*. Le Poète choisit donc, comme le soulignent les commentateurs, l'un des deux attributs que les peintres figurent dans leurs tableaux, l'autre étant le Lys.

Nous pensons que ce choix n'est pas, ici encore, le fruit du hasard. En effet, la palme, symbole d'ascension, de régénération et d'immortalité, convient sûrement mieux à Dante que le lys, symbole de pureté et de virginité et, plus particulièrement, dans la Tradition Biblique, symbole d'élection et d'abandon à la volonté divine. La queste de l'Immortalité est l'enjeu même du voyage initiatique du Poète dans les 3 mondes de la Divine Comédie et suppose une ascension après pénitence et régénération…

Ce chant XXXII, que nous venons de parcourir, se termine par l'invitation à la prière que Saint Bernard fait au Poète, rappelant qu'il ne saurait, par ses propres moyens, "seul", atteindre la Béatitude finale. Il lui faut le secours de la Grâce accordée par la Vierge Marie. Bien sûr, cette remarque dépasse le cas individuel de Dante et a une portée universelle.

Et nous parvenons au terme du voyage…

La Prière, la Grâce, la Trinité et l'Unité…

Le chant XXXIII commence par la prière de Saint Bernard. Celle-ci comprend deux parties nettement distinctes, l'une de louange, l'autre de demande d'intercession faite en faveur du Poète.

La louange intègre non seulement le Credo de la Foi Chrétienne, mais aussi tous ses échos symboliques au sein de l'Hermétisme Chrétien.

L'incarnation du Christ, selon un *terme arrêté d'un éterne conseil*, a ennobli l'Humanité et répandu la force d'Amour, et cette dernière a permis à la "Rose des Bienheureux" de germer. *Torche soleillante de charité au ciel, Font* (=Fontaine) *vive d'espérance* sur terre, Marie a pour mission de donner sa Grâce, sans laquelle aucun désir de salut n'est possible. Miséricorde, Pitié, Magnificence sont les 3 facettes fondamentales de la Bonté, celle-là même qui est en quelque sorte "l'Essence" de la Créature de Dieu.

La deuxième partie de la prière de Saint Bernard est sa demande d'intercession faite à Marie en faveur de Dante. Le Poète, témoin des destinées des âmes, à travers son voyage initiatique, a besoin de la Force, accordée par la Grâce de Marie, pour être au contact "visuel" du Salut suprême et pouvoir en témoigner à son retour dans le monde des vivants (chant XXXIII, v.22 à 27) :

> *Or cestui, qui des plus basses fosses*
> *de l'univers jusques ici a vu*
> *l'éterne sort des âmes une à une,*
> *supplie à toi que par grâce lui prêtes*
> *suffisante vertu pour élever*
> *ses yeux plus haut vers la salut dernière.*

Nous pouvons citer ici Saint Thomas d'Aquin comme le font certains commentateurs : *comme la vertu naturelle de l'intellect créé ne suffit pas pour voir l'essence de Dieu, il est nécessaire que la faculté de comprendre soit augmentée par la grâce divine ; et cet accroissement de la vertu intellective, nous l'appelons l'illumination de l'intellect.*

Mais nous estimons que le texte de Dante fait référence davantage ici au "regard porté" sur le Salut et sur Dieu que strictement le fait de "comprendre" l'Essence Divine. Par ailleurs, ce "regard porté" dépasse non seulement le sens de la vue, mais aussi "l'illumination" du seul intellect. Nous verrons que l'Extase finale du Poète se nourrit de bien d'autres choses que de l'exercice, rehaussé par la Grâce, d'une vertu intellective, pour reprendre les termes de Saint Thomas d'Aquin. Et le "regard" doit être ici associé à "un contact direct" de l'âme de Dante aux réalités supérieures.

Nous pensons, en conclusion sur ce point, que la prière de Saint Bernard, inspirée au Poète, possède toute son autonomie par rapport à ce rapprochement avec la pensée du Père de l'Église cité ci-dessus.

Les vers 28 (=10 =1) à 33 du chant 33 - Numérologie Sacrée oblige ! - ne disent rien d'autre à propos de cette demande d'intercession de la Vierge :
 "*E io, che mai per mio veder non arsi*
  più ch'i fo per suo, tutti miei preghi
  ti porgo, e priego che non sieno scarsi,
 perchè tu ogni nibe li disleghi
  di sua mortalità co' prieghi tuoi,
  si che 'l sommo piacer li si dispieghi."

Que nous traduisons ainsi :
 Et moi, qui de voir Dieu jamais ne brûlai
  plus que je ne le fais pour qu'il le voie, toutes mes prières
  t'offre et prie qu'elles ne soient point trop faibles,
 car tu dissipes tous les nuages
  de sa condition de mortel avec tes prières
  si bien que le suprême plaisir se dévoile.

Le *suprême plaisir* est bien entendu le contact "béatifique" avec Dieu, perçu dans toute sa grandeur quand tous les "empêchements" (les nuages) de l'être mortel ont pu se dissiper...

Et, ensuite, la menace du piège de l'Ego, destructeur ressurgit, à propos des "attachements" du Poète. Elle peut être jugulée par l'intercession de Marie, forte de la Vision Béatifique (v.34 à 36) :
 "*Ancor ti priego, regina, che puoi*
  cio che tu vuoli, che conservi sani,
  dopo tanto veder, li affetti suoi."
Ce que nous traduisons ainsi :
 Et je te prie encore, reine, qui peut
  ce que tu veux, que tu maintiennes sains,
  après tant de vision, ses attachements.

Les *"affetti"* peuvent être traduits aussi par les *désirs*.

Amours... désirs... affections... attachements..., peu importe la lettre de la traduction des *"affetti"*. Ce que vise ici le Poète, c'est l'idée que de retour sur terre, après sa Vision Béatifique, il ne tombe pas effectivement dans les altérations de l'âme par l'Ego, autrement dit, qu'il demeure dans **la voie du cœur**, celle-là même qui, **avec la connaissance**, acquise au cours de son voyage, sont les deux composantes de l'évolution de tout être sur le chemin…

Et ces deux voies nous ramènent naturellement aux deux piliers de l'Arbre de Vie, que nous avons suivis dans l'ascension des 10 ciels du Paradis, à partir du Paradis Terrestre. *"Vinca tua guardia i movimenti umani"*… *Que ta garde triomphe des pulsions humaines,* clame Saint Bernard à l'adresse de Marie…

Face à la prière de Saint Bernard, la Vierge Marie intervient en faveur de Dante. C'est la seconde fois qu'une telle intercession se produit. Dans l'Enfer (chant II, v.94 à 99), Marie a fait fléchir le jugement de Dieu et arraché ainsi le Poète à l'abîme dans lequel il devait sombrer. Ici, l'intercession va permettre au Poète d'entrer en contact direct avec l'essence divine et infinie, le mystère de la Trinité, le mystère de l'Incarnation, et parvenir à son Extase finale, son apaisement suprême, "hors du temps et hors de l'espace", tout son être vivant l'expérience de l'Amour, *toi, qui mènes le Soleil et les étoiles…* Mais, répétons-le, son expérience en appellera tout autant à la voie de l'intuition qu'à celle de l'intellect, *rehaussé par la grâce,* selon la belle formule de Saint Thomas d'Aquin. Le Poète souligne à ce stade l'impuissance du langage humain à traduire sa vision, mais, en revanche, toute la prégnance de sa transformation "cardiaque" intérieure (v.62 et 63) :

*[…] et au cœur me gouttelle
encore la douceur qui en fut née.*

La Lumière Divine sème la force (v.76 à 81) :

*Eussé-je ailleurs tourné les yeux, pour fuir
la pointe aiguë qui les perça au vif,
je crois qu'alors mes sens étaient perdus.
Mais je pris cœur à soutenir l'assaut
du rai luisant, et tins durement jointe
ma vue au feu de vaillance infinie.*

Et le Poète invoque à nouveau la Grâce pour raviver sa mémoire (v.82 à 84) :

*O flot croissant de grâce, par qui j'ose
planter mes yeux dans l'éterne lumière
à la perdition de leur vertu !*

Il plonge son regard dans l'immensité de l'Essence Infinie, cueillant le sentiment de l'Unité de toutes choses, qui intègre la substance, l'essence de ce qui existe en soi et "l'accident", ce qui dépend d'un sujet, la modalité variable de la substance (v.85 à 93) :

*Dans son profond je vis comme s'entressent
d'amour liées en un livre les pages
qui ça et là par le monde s'effeuillent :
substance et accident, et ces coutumes
qui les fondent ensemble, en telle guise
que mon dire n'en est qu'une lueur.
Et de ce nœud la forme universelle,
je la cuide avoir vue : car, ce disant,
je sens en moi s'élargir ma joyance.*

Puis il glorifie la contemplation qui place l'Âme dans une sorte d'état magnétique, dans lequel tout s'arrête, état très voisin de ce que d'autres traditions que la Tradition Chrétienne, traduisent à travers la méditation, conduisant à l'Illumination et à travers les états modifiés de conscience (v.97 à 102) :

> *Mon âme ainsi contemplait en suspens*
> *toute liée, immobile et tendue,*
> *et toujours plus à mirer s'embrasait.*
> *On devient tel dedans cette lumière*
> *que de s'en détourner pour autre aspect*
> *on ne consentirait pour rien au monde ;...*

Mais dans ce qui est plus profondément exclusif d'une vision chrétienne, Dante semble s'allier au point de vue de Saint Thomas d'Aquin. Il écrit (v.103 à 105) :

> *car le bien, seul objet de nos vouloirs*
> *trestout en elle est enclos ; et hors d'elle*
> *ce qui là est parfait reste en défaute.*

Et Saint Thomas d'Aquin écrit, dans sa "Somme Théologique (Ia, IIae et V4) : *La béatitude parfaite de l'homme existe dans la vision de l'essence divine ; il est impossible que celui qui voit l'essence divine ne veuille plus la voir, car tout autre bien [...] ou est insuffisant [...] ou présente quelque désavantage.*

Dans la saisie de l'Immuable, plongé dans la Lumière Divine, Dante ressent l'acuité de son regard qui se développe. Mais ce regard traduit davantage une expérience profonde de contact de l'Âme, de son osmose avec l'Essence suprême, qu'une stricte référence au sens de la vue.

Le développement de ce "regard" s'accompagne d'ailleurs d'une perception de simultanéité des transformations intérieures chez le Poète et de l'Unité de l'Essence Divine (v.112 à 114) :

> *mais pour ma vue, qui gagnait en prouesse*
> *par contempler, cette simple semblance*
> *en moi qui vais muant se travaillait.*

C'est tout le mystère de la Trinité et de l'Incarnation que l'âme du Poète saisit comme par "osmose" (v.115 à 120) :

> *Dans la profonde et claire subsistance*
> *du haut foyer, trois cercles m'apparurent,*
> *de trois couleurs et d'une contenance ;*
> *comme iris en iris me semblait l'un*
> *miré en l'autre ; et le tiers semblait feu,*
> *respirant des deux parts égale ardence.*

Le "Fils" est le reflet du "Père", à l'image de l'arc-en-ciel, toujours doublé d'un deuxième arc concentrique et semblable au premier, et le "Saint Esprit" est un feu émané à parts égales des deux premiers.

Pour signifier l'Unité en "3 personnes", le Poète joue de très belles images, hautement symboliques (v.124 à 126) :

> *O lumière en toi même assise, éterne,*
> *qui t'entends seule, et de toi entendue*
> *et te pensant, ris à toi-même et t'aimes !*

La Trinité est *la lumière en toi-même assise*, lumière qui a en soi sa raison d'être, éternelle…

Qui t'entends seule renvoie au Père, *et de toi entendue* renvoie au Fils, *et te pensant, ris à toi-même et t'aimes !* renvoie au Saint Esprit. Le Christ, à l'image de l'Homme, retient toute l'attention de Dante (v.131 et 132) :

> *il me parut de notre image peint ;*
> *adonc en lui se mit toute ma vue.*

Les 4 derniers tercets du Paradis qui terminent toute la Divine Comédie par le mystère de l'Incarnation et la Grâce Suprême, qui plonge l'âme du Poète dans la Paix et la Béatitude, suscite de notre point de vue de symbolique hermétique des commentaires, pratiquement vers par vers, pour en extraire toute la richesse de sens. Mais si nous allons à l'essentiel, nous découvrons ce qui suit.

"La vista nova"… "la vision nouvelle"…

S'agissant du premier tercet (v.133 à 135) :

> *Tel s'attache et se cloue le géomètre*
> *à mesurer le cercle, et ne ravise*
> *le principe de quoi il s'embesogne,*
> *telle me venait la vision nouvelle : …*

Cette *vista nova* renvoie non seulement à l'aspect "extraordinaire" de la vision du Poète, mais aussi à son contenu de "Révélation". Le *cercle* de lumière, incarnation du Christ, reflet du Père, porte en lui l'image de l'Humanité, à sa ressemblance… peinte de la *même couleur*. Cette image se réfère implicitement à la couleur "Or" de la Lumière et du Soleil, souvent identifiée à Dieu.

Le *géomètre*, écrit Dante - et nous l'interprétons - cherche en vain la fameuse "quadrature du cercle", problème insoluble ! Ce "vieux-faux-problème" des géomètres anciens est déclaré insoluble par le Poète dans son "Convivio" (II,14). Ceci sert d'image de référence à une question qui, effectivement, de toute éternité, reste sans réponse (v.137 et 138) :

> *je voulais voir comment l'image au cercle*
> *se put conjoindre, et comment lieu y trouve.*

Comment cette Unité entre l'Homme et Dieu peut exister, comment la nature finie de l'Homme et la nature infinie de Dieu peuvent-elles former un "Tout", comment l'Humanité peut-elle s'unir au "Divin" et comment peut-elle trouver sa place dans la "Divinité" ?…

Les commentateurs ont beaucoup "glosé" sur ce sujet. Mais si nous voulons bien entrer dans le symbolisme "pur et dur" de la Tradition primordiale, concernant les formes géométriques, la discussion n'a vraiment plus lieu d'être !…

Depuis la plus haute antiquité, et notamment selon la Tradition Pythagoricienne, à laquelle se rattache en partie et "explicitement" Dante, le "Cercle" et le "Carré" ont une signification précise qui, effectivement, les rendent "insuperposables", au sens de leur contenu symbolique. Il faut d'ailleurs leur adjoindre le "Point", auquel le Poète se réfère également.

Tels sont sans aucun doute les 3 symboles les plus fondamentaux, auxquels se mêle, bien sûr aussi le "Triangle".

Le "Cercle" est un "Point étendu". Il incarne l'Unité principielle et le Ciel. Il exprime aussi le "Souffle Divin", sans commencement ni fin.

Le "Cercle avec le point en son centre" est le symbole du Soleil. Pour les néo-platoniciens, Dieu est symbolisé par un cercle dont le centre est "partout".

Le "Carré" est le symbole de la Terre, par opposition au Ciel. Il incarne aussi l'Univers créé, Terre et Ciel, par opposition à l'Incréé et au Créateur.

Il peut inclure le "secret" avec les fameux "carrés magiques". Mais ceci est une autre histoire !

Quand les Kabbalistes inscrivent un carré dans un cercle, cela symbolise l'étincelle du feu divin, occultée, au fond de la Matière et la vivifiant.

Dans ce contexte, les images du Poète se révèlent de manière très explicite. L'Humanité, écrit-il, a la *couleur* du cercle. En effet, Dieu a créé l'Homme à son image, en ce sens que l'Esprit et l'Amour Divin sont effectivement inclus dans la Matière et la vivifient, pour reprendre une interprétation conforme à la Kabbale et à l'Hermétisme Chrétien.

Mais en revanche, l'Humanité, sur Terre, s'inscrit dans le carré, avec les 4 éléments de sa "corporéité", les 4 points cardinaux de son "orientation", etc.

Et si, comme l'écrit Hermès Trismégiste : *Il est vrai, sans mensonge, certain et très véritable. Ce qui est en bas est comme ce qui est en haut, et ce qui est en haut est comme ce qui est en bas, pour accomplir les miracles d'une seule chose,* la grande différence se joue sur "le Temps et l'Espace".

A l'Immuable, le Cercle donne l'image du "hors temps et hors espace".

Au contingent de la vie terrestre de l'Homme, le Carré donne l'image du temps et de l'espace "Définis". Autrement dit, la quadrature du cercle est une réalité au niveau symbolique !

Les deux derniers tercets du chant XXXIII du Paradis, qui mettent le point d'orgue aux visions dantesques, nous renvoient, implicitement, encore, au symbolisme de l'Arbre de Vie et de la "Régénération spirituelle" qui lui est attachée (v.139 à 145) :

> *mais à ce vol ne suffisaient mes ailes :*
> > *quand mon esprit fut frappé par un foudre*
> > *qui son souhait lui portait accompli.*
> *Ci défaillit ma haute fantaisie ;*
> > *mais tu virais et pressais mon vouloir*
> > *comme une roue au branle égal, amour*
> *qui mènes le soleil et les étoiles.*

Par ses propres moyens intellectuels et spirituels de simple mortel Dante ne peut atteindre la finalité de son voyage initiatique. Son esprit *fut frappé par un foudre*. Ceci lui permit d'accomplir son désir de Paix et de Béatitude. Ce *foudre*, ce *"fulgore"* est un "don" de Dieu, commente Giuseppe Vandelli dans sa présentation de la "Divina Commedia" en Italien vulgaire. Il le fait à juste titre, mais ce don de Dieu nous renvoie en fait à l'éclair qui créa les 10 sephiroth et les 22 sentiers de l'Arbre de Vie pour l'évolution spirituelle de l'Homme. L'Arbre de Vie incarne le chemin initiatique lui permettant de se réaliser en conformité au processus de la Création.

Plus exotériquement, les commentateurs parlent d'Illumination soudaine, de don de la Grâce Divine ou d'un suprême éclat de Lumière apportant à Dante la Révélation désirée. Mais tout cela procède d'une même "réalité" qui plonge le Poète dans son état de Paix et de Béatitude.

Sa capacité de clairvoyance, associée à l'imagination et au désir - *ma haute fantaisie* - est prise en défaut. Sans doute pouvons-nous aussi parler de "Conscience" prise en défaut, mais en donnant à ce mot son sens le plus absolu, non réductible à une fonction unique de l'Intellect, mais en y associant l'Intuition et la voie du Cœur.

Dieu agit sur l'Ego du Poète - *tu pressais mon vouloir* -, en suscitant en lui la force d'Amour et en le soumettant au mouvement d'une *roue au branle égal*, c'est-à-dire la "Roue du Destin" que tout aspirant sur le chemin doit apprendre à accepter et à intégrer, **en en recherchant symboliquement le centre au fond de lui-même**. C'est aussi "le tour du potier" qui aide à façonner l'Homme, ce qui revient à peu près à la même chose (Jérémie chez le Potier XVIII,6) : *Oracle de Yahvé. Oui, comme l'argile dans la main du potier, ainsi êtes-vous dans ma main, maison d'Israël !*

L'Amour est en effet cette force qui vivifie *le Soleil et les étoiles*, c'est-à-dire le Cosmos tout entier. L'Amour, pour prendre une autre image, est cette énergie qui tourne la fameuse manivelle de la Roue de Fortune que nous découvrons au centre de cet arcane du tarot.

Rappelons ici que la "science" associée à l'Empyrée est **la "Science de Dieu"** que nous devons entendre dans un sens large, qui dépasse la seule Théologie Chrétienne sous ses différents aspects, positif, scolastique, moral, sacramentaire, etc., et englobe les multiples traditions tournées vers la Connaissance et l'Amour de Dieu.

En conclusion, retour rapide sur la remontée de l'Arbre de Vie au Paradis...

Nous venons ainsi, au Paradis, de suivre le chemin d'une remontée de l'Arbre de Vie, suivant l'ascension du Poète, du Paradis Terrestre à l'Empyrée, à travers les 9 ciels, chemin inverse de la voie de la Création, et, en conséquence, chemin du "retour à la source"...

Invocation aux hiérarchies angéliques

L'invocation aux hiérarchies angéliques, placée par Charles Rafaël Payeur en exergue à son ouvrage sur les Guides de Lumière (1), résume admirablement leurs fonctions, à l'éclairage de l'enseignement de Denys l'Aréopagite, auteur des fameuses Hiérarchies Célestes.

Et, si nous l'associons aux 9 sephiroths de l'Arbre de Vie et aux Ciels évoqués par Dante, avec leurs catégories de Bienheureux et d'esprits célestes, nous pouvons apprécier, en conclusion, cette admirable cohérence, rehaussée elle-même par quelques images de Denys l'Aréopagite, dont s'est inspiré l'auteur précité. Cette invocation part de la hiérarchie angélique la plus élevée pour aller vers la plus proche de l'Homme. Mais, pour respecter la remontée des 9 ciels, suivie par Dante, nous citons les éléments de cette invocation dans le sens inverse :

"Anges très saints, gardez-moi..." (1er ciel)
Denys l'Aréopagite écrit : ...*leur hiérarchie s'applique aussi à ce qui est manifesté et concerne davantage les choses de ce monde*... Nous sommes en Yesod, "le Fondement", lieu de "coagulation", au ciel de la Lune, 1er ciel, où siègent les âmes (ou les esprits) qui manquèrent leurs vœux.

"Archanges très nobles, conduisez-moi..." (2e ciel)
Denys l'Aréopagite : ......*le saint ordre des Archanges, par sa situation médiane dans la hiérarchie, participe également aux extrêmes : il a, en effet, des caractères communs à la fois avec les très saintes Principautés et avec les Anges...* Nous sommes en Hod, "la Gloire", lieu de "médiation", au ciel de Mercure, 2e ciel, où siègent les âmes (ou les esprits) actifs et bienfaisants.

"Principautés souveraines, gouvernez-moi..." (3e ciel)
Denys l'Aréopagite : ...*celui* (le nom) *des Principautés célestes signifie, en effet, leur principat et leur hégémonie déiformes qui s'exercent dans un ordre sacré, lequel sied parfaitement à des Vertus chargées de commander...* Nous sommes en Netsah, "la Victoire", lieu "d'harmonisation", au ciel de Vénus, 3e ciel, où siègent les âmes (ou les esprits) éprises et assujetties à l'Amour.

----
(1) *Les Guides de Lumière - les messagers de l'invisible*, par Charles Rafaël Payeur, Éditions de l'Aigle, Canada (Québec), 1992.

"Puissances invincibles, défendez-moi..." *(4ᵉ ciel)*
Denys l'Aréopagite : *...Quant au nom des saintes Puissances, il révèle [...] la belle ordonnance, harmonieuse et sans confusion, qui leur permet d'accueillir les dons divins...* Nous sommes en Typhereth, "la Beauté", lieu "d'Unification", au ciel du Soleil, 4ᵉ ciel, où siègent les âmes (ou les esprits) des Sages, Docteurs et Théologiens.

"Vertus célestes, fortifiez-moi..." *(5ᵉ ciel)*
Denys l'Aréopagite : *...le nom des saintes Vertus signifie un courage viril et inflexible pour toutes les opérations par lesquelles il les rend déiformes...* Nous sommes en Geburah, "la Rigueur", lieu de "rectification", au ciel de Mars, 5ᵉ ciel, où siègent les âmes (ou les esprits) des Chevaliers du Christ et des combattants de la Foi.

"Dominations, très élevées, commandez-moi..." *(6ᵉ ciel)*
Denys l'Aréopagite : *...leur nom révélateur montre, je crois, qu'elles s'élèvent librement, sans aucune complaisance, à l'égard de ce qui est bas...*
Nous sommes en Hesed, "la Grâce", lieu de "vivification", au ciel de Jupiter, 6ᵉ ciel, où siègent les âmes (ou les esprits) des Princes pieux, justes et sages.

"Trônes suprêmes, pacifiez-moi..." *(7ᵉ ciel)*
Denys l'Aréopagite : *...le nom donné aux Trônes [...] signifie que leur pureté sans mélange les écarte de toute complaisance pour les choses viles...*
Nous sommes en Binah, "l'Intelligence", lieu de "révélation", au ciel de Saturne, 7ᵉ ciel, où siègent les âmes (ou les esprits) contemplatifs.

"Chérubins très sages, enseignez-moi..." *(8ᵉ ciel)*
Denys l'Aréopagite : *...quant à celui* (le nom) *des Chérubins, il enseigne leur pouvoir de connaître et de voir Dieu... à se combler du don qui rend sage et à le communiquer... par effusion de la sagesse reçue...* Nous sommes en Hochmah, "la Sagesse", lieu de "fécondation", au ciel des Étoiles (le Zodiaque), 8ᵉ ciel, ciel du Triomphe du Christ, de la Vierge Marie et des 3 vertus théologales associées aux apôtres : la Foi, l'Espérance et la Charité.

"Séraphins ardents, embrasez-moi..." *(9ᵉ ciel)*
Denys l'Aréopagite : *La sainte dénomination des Séraphins, aux dires des hébraïsants, signifie soit "incendiaires" soit "chauffants"...* Nous sommes en Kether, "la Couronne", lieu du "Principe Suprême", au ciel du Premier Mobile, 9ᵉ ciel, où le Poète contemple Dieu, point de feu immobile et éblouissant, autour duquel tournent les neufs chœurs des Anges, et y évoque précisément la Hiérarchie de Denys l'Aréopagite et la Création du Monde.

Nous avons en-deçà du 1er ciel, le prologue du Paradis, qui met en perspective l'ascension des 9 ciels et surtout le Paradis Terrestre, rattaché par le Poète au Purgatoire, et que nous pouvons associer à la sephirah Malkuth, "le Royaume", lieu "d'Incarnation" pour l'Homme.

La Symbolique Sacrée des Sites 455

L'invocation des hiérarchies célestes, extraits de l'ouvrage précité sur les "Guides de Lumière", se termine ainsi : *"[...] Afin que je puisse servir, bénir et glorifier la très sainte Trinité maintenant et dans tous les siècles. Amen."*

Or, au-delà du ciel du Premier Mobile, nous entrons dans le 10ème ciel, celui de l'Empyrée, lieu de l'Extase du Poète devant la Rose des Bienheureux et au contact de l'Essence Divine, de toutes les armées célestes, du mystère de l'Incarnation et ...du mystère de la Trinité !

L'Empyrée, ciel de "Pure Lumière", immatériel et immobile, est à l'image de "l'Aïn Soph Aur" des Kabbalistes, Lumière illimitée, avec au centre Kether, le "Point", la Première couronne, la "Cause des causes", à travers laquelle "l'éclair divin" engendra l'Arbre de Vie, sa Création, peuplée de ses créatures... Et la "Lumière illimitée" est *omniprésente et omni pénétrante* comme en témoignent immuablement le Peuple des Bienheureux.

Notons que le Poète n'évoque que le nom des hiérarchies angéliques, sans en livrer les composantes. La Kabbale Hébraïque en dénombre 8 messagers particuliers avec des fonctions précises pour chaque hiérarchie. Ceci nous donne (8 x 9) 72 messagers de l'Invisible, guidant les pas de l'aspirant sur le chemin de sa transformation et de sa réalisation, au contact de plus en plus intime au Divin, comme le vit Dante.

Mais Daniel (VII,10) nous rappelle qu'il existe *des myriades de myriades* d'anges et Denys l'Aréopagite précise lui-même que *le nombre des légions célestes échappe, pour nous, à toute mesure.*

Ainsi, nous nous sommes beaucoup plus étendus sur le Paradis que sur l'Enfer et le Purgatoire, avec ces clés d'interprétations fournies par la Kabbale et l'Hermétisme Chrétien. La haute figure de l'Arbre de Vie a commandé ce choix par son caractère analogique manifeste au sens profond de l'ascension de Dante parmi les 10 ciels successifs. Une cohérence remarquable s'établit entre la symbolique des sephiroth, les étapes, les processus, les associations aux planètes régissant les ciels, etc.

Par ailleurs, dans notre dernier chapitre, consacré aux 22 sentiers de l'Arbre de Vie, en analogie avec le tarot et l'Alchimie, nous rétablirons l'équilibre entre les 3 mondes, tout comme nous allons le faire à présent à propos d'une symbolique omniprésente dans la Divine Comédie, celle des Éléments.

Dante et la Connaissance du Kabbaliste

Avant d'aborder les "Éléments", nous voulons souligner l'évidente identité entre la démarche de Dante et celle de la Tradition Kabbalistique. Et nous nous refusons de croire comme certains commentateurs le suggèrent que le Poète ait pu faire une démarche Kabbalistique comme d'autres "font de la prose sans le savoir" !

Dans son manuel initiatique, déjà cité (1), Virya résume, en effet, la connaissance du Kabbaliste en des termes que le Poète, à l'évidence, ne renierait pas ! Virya écrit : *La connaissance du Kabbaliste se constitue des points suivants :*
- La Connaissance de Dieu, de l'Être universel, de la Conscience cosmique à l'origine de tout.
- La Connaissance de l'Univers, science du macrocosme.
- La Connaissance de la Vie, son origine et sa raison.
- La Connaissance de la Nature, principe premier, la Maîtresse des lois régissant le tout. Et des trois principes fondamentaux qui l'animent.
- La Connaissance des Astres, et les relations qu'ils entretiennent avec l'ensemble.
- La Connaissance de la Terre, mère nourricière de l'humanité, sa place dans l'univers et dans les cycles d'évolution.
- La Connaissance des Mythes, les enseignements cachés qu'ils enferment, et les agrégats inconscients qu'ils décrivent.
- La Connaissance de l'Homme, l'étude du microcosme. Son identité avec l'univers. L'homme en tant que contenant et expression des éléments ci-dessus.

Le lecteur n'a-t-il pas reconnu ici la quasi-majorité des thèmes de Connaissance que le Poète a abordé tout au long de la Divine Comédie et, au-delà, ceux qui apparaissent dans les divers développements précédents sur ses œuvres et sa destinée ?!...

Virya écrit aussi que la doctrine du "Kabbalisme" a comme base d'étude, un certain nombre de règles et il cite, parmi elles, celle-ci : *Un principe unique et éternel, seule Réalité, est la Cause éternelle de tout ce qui est, qui fut, ou sera jamais.* Il rappelle aussi la règle selon laquelle *Ce principe s'équilibre par trois manifestations : deux s'opposent et se complètent, une troisième les équilibre.* Ceci évoque les polarités masculine-positive et féminine-négative de l'Arbre de Vie et l'axe central d'équilibre, rendant la cohésion possible entre les deux principes par la force d'Amour, qui tend à éliminer la contradiction en créant l'Équilibre. Autre règle : l'homme est à l'image du Cosmos - ce qui est en bas est comme ce qui est en haut - et il est soumis comme lui à "la loi d'Évolution et d'Involution".
Nous n'insistons pas davantage.
A relire en profondeur le Poème et toutes les œuvres de Dante, la légitimité de l'interprétation Kabbalistique nous paraît incontestable, tout comme la clé Hermétique qui s'est étroitement associée à cette Tradition. En revanche, bien sûr, faire de Dante un Kabbaliste "actif", un Hermétiste "militant" ou un Alchimiste "opératif" serait pour autant excessif !
Son immense connaissance et son inspiration de Poète et de Philosophe sont marquées avant tout du triple sceau de l'Universalité, de l'Ouverture et de la Liberté, puisant à toutes les sources et à toutes les Traditions !...

---

(1) *Lumières sur la Kabbale* par Virya, Éditions Jeanne Laffitte, Marseille, 1989.

Les archétypes naturels des Sites :
Forêts, Puy, Colline, Montagne, Vallées, et Portes…

Nous ne reviendrons pas longuement sur le symbole de la Montagne, attaché au Purgatoire, et que nous avons déjà largement commenté, à propos de ce deuxième monde visité par Dante. En revanche, certains sites, tout aussi hautement symboliques prennent le sens de véritables archétypes, sous la plume du Poète.

La Forêt…

Au premier chant de l'Enfer, qui constitue le prologue de toute la Divine Comédie, nous voyons le Poète s'enfoncer dans une *Forêt obscure*, qui sert de cadre à ses rencontres avec les trois bêtes sauvages, symboles des péchés de luxure, orgueil et avarice. Cette forêt-là est ainsi, en elle-même, et selon tous les commentateurs de l'œuvre dantesque, le symbole des périls et des erreurs de ce monde, des égarements et de l'angoisse physique et métaphysique qui s'empare du voyageur, avant l'entrée proprement dite dans l'Enfer.

Mais l'analyse Jungienne, plus moderne, fait de la Forêt en général le vecteur des craintes liées aux révélations de l'Inconscient. Nous pensons que cette dimension est très présente, elle-aussi, dans le poème de Dante. Car le Poète est très certainement dans cet état d'attente de révélations, au-delà de sa démarche de raison pure. La *Forêt obscure* se réfère donc à une angoisse existentielle précise. La "Vita Nova" et le "Convivio" nous éclairent tout à fait sur ce sujet (voir notre chapitre consacré aux œuvres de Dante).

Puy, Colline et Montagne…

Le "Puy" désigne la Montagne. Les commentateurs parlent souvent de colline. Nous pensons que le terme de Montagne est plus adapté, symboliquement parlant. En effet, la "colline" est, selon la plus ancienne Tradition, la première manifestation de la Création du Monde. C'est une "émergence".

La Montagne a une "majesté" et une "puissance" plus grandes.

Dante oppose la Montagne à la *Vallée d'angoisse*.

Une montagne "élevée", comme celle du Purgatoire, est symbole de Transcendance, de rencontre entre le Ciel et la Terre. Elle est aussi associée à "l'Immuabilité", la "Pureté", la "Lumière". Cet aspect du symbole est non négligeable pour le Poète. La Montagne, selon l'Ancien Testament, est symbole de "sécurité" et la démarche de Dante semble y faire écho (Psaume 30,7-8, Cantique pour la dédicace de la Maison. De David) :

> *Moi, j'ai dit dans mon bonheur*
> *Rien à jamais ne m'ébranlera !*
> *Yahvé, ta faveur m'a fixé sur de fortes montagnes ;*
> *tu caches ta face, je suis bouleversé.*

Bien sûr, la Montagne figure aussi la voie vers le Paradis (Isaïe 2,2 - "La paix perpétuelle") via l'enseignement : *Il arrivera dans la suite des temps que la montagne de la maison de Yahvé sera établie en tête des montagnes et s'élèvera au-dessus des collines.* Et Michée (4,1) formule de manière semblable mais remplace le mot *maison* par le mot *temple*.

Le texte d'Isaïe (2,3) poursuit, à l'image du haut voyage de Dante :
Alors toutes les nations afflueront vers elle, alors viendront des peuples nombreux qui diront : "Venez, montons à la Montagne de Yahvé, à la maison du Dieu de Jacob, qu'il nous enseigne ses voies et que nous suivions ses sentiers.

La Montagne, "promesse d'accès au Paradis", est présente encore dans Matthieu (5, 1), avec le sermon sur la Montagne et l'enseignement du Christ, pour l'énoncé des "Béatitudes". Celles-ci sont chantées au chant XII du Purgatoire (v.110 et 111), sur la première corniche de la Montagne du Purgatoire, celle des "Orgueilleux", en présence de l'Ange de l'Humilité.

La "Transfiguration de Jésus", bien sûr, a lieu, elle aussi, sur une haute montagne (Marc 9,2) : *Six jours après, Jésus prend avec lui Pierre, Jacques et Jean et les emmène seuls, à l'écart, sur une haute montagne. Et il fut transfiguré devant eux et ses vêtements devinrent resplendissants, d'une telle blancheur qu'aucun foulon sur terre ne peut blanchir de la sorte...* Ce dernier aspect est selon nous le plus notable pour l'interprétation de la Divine Comédie. Le but du Poète est sa propre "Transmutation" au contact du Divin.

La Vallée...

Par opposition à la Montagne, la Vallée est liée à l'angoisse pour le Poète. Elle incarne en quelque sorte "l'Inconnu" et, plus encore, les peurs liées à l'Inconscient. Dante est *plein de sommeil*, le sommeil de son âme, symbole du péché auquel il va être confronté, en descendant les 9 cercles de l'Enfer. Mais n'oublions pas que la Vallée est traditionnellement aussi le lieu des "transformations fécondes".

L'âme humaine y rencontre la grâce de Dieu et cela peut conduire aux révélations et à l'extase. Mais elle inspire la peur par menace d'une mauvaise gestion des forces antagonistes en l'être, forces de Lumière et forces de Ténèbre, Esprit et Matière, Activité et Passivité, etc.

La Louve, "esprit de la Forêt"...

En dehors du symbolisme de la Forêt "en soi", précédemment évoqué, la Tradition, et en particulier celle marquée du sceau du Moyen Âge, considère la louve, comme "l'esprit maléfique de la forêt", symbole de débauche et incarnation maléficiée du désir sexuel. Il est sans aucun doute insuffisant de s'en tenir à l'interprétation exotérique habituelle qui fait de la louve de l'Enfer de Dante, le symbole de la convoitise et de l'avarice de la Curie Romaine.

Sur un plan plus ésotérique et surtout, concernant plus personnellement le Poète, la louve incarne les propres égarements de Dante sur le plan de l'amour humain, matérialiste, évoqués dans notre chapitre sur sa Destinée.

Aussi, il ne faut pas, ici, faire un contresens sur les reproches que Béatrice adresse au Poète, au Paradis Terrestre. Plus que les frasques de son "amoureux", elle condamne son manque de fidélité à l'Amour avec un grand "A", péché contre l'Esprit... Et la louve incarne ce péché contre l'Esprit de l'Amour... Elle est diamétralement opposée au Loup, qui, lui, est un symbole de lumière, "solaire". Si la Louve est un obstacle à la montée vers la Lumière, le Loup a, au contraire, les allures d'un psycho-pompe...

Les Portes...

"PER ME SI VA NELLA CITTA DOLENTE,
PER ME SI VA NELL'ETTERNO DOLORE,
PER ME SI VA TRA LA PERDUTA GENTE,
GIUSTIZIA MOSSE IL MIO ALTO FATTORE :
FECEMI LA DIVINA POTESTATE,
LA SOMMA SAPÏENZA E'L PRIMO AMORE.
DINANZI A ME NON FUOR COSE CREATE
SE NON ETTERNE, E IO ETTERNA DURO.
LASCIATE OGNI SPERANZA, VOI CH'ENTRATE."

Cette inscription se trouve *"al sommo d'una porta"*.
C'est la première porte rencontrée, celle de l'Enfer...
Et nous sommes avertis :
PAR MOI L'ON VA DANS LA CITÉ DOLENTE,
PAR MOI L'ON VA DANS L'ÉTERNELLE DOULEUR
PAR MOI L'ON VA PARMI LA GENT PERDUE,
LA JUSTICE MUT MON SUPRÊME ARTISAN :
JE SUIS L'ŒUVRE DE LA TOUTE PUISSANCE,
DE LA SUPRÊME SAGESSE ET DU PREMIER AMOUR.
AVANT MOI AUCUNE CHOSE NE FUT CRÉÉE,
SINON ÉTERNELLE, ET MOI, ÉTERNELLE, JE DURE.
LAISSEZ TOUTE ESPÉRANCE, VOUS QUI ENTREZ.

Selon la grande Tradition, la porte, en général, symbolise un lieu de passage entre deux états, deux mondes, le Connu et l'Inconnu, la Lumière et les Ténèbres, le "trésor" et le dénuement, etc. Elle ouvre sur un "mystère" et invite au "passage", assorti de tous les élans et toutes les craintes ... Ici, cette porte invite au passage dans la cité des damnés, passage nécessaire à la transformation intérieure du Poète et à sa "préparation" à la remontée vers la Lumière et le Paradis. Il s'agit d'un rite de nature initiatique, à l'image du "passage" du postulant, dans les sociétés des "mystères" antiques, perpétué par les textes bibliques eux-mêmes. Et les "inscriptions", comme certains récitatifs accompagnent ce rite.

L'inscription, placée par Dante à la porte de l'Enfer évoque la grande force de Justice et d'Amour qui caractérise le Créateur et auréole de son "appel" la promesse du Paradis, en dépit du *Laissez toute espérance*.
Elle semble faire écho au Psaume 118 (19-20 et 29 - Liturgie pour la fête des Tentes) :

> *Ouvrez-moi les portes de justice,*
> *j'entrerai, je rendrai grâce à Yahvé !*
> *C'est ici la porte de Yahvé,*
> *les justes entreront.*
> *[...]*
> *Rendez grâce à Yahvé, car il est bon,*
> *car éternel est son amour !*

Bien entendu, au premier abord, l'inscription, à la porte de l'Enfer, nous parle du "séjour des morts" pour les damnés eux-mêmes. Ceux-ci, à la différence du Poète, admis à pénétrer dans le monde infernal, pour témoigner à son retour au monde des vivants, sont avertis de laisser toute espérance...

Il nous est impossible de ne pas évoquer, ici, à propos du symbolisme de la "porte", les portails des églises romanes sur lesquels nous découvrons, souvent inscrite dans le "livre de pierre", au tympan, le "Jugement Dernier".

Ce dernier oppose les Damnés et les Élus. Il est orienté à l'ouest. A ce seuil le soleil se couche, ce qui nous renvoie au monde de l'au-delà...

Dans une perspective eschatologique, concernant la "Manifestation glorieuse du Fils de l'homme" et la "Parabole du figuier", Saint Marc écrit (13, 26-27 et 29) : *Et alors on verra le Fils de l'homme venant dans les nuées avec grande puissance et gloire. Et alors il enverra les anges pour rassembler ses élus, des quatre vents, de l'extrémité de la terre à l'extrémité du ciel [...] Ainsi, vous, lorsque vous verrez cela arriver, comprenez qu'IL est proche, aux portes.* Cela se rapporte parfaitement au souffle d'espérance qui, malgré tout, apparaît en filigrane, à l'entrée de Dante en Enfer. Pour lui, "vivant" entrant au royaume des ombres, cette première étape de voyage est la première phase du Grand Œuvre de transformation intérieure.

Saint Matthieu (16,18) écrit aussi : *Eh bien ! moi je te dis : "Tu es Pierre, et sur cette pierre je bâtirai mon Église, et les Portes de l'Hadès ne tiendront pas contre elle."*

Dans la perspective de l'Alchimie Spirituelle qui transforme le pèlerin sur la voie, c'est en quelque sorte la clef d'entrée qui est signifiée, le passage obligé. Pour débuter le Grand Œuvre, il faut "brûler les métaux". C'est la phase de calcination, comme disent les Alchimistes, dans l'Œuvre au Noir qui s'inscrit dans la première partie de la Divine Comédie. Nous y revenons dans notre chapitre consacré à l'interprétation alchimique de la Divine Comédie.

Par ailleurs, le Poète devra franchir, bien entendu, d'autres portes tout au long de son voyage, pour poursuivre et achever sa transformation intérieure.

Chacune marque le passage d'une étape de transmutation à la suivante.

Ainsi, toujours en Enfer, se présente la porte de la cité de "Dité", la cité "rouge" : *Haut enfer et bas enfer, écrit Alexandre Masseron (1) sont séparés l'un de l'autre par les murailles de Dité, qui forment une véritable forteresse, dont les portes seront âprement mais inutilement défendues.*

---

(1) *La Divine Comédie* par Alexandre Masseron, Éditions Albin Michel, coll. Spiritualités, 1995.

Les murailles sont de fer *porté au rouge*, soit le double symbolisme du métal, d'origine chthonienne, incarnant une force inflexible, sombre et proprement "diabolique", et de la couleur rouge, couleur du sang et du feu destructeur. Dante désigne, par ce nom de Dité, Lucifer, l'Ange déchu, *l'empereur du douloureux royaume*. Les Latins désignaient, en effet, Pluton, dieu des Enfers, par le nom de "Dis".

C'est l'Ange Messager du Ciel qui va faire franchir le seuil et permettre à Dante et Virgile, son guide, d'entrer dans la cité (chant IX de l'Enfer, v.89-90) :

Vint à la porte, et d'un coup de vergette
à deux battants l'ouvrit sans retenance.

La sortie de l'Enfer, elle-même représente un équivalent symbolique de la porte, ressenti comme un "passage" (chant XXXIV de l'Enfer, v.127 à 139) :

Un pas s'ouvre - éloigné de Belzébuth
    tant comme est large entremi la grande tombe -
      qu'on ne trouve par vue, ains par teinter
d'un ruisselet vers le fond s'avalant,
    dans un pertuis de la pierre qu'il ronge,
      et y retord son cours, à pente douce.
En ce chemin celé nous nous frappâmes
    Virgile et moi en quête du clair monde ;
      et sans prendre souci d'aucune pause,
mon duc premier, moi suivant, nous gravîmes
    tant qu'enfin j'entrevis les choses belles
      luisant aux cieux, par une brèche ronde ;
puis nous fûmes dehors face aux étoiles.

L'idée d'un passage difficile vers le *"chiaro mondo"*, le *clair monde*, est renforcé par cette image d'une progression "aveugle", le chemin de sortie étant caché à la vue et signalé à l'attention des voyageurs par le son d'un *ruisselet* qui coule et s'enfonce, *"per la buca d'un sasso"*, par le trou d'un rocher qu'il ronge... Notons ici ce symbolisme très fort du rocher rongé. L'eau purifiante - il peut s'agir du Léthé - peut venir à bout de la Matière inerte, maléficiée, infernale...

La porte appelle la présence aussi du "gardien du seuil". Nous rencontrons "l'Ange portier" à la "porte du Purgatoire", au chant IX du Purgatoire, après passage dans l'Antipurgatoire et nous assistons à un véritable "rituel initiatique"... La porte du Purgatoire est située en haut d'un escalier à 3 marches (v.76 à 78) :

je vis un huis, et trois degrés dessous
    pour y monter, de couleurs différentes,
      et un portier qui lors ne tintait mot.

L'ange portier tient un glaive nu à la main. C'est le symbole du portier de la pénitence, muni de l'épée de Justice. Et l'épée reflète ses rayons vers les deux voyageurs. Autrement dit l'aura de l'Ange les "irradie" de sa force de Justice. Et il est silencieux. Le silence, symboliquement, ouvre un passage et prépare une révélation...

Puis rompant le silence, il invite Dante et Virgile à entrer par cette formule (v.90 et 91) :
> [...] *Allez avant, là est la porte.*
> *Et que vos pas vers le bien elle avance !*
> *[...]*
> *à nos degrés venez donc approchant.*

Les voyageurs découvrent alors la couleur de chacune des 3 marches : la première est de marbre blanc, si brillante que le Poète y perçoit le reflet de son image, la seconde est *d'un teint plus que pers,* très sombre, presque noir, pierre rugueuse, brûlée, crevassée, éclatée *par le long et le travers,* et la troisième marche, enfin, de couleur *porphyre,* flamboyante, *comme le sang qui jaillit de la veine...*
Quant au seuil, lui, il semble en *pierre de diamant.*

Ce symbolisme luxuriant nous invite à nous y arrêter un instant pour en donner une interprétation différente ... Les 3 degrés symbolisent pour la plupart des commentateurs le sacrement de pénitence : le blanc de la contrition du cœur, la pierre sombre et rude de la confession et le porphyre des œuvres par lesquelles le repenti satisfait à son devoir et paye sa dette...
Certes, cela, d'un point de vue exotérique est vraisemblable. Mais, sur un plan plus ésotérique, le symbole des 3 couleurs et celui du seuil en *pierre de diamant* vont beaucoup plus loin. D'un point de vue alchimique, le Purgatoire correspond à la phase du Grand Œuvre, intitulée l'Œuvre au Blanc, celle qui, par purifications successives, permet de passer à la phase suivante de l'Œuvre au Rouge. Les 3 couleurs des marches peuvent donc être rapprochées des 3 phases de l'Œuvre. Et, en particulier, le marbre blanc rejoint la notion de "Petit Magistère", lié à l'obtention de la Pierre Blanche, capable de transmuter des métaux imparfaits en argent, et le porphyre *flamboyant* renvoie au Grand Magistère, lié à l'obtention de la Pierre Rouge, qui permet d'opérer la transmutation en Or.

La présence de la marche sombre, *brûlée et éclatée,* au milieu des deux autres souligne le passage obligé par la phase de "putréfaction et calcination" en Enfer et se trouve déplacée dans l'ordre de succession des phases
Nous revenons plus en détail sur ces aspects dans notre chapitre consacré à une interprétation alchimique de la Divine Comédie.

Au-delà de l'Alchimie et si nous nous référons à la Grande Tradition, depuis la plus Haute Antiquité, les 3 couleurs et la pierre de diamant renvoient au symbolisme suivant : le marbre blanc, dans lequel Dante peut voir le reflet de son image, tant il est éclatant, symbolise "la Pureté accomplie".
Un tel blanc est la couleur du "passage" (Blanc = Candidus = Candidat), de la Transfiguration et de la Théophanie. Il est, aussi, associé, par le marbre, à l'extrême "fermeté" de l'Âme purifiée.
La pierre sombre renvoie bien entendu à l'aspect chthonien et infernal.
Mais n'oublions pas que de la couleur des Ténèbres primordiale, du chaos, naît la terre fertile quand "l'ombre du mal" est chassée...

Enfin la couleur rouge intense du porphyre est la couleur de l'ardeur et de la force impulsive et généreuse, créatrice de Beauté.

La pierre de diamant revêt tout le symbolisme de la Perfection : dureté, incorruptibilité, transparence, limpidité, luminosité, etc.

L'Ange portier du Purgatoire est symboliquement assis sur cette pierre de diamant, les deux pieds posés sur la 3e marche de porphyre *flamboyant* et désignent le terme de l'Œuvre (v.103 à 105) :

En celui-ci (*) reposait ses deux plantes
l'ange de Dieu, assis dessus le seuil,
lequel semblait pierre de diamant.
(*) Sur le 3e degré de l'escalier menant à la porte.

Et il pratique alors, directement sur la personne du Poète, un "rituel de passage", geste et formule à l'appui (112 à 114) :

A la pointe du glaive il m'écrivit
parmi le front sept P : "Quand tu seras
léans (*), dit-il, bée (**) à laver ces plaies."
(*) là-dedans, (**) attentif.

Telle est la marque des 7 péchés capitaux, à l'image d'une scarification, exécutée au front et désignant donc le mental, siège de l'Ego. Au Purgatoire, sur les 7 corniches de la Montagne, le Poète devra "laver" ces plaies et ainsi se purifier de ces péchés...

Les dernières "portes" que nous commenterons sont celles évoquées dans les récits du Paradis : la "Porte-au-Soleil" à Pérouse, la "Porte de Saint Pierre" et la Porte *Peruzza* à Florence. Elles ne concernent plus la progression du Poète, dans les trois mondes, mais ont un "relief" symbolique non moins certain ! Au chant XI du Paradis, le Poète écrit (v.43 à 46) :

Entre Toupin et les eaux qui descendent
du puy élu par Hubaud, saint ermite,
des hauts monts tombe une côte fertile
d'où froid et chaud par la Porte-au-Soleil
se font sentir dans Pérouse ;...

Hubaud, alias saint Ubald Baldassini, évêque du XIIe siècle est un bienheureux et la "Porte-au-Soleil est la porte orientale de Pérouse qui s'ouvrait vers Assise et n'existe plus aujourdhui. Celle-ci est évoquée par le Poète à propos des deux saints fondateurs d'ordre, Saint François d'Assise, fondateur des frères mineurs et Saint Dominique, fondateur de l'ordre des frères prêcheurs. Et nous lisons un peu plus loin, à propos de Saint François d'Assise, dans la bouche de Saint Bonaventure (v.49 à 51) :

De cette côte, à l'étage où se brise
sa roideur, un soleil naquit au monde
comme parfois le nôtre naît du Gange.

C'est la naissance de Saint François d'Assise qui est ainsi saluée symboliquement, reprenant le verset de l'Apocalypse (VII,2) : *Puis je vis un autre Ange monter de l'orient, portant le sceau du Dieu vivant.*

Cette évocation a suscité de nombreux commentaires, évoquant notamment le Gange comme symbole de l'Orient, et à travers le solstice d'été, symbole du rayonnement le plus intense, la faveur accordée au Saint par le Créateur. Le lecteur se reportera utilement sur ce point à la note d'André Pézard (1).

Nous voulons souligner ici, du point de vue de l'Hermétisme Chrétien, avant tout, le sens profondément initiatique que le Poète accorde à ce fondateur d'ordre, à *l'ardeur toute séraphique.*

Les Séraphins, nous l'avons déjà dit, constituent la hiérarchie céleste la plus proche de Dieu et sont l'incarnation vivante de la sephirah Kether, "la Couronne", dans l'Arbre de Vie. Or cette sephirah, "la cause des cause", correspond au trône même de Dieu, dont toute réalité prend naissance.

L'évocation de l'Orient, dès lors, prend toute sa signification. Tant et si bien que le Poète écrit ensuite (v.52 à 54) :
> *Qui ce lieu nomme, adonc, ne devrait dire*
> *"Ascise", car c'est là trop court parler,*
> *mais "Orient", s'il veut proprement dire.*

Et fait ajouter à Saint Bonaventure (v.55 à 57) :
> *Il n'était pas encore loin du lever*
> *qu'il commença de faire à votre terre*
> *sentir de sa vertu quelque confort.*

Rappelons, pour conclure sur ce point, que la *vertu* première de Saint François d'Assise fut celle de "l'Humilité". Se sentant mourir, le Saint se fit transporter dans l'église Saint-Marie-des-Anges et poser "nu sur le sol nu", en signe d'humilité et de pauvreté, et ainsi, expira !...

Les deux autres portes sont évoquées au chant XVI du Paradis, au 5e ciel, celui de Mars, où siègent les combattants pour la Foi et où le Poète retrouve l'âme de son trisaïeul le Chevalier Cacciaguida.

La première est la "Porte Saint Pierre", entrée "orientale" là encore, mais d'une autre ville, Florence. Près de cette porte se trouvait le palais des Cerchi, grande famille Florentine, qui contribua par sa traîtrise à ruiner le parti des Guelfes Blancs. C'est ainsi, symboliquement, le contre-point de l'exemple précédent. Cette porte "orientale" est, ici, aux yeux de Dante, surchargée de félonie (v.94 à 96) :
> *Dessus la porte à présent surchargée*
> *d'un tel fardeau de neuve félonie*
> *qu'il fera périller (*) bientôt la barque,*
> *étaient les Ravignans ...*

(*) fera le malheur de la barque.

La seconde porte de Florence, citée par le Poète dans ce même chant XVI du Paradis (v.124 à 126), est la *"Porta della Pera"*, du nom d'une famille Florentine. Elle est aussi autrement dénommée *"Porta Peruzza",* du nom d'une autre famille, les Peruzzi, sans lien évident de parenté.

---
(1) *Dante - Œuvres complètes*, par André Pézard, Éditions Gallimard-NRF, coll. de La Pléiade, 1965, pp. 1451-1452.

Il s'agit, en fait, d'une simple "poterne". Elle est évoquée par Dante à propos des rivalités Florentines et notamment de l'épisode de la condamnation de Corso Donati, comme "rebelle et traître". C'est Cacciaguida qui parle :
Je te dirai chose incroyable et vraie :
l'étroite enceinte avait porte poterne
déjà nommée d'après ceux de la Poire.

Un certain Giano Della Pera prit le parti du peuple au temps de Dante et fit la promotion d'un réforme démocratique, connue sous le nom des "Ordinamenti di giustizia". L'ancienneté et la notabilité de cette famille sont ainsi soulignées par le Poète, en raison de l'attribution de son nom à cette poterne, et en dépit de l'oubli dans lequel l'Histoire l'a plongée !...

Nous terminons ainsi ce long chapitre consacré à la Symbolique Sacrée des Sites. Nous avons vu, en résumé, qu'au départ Dante se réfère au "modèle" de l'Homme aux trois réalités : Âme, Corps et Esprit. Le thème central s'insère dans la perspective de l'Hermétisme Chrétien : l'antagonisme initial de l'Esprit et de la Matière, conduisant à la Multiplicité, par les maléfices de l'Ego, se mue, peu à peu, sous l'emprise de la force d'Amour, de la Grâce et de la Lumière Divine, en une harmonie souveraine, conduisant à l'Unité.

Pour cela, trois étapes sont franchies par le voyage du Poète :

C'est d'abord la transcendance de toutes les Forces du Mal, qui s'exercent dans le site de l'Enfer, site de la damnation, à l'intérieur des 9 cercle concentriques, paganisme et infidélité, luxure, gourmandise, avarice et prodigalité, colère et rancune ou mélancolie, hérésie, violence, fraude et tromperie, et, enfin, traîtrise, avec l'épilogue de Dité, alias Lucifer, l'ange déchu, empereur du royaume de la douleur, et le plus grand traître : traître à son Dieu...

Puis, dans une seconde étape, les Forces d'Amour et de Vertus s'exercent dans le site du Purgatoire, lui-même divisé en une plage de débarquement des âmes, en Antipurgatoire, avec ses deux assises, où les âmes sont dans l'attente de leur expiation, en 7 corniches de la Montagne, lieux de pénitence et d'expiation des péchés capitaux, orgueil, envie, colère, tiédeur dans l'exercice du Bien, avarice et prodigalité, gourmandise et luxure, et, enfin, le Paradis Terrestre...

Ce lieu, situé au sommet de la Montagne du Purgatoire, intermédiaire entre le Purgatoire et le Paradis proprement dit, est surtout le lieu d'apparition de Béatrice sur le Char de l'Église, de la rencontre du premier homme, Adam, et des ultimes "purifications" du Poète dans les eaux du Léthé et de l'Eunoé.

La troisième et dernière étape du voyage se situe au Paradis et, sous l'empreinte des hiérarchies célestes, le Poète remonte les 9 ciels, suivant exactement les phases d'une remontée de l'Arbre de Vie, en sens inverse du chemin de "l'éclair créateur"...

Et, pour parvenir au but ultime, à l'extase béatifique et au contact avec Dieu, l'Univers et la Totalité de la Création, Dante est, en effet, témoin des "9 opérations" de gestation de la Création Parfaite, en partant du niveau le plus bas, l'Incarnation en Malkuth, pour remonter jusqu'au "Principe Suprême", en Kether, et finalement plonger, avec le 10ème ciel, l'Empyrée, dans le monde de l'Aïn Soph Aur, monde de la Lumière éternelle et immuable.

Entre temps, il passe successivement par les opérations de "Coagulation" en Yesod, au ciel de la Lune, de Médiation en Hod, au ciel de Mercure, "d'Harmonisation" en Netsah, au ciel de Vénus, "d'Unification" en Tiphereth, au ciel du Soleil, de "Rectification" en Geburah, au ciel de Mars, de "Vivification" en Hesed, au ciel de Jupiter, de "Révélation" en Binah, au ciel de Saturne, et de "Fécondation" en Hochmah, au ciel du Zodiaque et des étoiles...

Ce faisant, nous avons de nouveau pu apprécier la valeur symbolique de la structure "Nonaire" : 9 cercles de l'Enfer, 7 corniches de la Montagne du Purgatoire + 2 assises de l'Antipurgatoire = 9, structure du Purgatoire dans son ensemble et, enfin, 9 ciels du Paradis.

Nous avons pu aussi constater le rôle de véritables "archétypes", mis en scène par le Poète pour certaines formes de sites naturels, comme notamment, la Forêt, le Puy, la Colline, la Montagne, la Vallée et les fameuses "portes"...

Les éléments dans tous leurs états, à travers les Trois Mondes...

La Matière corruptible...

Les 4 éléments prennent une part très active dans les épisodes et les visions des trois mondes de la Divine Comédie. Et, pouvons-nous dire, ils sont présents dans tous leurs états, nous offrant les multiples facettes de leur symbolisme, puisé aux diverses traditions antiques et médiévales, et tout particulièrement à celle de l'Hermétisme.

Au chant VII du Paradis (v.67 à 75), au ciel de Mercure, associé à la sephirah Netsah, lieu d'harmonisation, et abordant le thème des créatures corruptibles et des créatures incorruptibles, Béatrice explique ceci à Dante : les êtres créés directement par la "Divine Bonté", c'est-à-dire sans intervention de causes secondes, comme celles de la Nature opérant à la suite du Créateur, ces êtres sont éternels, libres et davantage semblables à Dieu.

Et plus loin (v.124 à 129), reprenant les doutes nés dans l'esprit du Poète, elle le cite, à propos de la corruptibilité des éléments :

Tu dis : je vois le feu et je vois l'eau,
l'air et la terre, et chaque corps mêlé
prendre corruption et durer peu ;
et ces choses pourtant sont créatures
de Dieu ; adonc, si j'ai bien entendu,
jà ne devraient redouter de corrompre.

Puis elle lève cette contradiction apparente (chant VII, v.136 à 138) :

Toute créée fut d'abord leur matière ;
et fut créée la vertu informante
en ces tournois d'étoiles autour d'eux.

Dans ces tercets, le Poète nous livre une clé essentielle d'interprétation du rôle des éléments dans la Divine Comédie. Ils participent à la nature même des damnations éternelles en Enfer et à celle des pénitences au Purgatoire. Et, au Paradis, les influences bénéfiques des astres sont naturellement reliées à la nature des énergies bénéfiques des astres qui régissent chaque ciel : la Lune et le pouvoir de coagulation, de concrétisation, Vénus et le pouvoir d'harmonisation, Mercure et le pouvoir de médiation, etc. ce que nous venons de voir dans la remontée de l'Arbre de Vie...

A l'éclairage de l'Art d'Hermès, les éléments participent aussi aux différentes phases du Grand Œuvre, lorsque nous envisageons l'Œuvre au Noir en Enfer, l'Œuvre au Blanc au Purgatoire et l'Œuvre au Rouge au Paradis (voir ci-après notre chapitre sur cette approche d'interprétation alchimique de la Divine comédie).

Nous avons dit que les éléments sont dans "tous leurs états".

Les allusions directes aux éléments sont trop nombreuses pour être toutes citées et analysées.

Nous n'en retiendrons que quelques unes particulièrement significatives dans chacun des trois mondes.

L'Eau...

Si nous embrassons tout d'abord d'un regard rapide toutes ces allusions, nous constatons l'intervention de l'Eau, en pluie, en grêle, en neige, en rosée, en givre, en glace, en vapeur humide et en vapeur sèche, sans compter les associations métaphoriques entre l'eau et le feu. Les fleuves, les mers, les océans et même la *Mer-Océane* jouent également un rôle spécifique.

Parfois sont évoquées la Méditerranée, l'Adriatique, la Mer Tyrhénienne, la Mer *Anglique* ou Manche, la Mer Rouge et la *Tibériade* !...

Symboliquement, les "mises en scène" ou les allusions à l'élément Eau se retrouvent en Enfer centrées sur la Glace et la Mer ou la Mer-Océane.

Au chant XXXII (v.22 à 24), nous sommes dans le 9e cercle, 1re fosse, la "Caïna", réservée aux traîtres envers leurs parents :
Lors vis-je entour, jusque sous mes semelles,
reluire un lac qui par âpre gelée
eut semblance de verre et non d'eau vive.

Il s'agit d'un lac gelé. Selon la Tradition, les habitants du monde souterrain peuvent regarder les créatures sur terre à travers cet "œil" que constitue le lac. Les fées, les sorcières, les nymphes et les sirènes y habitent et parfois y attirent les humains dans la mort. Le lac est un extraordinaire symbole de fascination et d'imaginaire, souvent morbide. La glaciation en durcit encore l'image. Nous découvrons un peu plus loin Lucifer, l'Ange déchu, campant ici le maître des Enfers, pris dans ces glaces.

Au chant XXXIV, dernier chant de l'Enfer, dans la 4e zone, "la Giudecca", où sont damnés les traîtres envers leurs bienfaiteurs, nous découvrons ce Lucifer, avec ses 3 faces, la noire figurant l'ignorance, la blanche l'impuissance et la rouge, la haine du bien et du vrai. C'est comme une inversion du sens des 3 parties de l'Œuvre alchimique, à l'image de l'ange rebelle, image inversée de la créature céleste !

Lucifer croque dans ses trois gueules Judas, Brutus et Cassius, trois traîtres célèbres à leurs bienfaiteurs respectifs : pour le premier Jésus, et pour les deux suivants, César, incarnations des deux pouvoirs. Dité, car c'est ainsi que Dante le dénomme, a tout le bas du corps immobilisé et ancré dans la glace pour sa damnation éternelle. Et, aux vers 121 à 123 de ce même chant, la Mer est évoquée comme le linceul d'une partie de la terre, effondrée par peur de l'ange déchu, au moment de sa chute. Cette image renvoie à la peur ancestrale, rattachée à l'élément marin :
Il fut, du ciel, craventé (*) sur ce bord ;
les terres qui premier s'y relevaient
par peur de lui prirent linceul en mer
[...]
(*) abattu et brisé.

L'Eau apparaît aussi dans son état de vapeur humide ou sèche. Sous la forme humide, nous la trouvons au chant XXXI (v.34 à 36), associée au brouillard et à l'orage. C'est dans ce chant qu'apparaissent les fameux géants, entre les deux derniers cercles de l'Enfer. Parmi eux, Nemrod est le descendant de Cham, le premier roi de Babylone et il passe pour être l'auteur du projet de la Tour de Babel. Nous y voyons aussi Ephialte, fils de Neptune, et Briarée, le plus monstrueux, avec ses 50 têtes vomissant du feu et ses 100 bras brandissant 50 épées et 50 boucliers. Briarée est *fils du Ciel et de la Terre*, hybride et rebelle aux Dieux. Antée, enfin, apparaît. C'est le seul des Géants qui ne se rebella pas contre les dieux. Il est, lui aussi, fils de Neptune et de la Terre (v.34 à 39). Dante écrit alors :

Comme un brouillard qui se va dissipant
laisse la vue peu à peu démêler
ce que cachait l'air bouché de vapeurs,
ainsi perçant l'épais orage et sombre
et plus et plus approchant vers la marge,
erreur fuit de mon âme, et peur y monte.

La claire conscience du Poète est donc ici le résultat de vapeurs qui se dissipent et d'un regard perçant l'orage *épais et sombre*, générateur de crainte, devant le spectacle de ces géants horribles. Le symbolisme de l'orage renvoie à la puissance des Ténèbres et les vapeurs humides aux mutations de l'eau sous l'emprise du feu. Nous avons là une atmosphère fantastique au premier degré, comme dans quelque film d'aventure, mais de vivants archétypes des peurs de l'âme, à un deuxième degré, sans doute.

La "vapeur sèche" intervient au chant XXIV de l'Enfer (v.145 à 147) à propos d'un épisode de conflit entre Guelfes blancs, noirs et Gibelins :

Mars tire une vapeur du val de Maigre :
troubles nuées la vont enveloppant ;
puis par tempête aigre et impétueuse,
fondra bataille aux vieux champs Picenois.

Selon la physique ancienne, cette vapeur de tempête est assimilée à la foudre et à l'éclair. Ici, elle désigne de manière allégorique Moroello Malaspina, capitaine des troupes Lucquoises et alliées aux Guelfes Noirs de Florence. Il livra une terrible bataille contre les Blancs, amenant la ruine de ce parti et l'exil du Poète. La vapeur sèche renvoie, ici, en fait, au symbolisme du feu destructeur, associé à Mars, symbole de la guerre.

Nous venons de citer quelques exemples de l'élément Eau en Enfer.
Mais cet élément est très présent au Purgatoire, avec notamment sa dimension d'élément "purificateur", mais pas seulement…
Au chant V du Purgatoire, ce ne sont pas moins de 6 tercets (v.107 à 129) que le Poète consacre à un véritable déchaînement de l'élément Eau, décrit par Bonconte da Montefeltro, capitaine des Gibelins d'Arezzo, contre les Florentins. Celui-ci fut tué à la bataille de Campaldino, sur les bords de l'Archiano, petit affluent torrentueux de l'Arno, dénommé par le Poète *le fleuve royal*.

Il dut sa montée au Purgatoire à un ange de Dieu - *l'ange de Dieu me prit* - et il raconte comment son corps détaché de son âme - *ma chair resta seule* - fut balloté dans les eaux…

Pluie, vent, brouillard, rivières et fleuves sont évoqués avec un très puissant lyrisme qui fait penser comme à une colère de la Nature qui s'acharne sur la partie matérielle du "héros". Rappelons que nous sommes dans la 2e assise de l'Antipurgatoire, où se repentent les négligents, disparus de mort violente et repentis in extremis.

Mais l'eau des fleuves peut jouer aussi un rôle bien plus bénéfique, celui de la purification. C'est ainsi que Mathilda, la belle dame mystérieuse du Paradis Terrestre, évoque les deux fleuves du Léthé, fleuve de l'oubli des mauvaises actions, et de l'Eunoé, fleuve de la mémoire des bonnes actions, dont les eaux, par le bain et la boisson, font œuvre de cette purification, à laquelle le Poète est soumis. Les deux fleuves ont une source commune, *une sûre et gaillarde fontaine* (chant XXVIII v.127 à 132) :

De ce côté son flot a la puissance
d'ôter du cœur mémoire du péché ;
de l'autre il rend du bien pleine mémoire.
Ce ruisseau à senestre a nom Léthé ;
l'autre Eunoé : mais leur onde est sans force
tant qu'on ne l'a goûtée ici et là ;…

Le Feu…

Le feu est omniprésent dans les trois mondes de la Divine Comédie, puisant à toutes les facettes de son symbolisme traditionnel : le feu divin, le feu des Anges et des Bienheureux, flammes ascendantes, feu étroitement associé à la Lumière qui irradie les corps et le "regard", mais aussi, bien sûr, le feu des supplices infligés aux damnés, qui tombe en pluie continue ou en flammèches qui *lèchent* le corps, le feu des vapeurs sèches, etc.

Au chant IX de l'Enfer, les Hérétiques sont couchés dans des tombes éternellement brûlantes ! (v.118 à 123) :

car entre eux unes flammes étaient éparses
de quoi si fort s'embrasait chaque marbre
que nulle art ne requiert un fer plus rouge.
Là étaient relevés tous les couvercles
et dehors en hissaient si dures plaintes
que bien semblaient de malheureux navrés. (*)
(*) blessés.

Au chant XII de l'Enfer, les violents contre leur prochain sont damnés en cuisant dans un fleuve de sang bouillant, dans lequel ils sont plongés, plus ou moins, selon le degré de leur culpabilité.

Les chants du monde infernal dans lesquels le Poète évoque ce "feu punitif" avec le plus d'insistance sont les chants XIV, XVI, XIX et XXV.

Dans la 3ᵉ fosse du 7ᵉ cercle, réservée aux violents contre Dieu, la lande est brûlée par une pluie de feu et un fleuve de sang écarte cette pluie (v.28 à 30 et 37 à 39) :
> *Sur les sablons, d'une lente tombée*
> *pleuvait le feu par flocons étalés*
> *comme neige en montagne un jour sans vent.*
> *[...]*
> *telle d'en haut fond l'éternelle ardeur,*
> *et le gravier s'éprend comme une étoupe*
> *sous le fusil, pour doubler la géhenne.* (*)

(*) Torture pour les réprouvés (voir la Bible)

Dans la 3ᵉ fosse de ce même 7ᵉ cercle, réservée aux violents contre la Nature et aux sodomites (chant XVI, v.10 à12) :
> *Las, quelles plaies je vis en tout leur corps,*
> *par la flamme embrasées, vieilles et neuves !*
> *Au seul penser encore en suis dolent.*

Au chant XIX (v.22 à 30), dans la 3ᵉ fosse du 8ᵉ cercle, dans laquelle sont damnés les Simoniaques, comprenant en particulier des Papes, plantés dans le sol, la tête en bas et le feu courant sur leurs pieds :
> *En l'air passaient fors de chaque embouchure*
> *les pieds nus d'un pécheur, voire les jambes*
> *jusqu'au gras ; le reste est pris dedans.*
> *A tous allaient flambant les deux semelles*
> *et ils croulaient si drûment leurs jointures*
> *qu'ils eussent trop cassé tortis et harts.* (*)

(*) tortis = lien d'osier tordu ; hart = corde, lien

La seule exception à ce symbolisme de supplice "purificateur" par le feu, en Enfer, est le "dôme de feu" qui, aux limbes, surplombe les grands poètes antiques, aux côtés de tous les justes qui ne connurent pas la Foi et sont donc dans ce vestibule de l'Enfer. Il s'agit d'un feu qui présuppose la victoire de la Foi, *un feu vainqueur* (chant IV, v.67 à 72) :
> *Peu de route avions fait depuis la passe*
> *du sommeil, quand je vis un feu vainqueur*
> *qui soulevait les ténèbres en voûte.*
> *Nous en étions encore loin assez,*
> *mais non tant qu'en partie on ne pût voir*
> *que révérendes gens tenaient ce lieu.*

Nous noterons cette image hautement symbolique du processus de "purification" qui soulève les ténèbres pour prendre la forme d'une voûte.

Celle-ci est le symbole du Ciel, par excellence, associée à la construction du "Temple". L'union du Ciel et de la Terre est signifiée par la jonction, dans le lieu sacré, entre la voûte et sa base carrée. Ces esprits qui ne connurent pas la Foi sont donc "couverts", au-dessus de leur tête, par cette voûte de feu, promesse d'accessibilité aux plans supérieurs, de part les vertus de leurs âmes...

La peine par le feu, terrible épreuve de purification, se retrouve aussi au Purgatoire... Sur la 7e corniche de la Montagne, au chant XXV, nous voyons les Luxurieux marchant dans le feu et chantant pour demander la clémence de Dieu. Le feu, pour eux, est aussi symbole de la passion coupable qu'ils eurent sur Terre et les conduisit en ce lieu.

Notons que Dante, Virgile et Stace, qui montent l'escalier conduisant à la dernière corniche, circulent l'un derrière l'autre au bord de la corniche, au-dessus du précipice, pour éviter de se brûler aux flammes. Détail hautement significatif : les flammes sont lancées *comme des flèches*, symbole de l'aiguillon, ou élevées vers le haut, symbole de l'élan spirituel, tandis que le feu *vomi* est bien sûr symbole du péché (chant XXV, v.109 à 117) :

Mais nous touchions aux dernières tortures,
et déjà nous avions pris à main destre,
d'un autre soin désormais empêchés.
Car la falaise ici vomit des flammes,
et la corniche y souffle amont un vent
qui les retord, mais tient libre une sente ;
nous devions donc suivre le bord déclos
par un et un ; peur me faisait le feu
de l'une part, et de l'autre la chute.

Entre le feu des passions coupables et le risque de la chute, les voyageurs, dirigés sur le chemin de leur évolution, ne dispose donc que d'un mince "sentier" !...

Toujours sur la 7e corniche, au chant XXVI (v.4 à 15), nous avons même une conjonction symbolique entre les rayons du Soleil et les flammes, laissant découvrir aux *ombres* du Purgatoire que le Poète, n'étant pas un corps "virtuel" laissant passer la lumière, est donc un "vivant".

le soleil me frappait la destre épaule :
jà ses rais au couchant surargentaient
la mer qui fut trestoute un champ d'azur.
Mon ombre s'allongeait, rendant plus rouge
la flamme ; et à ce signe, autant fût mince,
vis-je mainte ombre en chemin s'apenser.

Dans ce même chant, nous découvrons la très belle image de la substitution entre les âmes des Luxurieux (v.133 à 135) :

Puis, pour laisser je crois séante place
à un autre là près, il disparut
dans le feu, comme en l'eau poisson qui plonge.

La fonction de purification de ce feu est directement soulignée par le Poète au dernier vers de ce chant (v.148). Notons au passage, une nouvelle fois, une coïncidence numérologique : 148 se réduit une première fois au nombre 13, dont la signification kabbalistique, à travers la lettre Mem est la "gestation", le passage d'un état à l'autre et nous renvoie à l'arcane XIII du tarot, 13, passage obligé vers le 4, Matière à alchimiser !

> *"Poi s'ascose nel foco che li affina"*

Que nous pouvons traduire ainsi :
> *Puis il se cacha dans le feu qui les affine*

Certes, la purification ressemble bien à une opération d'affinage, au sens alchimique de ce terme !...

Toujours parmi les Luxurieux, sur la 7e corniche, Dante et ses accompagnateurs se trouvent face à l'ange de cette corniche, l'ange de la Chasteté, qui les oblige à traverser le mur de flammes. C'est la seule épreuve que subit à proprement parler Dante, au cœur de son voyage dans l'Autre Monde.

Les commentateurs y voient en général un aveu à peine dissimulé sur une période de sa propre existence, dissolue par réaction à la disparition de Béatrice. L'Ange parle (chant XXVII, v.10 à 12) :
> *Puis : "Nul ne va plus loin sans que le morde*
> *ici le feu : entrez-y, âmes saintes :*
> *et au chant qui en sort ne soyez sourdes ;..."*

Ce chant est le *"Venite, benedicti Patris mei !" (Matthieu XXV,34)*, cité par le Poète un peu plus loin, après le passage du mur de flammes. Le Christ s'adresse aux élus, lors du Jugement Dernier : *Venez, les bénis de mon Père, recevez en héritage le Royaume qui vous a été préparé depuis la fondation du monde.*

Virgile encourage ensuite Dante à vaincre ses appréhensions et à s'exécuter (v.25 à 27 et 31 à 36) :
> *Tiens pour certain que si tu demeurasses*
> *au lit de ce brasier cent mille années,*
> *il ne saurait d'un poil te faire chauve.*
> *[...]*
> *Quitte ormais toute crainte, ici regarde,*
> *viens avec moi, entre bien assuré !*
> *Et moi de pierre, encontre conscience.*

Dante ne bouge pas, malgré sa conscience qui l'encourage à écouter Virgile. Celui-ci insiste :
> *Quand il me vit de pied ferme, aduré :*
> *"Or vois", dit-il, un petit se fâchant,*
> *"entre Biétris et toi n'a que ce mur."*

Le Poète finit par passer, triplement encouragé par l'encadrement de ses accompagnateurs, le chant et l'image promise du regard de Béatrice !...

L'épreuve est puissante (v.49 à 51) :
> *Dès l'entrée, en un flot de bouillant verre*
> *j'aurais sauté me cuidant (*) rafraîchir,*
> *tant le brûlis était là sans mesure.*
> (*) me croyant

Mais le *doux père,* Virgile, encourage toujours, évoquant les yeux de Béatrice dont le regard joue, tout au long de la Divine Comédie, le rôle d'aiguillon, d'énergie céleste communiquée, et aussi de vecteur de conscience purifiée et avivée chez le Poète.

La Lumière de ce regard, si souvent évoquée, est à l'image du "feu divin", source première de métanoïa pour l'aspirant sur la voie...

> *Mais pour me conforter mon beau doux père*
> *allait contant sans cesse de Biétris,*
> *et disait : "Voir ses yeux déjà me semble."*
> (v.52 à 54)

Au chant XVIII (v.28 à 33), le Poète fait un rapprochement saisissant entre le Feu et l'Âme, qui renvoie à tout le symbolisme hermétique, rattaché au rapport entre la Matière et l'Esprit. Nous en avons un écho aussi au chant I du Paradis (v.109 à 120) :

Au Purgatoire...
> *Puis, tel feu qui vers le haut s'élance*
> *par la forme où il naît, et qui l'ordonne*
> *à monter là où dure sa matière,*
> *telle aussi l'âme éprise entre en désir*
> *c'est mouvement d'esprit - et n'a de cesse*
> *qu'elle n'ait pu jouir de ce qu'elle aime.*

Au Paradis...
> *Or tous êtres créés, dedans cet ordre,*
> *sont par nature enclins à telle ou telle*
> *sorte de bien, plus ou moins proche à Dieu ;*
> *donc par la large mer de l'être, ils nagent*
> *à divers ports, selon l'instinct donné*
> *qui chacun d'eux porte vers son principe.*
> *Instinct jette le feu contre la lune,*
> *instinct remeut cœurs et sens animaux,*
> *instinct en une masse étreint la terre ;*
> *cet arc n'élance pas la seule foule*
> *des créatures hors d'intelligence,*
> *mais chaque être où sagesse et amour veillent.*

Au Paradis, le feu, attaché, de manière "consubstantielle", au concept de Lumière, prend la forme de **l'éclair**, symbole d'Illumination, de **la Roue**, symbole du Destin et de **la Croix**, symbole du triomphe du Christ. Parmi les plus belles évocations, nous avons la fameuse *croix de feu*, au ciel de Mars, où siègent les Chevaliers du Christ. Dans cette croix "grecque", dont les branches se croisent en un mouvement rapide, le Poète voit, *brillant dans un éclair*, l'image du Christ (Chant XIV, v.91 à 96) :

> *L'ardeur du sacrifice en ma poitrine*
> *était brûlante encor, quand je connus*
> *prise en faveur mon offrande, et bénie :*
> *car en deux rais croisés mille splendeurs*
> *brasillaient, tant pourprées que je m'écrie :*
> *"O Elios adoubant ton barnage !"* (*)

Le Dieu Solaire adoube ses "barons" (*), ses chevaliers et un peu plus loin (v.103 à 108) :

> *A la mémoire ici mon vers succombe :*
> *en cette croix, tant resplendissait Christ*
> *que je ne sais trouver dignes images ;*

> *mais qui saisit sa croix pour suivre Christ*
> *excusera mon manque, si je vis*
> *parmi ces clartés d'aube ardre le Christ.*

"vedendo in quell'albor balenar Cristo." Ce dernier vers évoque l'image la plus pure du "Christ triomphant", paré de ses attributs divins, selon la Tradition Hermétique : il EST Lumière, *l'albor*, et jette des éclairs, *"balenar"*...

Les 3 couronnes des Bienheureux, que le Poète contemple aux chants X, XII et XIV, sont elles aussi présentées comme des "lumières flamboyantes", dont l'éclat est même difficilement soutenable par le regard d'un simple mortel comme Dante !...

L'Air...

C'est un élément présent, presqu'essentiellement, sous la forme du *vent* et du *souffle*, symboles de l'intervention des forces du mal, au négatif, et, au contraire, instruments de la Puissance de Dieu, au positif, porteurs de messages comme les anges. **Selon la Grande Tradition, le vent "vivifie", "châtie" ou "enseigne".**

L'Air est relativement peu évoqué en Enfer, et pour cause !...
Cependant, au chant IX (v.64 à 72), parmi les Hérétiques, le *vent enragé* de la tempête souffle :
> *Déjà venait, dessus les troubles ondes,*
> *son et fracas plein de haute épouvante,*
> *de quoi tremblaient à la fois les deux rives ;*
> *il semblait fait en nature de vent*
> *qui enragé des ardeurs ennemies*
> *frappe monts et forêts, et sans nul frein*
> *arrache, écroule et jette au ciel les branches :*
> *poudreux s'en va tout droit devant, superbe,*
> *et fait bergers enfuir, et bêtes fauves.*

Au chant XXXIII de l'Enfer, le Poète ressent un souffle qui provient, comme il l'apprendra un peu plus loin (chant XXXIV), de la Giudecca, lieu des traîtres envers leurs bienfaiteurs, où se trouve Lucifer, *fiché* dans les glaces éternelles (v.100 à 103) :
> *Or, bien que la froidure eût de ma face*
> *tout sentiment chassé depuis des heures*
> *ainsi que d'une paume au cuir calleux,*
> *jà me semblait sentir ne sais quel souffle ;...*

Et le sang de Dante se glace à la découverte de la Giudecca et de ses morts enfouis sous la glace, tout autour de Lucifer.

Puis les voyageurs, *en quête du clair monde* sortiront de ce *centre de la terre* pour remonter à l'air libre.

Au chant XXI du Purgatoire, sur la 5ᵉ corniche de la Montagne, là où se purifient les Avares et les Prodigues, *le vent qui se cache dans la terre*, cause de tremblements de terre, se manifeste.

Au premier degré, ceci renvoie aux théories d'Aristote qui relient la formation des vents aux vapeurs sèches, comme le soulignent les commentaires habituels Mais nous pouvons aussi y voir, au deuxième degré, une allusion à la participation du vent aux forces chthoniennes. Que le lecteur en juge, à l'énoncé du phénomène (v.52 à 60) :

Sèche vapeur plus avant ne se lève
 qu'au som (*) des trois degrés que je disais,
 où tient ses pieds le vicaire de Pierre. (**)
Plus bas, certes, l'assise ou peu ou prou
 peut trembler ; mais par vents cachés en terre
 onques - je ne sais comme - ici ne tremble.
Trembloi y naît, quand se sent assez pure
 une âme pour ressourdre et prendre cours
 jusqu'à la cîme ; et tel cri l'accompagne.

(*) sommet
(**) Il s'agit de l'ange gardien de la porte du Purgatoire.

Au chant VIII du Paradis, au ciel de Vénus, celui des esprits aimants, les évolutions des esprits bienheureux donnent lieu à une comparaison éloquente avec les manifestations naturelles et avec le vent en particulier (v.22 à 27) :

D'une froide nuée jamais ne tombent
 vents d'orage ou éclairs tant ravineux,
 qu'ils ne parussent lents et empêchés
à qui eût vu ces lumières divines
 vers nous voler, abandonnant les rondes
 jà commencées parmi les Séraphins.

La Terre ...

L'élément "terre" est la "materia prima" qui donne la forme. Cela relève de la plus ancienne Tradition. Platon écrivait que la femme imite la terre dans la grossesse et l'enfantement.

Dans la Genèse (III,19), Yahvé déclare à Adam : *À la sueur de ton visage tu mangeras ton pain, jusqu'à ce que tu retournes au sol, puisque tu en fus tiré. Car tu es glaise et tu retourneras à la glaise.* La forme matérielle, cette "glaise", est cette forme que l'Esprit revêt pour se manifester sur le plan terrestre et qu'il abandonne au terme de son incarnation.

L'élément terre est attaché à l'image de la matrice, lieu de coagulation et de concrétisation, pour reprendre une terminologie kabbalistique. La Terre, avec un grand "T", par extension, est le théâtre des conflits de conscience en l'être. Elle s'oppose symboliquement au Ciel, rattaché au principe masculin, actif, de la manifestation.

La Terre est assimilée à la part d'ombre de la Créature et le Ciel à sa part de Lumière.

Traitant donc de la Matière, Dante traite de l'élément "terre" et cela de manière particulièrement développée dans les chants du Paradis. Pas moins de 7 chants abordent directement le thème de la Matière, dans ses rapports avec la Création et le Divin. Notons que le Poète en parle beaucoup dans le cadre du "Convivio" et dans sa "Questio di Terra et di Aqua", que nous présentons, par ailleurs, avec notamment les références antiques aux ciels correspondants à chaque élément.

Au chant I du Paradis (v.127 à 137), Béatrice, évoquant, selon une très forte image symbolique, *l'instinct qui jette le feu contre la lune*, explique à Dante l'ordre de l'Univers et parle en ces termes des égarements de la *Créature* :
Certes souvent l'ouvrage façonné
s'accorde mal à ce qu'entend le fèvre (*)
quand la matière à lui répondre est sourde.
Ainsi du cours souhaité se détourne
parfois la créature, ayant pouvoir
de s'égarer, tant droit soit-elle mue ;
et comme l'on peut voir d'une nuée
tomber le feu, ainsi à bas trébuche
le prime élan tordu à faux plaisir.
(*) l'artisan qui façonne.

Au chant II (v.40 à 42), Dante évoque notre nature habitée d'essence divine, ou, autrement dit, Matière et Esprit, fusionnés par le Créateur :
cela devrait en nous désir accroître
de voir enfin cette essence où l'on voit
comme à Dieu s'est unie notre nature.

Au chant VII (v.130 à 138), Béatrice, évoquant l'opposition, déjà décrite plus haut, entre les créations directes de Dieu, incorruptibles, et les créations soumises à des causes secondaires - influence des astres - et corruptibles, fait référence aux "quatre éléments" de la Matière :
Les anges, frère, et ces royaumes purs
èsquels tu es, on les peut certes dire
créés, tels qu'ils sont là, dans tout leur être ;
mais les quatre éléments que tu nommais,
et toute chose en iceux façonnée,
de puissances créées tiennent leur forme.
Toute créée fut d'abord leur matière ;
et fut créée la vertu informante
en ces tournois d'étoiles autour d'eux.

Au chant VIII (v.127 à 129), la haute figure de Charles Martel, parlant de l'influence des sphères célestes et des astres sur les dispositions personnelles de l'homme, souligne un élément de conception hermétique et traditionnelle fondamental sur l'influence des astres. Ceux-ci influencent la nature humaine indépendamment de toute considération de famille ou de pays d'origine. L'astrologie traditionnelle est "universaliste" par définition.

> *Bien fait son art la tournante nature* (*)
> *quand son sceau marque une cire mortelle ;*
> *mais ne regarde à tel ou tel foyer.*

(*) allusion aux sphères célestes, dans lesquelles les planètes traditionnelles exercent leur maîtrise. La *"cera mortal"*, la *cire mortelle* désigne admirablement bien l'archétype de la Matière, façonnable et façonnée !...

Au chant XIII (v.61 à 79), l'âme de Saint Thomas d'Aquin évoque la Lumière Divine et l'imperfection des créations "contingentes". Les rayons de cette Lumière déclinent et *ne font plus que contingences brèves*, soit des *choses engendrées* qui naissent *avec ou sans semence*, car *la cire ouvrée et le pouce qui œuvre ne sont constants*.

Conséquence (v.67 à 69) :
> *Ainsi advient que plants de même espèce*
> *en un verger aient fruits meilleurs ou pires ;*
> *et vous naissez doués d'esprits divers.*

Ainsi en va-t-il de l'Œuvre. La main de la nature peut "trembler" et l'amour divin rencontrer l'obstacle de la Matière, énonce le "Docteur angélique"...

Au chant XVII (v.37 à 42), Cacciaguida, ce *paternel amour*, répond aux questions que Dante pose sur son propre destin :
> *Le futur contingent, qui point ne joue*
> *hors du livre où matière écrit vos choses,*
> *est peint trestout dans l'éternelle vue ;*
> *mais il n'en reçoit point nécessité,*
> *non plus qu'en l'œil dont elle est remirée*
> *nef qui descend le cours d'un rude fleuve.*

Ainsi le "contingent", attaché à la liberté de l'Homme, au plan matériel et terrestre, est-il inscrit dans la Providence Divine, *l'éternelle vue*. C'est dans le monde spirituel, uniquement, que tout s'inscrit dans la nécessité.

"il cospetto etterno", c'est non seulement la "Providence", mais la "Présence", au sens fort de ce terme, de Dieu. Notons la reprise par Dante d'une image comparative qui appartient à toute la Tradition : le bateau qui descend le courant du *rude fleuve*, donnant une idée du rapport établi entre la prescience divine et et la liberté humaine.

Au chant XXIX (v.22 à 24), Béatrice évoque la Création, dans laquelle Forme et Matière, unies ou séparées, peuvent se présenter de trois manières : forme pure, matière pure et matière unie à la forme. Elles donnent naissance à trois sortes d'êtres, dont chacun est *intégral et complet* dans son genre.

La Forme pure est la *nature angélique*, la Matière pure est la *nature corporelle*, la Forme et la Matière unies constituent la *nature humaine* :
> *Forme et matière en pures ou conjointes,*
> *jaillirent nées d'un être sans faillie,*
> *comme d'arc à trois nerfs saillent trois flèches.*

Ici encore, le choix de la comparaison à l'arc n'a rien de fortuit, si nous considérons son symbolisme traditionnel. L'arc renvoie à l'ordre ternaire :

l'arc, les nerfs et les flèches, et il symbolise aussi, dans la perspective Hermétique Chrétienne, le Destin, manifestant la Volonté Divine. Et il est attribué par les Anciens aux détenteurs de pouvoirs divins. Homère évoque l'archer d'Apollon qui fait "trembler" tous les dieux de l'Olympe !…

Au même chant XXIX (v.31 à 36), Béatrice, toujours dans son évocation de la Création, dit que "la matière première", la *pure puissance,* peut être ceci ou cela, et n'a pas d'existence réelle, tant qu'elle n'a pas abouti à *l'acte.*

Elle est au plus bas degré de la Création, passive, soumise aux influences.

Nous avons déjà montré par ailleurs que les 3 niveaux de la Création décrits ici renvoie aux 3 triades de l'Arbre de Vie, dans le processus de Création, auquel Dante paraît implicitement se référer ici :

Un ordre et fondement à ces substances
fut concréé : celles-là en qui règne
acte pur, dans le monde ont plus haute aire ;
pure puissance eut le plus bas parage ;
au mi-degré sont enserrés, d'un nœud
qui onc ne rompt, puissance et acte unis.

Materia Prima et Alchimie

Nous le voyons bien, la conception de Dante, concernant la Matière, "Materia Prima" des Alchimistes, et, à travers elle, le processus de la Création, puise tout à la fois, à la pensée des Pères de l'Église, et notamment Saint Thomas d'Aquin, et aussi, de manière implicite, à d'autres traditions comme celles de l'Hermétisme Chrétien et de la Kabbale. Dans la mesure où **la perspective de l'Alchimie Spirituelle est également sous-jacente, liée elle-même à l'Alchimie "opérative" et matérielle,** nous pouvons découvrir des "phases du Grand Œuvre", balisées par des opérations d'élément à élément. Serge Hutin nous fournit de ces dernières un schéma dynamique simple :

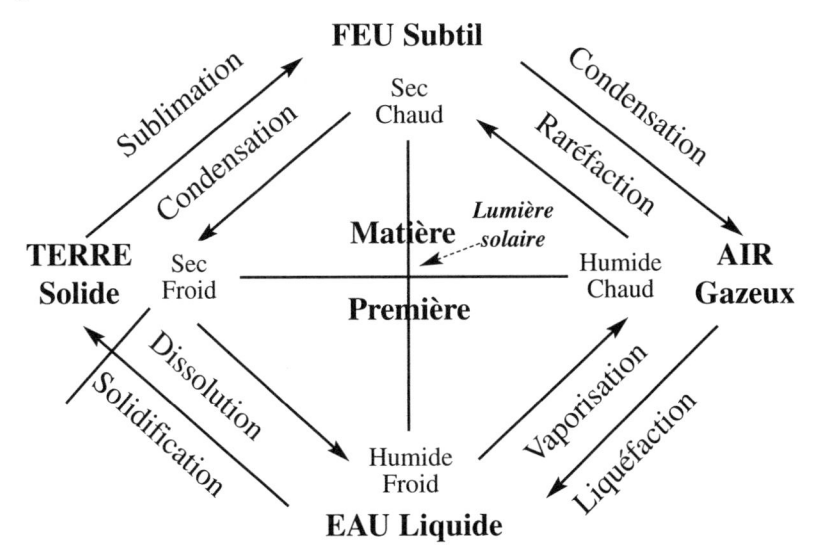

Le schéma des opérations, présenté ci-dessus, se réfère au "Cycle de Platon", qui manifeste un échange périodique continu entre les éléments.

L'auteur cite aussi un texte éloquent de Berthelot (in Origines de l'Alchimie p. 253) : *Les quatre éléments répondent, en effet, aux apparences et aux états généraux de la matière. La Terre est le symbole et le support de l'état solide. L'Eau est le symbole et le support de la liquidité. L'Air est le symbole et le support de la volatilité. Le Feu, plus subtil encore, répond à la fois à la notion substantielle du fluide éthéré, support symbolique de la lumière, de la chaleur, de l'électricité et à la notion phénoménale du mouvement des dernières particules des corps.*

Serge Hutin (1) rappelle aussi que les Alchimistes, quant à eux, établissent les rapports suivants entre les 4 éléments et la classification des 3 principes du Soufre, du Sel et du Mercure :

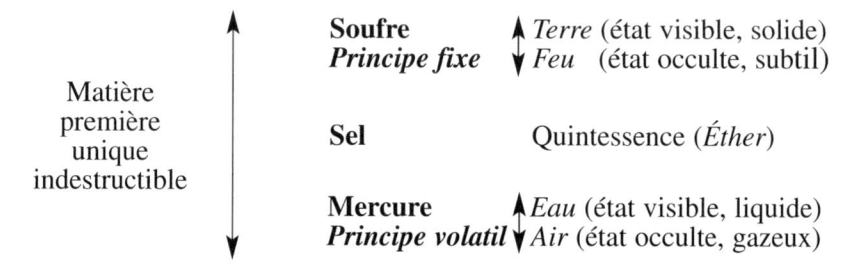

Matière première unique indestructible	**Soufre** *Principe fixe*	↑ *Terre* (état visible, solide) ↓ *Feu* (état occulte, subtil)
	Sel	Quintessence (*Éther*)
	Mercure *Principe volatil*	↑ *Eau* (état visible, liquide) ↓ *Air* (état occulte, gazeux)

Rappelons que la Quintessence, le 5e élément des Alchimistes est une *sorte de médiateur entre les corps et la force vivifiante dont ils sont pénétrés*, selon l'expression de l'auteur.

Nous avons vu, par les quelques exemples pris ci-dessus, que ces mutations d'élément à élément - conçus comme des modalités de la Matière et non des réalités en soi - sont évoquées par Dante : *vapeurs humides, vapeurs sèches,* pluie d'eau et pluie de feu, givre, neige, lac glacé, désert, etc.

Jacques Breyer, auteur de l'ouvrage "Dante Alchimiste" (2), auquel nous nous référons principalement pour cette clé très spécifique d'interprétation de la Divine Comédie, a développé, dans le détail, ces rapprochements entre les tercets du Poète et le rôle des éléments et de leurs mutations, en correspondance avec les 3 principes du Soufre, du Sel et du Mercure, et en suivant les différentes phases du Grand Œuvre.

Dans le chapitre suivant, nous retenons de cet auteur, principalement, la structure générale des opérations, envisagées sur le plan physique-matériel de l'Œuvre. D'autres réflexions nous ont amené à jumeler à cette perspective d'autres aspects relevant de l'Alchimie Mystique, de "l'Art Royal" et de "l'Ars Magna"…

---

(1) *L'Alchimie* par Serge Hutin, Éditions P.U.F., coll. Que sais-je ?
(2) *Dante Alchimiste, interprétation alchimique de la Divine Comédie*, par Jacques Breyer, Éditions du Vieux Colombier, Paris 1957.

CHAPITRE VI

Sous le voile des vers étranges, ou...
l'Alchimie Opérative
de la "Divine Comédie"

> "O voi ch'avete li 'ntelleti sani,
>   mirate la dottrina che s'asconde
>   sotto 'l velame de li versi strani."
> Oh vous qui avez les esprits sains,
>   visez la doctrine qui se cache
>   sous le voile des vers étranges.
> ENFER, chant IX, v.61 à 63.

En réalité, l'Enfer des Philosophes n'est autre que le monde intérieur que nous portons en nous. C'est l'intérieur de la terre, auquel se rapporte le précepte alchimique : **V**isita **I**nteriora **T**errae, **R**ectificando **I**nvenies **O**ccultum **L**apidem, phrase dont les mots ont pour initiales les sept lettres de Vitriol. Cette substance devait engager l'Hermétiste à visiter son propre intérieur, afin d'y découvrir, en rectifiant, la Pierre cachée des Sages.

Celui qui est descendu aux enfers obtiendra d'escalader le ciel ; au sortir de soi, il se distendra jusqu'à la contemplation du Tout extérieur...

OSWALD WIRTH, *Les Mystères de l'Art Royal*
Éditions Émile Nourry, 1932, (p. 86 et 95)

Un homme qui, en renonçant à toute sensualité et en obéissant aveuglément à la volonté de Dieu, est parvenu à participer à l'action qu'exercent les intelligences célestes, possède par cela même la Pierre Philosophale...

PARACELSE, Archidoxe

Le "Mercure des philosophes", c'est à la fois le principe de la vie universelle de la Nature, et celui de la rédemption par l'ascèse.

SERGE HUTIN, *L'Alchimie*, Que sais-je ?, 1991

Globalement évoquée jusqu'ici, à plusieurs reprises, l'Alchimie Spirituelle est une clé majeure d'interprétation de la Divine Comédie. Elle est en effet étroitement associée à la perspective de l'Hermétisme Chrétien dans laquelle nous nous plaçons en priorité.

Nous avons suivi, sur les pas de Dante et de ses trois guides et maîtres spirituels, successivement Virgile, Béatrice et Saint Bernard, la transmutation intérieure de l'être, au contact des réalités divines et, au Paradis, nous avons suivi le cheminement de la remontée de l'Arbre de Vie… Il convient, ici, abordant l'Alchimie "opérative", de préciser les diverses définitions d'un "art" qui en fin de compte, tend à une seule et même réalité.

Alchimie Spirituelle,
    Mystique,
        Physique,
            "Ars Magna",
                "Art Royal",…

Tout, selon l'Hermétisme, écrit Oswald Wirth (1), *se compose de Soufre, Mercure et Sel, mais ces trois principes font allusion :*
1° A l'énergie expansive inhérente à toute individualité ;
2° A cette même énergie provenant des influences ambiantes qui se concentrent sur l'individualité.
3° A la sphère d'équilibre résultant de la neutralisation de l'action sulfureuse centrifuge et de la réaction mercurielle centripète pénétrante et compressive.

Et l'auteur décrit par ailleurs les diverses épreuves qui jalonnent le processus de "transmutation" : épreuve de la **Terre**, qui amène le *Feu vital* à *s'éteindre et couver sous les cendres salines,* quand le Soufre *brûle dans une enveloppe de Sel devenue impénétrable à l'air,* alors que c'est celui-ci qui entretient précisément ce Feu ; épreuve de **l'Air**, *celui qui est descendu aux enfers obtiendra d'escalader le ciel ; au sortir de soi, il se distendra jusqu'à la contemplation du Tout extérieur, mais le vertige* **l'Eau**, *qui contraint le myste à nager en résistant au courant du fleuve,* qui lave l'âme de toute souillure et rend l'être inaccessible à toute vanité ; épreuve, enfin, du **Feu**, qui le purifie totalement, car *le Feu spirituel qui le pénétrera détruira en lui tous les germes de mesquinerie et d'infériorité.*

Résultat final : *le voici régénéré intégralement, au sens rosicrucien :* **I**gne **N**atura **R**enovatur **I**ntegra. *Ayant été purifié par la Terre, l'Air et l'Eau, le myste est rénové par le Feu.*

C'est "le baptême du Saint-Esprit".

Une telle description mêle, en réalité, étroitement une double opération : spirituelle et physique.

---

(1) *Les Mystères de l'Art Royal* par Oswald Wirth, Éditions Émile Nourry, 1932.

Il serait vain de vouloir séparer Grand Œuvre Physique et Grand Œuvre Mystique ou Spirituel.

Serge Hutin (1) rapporte, fort à propos, ce constat de René Guénon : *le processus initiatique et le "Grand Œuvre" hermétique ne sont en réalité qu'une seule et même chose : la conquête de la lumière divine qui est l'unique essence de toute spiritualité.* Et Serge Hutin ajoute que *les phases du Grand Œuvre correspondent d'ailleurs strictement à celles de l'initiation. Trouver la pierre philosophale, c'est avoir résolu le problème fondamental, avoir trouvé le secret de la Nature, grâce à une connaissance parfaite acquise par illumination.*

"L'Ars Magna", apparu au XIVe siècle, va plus loin encore et a donné naissance à de *véritables grimoires inextricables*, comme le constate Serge Hutin. L'auteur écrit encore : *Le Grand Œuvre, c'est l'union en Dieu par l'extase ; mais, c'est aussi la libération physique, la délivrance des forces aveugles du destin, la transmutation de l'être de l'illusoire au réel, et l'accès à l'immortalité.* En fait, c'est à cette Alchimie-là, en dépit de l'aridité de ses expressions écrites et de ses secrets plus ou moins révélés, que se réfère, à notre avis, la propre démarche de Dante.

Hartmann écrit que *Dans son aspect le plus élevé, l'alchimie s'occupe de la régénération spirituelle de l'homme, et enseigne comment, d'un être humain, on peut faire un Dieu ; ou, pour parler plus correctement, comment il faut établir les conditions nécessaires pour développer chez l'homme les pouvoirs divins.*

Et ces *pouvoirs divins* concernent, dans une perspective Hermétique Chrétienne, l'harmonisation fondamentale, à laquelle nous sommes tous appelés, entre Matière et Esprit, grâce à la force d'Amour et à l'énergie irradiante de la Lumière Divine.

Ascèse, délivrance, harmonisation entre Matière et Esprit, régénération, extase, union à Dieu, queste de l'Immortalité, c'est ce que, pas à pas le voyage de la Divine Comédie illustre, mêlant, étroitement, l'Œuvre Mystique et l'Œuvre Physique.

L'Adepte avec un Grand "A"…

Serge Hutin, dans le même ouvrage, précédemment cité, rappelle les trois définitions de l'adepte : l'homme en recherche alchimique, les adeptes, qui sont de vrais alchimistes, par opposition aux simples empiriques ou "souffleurs", et l'Adepte avec une majuscule ! Ce dernier est, je cite, *l'alchimiste qui a découvert la Pierre philosophale : c'est le "grand initié", le Rose-Croix au sens fort du terme.* Au risque de faire grincer certaines dents, nous désignons volontiers, ainsi, le Poète qui aimait tant les "étoiles", qu'à chaque grande étape de son périple dans l'Autre Monde, il les invoque… Or, écrit Oswald Wirth : *La discrète lumière qui tombe des étoiles, n'éblouit ni ne trompe personne. Elle s'adresse au sage qui sait écouter en lui la voix du Silence, de cette Sigé dont les Gnostiques firent l'épouse de l'infini divin, source de perceptions incommunicables.*

---

(1) *L'Alchimie* par Serge Hutin, Éditions P.U.F., coll. Que sais-je ?, 1991.

Il y a sûrement là une explication pour les fameuses tournures énigmatiques du merveilleux Poème !...

L'Alchimie Opérative...

Quand nous titrons "Alchimie Opérative", nous voulons, par cette expression, désigner précisément une alchimie engagée, et non purement spéculative, une alchimie qui, effectivement, à travers les péripéties du voyage dans les trois mondes et tous les hauts faits et actions rapportés par le Poète, à travers aussi les symboles des Personnages et le jeu des éléments et des sites, mêle les diverses "opérations" physiques et leur portée sur le plan spirituel.

Cette Alchimie de la Divine Comédie est également "Opérative", dans la mesure où la force poétique, liée à la rigueur du processus cognitif, mobilise, chez nous aussi, lecteurs, non seulement l'intellect mais l'Âme, le Cœur et, d'une certaine manière, à travers certaines sensations, notre Corps !...

Durante, "Pierre Solide"...

Dans ce domaine d'interprétation, une référence de base est l'étude de Jacques BREYER, intitulée "Dante Alchimiste - interprétation alchimique de la Divine Comédie". Mais elle n'est pas la seule et nous avons mené une recherche de confrontation de différentes sources. Citons, entre autres références, un auteur aussi important qu'Eugène Canseliet. Par ailleurs, sans avoir directement mené d'études, concernant Dante, Serge Hutin, déjà nommé, et André Savouret nous apportent des références fort utiles.

Eugène Canseliet (1), précisément, commence par le commencement pour évoquer la parenté de Dante avec l'Alchimie : le sens de son prénom. Le sens de DURANTE, le vrai prénom de Dante, qui n'est qu'un diminutif, dans le dictionnaire italien de Giovanni Mistica est le suivant : *Signifie, proprement, se maintenir dur, résister avec dureté à l'action des agents extérieurs, donc continuer à être, à agir, à marcher.* Paul Alexis Ladame, dans sa récente biographie de Dante, attribue au père du Poète le choix de ce prénom et se réfère à un proverbe latin : "Vita durante […]". Qu'il soit heureux sa vie durant !...

Attacher de l'importance au poids d'un nom ou d'un prénom, constitue bien les prémices d'une attitude d'inspiration hermétique L'être s'insère dans son nom et dans son prénom au cours de sa vie comme dans un "moule" qui lui a été donné.

Nous pouvons approfondir, le sens, là encore grâce aux nombres sacrés, en se référant aux principes d'analyse de valeur numérique telle que la tradition de l'Hermétisme chrétien l'a transmise et que nous pouvons nuancer par rapport à ce qui a été déjà présenté plus haut. Rappelons qu'en nous référant aux principes d'analyse de correspondances numérologiques des lettres,

----
(1) *Repères Alchimiques chez Dante Alighieri* par Eugène Canseliet, Revue ATLANTIS n° 228, publié à l'occasion du 700e anniversaire de sa naissance en 1965.

tels que l'Hermétisme Chrétien et la Kabbale Hébraïque nous les ont transmis, nous avons pu approfondir, dans notre chapitre consacré à la Destinée du Poète, le sens symbolique de ce prénom :
D U R AN T E
4+3+9+1+5+2+5 = 29 = 11 = 2

Nous avons là le symbole d'une lutte intérieure de l'être contre les forces antagonistes (2, au négatif) et la grande force d'Amour qui permet d'en triompher (2, au positif). Or Destinée et Œuvre du Poète sont largement axées sur cette grande question… Les réductions intermédiaires nous permettent de nuancer. Dante dispose d'une force intérieure (11). Certains Kabbalistes n'hésitent pas, s'agissant du nombre 11 à écrire : *11, c'est la somme des 10 sephiroth + l'ineffable ou hormis l'ineffable !*...

Plus sûrement, en suivant les définitions de Virya, déjà cité (1), nous avons la 11e lettre de l'alphabet hébraïque, qui est KAPH. Comme nous l'avons précédemment évoqué, elle correspond à la force divine dominant l'être matériel et au pouvoir d'assimiler les forces de la nature, sans être ébranlé. La valeur numérique 20 de cette lettre est le symbole de l'Initiation Supérieure. C'est aussi le réceptacle suffisamment solide pour recevoir une substance précieuse.

Nous sommes là aux portes du Grand Œuvre. Entrons…

"Le voile des vers étranges" et le nombre 9…

Dante nous invite à entrer par sa fameuse apostrophe, déjà citée plus haut :
> *Oh vous qui avez les esprits sains,*
> *visez la doctrine qui se cache*
> *sous le voile des vers étranges.*

Cette apostrophe du Poète intervient au chant IX (v.61 à 63) de l'Enfer…

Nous savons à présent que rien n'est dû au hasard dans la composition du Poème de la Divine Comédie pétrie dans les arcanes de la Numérologie la plus Sacrée. Nous avons déjà, à plusieurs reprises, évoqué tout l'attachement de Dante à ce nombre 9, qu'il associe naturellement à Béatrice dont le prénom donne précisément, nous l'avons vu par ailleurs, cette valeur, en réduction théosophique. Ici, le nombre 9 entre en résonance avec la contenu du chant, de manière saisissante !...

Dans ce chant le Poète et son guide Virgile se trouvent confrontés au mur infranchissable de la ville infernale de Dité et aux trois *Furies d'Enfer*, comme les appelle le Poète. Celui-ci en éprouve *grande frayeur*. Les *Erinnyes féroces* sont les ministres de la vengeance céleste, selon la Mythologie Grecque. Elles poursuivent, entre autres, Oreste, parricide de sa mère Clytemnestre et vengeur de son père Agamemnon. Plus généralement, elles châtient les crimes et plus particulièrement la démesure, l'homicide et les crimes contre la famille ou contre l'ordre social.

---

(1) *Lumières sur la kabbale - manuel initiatique* par Virya, Éditions Jeanne Laffitte, 1989.

Elles ont pour noms : Mégère, Tisiphone et Alecto.

Sur un plan plus ésotérique, elles incarnent, en fait, la conscience et, quand l'Homme les intériorise, la culpabilité et l'autodestruction, pour qui s'abandonne à ce sentiment.

Dans le Poème, elles appellent en renfort la gorgone Méduse. Rappelons le symbolisme des "Gorgones", qui changent en pierre quiconque les fixe du regard : chevelure de serpents en colère, dents de sangliers saillant de la bouche, ailes d'or et mains de bronze. Autrement dit ce sont des monstres qui cumulent les indices de la perversion. Elles incarnent, en effet, l'ennemi à combattre en soi, tout ce qui déforme notre psyché, par perversion des 3 pulsions instinctuelles : sociabilité (Sthéno), sexualité (Euryale) et spiritualité (Méduse)... Et la "pétrification" est comme le reflet de notre culpabilité !

Or c'est Méduse qui est appelé par les Erynnies et peut menacer Dante.

C'est elle qui incarne la pulsion spirituelle et évolutive, mais pervertie en stagnation vaniteuse. Or cette pulsion hante littéralement la conscience du Poète. Nous ne pouvons combattre la culpabilité, issue de l'exaltation vaniteuse des désirs, qu'en nous efforçant de réaliser la juste mesure et l'Harmonie.

C'est ce que symbolise, lorsque les Gorgones ou les Erynnies poursuivent quelqu'un, l'entrée dans le temple d'Apollon, dieu de l'harmonie, comme dans un refuge (1).

Ainsi, ni Dante, en raison de son état de conscience, ni Virgile, au plan de la Raison Humaine, ne peuvent franchir le mur de Dité, sans le secours d'un messager du Ciel, qui, *marchant de son pas, rez les eaux, à pied sec, passait le Styx* et qui, *d'un coup de vergette à deux battants l'ouvrit* (la porte) *sans retenance*. C'est alors que Dante et son guide peuvent pénétrer dans la ville de Dité et avoir le contact avec les damnés qui y sont emprisonnés. Cette expérience est indispensable au salut du Poète...

Revenons, à présent, au nombre 9.

Celui-ci incarne un cycle complet d'évolution - les 9 premières lettres de l'alphabet Hébraïque - et une ouverture à un autre plan d'évolution.

L'Hermite, l'arcane du tarot, qui lui est associé, montre bien que le retour sur soi, l'orientation attentive de sa conscience sur son intériorité, pour accéder à la Transcendance, est indispensable. L'Ego doit se débarrasser de toutes ses valeurs "mondaines" et de tous ses attachements.

Ce chant 9 se situe à la limite entre le 5e et le 6e cercle de l'Enfer.

Franchir la porte de Dité, c'est pour le Poète descendre vers des expériences de damnés et des épreuves plus intenses, dans lesquels l'Ego souffre encore davantage. Tel est le prix à payer pour aller de l'avant...

Les expériences et les épreuves encore plus aiguës, dont le Poète est un témoin actif, sont celles des Hérétiques, des Violents, des Trompeurs et, pour finir, des Traîtres. *Que vaut contre Destin cosser* (= heurter) *la tête ?*, interroge l'envoyé du ciel... Il s'agit bien, ici, du passage à un nouveau cycle.

Et, si Dante se laissait aller à une pulsion spirituelle et évolutive, pervertie par la culpabilité, symbolisée par la Gorgone Méduse, il serait pétrifié, sans aucun espoir d'accomplir sa marche vers le salut.

---
(1) *Dictionnaire des symboles* par Jean Chevalier et Alain Gheerabrant, Éditions Robert Laffont-Jupiter, coll. Bouquins, 1982.

Il est intéressant de souligner que la Sagesse Humaine de son guide Virgile n'est plus opérante pour affronter les nouvelles expériences de l'Enfer profond ou du Bas Enfer, pour reprendre l'expression d'Alexandre Masseron.

Les portes de Dité ne peuvent s'ouvrir qu'avec le concours de l'Énergie Divine.

Transposé en langage alchimique, nous pouvons dire que ceci nous renvoie à l'échec de toute transmutation, effectuée sans le concours des plans supérieurs, ou comme les nomme Jacques Breyer, des *Alchimistes célestes*.

Nous les désignons, dans la perspective de l'Hermétisme Chrétien, comme étant les "Hiérarchies Célestes", décrites par Denys l'Aréopagite, et dont le messager, évoqué par Dante, fait partie.

En conclusion sur ce point, il nous paraît incontestable que l'expression de Dante, citée plus haut, *la doctrine cachée*, désigne, en fait, l'Hermétisme, envisagé dans sa globalité et donc enraciné aussi bien dans la Kabbale, que dans la Numérologie Sacrée, héritée de la tradition Pythagoricienne, et bien sûr de toute la grande Tradition Chrétienne, y compris, surtout, celle de l'Église la plus primitive…

De là à faire de Dante un Alchimiste opératif, voire un Ergon, il n'y a qu'un pas. Jacques Breyer le franchit (1) : *Restant entendu que Dante, sans contestation possible, était un grand initié - connaissant la signification profonde des symboles et Enseignements philosophiques (tous les dantologues ont convenu aisément de ceci) [...] la "Comédie", en conséquence, indique-t-elle parfaitement jusqu'où le poète touchait sur le sentier ? - "Oui", répondrons-nous sans hésiter… et la "Comédie" est même, par son Palier Alchimique **voilé mais certain**, la Preuve la plus solide que Dante nous ai laissée comme quoi il était : possesseur achevé de l'Initiation et des Pouvoirs Majeurs, donc Atteignant au Faîte par découverte de la Pierre ! [...] deviner la Pierre sous la Géométrie Équilibrée armant le maître-ouvrage du poète le plus fantastique qui soit (avec Saint Jean), est chose permise (pensons-nous).*

Plus loin, l'auteur évoque joliment la dimension de véritable Ergon, prise par le Poète : *En effet, au soir de sa Mission (en Ergon) dont le But Éternel est de sans cesse préparer une ère meilleure pour les hommes, le Florentin, qui se savait Élu comme les Prophètes Bibliques, crut bon, à leur instar, de laisser au Monde de Grands Enseignements, tout en nous confiant le Vibrant Passé de sa Vie ; mais, s'inquiétant de la forme qui trop tôt en style clair eût lésé bien des êtres (alors que nous voici proches désormais de la Moisson), il voila sa Production, judicieusement, selon la Règle !*

Ce respect de la "Règle du Silence" pour le Grand Initié est, en effet, difficilement contestable, quand nous considérons le caractère foncièrement énigmatique de nombreux tercets de la Divine Comédie.

---

(1) *Dante alchimiste - interprétation alchimique de la Divine Comédie* par Jacques BREYER, Éditions du Vieux Colombier, Paris, 1957.

3 Mondes, 3 phases du Grand Œuvre...

La trilogie de la Divine Comédie est en parfaite concordance avec celle qui constitue le Grand Œuvre "Philosophal" ou Alchimique. Nous pouvons la résumer ainsi, en nous plaçant, parallèlement, sur les plans Physique et Spirituel :

L'ENFER, c'est une phase de "Violence". Elle correspond au "premier œuvre", dans lequel le Blanc est séparé du Noir, la Lumière des Ténèbres.

C'est le premier temps de Pierre, de part les chauffes initiales, la Matière à séparer, les Tourments, au premier rang desquels figurent ceux de la Chair et la Victoire à obtenir, les forces de la Nature à capter et à canaliser...

Breyer y situe l'Aimantation, le recueil de la Rosée, les chauffes solaires, le premier chauffage de l'Œuf dans l'Athanor. Il illustre toutes ces opérations, pour chacune des trois phases, par les références aux tercets correspondants du Poème.

LE PURGATOIRE, c'est une phase de "Purification".

Elle correspond aux sublimations purificatrices du "second œuvre".

L'œuvre, depuis les Corbeaux, jusqu'à la Queue de Paon, en passant par la Colombe, s'épure progressivement et gagne lentement en "puissance".

Breyer y situe les nouvelles chauffes et l'obtention de la même trilogie : Corbeau, Colombe et Queue de Paon.

LE PARADIS exprime, selon Eugène Canseliet, le jeu des enfants, la *coction douce et graduée du troisième œuvre, dans le "charme ascendant de la musique des couleurs"*. L'œuvre parcourt *une gamme chromatique vers la pureté absolue, le "Vrai Rouge", le pourpre, le pur du pur, le feu du feu...*

C'est le lieu des "révélations" successives qui conduisent à l'Illumination et à l'Extase, la suprême Connaissance et la Joie Béatifique.

Nous avons vu aussi que c'est pour Dante le lieu d'une remontée de l'Arbre de Vie, suivant le chemin de la Création Parfaite. Le "Faîte" de l'Œuvre, pour reprendre l'expression de Breyer, correspond au plus haut degré de l'Initiation et à l'arrivée au "Faîte" de l'Arbre !...

Cet auteur situe au Paradis, de nouvelles chauffes et l'obtention du "pourpre", l'atteinte de la "Pierre". Il précise que le troisième et dernier temps du Grand Œuvre, expression de ce lieu, réunit la Rubification, la Multiplication de la Pierre en puissance et en quantité, ainsi que l'Élixir de Longue Vie et tout ce qu'il octroie à l'Adepte, devenu un Maître, "un Ergon".

Celui-ci est doué de "pouvoirs" qui le situe hors du temps et de l'espace et le hausse au-delà de son individualité au plan de l'Humanité toute entière !...

Notons au passage le symbolisme de ce mot *"indivi - dualité"* : l'Unité dans la Dualité. La vocation de l'Homme.

D'autres auteurs et d'autres alchimistes divisent le Grand œuvre en 7 opérations, que nous pouvons faire correspondre aux 3 phases de la Divine Comédie. A la plongée dans l'Enfer, correspondent la Calcination et la Putréfaction. La Calcination amène la destruction des différences, l'extinction des désirs et la réduction à l'état premier de la Matière (couleur noire de la Materia Prima). "Chimiquement parlant", un corps, soumis à une haute température, voit sa structure modifiée (cf. : le Dictionnaire Le Robert).

Le discours d'un auteur "incertain" sur la Pierre des Philosophes, datant de 1590, inclut des formules fort éloquentes (1) :

La substance a partout l'excrément qui l'infeste
Soit par limon terrestre ou par adustion
Mais l'art par lavement ou calcination
usant d'eau ou de feu en bannit cette peste

L'industrie de l'art peut seule séparer
Et par nouvelle vie après régénérer
Tout en tout, de tout vice exemptant l'âme pure

Quiconque entend bien l'art d'user d'eau et de feu
Scait les deux vrais sentiers qui montent peu à peu
Au plus haut des secrets de toute la Nature.

La "Putréfaction" correspond à la séparation des éléments calcinés jusqu'à leur totale dissolution. Chimiquement parlant, sous l'action des ferments microbiens, les matières organiques se décomposent selon différents processus : avec "l'altération", les roches, sous l'effet de facteurs chimiques et biologiques, se transforment et il y a désagrégation de la formation des sols ; avec "la corruption", la substance s'altère d'elle-même, avec "le pourrissement", les tissus organiques se décomposent ; avec "la putrescence", nous avons une étape sur la voie de la "putréfaction",.... Or ces vocables chimiques ont eu des dérivés pour l'Humaine Nature : altération du sens moral, corruption, fermentation des esprits ou agitation fiévreuse, pourriture ou putrescence…de l'âme et du cœur !... En de telles correspondances linguistiques, le langage alchimique a profondément puisé.

Le "sonnet" suivant, extrait du même article du *Discours d'auteur incertain sur la Pierre des Philosophes*, et qui se réfère à la Table d'Émeraude du Trismégiste, image à merveille cette opération, visant à séparer le subtil de l'épais :

C'est un point asseuré, plein d'admiration
Que le hault et le bas, n'est qu'une mesme chose
Pour faire d'une seulle en tout le monde enclose
Des effets merveilleux par adaptation.

D'un seul en tout se faict la méditation
Et pour parents, matrice, et nourrisse on luy pose
Phoebus, Diane, l'air et terre on repose
Cette chose en qui gist toute perfection

C'elle est tournée en terre, elle a sa force entière
Séparant par grand art, mais facile manière
Le subtil de l'épois et la terre du feu

---

(1) Article paru dans le numéro spécial *Alchimie* des Cahiers de l'Hermétisme, Éditions Dervy, 1996.

> *De la terre elle mont au ciel et puis en terre*
> *Du ciel elle descend, acquerrant peu à peu*
> *La force de tous deux, qu'en son centre elle enserre.*

À la montée au Purgatoire de la Divine Comédie correspond la "Solution", qui vise à obtenir une matière totalement purifiée, de couleur "blanche". Chimiquement parlant, la solution est un mélange homogène, ne formant qu'une seule phase de deux ou plusieurs sortes de molécules. Mais c'est aussi l'action de dissoudre un solide dans un liquide (origine au XVIIe siècle).

Nous retrouvons, ici encore, la correspondance avec le plan de la Psyché : *La solution est une opération mentale qui, en substituant une pluralité analysable à un ensemble complexe d'éléments entremêlés, parvient à surmonter une difficulté, à résoudre une question, un problème théorique ou pratique* (Dictionnaire Le Robert). Et, par extension, la solution vise l'ensemble de décisions et d'actes qui peuvent résoudre une difficulté.

Les analogies du langage Alchimique sont flagrantes.

La "Distillation", la "Conjonction", la "Sublimation" et la "Coagulation" correspondent au Paradis de la Divine Comédie. La "Distillation", associée à la "Conjonction" amène l'union des opposés, la coexistence pacifique des contraires (couleur Rouge). Chimiquement parlant, la distillation consiste à convertir en vapeur un liquide mêlé à un corps non volatil, ou des liquides mêlés, afin de les séparer. Et ceci se passe dans un alambic !...

À la "Distillation" correspond sur le plan de la Psyché, la "Rectification". La "Conjonction" désigne l'action de joindre, d'unir. Et ceci nous renvoie, dans l'Astrologie, aux "aspects" entre planètes.

La "Sublimation" vise la plénitude de l'être, faite de chaleur et de lumière (couleur du Soleil = l'Or). Ce terme est d'origine alchimique. Nous le voyons apparaître en 1314. Il signifie "élever", "exalter" et plonge ses racines dans le latin "Sublimare" = élever. Il s'agit d'épurer un corps solide qu'on transforme en vapeur en le chauffant. Chimiquement parlant, ce terme désigne, toujours selon le dictionnaire, le passage de l'état solide à l'état gazeux, sans passer par l'état liquide.

Sur le plan de notre psyché, "la Sublimation" est l'action de purifier et de transformer, en élevant... Gaston Bachelard a des accents d'alchimiste spirituel quand il écrit : *La sublimation n'est pas toujours la négation d'un désir, [...] Elle peut être une sublimation pour un idéal*. N'est ce pas, ici, la vertu sublimante de la transformation de Dante, dans la Divine Comédie, en queste de l'Immortalité et d'une réconciliation avec Béatrice, dans un Amour d'essence divine pour Elle, et n'est ce pas, à travers l'expérience du Poète, notre propre "édification" de lecteur "participatif" ? !...

Le discours sur la Pierre, déjà cité plus haut, image cette "opération de la Sublimation". La matière, composée de Soufre et de vif-argent, l'un, mâle, l'autre "femelle", ne peut s'obtenir sans purification profonde. Et, pour cela, il y a passage au "volatil", puis au "fixe" et, finalement, conversion en précieuse Pierre Philosophale, grâce à la puissance de Dieu, aidant l'Adepte, dans son Art.

La "Coagulation", enfin, représente le retour à l'Unité. Et, chimiquement parlant, il s'agit de transformer une substance organique liquide en une masse solide. Fixation et Cristallisation sont des termes apparentés (cf. : le Dictionnaire). Sur le plan de notre psyché, le terme de "coagulation" est ambivalent. Au positif, il s'agit de "faire prendre corps" à nos pensées, nos représentations, nos intuitions, toutes les réalités profondes de notre être. Sur un plan négatif, cela revient à "figer" les choses, pour notre plus grand malheur... La "Pierre", elle-même, est à la merci du talent de l'Adepte : coagulation fusionnelle et lumineuse ou "ratage de l'Œuvre" !...

Paul Valéry semble porter écho de cela, quand il écrit : *L'esprit est à la merci du corps, comme les aveugles à la merci des voyants.* Et les Hermétistes vont plus loin encore, quand ils disent que la Matière est de "l'Esprit coagulé", ce qui conduit inévitablement à une Matière "parfaite", si l'Esprit s'accorde aux plans supérieurs, ou une Matière , pervertie, si l'Esprit est perverti.

Le discours sur la Pierre Philosophale d'un auteur incertain du XVIe siècle (voir référence plus haut), évoque admirablement ces ultimes phases du processus alchimique, en parlant de la pierre comme d'un corps caché et d'un esprit invisible à acquérir avec effort du Corps et de l'Esprit et Art d'essence divine :

Il est un esprit corps, premier né de Nature
Très commun, très caché, très vil, très précieux,
Conservant, détruisant, bon et malicieux,
Commencement et fin de toute créature,

Triple substance, il est, de sel, d'huile et d'eau pure
Qui coagule, amasse et arrose ès bas lieux
Tout pur, sec, onctueux et moitte des hauts cieux
Habile à recevoir toute forme et figure

Le seul art par nature à nos yeux le faict voir
Il cèle dans son cœur un infini pouvoir
Garny des facultés du ciel et de la terre

Il est hermaphrodite et donne accroissement
A tout où il se mêle indifféremment
A raison que dans luy tous germes il enserre.

Et le commentaire, qui suit ce sonnet, précise : *Or si cet esprit corps ou bien terre spirituelle, les Philosophes l'ont nommé terre de labeur, à cause véritablement qu'elle s'acquiert avec une merveilleuse peine tant de corps comme d'esprit, et par artifices très étranges, profonds et admirables et plutôt divins qu'humains. Et aucuns disent que ce fut le premier labeur et sueur d'Adam.*

Nous avons souligné, plus haut, l'importance du chant "9" de l'Enfer, sur un plan alchimique, ce chant étant l'occasion pour le Poète d'apostropher ses lecteurs sur la fameuse *doctrine cachée, sous le voile des vers étranges.*

C'est en ce chant que, selon Jacques Breyer, se termine et se réussit l'opération de "Captation Solaire". *Dante, écrit-il, referme l'un sur l'autre les deux flacons, visualise le Bourbier, le voit tout changé dans son Spectral et mieux, au-dessus encore la Matière est ouverte, enflammée de Soleil agissant... Elle s'impatiente de ce que l'Adepte n'est pas déjà au fourneau pour en finir avec cette grossesse en train !*

C'est cette "grossesse" qui doit mener à l'émergence de la fameuse "Belle d'Argent", qui consacre la séparation du subtil de l'épais...

"Son l'ombra di Capocchio, che falsai li metalli con alchimia"...

> *[...] Je suis l'ombre de Capocchio,*
> *qui falsifiait les métaux par l'alchimie :*
> *et il doit te souvenir, si bien je te reconnais,*
> *combien fus-je de la nature un bon singe.*

C'est par ces quatre vers que le chant XXIX de l'Enfer, consacré à la 10e fosse du 8e cercle, au lieu de damnation des faussaires, se termine, avec une superbe rime entre les mots "alchemia" et "scimia", l'alchimie et le singe, l'imitateur, le falsificateur !...

Pourquoi Dante dénonce-t-il l'Alchimie ?

Nous avons la réponse avec cette parole de Capocchio, qui figure au premier rang des faussaires. Il avoue qu'il utilisait l'Alchimie pour falsifier les métaux et qu'il doit à cette activité la peine de sa damnation éternelle, dans la puanteur des corps gangrenés et de la gale qui le démange ainsi que ses congénères ! C'est bien là "l'hérésie alchimique" en quelque sorte. Le faux monnayeur la dévoye, la détourne de sa noble finalité de l'Œuvre Philosophale.

La voie "Royale" est bien, au contraire, celle de Dante.

Relisons Eugène Canseliet : *A l'instar de Roger Bacon, écrit-il, de Raymond Lulle et d'Arnault de Villeneuve, ses contemporains étrangers, le fidèle d'amour* - il s'agit de Dante - *se montre passionné du Grand Œuvre Philosophal, pour lequel Béatrice elle-même lui dira, au chant cinquième du Paradis, que nulle transmutation ne peut être accomplie sans qu'aient tourné et la clef blanche et la clef jaune.* (voir nos commentaires sur le symbolisme de ces "clefs" dans le chapitre sur les Sites). *Béatrice, écrit-il encore, image parfaite de l'éternelle féminité, fontaine d'eau vive qui offre généreusement la plénitude de ses deux seins, pour le perpétuel et copieux abreuvement des soufres altérés.*

"Divina Commedia et Magna Opera"...

Nous donnons avec plaisir ce titre à l'analyse alchimique que Jacques Breyer (1) donne du Sublime Poème.

D'une manière très rapide, les commentaires et le tableau suivant résument les rapprochements faits par l'auteur entre les phases de l'Alchimie Opérative et la structure de la Divine Comédie.

---

(1) *Dante Alchimiste, interprétation alchimique de la Divine Comédie* par Jacques Breyer, Éditions du Vieux Colombier, 1957.

Par delà ce schéma général, nous renvoyons le lecteur au texte de Breyer, analysant les opérations du Grand Œuvre, chant par chant, et les illustrant par les tercets les plus significatifs pour l'auteur. Signalons par ailleurs, notre propre démarche analogique qui rapproche ces "opérations" des arcanes du tarot, à l'éclairage de la Kabbale, de la Numérologie Sacrée et du Grand Art d'Hermès (voir notre dernier chapitre).

Avant d'entrer successivement dans les trois phases du Grand Œuvre menées par le Poète et ses guides, nous rappelons que, si nous suivons l'analyse de Breyer, qui nous paraît la plus complète, il n'est pas le seul auteur à accréditer la Connaissance, et la Pratique du Grand Art, chez Dante, pratique mystique sinon physique. Ainsi, Oswald Wirth (1) nous invite à suivre l'exemple du Poète, parvenu, écrit-il, à la *maturité virile du penseur* (p. 158) :

C'est donc en atteignant la moitié du chemin de notre vie que nous abordons avec Dante l'obscure forêt des épreuves initiatiques. Une fois consacrés au Grand-œuvre, nous ne cesserons de travailler jusqu'à notre minuit individuel, terme de notre grand jour terrestre.

Le même auteur nous confirme le bien qui peut être fait en la forêt de la Divine Comédie et celle des romans de chevaleries, autre source d'inspiration de Dante (p. 94) : *Quand l'initié pénètre le sens mystérieux de ses épreuves, il se souvient de la forêt ténébreuse des romans de chevalerie. Les monstres y menacent le téméraire qui, trébuchant à chaque pas, doit vaincre mille difficultés pour aboutir aux champs ensoleillés de ses rêves.*

Telle est bien, pouvons-nous dire, l'état d'esprit dans lequel se trouve placé l'Adepte devant son Athanor... La finalité de Dante, et sans doute aussi sa fameuse *doctrine cachée,* sont bien conformes, selon nous, au rappel qu'Oswald Wirth nous prodigue, à propos de l'Art Royal. Nous ne pouvons citer in extenso ce passage essentiel de son ouvrage, mais en voici les traits marquants (pp. 188 et 189) : *Le véritable **Illuminé** n'a d'autre ambition que de voir clair sur le chemin de sa Vie, afin qu'en se dirigeant lui-même avec sagesse, il puisse servir de guide à autrui... l'Initiation répudie tous les égoïsmes, même ceux qui visent le salut de l'âme aspirant aux félicités du repos éternel ; la béatitude fainéante n'est pas l'idéal des dévots de la Vie, qui s'associent à son Travail créateur... il nous faut travailler, non moins pour **vivre** que pour **être**. Telle est la doctrine dont sont appelés à se pénétrer les disciples de l'Art Royal.*

Mais la démarche de Dante s'inscrit plus précisément dans la perspective de l'Hermétisme Chrétien, qui donne une approche très spécifique de l'Alchimie et subordonne l'Œuvre physique, ou Transmutation opérative, à l'Œuvre Mystique, ou Transmutation Spirituelle, avec un strict parallélisme entre les deux et une sorte d'enrichissement mutuel, dans les difficultés et l'effort, menant à la "vraie opérativité" pleine et entière...Ceci est admirablement bien synthétisé dans un article d'André Savoret, Qu'est-ce que l'Alchimie ?" paru dans les Cahiers de l'Hermétisme (2) : *En résumé, l'homme régénéré est la pierre philosophale de la nature déchue, de même que l'homme non régénéré est la **materia bruta** de ce Grand Œuvre dont le Verbe divin est*

---

(1) *Les Mystères de l'Art Royal* par Oswald Wirth, Éditions Émile Nourry, 1932.
(2) *Cahiers de l'Hermétisme,* Éditions Dervy, 1996.

l'Alchimiste et l'Esprit Saint le feu secret : il y a deux voies dans l'Œuvre, mais il n'y a qu'un Agent : l'Amour ! Et tous les vrais hermétistes chrétiens – non les souffleurs – sont unanimes sur ce point comme sur celui de la subordination de l'Œuvre physique à l'Œuvre mystique.

Et l'auteur rappelle, en note adjointe à cet article, que *l'aspect spécial du Verbe pour les traditions autres que chrétienne engendre la Voie spéciale qui convient à chacune et non aux autres.* Et il précise, à juste titre, que le recours à la tradition ancestrale est *le plus court chemin.* Tout "déracinement" est à éviter dans la voie initiatique, comme, aussi, tout syncrétisme.

Plus loin, l'auteur souligne que *non seulement la description de l'œuvre physique s'adapte strictement aux phases de l'Œuvre spirituel, mais il est possible de tirer d'une description de l'Œuvre spirituel une adaptation parfaite à l'Œuvre physique pourvu qu'on ait de l'un ou de l'autre un peu plus qu'une connaissance simplement livresque et superficielle.*

Mais une telle correspondance entre l'Œuvre physique et l'Œuvre mystique justifie pleinement l'approche de Jacques Breyer, consistant à déceler - le mot n'est pas trop fort - derrière les propos, les images communiquées, et les péripéties du voyage de Dante, dans les 3 mondes de l'Au-delà, les différentes phases du Grand Œuvre. L'auteur nous les fait "vivre" souvent, même, comme des réactions d'Adepte devant la progression de l'Œuvre.

Ce qu'il appelle le *Palier Alchimique Voilé mais certain* de la Divine Comédie (voir plus haut), est, en effet, plus souvent imagé que décrit didactiquement. D'où **l'aisance d'un ressenti et la difficulté d'une compréhension rationalisante.** Il nous invite à gravir ce qu'il appelle la *Pyramide Alchimique*, qui nous est offerte par le Poète !

Gravissons donc…

Chant I : les préliminaires, avant l'entrée en Enfer…

Le chant I de l'Enfer est le prologue de la Divine Comédie toute entière et le cadre des préliminaires au Grand Œuvre… Nous y découvrons les finalités et les hésitations, les peurs de l'Adepte Dante. **Virgile, son guide, lui apporte les enseignements nécessaires et indispensables au bon engagement du processus…**

A cet égard, le Poète se trouve placé dans la situation de l'artisan de l'Œuvre qui ne peut pas, par ses seuls moyens, atteindre son but d'ascension de la Montagne, vers la Lumière. Son guide et maître, Virgile, lui ouvre les portes des conciliations magiques d'Entités Célestes. Dante accepte les "alchimistes célestes" et en particulier Béatrice, plutôt écrit "**Beatrix**", en langage approprié, et les premiers conseils…

La réalisation du Grand Œuvre peut commencer…

L'Œuvre au Noir,
dans les 33 chants de l'Enfer (chant 2 à 34)…

Jacques Breyer divise le processus en trois phases de 11 chants chacun (voir notre chapitre sur la Numérologie Sacrée).

chants 2 à 13...

1 - Aimantation du sol et ramassage du limon de la Terre,
2 - Collection de Rosée pour humecter le Matière et capter les courants d'En-Haut,
3 - Présentation rituelle de l'Amalgame au Soleil ; au cœur d'une forêt, captation des courants d'En-Haut pour saturer le contenu du Vaisseau (ou Œuf), récipient de la Matière à alchimiser.
4 - 1re Chauffe au fourneau de l'Œuf, placé dans l'Athanor et précédée d'un temps à sec.

Les éléments, soufre, mercure, sel équilibrant, feu, eau, courants cosmo-telluriques concourent tous à la réalisation du Grand Œuvre. Serge Hutin, citant lui-même Richter écrit : *Cet esprit universel qui descend sur la terre s'y revêt de sel et de soufre volatils et de mercure fixe de l'air et du feu.*

Ces premières opérations permettent l'assèchement de la Materia prima et la séparation du Subtil de l'Épais, dénommée, entre autres expressions, aussi, la Belle d'Argent. L'adepte doit recueillir, goutte à goutte, avec patience, cette Belle d'Argent. Augurelli (in Chrysopée), cité par Jacques Breyer, écrit : *La peine toute entière consiste à bien préparer la Matière !*

Sur le plan spirituel, cette séparation revient à faire émerger l'Esprit au cœur de la Matière grossière de départ, séparer l'âme de sa prison de l'Ego, en attendant, plus loin dans le processus, de la refusionner. *Tout le processus,* écrit André Savoret, précité, *est de séparer et de rassembler : **corporiser l'esprit et spiritualiser le corps, ce, l'un par l'autre**. Et l'Alchimie spirituelle procède de la même méthode. C'est pourquoi Jésus nous dit d'élever notre âme vers Dieu par la prière et de la réincorporer derechef par l'exercice de la charité, afin que nous devenions "un", comme il est "un" avec le Père.*

Dante reprend, bien entendu, à son compte cette perspective chrétienne du Grand Œuvre. Cette première phase est répétée 3 fois au moins. Elle est délicate et conditionne naturellement la réussite de la suivante.

chants 13 à 24 et 24 à 34...

Répétition des opérations précédentes : Recueil de la Rosée, assimilée à la "grâce vivifiante", obtenue par la prière (Isaïe 45,8) :

Cieux, épanchez-vous là-haut,
et que les nuages déversent la justice,
que la terre s'ouvre et produise le salut,
qu'elle fasse germer en même temps la justice.
C'est moi, Yahvé, qui ai créé cela."

Nouvelles chauffes, extraction et nouvel assèchement du compost. Sur un plan pratique, les alchimistes comptent plusieurs mois, entre les phases du Grand Œuvre, pour permettre au fumeux "Germe" d'apparaître dans le subtil, tel que nous allons le découvrir, avec Jacques Breyer, au cours du voyage au Purgatoire... Le Poème de Dante est donc un fameux "raccourci" !...

Notons, aussi, qu'après les répétitions de l'Enfer, chaque phase et sous-phase du Grand Œuvre au Purgatoire et au Paradis ne vont apparaître qu'une seule fois. En effet, si la Matière est bien préparée, enjeu ici du voyage en Enfer, le reste suit. Sinon les premières opérations doivent être inlassablement répétées. La Belle d'Argent est très longue à apparaître et délicate à recueillir, tout comme la spiritualisation du corps et l'élévation de l'âme est affaire de longue prière et d'effort profond... Et l'Œuvre au Noir, en réalité, se termine dans les 12 premiers chants du Purgatoire, comme nous allons le voir, à présent, avec la recherche persévérante des Corbeaux...

Fin de l'Œuvre au Noir, et réalisation de l'Œuvre au Blanc, dans les 33 chants du Purgatoire...

chants 1 à 12 ...

Nouvelles chauffes dans l'Athanor. Rappelons que l'Athanor est un "four ritualisé". Le mot signifie : Immortel.

1 - Le Germe apparaît dans le Subtil, une formation filamentaire sans laquelle rien n'est ensuite possible. En fait, le germe peut faire partie de la première phase, mais, ici, nous la décelons au début du Purgatoire : *Le tissé, plus ou moins important,* écrit Breyer, *annonce des lendemains prometteurs, réjouissant l'Ouvrier.*

2 - Le contenu de l'œuf se trouble et dégénère, des concrétions noirâtres apparaissent, les Corbeaux successifs sont atteints jusqu'au Noir Pur et le dernier est Noir Bleuté. Les substances à travailler sont définitivement enfermées dans l'Œuf. Notons le mot, au passage, en langue des oiseaux :
"enfer-mé".

L'Œuf, trés résistant, est en verre fumé. Il est bien "hermétiquement" clos, soit revêtu du **"Sceau d'Hermès"**, et placé dans l'Athanor.

Les feux vont croissant. Les éléments ont subi les épreuves de la "calcination", correspondant à la destruction des "différences", à l'extinction des désirs et à la réduction à l'état premier de la Matière, qui participe des trois règnes, minéral, animal et végétal, et appelée, après purification à devenir la "médecine des trois règnes". Mais n'anticipons pas !... Les éléments sont ensuite putréfiés à l'intérieur de l'Œuf, séparés jusqu'à leur totale dissolution et quand les "Corbeaux" apparaissent, les adeptes disent qu'il y a eu combat entre "les frères ennemis". Les alchimistes parlent aussi du divorce entre le Roi et la Reine, principe mâle, actif, soufré, et principe femelle, passif, mercuriel.

chants 12 à 23...

Sous la chauffe, la Matière emprisonnée grisonne, puis prend une couleur laiteuse des plus pures. C'est la "Colombe" qui apparaît, l'opération dite de "Déalbation", qui se réalise. Celle-ci n'est possible qu'avec une épuration quasi totale des passions de la Créature.

Les alchimistes parlent de Résurrection du Phénix et de réconciliation entre le Roi et la Reine.

chants 23 à 33…

La Colombe se transforme, à son tour, en "Vert" et en "Irisé" pour former la Queue de Paon. Les alchimistes parlent aussi de la "Forêt Verdoyante". Nous n'avons pas besoin d'insister sur tout ce symbolisme. Le "Vert", couleur de la régénération de l'être, énergie du Printemps, et l'irisation qui confère les couleurs du prisme, décomposant la lumière pour aboutir à l'arc-en-ciel, auquel Dante fait allusion à plusieurs reprises, et qui, lui-même incarne la "médiation" entre Terre et Ciel, Matière et Esprit.

Nous lisons dans la Genèse (9, 16 et 17) : *Quand l'arc sera dans la nuée, je le verrai et me souviendrai de l'alliance éternelle qu'il y a entre Dieu et tous les êtres vivants, en somme toute chair qui est sur la terre.*

Et Dieu dit à Noé : "Tel est le signe de l'alliance que j'établis entre moi et toute chair qui est sur terre."

A ce stade, l'Adepte a atteint le Petit Magister. Il a la Connaissance des Petits Mystères. La Matière, enfermée dans l'Œuf est morte, noircie, puis a opéré sa Résurrection. La Mort Mystique de l'Adepte débouche sur sa propre Résurrection. Si l'Œuvre s'arrêtait ici, la Pierre Blanche, ainsi atteinte, est capable de changer les métaux en argent. Mais l'Adepte, qui a ainsi réalisé la Petite Œuvre est fortement incité à poursuivre, pour atteindre le Grand Magister… Le futur maître doit aussi résister de toutes ses forces au découragement. Dante ne cesse d'évoquer un tel sentiment, au cours de son voyage, assorti de multiples doutes, craintes et interrogations…

L'Œuvre au Rouge et les stades ultimes du Grand Œuvre, dans les 33 chants du Paradis…

chants 1 à 12 ...

Par chauffes appropriées et subtiles, le nouveau maître atteint, avec sa matière travaillée, le Rouge. Là encore l'opération de Rubification prend du temps pour parvenir à un Pourpre, le plus pur. Les alchimistes parlent ici de "Manteau Royal". A ce stade, l'Adepte du départ a atteint le Grand Magister.

Il a la Connaissance des Grands Mystères.

L'opération de Conjonction l'a plongé dans l'Union des forces contraires mais complémentaires. Le Roi et la Reine, au-delà de leur réconciliation, au stade précédent de la Colombe, célèbrent leurs noces !...

L'Œuf est brisé. L'Adepte possède désormais la Pierre Philosophale Achevée. Mais pour aller plus avant encore, il doit multiplier la Pierre en puissance et en quantité à l'aide d'adjonctions *vulgaires mais strictes*, et réaliser diverses Préparations.

En fait, une partie du Pourpre est conservée et entretenue en grosseur, une autre partie est réduite en poudre et "projetée" sur du Bas Métal en fusion, le Plomb, qui est transformé ainsi en Haut Métal, l'Or.

Notons que L'Or pur est verdâtre et mat. Et ce sont le titrage et la recoupe qui le jaunissent en vue d'un but social, religieux, etc.

C'est cet Or pur que l'Adepte recherche et non quelque erzatz ! Les métaux, qui jouent dans le Grand Œuvre un rôle essentiel sont, sur le plan spirituel, chargés d'un symbolisme éloquent. Oswald Wirth (1) remarque : *Le métal brille, il éblouit et se prête aux échanges, d'où son pouvoir d'achat, qui s'étend jusqu'aux consciences. C'est ainsi que l'or et l'argent font office d'agents de corruption, tandis que bronze et fer ont rendu plus meurtrières les luttes entre humains.* Nous avons vu qu'à travers l'Or impur, Dante condamne l'usage perverti de l'Alchimie.

L'Or pur est, dans ce contexte alchimique, le symbole, à la fois, de la Perfection, de la Lumière et de la Connaissance, rejoignant, en cela, le symbolisme de la Tradition tout entière, remontant aux Temps les plus Anciens.

C'est de cela que l'Adepte finit par se revêtir, la Lumière-Sagesse, née de son effort soutenu et du suprême concours de la Grâce Divine. *La Matière première des Sages*, écrit Oswald Wirth, *fait allusion à cette clarté diffuse en tous lieux, mais que perçoivent seuls les philosophes hermétiques. Qui travaille sur cette Matière entreprend l'Œuvre correctement et peut, s'il ne commet aucune faute, atteindre à l'idéal de la Pierre parfaite.* Mais cette Or-Lumière doit apporter d'autres fruits encore, pour l'Adepte qui n'arrête toujours pas l'effort… C'est l'enjeu des chants suivants du Paradis.

chants 12 à 23…

D'autres adjonctions et d'autres préparations permettent d'obtenir le fameux Élixir de Longue Vie, qui est "le secret des secrets" et a la propriété d'agrandir l'Aura. Toute puissance est donnée au Grand Maître, à L'Ergon, comme l'appellent certains alchimistes. Tout le monde ne peut pas devenir un Ergon. A une époque donnée l'Ergon et des adeptes choisis détruisent toute trace alchimique essentielle. Le secret d'Enchanteur équilibrant la Planète est emporté. Le drame des Templiers s'inscrit, analogiquement, dans cette perspective. Une poésie de Goethe, intitulée "Symbolum", et rapportée et traduite par Oswald Wirth, dans son ouvrage précité, évoque pour nous cette haute figure de l'Ergon :

De l'Au-delà appellent
les voix des Esprits,
les voix des Maîtres :
ne négligez pas d'appliquer
les forces du bien.

Oswald Wirth commente ceci, dans la perspective maçonnique : *Ces Maîtres demeurent séparés de nous, tant qu'Hiram n'est pas ressuscité en notre personne. Sans les voir, nous pouvons les entendre : ce sont les inspirateurs de ceux qui savent écouter les "Supérieurs inconnus", cachés derrière le rideau des apparences sensibles, d'où ils suivent les travaux visant à la pleine utilisation des forces du bien.*

---
(1) *Les Mystères de l'Art Royal*, par Oswald Wirth, Éditions Émile Nourry, 1932.

Et l'inspiration de ces Maîtres transcende, bien sûr, l'Espace et le Temps, car *L'Esprit souffle où il veut, se manifestant partout, sans avoir besoin d'un port d'attache.* Dante se trouve placé exactement dans cette situation de l'Initié qui prend conseil de son Maître Virgile, à la nuance près qu'il est lui-même, **de son vivant, dans l'Au-delà !** Virgile est un authentique "Ergon" et il inspire, à travers les siècles, bien des candidats aux "Mystères", en dehors du Poète.

chants 23 à 33...

Outre l'Élixir de Longue Vie, le Maître, parvenu aux stades ultimes du Grand Œuvre, se trouve doté de "Pouvoirs", exorbitants du genre humain : dédoublement intégral, liaisons avec les plans supérieurs, victoire sur la mort élémentaire, communication avec le Paradis Adamique et avec d'autres sages de l'Humanité, issus d'autres époques passées ou à venir. C'est aussi la capacité de faire des déplacements "hors du temps et hors de l'espace" et la participation aux "Grands Sabbats des Sages", permettant l'échange de pensées avec toutes les émanations des Âges de l'Humanité. .

A ce stade, les alchimistes disent généralement que l'Œuvre est humainement achevée, pour souligner, par contraste, l'existence de la part insondable et inconnue, celle de la participation à l'Essence Divine...

Parmi les "pouvoirs" acquis par le Maître, il y a bien sûr aussi l'entrée en Extase telle que la vit Dante dans l'Empyrée avec sa contemplation de la Rose des Bienheureux. C'est elle qui termine son aventure mystique.

Il y a le pouvoir de dédoublement intégral, auquel Jacques Breyer se réfère (1) : *Enfin, par surcroît, tout en équilibrant la santé de l'Incarné, l'Élixir déclenche, dans l'Adepte, des Pouvoirs très spéciaux, allant du dédoublement habituel : au Dédoublement intégral, à l'Extase, etc., [...] et mieux encore que le Ravissement connu des Saints, la Souveraine Médecine permet, à volonté, la communication consciente, pleine et entière, avec : le Paradis Adamique, aussi bien qu'avec : d'autres siècles tant passés que futurs et concernant l'histoire de l'Homme en ce Bas-Monde.*

Dante a ce contact, de son vivant, à travers ce Poème de Visions Hermétiques qu'est la Divine Comédie, non seulement avec le Paradis Adamique, qu'il présente comme le Paradis Terrestre, mais avec le Paradis Céleste et le Grand Tout Cosmique !

Jaques Breyer rappelle qu'il y a *malgré tout, généralement, une mort physique arrêtant quelque part les Prouesses de l'Artiste. À ce Stade, Celui qui aura voyagé par-dessus les Âges, et aura même pu parfois ramener dans ses mains des Preuves palpables de ses expéditions, celui-là (baptisé "Immortel" par les Initiés l'ayant aperçu dans leur siècle personnel) mourra cependant... Évidemment, il n'est pas impossible à certains Frères : de rencontrer, par exemple demain, sur notre Plan, les traits vivants d'un Alchimiste notoire du Passé, bien que cet Adepte soit officiellement mort depuis dix siècles.*

---

(1) *Dante Alchimiste - interprétation alchimique de la Divine Comédie*, par Jacques Breyer, Éditions du Vieux Colombier, Paris, 1957.

La clé, ici, pour l'auteur c'est que *l'Élixir donne assurément aux Grands Juges : Victoire sur la mort élémentaire... et là, là enfin, s'achève HUMAINEMENT l'Opération du Soleil !*

En conclusion, Breyer affirme que cette structure de la Divine Comédie prouve de manière certaine que Dante était possesseur de l'Initiative Alchimique et des "Pouvoirs majeurs" et donc atteignant au but de découverte de la Pierre. Il donne une interprétation alchimique, chant par chant, à travers les versets les plus significatifs de l'œuvre, à laquelle, répétons-le, nous renvoyons vivement le lecteur concerné par cette approche de la Divine Comédie.

Il apporte bien d'autres précisions qui donne toute sa dimension à cette "Vision Alchimique" du Poème. Nous préférons nettement le mot "vision" au mot "interprétation". Il rend mieux compte de toute la valeur de cet ouvrage de Jaques Breyer tant le ressenti se mêle au rationnel !

La Trinité de l'œuvre, écrit l'auteur, *est sciemment montée cabalistiquement et projetée rituellement par Dan*te. Kabbale et Rituel, on ne peut mieux, en effet, rendre compte de cette dimension "voilée" du poème.

La captation magique de courants cosmiques protecteurs assure, selon l'auteur, *une actualité permanente et envoûtante au chef d'œuvre des poèmes italiens.*

Le Dieu géomètre inspire incontestablement le Poète, quand il établit un équilibre rigoureux entre les chants des 3 mondes, sachant, comme nous l'avons déjà dit, que le chant I de l'Enfer est un prologue d'ensemble, situé d'ailleurs géographiquement hors de l'Enfer. Dante, affirme Dreyer, et nous avons vu que cela ne peut guère être contesté, a appartenu à des sociétés ésotériques, kabbalistes et alchimistes.

L'Adepte qui atteint son but, devenir l'Ergon, n'a de cesse de poursuivre le grand dessein de préparer l'Ère meilleure pour les Hommes. N'est-ce pas le cas de Dante avec son fameux "Rêve impérial", et, plus généralement, sa "Queste Harmonique et Béatifique" ? !... Il y a aussi l'aspect Humain de tout ce qu'éprouve l'Adepte en cours d'opération et qui est superbement traduit par Dante tout au long du poème. *L'Alchimiste*, écrit Jacques Breyer, *devant le vaisseau, pleure intérieurement, tremble, trépigne, se tourmente et se lamente, se réjouit et s'extasie tour à tour, face au cortège qui défile, ou caravane multicolore, qui s'étire lentement d'Alpha vers Oméga.*

A noter, au passage, que les œuvres antérieures à la Divine Comédie dénotent, elles aussi, le caractère d'Initié et d'Adepte du Poète. La "Vita Nova", c'est *la Voie Nouvelle, l'épuration primordiale, le Ciel qui s'ouvre*, et, aussi, *les écailles qui tombent des yeux* pour reprendre les très belles images de Jacques Breyer. (Voir sur ce point d'interprétation, notre chapitre consacré aux différentes œuvres du Poète)

Ceci nous amène à insister sur le fait qu'au-delà même d'une Alchimie "Opérative", au sens de la réalisation "physique" du Grand Œuvre, il y a une **"opérativité purement spirituelle"** que nous trouvons centrée **sur le thème du "Regard" et de la "Conscience"**. Il s'agit, alors, d'une authentique Alchimie Mystique, gouvernée par les attaches profondément chrétiennes de Dante, regardant du côté de **"l'Église de Jean"** et non exempte, cependant, sur le plan symbolique du "Voyage", de correspondances avec l'Islam...

(voir sur ce dernier point notre chapitre sur la Destinée)

Transformation du "Regard", Transmutation de Conscience…

Cette "Alchimie Mystique", nous l'avons déjà largement découverte à propos de la Symbolique des Sites. La Pierre Philosophale est atteinte, humainement parlant, quand l'épuration est acquise le plus parfaitement possible, au travers de l'Incarnation ici-bas… Cette épuration, Dante la recherche tout au long du voyage dans les trois mondes par une série de prises de conscience. C'est d'abord dans le **Royaume du Châtiment**, en Enfer, depuis le vestibule des Lâches jusqu'aux Traîtres du 9e cercle, en passant par les Païens et les Infidèles, les Luxurieux, les Gourmands, les Avares et les Prodigues, les Coléreux, les Hérétiques, les Violents et les Fraudeurs.

Parmi ces derniers, il y a les alchimistes dévoyés, les faux-monnayeurs, qui utilisent l'Art Royal Sacré à des fins purement matérielles.

Ces prises de conscience se poursuivent ensuite dans le **Royaume de la Purification** proprement dite, au Purgatoire, et, plus précisément, d'abord dans l'Anti-purgatoire où attendent les âmes avant leur expiation, puis au Purgatoire proprement dit. Là, Dante est au contact d'une part des incarnations des 7 péchés capitaux, orgueil, envie, colère, paresse ou "tiédeur spirituelle", pour être plus précis, avarice et son contraire prodigalité, gourmandise et luxure, et d'autre part des incarnations des 7 vertus, humilité, amour, douceur, sollicitude, pauvreté et générosité, tempérance et chasteté, vertus qui correspondent pour le rachat des péchés.

La Haute Figure de la Vierge domine tout le processus transformateur du Voyage dans l'Autre Monde. Marie incarne, en fait, toutes les Vertus.

Enfin, le Poète parvient au Paradis Terrestre, ayant fait ses adieux à son premier guide Virgile et accueilli par son nouveau guide Béatrice. Après être mis en présence de l'Arbre de la Science du Bien et du Mal, il va se purifier et boire l'eau du Léthé, chassant la Mémoire de la part d'Ombre et de l'Eunoé, appelant la Mémoire de la part de Lumière.

Dante est alors prêt à "monter aux étoiles", en Paradis. Et il entre, enfin, dans le **Royaume de la Récompense Béatifique.** Au Paradis, il traverse les 7 ciels des Planètes qui lui permettent de poursuivre son parcours de conscience, avec l'image édifiante des *esprits qui ont manqué leurs vœux* (ciel de la Lune), les *Actifs* et les *Bienfaisants* (ciel de Mercure), les *Esprits Aimants* (ciel de Vénus), les *Docteurs* et les *Théologiens* (ciel du Soleil), les *Chevaliers du Christ*, combattants pour la Foi (ciel de Mars), les *Princes Justes et Sages* (ciel de Jupiter), et les *Esprits Contemplatifs* (ciel de Saturne).

Dans ces mêmes ciels, auxquels il faut ajouter le ciel des Étoiles et le ciel du Premier Mobile, il est donné à Dante de voir aussi, bien sûr, les 9 hiérarchies célestes. Enfin, au 10e ciel, immobile, l'Empyrée, le Poète peut vivre l'Extase, l'Illumination et contempler la Rose des Bienheureux, les Anges et Dieu. Il ne s'agit plus de prises de conscience, mais d'un véritable "changement de plan de conscience", comme nous pouvons l'exprimer avec la sémantique actuelle.

L'Alchimie de Transmutation de Conscience est achevée pour le Poète. Il lui est demandé d'en témoigner le plus fidèlement possible, à son retour en ce Bas-Monde…

Mais ce qui est fondamental dans la symbolique générale délivrée par le Poème, c'est que cette "Transmutation de Conscience" passe par une **Transformation du Regard**. Celui-ci prend, en effet, toutes les couleurs du Symbolisme Hermétique et Ésotérique. Même, parfois, non désigné directement par les tercets du Poète, le Regard est omniprésent, comme la pièce maîtresse d'un Rituel, qui conduit à la Révélation, en passant par le dévoilement de l'Âme, ses maléfices, à travers par exemple, les Erynnies, son pouvoir d'irradiation bénéfique, s'agissant en particulier du regard de Béatrice et, globalement, doué d'une fonction de "prisme" catalysant la Lumière Divine et magnifiant le rayonnement des Êtres de nature céleste ou des Bienheureux... Or, ce Regard, agent très actif de Transmutation est, aussi une référence constante chez les Artistes du Grand Œuvre. Rivé, en particulier, sur l'Œuf au sortir de l'Athanor, c'est l'instrument du contrôle absolu et "clair-voyant", au sens profond de ce terme, pour peu que l'Âme et l'Esprit de l'opérant aient eux-mêmes atteints la Pureté du Cristal !...

Et, à chaque phase accomplie, à la fin du voyage dans chacun des trois mondes, le regard de Dante et de son guide, tendu vers *les Étoiles*, prend lui-même sa totale signification : la réussite d'une partie de l'Œuvre, conférant le pouvoir d'émerveillement devant la Beauté et l'effusion de la Lumière...

La conception la plus ambitieuse de l'Alchimie Traditionnelle, comme le dit Serge Hutin (1), est celle qui naquit au XIVe siècle, soit, à une époque contemporaine des dernières années de la vie ici-bas du Poète.

L'Histoire l'a désignée sous le nom de "l'Ars Magna", dont l'ouvrage de Serge Hutin, précité, résume les aspects essentiels. Nous constatons - et ceci nous servira de conclusion pour ce chapitre - que tous les thèmes, sans exclusion, sont présents dans la Divine Comédie.

"Divina Commedia et Ars Magna"...

Premier thème, cité par l'auteur, celui du "Surhomme", qui rejoint d'ailleurs quelque part la fameuse doctrine de "l'homunculus", popularisée par Paracelse, création "artificielle" de l'être humain. Cette analogie n'est recevable, bien sûr, que si nous interprétons la création d'un être nouveau comme, précisément, le produit du Grand Œuvre. L'Adepte lui-même, régénéré, est ce "Nouvel Homme" et, aussi, pourquoi pas le "Nouvel Adam" !

Serge Hutin écrit : *Par l'alchimie supérieure, l'adepte devient un véritable surhomme, un être divin. Le Grand Œuvre, c'est l'union en Dieu par l'extase : mais, c'est aussi la libération physique, la délivrance des forces aveugles du destin [...]* – rappelons-nous les questions de Dante à son trisaïeul, Cacciaguida, sur son propre Avenir – *[...] la transmutation de l'être de l'illusoire au réel, et l'accès à l'immortalité...*

Nous ne saurions traduire mieux les finalités de la Queste du Poète !...

Deuxième thème : la simultanéité de l'Œuvre mystique et de l'Œuvre physique : *l'adepte pratique simultanément l'Œuvre mystique et l'Œuvre physique, qui sont analogues et parallèles. La description de l'Œuvre physique s'adapte strictement aux opérations de l'œuvre spirituel, et vice versa...*

---

(1) *L'Alchimie* par Serge Hutin, Éditions P.U.F., coll. Que sais-je ?

Nous renvoyons sur ce point le lecteur à la lecture approfondie de l'ouvrage de Jacques Breyer, qui nous a servi de référence principale.

Si Dante n'a pas été l'ouvrier devant l'Athanor - aucun témoignage contemporain de son existence n'en atteste, à ce jour - il en a, cependant, à l'évidence, toutes les "connaissances"… En témoignent toutes les évocations des "éléments", dans tous leurs états, et leur participation "active" à l'Œuvre de Transmutation spirituelle. (voir notre chapitre sur les Sites)

Troisième thème : l'adepte doit se préparer, se mettre en condition pour la réalisation de l'Œuvre : *l'adepte doit éliminer tous les désirs corporels, mépriser et vaincre la chair, afin de pouvoir bénéficier de l'appui divin. Le secours de la Divinité est nécessaire, la Grâce doit descendre sur l'alchimiste.* La question de la "Chair" est très présente dans la Queste du Poète et c'est celle qui lui reproche précisément d'y avoir en quelque sorte sacrifié momentanément son âme et sa fidélité à l'authentique force d'Amour, Béatrice, la voie de la Béatitude, qui fait descendre sur lui la Grâce Divine.

Quatrième thème : dans l'alchimie réside, potentiellement, le pouvoir illimité de l'Esprit sur la Matière et, ici, Serge Hutin cite Fulcanelli, dans son ouvrage sur les Demeures Philosophales : *"Mens agitat molem" (L'esprit agite la masse), car c'est la conviction profonde de cette vérité qui conduira le sage ouvrier au terme heureux de son labeur. C'est en elle, en cette foi robuste, qu'il puisera les vertus indispensables à la réalisation de ce grand mystère.* Nous pouvons dire que la Divine Comédie incarne, avant tout, cette prise de pouvoir, par-delà l'affrontement entre les Forces de Lumière et les Forces des Ténèbres, prise de pouvoir menée à son terme par la Foi inébranlable du Poète.

Cinquième thème : l'absolue nécessité de l'ascèse et de la purification :
[…] l'"art" accompagne l'ascèse ; à eux deux, ils constituent le double processus du Magistère… L'Œuvre spirituel s'opère par une ascèse méthodiquement réglée, mettant en œuvre tous les procédés susceptibles d'engendrer l'extase en annihilant la résistance du corps : il est parachevé par la sanctification, la purification radicale de l'être humain, qui s'opère grâce à la descente de l'Esprit divin, du "Feu secret", de "l'eau ardente" ; c'est le véritable "baptême de feu", que seul le Verbe de Dieu peut conférer. De l'ascèse, il est naturellement question tout au long des efforts de l'ascension, exprimés par le Poète, et avec sa purification par les eaux du Léthé et de l'Eunoé, par sa traversée du mur de flammes, précédemment évoqués. Et c'est au chant XXIII du Paradis, au 8e ciel, celui des Étoiles Fixes, qu'à l'apparition du "Triomphe du Christ" parmi les Bienheureux, le Poète entre en extase et reçoit cette sanctification suprême par le Feu de l'Esprit Divin (v.28 à 33) :

tel vis-je par-dessus mille luisernes
un haut soleil qui les allume toutes,
comme Phoebus les lucarnes du monde ;
et entremi leur vive resplendeur
perçait le feu de la divine essence
tant clair que mon regard ne le souffrait.

Béatrice lui précise la source de cet aveuglement initiatique (v.35 à 39) :
>*Elle me dit : "Cela qui te surmonte*
>*est vertu de quoi rien ne se défend.*
>*En elle est la sagesse et la puissance*
>*qui entre ciel et terre ouvrit les voies*
>*dont le monde eut si longue désirance."*

Et le Poète traduit, alors, cette force *terrassante*, si souvent décrite par les Écritures Saintes et les alchimistes parvenus au terme ultime du Grand Œuvre, quand le Feu de l'Esprit Divin envahit l'Âme (v.40 à 45) :
>*Comme des nues le feu parfois éclate*
>*si déchirant qu'il n'y peut plus tenir,*
>*et contre sa nature en terre tombe,*
>*mon âme ainsi par ces célestes mannes*
>*soudain nourrie hors de soi jaillissait ;*
>*et ne sait remembrer que fit alors.*

Cette image de "Foudre" qui fait perdre la mémoire, nous la retrouvons, bien sûr, dans l'arcane du tarot, intitulé la Maison-Dieu, que nous avons déjà évoqué à plusieurs reprises. Nous en découvrirons encore d'autres aspects symboliques dans notre dernier chapitre.

Sixième thème : à l'ascèse de l'Adepte est associé **l'Art**, si bien que lorsque les alchimistes parlent de la "sublimation alchimique", celle-ci est liée à la réalisation des deux Œuvres, mystique et physique. Sur le plan matériel, l'Adepte, écrit Serge Hutin, *cherche à faire surgir le rayon igné, impérissable, mais qui est enfermé au sein de la matière obscure et informe ; pour ce faire, il doit capter le Feu de la Nature, cet Esprit sans lequel rien ne peut croître ni végéter dans le monde, mais qui est prisonnier des Ténèbres opaques : l'alchimiste doit le capter au fur et à mesure de sa matérialisation.*

Ce *rayon igné*, symbole de la Lumière de l'Esprit est, à l'évidence, omniprésent dans la "Queste", proprement dite, du Poète. Il se manifeste, conjointement à des "visions matérielles". Et, au Chant II du Paradis, Béatrice lui avoue (v.109 à 111) :
>*ton esprit reste à nu de certitude :*
>*mais je le veux vêtir d'une lumière*
>*qui à tes yeux tremblera de blancheur.*

Septième thème : la "Pierre au Rouge", souvent dénommée "le Phoenix", renaissant de ses cendres, est souvent assimilée par les alchimistes au Christ lui-même, mort et ressuscité. Et elle incarne, en ce sens, le Principe de la Vie, associé au Verbe Divin. Serge Hutin cite le texte de l'Alchimiste Philalethe, adressé aux Adeptes : *Honorez cet enfant royal, ouvrez votre trésor et offrez lui de l'or, et après sa mort il vous donnera sa chair et son sang, d'où vous tirerez une médecine souveraine et nécessaire dans les trois règnes de ce monde.*

Cette citation, symbole des impératifs du Grand Œuvre, au premier degré, recèle, en profondeur, un raccourci étonnant de toute la doctrine hermétique chrétienne, que nous avons vu illustrée par bien des visions du Poème.

L'honneur porté à *l'Enfant Royal* est le message de la Foi, à travers l'Amour et la Queste de l'Homme, appelé à l'Illumination par la recherche de son *Trésor intérieur*, l'Esprit Divin, au cœur de la Matière. Le *don de l'or* est le fruit de cette recherche, l'ouverture du Cœur et le don de l'Amour. La *médecine souveraine* procède de l'Eucharistie, qui "régénère" l'être croyant, au plus profond de lui-même. Dans une formulation plus ésotérique, elle permet à l'Esprit d'alchimiser la Matière, en la débarrassant de toutes les perversions de l'Ego. Les *trois règnes* nous rappellent que l'Homme, acquiert ce pouvoir de médecine, non seulement pour lui et ses semblables, mais pour toutes les créatures.

En dehors de cette citation, notons que le Principe de Vie, le Cycle de Mort et Résurrection, l'Expression du Verbe Divin, tous ces symboles jalonnent plusieurs visions de Dante.

Le Triomphe du Christ est évoqué dans la Divine Comédie par 6 chants, se développant au 8e Ciel. Remarquons au passage la numérologie sacrée : 8, symbole précisément de l'équilibre cosmique et de la Justice, et de l'Achèvement de l'Œuvre Divine. 8 est ainsi associé au Christ lui-même. Et l'Homme lui-même, en tant qu'image du Macrocosme, est gouverné par le nombre 8. Rappelons aussi que, dans la perspective chrétienne, le "8e jour", succédant aux 6 jours et au sabbat, symbolise la Résurrection et la Transfiguration et annonce le "Monde à Venir"… Il nous paraît hasardeux, oui, de parler de "hasard" ici, pour le choix de cette numérotation par Dante !

Au Ciel des Étoiles Fixes, c'est-à-dire au Ciel du Zodiaque, un ensemble de visions accrédite la référence implicite du Poète à toutes ces réalités de l'Ars Magna, au sein de cette évocation du Triomphe du Christ.

Nous avons, dans la deuxième partie du chant XXII - notons la numérologie 2 fois 2 -, la présence de Dante et de Béatrice, dans le signe des Gémeaux, signe de naissance du poète, certes, mais aussi signe de la Dualité sous l'angle des complémentarités, signe Templier, signe de l'Adepte, en état de "dédoublement intérieur", acteur et spectateur de sa propre transmutation…

Et Dante invoque le signe en question ! *Glorieuse maison ! Étoiles pleines de grande vertu...,* s'écrit le Poète, dont le regard se porte, aussi, sur tout le Zodiaque. La constellation des Gémeaux est *la casa di Mercurio,* pourrait-il préciser, ce qui nous renvoie à Hermès et au lien entre Dieu et les Hommes, Mercure, encore associé, dans la Kabbale, à la lettre Reish, qui incarne la réunion entre le Haut et le Bas, la projection des Forces Divines.

La première partie de ce même chant XXII, est consacrée au 7e ciel, ciel des Contemplatifs, avec l'évocation de Saint Benoît. La voie de la Contemplation est partagée par tout Adepte, réalisant l'Œuvre physique et mystique ou spirituelle. L'Apparition du Christ et des Bienheureux, au chant XXIII conduit le Poète à l'Extase, tout comme l'Adepte est "transporté", nous l'avons vu, par l'apparition du Phoenix. Il célèbre l'ineffable beauté, d'essence divine, de Béatrice, qui se concentre, en particulier dans son sourire et dans son *saint rire,* ce dernier étant le symbole de la **Joie céleste** qui habite tous les Bienheureux, mais aussi de **la joie qui envahit l'Artiste-Ouvrier à l'instant de la découverte de sa "Pierre".**

Dans ce même chant XXIII (v.124 à 126), Dante est témoin de la remontée du Christ et de la Vierge dans l'Empyrée, dixième et dernier ciel, celui où résident pour l'Éternité toute la Cour Céleste, les Anges et les Bienheureux, autour de Dieu. Marie remonte, couronnée par le Feu de l'Amour Marial, émis par les apôtres, et accompagnée de l'hymne des élus en son honneur, *Reine du Ciel* :
chaque blancheur vers le haut s'étendit
de tout son feu, d'où me fut manifeste
la tendre amour qu'ils avaient à Marie.

La dévotion mariale, très prégnante dans le Compagnonnage, est liée, elle aussi, pour les alchimistes, au rôle "mercuriel" et, par là, "matriciel" de celle que le Poète appelle **l'unique épouse de l'Esprit saint** (Purgatoire, chant XX, v.97-98). Au dernier chant du Paradis, par ailleurs, la prière faite par Saint Bernard à Marie, en faveur de Dante, confirme de manière éloquente la fonction d'Alchimie Mystique de la Vierge, composante essentielle de la Trinité Hermétique du Souffre, du Mercure et du Sel, pour la réalisation du Grand Œuvre (v.7 à 9) :
Dedans ton sein fut l'amour rallumée
dont la chaleur en pardurable paix
fit tout ainsi bourgeonner cette fleur.

La *fleur* est cette Rose des Bienheureux, parfaite image de la Perfection du Créé, autrement dit image de l'Œuvre réalisée, dans sa plénitude, si difficile à atteindre humainement…

La suite des chants consacrés au Triomphe du Christ, Chants XXIV à XXVII du Paradis, prennent des tonalités alchimiques non moins certaines.

L'intervention de Saint Pierre, mettant à l'épreuve le Poète sur la question de sa Foi (chant XXIV), celle de Saint Jacques sur la qualité de son Espérance, l'aveuglement momentané de Dante par la lumière émanant de Saint Jean, et, conséquemment ses efforts pour répondre à l'interrogatoire du Saint sur la Charité, et jusqu'aux questions posées par le Poète à Adam, tout ceci est, analogiquement, le reflet exact des épreuves endurées par l'Adepte, aux stades ultimes de la réalisation du Grand Œuvre.

Tous les traités alchimiques sérieux traitent de ces efforts, des vertus et des qualités d'âme que suppose la réalisation des diverses opérations de Transmutation. Or, la Foi, l'Espérance et la Charité, les 3 vertus essentielles sur lesquelles Dante est mis à l'épreuve, figurent en tête de liste !...

Il y a un 8e thème, évoqué par Serge Hutin, à propos de la description de "l'Ars magna", que nous n'avons pas encore abordé et qui tient une place prépondérante dans la Divine Comédie : l'Adepte qui grâce à la Pierre Philosophale, dispose, je cite, *du triple apanage de la Connaissance, des Pouvoirs et de l'Immortalité,* cet Adepte *communie à volonté avec Dieu, s'identifie avec Lui.* Par là même, une tâche impérieuse l'attend, celle de contribuer à "régénérer le monde". Or, à 3 reprises, à la fin des 3 derniers chants de toute la Divine Comédie – notons la numérologie, une fois de plus –, **le Poète a la sensation d'une plongée "hors du temps et de l'espace", tel que la vit**

l'Ergon. Il est au contact direct de Dieu et du "Tout"... *Libération*...
Il s'écrit à l'adresse de Béatrice (chant XXXI, v.85 à 87 :
> *Tu m'as retrait, de servage, en franchise*
> *par tous les arts et par toutes les voies*
> *qu'à telles fins te fut donné d'emprendre.*

Saint Bernard, au chant XXXII, interpelle le Poète ainsi (v.139) :
> *Ma perchè 'l tempo fugge che t'assonna,*
> *qui farem punto, come buon sartore*
> *che com'elli ha del panno fa la gonna ; [...]*

Ce que nous traduisons ainsi :
> *Mais puisque le temps s'enfuit qui te plonge en sommeil,*
> *ici ferons-nous le point, comme un bon tailleur*
> *qui, à la mesure de l'étoffe fait la robe ; [...]*

Faire le point, juste adapté aux moyens mis en œuvre, cela rejoint l'extrême rigueur et la précision de l'Ouvrier, effectivement pris par le temps de la réalisation de l'Œuvre, et qui, sans elles, risque, par quelque engourdissement de l'Esprit, de courir encore à l'échec. Jusqu'aux ultimes stades, la Transmutation peut être ratée. Or, pour *faire ce point*, Saint Bernard ajoute : *Nous lèverons nos yeux vers le premier Amour ?...w* L'Amour, clé suprême de la Béatitude, selon tant de Traditions diverses, et au premier rang, celle de l'Hermétisme Chrétien.

Et le Saint s'apprête à faire sa fameuse prière en faveur de l'Artiste du Grand Œuvre, Dante !... Commencé avec cette prière, le dernier chant de la Divine Comédie, place le Poète, "hors du temps et de l'espace", hors des pouvoirs maléfiques, et plongé dans l'Amour Universel et les bienfaits du Cosmos tout entier. Ce sont les 4 derniers vers (v.142 à 145) :
> *"All'alta fantasia qui manco possa ;*
> *ma già volgeva il mio disio e 'l velle,*
> *si come rota ch'igualmente è mossa,*
> *l'amor che move il sole e l'altre stelle."*

Dont nous proposons ici une autre traduction :
> *De la Haute Fantaisie ici manqua la puissance ;*
> *mais déjà tournait-il mon désir et ma volonté,*
> *ainsi que la roue est en son égal mouvance,*
> *l'amour qui meut le soleil et les autres étoiles.*

Serge Hutin rapporte ce cri de Paracelse, que Dante semble pousser lui-aussi à sa manière : *Arrière donc tous les faux disciples, qui prétendent que cette science divine n'a qu'un but : faire de l'or ou de l'argent ! L'alchimie qu'ils déshonorent et prostituent, n'a qu'un but : extraire la quintessence des choses, préparer les arcanes, les teintures, les élixirs, capables de rendre à l'homme la santé qu'il a perdue.*

Nous pensons que cette expression de *l'alta fantasia* vise les forces éminemment ambiguës de l'Imagination, à l'œuvre, avec tous ses pouvoirs bénéfiques ou maléfiques, dans la "Queste de la Pierre". Elle peut guider ou au contraire détourner l'Adepte de la Voie juste, en mêlant ses charmes aux désirs de l'Ego. A l'inverse, la Voie de l'Amour, celle du Grand Architecte de l'Univers contribue à sublimer désir et volonté et à atteindre le "But"... De même, pouvons-nous imaginer aisément le Poète récitant l'antique Hymne d'Hermès : *Univers, sois attentif à ma prière. Terre, ouvre-toi, que la masse des eaux s'ouvre à moi. Arbres, ne tremblez pas ; je veux louer le Seigneur de la création, le Tout et l'Un. Que les cieux s'ouvrent, et que les vents se taisent.*

Que toutes les facultés qui sont en moi célèbrent le Tout et l'Un.
(Traduction d'Hoefer).

De l'Alchimie Opérative... aux Arcanes du Tarot Sacré...

Dans notre chapitre concernant la Symbolique des Sites dans les trois mondes de l'Enfer, du Purgatoire et du Paradis, et les Forces de l'Invisible qui y sont mises en jeu, nous avons évoqué, en particulier, la remontée de l'Arbre de Vie, analogique à la remontée des Ciels au Paradis. Mais nous nous sommes, uniquement, centrés sur les sephiroth, associées aux hiérarchies célestes, dans la mesure où le Poème de Dante s'en faisait directement l'écho, par passage instantané d'un ciel à l'autre.

Pour être tout à fait exact, c'est l'ensemble de la Divine Comédie qui reflète le cheminement d'un Aspirant, sur la voie de sa Transformation Spirituelle, et non moins d'un Adepte, plongé dans les épreuves et les joies de la réalisation du Grand Œuvre.

Il nous reste donc à reconnaître aussi, dans la même perspective de l'Hermétisme Chrétien et de la Kabbale, **les signes manifestes des "sentiers"** suivis par le Pèlerin et des opérations alchimiques de sa Transmutation intérieure, tels que les évoque le Poète Voyageur de l'Au-delà.

Nous allons le faire, à travers une démarche analogique, rapprochant les arcanes du tarot de ces sentiers, de ces opérations, et, rendant compte, plus généralement encore, des symboles majeurs des énergies et des êtres mêlés à cette Grande Aventure...

Cela constituera, en quelque sorte,
une "anté-conclusion".

CHAPITRE VII

Les Arcanes de la Divina Commedia

ou
Les Symboles majeurs des Forces et des Êtres en présence dans la Grande Aventure de la Transmutation Spirituelle.

> *Les initiés de l'ancien temps, créateurs des cartes du Tarot, connaissaient tous les degrés et les états de l'évolution de la conscience humaine. En vingt deux tableaux, ils en ont illustré les différentes étapes depuis l'éveil jusqu'à la conscience universelle divine. Ces cartes sont celles des arcanes majeurs du Tarot.*
>
> *L'un des grands prophètes, Moïse, reçut ces illustrations des grands Initiés égyptiens et les transmit à son peuple, les Juifs, comme un trésor religieux.*
>
> ÉLISABETH HAICH, Sagesse du Tarot

> […] Il n'y a aucun doute à avoir sur l'existence, dans la Divine Comédie et dans l'Enéide, d'une allégorie métaphysico-ésotérique, qui voile et expose en même temps les phases successives par lesquelles passe la conscience de l'initié pour atteindre l'immortalité…
>
> L'épopée de Dante est Johannite et gnostique ; c'est une application hardie des figures et des nombres de la Kabbale aux dogmes chrétiens, et une négation secrète de tout ce qu'il y a d'absolu dans ces dogmes. Son voyage à travers les mondes surnaturels s'accomplit comme l'initiation aux mystères d'Eleusis et de Thèbes…
>
> RENÉ GUÉNON, L'ésotérisme de Dante

Du Plomb vulgaire à l'Or incorruptible...
les 22 Arcanes du Grand Art de la Transmutation

Homme et Invisible, tels sont les deux termes d'un dialogue, incarné dans le Tarot Sacré. Car si le Tarot est un "jeu", les jeux sont consciemment ou inconsciemment l'une des formes de ce dialogue. Et le jeu peut revêtir l'aspect d'une "science initiatique". Oswald Wirth en témoigne judicieusement (1) : *Celui qui joue peut grandir en esprit et parvenir à la compréhension de l'ésotérisme du jeu. Il semble d'ailleurs que les jeux traditionnels aient leur portée secrète : un dé marqué de points se rapporte au mystère des nombres, de même que les dominos. Le jeu de l'oie voile une philosophie, mais rien ne dépasse à cet égard le Tarot.*

La progression spirituelle de l'Initié, Dante, à travers les trois mondes, de l'Enfer, du Purgatoire et du Paradis, se réalise au contact de forces et d'énergies, incarnées par des figures emblématiques comme Virgile, Béatrice, la Vierge et bien d'autres. Les arcanes majeurs du Tarot illustrent symboliquement et de manière très riche, saisissante, la confrontation du Poète à ces forces et à leurs incarnations, ainsi que ses propres "états de transmutation", aux différents stades et sur différents plans de conscience. A cette progression spirituelle s'associe, sur un plan alchimique opératif, les différentes phases de réalisation du Grand Œuvre par l'Adepte, comme nous l'avons vu par ailleurs. Enfin, la numérotation des arcanes du Tarot renvoie aussi au symbolisme Kabbalistique des Lettres Hébraïques et de leurs valeurs numériques (voir notre chapitre sur les Sites de la Divine Comédie).

Notre approche analogique repose ainsi sur un symbolisme de nature Hermétique et Chrétienne, associant le Tarot, les phases opératives du Grand Œuvre Alchimique, la Kabbale et la Numérologie sacrée, héritée des Pythagoriciens. Ceci nous autorise à dire que ce chapitre est **en forme de synthèse des clés principales d'interprétation que nous avons développées au cours du présent ouvrage.** S'agissant donc, par là même d'une sorte d'anté-conclusion, nous nous permettons de reprendre certaines observations et certaines citations. La répétition vaut l'estime que nous portons à certains auteurs, qui sont, à l'évidence d'authentiques Initiés.

La démarche poétique de Dante, dans sa "Divina Commedia" – ou sa "Commedia", tout court, comme l'appellent certains – légitime pleinement cette perspective d'analogie au Tarot Sacré, associé aux diverses traditions citées. Ne fait-elle pas écho, en effet, à ces définitions du Grand Œuvre Alchimique, considéré comme "l'Art Royal" ou "l'Ars Magna", développés à partir de l'époque des dernières années de présence du Poète en ce Monde, au XIVe siècle ?...

---

(1) *Les Mystères de l'Art Royal* par Oswald Wirth, Éditions Émile Nourry, 1932. Voir aussi du même auteur *Le Tarot des Imagiers du Moyen Âge*, Éditions Tchou-Robert Laffont, Paris, 1975.

Dans cette voie, l'Adepte pratique simultanément l'Œuvre Mystique et l'Œuvre Physique, ou Métallique. Alchimie Spirituelle et Alchimie "Opérative", au sens traditionnel de ce terme, sont étroitement liées. Le déroulement même du voyage initiatique de Dante, dans les trois mondes, à travers les diverses péripéties, nous montre combien **la révolution intérieure, au plan spirituel se trouve liée au plan des manifestations physiques** : traversée de fleuves, marais fangeux, tombeaux flambants, rencontres de monstres, forêts, pluie de feu dans les sables désertiques, cascade du ruisseau de sang, etc. en Enfer. Puis, ce sont, au Purgatoire, montagne, corniches, voix mystérieuses, tremblements de terre, songes, prières et apparitions, etc. Ce sont encore, au Paradis Terrestre, la forêt illuminée, la plongée dans le fleuve du Léthé et l'ablution, tout comme dans l'Eunoé, la vision de l'Arbre de la Science du Bien et du Mal, assimilable, sous certains aspects, à l'Arbre de Vie, etc.

Et, enfin, au Paradis, la lumière et le son des sphères célestes, la montée dans les différents Ciels d'influence planétaire, l'apparition des couronnes d'esprits Élus, les transformations multiples, le point de feu immobile et éblouissant, au 9e ciel, la Rose des Bienheureux, etc.

Oui, comme le dit Serge Hutin, précité, *Le Grand Œuvre, c'est l'union en Dieu par l'extase ; mais, c'est aussi la libération physique, la délivrance des forces aveugles du destin, la transmutation de l'être de l'illusoire au réel, et l'accès à l'Immortalité.*

Et tout ceci, le Poète le chante à sa manière, avec ses propres images et sa langue "vulgaire" italienne !… Et ses évocations spirituelles sont intimement liées aux phénomènes naturels, tout comme l'Adepte pratique simultanément les opérations matérielles et les transmutations de sa vie intérieure.

Oswald Wirth, à qui nous devons un Tarot de conception et d'illustration merveilleuses, donne diverses définitions du Grand Œuvre, parmi les meilleures qu'il soit donné de lire. Celle qui suit, par exemple, souligne fortement la nature "imaginale" et symbolique de l'expression de cette démarche.

Son émancipation par rapport à l'Église, en tant qu'appareil, et sa distance par rapport aux alchimistes purement matérialistes semble retentir comme un écho à la vindicte lancée par le Poète contre Capocchio, *qui faussait les métaux par alchimie* et fut un bon *singe de la nature,* autrement dit un falsificateur !

Oswald Wirth, précité, écrit : *[…] l'homme a pour tâche immédiate de perfectionner sa propre personnalité ; C'est lui le plomb vulgaire que l'Art doit affiner jusqu'à l'idéal représenté par l'or incorruptible. Devenu parfait, l'individu agit comme un ferment au sein de la masse humaine, qu'il tente à transmuer à son tour en pur or philosophique.*

Ce sont là mystères de la Pierre philosophale, connus des philosophes hermétiques, mais ignorés des alchimistes-souffleurs qui se ruinaient en manipulations empiriques, sans comprendre que l'or des Philosophes n'est pas celui des avares et des changeurs.

S'agissant aussi de la finalité pratique, pour la vie ici-bas, de cette démarche initiatique d'Alchimie Spirituelle, Dante n'aurait-il pas pu écrire, à son retour dans le Monde et à sa manière, ceci, du même auteur ? *Vivons religieusement, appliqués à vivre selon les saintes lois de la Vie. Initions-nous au Grand Art de la transmutation du mal en bien, afin de travailler dignement en ce monde, sans nous inquiéter de ce qui pourra nous être demandé dans l'autre.*

Nous ne conférons pas, pour autant, l'étiquette "maçonne", bien entendu, au Poète. Et le privilège qui fut accordé à ce dernier, à travers ses visions, de progresser de son vivant au royaume des morts, semble bien l'avoir libéré, effectivement, des appréhensions post-mortem, à en juger par les 4 derniers vers, porteurs de Foi en l'immense force d'Amour et de la Lumière des Sphères !... La première phase du Grand Œuvre est une phase essentielle, n'en déplaise à certains auteurs "spécialisés". Les racines de l'Alchimie plongent, en effet, très loin, notamment dans les récits des héros antiques.

Nous pouvons suivre, en cela, ce que le même auteur rappelle : *C'est en vue de leur régénération spirituelle que les héros antiques descendaient aux Enfers ; mais ils n'y étaient pas retenus, car la force ascensionnelle puisée dans les profondeurs ne tardait pas à les transporter au ciel.*

C'est exactement ce qui arrive à notre Poète-Voyageur. Au dernier chant de l'Enfer, suivant son guide, il grimpe dans le *chemin caché*, pour sortir, face aux étoiles, *sans prendre souci d'aucune pause.*

Nous avons souligné, par ailleurs, combien la pensée de Dante était également hantée par l'image de la "Chevalerie". Son trisaïeul, Cacciaguida, en est, bien sûr, l'expression la plus évidente. Il apparaît au ciel de Mars, parmi les âmes de ceux qui combattirent pour la Foi (Chants XV à XVIII du Paradis). *Quand l'initié pénètre le sens mystérieux de ses épreuves,* écrit le même auteur, *il se souvient de la forêt ténébreuse des romans de chevalerie. Les monstres y menacent le téméraire qui, trébuchant à chaque pas, doit vaincre mille difficultés pour aboutir aux champs ensoleillés de ses rêves.*

Le membre glorieux des "Fidèles d'Amour", eut très certainement à voir avec les Templiers. Nous avons évoqué son voyage à Paris, dans notre chapitre consacrée à la Destinée du Poète. De toute manière, les liens entre l'Hermétisme et la Chevalerie, en général, soulignés par René Guénon, dans son ouvrage sur "L'ésotérisme de Dante", sont très forts. L'auteur remarque notamment (1) : *...à l'époque de Dante, l'hermétisme existait très certainement dans l'Ordre du Temple, de même que la connaissance de certaines doctrines d'origine plus sûrement arabe, que Dante lui-même paraît n'avoir pas ignorée non plus, et qui lui furent sans doute transmises aussi par cette voie ; [...]*

La démarche, proposée ci-après, vise donc à suggérer tout le symbolisme que les 22 Arcanes du Tarot, à l'éclairage de l'Hermétisme Chrétien, de la Kabbale et de la Numérologie Sacrée, transmettent, en balisant, en quelque sorte, les étapes d'évolution et de transformation intérieure de l'Initié, Dante, dans les trois mondes de la "Divine Comédie". Cet Initié, lui-même, prend ainsi, au départ du voyage, les couleurs et les messages de l'arcane du Bateleur. Il est devant toutes ses potentialités, invité à s'engager dans la voie de sa Transmutation, et se prépare donc à réaliser le Grand Œuvre.

---

(1) *L'ésotérisme de Dante* par René Guénon, Éditions Gallimard-NRF, coll. Tradition, 1957.

Ceci va le mener jusqu'à l'instant suprême, dans lequel, plongeant dans l'Extase, et vivant sa réalisation parfaite, il est au contact de la Totalité de la Création, illustrée par l'arcane du Monde. Le **Bateleur** sera alors mué en **Mat** (ou arcane du Fou), illustration symbolique de l'Initié au stade final de sa Transformation Spirituelle et de l'Œuvre, véritable Ergon, en puissance sinon totalement réalisé, placé hors du temps et de l'espace, sur la voie de son Immortalité.

Notons ici, tout de suite, pour éviter toute incompréhension, que la folie de ce personnage, hérité des cours seigneuriales du Moyen Âge, n'a d'égale que sa profonde Sagesse !... Et fou, il est, certes, aux yeux, *couverts d'écailles*, comme dirait Dante, de ceux qui sont restés sur le bord du chemin... Le Mat (ou le Fou) est, en effet, l'Initié ou l'Adepte, qui, ayant franchi toutes les phases de sa Transformation Spirituelle, et, parallèlement des opérations de Transmutations physique du Grand Œuvre, a rejoint les plans supérieurs, et uni sa conscience individuelle à la Conscience Divine.

Ce mot vient de l'arabe "mat", qui signifie "mort". Le "Fou", exclu du Monde, est comme "mort" aux yeux de la Société. Et, quoiqu'en dise le jeu d'échecs, le "Mat" a emporté la plus belle victoire !... Enfin, cet arcane est le seul qui ne porte aucun "numéro", signifiant que le "Fou" s'est mis hors jeu par rapport aux normes fixées par la raison et la Société, et s'est libéré de toutes contingences. Charles Rafaël Payeur (1) nous en donne une définition précise : *Sur un plan symbolique, cette lame incarne fondamentalement l'archétype de l'aspirant pleinement éveillé aux réalités de l'esprit et se laissant guider par la voix intérieure sans prêter attention aux sollicitations du monde extérieur (représenté par l'animal). Toutefois, l'aspirant, se laissant guider par l'esprit, ignore là où il va (symbolisme du vagabond). en effet, sa marche le conduit vers un monde nouveau qui lui est encore totalement inconnu.* (voir plus loin l'image de cet arcane).

Le Christ, "missionnant" les Apôtres, donne, pour ainsi dire, oralement, le "Vademecum" du Mat, en leur disant (Matthieu 10,16) : *Voici que je vous envoie comme des brebis au milieu des loups ; montrez-vous donc prudents comme les serpents et candides comme les colombes.*

Bien sûr, à l'instar de toute démarche analogique, nous présentons les commentaires qui suivent comme une interprétation toute personnelle. La lecture des arcanes majeurs du Tarot n'est-elle pas toujours semblable à une "visite privée", équipée de 22 miroirs qui reflètent toujours "un regard nécessairement subjectif" ?... Mais celui-ci en rencontrera, nous le souhaitons vivement, d'autres lui ressemblant. Bien sûr aussi, l'analyse peut être approfondie à l'aide des arcanes mineurs qui ne sont pas envisagés ci-après. Mais les Arcanes Majeurs présentent, comme leur nom l'indique, les aspects les plus prégnants de ce symbolisme initiatique.

Avant de plonger notre regard dans chaque arcane, et, par là, dans chaque étape de l'évolution et du voyage du Poète, nous devons permettre au lecteur de se repérer par une "vision panoramique".

----

(1) *La Kabbale et l'Arbre de Vie* par Charles Rafaël Payeur, Éditions de l'Aigle, Canada (Québec), 1996.

"Vision panoramique"...

Tout d'abord, nous envisageons la répartition des arcanes majeurs du Tarot selon 3 cycles. Nous nous référons au processus de réalisation du Grand Œuvre alchimique au sein de la Divine Comédie, tel que le présente Jacques Breyer précédemment cité (1) Notre 2e référence est celle de l'analyse du symbolisme des lettres hébraïques et de leurs valeurs numériques telle que Virya la développe dans son ouvrage, intitulé Lumières sur la Kabbale (2).

Nous nous référons aussi aux deux livres de Charles Rafaël Payeur, sur La Kabbale et l'Arbre de Vie et Le Tarot (3).

Survol du Cycle de l'Enfer...

Nous associons au 1er cycle, en Enfer 7 arcanes majeurs du Tarot : le Bateleur, la Papesse, l'Impératrice, l'Empereur, le Pape, l'Amoureux et le Chariot. Dante est confronté à la question de la maîtrise de la Matière par l'Esprit. Ce cycle aboutit, sur le plan de l'alchimie opérative, à l'obtention de la Belle d'Argent ou séparation du Subtil de l'Épais, que l'adepte ramasse goutte à goutte, avec patience... Le Chariot, qui clôt ce cycle, est, sur le plan spirituel, l'étape où l'initié a obtenu le pouvoir de pénétration suffisant pour découvrir l'essence spirituelle au cœur des réalités matérielles.

Le candidat à la transformation spirituelle a une véritable puissance d'exécution et son corps même est un foyer de rayonnement de l'esprit. Il peut "s'élever" et progresser. Il est prêt à entrer au Purgatoire, afin de poursuivre sa purification et sa transmutation. C'est ce que fait le Poète à l'issue de sa descente aux Enfers

Prologue de l'Enfer :
tout le processus initiatique en 136 vers...

Permettons-nous, ici, de faire nous-mêmes un retour en arrière... Le Prologue de l'Enfer, qui est aussi le Prologue de toute la Divine Comédie, condense, **en 136 vers, un ensemble de symboles qui incarnent tout le processus initiatique, que développent les 99 autres chants !**

L'Initié, Dante, est *au milieu du chemin.* Il se trouve dans une forêt *obscure, sauvage, âpre et forte.* Il est à la recherche de la *voie droite, pour traiter du bien,* et chasser toute peur. L'âme est *en sommeil.* Puis il se retrouve au pied d'une *colline,* à côté d'une *vallée.*

Traditionnellement, la colline est une première manifestation de la Création du Monde. Elle n'a pas la taille de la Montagne. C'est *une douce émergence* pour la montée de l'Initié vers la Lumière.

---

(1) *Dante Alchimiste, interprétation alchimique de la Divine Comédie* de Jacques Breyer, Éditions du Vieux Colombier, Paris, 1957.
(2) *Lumières sur la Kabbale* de Virya, Éditions Jeanne Laffitte, 1989.
(3) *La Kabbale et l'Arbre de Vie* Par Charles Rafaël Payeur, 1996 et le *Tarot,* aux Éditions de l'Aigle, Québec, 1998.

La Vallée symbolise le lieu de transformations fécondantes, où se joignent la terre et l'eau, l'Âme Humaine et l'Énergie ou la Grâce Divine, véritable Union, également, d'éléments opposés mais complémentaires. Elle peut être "maléficiée" par l'erreur de l'Homme et pénétrer, comme l'écrit le Poète, *le cœur d'angoisse*. Mais l'Initié aperçoit, alors, au sommet de la Colline, les rayons de *cette planète qui mène les gens par tout sentier*. Et la vision de cette Lumière Divine apaise alors la peur… L'âme de l'Initié est ensuite placée en vigilance. La conscience s'ouvre :

> *ainsi mon âme, encore jetée en fuite,*
> *se revira, guettant le mauvais pas*
> *qui jamais ne laissa personne vive.*

L'épreuve de l'Âme se double "naturellement" de l'épreuve du Corps. *Quand j'eus un peu reposé mon corps las*, écrit le Poète. Dès ce stade, l'Initié doit affronter le danger de 3 bêtes sauvages, en des lieux, là encore, hautement symboliques.

La *"l'once"* (ou Lynx ou Guépard, selon les traducteurs), qui incarne la Luxure, et, au-delà, toute la **perversion de la Matière** (ce qui exclut, à notre avis la traduction par le Guépard), apparaît sur *la plage déserte*. Celle-ci est le symbole de "vide stérile", dans lequel se trouve l'être, gouverné par les seuls attraits instinctuels de la Matière. Plus précisément encore, la bête se tient *à l'assise du tertre*, guettant ainsi, symboliquement, la moindre tentative d'élévation de l'Initié, grâce à l'appel de l'Amour Divin. Le mot **Tertre** évoque 2 fois le nombre 3 !...

Cela se passe à l'aube, au moment où s'élève le *Soleil*, symbole de la Lumière Divine, escorté par les *étoiles*, c'est-à-dire les planètes. Notons que l'explication la plus courante des commentateurs évoque le signe du Bélier, où le Soleil entre à l'équinoxe de Printemps, période de création du Monde, selon la Tradition. Nous pouvons considérer l'image sur le plan du Grand Œuvre : le mariage alchimique du Feu Divin et des énergies des Planètes, mariage qui préside à l'Initiation. Survient, alors, le Lion :

> *plein de rageuse faim, la tête haute,*
> *si qu'on en cuidait voir tout l'air frémir.*

Puis, une Louve :

> *[…] qui dans sa maigreur*
> *semblait chargée de toutes les convoitises ; […]*

Cette Louve déclenche chez Dante une peur telle que, dit-il *je perdis l'espoir de la hauteur*. Tout ceci évoque en un raccourci saisissant les épreuves qui attendent l'initié au moment d'opérer le Grand Œuvre de sa Transmutation Spirituelle. En effet, **le Lion** incarne, ici, plus que l'orgueil, comme la plupart des commentateurs l'affirment, **la violence avec laquelle l'Ego investit l'Être tout entier** et devient particulièrement dangereux pour ceux qui l'entourent. C'est aussi, astrologiquement, la forme maléficiée de l'énergie solaire qui peut se manifester, au lieu de la Lumière irradiante, aspect positif du Lion. **La Louve** incarne, ici, plus que l'Avarice, **la puissance des Ténèbres** qui, en l'être humain, peut cacher toute étincelle divine et condamner à l'échec l'Œuvre de Transmutation Spirituelle et, dans un premier temps, l'atteinte de *la cime de la colline*.

Elle est le symbole par excellence de la débauche, sous toutes ses formes, plongeant l'Âme dans la nuit absolue (chant I de l'Enfer, v.58 à 60) :
> *tel me rendit cette bête sans paix*
> *qui peu à peu, encontre moi lancée*
> *me repoussait là où tait le soleil.*

Dans une autre tradition, notons que cette Louve infernale constitue, aussi, un obstacle **sur la route du pèlerin musulman** en marche vers la Mecque. Elle est alors, parfois, comparée à la **Bête de l'Apocalypse**. Mais ici encore, comme pour le Lion, il y a un aspect positif. Le Loup, dont les yeux percent les Ténèbres, est symbole de Lumière, attribué à Belen ou à Apollon par les Grecs. Mais le Poète a vision d'une Louve, symbole du **désir sexuel maléficié**…

C'est à cet instant, en Enfer, qu'apparaît l'âme de Virgile qui va se présenter comme le guide de Dante, jusqu'au Purgatoire. Et, au doute du Poète sur sa réalité ontologique, *Ombre ou Homme certain*, il répond simplement (chant I, v.67) : *Homme ne suis, mais fus homme jadis,* ce qui en dit plus long qu'en apparence ! Guide et maître initiateur d'un véritable "fils spirituel", c'est en tant qu'incarnation de la Raison Humaine, avec toute son expérience, qu'il va inspirer tout le Grand Œuvre de son disciple…

Et il réaffirme, ensuite, la finalité de toute transformation spirituelle : la "Joie", que seule, le contact direct avec la Lumière Divine confère, au sommet de la Montagne, à la rencontre de ce point de jonction entre Ciel et Terre, et lieu privilégié de toute Hiérophanie :
> *[…] la présente montagne*
> *qui est principe et fin de toute joie ?*

Virgile a les principaux attributs du maître et guide spirituel et en particulier sa Lumière intérieure et sa Sagesse. Il va permettre à Dante d'opérer la Rectification, symbolisée par ces paroles qu'il adresse au Poète (v.91 à 99) :
> *"Il te faudra tenir autre voyage",*
> *dit-il voyant mes larmes, "si tu veux*
> *échapper de ce lieu vaste et sauvage :*
> *car cette bête ici, pour quoi tu cries,*
> *ne laisse homme passer par ses chemins,*
> *mais si fort le guerroie qu'elle le tue ;..."*

La plongée dans les Ténèbres de la Matérialité et de l'Inconscient (autre aspect du symbole de la Louve), a une nature endémique. Et surtout elle donne lieu à toutes les dérives possibles et toutes les formes de perversion de l'Esprit par la Matière.

Et c'est alors que Virgile, complétant le portrait de cette Louve, met en avant **la fameuse prophétie du "Veltro"**. Nous avons commenté celle-ci, par ailleurs, dans un sens plus ésotérique que ne le font habituellement les commentateurs. Nous en donnons la traduction suivante :
> *Nombreux sont les animaux auxquels elle s'accouple,*
> *et plus le seront-ils encore, jusqu'à la venue du lévrier,*
> *qui la fera mourir par grandes douleurs.*

*Celui-ci ne se repaîtra ni de terre ni d'étain argenté
mais de sapience, d'amour et de vertu,
et son peuple sera feutre à feutre.*

Le "Veltro" est souvent traduit par le Vautre, chien ardent et râblé, employé spécialement à la chasse des fauves, des sangliers et des loups. Et cet animal vient à symboliser le sauveur de la Société de l'époque de Dante, en proie aux méfaits de la Louve. Celle-ci en vient alors à symboliser la Société dépravée de l'époque, en général, et la Curie Romaine, en particulier. Celle-ci était particulièrement corrompue par la simonie, au sens anagogique de ce terme, autrement dit le trafic vénal d'objets de culte et le monnayage des Indulgences. Certes le vœu de Dante était bien, d'un point de vue exotérique, la venue d'un empereur pour corriger l'Église de la simonie et rétablir la dualité équilibrée de pouvoirs temporel et spirituel, nettement séparés. Mais nous pensons à un sens ésotérique certain de ces images symboliques, s'inscrivant dans le thème central du processus de transformation spirituel.

Le chien représente, selon la Tradition, le psycho pompe, guide de l'Homme au royaume des morts, après son compagnonnage de la vie. Le "Veltro" peut littéralement se traduire par le "Lévrier".

Celui-ci, certes est entraîné pour la chasse, mais il est aussi chargé d'un autre symbolisme. Il remplit une fonction de "purificateur", liée à la première fonction de guide. Avec un tel symbolisme, le chant du Poète s'éclaire tout à fait !

La Louve, symbole de la débauche des sens et de l'enfermement dans la Matière fusionne avec toutes les formes de perversion de l'Esprit par la Matière, soit les animaux avec lesquels elle "s'accouple". **Le Lévrier, symbole de purification, au sens très "actif", alchimique du terme, dévore la Louve, soit les forces des Ténèbres, dans les plus grandes douleurs pour l'Ego. C'est, autrement dit, l'épreuve du "détachement".** La nourriture du Lévrier n'est plus la terre, le plomb vil ou les métaux composés, mais les énergies spirituelles : la "Sapience", faite de Connaissance et de Philosophie, ainsi que l'Amour et la Vertu.

La purification par le Lévrier conduit à la génération du peuple des Élus, en qui règne l'entente la plus pacifique *de Feutre à Feutre*. Ce mot, qui fait sa première apparition au XIIe siècle, est, nous dit le dictionnaire : *une étoffe obtenue en foulant et en agglutinant du poil ou de la laine*. Et, par métonymie, il désigne le *chapeau*. S'agissant de notre sujet, cela se passe de commentaires !...

Enfin, ce sujet étant d'importance, rappelons que, selon la Tradition de l'Hermétisme Chrétien, le Lévrier a été identifié au **"Précurseur" du second avènement Christique**. C'est l'envoyé de Dieu pour Dante, mais pas nécessairement relié à la contingence historique que lui attribuent de nombreux commentateurs de la Divine Comédie. Rappelons, aussi, que les moines de Saint Dominique étaient appelés les "Dominicanes", les chiens du Seigneur, ceux qui protègent la Maison par l'enseignement du Verbe…

Mais, ramené au niveau individuel de l'Initié sur la voie de sa transformation spirituelle, notre interprétation nous renvoie aussi, une fois de plus, à l'Alchimie : pour accéder à l'ultime étape du Grand Œuvre Spirituel et Physique, l'initié se purifie, en vivant **une mort mystique**. A l'ultime phase de purification de l'Or, la matière des sages, le "Loup gris des philosophes", selon Basile Valentin, symbole de lumière - à l'opposé de celui de la Louve, symbole de ténèbres, ici évoquée par Dante - le loup donc dévore le chien.

L'inversion du Lévrier, dévorant la Louve dans le texte de Dante, se justifie tout à fait. La Louve est l'aspect négatif du symbole du Loup et le Lévrier est l'aspect positif et "actif" du chien chasseur et purificateur, comme nous l'avons dit plus haut. Le sage, qui est "Chien et Loup", à la fois, se purifie donc en se dévorant lui-même, en s'arrachant aux griffes de son Ego, qui tend à réduire l'Esprit à l'état de Matière inerte, au lieu d'investir l'esprit dans la Matière et de la vivifier.

Plus loin, par la bouche de Virgile, Dante évoque *le salut de cette humble Ytaill (ou Italie)* par le *"Veltro"*, qui repousse la Louve en Enfer, et il se réfère aux héros de l'Enéide. C'est alors qu'il précise son rôle de guide et ses limites. Notons cependant, sur un plan d'interprétation plus ésotérique, des images qui ne laissent planer aucun doute sur l'aspect initiatique. La purification par le feu est à même d'élever les âmes des damnés vers le ciel des Bienheureux. Leur *seconde mort* peut être interprétée, certes, d'un point de vue exotérique, comme la damnation, par opposition à la *seconde vie* au Paradis. Mais, d'un point de vue ésotérique, à travers l'image des damnés, le Poète est témoin d'étapes d'involution et d'évolution, sur la voie. La *seconde mort* peut être rapprochée de la "mort mystique" que l'Initié franchit, non sans douleur, pour se dépouiller de tout ce qui l'ancre dans la Matière et lui interdit l'accès à l'Esprit, omniprésent en toute chose et omniscient, et au Divin (chant I de l'Enfer, v.113 à 120) :

> *[....................] et je serai ton guide*
> *te hors-jetant d'ici par lieux éternels*
> *où s'entendent les cris du désespoir,*
> *où se voient les dolents esprits antiques*
> *dont chacun hurle à la seconde mort ;*
> *puis tu verras ceux-là qui sont contents*
> *dedans le feu, espérant tôt ou tard,*
> *venir parmi les âmes bienheureuses ; [...]*

Virgile dit à Dante qu'il ne peut, lui-même, accéder au Paradis, ayant été *rebelle* à la loi du *juste empereur qui là-haut règne*. En effet, chantre de la Raison Humaine, Virgile ne connut pas, de son vivant, la Foi Chrétienne.

Il cédera, alors, le rôle de guide à *une âme plus que moi digne*, dit-il.

Il s'agit, bien sûr, de Béatrice. Rappelons que le Poète Latin évolua, au cours de sa vie, d'un épicurisme primitif à un platonisme d'inspiration mystique, croyant à la survie de l'Âme. Ceci éclaire tout à fait son attitude.

Dans sa réponse à Virgile, Dante requiert de cette incarnation de la Raison Humaine, qu'elle l'aide à fuir *ce mal... et autres pires*. L'Initié a besoin du Maître, pour sortir de sa "forêt d'erreurs" et terrasser tous les maux de l'Âme, tels qu'il va les découvrir tout au long de son voyage initiatique, et en particulier en Enfer. Et c'est au lieu où il pourra apercevoir *la porte de saint Pierre*, c'est-à-dire la porte du Purgatoire, que Dante demande à Virgile de le conduire… Nous voyons bien que tout le projet de voyage initiatique et de transmutation spirituelle est condensée dans ce prologue.

Comme nous l'avons dit plus haut, il compte 136 vers. Par réduction théosophique, nous obtenons le nombre 10, qui est associé à la lettre Hébraïque YOD, incarnant, selon les Kabbalistes, **le Germe Divin**, caché au sein de la Création. Cette lettre est en correspondance avec la **Connaissance,** qui permet à l'initié d'accéder, en pleine conscience, à la Sagesse Divine.

Le mot Connaissance est, ici, pris en son sens profond, du latin "Cum-nascere", c'est-à-dire, très précisément, la **Renaissance**, seconde naissance, par l'ouverture de la Conscience et le processus de transformation mystique et spirituelle. Le nombre 10 est aussi associé à l'arcane de la **Roue de Fortune**, dans le tarot. Celui-ci représente la Roue du Destin et la loi du Karma.

Il nous renvoie à la prise de conscience des grandes lois de l'univers pour le développement de soi et l'acceptation du destin. **Le signe astrologique de la Vierge** lui est associé, impliquant de la part de l'initié une analyse systématique de ses expériences, rattachées à son Ego, pour pouvoir s'ajuster aux lois cosmiques universelles. Les acquis personnels sont remis en question, pour être mis au service de la collectivité. Dans cette perspective, le signe de la Vierge répond à un désir authentique de perfectionnement de l'être. Enfin, le nombre 10 est en correspondance avec le 20e sentier de l'Arbre de Vie, reliant les sephiroth Hesed et Tiphereth, celui dit **de la Conscience ou de l'Intelligence de la Volonté.** Sur ce sentier, Charles Rafaël Payeur, dans son ouvrage sur "La Kabbale et l'Arbre de Vie", précité, écrit que *le moi personnel s'y trouve alors fécondé par une puissance supérieure l'amenant à participer véritablement aux plans cosmiques de la Création.*

Telle est, sans conteste, l'expérience du Poète.

Le nombre de vers de ce premier chant de l'Enfer, prologue à toute la Divine Comédie, n'est, ainsi, sûrement pas dû au hasard. Mais, bien sûr, comme nous n'avons cessé de le répéter dans notre chapitre sur la Numérologie Sacrée de l'Œuvre, choix du Poète ou choix de la Divine Providence, nul ne le saura jamais…

La queste de Dante, telle qu'elle apparaît dans ce prologue, est à l'unisson du sens que le Nombre nous communique, à travers toutes ses correspondances symboliques. Pour le reste du déroulement en Enfer, nous reportons le lecteur à l'examen individuel des arcanes, plus loin.

Survol du cycle du Purgatoire…

Nous entrons dans un 2e cycle, au Purgatoire. Ce cycle se décompose en 2 phases : le débarquement sur la Plage et la montée des assises de l'Antipurgatoire, d'une part, et l'ascension des 7 corniches de la Montagne, d'autre part. Nous lui associons 6 arcanes majeurs : la Justice, l'Hermite, la Roue de Fortune, la Force, le Pendu, l'arcane XIII, ou arcane de la Mort et de la Renaissance.

Dante découvre toutes les lois d'harmonie du Cosmos et d'harmonie entre le microcosme et le Macrocosme. Ce cycle aboutit, sur le plan de l'alchimie opérative, à la réalisation de la 2e étape du Grand Œuvre, l'obtention du Corbeau, le plus pur, puis de la Colombe, Blanc pur, et enfin de la Queue de Paon irisée, autrement appelée Forêt Verdoyante. Avec la Colombe, comme nous l'avons déjà dit plus haut, l'Adepte atteint le Petit Magister…

Ce cycle se termine par la Mort Mystique, symbolisée par l'arcane Mort et Renaissance.

Au début de ce cycle, l'arcane de la Justice, associé au nombre 8, est l'image du mystère de la Psychostasie des anciens Égyptiens, dans laquelle la pesée de l'âme passait par l'évaluation de l'état d'équilibre cardiaque de l'être.

A cet échelon de conscience, écrit Elisabeth Haich (1), *l'homme entreprend un nettoyage général ; il essaye de soupeser chaque chose et de donner une juste valeur à ses expériences. Il avance systématiquement, méthodiquement, faisant naître un ordre divin du chaos qui régnait en lui auparavant.*

Ceci résonne comme un écho au chant du Poète (Chant I du Purgatoire, v.4 à 6) :

Je chanterai ce deuxième royaume
où l'âme humaine, en gravissant, se purge
et de monter au ciel redevient digne.

En ce même chant, Caton d'Utique, farouche stoïcien, placé par Dante comme gardien symbolique de l'Anti-purgatoire, en raison de sa grande estime pour lui, à l'instar de celle des Pères de l'Église, prescrit un rite de purification au Poète (v.94 à 99) :

Va donc, et fais que tu ceignes cestui
d'un jonc uni, et lui laves la face,
si bien que toute crasse en soit déteinte ;
car ayant l'œil pourpris de quelque brume
il ne siérait d'aller en la présence
du premier des sergents de paradis.

Le jonc, sans nœud, *uni*, se laisse plier aux vents, aux flots et aux doigts du tamier, ou "raisin sauvage", ainsi que l'explique fort joliment André Pézard (2). Ceci est un symbole certes d'humilité chrétienne, comme l'indique l'auteur, mais il y a plus, sur le plan de ce symbole, à notre avis. Le mot italien *Schietto*, accolé à *Giunto*, évoque aussi la pureté, le naturel et la droiture morale, ce qui nous ramène à l'arcane de la Justice.

Le principal résultat de la purification est concentré symboliquement dans le *regard pourpris*, c'est-à-dire enclos dans la brume et qui n'a donc pas la vision juste, qui sied aux âmes mises en présence des êtres célestes.

Quant à l'Ange, il s'agit ici du gardien de la Porte du Purgatoire.

---

(1)*Sagesse du Tarot, les vingt deux niveaux de conscience de l'être humain,* par Élisabeth Haich, Éditions Au Signal, Lausanne, 1983.
(2) **Dante - Œuvres Complètes** par André Pézard, Éditions Gallimard-*NRF,* coll. de La Pléiade, 1965.

Tout au long de ce deuxième royaume, le Poète va opérer la *purge*, annoncée au chant I et dont nous ne résistons pas au plaisir de citer le texte original en italien vulgaire (voir la traduction ci-dessus) :

e cantero di quel secondo regno
dove l'umano spirito si purga
e di salire al ciel diventa degno.

Dans l'Antipurgatoire, après le rite de purification de Caton, le Poète rencontre, entre autres, l'Ange, nocher des âmes repenties. Et il souligne **l'efficacité de la Prière, fondée sur l'Amour**, usant d'une formulation, traduisible ainsi (chant VI, v.37 à 39) :

car point ne s'enfonce la cime du jugement
si feu d'amour accomplit en un instant
ce dont s'acquitte celui qui siège ici.

Le Jugement Divin, en ses hauteurs sublimes, ne fléchit pas, quand l'Amour des âmes accomplit, "en un instant", le miracle de la prière. Les pénitents de l'Antipurgatoire, morts de mort violente et réconciliés avec Dieu à la dernière minute, sont en train de prier et toute espérance leur est, alors, favorable.

Au chant IX (v.82 à 84), apparaît l'Ange Portier, muni d'un glaive, comme le personnage de l'arcane de la Justice, dans le tarot. Il émet un rayonnement, insoutenable au regard d'un simple mortel :

Et il avait un glaive nu à la main
qui reflétait ses rais vers nous, si vifs
qu'en vain j'y adressais souvent la vue.

Dans le même chant (v.115 à 129), nous avons une description des attributs de ce portier qui, à un regard exotérique, apporte un ensemble de symboles chrétiens simples, mais qui, à une lecture plus ésotérique, prend une ampleur différente, toute imprégnée des concepts alchimiques du Grand Œuvre. Ainsi, Dante écrit : [...] *Il m'écrivit parmi le front sept P.*

Il s'agit là, sans doute, sur un plan exotérique, de la désignation symbolique abrégée des 7 péchés capitaux, correspondant aux 7 corniches du Purgatoire. L'Ange effacera au front du Poète le "P" correspondant au péché des pénitents appartenant à chacune de ces 7 corniches, après parcours de chacune d'elle et prise de conscience du châtiment attribué.

Mais, au plan ésotérique, et selon la Tradition de l'Hermétisme Chrétien, dessiner au front du Poète 7 "P", c'est souligner, au niveau du chakra frontal, la mise en contact de l'Initié avec l'énergie qui l'incite à focaliser sa conscience sur l'Être Divin qu'il porte en lui-même. Car tel est le symbolisme calligraphique de la lettre "P". Cette lettre désigne tout le travail de détachement du plan matériel et l'émergence de la dimension spirituelle en soi.

Et le chakra frontal est celui qui amène l'Homme sur la voie à fusionner avec l'Autre, pour conquérir cette dimension intérieure et retourner à son unité d'androgyne originel. Entrant au Purgatoire proprement dit, après le passage dans l'Antipurgatoire, l'Ange Portier souligne ainsi, à 7 reprises, la finalité de fusion spirituelle avec Béatrice en Paradis. Et, bien sûr, cette alchimie spirituelle passe par l'exorcisme rituel des 7 péchés capitaux, entendu au plan exotérique ci-dessus.

Notons que la lettre "P" est associée par la Tradition au Nombre 7, lui-même associé à l'arcane du Chariot dans le tarot, déjà évoqué plus haut, et qui clôt le cycle précédent de l'Enfer !... A ce stade, l'Initié, Dante en l'occurrence, a acquis cette force de pénétration, nécessaire à la découverte de l'essence spirituelle au cœur des réalités matérielles (Nombre 7) et il est incité à s'identifier pleinement aux valeurs profondes qu'il porte en lui, maîtrisant toutes les forces contraires, tous les opposés de sa nature, inventoriées en Enfer (le Chariot).

En termes d'alchimie, l'Initié doit découvrir la "matière première" du sage, qui est Lumière, en soi. C'est ce que décrit, ainsi, Oswald Wirth (1) :

*La **Matière première des Sages** fait allusion à cette clarté diffuse en tous lieux, mais que perçoivent seuls les philosophes hermétiques. Qui travaille sur cette Matière entreprend l'œuvre correctement et peut, s'il ne commet aucune faute, atteindre à l'idéal de la Pierre parfaite [...] Tout, en Initiation, dépend cependant de ce que nous parvenons à **voir intérieurement**.*

*Les épreuves n'ont d'autre but que de nous mettre en état de **voir la Lumière** [...] Mais ce qui opère en nous est "**Esprit**", autrement dit **Lumière**, et c'est la **Lumière opérante** que nous sommes appelés à découvrir en nous ; pour y parvenir, il nous faut déposer nos métaux, mourir aux illusions profanes et parfaire notre purification mentale.*

Sur ce dernier point, rappelons que ce sont les facultés intellectives qui, effectivement, chassent le brouillard, mais que la voie cardiaque est non moins impliquée dans la réalisation de la Transmutation spirituelle, pour l'Hermétiste Chrétien. Et sa contribution est essentielle pour cette recherche de la Lumière. L'auteur lui-même écrit par ailleurs : *Mais il est un Grand Œuvre éternel et global qui n'est réalisable que par l'Amour. Il faut aimer pour travailler divinement, pour créer, coordonner le chaos et transmuer le mal en bien.*

Rappelons que le glaive est le symbole du Verbe. C'est le Verbe, par l'intermédiaire de l'Ange Portier du Purgatoire, qui transmet ce pouvoir de pénétration, apte à faire découvrir par l'Initié sa lumière intérieure, la materia prima des Philosophes hermétistes et alchimistes. Ce glaive est "nu", comme la Vérité... Le vêtement de l'Ange Portier du Purgatoire est, chante le Poète, de *couleur cendre ou terre fouillée qui se dessèche...* Ceci, d'un point de vue exotérique, est symbole d'humilité, mais d'un point de vue ésotérique, c'est surtout **le symbole de tout le travail d'alchimisation par le Feu**. La cendre est associée au principe "Yang", au Soleil, à l'Or, comme au Feu et à la Sécheresse. Et le sec est l'une des quatre propriétés qui caractérisent le Feu.

La Sécheresse nous renvoie à "l'épreuve du désert". Et c'est aussi le symbole de la "stérilité"...

La terre doit être fouillée pour en extraire l'humus et être à nouveau fécondée et régénérée.

L'Ange Portier a deux clefs, l'une d'or, couleur jaune et l'autre d'argent, couleur blanche et il dit à l'adresse du Poète (chant IX, v.121 à 126) :

---

(1) *Les Mystères de l'Art Royal* par Oswald Wirth, Éditions Émile Nourry, 1932.

*"Quand l'une de ces clefs est en défaut
et ne tourne pas droit parmi la gâche,
ce passage"* dit-il *"demeure clos.
Plus précieuse est l'une ; mais pour l'autre
faut trop d'art et engin avant qu'elle ouvre,
car son affaire est en nœuds démêler".*

Message énigmatique, en apparence… Giuseppe Vandelli, dans l'édition italienne de la "Divina Commedia" en livre le sens exotérique (1) : *La clef d'or représente l'autorité divine que le prêtre exerce quand il absout ; celle d'argent la science nécessaire au prêtre pour évaluer et juger les fautes avant d'absoudre. Voilà pourquoi l'ange utilise d'abord la clef d'argent et ensuite celle d'or.* Et l'auteur précise après que si la porte reste close, parce que l'une de ces clefs ne fonctionne pas, c'est que le prêtre manque de science et d'autorité (*art et engin* traduit André Pézard), ou bien, n'en n'use pas correctement, et alors l'absolution n'est pas valable.

Les clefs du Royaume des Cieux sont confiées à Saint Pierre et la clef "lie ou délie". Les deux clefs d'or et d'argent figurent sur les armoiries papales : double aspect diurne et nocturne du pouvoir, correspondant à l'autorité spirituelle et à la fonction royale. L'un de ces pouvoirs permet l'accès au Paradis Céleste, l'autre au Paradis Terrestre.

Mais **d'un point de vue Hermétique, ces clefs donnent l'accès aux Grands et aux Petits Mystères, et confèrent ainsi la qualité d'Initié.**

Pour la clef d'argent, s'il faut *trop d'art et d'engin,* c'est-à-dire d'imagination, d'intuition artistique, d'habileté et de grandes ressources spirituelles, en général, et, pour finir, de Connaissance et de Vertu, c'est qu'il s'agit de la clef qui démêle le secret : *car son affaire est en nœuds démêler…*

Au cycle du Purgatoire est rattaché par Dante le voyage au Paradis Terrestre. Dans l'optique alchimique et hermétique, imagée par le tarot, qui nous retient dans ce chapitre, nous le suivons tout à fait, mais le Paradis Terrestre apparaît tout autant comme une étape intermédiaire entre deux mondes.

Le Purgatoire, avant le Paradis Terrestre, inclue donc l'alchimisation des 7 péchés capitaux, autrement dit la transmutation des 7 voies principales de perversion de l'Esprit par la Matière et par les égarements de l'Ego.

Cette transmutation est effectuée grâce aux énergies divines développées par les Vertus et au concours de la Grâce Divine. Le cheminement de l'Initié est à l'image d'une ascension des 7 corniches, cernée par les éléments et en particulier le Feu, comme nous l'avons vu dans notre chapitre consacré aux Éléments. Cette phase se termine par l'opération, imagée par l'arcane XIII du tarot, souvent dénommé l'Arcane sans nom, mais qui a été aussi judicieusement baptisé l'Arcane de la Mort et de la Renaissance. Il symbolise, répétons-le, en effet, au sein du processus d'Alchimie Spirituelle, ce que le langage Hermétique appelle la Mort Mystique.

---

(1) *La Divina Commedia* par Giuseppe Vandelli, Éditions Ulrico Hoepli, Milano, 1989.

Après le retournement complet de conscience, illustré par l'arcane du Pendu, l'initié vérifie le fameux avertissement de Goethe :
>Et tant que tu n'as pas vécu
>La mort et la résurrection
>Tu n'es qu'un pauvre hère
>Sur cette sombre terre.

De son vivant, visitant le royaume des morts, Dante plonge un temps dans cette Mort Mystique. L'épreuve du mur de flammes, au chant XXVII, qui cause tant de frayeur au Poète, sublimise l'épreuve du Feu purificatrice.

Et au moment d'entrer au Paradis Terrestre, Virgile l'incite à présent à progresser *hors des étroites voies* et à ne plus attendre de lui des paroles ou des signes, car, dit-il *franc et droit et sain est ton arbitre*.

Le Poète est entièrement régénéré. Au stade de la seconde mort, l'Initié, futur Maître, écrit Oswald Wirth, *doit s'identifier avec le Faucheur de l'Arcane XIII du Tarot. Il coupe les têtes du Roi-Raisonnement et de la Reine-Imagination ; mais en fauchant, il fait surgir de terre, parmi des pousses nouvelles, des mains pour agir et des pieds pour marcher… Nous ne sommes rien tant que nous restons immobiles, mais notre mouvement laisse une trace lumineuse, même si nous ne sommes que d'éphémères étoiles filantes.*

Après calcination et putréfaction en Enfer, chassant toutes illusions et faussant compagnie à toutes erreurs et tous égarements, après purification au Purgatoire, jusqu'au retournement de conscience et à la Mort Mystique, le Gand Œuvre peut désormais se développer à un niveau supérieur. L'Adepte peut passer, enfin, au stade de la queste du Grand magister. En fait, la Mort Mystique symbolise le retour à l'essentiel, au sens profond de ce terme…

Charles Rafaël Payeur, dans son ouvrage sur La Kabbale et l'Arbre de Vie, précité, résume avec force le fruit de cette opération : *la marque de la personnalité ne fait plus écran à la perception des messages de l'esprit.*

Dans la 7e corniche de la Montagne du Purgatoire, celle des Pécheurs de la chair, au Paradis Terrestre, Dante reçoit un solennel congé de la part de Virgile (chant XXVII, v.20,21- 31 à 33 et 36) :
>Et Virgile me dit : "Mon fils, mon fils,
>>ci peut être tourment, non certes mort.
>
>[…]
>Quitte ormais toute crainte, ici regard,
>>viens avec moi, entre bien assuré !
>>Et moi de pierre, encontre conscience.
>
>[…]
>>entre Biétris et toi n'a que ce mur."

Le mur de flammes est le seul obstacle à se rapprocher de la Béatitude… Et, plus loin, le Poète s'écrie (v.121 à 123) :
>Tant de désir par-dessus mon désir
>>d'être là-haut s'enflait, qu'à chaque pas
>>je sentais à l'envol croître mes ailes.

Et Virgile l'exhorte, enfin, à ne plus compter que sur son *libre arbitre*, c'est-à-dire, en réalité, sa conscience libérée (v.139 à 142) :
mais n'attends plus de moi dire ni signe,
car franc et droit et sain est ton arbitre,
et ne faire à son gré serait forfaire.
Je te baille sur toi couronne et mître.

Le guide et maître du Poète attribue, symboliquement, à l'initié, qui a franchi les deux premières étapes du Grand Œuvre, *la couronne et la mître*.

Au premier degré, la couronne est le symbole du pouvoir temporel et la mître, celui du pouvoir spirituel. Mais, plus profondément, la couronne, faite des matériaux de l'Arbre de Vie, symbolise l'Initiation Chrétienne et aussi la présence du Christ sur la tête des Élus. Il s'agit donc pour Dante de la promesse, au terme de sa transmutation spirituelle parfaitement réalisée, d'atteindre la contemplation de la couronne des Bienheureux, au Paradis, et, également, d'une promesse d'Immortalité. Souvenons-nous du sacrement de mariage médiéval, au cours duquel l'évêque pose une couronne sur la tête de la Vierge et prononce, en forme de parole rituélique :
Reçois un signe du Christ sur la tête
Afin que tu deviennes son épouse,
Et si tu demeures dans cet état
Tu seras couronnée par l'éternité.

Cet usage se retrouve dans le rituel du baptême, symbolisant la Renaissance dans le Christ. De part sa forme triangulaire, la mître, au-delà de son symbole épiscopal, incarne la contact direct avec Dieu, contact promis au Poète.

Dante pénètre dans le Paradis Terrestre

Survol du cycle du Paradis Terrestre...

Dans notre perspective Hérmétique Chrétienne, imagée par les arcanes du tarot, nous avons trois arcanes qui s'associent au Paradis Terrestre, lui-même terminant le voyage du Poète au Purgatoire : la Tempérance, le Diable et la Maison-Dieu. Nous renvoyons le lecteur à l'évocation de chacune d'elles plus loin. Pour l'essentiel, cette étape correspond pour l'Initié en quelque sorte, à une phase d'ultime convulsion, sur le chemin de sa Transmutation Spirituelle, avec tous les dangers - que le lecteur nous pardonne cette familiarité - d'un retour à la case départ pour le Grand Œuvre !...

Au chant XXVIII, l'itinéraire commence sous des auspices très heureux : *la divine forêt épaisse et vive qui à mes yeux tamisait le jour neuf*, chante le Poète. Puis Matelda apparaît, gardienne de l'Éden et guide des âmes à travers cette forêt. Dante a la vision de la source des deux fleuves sacrés du Léthé et de l'Eunoé, dans lesquels il devra se purifier pour parfaire sa transformation intérieure. Il est témoin de la fécondité de la *sainte campagne* autour de lui, qui donne des *fruits*, les bienfaits célestes, jamais cueillis sur notre Terre (v.109 à 114, 118 à 120 et 127 à 132) :

Les Arcanes de la Divina Commedia

Mais les plantes frappées ont si grands dons
qu'elles empreignent l'air de leur vertu ;
l'air en virant la secoue à la ronde ;
et la terre habitée, tant comme est digne
par soi et par son ciel, conçoit et porte
de diverses vertus diverses plantes.
[...]
Et tu sauras que la sainte campagne
autour de toi de tout germe est remplie,
et donne fruits qui chez vous ne se cueillent.
[...]
Et Matelda précise les fonctions de la *sûre et gaillarde fontaine* :
De ce côté son flot a la puissance
d'ôter des cœurs mémoire du péché ;
de l'autre il rend du bien pleine mémoire.
Ce ruissel à sénestre a nom Léthé ;
l'autre Eunoé : mais leur onde est sans force
tant qu'on ne l'a goûtée ici et là ; [...]

Matelda évoque déjà, indirectement, la Chute (chant XXVIII, v.142) :
Ci fut la souche humaine encore sans tache ; [...]

Se succèdent ensuite, comme autant de rencontres hautement signifiantes, la Forêt illuminée, la Procession mystique, symbole de l'Église, avec les 7 candélabres, les 24 vieillards, les 4 animaux ailés, les 7 vertus, le Char traîné par le Griffon, les 7 derniers vieillards, allusion aux Actes des Apôtres et aux Épîtres de Saint Paul, et, enfin, l'apparition de Béatrice sur la Char de l'Église. Nous renvoyons le lecteur à notre chapitre sur la Symbolique des Sites pour le sens ésotérique profond de toute ce symbolisme.

C'est là que Virgile disparaît et que les reproches sévères de Béatrice à Dante soulèvent au-delà du sens premier de l'infidélité d'un amant, des aspects plus cachés, sur lesquels il est important de revenir... Tout d'abord, pleurant la disparition de Virgile, son premier guide, avec une belle analogie relative à l'Ève de la Chute, le Poète s'entend avertir (chant XXX, v.55 à 57) :
Dante, jà soit que Virgile s'en aille,
ne pleure point encore ; il faudra bien
que tu pleures aux coups d'une autre épée !
Notons cette autre manifestation de l'épée, symbole de Justice divine.

Et, un peu plus loin, Béatrice l'exhorte ainsi (v.73 à 75, 118 à 120 et 127 à 132) :
Ouvre les yeux : c'est Biétris, c'est bien elle !
Or comment daignas-tu ce mont rejoindre ?
savais-tu pas qu'ici est l'homme heureux ?
[...]
Mais d'autant plus méchant et plus sauvage
devient par male graine et mal bêcher
terrain nouveau, quand plus a de vigueur.
[...]

> *Alors que de la chair j'étais montée*
> *à l'esprit, et qu'en moi beauté croissait*
> *avec vertu, je lui devins moins chère*
> *par fausse voie il détourna ses pas*
> *suivant tels biens dont l'image est flatteuse*
> *mais qui jamais n'ont rempli leurs promesses.*

Ainsi, derrière le thème de l'infidélité, se dégage, en fait, avant tout, celui des dérives de la chair. L'arcane du Diable, dans le tarot, précisément, évoque bien la double nature de l'acte sexuel, qui peut, soit servir à la sublimation de l'Être, quand le Corps-Matière et l'Âme, ou l'Esprit, fusionnent dans l'Amour, voie évoquée par Béatrice, qui fait croître *beauté et vertu*, soit se cristalliser sur un plan purement physique et extérieur aux réalités de l'Esprit, voie reprochée au Poète. **"Solve et coagula"**, disent les Alchimistes, pour célébrer les noces de la Matière et de l'Esprit… Nous reviendrons, dans le détail, sur le contenu alchimique de cet arcane un peu plus loin.

Dante, en repentir, est plongé dans le Léthé, guidé par Matelda, qui lui fait boire *l'eau de l'oubli* des actes, funestes à l'Âme. Il est, alors, attiré par le Griffon, symbole de l'Homme-Dieu (voir notre chapitre sur la Symbolique des Sites). C'est le symbole de la *bête aux deux natures,* autrement dit le "modèle" de l'Être pleinement réalisé, cependant distinct de la Perfection et de l'Unité Divines, car, il prend, tour à tour, comme l'écrit le Poète, l'une ou l'autre forme et *son âme savourait la sainte nourriture.*

Plus loin encore, Dante est confronté à l'Arbre de la Connaissance du Bien et du Mal, dépouillé de ses feuilles et de ses fruits, depuis la Faute d'Adam. Le Char de Béatrice, Char de l'Église, subit les assauts d'un Aigle, d'un Renard et d'un Dragon. Ici à nouveau, au premier degré, et de l'avis de nombreux commentateurs, cela renvoie aux contingences temporelles de l'Église de Rome et aux événements d'époque. Le Char est transformé en une monstrueuse machine évoquant Lucifer, vu à travers ses brumes glacées et l'analogie entre l'Église et l'édifice de Satan. L'Aigle qui ravage l'Arbre, assimilé à l'Arbre de Justice, et secoue le Char de l'Église, symbolise les persécutions impériales qui firent plus de mal à l'Empire qu'à l'Église.

L'intervention du Renard symbolise, sans doute, les hérésies repoussées par les Pères de l'Église. Et Béatrice incarne la doctrine de ces derniers.

Le Dragon, quant à lui, sorti de l'Apocalypse de Saint Jean, incarne sans doute l'œuvre de Satan, privant l'Église de l'esprit de pauvreté et d'humilité. La putain, *prompte à jouer de l'œil* est, vraisemblablement, la Curie Romaine, d'après de nombreux commentateurs.

Mais, eu égard au symbolisme traditionnel de ces entités, dans l'optique Hermétique et Alchimique, qui nous concerne ici, **le sens doit être souligné dans le cadre du processus d'évolution et de transmutation spirituelle.** Cela va, sans nier, bien entendu, le sens exotérique précédent.

Brièvement résumé, nous pouvons dire que l'Aigle est le messager de Dieu et du Feu céleste, seul animal à pouvoir regarder le Soleil (Dieu) en face, sans être ébloui, à la différence des expériences du Poète ! Mais, comme tout symbole, l'Aigle possède un aspect maléficié aussi. Cet aspect correspond à l'abus et à la démesure de ses propres qualités, soit à la volonté de puissance destructrice, image de l'Antéchrist, symbole d'orgueil et d'oppression. Dans le processus de transmutation de l'Art Royal, cet Aigle, en s'attaquant à l'Arbre de la science du Bien et du mal, assimilable à l'Arbre de Vie, lui-même, ou au Char qui mène Béatrice, incarnation du véhicule de la Béatitude, compromet le résultat du Grand Œuvre. Le Renard, inquiet ou rusé, actif, constructif, ou destructeur, reflète les contradictions de la Nature Humaine. Il est tout à fait à l'image de la conscience humaine, propre à ensorceler ou à se faire ensorceler. L'Initié, dans sa queste du Grand Œuvre, peut ainsi non seulement pécher par orgueil, tel l'Aigle maléficié, mais aussi par ses contradictions, tel le Renard. Quant au Dragon, il est directement impliqué, au cœur du processus du Grand Œuvre.

Jean d'Ormesson, dans son ouvrage intitulé "Dieu, sa vie, son œuvre" (1980), décrit les Dragons comme les entités opposées aux Anges et nous en donne une vision, très comparable à celle de Dante, chargée d'un symbolisme hermétique, qui ne dit pas son mot : *Se déplaçant un peu plus vite que la lumière divine, crachant d'avance tous les feux de l'enfer, puissamment armés de toutes les griffes de la haine et de tous les crocs du désir, cuirassés d'égoïsme, munis des ailes puissantes du mensonge et de la ruse, les dragons de Lucifer étaient au mal ce que les anges de Dieu étaient au bien.*

Selon les alchimistes, le Dragon est le symbole du Mercure Philosophale. En effet, deux dragons se combattant, désignent les deux matières du Grand Œuvre : l'un est ailé, volatil, le Mercure et l'autre fixe, le Soufre.

Pernety, dans son Dictionnaire Mytho-Hermétique (1787), évoque ce processus en ces termes : *Quand le soufre, fixe, a changé en sa propre nature le mercure, les deux dragons font place à la porte du jardin des Hespérides, où l'on peut cueillir sans crainte les pommes d'or.* Ici encore, la maîtrise est délicate et fragile pour l'Artiste devant son Athanor.

Dans l'image du chant de Dante, le Dragon arrache du fond du Char de l'Église, une grande pièce de bois et file en ondoyant (Chant XXXII, v.130 à 135) :

> *Lors me parut que la tere s'ouvrît*
> *entre les roues, d'où un dragon issant* (1)
> *planta dedans le char sa queue en l'air ;*
> *puis, come guêpe enlève son aiguille,*
> *ôtant sa male queue il arracha*
> *du fond grand pièce, et fila ondoyant.*

(1) l'animal sort de terre en ne montrant que la partie supérieure de son corps (adjectif du XVIe siècle).

Suit une description qui s'apparente, à l'évidence, à une altération complète du contenu de l'Œuf du Grand Œuvre et une référence à l'Apocalypse de Saint Jean. Le lecteur se reportera aux vers 136 à 152 de ce chant XXXII du Purgatoire et à nos commentaires dans le chapitre sur la Symbolique des Sites. Rappelons, ici seulement, l'émergence des 7 têtes :

> *Le saint engin, trestourné de la sorte,*
> *bouta sept chefs au dehors de ses membres,*
> *trois au timon, un à chacun des angles ;...*

Saint Jean écrit, dans l'Apocalypse (17, 1 à 18, Le châtiment de Babylone) : *Il me transporta au désert, en esprit. Et je vis une femme, assise sur une bête écarlate couverte de titres blasphématoires et portant sept têtes et dix cornes*. Et le Poète écrit alors : *séait dessus le char une putain*. L'intervention de ladite putain est à rapprocher, sur le plan de l'Alchimie physique, de la phase de putréfaction, bien connue des Philospohes du Grand Œuvre.

Au départ, elle a sa place pour détruire la nature ancienne et préparer la Renaissance, mais, ici, au Paradis Terrestre selon Dante, à l'aube d'achever l'Œuvre, au moment où l'Adepte ouvre l'Œuf, il peut découvrir les couleurs de l'échec et revoir un compost pourri et sans valeur…

Mais, c'est au Paradis Terrestre, encore, que le Poète fait disparaître le Char. La Prophétie du Cinq Cent Dix et Cinq ou DXV ou 515, que nous avons largement commenté par ailleurs, déploie tous ses mystères sur l'annonce d'un sauveur de l'Empire Terrestre. Cette Prophétie peut, aussi, nous l'avons vu, trouver un écho sur le plan du symbolisme individuel, rattaché à la Transmutation intérieure de l'Initié. Nous y reviendrons plus loin.

Dante reçoit une mission auprès des vivants, à son prochain retour au Monde. Béatrice l'encourage, non sans lui adresser un dernier reproche. Puis il boit à nouveau un breuvage de purification. Il s'agit, cette fois, de l'eau de l'Eunoé, qui ravive la mémoire du Beau, du Bien, du Vrai, après celle du Léthé qui apportait l'oubli des actes ténébreux…

Le dernier chant du Purgatoire se termine par une psalmodie, associée à une ultime purification et au renouveau de l'Être, à l'image de la Mort et de la Résurrection du Christ. Les évocations qui l'accompagne ne sont pas sans évoquer l'arcane de la Maison-Dieu du tarot, comme nous le verrons plus loin en détail. Ceci précède la remontée aux étoiles, image qui nous renvoie directement, aussi, à l'arcane des Étoiles du tarot, et qui prend place au début du cycle du Paradis (chant XXXIII, v.142 à 145) :

Je m'en revins de l'onde trois fois sainte
refait ainsi qu'une plante nouvelle
de feuillage nouveau renouvelée :
pur, et prêt à monter jusqu'aux étoiles.

Survol du cycle du Paradis…

Nous associons au 3e et dernier cycle, celui du Paradis, 6 arcanes majeurs du tarot : Les Étoiles (ou l'Étoile), la Lune, le Soleil, le Jugement, le Mat (ou le Fou) et le Monde.

Dante parvient à l'état d'Initié totalement libéré et déconditionné Il atteint l'Illumination. Ce cycle aboutit sur le plan de l'alchimie opérative, à la réalisation de la 3e étape du Grand Œuvre : Rubification, Multiplications de la Pierre, le Plomb changé en Or, etc.(voir notre chapitre sur l'interprétation alchimique de la Divine Comédie). L'Adepte se détache des lois de l'espace et du temps. Il devient doué de pouvoirs, notamment de médecine, avec l'Élixir de Longue Vie ou d'Immortalité. Il peut même devenir un Ergon et participer aux Grands Sabbats des Sages.

Ce cycle commence par l'arcane des Étoiles (ou de L'Étoile). A cette étape de son cheminement, l'Initié accède à un état de paix et d'harmonie profonde avec lui-même comme avec les plans cosmiques, symbolisés par le

Soleil et les 7 étoiles principales, planètes de la Tradition que Dante va largement évoquer au Paradis. L'Initié se laisse guider par l'esprit et progresse encore, selon les voies du Seigneur.

Cette arcane est associé à la lettre hébraïque Phe, incarnant par-dessus tout l'écoute de la Voix Intérieure et du Cœur. Cette lettre est elle-même associée à la planète Vénus et au Nombre 17. La 17e étape de la transformation intérieure, selon la Kabbale, est celle où l'esprit, pleinement incarné et réalisé au plan terrestre, en conformité au nombre 10, crée l'union parfaite entre l'Intérieur et l'Extérieur, le plan Terrestre et le plan Céleste, et permet à la création de revêtir une beauté transcendante. Confiance en la Destinée, Action et empreinte du Verbe, et Puissance Créatrice, sont les facettes principales du symbolisme de cette lettre.

Et le cycle du Paradis se termine par l'arcane du Monde. La Matière, symbolisée par les 4 vivants, le Taureau, le Lion, l'Aigle et l'Homme, et les 4 éléments, la Terre, le Feu, l'Air et l'Eau, est totalement alchimisée, régénérée par l'Esprit. La Lumière Divine irradie toute la Création. Cet arcane du Monde est associée à la lettre hébraïque Tav, qui incarne la Perfection du Monde Créé et la Création Ré-Unifiée. Cette lettre est elle-même en correspondance avec la planète Lune, qui incarne ce pouvoir de coagulation, et avec le nombre 22, soit le nombre obtenu en ajoutant 20, nombre du processus de fécondation par le germe divin, et 2, nombre du retour à une certaine unité des complémentaires. Souvenons-nous des 22 chapitres de l'Apocalypse de Saint Jean !...

Le commentaire suivant d'Elisabeth Haich, précitée (1), s'adresse à l'arcane du Monde. Mais ne fait-il pas directement écho au terme de la queste de Dante ? *L'amour,* écrit-elle, *est le désir et le besoin d'unité. Or, lorsque l'Homme est devenu UN avec le tout, lorsqu'il est parvenu à l'UNITÉ, pourquoi devrait-il ressentir un besoin d'unité ? Ces êtres (Moïse, Jésus, Bouddha...) sont de retour chez eux ; ils vivent en DIEU. Leur conscience est identique à l'ÊTRE.* Et Oswald Wirth, dont l'auteur précité commente le tarot, écrit lui-même (2) : *La purification intégrale achève la transmutation du récipiendaire : ce qui était profane doit désormais demeurer tué en lui ; le voici régénéré intégralement, au sens rosicrucien :* **I**gne **N**atura **R**enovatur **I**ntegra. *Ayant été purifié par la Terre, l'Air, l'Eau, le myste est rénové par le Feu. Au baptême de l'Eau succède celui du Feu ou du Saint Esprit.*

Mais n'oublions pas que ce processus de Transmutation Spirituelle ne concerne pas seulement les Grands Êtres Réalisés.

Nous retrouvons au dernier chant de la Divine Comédie, le chant XXXIII, tous les thèmes se rattachant aux finalités du Grand Œuvre de Transmutation Spirituelle. Dante plonge les yeux dans *la clarté divine et l'essence infinie*. Il a l'intuition, au-delà de toute forme de raisonnement, de l'Unité du Monde, perçue en Dieu, et du rapport entre l'Unité et la Trinité de Dieu et du Mystère de l'Incarnation.

---

(1) *Sagesse du Tarot* par Elisabeth Haich, Éditions Au Signal, Lausanne, 1983.
(2) *Les Mystères de l'Art Royal* par Oswald Wirth, Éditions Émile Nourry, Paris, 1932.

L'apaisement final du Poète se fond dans l'Amour Divin, hors du Temps et hors de l'Espace, dans une Extase, baignée par la Lumière, face à la Rose des Bienheureux, incarnation de l'Immortalité, que nous pouvons associer à la Pierre Philosophale dans toute sa perfection.

Au centre de l'arcane du Monde du tarot, nous découvrons la Reine des Cieux, aspect matériel de Dieu et régnant sur la partie matérielle et corporelle de l'Univers. Elisabeth Haich, dans son ouvrage, précité, sur la Sagesse du Tarot écrit ceci à son propos : *Elle est la Mère, elle est la Nature, ses baguettes magiques sont l'expression de ses lois immuables auxquelles l'univers entier est soumis.* Or, c'est, précisément, par l'évocation de la Vierge Marie que le dernier chant de la Divine Comédie s'ouvre, en forme de *"Santa Orazione",* sainte prière de Saint Bernard, en faveur de Dante (chant XXXIII, v.1 à 6) :

"Vergine madre, figlia del tuo figlio,
umile e alta più che creatura,
termine fisso d'etterno consiglio,
tu se' colei che l'umana natura
nobilitasti sì, che 'l suo fattore
non disdegno di farsi sua fattura."

Ce que nous traduisons ainsi :
Vierge mère, fille de ton fils,
humble et noble plus que toute créature,
terme destiné d'éternel conseil,
tu es celle en qui l'humaine nature
s'est tant anoblie, que son ouvrier
ne dédaigna point de se faire son œuvre.

Cet *éternel conseil*, recueilli auprès de Marie, et rattaché à la création de la Nature Humaine idéale, incarné par le Christ, symbolise naturellement la Rédemption du genre humain, selon la Foi Chrétienne. Mais il est non moins le but du Grand Œuvre, dans l'Alchimie. Le Verbe, ouvrier de la Nature Humaine, est, en effet, devenu, en s'incarnant, l'œuvre même de cette "idéale nature". C'est à son image que l'Initié sur la voie peut tenter de s'identifier et c'est à son modèle que l'Adepte doit la réussite de la Pierre Parfaite.

Notons que ce début du chant XXXIII du Paradis fait comme un échos au début du premier chant du même monde que nous traduisons ainsi (Chant I, v.1 à 6) :
La gloire de celui qui toute chose anime
de part l'univers pénètre et resplendit
en une partie plus, et moins dans l'autre.
Dans le ciel qui de sa lumière capte le plus
j'y fus, et je vis des choses qu'à redire
ne sait ni ne peut qui de là-haut descend.

Ainsi, tout le chant s'inscrit entre la Lumière divine, la Perfection du Créé et la prière à la Divine Génitrice du Sauveur, la Mère cosmique des Hermétistes. Nous pensons, ainsi, sans aucun doute, que le dernier chant du Paradis associe à l'expression des grands thèmes de la Foi Chrétienne, tous les principes qui gouvernent la réalisation du Grand Œuvre.

Et ceci répond au premier chant de l'Enfer, prologue de toute la Divine Comédie, qui, comme nous l'avons montré, traçait non seulement les prémices, mais aussi tous les desseins de la réalisation de cette même Œuvre de Transmutation Spirituelle de l'Initié.

Dans ce dixième ciel de l'Empyrée, siège suprême de Dieu et de la Cour Céleste des Anges et des Bienheureux, l'Amour, incarnation du Feu de l'Esprit Saint, est omniprésent. Il est le germe indispensable pour parvenir à l'Immortalité, incarnée elle-même par cette Rose Céleste, et figure donc dans la prière de Saint Bernard (v.7 à 9, traduction d'André Pézard) :

Dedans ton sein fut l'amour rallumé
dont la chaleur en pardurable paix
fit tout ainsi bourgeonner cette fleur.

La Charité, L'Espérance de l'Homme et la Grâce sont invoquées. Sans elles, l'Initié ou l'Adepte ne peuvent pas progresser (v.10 et 12, 14, 15) :

Tu es pour nous la torche soleillante
de charité, comme en terre tu es
pour les vivants font vive d'espérance.
[...]
qui veut grâce et à toi ne recourt
il veut que son désir vole sans ailes.

Et la prière évoque encore toute l'aide d'en-haut que la voie du salut, terme assigné du Grand Œuvre Spirituel, requiert (v.19 à 21 et 25 à 27) :

En toi miséricorde, en toi pitié,
en toi magnificence, en toi s'assemblent
toutes bontés qui soient en humain cœur.
[...]
supplie à toi que par grâce lui prêtes
suffisante vertu pour élever
ses yeux plus haut vers la salut dernière.

Ainsi, Dante reçoit l'aide de Saint Bernard par cette prière à Marie et son regard purifié, autrement dit sa conscience ouverte, permet à son âme de pénétrer plus avant dans la Lumière Divine (v.52 à 54) :

Déjà à ma vue en devenant plus pure
entrait toujours plus outre par le rai
de la haute clarté qui seule est claire.

Le Poète, alors, tout comme l'Adepte devant sa Pierre, invoque la Lumière Divine de lui accorder le pouvoir suprême de transmission aux autres hommes (67 à 72) :

O souveraine clarté qui te relèves
tant au-dessus de nos prises mortelles,
prête à mon âme un peu de ta semblance
et fais la langue mienne assez gaillarde
pour qu'elle puisse, à la futur gent,
de ta gloire laisser une étincelle ;...

Cette transmission, qui correspond en réalité à une mission donnée au Poète, au terme, et au-delà même de l'Œuvre, par les instances célestes, correspond tout à fait à celle que l'Adepte, au stade final de son passage sur Terre, reçoit, à travers la chaîne de transmission des Sages, de ceux qu'Oswald

Wirth appelle les "Supérieurs Inconnus", ce que d'autres Hermétistes appellent les Ergons et qui peuvent être associés, encore, aux Eons. L'auteur écrit, dans son ouvrage, précité, sur Les Mystères de l'Art Royal : *Sans les voir, nous pouvons les entendre : ce sont les inspirateurs de ceux qui savent écouter les Supérieurs inconnus, cachés derrière le rideau des apparences sensibles, d'où ils suivent les travaux visant à la pleine utilisation des forces du bien.....Génies invisibles entrés dans l'immortalité.* Vu sous cet angle et à considérer toute sa postérité, Dante a sûrement eu sa prière exaucée, pour notre plus grand plaisir de lecteur et pour notre propre recherche spirituelle !...

D'autres thèmes fleurissent en ce chant, qui constituent les principes de l'Artiste du Grand Œuvre. Seule l'énergie du Cœur, le Courage et la Grâce permettent à l'Initié de regarder en face cette Lumière vivifiante (79 à 84) :

Mais je pris cœur à soutenir l'assaut
du rai luisant, et tins durement jointe
ma vue au feu de vaillance infinie.
O flot croissant de grâce, par qui j'ose
planter mes yeux dans l'éterne lumière
à la perdition de leur vertu !

L'âme du Poète s'embrase, tout comme en témoignent des récits anciens sur l'Adepte devant son Athanor et plus, bien sûr, devant la "Pierre accomplie". *Mon âme [...] toujours plus à mirer s'embrasait.*

La Quintessence de la Lumière de l'Esprit est le Bien. Celui-ci est étroitement dépendant de notre volonté et, en dehors de cette Lumière, ne peut résider que l'imperfection (v.103 à 105) :

car le bien, seul objet de nos vouloirs
trestout en elle est enclos ; et hors d'elle
ce qui là est parfait reste en défaute.

Le Poète évoque ensuite l'Unité et la Trinité de Dieu (v.116,117) :

[...] trois cercles m'apparurent,
de trois couleurs et d'une contenance ;" [...]

Et, se référant à l'Arc-en-ciel, symbole de la médiation entre la Terre et le Ciel, toujours doublé d'un second arc concentrique (v.118,119) :

comme iris en iris me semblait l'un
miré en l'autre ; et le tiers semblait feu,
respirant des deux parts égales ardence.

Les relations entre les trois personnes de la Trinité sont ainsi évoquées (v.124 à 126) :

O lumière en toi même assis, éterne,
qui t'entends seule, et de toi entendue
et te pensant, ris à toi - même et t'aimes !

Nous renvoyons le lecteur, pour le détail, à nos commentaires concernant ce passage, dans notre chapitre consacré à la Symbolique des Sites.

Rappelons ici, seulement, que cette essence divine en trois personnes a en elle seule sa raison d'être, l'Éternité, et il s'agit du Père. *et toi entendue* désigne le Fils, qui est reflet du Père, *l'un miré en l'autre. Te pensant* renvoie au Saint Esprit, qui, par ailleurs, incarne la Joie suprême et l'Amour.

L'Extase finale du Poète et toute la Divine Comédie se terminent sur la *vision nouvelle*, celle dont peut hériter l'Initié, d'une réalisation accomplie du Grand Œuvre de sa Transmutation Spirituelle... Et cette vision est aussi symbolisée par l'arcane du Monde, dans le tarot, vision découvrant l'Homme-Dieu, qui réunit la nature finie de l'Homme et la nature infinie de Dieu.

Mais seule une Ultime Illumination permet au Poète de faire fusionner son désir et sa volonté à la volonté de Dieu. Ceci nous renvoie au thème de l'acceptation par l'Homme de son Destin, dans la main de Dieu ou de la Providence. André Pézard (1) traduit ainsi ces 4 derniers vers de la Divine Comédie (chant XXXIII, v.142 à 145) :
Ci défaillit ma haute fantaisie (*)
   mais tu virais et pressais mon vouloir
   comme une roue au branle égal, amour
qui mènes le soleil et les étoiles.
(*) don de vision.

Nous avons vu, dans le chapitre consacré à la Symbolique Sacrée des Sites, que cette Roue, évoquée par le Poète, dans les 4 derniers vers de la Divine Comédie, pouvait être rapprochée du symbole du Tour du potier, tel que nous le trouvons chez Jérémie (18,6) : *Oracle de Yahvé. Oui, comme l'argile dans la main du potier, ainsi êtes-vous dans ma main, maison d'Israël !*

Par ailleurs, André Pézard écrit aussi, en commentaire de sa traduction :
Il semble quasiment que Dante ait voulu interpréter par son allégorie de la "roue au branle égale", une image parlante, une naïve sentence qu'il a vu écrite, à coup sûr, au pavement de son "beau Saint Jean" : le soleil y est figuré dans un cercle de mosaïque ayant pour circonférence un vers palindrome, c'est-à-dire lisible indifféremment de gauche à droite ou de droite à gauche : "En giro torte sol ciclos et rotor igne..." [...] "Je suis le soleil, je suis cette roue mue par le feu, dont la torsion fait virer les sphères". Qui lit et médite se rappellera aussitôt que ce feu est l'amour.

Sur un plan ésotérique, quelle que soit la référence extérieure du Poète, le chant se termine, en fait, par une référence à peine voilée à la Roue du Zodiaque et aux énergies planétaires qu'elle diffuse, elle-même symboliquement associée au Destin. (Pour plus de détail sur ce point, voir notre chapitre sur la Symbolique des Sites). Mais ce qui nous intéresse dans le présent chapitre consacré à l'analogie du tarot, c'est que cette *Roue au branle égal*, véhicule de la volonté divine et du Destin, nous renvoie, aussi, bien sûr à l'arcane de la Roue de Fortune. Celle-ci revêt un double aspect symbolique. Elle incarne le Destin et la loi du karma ("karma" signifiait "roue" à l'origine).

Elle enseigne à l'Initié, sur la voie, la nécessité de s'orienter vers le centre de soi-même, pour prendre conscience de son développement spirituel et des grandes lois de l'univers, et en particulier celle de la Causalité. Et elle permet, aussi, bien entendu, de découvrir l'énergie d'Amour qui anime cette roue, à l'image de ce que chante le Poète... C'est l'Amour qui saisit la manivelle que nous voyons au centre de l'arcane !...

------

(1) *Dante - Œuvres complètes* par André Pézard, Éditions Gallimard, coll. de La Pléiade, 1965.

L'Initié, comme Dante, accepte pleinement son Destin et dès lors s'ouvre à la Vie, accepte le changement. Associée à cet arcane, nous l'avons déjà vu, la lettre hébraïque Yod, symbolise pour les Kabbalistes, la présence Divine, agissante et rayonnante au sein de l'univers et de toute la création.

Virya (1) y décrit le sens profond comme *la divinité au fond de chaque être* et *le noyau spirituel de l'individualité soumis au mouvement de l'éternité.*

Notons que le nombre 10, attaché à cette lettre et à cet arcane du tarot, incarne toute la puissance divine au sein du Monde créé et de la Matière, coulée dans le moule des Principes et des Lois inéluctables (cf. : la main du potier).

Virya décrit son symbolisme comme : *la manifestation de l'unité, la totalité en mouvement. Le retour à l'unité, le recommencement après un cycle achevé.*

Enfin, la Kabbale associe à la lettre Yod le 20ᵉ sentier de l'Arbre de Vie. Celui-ci relie les sephiroth Hesed (la Grâce), lieu de Vivification, c'est-à-dire lieu où se répand l'amour du Créateur au sein de la Création et lieu de connaissance de la volonté divine, et Tiphereth (la Beauté), lieu d'Unification et d'harmonisation de la volonté personnelle avec la Volonté Divine, où fusionnent les émanations de toutes les autres sephiroth de l'Arbre.

Ce sentier est dénommé, comme nous l'avons déjà vu, Conscience ou Intelligence de la Volonté. **Le moi personnel y est fécondé par une puissance supérieure et peut ainsi participer véritablement, comme le réalise le Poète dans son extase, aux plans cosmiques de la Création.** Volonté personnelle et volonté divine peuvent, grâce à ce sentier, être harmonisées, car la Roue est mue par le feu de l'Amour.

Dans l'édition, précitée, Ulrico Hoepli (Milano) de la "Divina Commedia", par Giuseppe Vandelli, nous lisons à propos du Poète, au terme de son Voyage Physique et Spirituel, et en commentaire de ces 4 derniers vers du Poème, ceci : *Parfait est désormais l'équilibre entre les pouvoirs de son âme, car Dieu l'oriente et la dirige avec ces mêmes lois immuables qui régissent le soleil et tous les astres.*

Toute cette analyse du sens ésotérique et kabbalistique, non seulement n'enlève rien aux autres interprétations données plus haut, mais sont en parfaite concordance avec elles…

En conclusion, si l'arcane du Monde, au terme de trois cycles de transmutation spirituelle du Poète, symbolise bien l'achèvement du Grand Œuvre et l'Extase finale dans la contemplation de la Rose Céleste, les 4 derniers vers nous renvoient aussi à la Roue de Fortune, qui incarne l'enseignement ultime de la "Divina Commedia".

Cet enseignement est l'acceptation par l'Homme, en queste de sa réalisation, de deux principes : la nécessaire harmonisation de la volonté personnelle avec la volonté divine et la profonde prise de conscience de l'Amour, conçu comme énergie motrice et unificatrice de l'Univers.

Et cette énergie peut se mettre au service de la queste de Béatitude et de Salut, ultimes finalités du Poète.

----

(1) *Lumières sur la Kabbale* par Virya, Éditions Jeanne Laffitte, 1989.

Le schéma analogique des arcanes du tarot, associées aux 3 cycles, que nous proposons, s'établit comme suit :

3ᵉ CYCLE : LE PARADIS

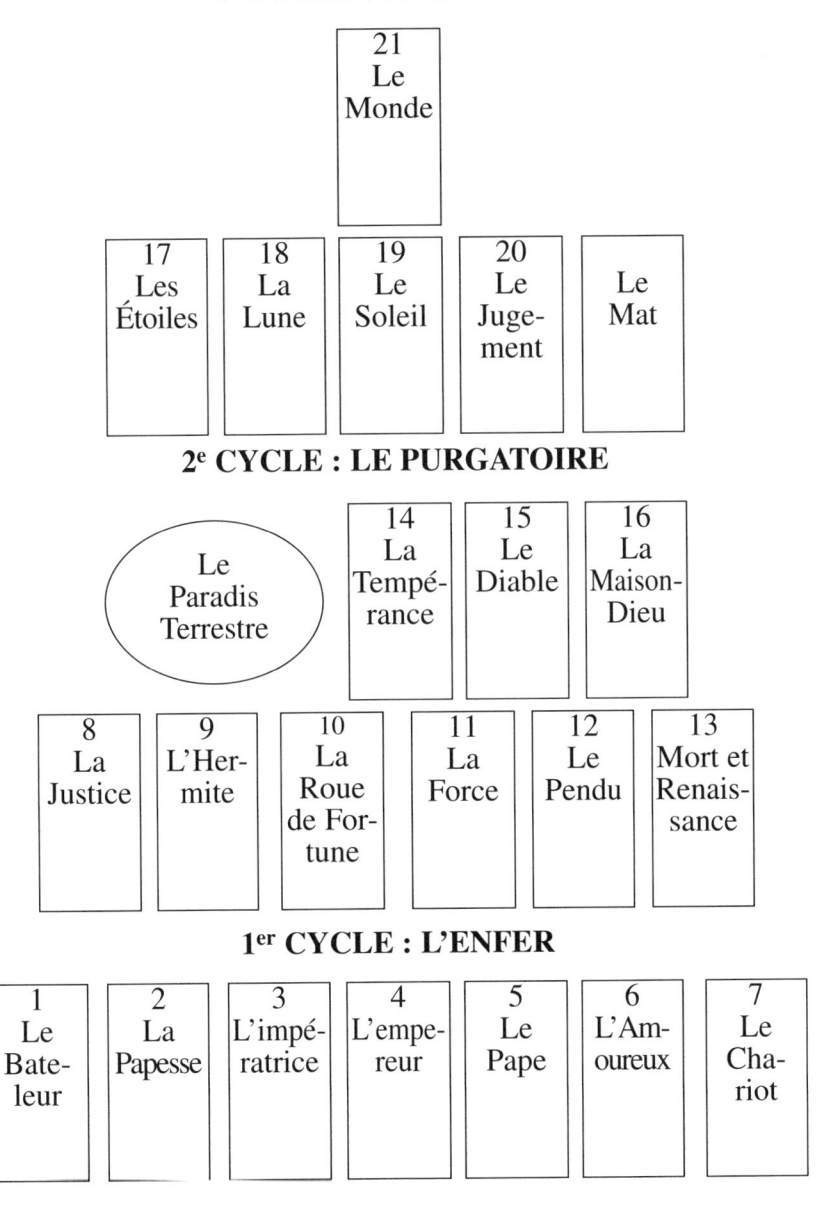

21 Le Monde

17 Les Étoiles | 18 La Lune | 19 Le Soleil | 20 Le Jugement | Le Mat

2ᵉ CYCLE : LE PURGATOIRE

Le Paradis Terrestre | 14 La Tempérance | 15 Le Diable | 16 La Maison-Dieu

8 La Justice | 9 L'Hermite | 10 La Roue de Fortune | 11 La Force | 12 Le Pendu | 13 Mort et Renaissance

1ᵉʳ CYCLE : L'ENFER

1 Le Bateleur | 2 La Papesse | 3 L'impératrice | 4 L'empereur | 5 Le Pape | 6 L'Amoureux | 7 Le Chariot

Les Arcanes de la Divina Commedia 540

Le Cycle de l'Enfer

1

2

3

L'Initiable
*Préparatifs
Ramassage
du limon*

L'Initiatrice
*Cueillette de
la Rosée et
courants
d'en-haut*

**La Mère
Cosmique**
*Captation
des courants
d'en-haut*

4

5

6

7

**Le Maître
de la
Mutation**
*L'Œuf au
Soleil et dans
l'Athanor*

**La Maîtrise
des contrai-
res**
*Obtention de
la Belle
d'Argent*

**L'Épreuve
de l'Ange et
du Démon**
*Séparation
du Subtil de
l'Épais*

**Le Maître
de
Conscience**
*Examens
Chauffes
Humectations*

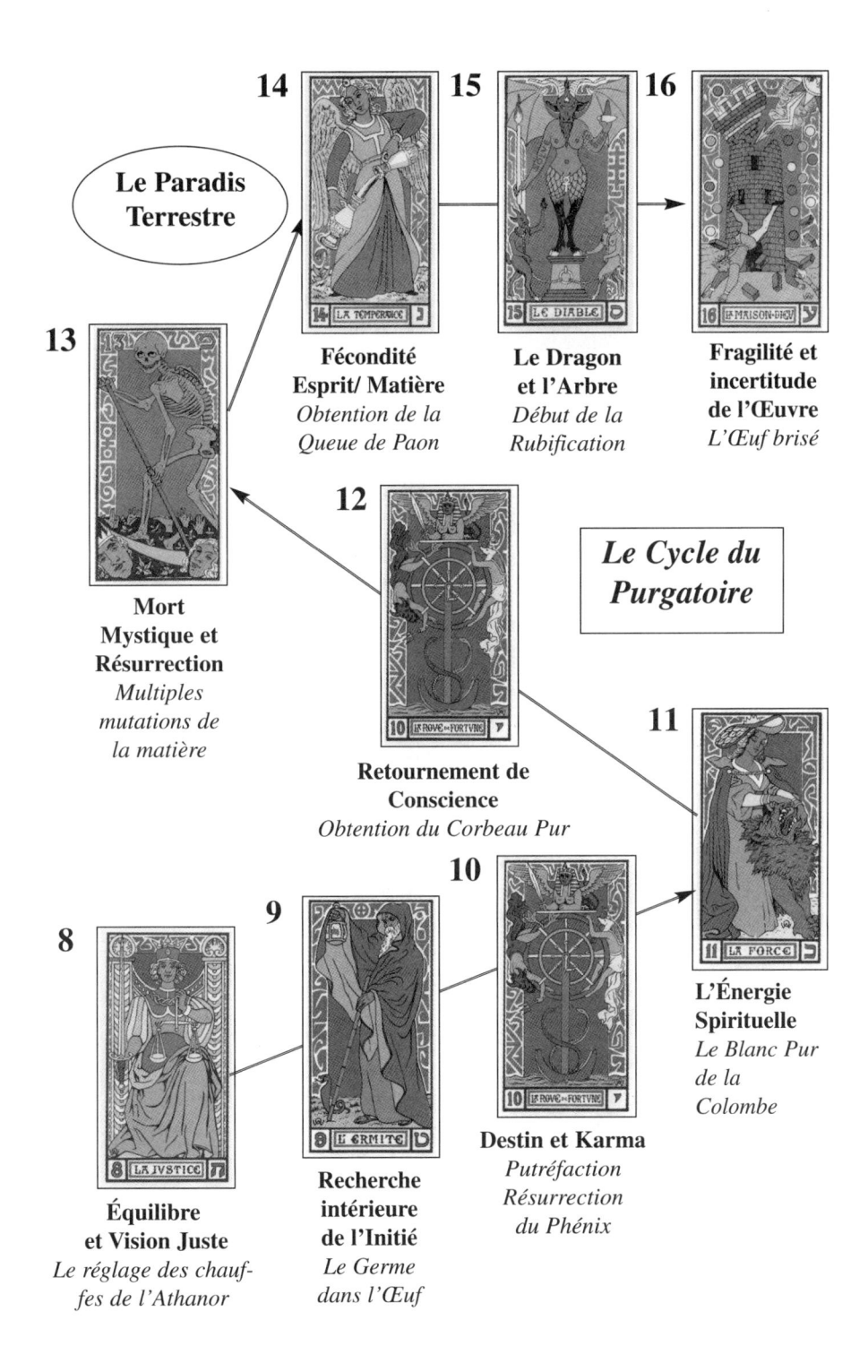

Les Arcanes de la Divina Commedia 541

Le Paradis Terrestre

14 — **Fécondité Esprit/ Matière**
Obtention de la Queue de Paon

15 — **Le Dragon et l'Arbre**
Début de la Rubification

16 — **Fragilité et incertitude de l'Œuvre**
L'Œuf brisé

13 — **Mort Mystique et Résurrection**
Multiples mutations de la matière

12 — **Retournement de Conscience**
Obtention du Corbeau Pur

Le Cycle du Purgatoire

11 — **L'Énergie Spirituelle**
Le Blanc Pur de la Colombe

8 — **Équilibre et Vision Juste**
Le réglage des chauffes de l'Athanor

9 — **Recherche intérieure de l'Initié**
Le Germe dans l'Œuf

10 — **Destin et Karma**
Putréfaction Résurrection du Phénix

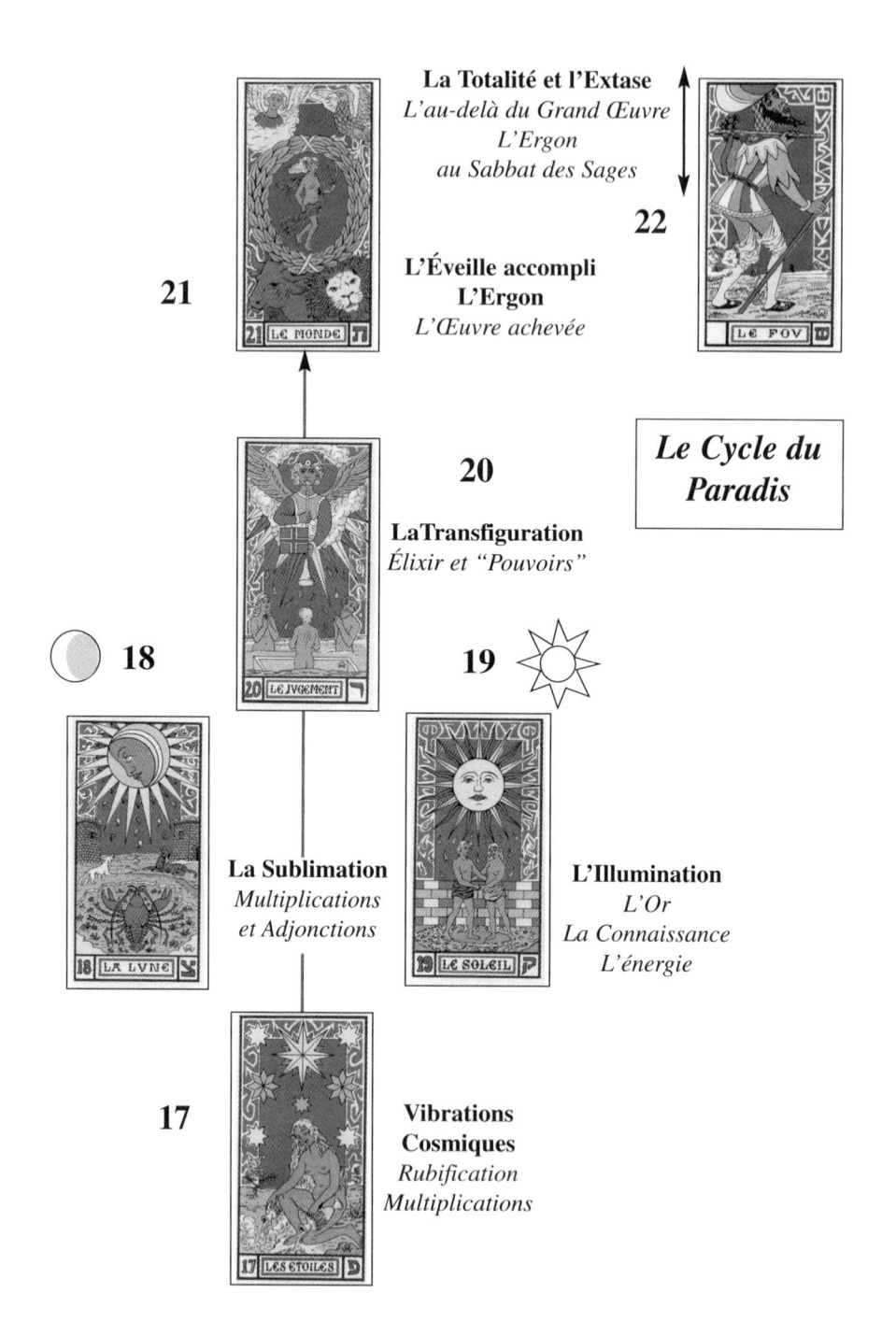

La Totalité et l'Extase
L'au-delà du Grand Œuvre
L'Ergon
au Sabbat des Sages

22

21

L'Éveille accompli
L'Ergon
L'Œuvre achevée

Le Cycle du Paradis

20

La Transfiguration
Élixir et "Pouvoirs"

18   **19**

La Sublimation
Multiplications et Adjonctions

L'Illumination
L'Or
La Connaissance
L'énergie

17

Vibrations Cosmiques
Rubification
Multiplications

LE BATELEUR

C'est **l'Initié au début de sa queste, soit l'Initiable**, et, sur le plan de l'alchimie opérative, **l'Adepte au début de la réalisation du Grand Œuvre, au stade des indispensables "préparatifs"**...

Dante, dans le prologue de l'Enfer, est d'abord perdu dans la forêt des erreurs et des vices. Cette forêt plonge l'Âme dans un état de sommeil. Puis le Poète parvient au pied de la Montagne, symbole de vie vertueuse et bienheureuse, en fusion avec Dieu et plongée dans la lumière de l'Éternité. Tel est le but du Poète : atteindre la Lumière Béatifique et l'Immortalité.

Tel le Bateleur, il a tous les éléments en mains (coupe, denier, baguette, etc.) pour parvenir à ses fins, mais, face aux 3 bêtes féroces, incarnant la perversion de la matière (la l'once[1]), l'égo (le lion) et la puissance des ténèbres (la louve). Il prend conscience que la voie est plus que difficile, sans le secours de guides et de l'aide divine.

Sur le plan de l'alchimie opérative, l'adepte a en face de lui la Table, symbole du Monde objectif, appuyée sur 3 pieds : le Sel de Sagesse, nourriture spirituelle, agent de transmutation, intermédiaire entre le Soufre, principe générateur et fécondant et le Mercure, agent d'adaptation. Le Grand Œuvre commence par le ramassage du limon, après fixation magique de "l'esprit métallique", donné par les forces de la Planète Terre...

Ces forces sont symbolisées dans l'arcane du Bateleur par les 4 éléments de la Materia Prima, soit le denier, la baguette, la coupe et le couteau, et par l'énergie Yin (bleu) et Yang (rouge). La vocation d'Éternité de l'esprit de l'Initiable est symbolisée par le chapeau en forme du signe de l'infini, le lemniscate... Dante entreprend au moins à 3 reprises le ramassage du limon au cours de son voyage en Enfer.

Cet arcane porte le N° 1, qui, d'un point de vue kabbalistique, représente le germe, "l'Homme Divin Prototype", et s'associe à la lettre Aleph, qui symbolise le point de départ, l'ouverture au Destin, et incarne la Puissance Divine, force vivifiante pour la transformation spirituelle du postulant sur la voie... Le Nombre 1, c'est aussi le principe par lequel l'Unité engendre le Multiple, sachant que le processus d'évolution doit retourner du Multiple à l'Unité. Et, en ce sens, le Bateleur est bien le Poète qui tout au long de son voyage, dans les 3 mondes, sera confronté à la Multiplicité des états de la Nature Humaine, avant de pouvoir, dans l'Extase finale, entrer directement en contact avec la Totalité et l'Unité du Cosmos.

------

(1) La l'once, traduction littérale de *Lonza,* voir p. 518.

L'aspirant est, au début de son voyage-pèlerinage, plongé dans un élan mystique, à la recherche de son essence et de la Transcendance.

Or, la lettre Hébraïque Aleph, associée au Bateleur et au nombre 1, correspond, selon les Kabbalistes, au sentier de la "Conscience ou de l'Intelligence limpide", 11e sentier de l'Arbre de Vie, reliant la sephirah Kether (la Couronne), lieu du Principe Suprême, dont toutes réalités intelligibles et conscientisables sont issues, à Hochmah (la Sagesse), lieu de fécondation, foyer d'expression du Verbe dans le Monde créé.

Le Poète-Bateleur est renvoyé sur la voie d'une expérience de perception intérieure. Et cette perception vise à saisir l'origine de toutes choses et l'Unité qui les régit. Mais, maléficié, le sentier évoqué incarne toutes les forces hostiles à cette perception intérieure. Il concerne toutes les catégories de Damnés que le Poète va rencontrer dans les 9 cercles de l'Enfer…

De plus, maléficiée, Kether engendre une sephirah sombre, Gehenomoth, "la Vallée de la Mort", lieu d'émergence du chaos et des forces contraires à la Vie et Hochmah engendre Gehenoum, la "Vallée de l'Oubli", dans laquelle les forces spirituelles se diluent.

Tels sont les "lieux" dans lesquels, Dante se trouve effectivement entraîné, dès le début de son voyage…

Au milieu du chemin de notre vie…

LA PAPESSE

C'est le symbole de **la Femme Initiatrice, ici, la fameuse Béatrice pour Dante.** Elle se manifeste, en Enfer, par la Mission qu'elle a tenu à confier à Virgile et par l'envoyé du ciel qui ouvre la porte de la ville de Dité et permet aux voyageurs de traverser les murailles de fer chauffées au rouge. La Papesse est parfois dénommée, de manière très imagée, "**la Porte du sanctuaire occulte**". Elle présente le livre de la Connaissance, dans lequel tout est contenu, sur les deux mondes, visible et invisible. Elle peut être associée à Junon, la déesse de sagesse, de richesse, de stabilité et aussi de réserve, caractéristiques si souvent évoquées par Dante à propos de Béatrice !

Virgile est le guide de Dante pour l'Autre Monde. Il est chargé de cette mission initiatique, de part la volonté de Béatrice. A travers lui, c'est elle qui guide le Poète ou du moins favorise et protège l'évolution des deux voyageurs, en attendant de le faire, elle-même, directement, au Paradis.

La Papesse symbolise, en Enfer, toute la Sagesse et le Savoir que la Femme Initiatrice d'En-Haut met au service de Dante pour que sa propre conscience évolue, s'ouvre et progresse, face à toutes les rencontres édifiantes des différentes catégories de damnés.

Sur le plan de l'alchimie opérative, l'adepte poursuit la réalisation du Grand Œuvre. **La précieuse "collecte de la Rosée"** sert à humecter la Matière en vue de présenter rituellement l'amalgame devant le Soleil, avec plus loin, l'opération symbolisée par l'arcane de l'Empereur. Notons que c'est au cœur d'une forêt, comme dans le voyage de Dante, que la captation des courants d'En-Haut se réalise au mieux pour saturer le contenu de l'Œuf philosophique, ballon de verre fumé, autrement appelé le Vaisseau, qui sera ultérieurement placé dans l'Athanor.

Cet arcane porte le N° 2, qui, d'un point de vue kabbalisique, représente la mise en mouvement par la Dualité et Dieu manifesté, s'apprêtant à créer. Il s'associe également à la lettre Beith, qui symbolise toute la richesse intérieure acquise par la Sagesse, la pensée créatrice de l'Esprit et de la Mère Éducatrice. Le Nombre 2, c'est aussi le nombre de l'Amour partagé, de la Charité et de la communion avec l'Unité primordiale, telle que l'incarne Béatrice et dimension qui ne jaillira, pour Dante, en pleine lumière qu'au Paradis. "Beith" correspond au 12e sentier de l'Arbre de Vie, celui qui relie la sephirah Kether, "la Couronne", lieu du Principe suprême, à la sephirah Binah, "l'Intelligence", lieu de Révélation et de Manifestation de la Lumière Divine. Ce sentier est celui de la "Conscience Claire".

La Papesse, associée à cette lettre et à ce nombre, renvoie l'Initié à sa capacité de percevoir le Divin et les Mystères dans l'apparence extérieure des choses. Mais ce sentier est aussi celui de l'intuition et de la Prophétie.

Rappelons-nous, en particulier, la Prophétie du 515, émise par Béatrice et que nous avons commentée sur le plan de sa signification ésotérique…

Maléficié, ce sentier conduit à l'aveuglement, dont le Poète est largement témoin, dans les péripéties concernant la vie des damnés, avant leur trépas…

Par ailleurs, nous avons vu que la sephirah sombre engendrée par Kether, maléficiée, est Gehenomoth, "la Vallée de la Mort", dans laquelle Dante est plongé. La sephirah Binah, maléficiée, engendre Gehenne, "la Vallée du Sommeil", poussant le voyageur à l'engourdissement.

Ceci éclaire le sens des "sommeils" successifs du Poète, au-delà de leur aspect exotérique ou de véhicule propre à ses songes, qui eux-mêmes ont, bien sûr, leur fonction symbolique. Le Poète évoque souvent, dans sa progression en Enfer, l'obscurcissement de la lumière venue d'en-Haut et ses plongées dans le sommeil ne sont pas seulement dues à la fatigue physique ou psychique, mais aussi à son énergie spirituelle, affaiblie par l'éloignement de la Lumière Céleste…

J'étais parmi les ombres en suspens
  quand m'appela, sainte et belle, une dame…

L'IMPÉRATRICE

C'est l'Intelligence souveraine, qui donne la force motrice par toutes **les richesses de la Féminité idéale.** Rappelons que la mission de guidage, confiée à Virgile et telle que le Poète la décrit, a le support de 3 Dames du Ciel :

Béatrice qui "donne" la mission et incarne la Vérité révélée par l'Esprit Saint ; la Vierge, qui a "voulu" la mission et qui incarne la Miséricorde Divine ; et enfin, Sainte Lucie, vierge et martyre de Syracuse, qui a "inspiré" la mission à la Vierge et incarne la Grâce Illuminante.

L'Impératrice, parmi ces 3 Dames, c'est, dans ce voyage outre-tombe, **la Reine du Ciel**, la Vierge qui a donc "voulu" cette mission et apporte toute l'énergie nécessaire au voyageur et à son guide. L'Impératrice symbolise aussi, analogiquement, Isis, la déesse suprême universelle, la Mère Cosmique, mère de la Nature entière et maîtresse de tous les éléments. Nous connaissons la fameuse apostrophe : *Les sommets lumineux du ciel, […] les silences désolés des enfers, c'est moi qui gouverne tout au gré de ma volonté.*

Sur le plan de l'alchimie opérative, nous retrouvons cette **intervention des forces d'En-Haut nécessaire à la réalisation du Grand Œuvre.**

Cet arcane de l'Impératrice porte le N° 3, qui, d'un point de vue kabbalistique, représente la Divinité dans sa perfection et s'associe à la lettre Guimel, qui symbolise l'évolution de la Forme et de la Matière, c'est à dire l'enjeu de transmutation de la Matière par l'Esprit, évoquée par le voyage de la Divine Comédie et en particulier l'Enfer. Le Nombre 3, issu de l'Union entre le 1 et le 2, incarne aussi l'Âme investie des forces divines de l'Esprit, ce qui nous renvoie au "Mystère de Marie".

Dans le tarot d'Oswald Wirth, la tête de l'Impératrice est entourée des 12 étoiles, porteuses des énergies zodiacales, selon une représentation fréquente de la Vierge. Son pied gauche repose sur un croissant de Lune, tourné vers le bas et symbole d'une réceptivité aux impulsions matérielles, créatrices de toutes les illusions. Le pied, *calmement posé*, de Marie, en symbolise la "maîtrise", elle, qui fut fécondée, à l'inverse par l'Esprit (croissant de Lune tourné vers le haut). Elle a "voulu", en conséquence cette mission donnée à Virgile de conduire le Poète, éclairée précisément par toute la Sagesse Humaine et Terrestre…

Par ailleurs, la lettre Guimel, associée au Nombre 3, est en correspondance avec le 13e sentier de l'Arbre de Vie. Celui-ci relie la sephirah Kether, "la Couronne", lieu du Principe suprême à Tip015hereth, la Beauté, lieu d'Unification. Ce sentier est celui de "la Conscience de cohésion de l'Unité" ou "Intelligence Unifiante", symbolisant la queste de l'initié, cherchant à se relier à son Origine Divine, incarnée par Kether, en **traversant l'abîme**, comme l'implique la voie mystique de Saint Jean de la Croix… La Vierge incite Dante, à travers la mission confiée à Virgile, à entreprendre cette queste.

Maléficié, le 13ᵉ sentier, entraîne au contraire une peur d'avancer, dont le Poète lui-même, de son aveu, n'est pas toujours exempt. Quant aux damnés eux-mêmes, dont il perçoit l'état de conscience outre-tombe, ils sont totalement englués dans la Matière, perdus dans l'Abîme, loin, très loin de toutes les réalités des plans supérieurs !...

La sephirah Tiphereth, l'une des deux sephiroth reliées par ce sentier, engendre, notons-le bien, quand elle est maléficiée, une sephirath sombre, au nom particulièrement évocateur, appliqué à ce contexte de la Divine Comédie, en Enfer. Il s'agit de Bershoat, "le puits de l'Abîme", vide vertigineux, dans lequel le Monde Matériel s'enfonce, sous la pression de toutes les forces de séparation, de conflit et d'éclatement. Point n'est besoin d'insister sur les exemples que le Poète nous donne à ce sujet !

Dame est aux cieux gentille,......
    ....elle a brisé là-haut dure sentence.

L'EMPEREUR

C'est le démiurge et l'incarnation de la maîtrise du Matériel par le Spirituel. Dante, dans son voyage en Enfer, est confronté à toutes les dérives du matériel non maîtrisé. La géographie du Monde de l'Au-delà révèle, par ses cercles concentriques et sa forme d'entonnoir, toutes les péripéties d'une queste du Poète, dont l'enjeu est précisément la victoire du spirituel sur le matériel, de l'éternel sur le périssable, de l'intelligence sur l'instinct, du savoir sur la violence aveugle, etc.

Dante et son guide Virgile se trouvent confrontés à **Minos, juge suprême**, qui répartit les âmes, en récompense de leur justice et de leurs vertus. Ce personnage évoque le mythe du Labyrinthe, qui nous conduit à l'intérieur de nous-même, vers une sorte de sanctuaire intérieur secret, dans lequel siège le plus mystérieux de la personne humaine.

C'est là où se trouve l'unité perdue de l'être, dispersée dans la multitude de ses désirs... L'Initié, Dante, à travers les obstacles, se transforme et reçoit une initiation itinérante. L'itinéraire du Poète en Enfer est tout à fait semblable à cette progression dans le labyrinthe. Notre héros se trouve, un temps, face à ce Minos qui, par sa brutale intervention, invite, indirectement, l'initié à prendre possession de lui-même pour vaincre le Minotaure, symbole du combat spirituel.

Sur le plan de l'alchimie opérative, l'Empereur est le symbole de **la suprématie de l'intelligence sur le matériel et de la maîtrise de la mutation de la matière.** Il préside aux **"différentes chauffes de l'Œuf"**.

L'amalgame est présenté rituellemnt devant le Soleil pour saturer le contenu de l'Œuf, puis chauffé au fourneau, l'Œuf étant enfermé dans l'Athanor. Ceci prépare la séparation du Subtil de l'Épais. Les éléments Sel, Soufre, Mercure, Feu et Eau, en action, subissent les influences célestes et terrestres, le Sel jouant un rôle équilibrant. Après plusieurs mois d'attente, l'Adepte voit apparaître dans l'Œuf, le fameux Germe dans le Subtil, en formation filamenteuse, germe sans lequel rien n'est ensuite facile.

Mais ici le voyage de Dante ne dure que 7 jours, du vendredi saint, 8 avril 1300, au Jeudi de Pâques, 14 avril 1300, sans compter l'entrée dans l'Empyrée, "hors du temps et hors de l'espace". Raccourci de Poète !...

Dans l'image, présentée par l'arcane, l'Aigle, sous le trône de l'Empereur, peut être associé symboliquement à la formation de ce germe, déjà aperçu d'ailleurs sous le bras de l'Impératrice. Chez celle-ci le germe est un objectif et une promesse, chez l'Empereur, le germe est acquis.

Cet arcane porte le N° 4, qui, d'un point de vue kabbalistique, symbolise la stabilité due aux bonnes fondations, soit l'ordonnance du plan matériel dans le respect des lois divines. Et il s'associe à la lettre Daleth, symbole de prise de possession de soi, d'action dans le sens de la volonté de puissance qu'engendre la vie physique. Remarquons, ici, que le mot hébreux Daleth signifie "Porte", symbole d'un passage du monde illusoire de la Chute au monde de la Création, régénérée par l'Esprit. Ceci nous renvoie encore, analogiquement, à l'entrée dans le "labyrinthe", signalé ci-dessus et ouverte au postulant en queste de son unité et de son essence profonde.

Daleth est en correspondance avec le 14e sentier de l'Arbre de Vie, qui relie la sephiath Hochmah, la Sagesse, lieu de Fécondation, foyer d'action du Verbe dans le monde créé, et la sephirah Binah, l'Intelligence, lieu de Révélation et de Manifestation de la Lumière Divine. Ce sentier est celui de "la Conscience de l'Illumination". C'est la base "horizontale" du triangle des trois sephiroth supérieures : Kether, Hochmah et Binah.

En lui, disent les Kabbalistes, la Cause des Causes s'incarne. L'arcane de l'Empereur renvoie donc l'aspirant à une voie d'accomplissement de sa propre incarnation, par la prise de conscience du Principe suprême, dans l'Illumination. Tel sera le terme même du voyage du Poète…

Et, maléficié, ce sentier conduit au rejet de toute transformation intérieure, illustré, là encore, par les exemples édifiants de nombreux damnés, rencontrés en Enfer. Nous avons vu, à propos des arcanes précédents, les incarnations sombres de Hochmah et Binah, respectivement, Gehenoum, "la Vallée de l'Oubli" et Gehenne, "la Vallée du Sommeil", aux noms particulièrement évocateurs, eu égard aux abysses visités par Dante !

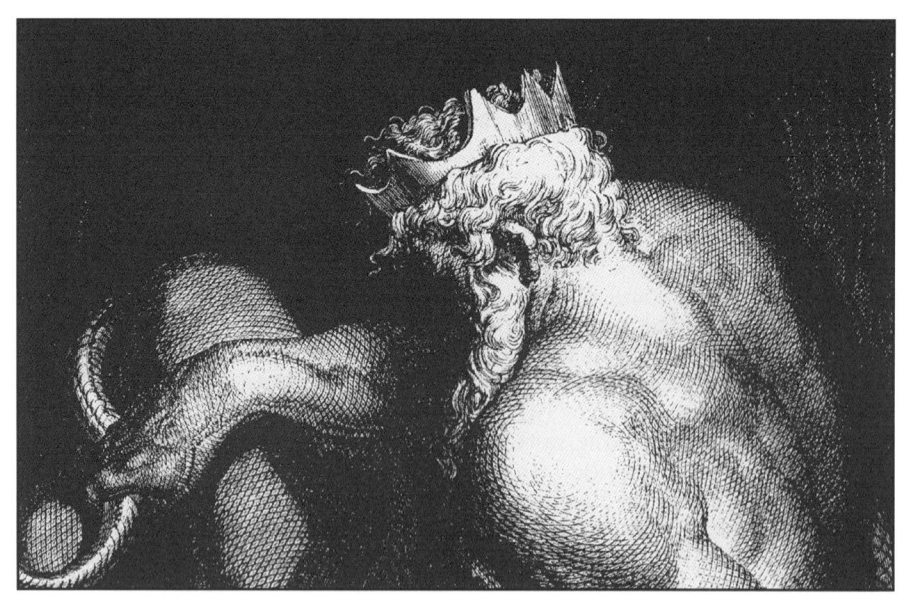

Sapience de Dieu, quelle art tu montres
    ès cieux, sur terre et au malin empire !

LE PAPE

C'est le Maître, le Guide, qui transmet sa Connaissance pour faire triompher la Raison.

C'est le rôle joué par **Virgile** dans la Divine Comédie. Mais au niveau d'un grand maître tel que Virgile, la Sagesse Humaine aborde au rivage de la Sagesse Divine. Le disciple, Dante, est tout à l'écoute de son enseignement face aux explications qu'il entend donner des "causes et des effets" concernant les différentes catégories de damnations, autrement dit la loi du Karma.

Le Pape, c'est aussi **l'incarnation de la "Conscience" qui mène l'Homme sur le chemin du progrès**. Virgile, le Sage, à la différence de ce que nous avons vu plus haut, concernant la Papesse, pour laquelle il exécutait simplement une mission voulue par la Vierge, agit, ici, en son nom propre, pour communiquer "sa" connaissance à Dante. Son influence sur la conscience du Poète est d'autant plus forte qu'il incarne aussi, à côté du guide missionné, la "Raison Humaine", délivrée des Passions.

Sur le plan de l'alchimie opérative, l'adepte Dante reçoit ici toute **la Connaissance, à l'examen de toutes les chauffes et humectations de la Matière**, dont il est le témoin attentif, et souvent directement impliqué par la rencontre de certains personnages de sa vie terrestre, dans les différents cercles de l'Enfer, sous différents aspects :
 - la pluie éternelle froide qui "brûle" et fait exhaler à la terre une odeur infecte, pour les Gourmands ;
 - la ville de Dité (Dis = Pluton en latin), entourée d'une enceinte circulaire de fer porté au rouge, qui enferme les Hérétiques ;
 - les tombeaux flamboyants des Hérétiques épicuriens ;
 - le désert de sable aride et la pluie de feu incessante, qui s'abat sur les Violents contre Dieu ;
 - les plantes des pieds brûlantes des Simoniaques, à demi-enterrés, la tête en bas ;
 - la poix bouillante pour les Concussionnaires et les Prévaricateurs ;
 - les flammes sur les damnés, Conseillers en Fraude ;
 - Etc.

Cet arcane du Pape porte le N° 5, qui, d'un point de vue kabbalistique, symbolise le nombre de l'Homme, médiateur entre Dieu et l'Univers, face aux forces de la Vie, et, rattaché à l'Esprit. C'est le microcosme et l'ascendant spirituel, signe du Sage. Cet arcane s'associe également à la lettre hébraïque He, symbole de la Spiritualité, et plus précisément, de l'ouverture à la force divine et de son rayonnement transformateur et vivificateur.

He est en correspondance avec le 15ᵉ sentier de l'Arbre de Vie, qui relie la sephirah Hochmah, la Sagesse, lieu de Fécondation par le Verbe "actif", et la sephirah Tiphereth, la Beauté, lieu d'Unification entre toutes les émanations sephirothiques. Ce sentier est celui de la "Conscience stabilisante", ou de "l'Intelligence constituante", permettant au Verbe d'animer du souffle de l'Esprit la Conscience Humaine.

Ainsi l'arcane du Pape, à travers ces correspondances, incite l'aspirant à entrer dans la voie, qui va lui permettre de recevoir le souffle de l'Esprit, l'Amour-Sagesse.

Et, maléficié, ce sentier ouvre la voie à l'asservissement de ce souffle aux forces de l'Ego, dont le Poète rencontre tant d'exemples en Enfer, sans compter ses propres petites faiblesses sur ce plan !... Nous avons, aussi, évoqué précédemment les sephiroth sombres, engendrées par Hochmah et Tiphereth, successivement, Gehenoum, "la Vallée de l'Oubli", lieu de rupture des créatures avec les forces spirituelles, et Bershoat, "le Puits de l'Abîme", lieu de destruction par les forces conflictuelles. Leurs noms sont très évocateurs des lieux de damnation visités par le Poète et des réalités ontologiques des damnés eux-mêmes, telles qu'elles sont décrites par le voyageur.

O lumière et honneur de tous poètes,
....
Tu es mon maître et conseil et auteur ;

L'AMOUREUX

C'est le symbole de l'Épreuve et du problème épineux du Choix pour l'Initié. Dante y est confronté dans les 9 cercles de l'Enfer, dans lesquels il entrevoit, à chaque fois, la bonne et la mauvaise voie, symbolisées sur cet arcane par la femme séduisante, à droite, et la femme rébarbative, à gauche, les deux sous la flèche de l'ange Eros-Cupidon... Le voyage imaginé par Dante s'inscrit dans la Tradition Orphique et Pythagoricienne de la route suivie par l'Âme après la Mort. Au carrefour, elle doit choisir entre 2 voies : celle de gauche qui conduit aux Enfers et celle de droite qui conduit aux champs des Bienheureux. Une seule conduit au Bonheur réel : la flèche lumineuse de Cupidon la désigne. Encore faut-il la percevoir !... L'Initiable et, parfois encore un certain temps, l'Initié a tendance à regarder du mauvais côté.

Mais cet arcane symbolise aussi la double image de la Féminité, Ange ou Démon, non en tant que sexe, bien sûr, mais en tant que principes constitutifs, opposés et complémentaires, de la Créature. L'Initié doit prendre conscience de ce qui le déchire puis prendre une position indépendante et objective, c'est à dire atteindre un progrès de sa conscience. En fait, cette dualité s'inscrit dans tous les cercles de l'Enfer. Dante y découvre, précisément, toutes les erreurs de choix et les vices, qui en sont engendrés et qui ont conduit les damnés, jugés par Minos, selon la gravité des faits et l'intensité du refus de s'amender, dans les cercles et les secteurs plus ou moins profonds.

Cela va des Justes, qui, non baptisés, ne connurent pas la vraie foi et restent dans les Limbes, jusqu'aux Traîtres à leurs bienfaiteurs, qui sont pris dans les glaces du Cocyte, dans la Giudecca, la zone qui leur est réservée. Judas l'Iscariote qui donne son nom à cette zone, y est dévoré par Lucifer, l'ange déchu, autrement appelé par Dante, Dité.

Sur le plan de l'alchimie opérative, **la Belle d'Argent, qui procède de la séparation du Subtil de l'Épais,** par chauffes appropriées dans l'Athanor, est ramassée par l'Adepte avec patience, **goutte à goutte.** Ceci nécessite des choix, précisément, d'intensité et de durée subtiles et difficiles à faire.

Cet arcane de l'Amoureux porte le N° 6 qui, d'un point vue kabbalistique, symbolise la Création et l'Équilibre entre des forces qui se neutralisent.

Il s'associe également à la lettre Hébraïque Vav, symbole de la Création par l'union des contraires et par la fécondation. Vav est en correspondance avec le 16e sentier de l'Arbre de Vie, qui relie la sephirah Hochmah, la Sagesse, lieu de Fécondation, à la sephirah Hesed, la Grâce, lieu de Vivification, où l'Amour de Dieu, sa bonté, sa miséricorde, et, pour finir, sa "Grâce" se répandent parmi les créatures.

Ce sentier est le sentier de "la Conscience glorieuse" ou de "l'Intelligence triomphale", lieu où l'Abondance du rayonnement divin et la Grâce se répandent. L'arcane de l'Amoureux incite l'aspirant à entrer dans la voie de la Plénitude et de la Joie, née de la confiance dans la Grâce Divine.

Maléficié, ce sentier ouvre la voie à la stérilité, à la pauvreté et à l'angoisse, nées de l'absence de confiance dans les forces divines. Tel est le cas, en particulier, des Colériques, des Rancuniers ou des Avares, dont le Poète rend compte, parmi les damnés de l'Enfer. A côté de la sephirah sombre de Gehenoum, "la Vallée de l'Oubli", déjà évoquée, la sephirah Hesed engendre, elle aussi, la sephirah sombre Ozlomoth, "les Portes de la Mort", lieu conduisant à la dévitalisation et à l'émergence de pulsions mortifères, que manifestent certains damnés, décrits par Dante.

Amour qui tant s'enflamme en gentil cœur…..
…..Amour nous conduisit à même mort…

LE CHARIOT

C'est l'Initié parvenu au premier stade de sa maîtrise de la Matière. Dante, l'Amoureux, a ici dominé ses ambivalences et conquis une première base d'unité, par delà ses conflits intérieurs, en les exorcisant, en quelque sorte, devant les visions des différentes catégories de damnés, qu'il a rencontrées, dans les cercles de l'Enfer. Il maîtrise ses forces antagonistes, symbolisées, dans l'image de l'arcane, par les deux chevaux qui tirent à hue et à dia. Il est donc à l'image de ce prince sur son chariot et il avance vers un nouveau cycle de transformation au Purgatoire.

Sur le plan de l'alchimie opérative, cet arcane est particulièrement riche de sens. Il ferme le cycle de l'Enfer et ouvre celui du Purgatoire. C'est **une "porte" vers la réalisation de la 2e étape du Grand Œuvre.** La Belle d'Argent est recueillie, en qualité et en quantité suffisantes par l'Adepte, pour passer aux autres opérations.

Elle est le signe même de la réussite de la 1re étape.

Nous voyons, dans l'image de l'arcane, sur le chariot la fameuse inscription SM, le Soufre et le Mercure, éléments de base du Grand Œuvre.

Le Soufre ou le "Feu", principe actif, qui agit sur le Mercure, inerte, ou "l'Eau" et le féconde ou le tue. C'est le principe générateur masculin, manifestant la Volonté Céleste. Mais, dévoyé, le Mercure peut apporter l'anti-lumière, dévolue à l'orgueil de Lucifer, ce qui a provoqué sa Chute. Citons Saint Luc (3,6) :

Prends donc garde que la Lumière qui est en toi, ne soit Ténèbre.

Le Soufre, stérile, c'est alors la culpabilité et le châtiment, évoqués par Dante, tout au long du voyage en Enfer, et atteignant son point culminant, tout au fond, pou Dité, alias Lucifer, avec ses 3 faces décrites comme suit par le Poète :

La Blanche, soit l'impuissance ;

La Noire, soit l'ignorance ;

La Rouge, soit la haine du Bien et du Vrai.

Il s'agit de l'aspect maléficié des 3 couleurs, par opposition à la trilogie du Grand Œuvre.

Ces 3 faces sont opposées aux 3 Personnes de la Trinité de l'Empyrée, incarnant la Puissance, la Sagesse et l'Amour. Le risque du retour au Mercure inerte, c'est la régression, le retour à l'indifférencié, la "solution". Le voyage de Dante en Enfer n'aurait servi à rien. Le Grand Œuvre échouerait dès sa première phase. Face à la pression de ses pulsions, de ses désirs internes, et des sollicitations externes, le Mercure est pour l'Homme le meilleur véhicule de son adaptation à la vie. Fécondé par le Soufre, il conduit l'Homme à sa "Résurrection dans la Lumière".

C'est le sens du chant 34 de l'Enfer, en réalité chant 33, final, si nous retirons le premier chant de l'Enfer, qui est, en réalité, nous l'avons vu, le prologue de toute la Divine Comédie. Virgile dit au Poète :

Ore es venu sous la voûte opposée
à celle où est notre grand-sèche enclose,
et dont le faîte a vu sous lui détruire (*)
l'homme-dieu né sans tache et mort sans tache :
dessous tes pieds se trouve le noyau
dont l'autre face a formé la Judecque.

(*)André Pézard explique qu'il s'agit, ici, du point au-dessous duquel Jésus fut crucifié : *le zénith de Jérusalem, située au centre des terres émergées,* **la gran seca***, et considérée comme le sommet,* **il colmo***, d'une calotte hémisphérique, encore mal déterminée.*

En ce chemin celé nous nous frappâmes
Virgile et moi en quête du clair monde...

Quoiqu'il en soit du questionnement des nombreux commentaires sur cette question cosmogonique, nous avons, pour ce qui nous intéresse, ici, désignée par ces vers, **la référence au "Ressuscité"**...

L'arcane du Chariot est associé au Nombre 7, qui, à travers la Tradition Pythagoricienne et les Écritures Saintes, symbolise la Création, investie par les forces de l'Esprit, à travers la somme du Nombre 4, associé au plan matériel et du nombre 3, associé à la Divinité, et au Mystère de la Trinité. Au nombre 7 correspond, également, la lettre Hébraïque Zayin, incarnant le pouvoir de pénétration de toute réalité et de prise de distance par rapport à elle.

Et cette lettre est en correspondance avec le 17e sentier de l'Arbre de Vie, qui relie la sephirah Binah, "l'Intelligence", lieu de révélation et de manifestation de la Lumière Divine, à la sephirah Tiphereth, "la Beauté", lieu d'Unification de toutes les émanations sephirothiques.

Ce sentier est celui de la "Conscience de la Sensation" ou de "l'Intelligence Ordonnatrice", sentier qui octroie la Foi et les 7 dons du Saint Esprit : Conseil, Intelligence, Force, Sagesse, Piété, Science et Crainte, porte ouverte à la déclinaison de toutes les vertus, comme il va en être question au Purgatoire.

Maléficié, ce sentier devient un lieu d'obscurcissement de la conscience, sous l'emprise de l'Ego, plongeant l'âme dans la matière, hors de tout éclairage de l'esprit, ce que Dante a pu voir à l'œuvre tout au long de sa plongée en Enfer et qu'il va encore percevoir, en maintes occasions chez les pénitents du Purgatoire. La plongée de la conscience dans les Ténèbres, sous l'influence des forces de l'Ego, est particulièrement illustrée par les Traîtres des 4 régions du Cocyte, à la fin de l'Enfer.

Nous avons vu que les sephiroth aux deux extrémités de ce sentier peuvent engendrer, quand elles sont maléficées, des sephiroth sombres, respectivement pour Binah et Tiphereth, Gehenne, "la Vallée du Sommeil", lieu d'engourdissement de l'esprit et Bershoat, "le Puits de l'Abîme", lieu de néantisation par les forces de conflit et de séparation. Nous pourrions dire que ces dernières sont parmi les plus présentes dans les récits et les évocations du Poète, prenant pour cible ses contemporains, avant leur passage dans l'Au-delà.

LA JUSTICE

Le "regard juste" permet à Dante d'aborder le Purgatoire, dans lequel sont alchimisés tous les vices en vertus, avec le concours des hiérarchies célestes. Cet arcane de la Justice exprime toute **la force d'équilibre nécessaire face aux courants antagonistes, mais aussi la discipline de l'Esprit et la force de trancher.**

L'Initié recherche, la "vision juste", celle d'une conscience parfaitement ouverte et éclairée, et qui sait tout "relativiser", au bénéfice du choix juste. Nous voyons, sur l'arcane, dans le Tarot de Marseille, le symbole de la balance, parfaitement équilibrée, en dépit de 2 plateaux inégaux. Tout est là !... La conscience de Dante au Purgatoire, confrontée aux vices et aux vertus, se trouve successivement éclairée par les différentes hiérarchies angéliques et 3 songes édifiants.

Sur le plan de l'alchimie opérative, **les chauffes croissantes dans le four ritualisé, l'Athanor, doivent être réglées de manière précise et judicieuse** pour assurer tout le processus à venir : la Putréfaction totale, le Corbeau ou Œuvre au Noir, la Résurrection du Phénix, la Colombe, la Déalbation ou Œuvre au blanc, la Queue du Paon et enfin la Rubification. Cette dernière est réalisée au Paradis, dans la démarche de la Divine Comédie.

Nous allons revenir sur chacune de ces sous-phases du cycle au Purgatoire, à propos des différents arcanes suivants.

La Colombe de l'Œuvre au Blanc ne peut s'obtenir, que si l'adepte lui-même a une démarche de purification intérieure profonde. Les 2 aspects, démarche spirituelle intérieure et démarche alchimique opérative, sont, bien sûr, liés, de manière consubstantielle, pour tout le Grand Œuvre, comme nous l'avons déjà observé à plusieurs reprises.

Cet arcane de la Justice porte le N° 8, qui, d'un point de vue kabbalistique, symbolise l'Équilibre Cosmique et s'associe à la lettre Heith, symbole, dans cet Équilibre, du lien subtil qui relie tous les êtres entre eux, à partir du moment où s'établit un rapport étroit avec la dimension divine au cœur de chaque être. Le Nombre 8 incarne aussi le processus amenant l'initié à se régénérer, dans une relation avec l'Autre, faite de don et d'ouverture.

La lettre Heith est en correspondance avec le 18e sentier de l'Arbre de Vie, qui relie la sephirah Binah, "l'Intelligence", lieu de Révélation par laquelle le Verbe agit dans le Monde créé, à la sephirah Geburah, "la Rigueur", lieu de Rectification et d'ajustement de la Conscience à la Volonté Divine. Ce sentier, dénommé "la Conscience de la demeure de l'influx", ou "Intelligence de la Maison de l'Influence" permet à l'Initié de connaître ce qui est juste par rapport à sa destinée.

L'arcane de la Justice, en conséquence, invite l'Initié à entrer en contact avec l'influx divin, maître de Justice et de Vérité. Cet influx s'exprime avant tout par l'Amour, pivot du voyage de Dante au Purgatoire.

Maléficié, ce sentier conduit au mensonge et plonge l'aspirant dans un monde entièrement subjectif et illusoire, l'exposant aux 7 péchés capitaux, expiés au Purgatoire de la Divine Comédie. Maléficiée, également, Binah engendre une sephirah sombre, Gehenne, "la Vallée du Sommeil", lieu d'engourdissement de l'esprit, et de même Geburah engendre Irasthoum, "l'Ombre de la Mort", lieu de destruction de toute œuvre de l'esprit, contrariant tout effort de rectification.

Nous avons au Purgatoire, sur la 4e corniche, formant comme un axe intermédiaire entre les 3 corniches inférieures et les 3 supérieures, la pénitence du péché de "l'Accidia", caractéristique d'une tiédeur, d'un manque d'ardeur, voire de passivité de tous ceux auxquels manquent l'Élan, l'Amour pour le Bien et la Foi.

Placé au centre de l'Ascension de la Montagne du Purgatoire par le Poète, ce péché, quelque part recouvre et conditionne tous les autres, les 3 des corniches inférieures, orgueil, envie et colère, et les 3 des corniches supérieures, avarice et prodigalité, gourmandise et luxure. Il est bien représentatif des énergies faisant défaut à l'Homme pour se mettre au contact des énergies divines et opérer les rectifications nécessaires…

…quand Jupiter en son secret fut juste.

L'HERMITE

C'est la prudence et la recherche intérieure solitaire de l'initié, **cette capacité à plonger au cœur de soi-même pour y puiser toute la force requise pour accéder à la Transcendance.**

La Prudence est le commencement de la Sagesse. L'Hermite est un maître secret qui travaille, comme dit Oswald Wirth, dans l'Invisible, pour conditionner le devenir en gestation. Il est détaché du Monde et de ses passions et mène sa queste en parfait Initié. L'Humilité est la première des vertus envisagée au Purgatoire de Dante, face au péché d'orgueil rencontré dans la première corniche. Bateleur, au prologue de l'Enfer, plein de promesses et de limites, Dante est à présent cet Hermite, au Purgatoire, au milieu du processus d'initiation, toujours sous la conduite de Virgile, et approfondissant sa quête de l'Invisible.

Sur le plan de l'alchimie opérative, l'Hermite symbolise **l'état d'être de l'Adepte, en cet instant où il enferme hermétiquement la substance, dotée du germe, dans le ballon de verre, l'Œuf Philosophique,** pour de nouvelles chauffes dans l'Athanor. C'est un état d'être en recherche intérieure, approfondie et solitaire. Tous les alchimistes en témoignent comme condition du succès du Grand Œuvre.

L'Hermite porte le N° 9, qui, d'un point de vue kabbalistique, symbolise la Gestation et la Maturation, et s'associe à la lettre Teith, symbole du "Refuge Intime", dans lequel l'être s'enferme afin de s'ouvrir à des choses supérieures.

À ce stade, un cycle s'achève et l'aspirant passe à une autre réalité.

Le nombre 9, pour les Kabbalistes, correspond aussi à ce qu'ils appellent **"l'achèvement au féminin",** dans le développement intérieur. C'est un signe d'ouverture, après une première étape. La lettre Teith est en correspondance avec le 19e sentier de l'Arbre de Vie, reliant la sephirah Hesed, la Grâce, lieu de Vivification, dans lequel l'Amour de Dieu se répand au sein de la Création, à la sephirah Geburah, la Rigueur, lieu de Rectification et d'ajustement de la conscience à la volonté divine.

Ce sentier, dénommé le sentier de "la Conscience du Mystère de toutes les activités spirituelles" ou de "l'Intelligence du Secret de toutes les activités des êtres spirituels", permet à l'initié d'exprimer dans ses actes, au quotidien, les énergies de l'Esprit et de conformer son individualité aux lois divines.

En conséquence, l'arcane de l'Hermite invite l'Initié à constituer son "Moi supérieur", vivant reflet des vertus de l'Esprit. Il implique une maîtrise de l'Ego et non pas son absolu exaltation, comme l'exprime l'Orgueil !...

Maléficié, en effet, ce sentier amène l'Homme à contredire, dans ses actes au quotidien, l'identité profonde de ce "Moi Supérieur", et l'Ego, alors, n'affecte pas seulement le comportement sur le plan de l'Orgueil, mais sur tous les plans reflétés par les autres péchés capitaux. Ces plans amènent soit l'esprit malfaisant pour autrui, avec, outre l'orgueil, l'envie et la colère, soit la queste insatiable des biens matériels, avec l'avarice, la prodigalité, la gourmandise et la luxure, tel que ceci se dessine dans ce qu'Alexandre Masseron appelle l'ordonnancement moral du Purgatoire (Voir notre chapitre sur la Symbolique sacrée des Sites). Il nous faut noter aussi que Hesed, maléficiée, engendre la sephirah sombre Ozlomoth, "les portes de la Mort", lieu d'atteinte à la vie même, n'excluant pas les pulsions d'autodestruction de l'être, et Geburah maléficiée engendre Irasthoum, "l'Ombre de la Mort", lieu d'anéantissement, obstacle à toute œuvre de l'Esprit et à toute recherche de rectification. **Dante évoque d'ailleurs, de telles forces et de telles pulsions, et, symboliquement la nature du châtiment infligé aux pécheurs en pénitence au Purgatoire s'en inspirent.** Ainsi les Orgueilleux sont condamnés à marcher, courbés, face contre terre, et, *aveuglés de la vue de l'esprit*, doivent avoir confiance dans leur marche à reculons. Les Envieux, ont leurs paupières closes pour faire cesser le désir. Les Colériques sont condamnés à marcher dans les fumées obscurcissantes de leur raison défaillante, alors qu'une *lumière* leur était donnée pour *distinguer le bien du mal*. Les Avares et les Gourmands, sont décrits par le Poète, non sans ironie. Ainsi Midas, le Roi de Phrygie, est-il condamné à mourir de faim après avoir obtenu des dieux de tout changer en or ce que sa main touchait !... Et le Poète chante ainsi l'aspect cadavérique des pénitents gourmands, saisis dans leur châtiment (Chant XXIII, v.22 à 24) :

> *Es yeux chacune était obscure et cave,*
> *pâle en son teint et de chair tant havie (*)*
> *que la peau dessus l'os était moulée."*

(*)amaigrie et desséchée

Les Luxurieux sont condamnés à marcher dans un chemin embrasé, à l'image des passions qui les ont rongés, de leur vivant...

O superbes chrétiens, chétifs coupables
   qui berlués quant aux yeux de l'esprit
   avez fiance en vos pas reculants,
ne savez-vous que tout homme est chenille
   née à former l'angélique phalène
   qui volera toute nue à justice ?

De quoi s'enfle tant haut votre cuidance,
   n'étant rien plus que vermine avortée
   si comme larve où croissance a failli ?

LA ROUE DE FORTUNE

C'est le symbole de la transmutation profonde de l'Initié qui lui fait découvrir la voie du juste milieu entre Chute et Progression. L'arcane nous replonge, après l'Hermite et sa queste solitaire, dans le Monde et ses vicissitudes : fluctuations, alternances du Destin, évolution et involution, naissances et morts successives à travers le Cosmos, le Secret à trouver, symbolisé par le Sphinx,... Virgile est explicite à l'égard de Dante, quand il lui déclare, alors qu'ils sont sur la seconde corniche du Purgatoire et qu'il parle de l'attitude des hommes en général (chant XIV, v.148 à 151) :

Virant autour de vous les cieux vous hêlent
en vous montrant leur éterne beauté ;
mais de terre vos yeux ne se détachent.
Dont vous frappe celui qui tout connaît.

En fait, au Purgatoire, dans la progression sur les 7 corniches, Dante et son guide, Virgile, ne cessent d'être les témoins de ces va et vient entre vices et vertus, qui symbolisent les processus alternatifs d'Évolution et d'Involution, qui jalonnent la Destinée humaine et l'Initié lui-même sur la voie difficile de sa transmutation spirituelle.

Sur le plan de l'alchimie opérative, la Roue de Fortune symbolise bien **la mort de la Matière,** sa putréfaction totale, avec formation du "Corbeau" et **la Résurrection du "Phénix",** conduisant à la venue de la Colombe…

En réalité, l'adepte-alchimiste, lui-même, est en état d'instabilité permanente tout comme l'amalgame est en constante transformation dans l'Œuf, chauffé au sein de l'Athanor.

La Roue de Fortune porte le N° 10 qui, d'un point de vue kabbalistique, symbolise la Totalité en mouvement, le recommencement après un cycle achevé. L'arcane est associé à la lettre Yod, symbole de la Manifestation et, selon la belle expression de Virya (1) : *le noyau spirituel de l'individualité soumis au mouvement de l'éternité.* Le Nombre 10, dans la perspective de l'Hermétisme Chrétien, symbolise la toute Puissance Divine, incarnée au sein de la Matière et s'exprimant en lois et principes inéluctables, comme Dante en est le témoin attentif et comme l'exprime, en particulier, son maître et guide, Virgile : *autour de vous les cieux vous hêlent, "Chiamavi 'l cielo e e'ntorno vi si gira",* dit le texte en italien vulgaire, que nous pouvons aussi traduire : *Il vous attire le ciel et tout autour de vous tourne…*

---

(1) *Lumières sur la Kabbale* par Virya, Éditions Jeanne Laffitte, Marseille, 1989.

La lettre Yod est en correspondance avec le 20ᵉ sentier de l'Arbre de Vie, qui relie la sephirah Hesed, la Grâce, lieu de vivification et d'épanouissement par la bonté et la miséricorde de Dieu, à Tiphereth, la Beauté, lieu d'unification de toutes les émanations sephirotiques, là où toutes les forces émotionnelles de l'âme rencontrent un point de fusion et d'harmonie, pour l'édification du moi personnel. Ce sentier, dénommé le sentier de "la Conscience de Volonté" ou "Intelligence de la Volonté", permet au moi personnel et à son expression, dans la Volonté Personnelle, de se mettre au diapason de la Volonté Divine, et ainsi l'être peut participer aux plans cosmiques de la création, mû par une puissance supérieure Ceci se traduit effectivement par l'harmonisation aux sphères célestes comme l'exprime Virgile.

Maléficié, ce sentier incite, à l'inverse, l'Initié à s'enfermer dans sa propre volonté, voulant organiser le Monde, sans tenir compte de l'essence profonde des êtres et des choses qui l'entourent et pouvant, alors se soumettre inconsciemment aux énergies, non plus bénéfiques, mais maléfiques de ce Monde, qui en réalité lui échappent... Tel est le processus dénoncé par le Poète, dans le vice de l'Envie, par exemple. Dante, évoquant Aglaure, fille du Roi d'Athènes, qui envia sa sœur Hersé, nous livre une image choc de cet enfermement, décrit par Ovide, dans ses Métamorphoses : Aglaure fut changée en rocher !...

La punition des Envieux, selon le Poète, est à l'image même de cette rupture vis-à-vis de l'inspiration divine et de l'accueil de la Volonté Divine, symbolisée par la privation de la "Lumière Céleste" et la comparaison à l'épervier qui doit être calmé (chant XIII, v.67 à 69) :

> *Et, comme ceux qui ont les yeux crevés*
> *ne fait prou le soleil, aux dites ombres*
> *clarté du ciel ne fait de soi largesse ;*
> *car à chacun perce et coud les paupières*
> *un fil d'acier, comme le veneur cille* (*)
> *un épervier hagard pour qu'il s'accoise."*(**)

(*) ferme et ouvre rapidement les yeux
(**) il se calme

De plus les Envieux sont *couverts d'un vil cilice*. Ils ont les paupières cousues par un fil de fer (!). Ils s'appuient les uns contre les autres et contre la paroi rocheuse et pour parfaire le tableau, le Poète évoque à leur propos *l'écume* de leur conscience, en un tercet que nous traduisons ainsi (v.88 à 90) :

> *Que la grâce dissolve l'écume*
> *de votre conscience afin qu'en pleine clarté*
> *par elle descende le fleuve de l'esprit."* (*)

(*) Nous prenons le mot *"mente"*, en sa pleine et première signification.

Nous trouvons là, par tous ces détails symboliques, jusqu'à l'évocation de l'épervier, symbole de rapacité, s'il en fut, et le sens ésotérique de ce tercet, une remarquable illustration des ravages qu'exerce une Volonté personnelle en divorce, conscient ou inconscient, avec la Volonté Divine !...

Nous avons déjà évoqué, par ailleurs, la sephirah sombre engendrée par Hesed, maléficiée, Ozlomoth, "les Portes de la Mort", lieu de dépérissement et d'épuisement, loin des bienfaits de la Grâce divine, et celle engendrée par Tiphereth, maléficiée, Bershoat, "le Puits de l'Abîme", lieu d'éclatement, de destruction, de plongée dans le néant et, pour finir, de déliquescence de la Conscience…

Mais quand il (l'amour) **plie au mal, ou court au bien
plus ardemment qu'il ne devrait, ou moins,
la créature au créateur s'aheurte**

LA FORCE

C'est le symbole de la pureté morale et l'énergie spirituelle, qui président à la maîtrise de la Matière. La Volonté s'applique à la purification morale, base de toute parfaite maîtrise de la matière et qui répond à un entraînement mystique et magique. Cette force, c'est la Pureté Morale, l'innocence parfaite, le Blanc Pur.

Le Lion d'orgueil est dompté par une Vierge, symbole, comme le dit Oswald Wirth, de *l'assujettissement des passions.* Au Purgatoire, Dante franchit une nouvelle étape de prise de conscience de cette pureté et de cette énergie.

Confronté aux 7 péchés capitaux et aux 7 vertus correspondantes, le Poète parvient à la 7e corniche et la 7e vertu est celle de la Chasteté, symbolisée par la Vierge. Mais cet arcane de la Force marque aussi l'influence de la Vierge Marie dans l'itinéraire initiatique de Dante, sous l'aspect précisément de la pureté morale.

Sur le plan de l'alchimie opérative, **"le Petit Magister"**, acquis par l'Adepte, et qui correspond, dans le Grand Œuvre, à l'atteinte de la Colombe, le Blanc Pur, est marqué effectivement par l'épuration totale des passions dans la Créature.

L'arcane de la Force porte le N° 11, qui, d'un point de vue kabbalistique, correspond à la lettre Kaph. Le Nombre 11 incarne l'Union du 10, soit l'identité profonde atteinte par l'harmonisation de la volonté personnelle à la volonté divine, et du 1, le germe divin. Par réduction théosophique, 11 donne 2, ici nombre de la dualité "positive", de la force de l'Amour partagé et de la communion avec l'Unité primordiale, comme nous l'avons déjà observé par ailleurs. Il s'agit de l'Union donc et de la Réconciliation de l'Homme avec Dieu dans l'éveil de sa dimension spirituelle profonde.

La lettre Kaph incarne la capacité d'accueil et de transcendance des pulsions personnelles et du mouvement d'appropriation. Elle est en correspondance avec le 21e sentier de l'Arbre de Vie, reliant la sephirah Hesed, la Grâce, lieu de Vivification par la bonté et la miséricorde de Dieu, à la sephirah Netsah, la Victoire, lieu d'Harmonisation, où règne l'équilibre de la forme et de l'essence, et où toute chose devient le reflet de l'harmonie et de la beauté transcendante de Dieu. Ce sentier, dénommé "la Conscience désirée et recherchée" ou "Intelligence de la Conciliation et de la Récompense", appelle l'Initié à réaliser les aspirations les plus élevées.

Ainsi, l'arcane de la Force l'incite à éveiller en lui l'aspiration aux idéaux et la queste de la Lumière, par le respect et l'obéissance. L'Église et particulièrement les communautés monastiques parlent de "l'Appel".

Humilité, Amour, Douceur, Sollicitude, Pauvreté, Générosité, Tempérance et Chasteté, les 7 Vertus correspondant aux 7 corniches de la Montagne du Purgatoire de Dante sont, précisément, le reflet de ces idéaux et de cette queste de la Lumière.

Maléficié, ce sentier incite au désir de domination, d'appropriation et d'enfermement dans les pulsions égoïques. L'élan spirituel peut aller jusqu'à se confondre avec le désir sexuel. Le Poète évoque au chant XXVI du Purgatoire les 2 cortèges de Sodome et Gomorrhe, qui vont en sens contraire, l'un de l'autre, sur la 7e corniche de la Montagne. Ceci nous renvoie à la Genèse (La destruction de Sodome, 19, 24 - 26), dans laquelle sont réunis tous les agents du Grand Œuvre : *Au moment où le soleil se levait sur la terre et où Lot entrait à Çoar, Yahvé fit pleuvoir sur Sodome et sur Gomorrhe du soufre et du feu venant de Yahvé, et il renversa ces villes et toute la Plaine, avec tous les habitants des villes et la végétation du sol. Or la femme de Lot regarda en arrière, et elle devint une colonne de sel.*

Nous avons déjà évoqué la sephirah sombre, engendré par Hesed, quand elle est maléficiée, Ozlomoth, "les Portes de la Mort", lieu d'épuisement et de dévitalisation. Mais cette sephirah sombre est reliée, quand le 21e sentier est maléficié, à la sephirah sombre Tit Aïsoun, engendrée par Netsah, maléficiée.

Cette sephirah sombre, dont le nom peut être traduit par "l'Ordure" ou "la Boue". C'est elle qui amène l'Homme sur les voies de la corruption, sous toutes ses formes, et sur celles des perversions et de la luxure.

Les pénitents du Purgatoire s'y sont, à l'évidence, engagés de leur vivant, jusqu'à s'y épuiser effectivement, perdant toute notion d'énergie spirituelle et de pureté morale, auxquelles l'arcane de la Force invite l'Initié !

Contentez-vous au quia (=parce que…)*, gent humaine,*
car si vous aviez pu tout voir sans aide,
besoin n'était que Marie enfentât…

LE PENDU

C'est le symbole de la Régénération par le Retournement de l'Être. La position sur la tête, telle celle du yogi, symbolise une recherche de ressourcement par inversion de l'ordre terrestre et le déploiement des énergies que l'individu puise au plus profond de son être. S'agissant de la punition de Sodome et Gomorrhe, nous avons vu précédemment que : *Yahvé renversa ces villes et toute la Plaine avec tous les habitants des villes et la végétation du sol...*

Toute la structure de la Divine Comédie est à l'image de cet arcane, avec **la plongée en Enfer, suivi du retournement et de l'ascension de la Montagne du Purgatoire, vers le Paradis.** Au Purgatoire, le Poète prend aussi toute la mesure du renversement des valeurs et du sens, avec ce que produisent les excès tant du vice que de la vertu.

Sur le plan de l'alchimie opérative, cet arcane symbolise la posture psychique et l'état de conscience de l'Adepte, indispensable pour maîtriser les phases du Grand Œuvre : **circulation des forces de bas en haut et de haut en bas, entre Ciel et Terre, par le canal même de l'Adepte.** Les bras et les jambes du Pendu dessinent une sorte de croix, qui apparaît, dans certains tarots, sur un triangle. C'est le signe alchimique du travail et de l'accomplissement de l'Œuvre. A ce stade, le Blanc se mue en Gris et en Noir.

Plusieurs Corbeaux impurs sont obtenus avant de parvenir au Noir Bleuté, c'est à dire le Corbeau le plus pur.

Le Pendu porte le N° 12, qui, d'un point de vue kabbalistique, correspond à la lettre Lamed. Celle-ci incarne le principe d'évolution de l'être par l'équilibre entre l'Épreuve et la Contemplation. C'est aussi le lien entre deux parties lointaines, l'Esprit qui s'échappe de la Matière, tout en gardant prise sur elle. L'Initié "apprend" - Lamed signifie enseigner et apprendre - à retirer son esprit des voies égoïques obscures et à se retourner vers d'autres voies supérieures et, bien sûr, en priorité, celle de l'Amour et du Cœur, ou, pour être plus précis de la précieuse **Intelligence du Cœur**.

La lettre Lamed est en correspondance avec le 22e sentier de l'Arbre de Vie, qui relie la sephirah Geburah, la Rigueur, lieu de la Rectification à la sephirah Tiphereth, la Beauté, lieu d'Unification. C'est le sentier de la "Conscience ou de l'Intelligence Fidèle", où l'Initié est en mesure d'ajuster son moi personnel par une profonde introspection. En d'autres termes, les Hermétistes Chrétiens parlent **d'ajustement Karmique**. L'arcane du Pendu incite donc l'Initié à rectifier ses attitudes et ses comportements sur les plans du pouvoir, de l'appropriation, de l'autovalorisation et, plus généralement, toutes les déviances de son moi personnel. Ceci renvoie à une sorte de purification, précisément de nature Karmique, que nous pouvons rapprocher, analogiquement, de l'opération alchimique visant à obtenir le "Corbeau le plus pur" et la fin, effective, du "Petit Magister". Maléficié, le 22ᵉ sentier est, a contrario, un lieu où se manifeste toutes les cristallisations du moi personnel, de l'Ego, chargeant l'inconscient de l'Être et l'empêchant de développer son essence intérieure, jusqu'à bloquer même toute vie intérieure. Bien évidemment cette cristallisation transparaît fortement dans les tercets du Poète, concernant les diverses catégories de pénitents au Purgatoire. Enfin, la séphirah sombre engendrée par Geburah, maléficiée, Irashtoum, "l'Ombre de la Mort", lieu de destruction et de perversion, et en particulier de luxure, et la sephirah sombre, engendrée par Tiphereth, maléficiée, Bershoat, "le Puits de l'Abîme", lieu de néantisation, constituent les deux extrémités de ce sentier maléficié. Ici encore, perversion et plongée dans le "Vide" personnel concernent vivement les pénitents de la Divine Comédie…

Nous répétons alors Pygmalion
que fit traître et larron et parricide
sa gloute envie et fièvre de trésors…

L'ARCANE XIII

Cet arcane "sans nom" mérite bien celui que la Tradition lui octroie souvent, de Mort et Renaissance, réalisant une Transmutation, et, plus encore, **une Transsubstantiation, soit le changement de toute la substance de l'Être, en analogie avec l'Eucharistie.** L'Être, initié aux Petits Mystères, correspondant aux 12 premiers arcanes, va l'être aux Grands Mystères.

La "mort du vieil homme" ouvre l'accès au règne de l'Esprit. Les Hermétistes parlent de **Mort Mystique**, ouvrant grand les portes au "Nouvel Enfant"... Par l'effet de l'Initiation, l'Initié opère un changement profond, le passage à un autre état, à travers la purification et l'abandon de tout l'inutile et de tout le nuisible. Dante vit cette purification totale, cette Mort et cette Renaissance.

Son parcours initiatique lui fait toucher l'obscurité totale pour renaître à la Lumière.

Sur le plan de l'alchimie opérative, de multiples mutations de la Matière interviennent dans l'Œuf. L'amalgame s'apprête à se transformer encore. Du Blanc pur de la Colombe aux couleurs irisées de la Queue de Paon, autrement dénommée la Forêt Verdoyante. Le résultat coïncide avec l'arcane suivante.

L'arcane qui porte le N° 13, d'un point de vue Kabbalistique, s'associe à la lettre Mem. C'est le symbole d'un changement radical, la découverte d'un nouveau plan de conscience. Et Mem correspond à la force fondamentale, féconde et formatrice, et au cycle Vie-Mort. Par une purification, l'être se délivre de tout ce qui n'appartient pas à son essence profonde et peut ainsi entrer au contact de réalités nouvelles, s'éveiller et se développer en tant qu'Être directement relié aux plans célestes. Ceci implique un repli sur soi pour s'ouvrir à de nouvelles expériences… La lettre Mem est en correspondance avec le 23e sentier, qui relie la sephirah Geburah, la Rigueur, lieu de la Rectification à la sephirah Hod, la Gloire, lieu, par excellence, de Médiation avec les plans subtils, où l'Initié peut conceptualiser ces plans subtils et acquérir des images mentales de la Lumière divine.

Au terme de son ascension de la Montagne du Purgatoire, le Poète parvient au Paradis Terrestre. Et Virgile l'exhorte, en ces termes édifiants de la queste de la Lumière (chant XXVII, v.133 à 135) :

Vois le soleil qui sur ton front clairoie,
vois l'herbette, les fleurs, les arbrisseux
qu'ici produit la terre pure et simple.

Et, pour conclure (v142) :
Je te baille sur toi couronne et mître.

Nous avons, déjà, par ailleurs, commenté le sens "ésotérique" profond que nous donnons à ces deux attributs : au-delà des deux pouvoirs, temporel et spirituel, au sens exotérique, ce que nous avons appelé **les 2 sceaux de l'Initié**, promis au séjour des Bienheureux et incarnant la double maîtrise du matériel et du spirituel.

Quant au *soleil qui clairoie*, au chakra frontal de Dante, il signe l'Esprit qui désormais guide Dante, lui permettant cette conceptualisation et ce contact avec les plans subtils. Rappelons-nous, aussi, sur le plan de la "purification" le signe de l'ange touchant de son aile, à 7 reprises, ce même chakra, purification des 7 Péchés par les 7 Vertus...

Le 23e sentier, dénommé le sentier de "la Conscience de Soutien" ou de "l'Intelligence Stable" est le lieu où la Conscience de l'Homme peut, effectivement, être soutenue et stabilisée par sa capacité à intégrer les images qui, en quelque sorte, la nourrissent, à travers le mental. L'arcane XIII incite donc au dépouillement et, soutenue par les forces de Vérité, la conscience trouve la nourriture nécessaire à sa croissance intérieure.

Tant de désir par-dessus mon désir
d'être là-haut s'enflait, qu'à chaque pas
je sentais à l'envol croître mes ailes.

Maléficié, ce sentier conduit au repli de l'Ego sur lui-même, incapable de rompre avec l'Illusion et finalement amène l'autodestruction. Bien des images du Poème, sur les 7 corniches du Purgatoire, tournent autour de ce travail de sape par l'Ego, fasciné par les biens périssables ou la haine, ou la rivalité avec les autres...

La sephirah sombre, Irasthoum, "l'Ombre de la Mort", engendrée par Geburah, maléficiée, et lieu de néantisation de l'essence profonde de l'être, et la sephirah sombre, Abron, "la Perdition", engendrée par Hod, et lieu d'aveuglement, d'ignorance et d'errance, ces deux sephiroth constituent les extrémités du 23e sentier, maléficié. Souvenons-nous de toute la théorie sur le "Libre-arbitre" face aux envies, que le Poète et Virgile abordent sur la 4e corniche du Purgatoire (chant XVIII, v. 64 à 66) :

Elle est principe où se fonde le compte
de tout mérite humain, selon qu'en l'âme
elle détrie (*) bonne ou méchante amour.

(*) Elle sépare, dirions-nous l'ivraie du bon grain.

LA TEMPÉRANCE

C'est le symbole de l'entrée, proprement dite, de l'Esprit dans la Matière, en parfaite osmose fécondante, symbole de toutes les transfusions spirituelles. **L'Initié est soumis à l'opération de "l'ablution", en analogie avec le Baptême.** Au Paradis Terrestre, qui clôt le parcours de Dante au Purgatoire, la mystérieuse Dame Matelda entraîne le Poète à plonger dans **le Léthé** et l'y fait boire "l'eau de l'oubli" de la part d'ombre et lui fait boire aussi l'eau de **l'Eunoé**, "l'eau de la mémoire" de la part de Lumière.

L'Initié doit trouver le difficile équilibre intérieur et le maintenir entre les 2 pôles de son être, fait de Rouge et de Bleu, de Terre et de Ciel, de Feu et d'Eau. Telle est **la belle harmonie de l'Être par les échanges féconds entre Matière et Esprit.** Cette harmonie naît en particulier de la maîtrise du Désir, comme Dante en est conscient tout au long de son voyage et le témoin de toutes les difficultés rencontrées par les êtres qu'il croise. Au terme de la traversée des 7 corniches du Purgatoire, le Poète ressent toutes les lois d'Harmonie du Cosmos entre microcosme et Macrocosme. Il est prêt pour la visite du Paradis Terrestre. Le désir de Dieu manifesté au Paradis d'Avant la Chute est bien ce qui en faisait le lieu du Bonheur.

Sur le plan de l'alchimie opérative, **l'œuvre au Blanc est achevée** et, avec elle, la 2e étape du Grand Œuvre. De nouvelles chauffes de l'œuf dans l'Athanor font obtenir à l'adepte le passage à la Forêt Verdoyante, la Queue de Paon, avec une matière subtilement irisée. Notons, au passage, l'étrange rapprochement que nous pouvons faire avec la vision de la Forêt Illuminée du Paradis Terrestre !... Restent à présent le stade ultime de la Rubification et la transmutation définitive, qui vont se réaliser avec le nouveau cycle au Paradis. La Tempérance est, en fait, le symbole même de l'Alchimie, avec ses 2 vases, eux-mêmes symboles de distillation, purification, fusion et transmutation entre Esprit et Matière.

La Tempérance porte le N° 14, qui, d'un point de vue kabbalistique, correspond à la lettre Noun, qui incarne l'Harmonie des Mixtes, l'influx de l'Esprit passant d'une individualité à une autre, dans un échange fécond, à l'image de ce que représente le Paradis Terrestre, avec notamment les échanges entre les règnes animal, végétal et minéral, que le Poète nous fait ressentir en plusieurs occasions. Le Nombre 14 incarne le processus de la Transmutation : l'Esprit, ici au sein du Saint Esprit, 3e personne de la Sainte Trinité, "alchimise" le plan matériel. La lettre Noun évoque, encore, le processus par lequel l'Homme recouvre sa fécondité originelle par la Grâce de Dieu, qui, tel un Chevalier, l'adombre… Cette lettre est en correspondance avec le 24e sentier de l'Arbre de Vie, qui relie la sephirah Tiphereth, la Beauté, lieu d'Unification de toutes les émanations sephirothiques, à la sephirah Netsah, la Victoire, lieu de l'Harmonisation, répandant la beauté transcendante de Dieu sur toute la Création et réalisant l'équilibre entre l'Essence et la Forme de toutes choses. Ce sentier, dénommé le sentier de "la Conscience Imaginaire" ou de "l'Intelligence imaginative", est le lieu où l'initié prend conscience de la puissance du Désir, quand, en quelque sorte, il est bien géré, non soumis aux seules pulsions égoïques. En conséquence, l'arcane, elle-même de la Tempérance incite l'Homme à prendre conscience de cette puissance - alors bénéfique - du Désir. Or, Dante exprime, à plusieurs reprises, son désir ultime de Béatitude, dans l'expérience de l'Amour et du contact direct avec la Lumière Divine, et, aussi, son désir d'Immortalité, dans une authentique Foi Chrétienne, entendue au sens de l'Hermétisme Chrétien.

Maléficié, ce sentier de Tiphereth à Netsah, conduit l'Être à une incapacité à gérer cette force désir, en se livrant à la recherche de pouvoir, de possession et d'auto-valorisation de l'Ego qui l'éloignent des véritables objectifs, liés au Salut.

Du 100e au 102e vers - notons la numérologie en réduction 1, 2 et 3 ! - du 33e et dernier chant du Purgatoire ! - Béatrice déclare à Dante :
> *Dorénavant ma parole, à vrai dire,*
> *se fera nue autant comme il faudra*
> *pour que tes sens enrudis (*) la découvrent.*
(*) rudes, grossiers.

Et Dame Matelda, toute obéissante à Béatrice, va conduire le Poète vers l'Eunoé, le deuxième fleuve de la purification, celui de l'ouverture à la mémoire de la part de Lumière !... Tout est là, comme l'écrit Dante :
> *Gentille âme ne cherche excusement,*
> *mais du plaisir d'autrui fait son plaisir*
> *dès qu'en un signe il s'est au jour déclos. (*)*

(*) déclore (XIe siècle) = enlever la clôture, littéralement. Mais il s'agit même d'une révélation !...

Aux extrémités du 24e sentier, nous avons Tiphereth et Netsah. Maléficiée, Tiphereth engendre, comme nous l'avons déjà vu, une sephirah sombre, nommée Bershoat, "le Puits de l'Abîme", qui plonge l'être dans un vide vertigineux, tel Lucifer, et, de même, Netsah, maléficiée, engendre Tit Aïsoun, "l'Ordure" ou "la Boue", lieu de perversion qui évoque *le fardeau de la chair dont se vêt tout fils d'Adam* (Chant XI du Purgatoire, v.43,44).

Nous avons, toujours au Paradis Terrestre, cette vision de **l'Arbre de la Science du Bien et du Mal**, dépouillé de tout feuillage et même de tout bourgeon, c'est-à-dire de tout espoir de vie, qui résonne comme un écho à pareil sentier, en relation avec la Chute d'Adam (Chant XXXII, v.37 à 39) :
> *Un murmure entre tous courrut : "Adam !"*
> *puis firent cercle autour d'un arbre nu*
> *de toute feuille ou brout (*) en sa ramée.*
(*) bourgeon

Pour conclure, l'alchimisation de la Matière par l'Esprit, symbolisée par l'arcane de la Tempérance est une opération difficile, demandant effort, attention et ténacité à l'Être sur la voie de sa transformation spirituelle. Les multiples transformations et vicissitudes symboliques du Char, au Paradis

Terrestre, dont nous avons longuement évoqué le sens ésotérique, dans notre chapitre sur la Symbolique Sacrée des Sites, en témoignent avec éloquence !...

En témoigne, surtout, cet échange entre Dante et Béatrice au dernier chant du Purgatoire. Le Poète questionne Béatrice (Chant XXXIII, v.82 à 84) :

Mais par-dessus mon sens tant haut s'envolent
vos leçons désirées, que plus s'efforce
ma vue, et plus les perd : pourquoi cela ?

Et Béatrice lui répond (v.85 à 90) :

"C'est pour te faire éprouver cette école
que tu suivais, et voir comme son texte
peut ma parole ensuivre", me dit-elle ;
"pour te montrer que des divines traces
la vôtre autant s'écarte, que de terre
le plus haut ciel tournoyant se discorde."

Et, un peu plus loin (v.95 à 99) :

"[...] or te rappelle
comme tu bus de Léthé, ce matin ;
et si par la fumée feu s'adevine,
cette oubliance est bien preuve de coulpe
alors que ton envie ailleurs tendait."

puis firent cercle autour d'un arbre nu...

LE DIABLE

C'est le gardien du seuil pour le passage au plan supérieur, l'ultime mise à l'épreuve à l'entrée du Paradis. C'est, aussi, l'ancienne position de Lucifer, l'Ange déchu, avant la Chute, qui l'a conduit au fin fond de l'Enfer, et, pour finir, la position de l'Adam au Paradis Terrestre de Dante, l'Adam d'avant la Chute. Le Diable montre l'esclavage qui attend celui qui reste aveuglément soumis à l'instinct. Mais il souligne en même temps l'importance fondamentale de la Libido, sans laquelle il n'y a pas d'épanouissement humain.

Au moins 3 passages de la Divine Comédie symbolisent cette perspective du Diable, manifestée au Paradis Terrestre :

Les reproches d'infidélité de Béatrice à Dante, infidélité à l'Amour spirituel, à travers elle, plutôt que la banale infidélité, bien sûr (Chant XXXI, v.28 à 30) :

Quelle aise, quel repos ou avantage
se montrèrent au front des autres biens
pour te devoir promener en leur vue ?

Les remords du Poète et son désir renouvelé, désir "spiritualisé", plutôt que le simple désir charnel (Chant XXXI, v.82 à 84) :

Dessous son voile et outre la rivière
elle vainquait sa beauté ancienne
mieux qu'elle ne vainquit jamais les autres.
Du repentir me poignit tant l'ortie
qu'entre toutes les riens je haïs celles
où plus drûment Amour me fit gauchir.

L'évocation, enfin, de la double nature du Griffon, Divine, sous la forme de l'Aigle, et Humaine, sous celle du Lion, et, préalablement, **l'évocation de la force-désir du Poète** (Chant XXXI, v.118 à 123) :

Mille désirs plus brûlants que la flamme
me rivèrent les yeux aux yeux luisants
qui demeuraient sur le grif attachés.
Non autrement que soleil en miroir,
la double bête y dardait ses éclairs,
ore sous un semblant, ore sous autre.

Il y a encore **l'apparition du Dragon et la rencontre de l'Arbre de la Science du Bien et du Mal.** Le Diable est une "porte" vers "le Cycle Cosmique" du tarot, qui nous mène jusqu'à l'arcane du Monde et du Mat. Ce cycle est en analogie avec le cycle du Paradis de la Divine Comédie. Et Dante, au Paradis Terrestre, est bien le témoin de l'Adam, assimilable à ce Diable, d'Avant la Chute, avec ses 3 réalités : Corps, Âme et Esprit.

Son aspect hermaphrodite ou de "l'Androgyne originel", est une combinaison des 2 Principes, Masculin et Féminin et des 4 éléments. L'arcane souligne enfin l'attachement primordial à la Matière à travers précisément les 2 polarités.

Sur le plan de l'alchimie opérative, **le processus ultime de la Rubification est entamé,** avec de nouvelles chauffes appropriées de l'Œuf, dans l'Athanor. Mais l'Œuvre au Rouge est la plus délicate. L'obtention du Manteau Royal, du Rouge le plus parfait, le Pourpre, met à l'épreuve l'Adepte, plus que jamais. Il y a beaucoup d'Appelés et peu d'Élus... Celui qui aspire au "Savoir Caché" doit rester en équilibre et tenir en échec les tendances opposées de l'Abîme et acquérir la paix intérieure.

Le Diable porte le N° 15, qui, d'un point de vue kabbalistique, correspond à la lettre Sameck. Le Nombre 15 incarne la Rectification et l'Harmonisation de l'Être, pleinement "incarné" au plan matériel, avec les Lois de l'Esprit. Il renvoie à la relation entre la Créature et la Création, **l'épreuve de l'Incarnation**, qui peut soumettre l'être à ses instincts, à une passion aveugle de la vie, ou, à l'inverse, l'ouvrir à l'équilibre entre sa réalité corporelle et son essence spirituelle et, plus généralement, dans ses attitudes et ses comportements, à l'enrichissement mutuel des 2 plans matériel et spirituel.

Sameck incarne le point d'appui essentiel, tel l'Arbre qui soutient le Temple, sur lequel l'Initié peut fonder sa queste de développement et d'accomplissement personnels. Cette lettre est parfois associée à la grande Tradition primordiale, elle-même, précisément, en tant que support d'épanouissement de l'être.

Cette lettre est en correspondance avec le 25e sentier de l'Arbre de Vie, qui relie la sephirah Tiphereth, la Beauté, lieu d'Unification de toutes les émanations sephirothiques, à la sephirah Yesod, le Fondement, lieu de descente de l'Esprit et de la Lumière au sein de la matière. Virya, dans l'optique Kabbalistique, parle de la *fondation sur laquelle reposent les forces émotionnelles de l'âme* et Charles Rafaël Payeur, dans l'optique de l'Hermétisme Chrétien, parle *d'incarnation des principes spirituels dans le monde concret de la matière* et de *pouvoir de coagulation*. Ce sentier, dénommé le sentier de "la Conscience de la tentation" ou de "l'Intelligence de l'Épreuve", est souvent comparé au "passage au désert", car l'initié doit quelque peu perdre ses repaires matériels pour éveiller sa force intérieure. Le même auteur, dans la perspective de l'Hermétisme Chrétien, évoque à son propos *la première nuit de l'âme dont parle Saint Jean de la Croix où seules la foi, l'espérance et l'amour demeurent de véritables supports pour l'âme éplorée.*

Or c'est, principalement, à un niveau d'interprétation ésotérique, le recul de Dante vis-à-vis de cette trilogie de "ressources spirituelles" qui fondent les reproches faits par Béatrice au Poète !...

Maléficié, ce sentier conduit l'être à une véritable aliénation par l'influence des valeurs et des réalités extérieures, au mépris, bien entendu, de son essence profonde.

L'arcane du Diable, en conséquence, incite l'Initié à dépasser l'épreuve de la soumission aux instincts et aux attractions physiques. Tel est son message essentiel, qui aurait dû éviter la Chute d'Adam et Ève.

Enfin, elle renvoie au fameux **"Solve et Coagula" des Alchimistes.**

Ici, il s'agit de découvrir, comme Béatrice le suggère elle-même, la toute puissance d'une Union, d'une "relation fusionnelle" avec l'Autre, forme sublimée de l'acte sexuel.

Les deux sephiroth, aux extrémités de ce sentier, Tiphereth et Yesod, engendrent, quand elles ont maléficiées, des sephirah sombres, respectivement, Bershoat, "le Puits de l'Abîme", lieu de plongée dans le vide, en quelque sorte, et Sheol, "la Fosse", lieu d'enfermement de l'Esprit et, pourrions-nous dire, en pensant aux déboires du Poète, lieu d'enterrement de l'Amour fusionnel, évoqué ci-dessus.

la double bête y dardait ses éclairs,
ore sous un semblant, ore sous autre.

LA MAISON - DIEU

C'est le symbole de **la prise de conscience véritable et le coup d'arrêt du Destin**, qui ouvre le chemin du "Spirituel à l'état pur". Le cumul des diverses visions, des discours, en forme, parfois, de réquisitoires, et les repentirs du Poète, en témoigne. Dante, au Paradis Terrestre, ressent bien toute la fragilité de sa progression spirituelle. Là encore, toute chute est possible. Le cas de Lucifer, l'ange de Lumière et de Feu, promis aux plus hautes destinées, et figé, à présent, dans les glaces du Cocyte, selon la vision dantesque, en est le plus fameux symbole !

Sur le plan de l'alchimie opérative, c'est là que **l'Adepte, devenu "maître" alchimiste, brise l'Œuf philosophique.** C'est là que tout le Grand Œuvre est réussi ou que tout est à recommencer !...L'échec, à ce stade, est irrémédiable.

La Pierre Philosophale est en voie d'achèvement ou totalement inexistente. L'amalgame est devenu une Matière du plus beau Pourpre ou une masse informe, une pourriture !... L'arcane de la Maison-Dieu porte le numéro 16 et, d'un point de vue kabbalistique, est associée à la lettre Ayin. Le Nombre 16 (2 fois 8) est le symbole d'une Régénération (nombre 8, selon les Pères de l'Église) par la Communion profonde (nombre 2) de l'Homme avec Dieu, des dimensions matérielles et divines de l'Être. Ayin, qui signifie "Œil", le fameux "miroir de l'âme", symbolise la vision qui détruit l'illusion et renvoie à l'œil du Sage, du Héros ou de Dieu, véhiculant "La "lumière protectrice. Souvent, Dante assimile le regard des Bienheureux et de Béatrice, elle-même, à cette fonction d'irradiation, qui confère à l'Initié **le bouclier du Sage**, autrement dit la "claire-voyance"…

Cette lettre est en correspondance avec le 26ème sentier de l'Arbre de Vie, qui relie la sephirah Tiphereth, la Beauté, lieu d'Unification de toutes les émanations sephirotiques, à la sephirah Hod, la Gloire, lieu de Médiation, où la Lumière divine, précisément, par le canal du mental, pénètre dans la conscience de l'Être. Ce sentier, dénommé le sentier de "la Conscience du renouvellement" ou de "l'Intelligence Rénovatrice" ouvre l'Initié aux conceptions philosophiques, à l'éveil religieux, à toutes les représentations que l'Esprit peut se forger pour comprendre le rôle, précisément, de la Philosophie et de la Religion dans l'évolution du Monde et son renouvellement.

Ainsi, l'arcane de la Maison-Dieu, incite l'initié à "Re-découvrir", sous l'éclairage de l'Esprit et de la Foudre du Ciel, d'autres conceptions que ses schémas mentaux ont pu construire et même cristalliser, et à repousser ses certitudes, libérer sa conscience pour entrer dans d'autres réalités. Cet arcane, en réalité, souffle à notre conscience le message suivant : mieux vaut marcher sur les mains et recevoir un coup sur la tête que se statufier sur ses pieds et pétrifier son esprit. Parfois, certains tarots la nomment "la Tour Foudroyée" pour souligner l'invitation faite à l'Initié de prises de consciences successives et progressives, si inconfortables soient-elles !... Tout le voyage du Poète s'inscrit, nous l'avons vu, dans une telle perspective. Dante nous fait partager moult rebondissements de sa conscience.

Maléficié, le 26ème sentier conduit aux "certitudes égarantes" et aux dogmes. Point n'est besoin d'insister sur le mépris du Poète pour les dogmes, ce qui a pu même le faire passer, abusivement, pour un hérétique !... Aux extrémités du 26ème sentier, les sephiroth Tiphereth et Hod, maléficiées, engendrent des sephirah sombres, respectivement, Bershoat, "le Puits de l'Abîme", lieu de plongée dans le Vide, et aussi l'éclatement et la désintégration, et Abron, "la Perdition", lieu d'aveuglement et d'errance. L'errance du Poète, ses aveuglements et tout ce contexte de prises de consciences, liés à l'arcane de la Maison-Dieu, sont, magnifiquement illustrés, au chant XXXI (v.22 à 27 et 43 à 48) du Paradis Terrestre, sur le thème central de la relation d'amour spirituelle du Poète envers Béatrice. La Dame *d'amour et de béatitude* les explicite de manière éloquente et chargée de symboles Hermétiques :

> *"Sur les chemins où le désir de moi"*
>   dit Biétris *"te menait jusques au bien*
>   *outre lequel n'est plus rien désirable,*
> *quels fossés trouvas-tu, ou quelles chaînes*
>   *en travers, pour devoir si laidement*
>   *te dépouiller de l'espoir du voyage ?"*
>   [...]
> *"Pourtant, afin que tu portes vergogne*
>   *de ton erreur, et qu'en autres rencontres*
>   *tu sois plus fort pour ouïr les sirènes,*
> *dépose ormais la semence des pleurs :*
>   *écoute, apprends comme au chemin contraire*
>   *ma chair ensevelie te devait duir."* (*)
>   (*) amener.

Des mains de Dieu, qui la pense et qui l'aime
ains qu'elle soit, l'âme sort folâtrant,...

LES ÉTOILES

C'est le symbole de l'entrée de l'Initié dans la Vibration Cosmique. Le Poète entre dans le cycle du Paradis.

Parvenu à ce stade, il peut se mêler à la vie cosmique et s'abandonner aux influences célestes qui doivent le conduire à l'Illumination Mystique. Dante, au Paradis Céleste, traverse les 7 ciels, correspondant aux 7 planètes de la Tradition primordiale, soit, successivement, la Lune, Mercure, Vénus, le Soleil, Mars, Jupiter et Saturne, symbolisées par les 7 étoiles de l'arcane du tarot. Le Poète aborde ensuite le Ciel des étoiles, qui renvoie, symboliquement, au Zodiaque tout entier, puis le ciel du Premier Mobile et pour finir l'Empyrée, ciel immobile, soit au total les 10 Ciels. Au chant 1er du Paradis, il semble commenter directement l'arcane des Étoiles, en en soulignant tout le symbolisme (v.61 à 66) :

et soudain me parut que jour au jour
fût ajouté, comme si Dieu puissant
eût d'un autre soleil paré le ciel :
Biétris encore aux éternelles roues
de tous ses yeux s'attachait ; et sur elle
je tins ferme ma vue, d'en haut démise.

Le regard de Béatrice est, à présent, pour Dante, le miroir de la Lumière Divine et de tout le Cosmos, irradié par cette Lumière... Au chant 22 du Paradis (v.133 à 135), au ciel des Étoiles, ciel du Zodiaque, le Poète évoque de manière directe les 7 "sphères" et souligne la prise de hauteur du Sage par rapport au Monde terrestre. Nous avons vu que l'ascension du Paradis est, en divers points, conforme à la remontée de l'Arbre de Vie, avec l'aide des Hiérarchies célestes, correspondant à chaque ciel. Cette remontée suit le chemin inverse de **"l'éclair fulgurant" de la Création**, engendrant les 10 sephiroth. Le Poète évoque, ainsi, ces sphères et notre *Terre*, qui n'est pas à son avantage et a grand besoin, comme l'illustre l'arcane des Étoiles, du secours de la Vénus agenouillée, aperçue dans la nudité de toute sa Vérité, et déversant le contenu des deux vases de la Régénération !...

Donc je revins mirant par toutes quantes
les sept sphères des cieux, et vis ce globe
tel, que son vil semblant me fit sourire ;

Sur le plan de l'alchimie opérative, à la Rubification succèdent les "préparations" qui aboutissent aux "multiplications" de la Pierre philosophale, la croissance "en puissance et en quantité" du résultat du Grand Œuvre.

L'arcane des Étoiles porte le N°17, qui, d'un point de vue kabbalistique, correspond à la lettre Phe. Ce nombre incarne l'initié, totalement pénétré par le souffle de l'Esprit, réalisant la jonction et l'harmonisation parfaites entre Intériorité et Extériorité, entre le Ciel et la Terre, entre les deux principes Masculin et Féminin, et entre l'Esprit et la Matière. Ceci confère à l'Initié **"l'authentique beauté de l'Être"**. La lettre Phe incarne "La voix de Jacob", comme disent les Kabbalistes, qui guide, à présent, l'Initié. Celui-ci perçoit, ainsi, les murmures de la voix intérieure et les forces divines naturelles que son être recèle. La lettre Phe incarne, aussi, l'équilibre divin retrouvé et la Puissance divine libérée du Chaos. Voix intérieure, Harmonisation de l'être, dans ses principes, jonction entre l'Essence et la Forme, Équilibre et Puissance Divine,...Tout ceci, Dante l'évoque, sous plusieurs aspects, symbolisés tant par les discours que par les visions, dans son Poème. Notons que le terme Phe signifie, en hébreu "la bouche" et la lettre correspond elle-même à un idéogramme, symbolisant la bouche. Le terme désigne aussi le tranchant de l'Épée, ce qui nous renvoie au Verbe et à l'expression de la Vérité. Le nombre 17, en réduction théosophique nous donne 8, ce qui nous renvoie à l'Équilibre et à la Justice, qui procèdent, précisément de la Vérité !

Les 2 tranchants de l'Épée symbolisent toute la Puissance de la Vérité, qui vivifie l'Initie réceptif à la parole de Dieu ou, dans le cas contraire, le détruit. Il n'y a pas d'alternative.

Sur le plan de l'alchimie opérative, nous avions dit, à propos de l'arcane de la Maison-Dieu, que lorsque l'initié casse l'Œuf, au sortir de l'Athanor, il n'y a pas, non plus, d'alternative : le résultat du Grand Œuvre est la Pierre Philosophale ou la Pourriture !...

Mais la Vérité se relie elle-même à l'Amour et la bouche incarne le baiser qui peut donner à l'Amour, avec un grand "A", le sens d'une véritable communion spirituelle, celle-là même appelée de tous ses vœux par Béatrice !

La lettre Phe incarne aussi, en conséquence, entre Vérité et Amour, toute la confiance de l'Initié dans sa Destinée et dans la Puissance Créatrice de Dieu, qui la vivifie…

Cette lettre est en correspondance avec le 27e sentier de l'Arbre de Vie, reliant la sephirah Netsah, la Victoire, lieu d'Harmonisation, marquant du sceau de la Splendeur Divine toute créature à son contact, et donc l'Initié sur la voie, à la sephirah Hod, la Gloire, lieu de Médiation, où le mental de l'Initié capte la Lumière Divine et l'ancre dans sa conscience. Ce sentier répond au nom évocateur de sentier de "la Conscience palpable" ou de "l'Intelligence Active et Stimulante", lieu où l'initié peut réunir les voies du mental et du cœur, autrement dit acquérir, au sens profond de cette expression : "l'Intelligence du Cœur"…

L'arcane des "Étoiles", en conclusion, invite l'Initié à partager l'infinie beauté du Monde, symbolisé par le Ciel étoilé, autour de la plus grosse étoile, au centre, le Soleil, et à prendre conscience, par les voies cardiaque et mentale, fusionnées et harmonisées, qu'une telle beauté procède de l'influence divine sur le plan de l'Incarnation. Telle apparaît, analogiquement, l'entrée de Dante, dans le Mystère de l'Incarnation et dans le Mystère de la Trinité, qui gouvernent ces réalités et se reflètent dans la triade supérieure de l'Arbre de Vie. Et ceci prend place au Paradis…

L'Initié, comme le réalise Dante, entre, peu à peu dans un état de Paix et d'Harmonie intérieure et avec le Cosmos tout entier .

Maléficié, le 27ème sentier, conduit la créature, à l'aveuglement des sentiments et des émotions et à la confusion mentale, le privant de toute contemplation de la Beauté de la Création Divine. Ceci constitue une part essentielle des reproches que Béatrice a fait, précédemment, au Poète, lors du passage au Paradis Terrestre, et que trop de commentaires ont limité au seul plan exotérique de l'infidélité entre amants !...

Biétris encore aux éternelles roues
    de tous ses yeux s'attachait ; et sur elle
    je tins ferme ma vue, d'en haut démise.

Nous lisons, en effet, au chant XXXI du Purgatoire (v.55 à 60) :
Bien devais-tu, pour la prime sagette
de ces trompeuses riens plus haut voler
derrière moi, qui n'étais plus terreine.
Tu ne devais, nouveaux traits espérant,
fléchir à bas l'aile, pour bachelette
ou autre vanité qui plus ne dure.

Notons que la *sagette*, la flèche, renvoie aux pièges de la séduction, qui amène le retrait de l'Esprit, *l'aile qui fléchit*, au profit de la Matière, ou mettant l'Âme, hors jeu, ce qui revient, à peu près, au même. Contre la séduction d'une *bachelette*, petite dame, ou d'autres désirs d'un "Ego", satisfait par l'éphémère, Béatrice attendait l'Amour, avec un grand "A", celui de l'authentique communion spirituelle de l'Esprit et de la Matière, sous le regard bienveillant du Créateur, comme elle l'explique, encore, par ailleurs !...

Aux deux extrémités du 27ème sentier, se trouvent les sephirah Netsah et Hod, qui, maléficiées, engendrent des sephiroth sombres, respectivement, Tit Aïsoun, "l'Ordure" ou "la Boue", lieu de perversion, notamment dans la Luxure, et Abron, "la Perdition", lieu d'aveuglement et d'errance. Le Poète a effectivement, comme les pénitents rencontrés au Purgatoire, emprunté ce sentier. Mais, à présent, au Paradis, le repentir et le Grand Œuvre aidant, il peut faire l'expérience de la Transcendance.

Les Arcanes de la Divina Commedia 584

LA LUNE ET LE SOLEIL

C'est le Couple Divin.

La Lune, selon Plutarque, est le séjour des hommes bons, après leur mort. Ils y mènent une vie qui n'est ni divine ni bienheureuse, mais pourtant exempte de souci jusqu'à leur seconde mort. Car l'Homme doit mourir 2 fois : la seconde mort préludera à la Nouvelle Naissance.

Telle est la belle formulation de ce couple, rapportée à la Transmutation Spirituelle : *Sur la voie de l'illumination mystique la Lune éclaire le chemin toujours dangereux de l'imagination et de la magie tandis que le Soleil ouvre la voie royale de l'illumination et de l'objectivité.*

La Lune, c'est la conquête pénible du Vrai, nous soumettant à tous les pièges et à tous les égarements des sens, à l'Illusion, sous toutes ses formes... Le chant II du Paradis en témoigne dans la bouche de Béatrice qui guide Dante et lui répond à propos de sa question sur les tâches observables sur la Lune, interprétables au plan symbolique (v.52 à 57) :

> Souriant un petit : "Si la croyance
>   des vivants" me dit-elle "erre en ces choses
>   que la clef de vos sens ouvrir ne peut,
> dards de merveille (*) or ne t'en devraient poindre,
>   puisque tu sais que par les sens conduite
>   votre raison est de courte volée.

(*) piqûre d'admiration.

Le Soleil, après toutes les illusions, révèle notre Vérité et celle du Monde, et conduit Dante à l'illumination matérielle et spirituelle. Il symbolise tout à la fois la Lumière de la Connaissance et le Foyer d'Énergie, et, à travers eux, le Rayonnement Divin. Le chant X du Paradis, qui correspond au 4e Ciel, celui du Soleil et des Âmes des Sages, est très éloquent là encore, se reliant également à la Trinité Divine (v.46 à 51) :

> Et si nos fantaisies (*) demeurent basses
>   vers un si haut brasier, ce n'est merveille
>   puisque nuls yeux le soleil ne surmontent.

(*) Nos imaginations sont faibles...

> *Ainsi luisait la quartaine famille* (**)
> *du Tout-Puissant qui à jamais la comble,*
> *montrant comme il est père, esprit et fils."*

(**) La *"quarta familia"* est celle des Bienheureux du 4ᵉ ciel, celui du Soleil, où résident les Sages, et, au-delà, tous les Élus épris de Sagesse.

André Pézard précise que *la famille est l'assemblée des serviteurs du Tout-puissant qui les rassasie de lumière* (1).

Au chant XIII du Paradis, Dante touche de près la Sagesse relative de Salomon, du Christ et d'Adam et les causes de l'inégalité des Âmes.

Sur le plan de l'alchimie opérative, La Lune et le Soleil correspondent à la phase de transmutation du Plomb en Or. Nous référant toujours à Jacques Breyer, précité, nous avons le processus opératif qui se développe ainsi : suite aux multiplications de la Pierre en Puissance et en Quantité, par *des adjonctions vulgaires mais strictes*, une partie du Pourpre est conservée et entretenue en grosseur, une autre partie est réduite en poudre et projetée sur du Bas Métal en fusion, le Plomb, pour le transmuter en Haut Métal, l'Or. Mais l'Or pur est verdâtre et mat. Son usage social, perverti, peut l'altérer.

L'arcane de la Lune, dans le Tarot, porte le Numéro 18, qui, d'un point de vue kabbalistique, correspond à la lettre Tsade. Le Nombre 18 incarne l'Être pleinement révélé dans son Essence Divine. Cet être communique, profondément, avec les plans supérieurs. Le travail d'union aux réalités divines s'achève. La fusion avec l'Unité Transcendante a mobilisé toutes les forces, nées dès l'aube de la Création. C'est pourquoi le 18 symbolise aussi l'Inconscient collectif et les forces occultes, mises en jeu par la réalisation du Grand Œuvre. Tsade symbolise l'évasion, à travers la prise de conscience que l'Esprit est englué dans la Matière. Il s'agit alors d'explorer et de sublimer l'Inconscient, tirer l'être de son état non-réalisé et, par la voie de l'Amour et de la Connaissance, l'introduire dans les réalités divines. **Les Kabbalistes parlent "d'Adombrement de l'Esprit",** ce qui évoque pour nous un langage chevaleresque !...

Et nous pouvons dire en langage Hermétique :
La Lune, c'est la Sublimation.

Tsade est en correspondance avec le 28ème sentier de l'Arbre de Vie, reliant la sephirah Netsah, la Victoire, lieu d'Harmonisation, à travers laquelle toute la Beauté Transcendant de Dieu irradie la Création, à la sephirah Yesod, le Fondement, lieu où la Lumière Divine descend dans la Matière et les Principes spirituels s'incarnent dans le corps de Matière. Ce sentier, dénommé "le sentier de la Conscience ou de l'Intelligence Naturelle", est ainsi, admirablement décrit par Charles Rafaël Payeur : *Ce sentier, écrit-il, relie Netsah, la belle jeune femme, à Yesod, le beau jeune homme. En ce sens il correspond à l'attraction exercée par l'anima. C'est le sentier de l'aspiration érotique telle qu'elle fut toujours intensément vécue par les grands mystiques. C'est aussi le sentier de l'éveil artistique et esthétique.*

---

(1) *Dante - les œuvres Complètes* par André Pézard, Éditions Gallimard-NRF, coll. La Pléiade, 1965.

En conclusion l'arcane de la Lune mène l'Initié sur la voie d'une "Renaissance", à laquelle contribue le rayonnement régénérateur de l'Esprit.

Effectivement, la fameuse "anima" de Jung est à l'œuvre. L'écrevisse, qui figure sur l'arcane de la Lune, symbolise la Création, l'Homme, encore plongé dans ses ténèbres, et enfermé dans la Matérialité, proie servile de son Inconscient. Au-dessus, la Lune irradie de ses rayons féconds tout le travail de transformation permettant à l'âme de se "dégager" des pesanteurs de l'Ego.

Notons que le 28ème sentier sentier, maléficié, incite l'être à se lancer dans une sexualité débridée et à se cristalliser dans la Matérialité. Aux deux extrémités de ce sentier, sont à l'œuvre les deux sephiroth sombres, engendrées par Netsah et Yesod, quand elles sont elles-mêmes maléficiées, soit, respectivement Tit Aïsoun, "l'Ordure" ou la "Boue", lieu de perversion et de luxure et Sheol, "la Fosse", lieu d'enfermement de l'Esprit.

L'arcane du Soleil porte le Numéro 19, qui, d'un point de vue kabbalistique, correspond à la lettre Qof. Le Nombre 19 symbolise l'accession à

telle apparaît la fille de Latone,
ceinte de blanc, lorsque l'air tout embu
retient les fils qui lui font molle écharpe. (*)
(*) Diane, la Lune, apparaît dans un halo.

l'Unité de l'Être. La personnalité extérieure est l'exact reflet de la dimension intérieure, et l'une rayonne l'autre. Cette Unité reflète aussi l'union des deux polarités de l'Être, masculine et féminine, apparaissant sous les rayons de l'Esprit Divin, dans l'image de l'arcane du Soleil. Sur un autre plan, cette Union reflète la fusion dans un Tout, tout en gardant la capacité d'être Un. Ceci nous renvoie au Macrocosme, constitué d'une infinité de microcosmes, parfaitement individualisés. Rappelons-nous, ici l'ultime vision du Poète, au dernier chant du Paradis (v.136 à 141) :

> *"tal era io a quella vista nova :*
> *veder volea come si convenne*
> *l'imago al cerchio e come vi s'indova ;*
> *ma non eran da cio le proprie penne :*
> *se non che la mia mente fu percossa*
> *da un fulgore in che sua voglia venne.*
> *All'alta fantasia qui manco possa ;*
> *ma gia volgeva il mio disio e 'l velle,*
> *si come rota ch'igualmente è mossa,*
> *l'amor che move il sole e l'altre stelle."*

Que nous traduisons ainsi :

> *Ainsi étais-je devant cette vision nouvelle :*
> *je voulais voir comment s'unit*
> *l'image au cercle et comment elle s'y induit ;*
> *mais à cela point n'étaient aptes mes propres ailes :*
> *si mon esprit ne fut point frappé*
> *d'un éclair de lumière qui parvînt à son désir.*
> *De la Haute Fantaisie ici manqua la puissance ;*
> *mais déjà entraînait-il mon désir et ma volonté,*
> *ainsi que la roue est en son égale mouvance,*
> *l'amour qui meut le soleil et les autres étoiles.*

La lettre "Qôf" incarne, au plein sens de cette expression, **l'Illumination qui accorde la Libération.** Les illusions sont détruites par la Connaissance de la Vraie Lumière. En d'autres termes, l'Initié, Dante accède ici à la préhension du Macrocosme, constitué d'une infinité de microcosmes parfaitement individuels.

Et nous pouvons dire en langage hermétique que :
Le Soleil, c'est l'Illumination.

La lettre Qof est en correspondance avec le 29ème sentier de l'Arbre de Vie, qui relie la sephirah Netsah, la Victoire, lieu d'Harmonisation, par lequel se répand la beauté transcendante de Dieu, à la sephirah Malkuth, le Royaume, lieu de l'Incarnation, par lequel toutes les émanations sephirothiques s'expriment au plan de la réalité matérielle de la Création. Malkuth est, en particulier, le support physique de toutes les forces émotionnelles.

Ce 29e sentier, est dénommé "le sentier de la Conscience Physique" ou de "l'Intelligence Corporelle", par lequel se réalise l'union profonde et la fusion entre le Corps et l'Esprit, qui se manifeste, en particulier, dans l'expérience de l'Amour, au double plan de ses réalités spirituelles et de la sexualité, envisagée comme l'instrument même de l'Illumination. Ainsi, l'arcane du Soleil incite l'initié à se centrer, en quelque sorte, dans l'expérience de l'Illumination et celle-ci accompagne une double Unification : **l'Unification Intérieure et l'Unification avec le Cosmos.**

L'expérience finale de Dante, dans l'Empyrée, revêt cette extraordinaire aspect d'osmose de la conscience individuelle avec la conscience collective, dans laquelle l'âme du Poète semble fusionner avec le Cosmos tout entier, mû, comme il l'écrit lui-même, *par l'amour qui meut le soleil et les autres étoiles...* Maléficié, le 29ᵉ sentier, relie les sephiroth sombres, engendrées par Netsah et Malkuth, elles-mêmes maléficiées, et qui ont pour noms, respectivement, Tit Aïsoun, "l'Ordure" ou "la Boue", lieu de perversion et de luxure, et Aretz, "le Monde", lieu de régression de l'Homme dans le carcan

Au cœur doré de l'éternelle rose
   épanouie en odeur de louange
     vers le soleil d'un printemps qui ne passe,
... jà m'entraînais Biétris...

du "Monde d'en-bas". Les Hermétistes soulignent, à cet égard, que l'anagramme du mot "Monde" est bien le "Démon" !... Il fut un temps, dans l'existence du Poète, où la fréquentation de ce sentier obtint largement ses faveurs, de l'avis même de son idéal de Béatitude, la Bienheureuse Béatrice !

L'association Lune-Soleil se trouve impliquée dans la réalité ontologique de l'Homme et dans la réalisation du Grand Œuvre Alchimique.
Elle nous rappelle le discours de Dante sur tous les grands "mystères" de la Création et surtout les passages dans lesquels il aborde le thème de la nature corruptible ou incorruptible des diverses "créatures" (voir notre chapitre sur la Symbolique Sacrée des Sites).

Lune et Soleil,
Sublimation et Illumination,
Couple divin de la Matière et de l'Esprit,
Couple enfin du Roi et de la Reine du Ciel.

Et réalité, avant tout, de sa présence au cœur de toute la Création, comme le chante le Duo du Cantique des Cantiques de la Bible (1,15 à 17)
Que tu es belle, ma bien-aimée,
que tu es belle !
Tes yeux sont des colombes.
Que tu es beau, mon bien-aimé,
combien délicieux !
Notre lit n'est que verdure.
Les poutres de notre maison sont de cèdre,
nos lambris de cyprès.

LE JUGEMENT

C'est la "Transfiguration", au sens précis du terme : le passage sur une autre dimension et un autre plan, le plan divin "réel".

Au dernier chant du Paradis, Dante écrit (v.52 à 54) :
"Ché la mia vista, venendo sincera,
e più e più intrava per la raggio
dell'alta luce che da sè è vera."

Que nous traduisons ainsi :
Car ma vision, devenue sincère,
de plus en plus entrait au sein du rayon
de la haute lumière qui est vérité en soi.

Le Jugement Dernier, c'est la Résurrection des corps au niveau collectif. Pour renaître à la vie véritable, l'Initié doit avoir entendu l'appel de la trompette d'or par où passe la voix de Dieu.

Tel est l'appel victorieux de l'Esprit, principe unificateur qui pénètre et sublime la Matière. Quand Dante parvient au 9ᵉ ciel du Paradis, celui du Premier Mobile, en présence de Dieu et de ses Anges, il évoque la corruption générale de l'Humanité, à laquelle correspond l'annonce d'une prochaine "Rénovation Morale". Il évoque aussi le thème des anges rebelles et des anges fidèles, des créatures corruptibles et incorruptibles. Puis, parvenu au 10ème et dernier ciel, il est sur le point d'entrer dans l'Empyrée, terme de son voyage. Il est prêt pour l'Extase Mystique.

Sur le plan de l'Alchimie opérative, le Jugement correspond à cette étape où l'Adepte, devenu un Maître, réussit à obtenir l'Élixir de Longue Vie ou d'Immortalité.

Celle-ci agrandit son aura. Il peut, rappelons-le, acquérir aussi des "pouvoirs" qui le situent hors des limites de sa condition de simple humain mortel : dédoublement intégral, extase, communication avec le Paradis Adamique et les autres Ages de l'Humanité. Parfois, l'Adepte, devenu même un Ergon, participe aux grands Sabbats des Sages. De toutes les façons, l'opération du Soleil est, à ce stade, humainement achevée.

L'arcane du Jugement porte le N° 20, qui, d'un point de vue kabbalistique, correspond à la lettre Reish. Celle-ci incarne l'Évolution, au plein sens de ce mot, ou mieux une "métanoïa". Il s'agit, en fait, du renouvellement d'un cycle, qui dissout pour recréer éternellement… Le Nombre 20 incarne le processus de fécondation de la Matière par le Germe Divin. Il implique une puissance de rénovation et d'unification. La lettre Reish symbolise la conscience de l'Être Illuminé et de "l'Homme Nouveau", qui s'est ouvert à la Puissance Divine, après avoir fait le vide en lui. Par delà le Microcosme, c'est le symbole de tout le mouvement cosmique, de la dynamique transcendante et de l'Âme même du Cosmos, qui s'associe au microcosme.

Comme nous allons le voir avec l'arcane du Mat, la Conscience, à ce stade, parvient à se "désindividualiser", pour fusionner avec celle de l'Humanité toute entière et celle du Monde tout entier. C'est en ce sens que la Tradition parle d'un cycle de renouvellement perpétuel, par Dissolution et Re-création.

Reish est en correspondance avec le 30ème sentier de l'Arbre de Vie, qui relie la sephirah Hod, la Médiation, lieu où la lumière divine pénètre la conscience, à travers le mental et lieu de communication avec les plans supérieurs, à la sephirah Yesod, le Fondement, lieu de concrétisation où cette lumière pénètre la Matière et intègre dans l'Incarnation les principes spirituels. Ce sentier, dénommé "le sentier de la Conscience Générale" ou de "l'Intelligence Collective", permet à l'initié d'intégrer mentalement toutes les lois et tous les principes qui régissent l'Univers, et, en particulier le rôle tenu par Dieu, la Nature et l'Homme.

C'est exactement ce que nous trouvons développé par Dante, au chant XXVII, sur le thème du système de l'Univers et de la corruption de la nature humaine, au chant XXVIII, sur le thème des différents ciels et des Hiérarchies angéliques, au chant XXIX, sur le thème de la création du Monde, au chant XXXII, sur le thème de la distribution des élus dans la Rose des Bienheureux et des inégalités de béatitude, et, enfin, au dernier chant, sur le thème de l'Essence infinie, mais, ici, l'intuition le dispute au discours mental, pour ce qui concerne les trois grands "mystères" de l'Incarnation, de la Trinité et de l'Unité de Dieu. Mais, là où l'expression du Poète correspond le mieux avec ce 30e sentier, nous paraît être ce passage du chant XXVII (v.106 à 111). C'est Béatrice qui donne des explications à Dante :

> *Nature qui assied le fond du monde*
> *en place, et meut tout le reste alentour,*
> *nature ici commence et prend sa voie.*
> *Ce ciel a pour tout lieu l'esprit divin*
> *où s'enflamment l'amour qui le tournoie*
> *et la vertu dont il verse l'ondée.*

Et parlant du ciel du "Premier Mobile", qui contient les 8 cieux inférieurs (v.115 à 117) :

> *Son mouvement par autres ne se règle,*
> *mais tout mouvoir par le sien se mesure*
> *comme le dix par demie et par quinte.*

Au chant XXX, Béatrice constate l'empressement de Dante à *"aver notizia di cio che tu vei"*, d'avoir la connaissance de ce que tu vois et donc d'entrer dans cette Conscience Générale de l'Univers et de Dieu (v.70 à 72) :

> *Ce haut désir qui te presse et t'enflamme*
> *de tout apprendre ès choses que tu vois*
> *tant plus me plaît qu'il renfle plus sa crête.*

Évoquant la Rose Céleste (v.100 à 102) :

> *Clarté règne là-haut, qui rend visible*
> *le créateur à toute créature*
> *trouvant sa seule paix à le mirer.*

L'arcane du "Jugement" conduit l'Initié à **l'éveil d'une conscience nouvelle,** le faisant participer aux réalités divines. C'est l'enfant nu, dépouillé de toutes les illusions de l'Ego, qui renaît.

Le vieil homme est mort… **La vision du Monde est devenue holistique, pour prendre un terme à la mode !...**

Mais, maléficié, le 30ème sentier relie les sephiroth sombres, engendrées par Hod et Yesod, elles-mêmes maléficiées, respectivement, Abron, "la Perdition", lieu d'ignorance et d'aveuglement, et Sheol, "la Fosse", lieu d'enfermement et d'obstacle à l'Incarnation. Ce sentier maléficié conduit l'être au dessèchement de toute conscience, dans les profondeurs d'un mental sclérosé, sans sentiment et sans ouverture à la moindre intuition.

Pour conclure sur cet arcane du Jugement, notons ce que le Poète exprime admirablement, à propos de sa propre Renaissance, reliée à son expérience d'Extase. Ceci se réfère, bien sûr, implicitement, au thème Chrétien de la "Résurrection", évoqué par ailleurs dans la Divine Comédie (Voir notre chapitre sur la Symbolique Sacrée des Sites). Nous sommes au dernier chant, qui porte le numéro XXXIII - voir ce que nous avons déjà dit à propos de ce nombre - (v.97 à 105) :

> *Mon âme ainsi contemplait en suspens*
> > *toute liée, immobile et tendue,*
> > *et toujours plus à mirer s'embrasait.*
>
> *On devient tel dedans cette lumière*
> > *que de s'en détourner pour autre aspect*
> > *on ne consentirait pour rien au monde ;*
>
> *car le bien, seul objet de nos vouloirs*
> > *trestout en elle est enclos ; et hors d'elle*
> > *ce qui là est parfait reste en défaute.*
>
> *Ormais sera plus pauvre ma parole,*
> > *même envers ce dont j'ai la souvenance*
> > *qu'un cri d'enfant qui suce encore le sein.*

LE MAT (LE FOU)

C'est l'Initié "transmuté", et parfois, "l'Ergon" des Alchimistes, passé sur un autre plan d'Existence et de Conscience, totalement détaché de l'Espace et du temps.

La conscience s'est complètement désindividualisée. Elle est devenue celle de l'Humanité toute entière et au-delà même, celle du Monde, fusionnée au Cosmos tout entier. **Le Maître est devenu un Sage, hors la cité des hommes.**

Dès le chant XXX du Paradis, dans l'Empyrée, au 10ème ciel, Dante évoque, pour lui-même, cet état hors de l'espace et hors du temps (v.121 à 123) :

Là, près ou loin n'ôte rien ou n'ajoute,
  car où Dieu seul sans nul viguier (*) gouverne,
  n'ont que faire les lois de la nature.
(*) vicaire.

Le Poète traduit précisément cette élévation et cette distanciation. Il est prêt pour l'Extase finale de la Divine Comédie et la contemplation de la Rose des Bienheureux.

Sur le plan de l'alchimie opérative, le Grand Œuvre est totalement achevé sur un plan physique et matériel. L'Adepte, devenu Maître Alchimiste, est en liaison avec les plans spirituels supérieurs et doué de multiples "pouvoirs" comme évoqués précédemment. Il remporte, même, enfin, la victoire sur la mort élémentaire.

Le Mat est l'arcane "sans nombre", mais il peut être placée en 21e position, avant le Monde, qui prend alors la 22e position, position finale, qui clôt le cycle du Paradis. Le Nombre 21, qui est associé, d'un point de vue kabbalistique, à la lettre Shin, symbolise l'Unification de toutes choses, représenté par le "1", par la force créatrice de l'Amour, représentée par le "2".

Le Livre de la Sagesse (7,22,23), après avoir évoqué l'estime de Salomon pour la Sagesse, en fait l'éloge et en énumère les 21 attributs, qui résultent de la Lumière de l'âme, inspirée par l'Esprit :

En elle est, en effet, un esprit intelligent, saint,
  unique, multiple, subtil,
  mobile, pénétrant, sans souillure,
  clair, impassible, ami du bien,
  prompt,
irrésistible, bienfaisant, ami des hommes,
  ferme, sûr, sans souci,
  qui peut tout, surveille tout,
  pénètre à travers tous les esprits,
  les intelligents, les purs, les plus subtils.
Car plus que tout mouvement la sagesse est mobile ;
  elle traverse et pénètre tout à cause de sa pureté.

La Sagesse, ajoute le texte, est *un effluve de la Puissance de Dieu [...] un reflet de la lumière éternelle [...] et d'âge en âge passant en des âmes saintes, elle en fait des amis de Dieu et des Prophètes [...].*

*Le plus grand don que Dieu par sa largesse
nous pût faire en créant, le plus conforme
à sa bonté, la dot qu'au plus il prise,
fut du vouloir la pleine liberté,
dont les êtres ayant intelligence,
eux tous, eux seuls, furent et sont doués.*

Dans son ultime expérience au Paradis, **Dante se prépare à la "Prophétie"**. Sa mission au retour au Monde d'en-bas sera bien de témoigner de tout ce qu'il a vu, avec la plus extrême Vérité. Il lui est précisé, aussi, de ne rien omettre, car cacher la Vérité est *pur Mensonge*...

La lettre Schin symbolise la force dynamique et vivifiante de l'esprit, qui apporte l'Harmonie et la Beauté à toute chose et à tout être. Elle incarne, à travers la force vitale et active de la Nature et du Cosmos, "la Source de Vie", elle-même. Avec cette lettre, le Principe Universel pénètre au plus profond de la Matière. Certains Kabbalistes identifient même cette force comme "la force nucléaire", au cœur de toute création et réglant son existence. Tout ce qui n'est pas relié, ontologiquement, aux plans divins, est voué, même, à la destruction par cette force.

Schin est en correspondance avec le 31ème sentier de l'Arbre de Vie, qui relie la sephirah Hod, la Gloire, lieu de Médiation où la conscience humaine peut être irradiée de Lumière, par le canal des représentations mentales, à la sephirah Malkuth, le Royaume, lieu de l'Incarnation où toutes les émanations sephirotiques sont réunies dans la Matière. Ce sentier, dénommé "le sentier de la Conscience Permanente" ou de "l'Intelligence Perpétuelle" permettant au libre-arbitre de l'Initié, à travers son mental, de réaliser l'équilibre entre ses polarités, spirituelles et matérielles, elles-mêmes incarnées par le couple Lune-Soleil, comme nous l'avons vu.

L'arcane du Mat, en conséquence, symbolise l'Initié, "pleinement éveillé", se laissant guider par sa Voix intérieure et son Libre-Arbitre, entièrement déconditionné des valeurs illusoires de l'Ego, et cheminant, au mépris de tous les dangers, liés à ce dernier. Nous avons vu Béatrice faire l'apologie de ce Libre-Arbitre, caractéristique ontologique de l'Être Humain.

Maléficié, ce 31e sentier relie les sephiroth sombres, engendrées par Hod et Malkuth, quand elles sont elles-mêmes maléficiées, respectivement Abron, "la Perdition", lieu d'errance et d'aveuglement, et Aretz, "le Monde", lieu où s'exerce la régression de l'Homme, prisonnier du monde d'en-bas. Ce sentier expose l'Être à faire jouer son Libre-Arbitre dans le sens des appels artificiels et illusoires du monde extérieur.

La "bête" qui, sur l'image de l'arcane du Mat, lui mord la jambe droite, celle de la réceptivité, tentant de l'immobiliser et le crocodile qui l'épie, à l'avant, incarnent ces forces de régression. Elles pourraient donc avoir raison de sa détermination (1)...

Mais le Poète a définitivement quitté la forêt du début de son voyage initiatique, avec les trois animaux sauvages qui le terrifiaient alors,... Et, non seulement, il a achevé le Grand Œuvre de sa Transmutation Spirituelle, mais la Postérité, dont il bénéficie, nous autorise, bien entendu, à le compter parmi les "Ergons" !...

LE MONDE

C'est le symbole de l'Illumination de l'Initié, pleinement éveillé, le Mat, devant la Totalité de l'Univers créé, et devant son Créateur. Cet arcane se détache du dernier cycle cosmique des 5 arcanes, précédemment évoquées, et qui se déroule de l'arcane des Étoiles à l'arcane du Mat. Il se situe, par-delà les 3 cycles décrits et associés à l'Enfer, au Purgatoire et au Paradis de la Divine Comédie. Il en est comme leur couronnement. Il correspond à l'entrée de Dante dans l'Empyrée et à son Extase Mystique, dans la contemplation de la Rose des Bienheureux, de Dieu et de toute la Cour Céleste.

Béatrice laisse à Saint Bernard le soin de guider Dante. Elle retrouve, elle-même, symboliquement, dans la perspective d'ensemble de la Divine Comédie, la place centrale de l'arcane, incarnation de la Béatitude et de la Mère initiatrice. Elle est entourée de cette Rose de Lumière et des 4 éléments, eux-mêmes symboles, par ailleurs, des 4 Évangélistes et des 4 Éléments. Cette Rose des Bienheureux de Dante est appelée par d'autres auteurs la "Couronne des Mages". Elle est le symbole du couronnement du Grand Œuvre : Élévation et Illumination. Cette couronne sur l'arcane représente aussi, bien sûr, la Mandorle, symbole d'Union entre le Ciel et la Terre, qui enveloppe la Vierge ou le Christ.

L'arcane du Monde, c'est **la Totalité de l'Homme et du Monde**, incessamment créée par le mouvement harmonieux qui maintient les éléments en équilibre et l'Homme dans son ascension spirituelle. En fait, l'équilibre entre les 4 éléments, nous pouvons le voir en gestation tout au long du voyage initiatique de Dante dans les 3 mondes de la Divine Comédie (voir la partie consacrée aux éléments dans notre chapitre sur la Symbolique Sacrée des Sites)

Aux yeux du Poète, c'est cet équilibre le conduit à la fusion avec le Divin et à l'Extase Mystique.

Sur le plan de l'Alchimie opérative, l'arcane du Monde manifeste l'au-delà du Grand Œuvre, la Vibration Cosmique de l'Ergon, son rayonnement par-delà l'Histoire et le Temps, toutes les opérations spirituelles et physiques ayant abouti. L'Ergon participe, répétons-le, aux grands Sabbats des Sages, ou mieux des "Supérieurs inconnus", comme les appelle Oswald Wirth, maîtres inspirateurs par-delà l'espace et par-delà les époques de l'Histoire de l'Humanité. Le Monde porte le N° 21, mais son rang logique, comme de nombreux spécialistes du tarot le pensent, est bien la 22e place, après le Mat (ou le Fou), qui est un arcane sans numéro, situé en 21e position.

La 22e lettre de l'alphabet hébraïque est Tav, qui est associée à l'arcane du Monde. Cette lettre incarne la Perfection de la Création, avec la totalité des mondes unis, qui constituent l'Univers. Elle correspond aussi à la fin des 3 cycles du Voyage et du Grand Œuvre, qui lui est associé, **le face à face du Poète avec l'Immortalité,** le couronnement de ses propres efforts. Le Nombre 22 incarne la dynamique d'échange et de communion entre Dieu et sa Création, entre Dieu et les Hommes. Les 22 lettres que nous avons vues, associées, chacune, à un sentier, sont pour les Kabbalistes les 22 Voies d'expression du Verbe. Et il y a une réversibilité symbolique du 2 au 2, montrant bien cet échange, placé sous la loi d'extériorisation et d'union par l'Amour, aspect positif du symbolisme du nombre 2. L'arcane du Monde symbolise bien, aussi, la Nature Disciplinée, les Forces Unies et Hiérarchisées, que le Poète évoque, lui-même, dans les derniers tercets du Poème.

Tav est la dernière lettre de l'alphabet hébreu, hormis les 5 "finales" de Kaf, Mem, Noun, Phe, Tsade. Elle incarne l'achèvement de la Création et, comme nous l'avons dit plus haut, la perfection du Monde Créé, assortie d'un échange et d'une communion entre la Créature et son Créateur. Cette lettre est en correspondance avec le 32ème sentier de l'Arbre de Vie, qui relie la sephirah Yesod, le Fondement, lieu de concrétisation et de coagulation où la Lumière Divine pénètre la Matière, à la sephirah Malkuth, le Royaume, lieu de l'Incarnation. Dans ce sentier, dénommé "le sentier de la Conscience du Culte" ou de "l'Intelligence Organisatrice", l'Initié intègre son existence et son corps physique comme lieu d'expression des valeurs spirituelles et de participation aux plans cosmiques, fusion des Sens et de l'Esprit, sous la gouverne des Astres, comme l'exprime la Grande Tradition, et le don de la Grâce Divine, dans la perspective de l'Hermétisme Chrétien. L'arcane du Monde, en conséquence, révèle à l'initié la Matière (le Corps), pleinement régénérée par l'Esprit. Au centre de l'arcane siège l'Âme Universelle, communiquant la Lumière Divine à toute la Création, et entourée des 4 "Vivants" de la Tradition Biblique, associés aux 4 éléments de la Matière, et évoqués par Saint Jean, dans l'Apocalypse (4,6 et 7) : *Au milieu du trône et autour de lui, se tiennent* **quatre Vivants, constellés d'yeux** *par-devant et par-derrière.* **Le premier** *Vivant est comme* **un lion ; le deuxième** *Vivant est comme* **un jeune taureau ; le troisième** *Vivant a comme* **un visage d'homme ; le quatrième** *Vivant est comme* **un aigle** *en plein vol. Les quatre Vivants, portant* **chacun six ailes,** *sont* **constellés d'yeux tout autour** *et en dedans. Ils ne cessent de répéter jour et nuit :* **Saint, Saint, Saint, Seigneur, Dieu Maître - de-tout**, *Il était, Il est et Il vient.*

Maléficié, le 32ème sentier, relie les sephiroth sombres, engendrées par Yesod et Malkuth, elles-mêmes maléficiées, respectivement Sheol, "la Fosse", lieu d'enfermement de l'Esprit dans un corps inadapté, et Aretz, "le Monde", lieu des forces qui emprisonnent l'Homme dans le monde d'en-bas.

Ce sentier conduit l'être à la dissociation entre le Corps, considéré comme étranger aux réalités de l'Esprit et donc méprisable, et l'Esprit. Cette dissociation ouvre l'Être à tous les processus démoniaques. Nous l'avons déjà dit, l'anagramme du "Monde" est le "Démon" !... Mais le Poète a laissé en Enfer tous ceux qui se sont engagés dans ce sentier… Son propre but est atteint. Et "l'Éclair", la Lumière Divine, qui irradie, à travers l'Arbre de Vie, est directement évoqué par le Poète, comme nous l'avons vu lors de l'ascension du Paradis (Chant XXXIII, v.136 à 141) :

> *"tal era io a quella vista nova :*
> *veder volea come si convenne*
> *l'imago al cerchio e come vi s'indova ;*
> *ma non eran da cio le proprie penne :*
> *se non che la mia mente fu percossa*
> *da un fulgore in che sua voglia venne."*

Que nous avons traduit et reproduit, plus haut, ainsi :
> *tel étais-je devant cette vision nouvelle :*
> *je voulais voir comment s'intègre*
> *l'image au cercle et comment elle s'y induit ;*
> *mais à celà point n'étaient aptes mes propres ailes :*
> *si mon esprit ne fut point frappé*
> *d'un rayon de lumière qui parvînt à son désir.*

Giuseppe Vandelli (1), commentant, dans l'édition en langue italienne vulgaire, cette expression *"come si convenne, l'imago al cerchio..."*, l'interprète ainsi : *De quelle manière la Figure humaine s'unit au cercle et de quelle manière elle y trouve sa place... c'est-à-dire comment peuvent former un Tout l'humaine nature finie et la divine infinie, en Christ*. Et il poursuit, à propos du *"da un fulgore"* : *par une lumière éblouissante comme un éclair, don de Dieu, dans laquelle vient la volonté de mon esprit, c'est-à-dire, que m'apparaît ce que mon esprit voulait connaître. Telle est donc la claire intuition de la mystérieuse union des deux natures dans la personne du Christ.*

L'auteur, commentant par ailleurs les 5 derniers vers de la Divine Comédie, précise, par ailleurs, que *Là où la connaissance devient purement intellectuelle, l'Imagination ("l'alta fantasia"), qui est vertu "organique" comme le dit Dante, ("Convivio" IV, IV, 9), et qui est médiation entre le sensible et l'intelligible, comme disent les scolastiques, cesse complètement d'exister*. Nous pouvons introduire de nouvelles nuances en traduisant, différemment ces vers de conclusion, qui sont, en réalité, intensément chargés de messages hermétiques v.142 à 145) :

> **De la Vision Sacrée ici se déroba le pouvoir**
> **mais déjà tournait-il mon désir et le vouloir,**
> **comme la roue régulièrement est mue,**
> **l'Amour qui meut le soleil et les autres étoiles.**

La *"fantasia"*, en italien, revêt différents sens, tels que imagination, fantaisie, caprice, bizarrerie, désir, envie,...et jusqu'à la "fantasia" (le terme arabe) !...et l'imagination, en Français, peut aussi bien se traduire par "immaginazione" ! Il en va de même du mot "fantaisie". L'étymologie latine est "fantasia" et grecque "phantasia".... apparentée par la racine aux "fantasmes ou phantasmes"... Mais, ce qui est important ici, c'est l'adjectif *"alta"*.

Et, si le commentaire de l'édition italienne, ci-dessus, est parfaitement justifié d'un point de vue exotérique, nous devons souligner, cependant la portée "ésotérique" de ces vers terminaux : *le pouvoir, le désir, le vouloir, la roue et...le fruit de la "Haute Fantaisie" : la "Vision Sacrée", dans lquelle le Poète vient de plonger et qui se dérobe...*

---

(1) *Dante Alighieri - La Divina Commmedia* par Giuseppe Vandelli, Éditions Ulrico Hoepli, Milano, 1989 et 1997.

L'Homme, "transmuté spirituellement", comme vient de l'être le Poète, ne peut que soumettre le pouvoir de son imagination, si sacrée soit-elle, et liée à son libre-arbitre, ainsi que ses désirs, ses facultés et son énergie de volonté, à la Grande Force d'Amour et de Lumière, le véritable don de Dieu.

Parvenu aux plans supérieurs, l'Initié perçoit bien que tout mouvement et toute vie lui sont octroyés par cette Force, comme au Cosmos tout entier.

Nous pouvons donner, à nouveau, la parole à Hermès Trismégiste qui semble faire écho à ce qui vient d'être dit, et, plus généralement, à tout le "final" de la Divine Comédie : *Et de même que toutes choses ont été et sont venues d'Un, ainsi toutes ces choses sont nées de cette chose unique, par adaptation [...] Tu auras ainsi toute la gloire du monde, et c'est pourquoi toute obscurité s'éloignera de toi. C'est la force de toute force, car elle vaincra toute chose subtile et pénétrera toute chose solide.*

Le Cycle initiatique de la Semaine Sainte et de Pâques, et au-delà… La synchronicité entre les Écritures Saintes et la Divine Comédie

Les 3 cycles de la Divine Comédie, ainsi balisés par les 22 arcanes, que nous venons de décrire, s'inscrivent dans un cadre temporel, hautement relié aux Écritures Saintes du Cycle de Pâques à l'Ascension… Mais, dans la perspective de l'Hermétisme Chrétien, c'est la fascinante synchronicité entre le "Cadre initiatique" de la Divine Comédie et celui des Écritures Saintes, qui retient notre attention.

Nous nous devons de terminer notre démarche interprétative par un court aperçu de cette "synchronicité symbolique", à laquelle participent le symbolisme numérologique et le contenu initiatique des événements du Cycle de Pâques et au-delà…, tels qu'évoqués par les Écritures et les étapes du voyage initiatique, telles que "chantées" par le Poète…

Ce voyage de Dante dans les trois mondes de l'Au-delà débute le Jeudi Saint, 7 avril 1300, dans la nuit, et se termine, "Hors du Temps et hors de l'Espace", après le Jeudi de Pâques, 14 avril 1300, dans l'après-midi.

Précisons que, sur l'interprétation ésotérique des événements bibliques, nous nous référons, en particulier, à Corinne Heline, précédemment citée (1).

Les préliminaires de l'Initiation au Jeudi Saint…

Dans la Divine Comédie, il s'agit du Jeudi Saint, 7.04.1300. numérologiquement, cette date donne, en réduction théosophique, le Nombre 6, nombre du Choix, annonciateur de la Transmutation spirituelle de l'initiable.

Trois événements occupent l'essentiel du Jeudi Saint, dans la Bible : le Lavement des pieds, dans la journée, la Dernière Cène, le soir, et l'Agonie dans le Jardin des Oliviers, durant la nuit.

Le premier de ces événements révèle l'indispensable humilité du candidat à la réalisation, qui doit oublier son ego. *Si je ne te lave pas,* dit le Christ à Pierre, qui a protesté de voir son maître s'humilier devant lui, *tu n'as pas de part avec moi.* (Évangile de Saint Jean 13,8).

Le deuxième événement, correspondant à l'institution de l'Eucharistie, apprend à l'adepte l'union des forces spirituelles, nées du corps de désir, purifié et transmuté, symbolisé par le Vin, et du corps lumineux, éthérique et pur, symbolisé par le Pain. Les espèces alchimisées, magnétisées, par ce rite de l'Eucharistie, permettaient aux premiers chrétiens de "guérir les malades".

C'est la médecine de l'Immortalité.

---

(1) *Le Message Occulte de la Bible* par Corinne Heline, Éditions Isis, Sophia-Montréal (Québec), 1993.

Et le repas se termine, lors de la Cène, par le "Pater" et le "Baiser de Paix", gage d'harmonie, d'Unité et de "Fraternité opérante".

Le troisième événement, le rite de l'Agonie au Jardin des Oliviers, révèle à l'initiable, à travers l'exemple du Christ, la nécessité de recevoir en soi l'assaut des Forces du Mal pour les "transmuter". Rappelons que l'Olivier est associé par la Tradition à la Régénération, elle-même liée à la Transmutation.

Il est aussi symbole de l'Immortalité.

A ces préliminaires de l'Initiation, dans la Bible, correspond l'égarement de Dante dans la forêt obscure, au tout début de la Divine Comédie, symbole des obstacles et des assauts des Forces du Mal à transcender pour entrer dans la voie de l'évolution et de la réalisation.

Les épreuves initiatiques du Vendredi Saint Biblique et celles du Poète, le 8.04.1300…

Numérologiquement, cette date donne, en réduction théosophique, le Nombre 7, qui incarne l'accession de l'Adepte aux "petits mystères", premier cycle de la réalisation du Grand œuvre, faisant de lui un Maître.

Dans la Bible, cette journée est celle au cours de laquelle le Christ emprunte la "Via Dolorosa" et ses 14 stations, qui, symboliquement, correspondent au processus d'Initiation, menant l'Homme au plein épanouissement de sa Nature Divine.

En simplifiant à l'extrême, nous avons, pour ce processus, les étapes suivantes :

1re station : la condamnation à mort de Jésus-Christ correspond, sur le plan initiatique, à l'annonce d'une mort transformatrice, conduisant à la "Renaissance". Corine Heline écrit que *l'Homme meurt au monde extérieur et naît à la vie intérieure de l'esprit. La première station symbolise la consécration suprême.*

2e station : le port de la Croix par Jésus-Christ correspond à tout le tribut que l'initiable doit payer pour sa transformation : *porter sa croix au quotidien* est une expression populaire bien éloquente !

3e station : la première chute de Jésus-Christ correspond à la chute ou à l'échec qui guette l'Être sur la voie de son évolution spirituelle.

4e station : la rencontre de Jésus-Christ avec sa mère correspond à la prise de conscience de la part de l'initiable de l'aspect féminin de la Divinité et de la Force d'Amour, essentielle à la vie de l'Esprit.

5e station : la rencontre de Jésus-Christ avec Simon de Cyrène, qui l'aide à porter sa Croix, correspond au rétrécissement du sentier et à l'alourdissement des épreuves sur la Voie.

6e station : Véronique, essuyant le visage de Jésus-Christ correspond à l'union des polarités féminine et masculine de l'Esprit.

7e station : la seconde chute de Jésus-Christ correspond à la force de la Volonté qui, seule, permet à l'initiable de poursuivre, au-delà de l'épreuve, la recherche de son but.

8ᵉ station : les pleurs des filles de Jérusalem sur Jésus-Christ correspondent à la prise de conscience des créatures humaines de leur éloignement par rapport à l'Idéal Christique, tel que formulé par Saint Jean (14,6) : *Je suis le Chemin, la Vérité, la Vie. Nul ne vient au Père que par moi.*

9ᵉ station : la troisième chute de Jésus-Christ correspond à l'achèvement de l'Œuvre des Ténèbres et des épreuves sur la voie initiatique. Notons aussi le nombre de chutes : 3.

10ᵉ station : Jésus-Christ dévêtu, ceci correspond à l'étape où l'initiable prend conscience de la force de lumière et d'amour, libérée par le sacrifice ultime du Fils de Dieu.

11ᵉ station : Jésus-Christ cloué sur la Croix, ceci correspond au total abandon du plan d'existence personnelle et égoïque, au profit de l'existence spirituelle. L'alchimisation des Forces du Mal et de la Matérialité, liées aux quatre éléments (la Croix) se réalise par la montée des forces de l'Esprit.

12ᵉ station : Jésus-Christ mourant sur la Croix, ceci correspond à la Mort Mystique de l'Initié, quittant le plan matériel, terrestre, pour accomplir le "passage" dans l'Immortalité, au plan céleste.

13ᵉ station : la descente de Croix de Jésus-Christ et la remise du corps du Fils à la Mère, bénie, correspondent à la libération de la Croix de la Matérialité et à la réalisation de l'Union suprême des deux principes masculin et féminin.

14ᵉ et dernière station : la mise au tombeau de Jésus-Christ correspond à l'achèvement de la Mort Mystique, conduisant à la Résurrection.

Bien entendu, la numérotation des stations entre en symbiose symbolique avec leur contenu spirituel, depuis le Un, commencement du cycle, jusqu'au 14, consacrant l'Union du principe Unitaire, géniteur, masculin au principe Quaternaire, matriciel, féminin, et de toutes leurs forces alchimisées, ouvrant la "Porte du Ciel" à l'Initié "réalisé et illuminé".

Aux épreuves de la "Via Dolorosa" fait écho, le Vendredi Saint, 8.04.1300, le face à face du Poète, avant l'entrée dans l'Enfer, avec les 3 bêtes sauvages que nous avons largement commenter, symboles des 3 perversions majeures de l'Ego, vis-à-vis de la Matérialité : Luxure, avec la "Lonza", Orgueil, avec le Lion et Avarice avec la Louve. Nous avons ensuite les hésitations de Dante, avant l'entrée proprement dite dans le premier monde.

Cela se passe au coucher du soleil, à ce moment de la journée où, symboliquement, les Ténèbres commencent à ouvrir les portes de la "Petite Mort", où le soleil nous plonge dans le cycle nocturne... Et c'est à Minuit, qu'après la tombée de la nuit et l'entrée effective dans l'Enfer, Dante parvient au marais du Styx...

Il parcourt les 9 cercles, de la nuit du Vendredi au Samedi jusqu'au coucher du soleil, le Samedi. Il est le témoin attentif, parfois compatissant, parfois condamnant, des Forces des Ténèbres à l'œuvre pour les différentes catégories de Damnés

De la nuit du Vendredi au Samedi Saint à l'aube de Pâques : la descente aux Enfers...

Il descendit aux enfers... L'Esprit de Jésus-Christ œuvra à l'intérieur de la terre, dans les plans inférieurs, prêchant son Évangile aux âmes désincarnées, habitantes du Royaume des Ténèbres et aux esprits lucifériens.

Dans le même cycle, en l'an de grâce 1300, se situe la plongée de Dante dans l'Enfer de la Divine Comédie. L'entrée en Enfer se réalise, "au coucher du soleil". La vision du Poète est en conformité avec cette ancienne légende qui situe la Croix du Golgotha au centre même de la Terre, là où fut enterré Adam, le premier Homme, qui enchaîna l'Homme à la Mort. Mais le Poète retrouvera *le Premier Homme, notre antique père, l'âme première,* le jeudi de Pâques 14.04.1300, au Paradis et l'interrogera, recevant des réponses hautement initiatiques (Voir notre chapitre sur la Symbolique Sacrée des Sites). Emil Boch, dans son ouvrage "The Three Years", cité par Corinne Heline, écrit ce que ne renierait sûrement pas le Poète : *Par sa descente aux enfers, le Christ a redonné à l'humanité cet au-delà qui demeure la source véritable de l'immortalité. La descente aux enfers ouvrit pour l'Homme les portes de l'au-delà ; l'Ascension permit au divin d'avoir accès à notre monde.*

Samedi Saint Biblique et Samedi Saint du 9.04.1300...

Du Vendredi soir au Dimanche matin, l'Esprit du Christ œuvre dans les Enfers, portant la Parole aux âmes ensevelies dans le Royaume des Ténèbres.

Allégoriquement, ce royaume est celui du "Désir", à l'instar de ce que Dante, lui-même, découvre dans les 9 cercles de l'Enfer.

Le Christ contribue à la rédemption des esprits lucifériens, déchus, et de tous ceux qui souffrent des suites de la Chute du Premier Homme. Dans cette même période de temps, Dante visite les 9 cercles de l'Enfer et de 7heures et demi du Samedi soir à l'aube du lendemain, il est dans la "Giudec-ca", la partie de l'Enfer où Lucifer, l'ange déchu, alias Dité, est prisonnier des glaces éternelles et dévore les traîtres à leur bienfaiteur, Judas, Brutus et Cassius. Le Poète descend le long du corps de Dité, avec son guide, Virgile, et passe au centre de la Terre. Puis, par un processus de "retournement", que nous avons commenté sur un plan symbolique, il se retrouve dans l'hémisphère austral, prêt à aborder l'île du Purgatoire...

Dimanche de Pâques de la Bible et dimanche de Pâques du 10.04.1300...

A l'aube du Dimanche de Pâques, Pierre, Marie et Jean se présentent au tombeau qui est vide. Pierre y entre, seul, car Marie et Jean y ont déjà pénétré. Tous les trois, d'un point de vue ésotérique, ont ainsi accompli le rituel de la Mort Mystique, à l'instar de leur Maître, signe de la transmutation de la Matière en Esprit, dans la prise de conscience de l'épanouissement spirituel, accompli dans la Mort et la Résurrection.

À 5 heures du matin, le Dimanche de Pâques, 10 Avril 1300 (10.04.1300 = 1314 = 9), le Poète aborde l'île du Purgatoire, puis parvient aux pieds de la Montagne du Purgatoire, avec le "Lever du Soleil" !...

Il n'est pas besoin d'insister sur tout ce symbolisme du 9, désormais familier pour le lecteur, et sur celui du lever du Soleil, en pure coïncidence avec le sens des événements des Écritures Saintes.

C'est à l'aube de Pâques, aussi, que Marie de Magdala est la première à rencontrer le Christ, dans "le jardin clos" : *Jésus lui dit : "Marie" !"* Se retournant, elle lui dit en hébreu : *"Rabbouni !",* ce qui veut dire : "Maître".

Jésus lui dit : *Ne me touche pas, car je ne suis pas encore monté vers le Père. Mais va trouver mes frères et dis-leur : je monte vers mon Père et votre Père, vers mon Dieu et votre Dieu.* (Jean 20,16 et 17). Et elle va ensuite faire l'annonce aux disciples... Marie de Magdala, d'un point de vue ésotérique, a ainsi réalisé l'élévation de sa conscience aux plans supérieurs de l'Esprit, soit une véritable Ascension Spirituelle. C'est à cette même période de temps que Dante voit la barque qui porte les âmes des Élus. L'après-midi de Pâques, selon les Écritures Saintes, le Christ réalise la marche mémorable vers Emmaüs. *Et il advint, comme il était à table avec eux, qu'il prit le pain, dit la bénédiction, puis le rompit et le leur donna. Leurs yeux s'ouvrirent et ils le reconnurent."* (Luc 24,30 et 31).

Le Christ a accompagné Cléophas, le père de Jacques et de Jude, et un autre disciple, retrouvés en chemin vers Emmaüs, et a partagé le dîner avec eux. Ils ne doutent plus quand il réalise la "Bénédiction". Malgré un niveau de développement spirituel encore insuffisant, ce qui les a empêchés de reconnaître le Christ tout de suite, ils ont eu le mérite de le "Voir" et de courir proclamer la nouvelle à Jérusalem.

Au cours de cette même période, à la Pâques 1300, le Poète rencontre le troubadour Sordello, qui lui apprend qu'on ne peut monter au Purgatoire, la Nuit !...

Au soir de Pâques, Jésus apparaît à ses disciples, alors que les pèlerins d'Emmaüs sont venus leur raconter la nouvelle. *Paix à vous !, Voyez mes mains et mes pieds ; c'est bien moi !*, leur dit le Christ. (Luc 24,39).

Ils sont réunis dans la "Chambre haute".

Les pèlerins, sur le route d'Emmaüs, tout comme les disciples, dans la chambre haute, font ici l'expérience du développement de la clairvoyance.

Celle-ci montre que la matière physique n'est pas un obstacle pour la vision du corps spirituel.

En ce même soir de Pâques, Dante écoute les âmes de la *Vallée Fleurie* chanter le *"Te lucis ante terminum...",* hymne de Saint Ambroise, chanté à complies par l'Église. Le regard est tourné vers l'Orient. Cette prière implore le secours de Dieu contre les tentations de la Nuit, à l'heure où les Ténèbres vont faire ressentir plus intensément encore notre faiblesse.

Et le Poète s'endort vers 21 heures (notons la numérologie !)... C'est l'ouverture au songe, dans lequel il voit l'Aigle aux pennes d'or, songe que nous avons déjà longuement commenté.

Et surtout, ce sommeil conduit Dante, lors de son réveil, à la porte du Purgatoire.

Lundi de Pâques Biblique et lundi de Pâques 11.04.1300...

Au matin du lundi de Pâques, Jésus apparaît à nouveau à ses disciples, les plus avancés sur la voie de l'Initiation, Pierre, Jacques, Jean, Barthélémy et Philippe. Cela se passe sur les bords du lac de Tibériade. Partis pêcher, au cours de la nuit de dimanche à lundi, les apôtres reviennent bredouilles. À l'aube, ils voient Jésus sur le rivage, qui leur dit : *Jetez le filet à droite de la barque et vous trouverez. Ils le jetèrent donc et ils n'avaient plus la force de le tirer, tant il était plein de poissons.* (Jean 21,6).

Sur l'injonction de Jésus, *Alors Simon-Pierre monta dans le bateau et tira à terre le filet, plein de gros poissons : cent cinquante trois ; et quoiqu'il y en eût tant, le filet ne se déchira pas.* (Jean 21,10 et 11).

Au plan ésotérique, écrit Corinne Heline, *le lac représente les royaumes éthériques et la barque, le corps de l'âme dans lequel l'Homme fonctionne quand il voyage dans ces régions. Le poisson symbolise les vérités ésotériques.* Et le nombre 9 (réduction de 153), poursuit-elle, est *le nombre de l'évolution humaine, indiquant ainsi que toute l'Humanité sera "pêchée" ou sauvée, lorsque l'Homme reconnaîtra enfin le Christ cosmique en Sa qualité de Sauveur du monde.*

La droite de la barque désigne, bien sûr, la voie positive, active, Mercurienne. La triple question du Christ à Pierre : *M'aimes-tu ?*, écrit encore Corinne Heline, *esquisse les trois degrés des Mystères chrétiens que Pierre avait franchis avec succès.* Et Pierre va devenir l'Instructeur, avec un grand "I", la "Pierre", sur laquelle est fondée l'Église. Nous n'insistons pas ici sur l'aspect alchimique sous-entendu.

Jésus lui dit : *Pais mes brebis.* L'enseignement du Christ, ici, est tourné vers la fécondation des plans intérieurs, de l'Esprit, au Cœur de l'Être, constituant le meilleur des remparts contre les Forces du Mal.

En ce même matin du lundi de Pâques, jour de la Lune, daté du 11.04.1300 (1315 = 10; retour à l'Unité), nous avons le réveil de Dante, après sa nuit, habitée du songe de l'Aigle aux pennes d'or, déjà mentionné, et songe véritablement prémonitoire (Purgatoire, chant IX, vers 13 à 21) :

Près du matin, à l'heure où l'hirondelle
 reprend sa triste plainte, au souvenir
  de ses premiers malheurs ce dit la fable,
et où l'âme, qui sait ? pèlerinante
 hors de la chair, et par soucis moins prise,
  dans ses avisions presque est devine,
par songe il me semblait voir suspendue
 emmi le ciel une aigle à pennes d'or,
  l'aile éployée, et sur moi prête à fondre ;...

Cet aigle descend *Comme la foudre*, et ravit Dante jusqu'à la région du feu où il rêve qu'il est brûlé avec lui, ce qui provoque son réveil !

Par la suite, tout au long de la journée du lundi de Pâques, le Poète remonte la Montagne du Purgatoire, jusqu'à la 3ᵉ corniche, celle des âmes aveuglées par la Colère, et où il rencontre "l'ange de la Paix", au "lever des étoiles" !... Il s'endort à nouveau vers minuit.

Cette première partie de l'ascension du Purgatoire met le Poète en présence, successivement, de 3 forces d'aveuglement de l'Ego, qui éloigne l'Être des réalités intérieures : l'Orgueil, l'Envie et la Colère.

Les Mardi, Mercredi et Jeudi de Pâques de la Divine Comédie et les 40 jours, de la Résurrection à l'Ascension, selon les Écritures Saintes...

40 jours séparent, selon les Écritures Saintes, la Résurrection de l'Ascension. Cette période voit se multiplier les apparitions quotidiennes du Christ aux disciples. Il est revêtu de son *Corps Glorieux, plus blanc que la neige et plus brillant que le Soleil,* selon l'expression de Saint Jean...

Les disciples sont préparés, selon l'interprétation de Corinne Heline, à l'expérience spirituelle ultime de l'existence humaine : la fête de la Pentecôte.

Ces quarante jours, écrit-elle, *jetèrent réellement un pont entre le ciel et la terre...* Au cours de l'Ascension, le Christ pénètre au Royaume Spirituel, dénommé "le trône de Dieu".

La Divine Comédie est centrée, quant à elle, sur les 3 jours qui suivent la Résurrection, ponctués par les endormissements et les songes édifiants du Poète. Au Mardi de Pâques, 12.04.1300 (1316 = 11 = 2), avant l'aube, Dante rêve de la femme bègue, aux yeux louches, aux jambes boiteuses, aux mains coupées et à la face blême... Et le regard du Poète la redresse, lui redonne, ainsi, *comme le veut l'amour,* des couleurs à sa face *défaite*. Recouvrant la parole, elle chante très bien. Dante évoque alors, ici, la sirène qui détourna Ulysse de sa route, symbole que nous avons déjà commenté.

À son réveil, Dante reprend l'ascension de la Montagne du Purgatoire, qui le place, successivement, face aux pénitents de la 4e à la 7e corniche et y rencontre les anges tutélaires.

À la tombée de la nuit, il est obligé de s'arrêter dans l'ascension le conduisant au Paradis Terrestre. Au lever des étoiles, après sa purification dans la traversée du mur de flammes et après sa rencontre de l'ange du Paradis Terrestre, il s'endort, pour un nouveau songe !... C'est le rêve de Lia et Rachel, dont nous avons analysé, plus haut, tout le contenu symbolique.

Nous parvenons au Mercredi de Pâques, 13.04.1300 (1317 = 12 = 3).

Le jour de Mercure, sous le signe du nombre 3 (!), Dante monte l'escalier qui le mène au Paradis Terrestre. Et Virgile fait ses adieux, le confiant à d'autres guides *plus qualifiés,* soit d'essence céleste : Il s'agit de Béatrice et de Saint Bernard. Le Mercredi de Pâques est consacré entièrement aux diverses étapes du voyage initiatique au Paradis Terrestre, avec comme événements majeurs : la double purification des eaux de l'Eunoé et du Léthé, associée à l'impératif d'oubli de la part d'ombre et à celui de la mémoire de la part de lumière ; l'apparition de Béatrice sur le Char de l'Église ; et ensuite, ce que nous pouvons appeler la "Catharsis", imposée au Poète par sa bien-aimée céleste, l'illumination de la forêt ; la procession mystique, avec les 7 candélabres, les 24 vieillards, les 4 animaux ailés, les 7 vertus, et le Char, traîné par le Griffon, procession, qui est le symbole de l'Église en mouvement.

Puis, c'est l'apparition de l'Arbre de la Science du Bien et du Mal, régénéré par le Griffon, mi-Homme mi-Dieu, en correspondance avec l'image du Christ. Tout comme les apparitions du "Corps Glorieux" du Christ suscitent le doute et l'aveuglement de certains disciples, et la clairvoyance de certains autres, et les préparent, nous l'avons dit, à l'Ascension et à l'expérience de la Pentecôte, de même, le Poète est, à la fois, témoin et partie prenante des parts de lumière et de ténèbres, qui assaillent l'Initié, sur la voie de sa transformation intérieure, de même, est-il, lui-même, préparé à son ascension au Paradis.

C'est en plein jour, entre 11 heures du matin et midi, le Mercredi de Pâques, que Dante fait, encore, un songe… C'est celui de toutes les vicissitudes et de toutes les transformations que subit le Char. Béatrice a pardonné.

Le Poète "reçoit" la Prophétie du Cinq Cent Dix et Cinq et toutes les vérités sur l'Arbre de la Science du Bien et du Mal. Puis, il boit l'eau de l'Eunoé. Il est, enfin, prêt à *monter aux étoiles.*

L'Ascension, selon les Écritures Saintes et le Jeudi de Pâques, 14.04.1300…

A ces mots, sous leurs regards, il s'éleva, et une nuée le déroba à leurs yeux. Deux hommes, *vêtus de blanc*, disent aux disciples : *Celui qui vous a été enlevé, ce même Jésus, viendra comme cela, de la même manière dont vous l'avez vu s'en aller vers le ciel.* Le Christ disparaît donc de la vision intérieure des disciples, pour pénétrer sur les plans supérieurs, au royaume du "Trône de Dieu". Et, non seulement le rite de l'Ascension évoque, ainsi, le "Retour", mais il prépare le rite de la Pentecôte où *Tous furent alors remplis de l'Esprit Saint et commencèrent à parler en d'autres langues, selon que l'Esprit leur donnait de s'exprimer.* (Actes des Apôtres 2,4).

Le Jeudi de Pâques, 14.04.1300 (1318 = 13 = 4), est le cadre de l'ascension du Poète dans les 10 ciels du Paradis, suivant, comme nous l'avons vu, le chemin de l'Arbre de Vie, en remontée, de Malkuth à Kether… Dante parvient au Ciel des Étoiles Fixes, celui du Zodiaque, tout entier, à Midi, là où il est témoin du Triomphe du Christ.

Les premiers versets de l'Évangile de Saint Jean semblent faire écho à ce rôle du Verbe, qui concentre en lui toutes les énergies zodiacales et irradie la "Création", ainsi qu'aux propres visions du Poète (Jean 1,1 à 5 et 14) :

"Au commencement était le Verbe
et le Verbe était avec Dieu
et le Verbe était Dieu.
Il était au commencement avec Dieu.
Tout fut par lui,
et sans lui rien ne fut."

Ce qui fut en lui était la vie,
et la vie était la lumière des hommes,
et la lumière luit dans les ténèbres
et les ténèbres ne l'ont pas saisie.

> *[…]*
> *Et le Verbe s'est fait chair*
> *et il a habité parmi nous,*
> *et nous avons contemplé sa gloire,*
> *gloire qu'il tient de son Père comme*
> *Fils unique,*
> *plein de grâce et de vérité.*

Enfin, en ce Jeudi, jour de Jupiter-Jovens, c'est la montée dans l'Empyrée, hors du temps et hors de l'espace, la vision de la Rose des Bienheureux, avec les Élus de l'Ancienne et de la Nouvelle Loi, la Vierge Marie, glorifiée par l'ange Gabriel, la prière de Saint Bernard à Marie, en faveur de Dante, et l'Extase finale, plaçant l'auteur et "créateur" de la Divine Comédie, au contact de l'Essence Infinie, avec ses 3 Mystères de l'Unité, de la Trinité et de l'Incarnation, pour parvenir à l'apaisement suprême…

Au terme de son voyage, le Poète nous signifie ce que Max Heindel, cité par Corinne Heline, formule ainsi, dans l'évocation du "Christ Cosmique" : *C'est du soleil visible que nous vient la moindre particule d'énergie physique. Et c'est du soleil spirituel que provient toute l'énergie spirituelle.*

Et ce jour, Jeudi de Pâques, 14.04.1300, est signé du sceau du Nombre 13, "Mort et Renaissance mystique", à la fois au plan de l'année universelle (1300) et du jour lui-même (1318 = 13) !...

La dimension temporelle du voyage initiatique de la Divine Comédie, liée aux 3 grandes familles de sites, témoigne ainsi d'une synchronicité bien manifeste avec le contenu symbolique et initiatique des Écritures Saintes.

Nous ne pouvions pas la passer sous silence.

Bien entendu, nous n'en avons dressé qu'un schéma très général et des développements plus détaillés sont ouverts à d'autres recherches.

Un tel Voyage Initiatique, mené d'arcane en arcane, avec ses profondes résonances et ses fulgurantes couleurs Alchimiques, nous incite à donner autre chose qu'une conclusion rationnelle et didactique à ce chapitre.

Aussi, Ami lecteur, puisses-tu accueillir favorablement, et avec indulgence, en guise de conclusion sur ce voyage, quelques rimes…

Métamorphose

D'arcane en arcane,
scrute le chemin.
Au ciel de tes mânes,
reconnais ton Destin.

Et vois le doux secret,
qui, pas à pas, te mène
à la Félicité :
C'est simple, tu Aimes !

Si ton âme souffre,
entends le Poète :
que l'Esprit du Pourpre,
llumine ta tête.

Ta métamorphose
ôtera le voile,
et, comme lui, ose
remonter aux étoiles.

Alors tu chasseras
les ombres de ta vie,
Lumière tu auras
pour tout vis-à-vis.

Et ton Histoire, alors
d'Humaine Tragédie
se changera en OR :
Divine Comédie.

R.B.

CONCLUSION ET PERSPECTIVE

Une Queste et des Symboles pour le XXIᵉ siècle

En un temps où nous entendons parler de plus en plus de l'Apocalypse…
Les premiers chrétiens le savaient fort bien et les véritables légendes et écrits du christianisme des premiers temps font de fréquentes références à cette Jérusalem mystique…
…Voilée au regard des masses mais révélée à la minorité, l'Apocalypse est le récit que fit Jean le bien-aimé de sa propre initiation au sein des Mystères chrétiens dans ce Temple de lumière.
        CORINNE HELINE, *Le Message Occulte de la Bible*

Révélation de Jésus-Christ : Dieu la lui donna pour montrer à ses serviteurs ce qui doit arriver bientôt […] *Je suis l'Alpha et l'Omega, le Premier et le Dernier, le Principe et la Fin. Heureux ceux qui lavent leurs robes ; ils pourront disposer de l'arbre de Vie, et pénétrer dans la Cité, par les portes.*
Dehors les chiens, les sorciers, les impurs, les assassins, les idolâtres et tous ceux qui se plaisent à faire le mal !
Suit l'Épilogue, qui se termine ainsi : *Que la grâce du Seigneur Jésus soit avec tous ! Amen.*
        L'APOCALYPSE de Saint Jean (1,1 et 22, 13 à 15)

Et, au total, 22 chapitres :
Les vingt-deux chapitres de l'Apocalypse esquissent le sentier initiatique tel que l'ont toujours décrit les Mystères depuis le jour où l'humanité devint suffisamment avancée pour recevoir les sublimes vérités incarnées dans l'initiation.
        CORINNE HELINE, *Le Message Occulte de la Bible*

Conclusion et Perspective

Irrésistiblement, nous avons pris le temps d'un parcours qui donne, selon la formule consacrée, "du temps au temps". Dans notre conclusion, nous devons donc être brefs !

Lecture aride, énigmes insolubles, images "hermétiques", au mauvais sens de ce terme, œuvre d'accès difficile, des milliers de commentaires, dont certains fort "alambiqués" - que les Alchimistes me pardonnent cette expression - ont entretenu cette légende dantesque !...

Et le Poète Florentin a hérité, dans nos mémoires, d'un "énHaurme" malentendu, celui-là même qui pèse sur tout le Moyen âge. Contrairement à bien des idées reçues, c'est pourtant, sans aucun doute, du Ve au XIVe siècles, que se situent "les vrais siècles des Lumières", propageant la Grande Tradition Primordiale, elle-même prenant ses racines, dans la nuit des temps, une nuit qui ressemble étrangement au "grand jour", baigné par la Lune et le Soleil !...

Même le Dictionnaire ose, "au figuré", donner l'aspect suranné et vétuste au terme "Moyenâgeux", ce qui fait qu'un autre adjectif "Médiéval", qui, lui, n'a pas ce sens péjoratif, a vu le jour. Il n'y a cependant pas un seul "Médiéviste" qui plonge encore son regard dans les soi-disantes Ténèbres moyenâgeuses, et, dans tous les cas, pas un seul auteur sérieux pour nier le formidable foisonnement de spiritualité, en particulier autour des Xe au XIVe siècles, Occident et Orient confondus.

A proximité même des années qui virent se développer la destinée de Dante, des hommes légendaires, comme Saint Albert le Grand, Saint Thomas d'Aquin, Roger Bacon, Arnauld de Villeneuve, Raymond Lulle, Nicolas Flamel,...firent franchir en Occident, aux connaissances et à la pensée Hermétique, des pas décisifs, puisant aux sources de l'Orient l'essentiel d'une spiritualité vivante, active, transformatrice...

Guillaume de Lorris et Jean de Meung exaltèrent le Grand Œuvre Mystique, parallèle à la réalisation physique de la Pierre Philosophale, dans le célébrissime et édifiant "Roman de la Rose", chef d'œuvre de poésie hermétique.

La première partie, écrite par Guillaume de Lorris, vers 1236, et inspirée d'Ovide, fut aussi courtoise et raffinée que la seconde, écrite par Jean de Meung, vers 1275-1280, fut rationaliste et satirique.

L'histoire d'une conquête amoureuse fut ainsi mêlée à la Queste par l'Âme Humaine de la sérénité parfaite, acquise à travers une Initiation aux multiples épreuves. La "Rose" fut célébrée comme le symbole de la Grâce Divine et de la Pierre Philosophale, elle-même.

René Guénon, dans son ouvrage sur L'Ésotérisme de Dante, rappelle, dans un autre contexte culturel, le Livre du Voyage nocturne, le "Kitâb el-Isrâ", voyage nocturne de Mohammed, et les Révélations de la Mecque, les "Futûhât el-Mekkiyah", de Mohyiddin ibn Arabi, écrits 80 ans environ avant la Divine Comédie.

Sous les projecteurs scintillants de la Science Sacrée et de la Grande Tradition, mêlant Alchimie opérative, physique et spirituelle, Kabbale, Gnose, Astrologie Traditionnelle et Ésotérisme Chrétien, la Divine Comédie nous apparaît comme un écho sublime à de telles œuvres.

Mais s'il y a quelques "emprunts" possibles, le moule d'Or pur, dans lequel est façonné le Poème, leur a donné, de toute évidence, une beauté transcendante.

Par ailleurs, au tout début de sa carrière littéraire, le "Ser Durante" signa, en 232 sonnets, une parodie érotique de la 2e partie du "Roman de la Rose", intitulé "Il Fiore", que nous avons commentée.

C'est comme s'il avait voulu opposer, semble-t-il, par anticipation, la Fleur Sexuelle à la Rose des Bienheureux !...

C'est, rappelons-nous, vers 22 ans, qu'il écrivit "Il Fiore" et vers 40 ans, qu'il commença à écrire l'Enfer. Car la "Divina Commedia" est bien l'œuvre, répétons-le, de toute une vie, méditée dès 1292 et terminée, à l'âge du "grand passage". L'œuvre de toute une vie, cela suppose une extraordinaire maturation et l'âge de la composition des 3 parties du Poème nous renvoie à une étonnante constatation :

L'Œuvre est méditée autour de la trentaine (vers 1292), l'Enfer débute autour de la quarantaine (vers 1304), le Purgatoire, pas loin de la cinquantaine (vers 1308-1313) et le Paradis, autour de la cinquantaine (vers 1316), l'œuvre étant achevée à 56 ans, en 1321, dans les derniers mois précédent son passage "réel", cette fois, dans l'Autre Monde.

Poème étonnamment calqué sur les cycles de la vie, l'écriture de la Divine Comédie est donc à l'image du déroulement de la Queste Spirituelle qu'elle met en scène.

Supposons que nous lecteurs, nous sachions joindre "le ressenti spontané", sans le filtre du mental, à l'entendement de l'Intellect, dans ses bonnes œuvres.

Nous pouvons, ainsi, vivre les images, les rythmes, les senteurs, les couleurs, les symboles, en parallèle avec certaines prises de recul, faisant jouer notre bonne vieille "Raison raisonnante". Nous pouvons, alors, entrer, avec profit, dans le "Labyrinthe" des 3 Mondes et en ressortir, sinon "Illuminé", au noble sens de ce terme, comme le Poète, au moins "éclairé".

Cette "œuvre de Lumière", au diapason de l'époque qui l'a vue naître, n'est ni obscure ni muette, mais parfaitement "lumineuse" pour le lecteur sensible au symbolisme traditionnel.

Oublions un instant les gloses et les kilomètres de notes au bas des traductions et plongeons notre âme et notre esprit, libres de toute pesanteur mentale, dans la lecture des tercets, tels les flots, tour à tour agités et sereins du vaste océan de nos tumultes, de nos espoirs, de nos regrets, de nos joies et de nos découvertes, et lisons-les même à haute voix et si possible…

"en Italien Vulgaire" !...

Conclusion et Perspective

Alors, ami lecteur, tout ce que vous venez de lire dans le présent ouvrage "passera" sur le seul plan d'entendement digne de Foi, celui d'une sorte d'osmose, d'une vibration directe, avec ce que la lecture de l'original vous communique "naturellement" et "spontanément". Sans doute, découvrirez-vous, alors, que tout ce qui agite notre spiritualité occidentale, au contact de la spiritualité orientale, à l'aube du IIIe millénaire et dans notre fameuse ère du Verseau, est contenu dans l'Homme Dante, dans sa Destinée et dans ses Œuvres, symboles incontestables d'une "Universalité en Mouvement". Sans doute, aussi, pourrez-vous prendre acte de ce que cette "Universalité en Mouvement" contient de ressources et d'énergies spirituelles pour contrer les effets pervers de cette "Mondialisation Matérialiste" qui encrasse, chaque jour davantage, bien des consciences…

Les références au pape "Boniface" et à l'empereur, "Henri" sont dans leur contingence dépassées mais la question du Pouvoir spirituel et du Pouvoir temporel, demeure d'actualité, comme le demeurent aussi les voies universelles et multiples du Questionnement et de l'Évolution, prises entre Matière et Esprit, Corps et Âme, Homme et Dieu.

N'oublions pas que la Divine Comédie, œuvre de la Transformation et du Renouveau, est inscrite par le Poète dans la semaine sainte de l'année du 1er Jubilé 1300. A celui-ci, assorti par le Pape Boniface VIII d'une indulgence plénière pour les pèlerins de Rome, fait écho le jubilé 2000, après sept siècles (noter le nombre aussi !).

Oui, l'Apocalypse est une "révélation", certes, mais surtout une Voie d'Initiation comme celle tracée par la Mâne du "Maître et Supérieur Inconnu" Dante Alighieri…

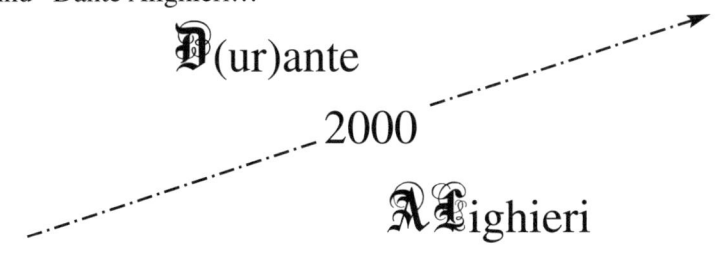

𝔇(ur)ante

2000

𝔄𝔏ighieri

R.B. le 2 février 2000
un Mercredi, jour de Mercure
sous le signe du "6"
à la Fête des Chandelles
et de la présentation de Jésus au Temple,
[…] mes yeux ont vu ton salut,
que tu as préparé à la face de tous les peuples,
lumière pour éclairer les nations […]
Syméon - Saint Luc 2,41

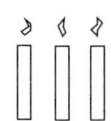

ANNEXE I : Repères sur les clés essentielles : autour de l'Hermétisme Chrétien...

L'Hermétisme Chrétien, auquel nous faisons une large place, prend, en effet, source au croisement de nombreuses traditions, parmi les plus anciennes et même antérieures au Christianisme historique.

1 - L'Hermétisme

L'Hermétisme, pour le dictionnaire (Le Robert) est l'ensemble des doctrines ésotériques (= connaissance qui se transmet par tradition orale à des adeptes qualifiés) des alchimistes. En fait L'Hermétisme, sans encore lui ajouter le qualificatif de Chrétien, plonge ses racines dans la plus haute antiquité et renvoie à trois figures principales et hautement symboliques. La première est celle du dieu grec **Hermès**, le Mercure latin, messager des Olympiens, fils de Zeus et de Maia, né en Arcadie, guide des voyageurs et conducteur des âmes des morts. Il personnalise l'habileté et la ruse. Inventeur des poids et mesures et des premiers instruments musicaux, il est aussi dieu-berger et dieu de la santé. Obligé par Zeus de rendre le bétail volé à Apollon, il dut échanger sa flûte contre le Caducée, qui devint son fameux attribut.

La deuxième figure est celle d'un Hermès qui fut, en quelque sorte, transmuté par les Alchimistes en **Hermès Trismégiste**, le 3 fois grand, ancien roi, inventeur des sciences et de l'alphabet, premier savant humain, à qui sont attribués plus de 20.000 volumes écrits. Parmi de nombreux écrits consacrés aux arts divinatoires et les écrits qui nous sont parvenus, le **Corpus Hermeticum** constitue une collection d'œuvres philosophico-religieuses. Des personnages divins, Hermès, Isis, Horus, [...] y dialoguent sur la nature de Dieu, sur l'origine du monde, la Création, la Chute de l'Homme et, enfin, l'Illumination Divine comme seul moyen de délivrance. Les Grecs assimilèrent enfin une troisième figure, **le dieu égyptien Thoth** à Hermès. Scribe des dieux, en fait, Thoth est la divinité par excellence de la Sagesse. René Guénon (1) écrit que Thoth-Hermès était *la représentation même de l'antique sacerdoce égyptien, ou plutôt du principe d'inspiration supra-humain dont celui-ci tenait son autorité et au nom duquel il formulait et communiquait la connaissance initiatique.*

Mais l'Alchimie puise aussi ses racines en Orient, où se manifeste, sous des langages différents, la même aspiration à la "délivrance" par Illumination. Les pratiques alchimistes chinoises légendaires, en particulier, remonteraient à prés de 5 millénaires avant Jésus Christ (4500 Av. J.-C.).

Le Taoïsme de Lao-Tseu remonte, et cela n'est plus uniquement de la légende, à 6 siècles avant Jésus Christ. Le fameux Yin, principe féminin, siégeant dans la terre et le Yang, principe masculin, siégeant dans le Soleil, que l'on rapprocha plus tard du caducée d'Hermès, sont dans une relation de lutte évolutive, tendant à une interaction et une fusion, et ainsi générateurs des 5 éléments : eau, feu, bois, métaux et terre.

Ceux-ci constituent l'ensemble des êtres de la Nature. De ces bases, les alchimistes chinois firent dériver toute une pratique visant ni plus ni moins que l'obtention de la Pierre Philosophale et l'Immortalité, gage de la perfection des êtres.

En Inde, aussi, se manifestèrent des recherches alchimiques, associées au Tantrisme hindou et bouddhiste.

Mais c'est l'Égypte qui fut considérée par tous les alchimistes occidentaux comme la patrie d'origine de l'Art Sacré, relié aux connaissances ésotériques de ses prêtres. Fondements hellénistiques et égyptiens concoururent à la Tradition Alchimique, qui, d'Alexandrie passa à Byzance, puis aux Arabes et des Arabes à l'Occident.

Mais d'autres sources se sont encore associées à ces traditions, parmi lesquelles les sciences occultes de la Babylonie. Ainsi l'Adam Kadmon des Kabbalistes a son reflet dans les mythes de l'Homme primordial formulé en Iran. Le livre d'Hénoch et les Apocalypses juives ont fourni des légendes à l'art d'Hermès.

---

(1) *Symboles de la Science sacrée* par René Guénon, Éditions Gallimard-NRF, 1962.

ANNEXE I : Repères sur les clés essentielles autour de l'Hermétisme Chrétien... 620

Notons qu'au départ l'Hermétisme est une forme de gnose païenne, comprenant des écrits sur l'astrologie, les sciences occultes, les doctrines philosophiques et religieuses, présentées comme des "révélations", au sens premier du mot "Apocalypse"…

L'Alchimie occidentale, développée à Alexandrie, à partir des traditions et des pratiques hellénistiques, chaldéennes, égyptiennes et juives, constitua, à proprement parler, ce que l'on nomme l'Art Sacré. Celui-ci prend son essor au IVe siècle. Les plus anciens textes remontent néanmoins au IIe siècle. Les textes sont diversement attribués à des personnages divins comme Hermès, Isis, Horus, […] ,à des souverains célèbres comme Alexandre ou Héraclius, à des sages comme Platon, Aristote, Zoroastre, Pythagore, Moïse, ...,et à des alchimistes de renommée comme Zozime ou Synésius. D'Alexandrie à Byzance et de Byzance aux Arabes, avons nous dit… L'un des plus célèbres alchimistes arabes est un grand mystique de l'Islam, Al Gazali, dont l'année universelle de mort, à la lumière de la numérologie sacrée, est hautement symbolique : 1111 ! L'Unité, 4 fois. Et elle l'est d'autant plus quand nous savons que cet alchimiste rejeta toute opération matérielle au profit d'une alchimie exclusivement intérieure et spirituelle ! Notons que la conception maçonnique de l'Art d'Hermès est très comparable à cette conception. Le passage de l'alchimie arabe à l'Occident se fit par l'intermédiaire de l'Espagne, avec notamment le concours du Khalifat de Cordoue, et surtout celui des Croisades. Les liens sont patents, sur un plan spirituel, entre une certaine Chevalerie et l'Alchimie.

L'Hermétisme médiéval prend, pour notre regard sur Dante et sur son Œuvre, une place naturellement prépondérante. A partir du XIIe siècle, un siècle avant la naissance du Poète, apparurent de nombreux ouvrages attribués à Hermès Trismégiste, parmi lesquels la fameuse "Table d'Émeraude". Nous reproduisons intégralement ce texte, ci-après, dans la mesure où il contient toutes les bases des concepts impliqués par le Grand Œuvre Alchimique, tel que nous le verrons en action dans la Divine Comédie : l'Unité Cosmique, la relation entre le Ciel et la Terre, la doctrine de l'analogie et des correspondances entre toutes les parties de la Création, la contribution au Grand Œuvre de transformation spirituelle et d'alchimie opérative du Soleil, de la Lune et de la Terre, la queste de la Lumière (*Toute obscurité s'éloignera de toi*), la force divine et spirituelle à l'œuvre (*... qui vaincra toute chose subtile et pénétrera toute chose solide*), la Création du Monde, assimilée au processus de réalisation du Grand Œuvre, dans "l'opération du Soleil" (Séparation terre/feu, subtil/épais, etc., *Ainsi le monde a été créé…*).

Quant aux 3 parties de la Philosophie Universelle qui donnèrent à Hermès son nom, de son propre aveu, elles nous renvoient aux 3 mondes : le monde de l'Archétype, Dieu, le monde de la Nature, le Macrocosme, et l'Homme, le Microcosme. Notons que le nom de "La Table d'Émeraude" vient de l'origine fabuleuse décrite par les alchimistes. La "Tabula" aurait été gravée sur une émeraude et retrouvée dans la tombe d'Hermès Trismégiste. L'Histoire "scientifique" fait l'hypothèse que le manuscrit, précieusement conservé depuis le XIIe siècle, serait une traduction d'un texte arabe du Xe siècle, lui-même traduction d'un texte grec du IVe siècle.

Mais ce n'est là qu'une simple conjecture !...

Nous reproduisons ci-dessous la traduction de la **"Tabula smaragdina"** (latin) par Albert Poisson (1) : *Il est vrai, sans mensonge, certain et très véritable. Ce qui est en bas est comme ce qui est en haut, et ce qui est en haut est comme ce qui est en bas, pour accomplir les miracles d'une seule chose. Et de même que toutes choses ont été et sont venues d'Un, ainsi toutes ces choses cont nées de cette chose unique, par adaptation.*

Le Soleil en est le père, la Lune en est la mère, le vent l'a porté dans son ventre, la Terre est sa nourrice ; le Thélème (Telesma = "volonté") de tout le monde est ici ; Sa puissance est sans borne sur la Terre.

----
(1) Cinq traités d'alchimie par Albert Poisson.

ANNEXE I : Repères sur les clés essentielles autour de l'Hermétisme Chrétien... 621

Tu sépareras la Terre du Feu, le subtil de l'épais, doucement, avec grande industrie. Il monte de la Terre vers le Ciel, et redescend aussitôt sur la Terre, et il recueille la force des choses supérieures et inférieures. Tu auras ainsi toute la gloire du monde, et c'est pourquoi toute obscurité s'éloignera de toi. C'est la force forte de toute force, car elle vaincra toute chose subtile et pénétrera toute chose solide.
Ainsi le monde a été créé. Voici la source d'admirables adaptations indiquées ici. C'est pourquoi j'ai été appelé Hermès Trismégiste, ayant les trois parties de la Philosophie universelle. Ce que j'ai dit de l'opération du Soleil est complet.

Certes, il s'agit bien là d'un texte "hermétique", au sens que l'on donne couramment à ce mot !... Mais nous avons vu aussi qu'il inclut des concepts parfaitement clairs, relatifs au Grand Œuvre. Dans d'autres écrits alchimiques, non sans emprunt à la Kabbale juive, nous avons tout un système du monde qui est assez voisin de celui que les visions de Dante évoquent avec ferveur, le contexte Chrétien faisant la différence. Au centre, se trouve la Terre, ce qui distingue entre autres choses, l'Astrologie symbolique de l'Astronomie scientifique. Les cercles des 7 planètes traditionnelles, puis les cercles des étoiles fixes, et l'Empyrée, royaume des purs esprits, entourent la Terre et l'Air. En dehors de l'ensemble de l'Univers, Dieu, lui-même, le créateur du Tout qu'il "enveloppe": il circonscrit tout, sans être lui-même circonscrit par rien.
Cette conception, foncièrement gnostique, se retrouve, en partie représenté dans le schéma même que nous suggère le texte de la "Divine Comédie", avec cependant d'importants aménagements, si bien dessinés par Alexandre Masseron (1).
Dante introduit l'Enfer dans les entrailles de la Terre, aux antipodes de la montagne du Purgatoire, qui ne figurent pas dans le schéma gnostique.
L'Empyrée n'est pas concentrique, mais situé sur un autre plan que les 9 ciels du Paradis, et Dieu n'est pas "séparé", mais au cœur de l'Empyrée. Et la Rose des Bienheureux ne figure pas, en tant que telle, dans le schéma gnostique. Se reporter à l'ouvrage de Masseron pour le schéma du Paradis "dantesque".

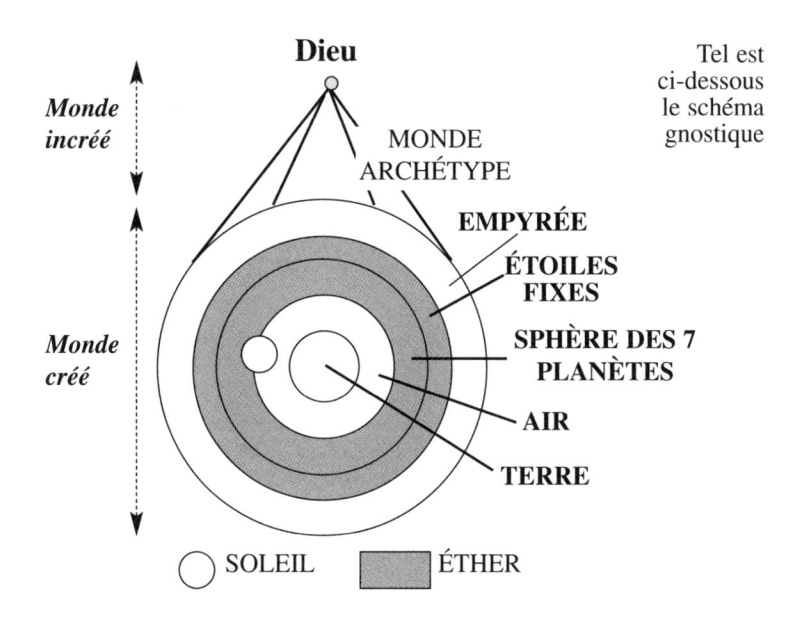

Dieu

Tel est ci-dessous le schéma gnostique

Monde incréé

MONDE ARCHÉTYPE

EMPYRÉE
ÉTOILES FIXES
SPHÈRE DES 7 PLANÈTES
AIR
TERRE

Monde créé

◯ SOLEIL   ▬ ÉTHER

---

(1) *La Divine Comédie* par André Masseron, Éditions Albin Michel, Schémas aux pages 29 et 611 de l'édition 1995.

ANNEXE I : Repères sur les clés essentielles autour de l'Hermétisme Chrétien… 622

L'Empyrée est, comme chez Dante le monde lumineux, le séjour des Bienheureux. Nous développerons, au cours de cet ouvrage, en détail, tout l'itinéraire du Poète, en référence à sa propre conception du monde.

2 - La Philosophie hermétique et l'Alchimie mystique

Les Alchimistes opératifs se sont souvent qualifiés de "Philosophes". Mais ces philosophes héritèrent de nombreuses doctrines théosophiques, qui fleurirent dans l'Antiquité et furent combattues par les autorités religieuses. Ces philosophies s'exprimèrent par les voies de l'Hermétisme proprement dit, par des gnoses païennes et chrétiennes, par les fameuses religions des "Mystères", le néo-platonisme et la Kabbale Hébraïque. Malgré les nuances, c'est tout un corps de doctrines, plus ou moins secrètes, qui se sont ainsi transmises jusqu'à notre époque. Nous pouvons en résumer très brièvement les thèmes principaux comme de simples points de repères.

Et nous voyons que Dante y puise largement.

L'organisation de l'Univers est constituée de 7 cercles planétaires, auxquels viennent s'ajouter le cercle des étoiles fixes et l'Empyrée, ces cercles entourant la Terre. Dieu, comme nous l'avons déjà dit, le Créateur *enveloppe le Tout* et n'est *circonscrit par rien*. Tout ce qui existe est une partie de Dieu. Le Cosmos et la Matière sont UN. *Un est le Tout, par lui le Tout, pour lui le Tout et dans lui le Tout* (Zozime, au IVe siècle). Tout ce qui existe vit et possède une âme. La vie évolue et se transforme, sans rupture de continuité, du simple caillou à Dieu et tout, dans l'Univers, est peuplé d'esprits. Quant à la mort, Paracelse disait qu'elle n'est que "le retour des êtres dans le corps de leur Mère" (*in Natura Rerum*).

Le Soleil, producteur de la force universelle, Telesma, la Table d'Émeraude, ou "l'Âme du Monde" (selon Fludd), est le centre de l'énergie qui se répand dans le Monde et anime le Monde et l'Homme. Dieu, hermaphrodite avant la Création, s'est partagé entre deux êtres opposés, dont le coït a produit le Monde. Le Soleil est masculin, la Terre est féminine. Mais le principe féminin est incarné par la Lune, la mère toujours fécondée, mais toujours vierge. C'est une femme couronnée d'étoiles, avec un croissant lunaire sous ses pieds.

L'Union fécondante des deux principes est l'explication dernière.

Il y a 3 mondes : le Monde de l'Archétype, Dieu, la Nature, le Macrocosme et l'Homme, le microcosme. Le monde divin est *Cercle dont le centre est partout, la circonférence nulle part*. Le monde matériel et l'homme sont construits sur le même plan divin. Il y a 3 personnes en Dieu, 3 principes matériels, le Souffre, le Sel et le Mercure, 3 principes formant l'être humain, le Corps, l'Âme et l'Esprit.

Tout est analogie et correspondance…
Ce qui est en haut est comme ce qui est en bas.

Le fameux sceau de Salomon rend compte formellement de cette correspondance active :

✡

L'Univers et l'Homme sont dans un état de déchéance. Les adeptes chrétiens développent ici le thème du péché originel, divorce entre l'âme et la chair. La voie de l'illumination, alliée à l'art de l'alchimiste, peut conduire à l'immortalité et préparer la régénération du Cosmos tout entier.

L'art alchimique n'est que le singe de la nature. Ainsi s'exprime Fludd. Le Grand Œuvre est analogue au processus de la Création du Monde par Dieu.

Répétons-le, nous voyons par ailleurs comment Dante intègre la plupart de ces thèmes dans ses "visions poétiques" !...

ANNEXE I : Repères sur les clés essentielles autour de l'Hermétisme Chrétien... 623

3 - La Cosmogonie et la Théogonie hermétiques

Elles s'organisent autour de 4 idées de bases : Dieu s'affirme par la Création et, ainsi, se révèle à lui-même. Tout ce qui existe, tout ce qui est "perceptible" a d'abord été "invisible" en Dieu. Et toutes les choses ont été engendrées par mutations successives, venant de l'Un, du Principe.

Le processus de création met en œuvre la séparation puis l'union de 2 principes : le Feu, élément mâle et la Matrice matérielle, élément femelle. Le Feu, première émanation divine, féconde la Matière, engendrant tous les êtres de l'Univers. Du chaos vient la diversité universelle par ensemencement.

Toutes choses viennent de la même semence, écrit Basile Valentin au XVe siècle, dans son ouvrage du "Char du triomphe de l'antimoine", [...] *elles ont toutes, à l'origine, été engendrées par la même mère.* La matière a été séparée en "éléments" et les "corps" se sont formés à partir de ces "éléments". En fait, la Création est un "déploiement" des possibilités de l'être.

Le Cosmos est l'univers organisé et ordonné à partir du chaos et sous l'impulsion de la vibration originelle du "Fiat lux" igné, sans autres substances que celles incluses dans le chaos primordial, à l'état "informe et vide". Nous ne sommes pas loin, ici, analogiquement, de l'éclair de lumière divine fulgurant de la tradition hébraïque, qui, au sein de l'espace vide de "l'Aïn Soph", sillonna l'espace cosmique pour engendrer l'Arbre de Vie, figure centrale de la Création dans la Kabbale.

Ce rapprochement nous conduit à présent à cerner l'approche de l'Hermétisme Chrétien, en liaison avec la Kabbale hébraïque.

4 - L'Hermétisme Chrétien et la Kabbale

La Thorah, correspondant au Pentateuque et comprenant les 5 premiers livres de l'Ancien Testament, Genèse, Exode, Lévitique, Nombres et Deutéronome, présente l'essentiel des fondements de la Loi écrite, transmise par Dieu à Moïse sur le mont Sinaï. L'enseignement de la Kabbale provient d'une tradition orale que ce même Moïse aurait reçu en même temps.

Kabbalah vient de Kabbel, qui signifie "recevoir, accueillir". C'est par une sorte de transmission initiatique, assorti de "prudent secret", que cet enseignement est parvenu jusqu'à notre époque. Néanmoins, un commentaire, verset par verset, du Pentateuque, compilé par le Kabbaliste espagnol Moïse de Léon, constitua au XIIIe siècle le ***"Sepher Ha Zohar"***.

Ce "Livre des Splendeurs" est l'ouvrage de base de la Kabbale hébraïque.

Presque tous les enseignements de celle-ci y figurent : la doctrine de la Création, Cosmogonie appuyée sur la Genèse, la doctrine de la "Merkabah", "le char divin", Théogonie appuyée sur le livre d'Ezéchiel, la doctrine des sephiroth et des 32 sentiers de l'Arbre de Vie, la description symbolique des demeures célestes, les interprétations de prières et de rituels et, enfin, la mystique des nombres sacrés et des lettres hébraïques correspondant aux sentiers.

Au "Sepher ha Zohar" est venu se joindre le **"Sepher Yetsirah"**, "Livre de la Formation", traité sur la Création dont l'enseignement remonterait au patriarche Abraham. Il fut rédigé au Vème ou VIe siècle de notre ère.

Les 32 voies de la Sagesse, nées de la volonté de Dieu, y sont présentées de manière approfondie : les 10 sephiroh, principes à partir desquels sont générées les 22 lettres hébraïques, correspondant elles-mêmes aux 22 cineroth, sentiers entre les sephiroth et lieux de transformation de l'aspirant sur la voie de son évolution.

Au XIIIe siècle apparaît le **"Sepher ha Tserouf"**, "Livre du Tserouf", qui décrit les modalités de prières associées aux 3 procédés de permutations, combinaisons et équivalences de lettres constitutives des mots, soit la "Guematria", "le Notarikon" et "la Temoura", en référence à la valeur numérique de chacune des lettres composant les mots et les noms divins dans les versets bibliques.

N'oublions pas, bien sûr, parmi les textes fondateurs, le "**Sepher ha Bahir**", le Livre de la Pureté", qui daterait du XIIe siècle. Ce dernier texte développe la "mystique des lettres", la migration des âmes, la combinaison des noms divins. Il inclut aussi une méditation sur la Création du monde et sur le mystère du char céleste.

Notons en particulier un thème qui nous touche directement à notre époque et qui est aussi très présent dans l'œuvre de Dante : c'est par l'union du masculin et du féminin que le monde a été créé et la rédemption ne s'obtiendra que par elle… Nous verrons à l'œuvre l'interaction de ces deux principes dans tout processus d'évolution spirituelle, interaction mise à l'épreuve dans le voyage initiatique du Poète et, enfin, étonnant échos aux fameux Yin et Yang des Chinois !...

Les Hermétistes Chrétiens n'ont retenu de la Kabbale que des éléments confortant leur démarche. Mais ils sont en fait très nombreux !... Les exégèses subtiles servant aux rabbins et aux kabbalistes hébreux à interpréter, selon leur propre tradition, les textes sacrés ont été largement écartés, en revanche. Charles Rafaël Payeur (1) définit ainsi la Kabbale selon l'Hermétisme Chrétien : *elle revêt fondamentalement trois formes distinctes. En effet, elle est à la fois spéculative, contemplative et magique… Développée à partir des théories du Sepher ha Zohar et du Sepher Yetsirah, la Kabbale spéculative porte essentiellement sur les trente deux voies de la sagesse qu'elle cherche à mieux saisir en employant un système complexe de correspondances et d'analogies symboliques. Ceci permet d'assurer l'éveil et le développement du moi personnel par le perfectionnement de son psychisme. Il s'agit de la dimension herméneutique de cette science.* Le même auteur nous précise que la Kabbale contemplative vise à amener le praticien au plus haut niveau de conscience par la contemplation silencieuse des symboles kabbalistiques, éveillant et nourrissant son esprit. Elle s'accompagne de rituels.

La Kabbale magique vise à agir bénéfiquement sur le plan corporel. Certaines forces psychiques et spirituelles, liées aux perceptions nées de la spéculation et de la contemplation, peuvent en effet avoir cet effet bénéfique. Elle s'accompagne de rituels utilisant différents supports, symbolisant ces forces.

Mais s'agissant d'interpréter toutes les richesses de sens symbolique des textes de Dante, ou de repérer dans sa destinée des signes non moins éloquents, nous nous référons principalement à la Kabbale chrétienne spéculative. Cependant étude et prière ne forment qu'un seul élan, tout comme "connaître"et "aimer" sont désignés par un seul mot dans la Bible !...Et le poème de la Divine Comédie semble bien souvent résonner comme une prière, une supplique aspirant à cette connaissance et à cet amour qui, seuls, permettent cette marche vers le Salut et l'Immortalité, le grand dessein du Poète… Vivre profondément "l'expérience de Dieu", en vue d'une transmutation personnelle, et pour éveiller et faire croître le "Spirituel" en nous, et non pas s'en tenir au seul plan mental et intellectuel, tel est le dessein de la pratique de l'Hermétisme Chrétien, comme le souligne l'auteur que nous venons de citer. De cela, nous voyons que le Poète Florentin nous en donne une fameuse image !... Connaître n'est pas cumuler un savoir, et Dante s'est repenti lui-même, en plusieurs circonstances de cette attitude. Non…. Connaître, c'est étymologiquement "Naître avec…"

Nous voyons comment les 32 voies de la Sagesse, sephiroth, cineroth et leurs correspondances en lettres, en symboles planétaires, en valeurs numériques et symboles de nombres sacrés, etc. nous apportent des clés d'interprétations nouvelles de la destinée, de la personnalité et de l'œuvre du Poète.

La "science des nombres sacrés", à laquelle nous nous référons, nous éclaire en particulier sur la composition de la Divine Comédie, la progression du Poète avec ses guides successifs, dans les trois mondes de l'outre-tombe, les personnages et les "événements" et certaines images du Poème.

----

(1) *La Kabbale et l'Arbre de Vie* par Charles Rafaël Payeur, Éditions de l'Aigle, Canada (Québec).

Cette science des nombres sacrés s'appuie à la fois sur la symbolique numérologique de la Kabbale et sur l'héritage de la Tradition Pythagoricienne.

5 - Alphabets et nombres sacrés

Concernant l'analyse des noms propres et du "Verbe" en général, rappelons ici brièvement les bases de l'alphabet et de ses correspondances symboliques.

Charles Rafaël Payeur, déjà cité, mais dans un autre ouvrage (1), écrit :

Il semble donc qu'il ne soit pas tout à fait déraisonnable de penser qu'un certain lien puisse exister entre le système hiéroglyphique égyptien et la genèse de l'écriture alphabétique dans le monde hébreu. Toutefois, quelle que soit l'origine réelle de cet alphabet hébreu, nous savons qu'il a donné naissance à l'alphabet phénicien qui servit lui-même en occident au développement de l'alphabet grec archaïque.

Or, ce sont les Grecs qui introduisirent dans leur alphabet 5 voyelles, aux côtés des consonnes de l'alphabet phénicien. Et ce sont les Étrusques qui, empruntant l'alphabet grec, le modifièrent et firent la transition avec l'alphabet latin à 26 lettres.

Ce dernier, enfin, se répandit dans tout l'empire romain. L'Écriture en occident subit diverses mutations, auxquelles participa l'invention de l'imprimerie, pour parvenir jusqu'à son état actuel.

Les alphabets sacrés jouèrent au cours de l'histoire un rôle occulte essentiel qui les chargea de valeurs symboliques spécifiques. Ainsi, avec ses 22 lettres (2+2=4), précise Charles Rafaël Payeur, *la mission particulière de l'alphabet hébreu est étroitement liée aux vibrations du nombre 4 : apprendre à l'homme à gérer les ressources de la matière par une parfaite maîtrise des lois qui la gouvernent.* Les ressources et les potentialités de la personnalité doivent être *autant d'outils propices aux œuvres de l'esprit.*

Avec ses 26 lettres (2+6=8), précise le même auteur, *l'alphabet latin a donc pour principale tâche d'amener l'homme à développer pleinement ses capacités mentales afin de lui assurer une véritable médiation avec Dieu, le conduisant à se réconcilier avec la divinité. C'est aussi un alphabet de communication et de connaissances rationnelles [...]. L'Église accorda toujours une importance particulière à la langue et à l'alphabet [...]. Le Christianisme adopta deux langues sacrées et deux alphabets distincts. L'Église d'Occident utilisa l'alphabet latin (vingt six lettres) alors que l'Église d'Orient privilégia l'alphabet grec (vingt quatre lettres).*

Et l'auteur écrit que ce choix est conforme à la mission que se donnèrent ces deux Églises : dimension mystique, de mystère et de magie pour l'Orient et dimension d'Évangélisation pour l'Occident. Bien sûr, il s'agit de deux dimensions complémentaires aux yeux de l'Église considérée dans sa globalité.

Mais c'est la calligraphie, au départ, qui exprime le symbolisme des lettres.

Nous pouvons considérer celles-ci comme de véritables "icônes", suscitant la même démarche de contemplation et de ressenti interprétatif, en allant au-delà du sens conventionnel du mot, par imprégnation de l'Esprit et de l'Âme. Car, comme tout symbole, la lettre dispose d'une force spirituelle qui agit au niveau de la conscience et au niveau des profondeurs inconscientes de l'être.

Nous lisons dans le Zohar : *La forme des lettres cache des voies mystérieuses qui ne sont connues que des justes qui aiment la vérité...Car tous les dons du ciel sont dans le mystère des lettres...*

L'auteur souligne à cet égard la puissance symbolique de l'alphabet latin. C'est naturellement cet alphabet qui nous concerne au premier chef pour la langue de Dante, aussi bien la latine que le "langage vulgaire", si cher à son génie littéraire.

---

(1) *Analysez votre nom* par Charles Rafaël Payeur, Éditions de l'Aigle, Canada (Québec), 1993.

ANNEXE I : Repères sur les clés essentielles autour de l'Hermétisme Chrétien... 626

Sans entrer, ici, dans le détail, car nous y entrons fatalement en livrant des interprétations, nous pouvons ici, dans la perspective de l'Hermétisme Chrétien, et en nous référant au même auteur que précédemment, rappeler les bases des correspondances entre les lettres des alphabets latin et hébraïque et les nombres.

L'alphabet est réparti entre 3 dimensions : les lettres correspondant à une dimension principielle, de A à I, celles correspondant à une dimension matricielle, de J à R, et, enfin, celles correspondant à une dimension cosmique, de S à Z.

Cette répartition est l'héritage de la Kabbale hébraïque.

Les 9 premières lettres, A à I, correspondent aux lettres hébraïques Aleph à Teith, de valeur ordinale (= le rang) de 1 à 9, et considérées par les Kabbalistes comme *les vecteurs de forces principielles, constitutifs de l'être profond*.

Les 9 suivantes, J à R, correspondent aux lettres hébraïques Yod à Tsade, de valeur ordinale de 10 à 18, et considérées par les Kabbalistes comme l'expression, dans le quotidien, des forces principielles des 9 premières lettres, *l'expression concrète de l'Incarnation*.

Les 9 dernières, S à Z, correspondent aux 4 dernières lettres de l'alphabet hébraïque, Qof à Tav, plus les 5 "finales" (= écrites différemment en fin de mot), soit le Kaf final, le Mem final, le Noun final, le Phe final et le Tsade final.

Les 4 dernières lettres impliquent une transcendance, participant à la transfiguration du monde et les 5 "finales", jouent un rôle spécifique, dans ce même sens cosmique. Les 9 dernières lettres latines correspondent ainsi à *une dimension cosmique et transcendante*.

Au stade des interprétations qui apparaissent au cours de cet ouvrage ces aspects très "théoriques" et d'apparence abstraite, s'éclairent aux yeux du lecteur. Nous l'espérons !... Ceci nous donne donc 2 séries de 9 lettres latines et une 3e de 8 lettres, plus le symbole de l'Infini.

Par le procédés traditionnel de la "**réduction théosophique**", chaque valeur ordinale se réduit à celle de la première série "principielle" de 1 à 9.

Exemples : le J, valeur ordinale 10, se réduit à 1 (1+0=1); le K, valeur ordinale 11, se réduit à 2 (1+1=2); le S, valeur ordinale 19, se réduit à 1 (1+9=10=1), etc.

En résumé, nous avons le tableau des correspondances suivantes pour l'alphabet latin :

Dimension	A	B	C	D	E	F	G	H	I
Principielle	1	2	3	4	5	6	7	8	9

Dimension	J	K	L	M	N	O	P	Q	R
Matricielle	10	11	12	13	14	15	16	17	18
réduction	1	2	3	4	5	6	7	8	9

Dimension	S	T	U	V	W	X	Y	Z	OO
Cosmique	19	20	21	22	23	24	25	26	
réduction	1	2	3	4	5	6	7	8	

La Tradition de l'Hermétisme Chrétien associe également aux lettres les signes du zodiaque, avec toutes leurs propres correspondances symboliques : signes positifs, de polarité active, masculine, signes négatifs, de polarité passive, matricielle, féminine, correspondances aux 4 éléments, terre, feu, air et eau, et aux 3 caractères astrologiques de signes cardinaux, fixes ou mutables, attachés, respectivement, au début, au milieu ou à la fin de chaque saison. Et, nous le rappelons, la calligraphie de la lettre a reçu de la Tradition une interprétation d'influence sur le plan de la conscience et de l'esprit.

Cette influence peut être de nature favorable, évolutive, ou défavorable, involutive, selon l'exercice du libre arbitre du sujet.

Dans l'analyse d'un nom ou d'un mot, nous avons, par ce jeu de correspondances, une démarche sur 3 plans complémentaires : numérologique, astrologique et kabbalistique. Le plan kabbalistique tient à la position de chacune des lettres dans le nom ou le mot. Ainsi, grâce à tout ce jeu de correspondances, nous pouvons cerner en quelque sorte "la valeur vibratoire et symbolique" d'un nom, d'un prénom ou d'un mot, chargé de sens. S'agissant du nom ou du prénom d'une personne, nous pouvons décrire, à travers cette valeur, des tendances psycho-spirituelles et des enjeux initiatiques offerts à son libre arbitre.

Ces analyses s'enrichissent encore des associations, définies par la Haute Tradition, entre les lettres hébraïques, les sentiers de l'Arbre de Vie, les sephiroth, l'Astrologie et les Hiérarchies Angéliques. Ces dernières nous renvoient au fameux Pseudo-Denys l'Aréopagite. Rappelons, pour conclure, qu'un Père de l'Église, comme Saint Thomas d'Aquin, est proche de cette perspective de symbolique vibratoire des noms.

Le "**Nom**" et le "**Nom-bre**" sont sémantiquement étroitement liés, reflet d'une symbolique "fusionnelle", comme nous l'avons vu. L'usage du nom, la valeur symbolique des alphabets (aleph-beith) et leur lien avec le nombre, s'inscrivent dans les plus anciennes traditions. Nous connaissons l'importance de l'usage du nom dans la Tradition Hébraïque, les 99 noms divins de l'Islam, la puissance de l'Invocation dans les Psaumes de la Bible, dont Saint Bernard faisait *la nourriture, la lumière et le remède*, l'Invocation dans la religion hindoue, "l'école des noms" des Chinois (Min -Kia), attachée à la "dénomination correcte", etc.

Les anciens Égyptiens attachaient au nom et au mot tout un pouvoir magique, fécondant ou contraignant, associé à des rites. Quant à l'importance du Nombre, Dante s'inscrit dans la filiation de Platon, de Pythagore, de Boèce, de Saint Augustin et d'autres… **Par le Nombre, l'Homme accède à la connaissance et à l'harmonie intérieure. Grâce au Nombre, microcosme et Macrocosme peuvent vibrer à l'unisson…** Quant à l'importance du Nom pour le Poète, ou plus précisément l'importance de la dénomination des choses et des êtres, en relation avec le Nombre, il n'y a qu'à relire le chapitre II de sa Vita Nova, pratiquement au tout début, pour s'en convaincre. Il s'agit là de l'un des messages les plus explicites dédié à la Numérologie sacrée par Dante, autour du nombre 9, lié à Béatrice, et sur lequel nous revenons au cours de cet ouvrage : *Neuf fois déjà depuis ma naissance, le ciel de la lumière était revenu quasiment à un même point dans sa révolution, lorsqu'à mes yeux parut pour la première fois la glorieuse dame de ma pensée, laquelle fut appelée Béatrice par bien des gens qui ne savaient ce que c'est que donner un nom. Elle avait déjà passé en ce monde juste le temps que le ciel étoilé met à se mouvoir vers l'Orient de la douzième partie d'un degré, en sorte que c'est vers le commencement de sa neuvième année qu'elle apparut à moi, et je la vis vers la fin de ma neuvième année.*

6 - Des Écritures Saintes à la Science Sacrée

Rappelons pour conclure que toutes les clés que nous trouvons dans l'Hermétisme Chrétien, à la quête du sens symbolique profond de la destinée de Dante et de son œuvre, objet principal du présent ouvrage, s'inscrivent en fait dans une tradition beaucoup plus large encore. René Guénon parlait de Symboles de la Science Sacrée. Dans son ouvrage (1), il constate – et il écrit ceci en 1926 – que *la civilisation moderne apparaît dans l'histoire comme une véritable anomalie : de toutes celles que nous connaissons, elle est la seule qui se soit développée dans un sens purement matériel, la seule aussi qui ne s'appuie sur aucun principe d'ordre supérieur… Ce développement matériel […] a été accompagné d'une régression intellectuelle […] Un seul exemple pourrait permettre de mesurer l'étendue de cette*

---
(1) *Symboles de la Science Sacrée* par René Guénon, Édition Gallimard-NRF, coll. Tradition, 1962

régression : la Somme Théologique de Saint Thomas d'Aquin était, dans son temps, un manuel à l'usage des étudiants ; où sont aujourd'hui les étudiants qui seraient capables de l'approfondir et de se l'assimiler ?

L'exemple est "ardu", certes, mais ne peut-on pas poser cette même question, dans le domaine de la littérature "spirituelle", à propos de Dante, si peu lu par les étudiants et les "honnêtes hommes" de notre époque ?

Notons que Saint Thomas d'Aquin, le "docteur angélique de l'Église Romaine", tenait l'Alchimie pour une science parfaitement licite tant qu'elle n'abordait pas le domaine magique, comme il l'affirme dans cette Somme Théologique, citée par René Guénon, (II q. LXXVII art. 2). Nous préférons, en allant dans le même sens, employer le mot plus actuel de "manipulatoire". Le fameux alchimiste Paracelse, au XVIe siècle, que le docteur R. Allendy appelle "le médecin maudit" et qui eut une vie digne d'un grand roman d'aventure, ne concevait pas l'exercice de la médecine séparée de l'alchimie, de la philosophie et de la religion. Et c'est lui qui, parlant de la Kabbbale, écrit : *Si nous voulons connaître la nature intérieure de l'homme par sa nature extérieure ; si nous voulons comprendre son paradis interne par son aspect externe ; si nous voulons connaître la nature interne des arbres, herbes, racines et pierres par leur aspect externe, nous devons poursuivre notre exploration de la nature en nous basant sur la kabbale. car la kabbale ouvre la voie à l'occulte, aux mystères ; elle nous permet de lire des livres et des épîtres scellés hermétiquement et il en est de même pour la nature intérieure des hommes.*

Évinçons tout de suite le sens fâcheux que certains contemporains donnent au mot "occulte", suite à des littératures douteuses. Le "secret", ou le "mystère", ici, n'est pas le chemin du pouvoir, mais celui de la connaissance, en vue de notre évolution !... Nous voyons comment, non seulement l'évolution de Dante, au cours de son voyage initiatique, dans les trois mondes, mais encore tous les sites et l'environnement animal, végétal et minéral, dans lequel se déroule ce voyage, sont ouverts à tout ce symbolisme kabbalistique, dans une perspective de Kabbale chrétienne. Et notre exploration "symbolique" est donc à l'image de ce que nous dit Paracelse…

Par ailleurs, la cosmogonie hermétique, la théogonie, le dualisme, la question du "Mal" et de la Chute, tout l'ésotérisme alchimique et kabbalistique se trouvent condensés dans le fameux **Tarot**.

Le Tarot n'est qu'accessoirement un instrument de divination et principalement un fantastique outil au service de notre évolution spirituelle. Il possède, en fait, au moins 3 dimensions que nous voyons à l'œuvre dans le présent ouvrage.

Il a **une dimension herméneutique**, au service de l'enseignement de l'aspirant sur la voie de sa transformation, grâce à tous les jeux de correspondances symboliques que nous avons déjà évoqués.

Il a **une dimension anagogique**, comme dirait Dante, au service d'une accession et d'une ascension aux mystères divins, chaque arcane pouvant être assimilé à une icône, à contempler et sur lequel méditer. A cet égard, toutes les formes de Tarot ne sont pas aussi performantes. Signalons parmi les plus adaptées à cette dimension, le Tarot d'Oswald Wirth et aussi le fameux Tarot de Marseille. Certains tarots représentent des visions trop personnalisées, et même de nature franchement "égoïque", pour remplir la fonction authentique d'une icône, avec toute la "transparence" nécessaire. Notons aussi l'existence de Tarots d'inspiration orientale, très intéressants, mais qui, pour un sujet occidental, nécessite déjà le préalable d'une connaissance et d'une assimilation de mentalité.

Enfin, le Tarot a **une troisième dimension explorative** du sens caché des œuvres spirituellement engagées, par la démarche d'**analyse symbolique analogique.** Nous utilisons cette dimension tout au long de notre ouvrage et tout particulièrement dans une dernière partie qui nous sert de synthèse du cheminement

ANNEXE I : Repères sur les clés essentielles autour de l'Hermétisme Chrétien... 629

initiatique, vécu par Dante, à travers les 3 mondes de l'au-delà et qu'il nous propose de partager.

Nous ne pouvons pas terminer notre présentation de ces quelques points de repères sur l'Hermétisme Chrétien et les diverses autres clés associées, sans rappeler, bien sûr, que toutes les clés empruntées aux diverses traditions, et modulées dans le cadre de cette perspective initiatique chrétienne, figurent en germes évidents dans les récits mythologiques, et notamment dans ceux de la Mythologie greco-latine, et surtout dans les Écritures Saintes. Ce n'est pas un hasard si l'inspiration poétique de Dante s'est fortement ancrée sur ces deux références.

Corinne Héline, écrivain née à Atlanta (Georgie), et qui a consacré 31 années à l'interprétation des 62 livres de l'Ancien et du Nouveau Testament (1), sous l'angle de l'Ésotérisme Chrétien, écrit : *La Bible a été écrite pour répondre aux besoins du sage et du simple. En plus de vérités facilement discernables, elle témoigne en effet d'une sagesse voilée. Chacune de ses pages renferme des directives applicables à la vie spirituelle selon tous les niveaux de compréhension. Plus la conscience du lecteur s'épanouit, plus les révélations du texte saint se multiplient. Oui, la Bible est véritablement le Livre le plus merveilleux de tous les temps [...] A mesure que son intuition se développe et que ses pouvoirs spirituels s'épanouissent, l'Homme vient à percevoir dans la Bible la plus grande de toutes les sciences. L'humanité découvrira un jour que l'enseignement biblique éclaire les vérités soutenues par la science physique. Bien plus : la logique de l'âme permettra éventuellement de résoudre les problèmes philosophiques souvent irrationnels que défend aujourd'hui la religion dogmatique [...] De la première à le dernière page, la Bible parle de la manière dont l'Homme peut parvenir à ce stade élevé de l'être [...] La Bible traite de la régénération humaine, de l'émancipation de l'âme et de la liberté spirituelle. Elle est ouverte à tous ceux qui... cherchent à acquérir une meilleure compréhension, une conception plus entière de l'Esprit du Christ en ses aspects cosmiques, historiques et mystiques et qui aspirent à développer en eux la conscience du royaume des cieux intérieur.*

Et nous savons bien que les opérations du Grand Œuvre alchimique, la science des nombres sacrés et des lettres, le symbolisme fondateur de nombreuses cosmogonies et théogonies, les mystères de la Création, etc., en fait, tout le symbolisme de ce que René Guénon appelle "la Science Sacrée", tout est sous le voile des Écritures Saintes. Et ceci est vrai, depuis les débuts de la Création, avec la Genèse, jusqu'à l'Arbre de Vie, dans l'Apocalypse de Saint Jean. La plus grande aventure ésotérique, au sens noble et authentique de ce terme, est donc offerte à l'explorateur du chemin spirituel, à travers les 62 livres des deux Testaments. 6+2=8. C'est précisément le nombre que les Rosi-Cruciens ont associé au Christ et au Salut. Ceci nous amène à souligner au lecteur que la numérologie sacrée, ainsi dénommée pour la différencier de la pratique divinatoire de la numérologie, a une place très privilégiée dans les développements de notre recherche.

7 - La Numérologie Sacrée

Nous avons défini 7 axes de pensées, qui sous-tendent les différentes démarches spirituelles, associées par une pléiade de commentateurs de l'œuvre du Poète Florentin, au cours des siècles. Nous avons présenté, en 7 paragraphes, des repères sur les clés d'interprétation, rattachées à différentes traditions. Nous invitons le lecteur à réaliser un parcours de découverte des sens cachés ou à demi voilés de la Destinée et de l'Œuvre du Poète, également en 7 étapes. 7 est un nombre que la Numérologie Sacrée associe, entre autres symbolismes, au pouvoir de l'Esprit de pénétrer les mystères et de se retirer pour prendre du recul.

---

(1) *Le message occulte de la Bible* par Corinne Heline, Édition Isis-Sophia, t. I, Canada (Québec), 1990.

ANNEXE I : Repères sur les clés essentielles autour de l'Hermétisme Chrétien... 630

Il s'agit d'une posture spirituelle particulièrement manifeste du poète, à travers son œuvre. Cette double capacité à approfondir et à prendre le recul nécessaire est attachée, selon l'astrologie, au signe des Gémeaux, signe de naissance du Poète !...

Puisse notre lecteur en disposer dans ses propres démarches.

La Numérologie Sacrée est donc largement abordée dans le texte qui précède, car elle apparaît comme une clé essentielle d'interprétation de la Destinée et de l'Œuvre de Dante, d'autant plus que lui-même y fait référence ouvertement.

Il le fait, en particulier, avec le fameux nombre 9, rattaché à Béatrice, comme nous l'avons évoqué précédemment, mais il le fait aussi avec la fameuse "prophétie du Cinq Cent Dix et Cinq", que nous analysons.

La numérologie sacrée est omniprésente dans les grandes dates de la Destinée du poète. Elle nous permet de donner tous les sens psycho-spirtuels attachés aux noms et aux prénoms de Dante et des principales figures emblématiques qui jalonnent sa vie et son œuvre. Elle est sous-jacente à toute la composition du poème de la Divine Comédie.

ANNEXE II : BIBLIOGRAPHIE

Dante et son œuvre ont suscité d'innombrables ouvrages, en diverses langues. Nous nous limitons ci-dessous à trois ouvrages de référence, en langue italienne, un en langue anglaise et, par ailleurs, aux seuls ouvrages en langue française, illustrant la perspective d'interprétation choisie.
Il en va de même pour les titres concernant les Grandes Traditions, éclairant cette perspective.

- o -

OUVRAGES SUR DANTE ET SON ŒUVRE

BARTHELEMY André, *Dante et l'ésotérisme chrétien,* Atelier Alpha Bleu, Paris, 1981.
BEC Christian, *Traduction des Œuvres complètes de Dante et notes de divers auteurs,*
Le Livre de Poche, Librairie Générale Française, Paris, 1996.
BREYER Jacques, *Dante Alchimiste, interprétation alchimique de la Divine Comédie,* Éditions du Vieux Colombier, Paris, 1957.
BRUNEL Pierre, *L'évocation des morts et la descente aux enfers,* Société d'édition d'enseignement supérieur, Paris, 1974.
CANTEINS Jean, *La passion de Dante, les mystères d'une pérégrination,* Dervy, Paris, 1997.
DANTE TEMPLIER, *Numéro spécial de la Revue ATLANTIS, Mars-Avril 1965, publié à l'occasion du 700ᵉ anniversaire de la naissance du Poète, articles de Henri Bac, Paul Biehler, Eugène Canseliet, Jacques Duchaussoy, Gaston Luce, Montaigu, Pyrame et Corentin Pacos.*
DAUPHINE James, *Le Cosmos de Dante,* Les Belles lettres, collection les Classiques de l'humanisme, Paris, 1984.
DELECLUZE Étienne Jean, *Traduction de la Vita Nova, la Vie Nouvelle,* Collection les Introuvables, Paris, 1983.
DOZON Marthe, *Mythe et symbole dans la Divine Comédie,* L.S.Olschki, Firenze, 1991.
ESPOSITO Enzo, *Bibliografia analitica degli scritti su Dante,* L.S. Olschki, Firenze, 1990.
FARRACHI Armand, *Traduction de vingt poèmes de Dante Alighieri,* La Différence, Paris, 1994.
FORTIN Ernest Léonard, *Dissidence et philosophie au Moyen âge, Dante,* Collection Cahiers d'études médiévales, J. Vrin, Paris, 1981.
FRAIGNEAU André, *Préface à La Consolation ou Paraphrases des trois cantiques qui fut le sujet de l'ouvrage L'Amoroso convivio de Dante,* La Table Ronde, Paris, 1996.
GILSON Étienne, *Dante et Béatrice, études dantesques,* Collection Études de Philosophie médiévale, J. Vrin, Paris, 1974.
GUENON René, *L'ésotérisme de Dante,* Collection Tradition, Gallimard, Paris, 1957.
GUIBERTEAU Philippe, *L'énigme de Dante,* Desclée de Brouwer, Paris, 1973.

Concordanza della Commedia di Dante Alighieri, testo.
J. Corti, Paris, 1975.
Du même auteur, traduction et commentaires :
Dante Alighieri, Dante et la suite de son itinéraire spirituel selon les Canzoniere, Rîmes, J. Corti, Paris, 1985.
Dante Alighieri, Dante et la suite de son itinéraire spirituel selon la Vita Nova, J. Corti, Paris, 1983.
Dante Alighieri, la monarchie, précédée de la modernité de Dante, J. Corti, Paris, 1993.
GUIGUES Louis P., *Traduction de la Vita Nova,* Gallimard, Paris, 1974.
HEIN Jean, *Énigmaticité et messianisme dans la Divine Comédie* ?
JABES Edmond, *L'enfer de Dante, le mal, le problème de la souffrance,* Fata Morgana, Paris, 1992.
JONES Le ROI, *Le Système de l'"Enfer" de Dante,* Calmann-Lévy, Paris, 1970.
LADAME Paul Alexis, *Dante prophète d'un monde uni,* J. Grancher, Paris, 1996.
LALLEMENT Louis, *Le sens symbolique de la Divine Comédie 3 tomes : l'Enfer, le Purgatoire, le Paradis,* Guy Trédaniel, Paris, 1984 et 1988.
LONGNON Henri, *Dante, traduction de la Divine Comédie,* Garnier, Paris, 1962.
LUCIANI Gérard, *Traduction de la Vita Nova, la Vie Nouvelle,* Gallimard, Paris, 1999.
MADAULE Jacques, *Dante ou la passion de l'immortalité,* Plon, 1963.
MANGOLINI Mirko, *Dante et la quête de l'âme,* F. Lanore, Paris, 1999.
MARIETTI Marina,
Dante, Collection Que Sais-je ?, P.U.F., Paris, 1995.
MASSERON Alexandre, *Dante, traduction de la Divine Comédie, préface de Michel Cazenave,* Collection Spiritualités, Albin Michel, Paris, 1995.
Dante et Saint Bernard, M. Petit, Paris, 1953.
MEGROZ François, *Lire la Divine Comédie de Dante I, L'Enfer, II, le Purgatoire, III, le Paradis,* L'Âge d'homme, Lausanne, 1992.
PÉPIN Jean, *Dante et la tradition de l'allégorie,* J. Vrin, Paris, 1970.
PEZARD André, *Dante - Œuvres Complètes - Traduction et Commentaires,* Collection La Pléiade. Gallimard NRF, Paris, 1965.
POPE-HENNESSY John, *Paradiso, The illuminations to Dante's, Divine Comedy by Giovanni Di Paola, ouvrage avec enluminures,* Thames and Hudson, London, 1993.
PORTIER Lucienne, *Dante...,* Collection Les écrivains devant Dieu, Desclée du Brouwer, Paris, 1971.
Dante, traduction de la Divine Comédie, Éditions du Cerf, Paris, 1971.
RATISBONNE Louis, *Traduction de la Divine Comédie, tercet par tercet et en vers, texte de 1852, illustrations de Gustave Doré,* Sacelp, Paris, 1981.
RISSET Jacqueline, *Dante écrivain ou l'Intelletto d'amore, essai, en 3 volumes* Flammarion, Paris, 1992.
Dante, une vie, Flammarion, Paris, 1995.
SANTANGELO Salvatore, *Dante e i trovatori provenzali,* Slatkine, Genève, Paris, 1989.

SOULIE Bernard, *Traduction d'un récit de Nino Ravenna, Manuscrit enluminé du XVe siècle*, Seghers, Paris, 1979.
VANDELLI Giuseppe, *Dante Alighieri La Divina Commedia - Testo critico della Société Dantesca Italiana,* Éditions Ulrico Hoepli, Milano, 1989.

OUVRAGES SUR LES GRANDES TRADITIONS

Alchimie

ALCHIMIE, Numéro spécial des *Cahiers de l'hermétisme,* Dervy, Paris 1995.
AMBELAIN Robert, *L'Alchimie spirituelle, la voie intérieure,* La Diffusion Scientifique, Paris, 1974.
BLAVATASKY Helena Petrovna, *Les Cahiers Théosophiques, l'Alchimie au XIXe siècle,* La Compagnie Théosophique, Paris, 1975.
CANSELIET Eugène, *L'Alchimie expliquée sur ses textes classiques,* Nouvelles éditions Pauvert, Paris, 1980.
GANZEMÜLLER Wilhein, *L'Alchimie au Moyen Âge,* Edition Marabout, Paris, 1974.
HUTIN Serge, *L'Alchimie,* P.U.F., coll. Que sais-je ?, Paris, 1995.
Histoire de l'Alchimie, de la science archaïque à la Philosophie occulte, Gérard et Compagnie, Verviers. et L'Inter, Paris, 1971.
JUNG Carl Gustav, *Psychologie et alchimie*, Buchet-Chastel, Paris, 1970.
KONTRUL Djambouen, *L'Alchimie de la souffrance, la voie droite vers l'éveil,* Éditions Marpa, La Boulaye, 1992.
MONOD-HERZEN Gabriel E., *L'Alchimie et son code symbolique,* Collection Gnose, Éditions du Rocher, Monaco, 1978.
POISSON Albert, Nicolas Flamel, sa vie, sa fondation, ses œuvres, Gutemberg reprints, Paris, 1981.
SANSONETTI Paul-Georges, *Graal et Alchimie,* L'Île Verte Berg International, Paris, 1993.
VARENNE Jean Michel, *L'Alchimie,* M.A., Paris, 1986.
WIRTH Oswald, *Le Symbolisme hermétique dans ses rapports avec l'Alchimie et la Franc-maçonnerie,* Dervy, Paris, 1993.
Les Mystères de l'Art Royal, rituel de l'adepte, édition ancienne Émile Nourry, Paris, 1932. et Dervy, Paris, 1993.

Kabbale

PAYEUR Charles Rafaël, *La Kabbale et l'Arbre de Vie*, Éditions de l'Aigle Canada Québec, 1996.
VIRYA, *Lumières sur la Kabbale, manuel initiatique*, Éditions Jeanne Laffitte, Marseille, 1989.
Z'EV BEN SHIMON HALEVI, *L'Arbre de Vie, introduction à la Cabale,* Collection Spiritualités vivantes, Albin Michel, Paris, 1989.

Hermétisme Chrétien et Grande Tradition

Denys l'ARÉOPAGITE, *De Coelesti hierarchia, les Hiérarchies Célestes*, in *les œuvres complètes du pseudo-Denys l'Aréopagite*, Aubier, Paris, 1990. et *La Hiérarchie céleste*, éditions du Cerf, Paris, 1955, par Gandillac, Maurice de Heil, Gunther.

GUENON René, *Symboles de la Science sacrée*, Collection Tradition, NRF Gallimard, Paris, 1962.

HELINE Corinne, *Le Message occulte de la Bible (7 tomes)*, Éditions Isis-Sophia, Canada Québec, 1992.

PAYEUR Charles Rafaël, *Les Guides de Lumière, les messagers de l'invisible*, Éditions de l'Aigle, Canada Québec, 1992.
Les Chakras, symbolisme et méditation (tomes I et II), Éditions de l'Aigle, Canada Québec, 1995-1996.

ROBIN Jean, *René Guénon, témoin de la Tradition,* Collection Les grands initiés, Robert Laffont, Paris, 1978.

Tarot Sacré et Initiatique

HAICH Elisabeth, *Sagesse du Tarot, les vingt-deux niveaux de conscience de l'être humain*, éditions Au Signal, Lausanne, 1983.

PAYEUR Charles Rafaël, *Le Tarot, les vingt-deux arcanes majeurs*, Éditions de l'Aigle, Canada Québec, 1998.

WIRTH Oswald, *Le Tarot des Imagiers du Moyen Âge,* Tchou Robert Laffont, Paris, 1975.

Les Nombres et le Sacré

CREUSOT Camille, *La face cachée des nombres*, Dervy, Paris, 1985.

GHYKA Matilla Costiescu,
L'esthétique des proportions, Éditions du Rocher, Paris 1998.

GUEDJ Denis, *L'empire des nombres,* Gallimard Jeunesse, Paris, 1996.

LIONEL Frédéric, *Le Message caché de Pythagore,* Trédaniel, Paris, 1994.

MAY Louis Philippe, *A la découverte de la Divine Comédie, Dante et la mystique des nombres,* Éditions La Quadrature du Cercle, Paris, 1968.

NIMOSUS Christiama, *Anthologie des Nombres Occultes,* Trédaniel, Paris, 1997.

PAYEUR Charles Rafaël, *Le Message secret des nombres, l'enseignement traditionnel de l'hermétisme chrétien,* Éditions de l'Aigle, Canada Québec, 1993, et *Analysez votre nom*, même éditeur, 1993.

PEIGNOT Claude, *Le nombre langage de Dieu, essai sur la symbolique des nom-bres,* Courrier du Livre, Paris, 1997.

Symbolisme et Tradition

BLAVATSKY Helena Petrovna, *La Doctrine Secrète*, Adyar, Paris, 1995.

BLANQUART Henri, *Les Mystères de l'Évangile de Jean*, Le Léopard d'Or, Paris, 1988.

CHEVALIER Jean et GHEERBRANT Alain, *Dictionnaire des Symboles*, Collection Bouquins, Robert Laffont/Jupiter, Paris, 1982.
PHAURE Jean, *Le Cycle de l'Humanité Adamique*, (Dervy, 1988).
Les Portes du IIIe Millénaire, les Astres, les Prophéties et la Fin de l'Histoire, Ramuel, Paris, 1994.
GOBERT Marc-Henri, *L'origine des religions, le ciel, la terre, l'homme, les nombres sacrés*, R. Baudouin, Paris, 1980.
JUNG Carl Gustav, *LHomme est ses Symboles*, Robert Laffont, Paris, 1964.
HAAB Jean,
L'Alphabet des Dieux, édité par l'auteur, Paris, 1979.
HAMILTON Edith, *La Mythologie*, Marabout, Verviers, 1978.
SCHURE Edouard,
Les Grands Initiés, Perrin, Paris, 1999.
DE SOUZENELLE Annick, *Le Symbolisme du corps humain*, Dangles, Paris, 1991.
La lettre, chemin de vie, Albin Michel, Paris, 1993.

Symbolisme et Astrologie sacrée

PAYEUR Charles Rafaël, *Zodiaque et développement spirituel*, Éditions de l'Aigle, Canada Québec, 1993.
Astrologie sacrée et symbolisme initiatique, même éditeur, 1997.

Textes fondateurs

LA BIBLE DE JÉRUSALEM, Éditions. du Cerf, Paris, 1995.
HERMÈS TRISMEGISTE, LA TABLE D'ÉMERAUDE, et le corpus hermeticum :
ALLENDY René, *La Table d'Émeraude d'Hermès Trismegiste*, Éditions Traditionnelles, Paris, 1994.
KAHN Didier, La Table d'Émeraude et sa tradition alchimique : Hermès Trismegiste, Belles Lettres, Paris, 1994.
VAN RIJCKENBORGH Jan, *La Gnose originelle égyptienne et son appel dans l'éternel présent : propagée et expliquée de nouveau d'après la Table d'Émeraude et le Corpus Hermeticum de Hermès Trismégiste*, Rose Croix d'Or, 4 volumes, (Paris, 1983 à 1991).

Table des matières

Dédicace 3
Préface 5
En Exergue 9
Avant-propos : Vraie richesse ou délire interprétatif ? 10

INTRODUCTION   13
Sous le signe du Septenaire et des Grandes Traditions 13
7 axes de Pensée 14
Les 7 étapes de notre parcours 16

CHAPITRE I   19
Le "Tohu-bohu" d'une Destinée en 5 âges

1 - L'âge de la Vie Nouvelle   23
Une identité prémonitoire et un vrai plan de vie 23
Les Arcanes Majeurs du Destin 30
LA NAISSANCE, p. 32 - LE BAPTÊME p. 32 - LE DIMINUTIF DE LA POSTÉRITÉ, p. 32 - LE PRÉNOM COMPLET : DURANTE p. 33 - LE NOM DE FAMILLE : ALIGHIERI p. 34
Brunetto Latini, maître parmi les maîtres 35
Béatrice et Carl Gustav Jung 36

2 - L'âge de l'Engagement   40
Les maîtres à penser incontournables 40
Platon, p. 41 - La Théorie des idées, p. 41 - L'âme, p. 41 - Dieu et le Monde, p. 42 - Aristote, p. 44 - Abélard, p. 47 - Saint Thomas d'Aquin et ses compagnons au Paradis Dantesque, p. 448 - Saint François d'Assise, Saint Dominique et les sages au Paradis, p. 51 -Saint Augustin, p. 54
Les Affinités électives 58
Boèce, p. 58 - Ovide, p. 60-Cicéron, p. 61 -Joachim de Flore, p. 63.
Les figures emblématiques 66
Saint François d'Assise, p. 66 - Bernard de Clairvaux, p. 68.
Virgile, p. 69 - La condition de Virgile dans l'Autre Monde..., p. 70
La mission de Virgile auprès de Dante, p. 70- Hommage à la science et à la Sagesse de Virgile, p. 72 - Virgile, inspirateur de Dante, p. 72 - Terme et limites du rôle de Virgile, p. 72 - Virgile, hors la "Divine Comédie"..., p. 74
Les vibrations d'un nom..., p. 74 - Né sous le signe de la Balance..., p. 75

Le Chevalier Guelfe Blanc 76
La mort de Béatrice 79
La Lisette, la Gentucca, la Pietra, la Gemma 81
Le Mariage, les Donati et la "Vita Nova" 82
La Magistrature Suprême 85

3 - L'âge des épreuves : — **87**
L'excommunication de Florence la Blanche 87
L'exil et la condamnation à mort 87
Boniface VIII et le "Fils de l'Ourse" 88
Vérone, fugitive terre d'asile 90
D'errance et d'éminence grise 90
L'épître fière et définitive 92
Les retrouvailles paternelles et le nouveau mécène 93

4 - L'âge de Gloire tardive : — 93
Savant, Poète, Théologien, les voies multiples de la Renommée

5 - Mort et Renaissance : — 95
La nuit du 13 au 14 septembre 1321 95
une série de nombres éloquents..., p. 95 - Du 13 au 14 : Mort et Re-naissance, p. 96 - 9 : retour accéléré sur une vie..., p. 98 - 1321 : l'année charnière d'accomplissement du Destin..., p. 99 - 7 : de l'année universelle à la destinée individuelle..., p. 101 - 13 + 14 + 09 + 1321 = 1357 = 16 = 7..., p. 102 - Un cycle d'existence sous le signe du Grand 0euvre..., p. 103 - 1265 + 1321 = 2586 = 21 = 3..., p. 103 - Tout a des formes parce que tout a des nombres..., p. 104
La Dépouille à éclipse 105
La Gloire Posthume 106

CHAPITRE II
Les 9 œuvres, ... témoins d'une queste spirituelle, irrésistiblement orientée **107**

Les 9 œuvres de l'Hermite 109
Vers 18 ans...
"Le Rime", les Rîmes, ou l'avant-goût de la Vita Nova 111
Survol de 8 livres..., p. 103 - "Amour qui dans les cieux ta vertu puises,..." p. 116 - L'ami Guido Cavalcanti..., p. 124 - Les amis Cino da Pistoie et Dante da Maiano..., p. 125.
Vers 23 ans...
"Il Fiore", la Fleur, et l'ami Guido 126
Vers 28 ans...
"La Vita Nova" ou l'élixir d'Amour, ... 128
"Vita Nuova" ou "Vita Nova" ?... p. 128 - Béatrice, celle qui donne la "Béatitude"..., p. 134 - L'hymne de Dante à la gloire du nom, p. 133 - Béatrice et le nombre 9, dans le texte..., p. 135 - Béatrice et le nombre 9, au-delà du texte..., p. 137.

Table des matières 639

Vers 40 ans...
"Il Convivio", La Banquet, ou l'idéal de la Connaissance agissante, la "Donna Gentille", ... 141
"Vous dont l'esprit meut le troisième œil", p. 143 - "Amour en mon esprit toujours fabloie", p. 148 - "Douces rîmes d'amour qu'en mes paroles j'allais hantant naguère...", p. 151 - Une lecture ésotérique de la 3e Canzone, p. 154 - l'Adolescence..., p. 157 - la Jeunesse..., p. 157 - la Vieillesse..., p. 158 - De la Vieillesse à la caducité..., p. 159 - Le terme du 4e âge..., p. 160.

Vers 40 ans, aussi...
"De Vulgari Eloquentia", ou les sortilèges de la Langue "vulgaire illustre" et du dialecte, ... 162
"Le parler illustre d'Italie" ou le breuvage d'Immortalité..., p. 162 - L'emprise de l'orgueil et la dispersion des langues et des peuples..., p. 163 - La langue du "Si"..., p. 164 - "L'aura" d'une langue vivante et des grands hommes..., p. 165 - La Prose et les Vers en "vulgaire illustre"..., p. 166 - "Les plus hautes fins" et la canzone..., p. 167 - Derrière la technique, une ode profonde à la langue..., p. 168 - Une vibrante étymologie..., p. 169.

Vers 46 ans...
Le "De Monarchia", ou l'utopie pour le gouvernement du monde futur 170
L'Archétype permanent d'une société humaine universelle idéa-le..., p. 171 - L'Empire "Romain"..., p. 172 - Sans l'intermédiaire du Pape..., p. 173 - Conclusions sur les fins dernières du gouvernement des hommes..., p. 175.

Entre 45 et 52 ans...
Les "Epistole", les Épîtres, ou la flamme épistolaire 176
Le lait, le miel, et la prédestination divine..., p. 176 - "Rome veuve et privée de ses deux flambeaux"..., p. 178 - Au nom de l'Amitié et de la Divine Gloire, p. 180 - l'amitié, le Saint Esprit et la Sapience..., p. 180 - la polysémie d'un "ouvrage doctrinal"..., p. 180 - le Premier Moteur, l'essence et le divin rayon..., p. 182 - De ciel en ciel jusqu'à l'Alpha et l'Oméga..., p. 184.

Vers 55 ans...
Les "Éclore", les Églogues, ou la correspondance poétique avec l'ami lettré 191

A 55 ans, précisément...
La "Questio de acqua et terra", la Querelle de l'Eau et de la terre
Colorations Hermétiques..., p. 191 - la Perfection et la Mort - Renaissance du Soleil de l'Esprit, p. 194

L'Œuvre de toute une vie... La "Divina Commedia", ou le dessein ultime, méditée à l'âge de 27 ans et achevée à 56 ans, à l'heure du "grand passage" 196

Table des matières   640

CHAPITRE III   199
Voyage initiatique et Filiation spirituelle

L'Initiation, la Caverne et le Labyrinthe	201
"Sous le voile des vers étranges…"	202
Le voyage initiatique antique dans la Mythologie greco-latine	204
"Sur les traces d'un grand initié…"	207
L'ami Guido et les Fidèles d'Amour	208
Les voyages d'Orient et d'Occident dans l'Au-delà	209
La Queste du Saint Graal	211
La "Fede Santa" et l'Ordre du temple	212
Dans le cœur de la Rose Éternelle	214
"Corpus Hermeticum et Divina Commedia"	216

CHAPITRE IV   219
Le Nombre

Préambule étymologique autour de PUTHAGORAS	221
De l'étymologie à la Numérologie sacrée	223
La Filiation Pythagoricienne	224
La Science sacrée des Nombres, dans la perspective de l'Hermétisme Chrétien	228
Le Nom et le Nombre de la "Commedia"	229
La composition de la "Divina Commedia", gouvernée par quelques nombres essentiels	230

100 = 1 + 33 + 33 + 33…, p. 232 - 33 = 3 x 11…, p. 234 - 4, par le 13, le nombre d'un poème de…14233 vers, récit situé en l'An 1300…, p. 235 - 9 cercles en Enfer, 7 corniches au Purgatoire + 2 assises dans l'Anti-purgatoire (= 9), et 9 cercles au Paradis..p. 236 - 10, racine carré de 100, nombre total des chants : les 10 sciences correspondant aux 10 ciels…, p. 237 - Le Nombre, ordonnancement de toutes choses…, pp. 238 -515 et 666, entre Prophéties…, p. 240 - La prophétie de Virgile, p. 242 - La prophétie de Giacco, p. 243 - La prophétie de Farinata, p. 243 - La prophétie de Brunetto Latini, p. 244 - La prophétie du Pape Nicolas III, p244 - La prophétie du "Cinq Cent Dix et Cinq", p. 245 - En résumé, une partition de 9 nombres majeurs, p. 246.

Les Nombres en leur forme ordonnée ou l'Arbre de Vie	248
La Mythologie greco-latine du nombre 9 : voyage et gestation	249
Progression spirituelle, guides et…nombres sacrés	250

"Ce que c'est que donner un nom" : Beatrice, Béatrice, Beatitudine, Virgilio, Bernardo, p. 250 - Évolution avec les guides et nombres sacrés…, p. 256 - **1ʳᵉ étape** : *les interventions nominatives ou allusives de* **Béatrice** *en Enfer et le cheminement spirituel, balisés par les nombres sacrés…*, p. 259 - **2ᵉ étape** : *les interventions nominatives ou allusives de Béatrice au Purgatoire, son apparition au Paradis Terrestre et le cheminement spirituel, balisés par les nombres sacrés…*, p. 261 -

Table des matières 641

3ᵉ étape : les interventions nominatives ou allusives de Béatrice au Paradis et le cheminement spirituel, balisés par les nombres sacrés..., p. 269
L'Unité, p. 270 - La Dualité, p. 271 - Le Trinitaire, p. 272 - Le Quaternaire, p. 274 Le Quinaire, p. 275 - Le Sénaire, p. 276 - Le Septénaire, p. 277 - L'Octonaire, p. 279 - Le Novénaire, p. 281.
Apparitions notables de **Virgile**, en Enfer et au Purgatoire et cheminement spirituel, balisés par les nombres sacrés..., p. 284 - Apparitions notables de **Saint Bernard** au Paradis et cheminement spirituel, balisés par les nombres sacrés..., p. 290.

L'Alchimie des Nombres, la Roue du Destin et l'Amour 291
La Prophétie du "Cinq Cent Dix et Cinq" 293
La Prophétie, telle qu'en elle-même..., p. 293 - Le foisonnement d'interprétations..., p. 294 - Les repères d'interprétation selon Henri Longnon, p. 296 -Le "Veltro" et la Vierge, selon Louis Philippe May, p. 296 - L'interprétation de Jean Hein, 297 - Vers une interprétation plus ésotérique..., p. 298 - Le "Cinq Cent Dix et Cinq", à la lumière de la Kabbale..., p. 301 - "Cinquecento"..., p. 301 - "Diece"..., p. 301 -"...e Cinque"..., p. 302 - "Cinquecento e diece e cinque"... au 9347ᵉ vers de la Divine Comédie ?!..., p. 302 - Béatrice, telle la Sibylle..., p. 303.

CHAPITRE V
La Symbolique Sacrée des Sites, dans les 3 Mondes de la "Divine Comédie" 305

"Un Poète, Âme, Corps et Esprit..." 307
Le Site de l'Enfer et les Forces du Mal 308
Haut et Bas Enfer, p. 308 - Figures fondamentales, p. 310 - Le Cercle, le Centre et Lucifer, p. 311 - La spirale et le Labyrinthe, p. 312 - Le nombre 9, p. 313 - Sombres sephiroths, planètes maléficiées et Forces du Mal, p313.
Le Site du Purgatoire et les Forces de Rédemption 315
Force d'Amour, Vices et Vertus, p. 317 - Sur la Plage de l'île du Purgatoire, p. 319 - Au pied de la montagne du Purgatoire, sur les deux assises, p320 - Sur les 7 corniches de la Montagne du Purgatoire, p. 324 - L'Amour dans tous ses états..., p. 327 - Pourquoi Stace et pourquoi au chant XXI ?!..., p. 330 - Deux rêves éminemment édifiants..., p. 331 - 1ʳᵉ corniche : la Symbolique de l'Orgueil, chants X, XI, XII..., p. 332 - 2ᵉ corniche : la Symbolique de l'Envie, chants XIII, XIV, XV..., p. 334 - 3ᵉ corniche : la Symbolique de la Colère, chants XV, XVI, XVII..., p. 336 4ᵉ corniche : la Symbolique de "l'Accidia", chants XVII, XVIII, XIX..., p. 339 - 5ᵉ corniche : la Symbolique de l'Avarice et de la Prodigalité, chants XIX, XX, XXI, XXII..., p. 343 - 6ᵉ corniche : La Symbolique de la Gourmandise, chants XXIII, XXIV..., p. 347 - 7ᵉ corniche : la Symbolique de la Luxure et des "Pécheurs de la Chair", chants XXV, XXVI, XXVII..., p. 350.................. 354

Table des matières

Le Site du Paradis Terrestre : la Symbolique d'une pièce en 5 actes et un épilogue, chants XXVII à XXXIII 354
ACTE I : Fin de la mission de Virgile au chant XXVII, p. 354 - ACTE II : Les fleuves du Léthé et de l'Eunoé, la belle dame, le Paradis et l'âge d'or aux chantsXXVIII et XXIX, p. 355 ACTE III : L'illumination de la forêt, la procession mystique et le char de l'Église, chant XXIX, p. 357 - ACTE IV : L'apparition de Béatrice, ses reproches, la confession de Dante, le pardon et la purification par le Léthé, chants XXX et XXXI, p. 362 - ACTE V : L'Arbre de la Science du Bien et du Mal, les transformations et la disparition du Char, XXXII et XXXIII, p. 368 - ÉPILOGUE : l'ultime chant du Purgatoire..., p. 373.

Le "Rituel" des anges, à chaque corniche du Purgatoire 379

Le Site du Paradis, les Hiérarchies Célestes et la "remontée" de l'Arbre de Vie 381
Du Paradis Terrestre au Prologue du Paradis, au chant I : Malkuth, "le Royaume"..., p. 382 - Yesod, "le Fondement", au Ciel de la Lune, chants II, III, IV et V (en partie), p384 - Hod, "la Gloire", au Ciel de Mercure, chants V (en partie), VI et VII..., p. 389 - Netsah, "la Victoire", au Ciel de Vénus, chants VIII et IX..., p. 391 - Tiphereth, "la Beauté", au Ciel du Soleil, chants X, XI, XII, XIII et XIV (en partie)..., p. 394 - Geburah, "la Rigueur", au Ciel de Mars, chants XIV (en partie), XV, XVI, XVII et XVIII (en partie)..., p. 7405- Hesed, "la Grâce", au Ciel de Jupiter, chants XVIII (en partie), XIX, XX..., p. 410 - Binah, "l'Intelligence", au Ciel de Saturne, chants XXI et XXII (en partie)..., p. 415 - Hochmah, "la Sagesse", au Ciel des Étoiles (le Zodiaque), chants XXII (en partie) à XXVI, et XXVII (en partie)..., p. 418 - Kether, "la Couronne", au Ciel du Premier Mobile, chants XXVII (en partie), XXVIII et XXIX..., p. 427 - L'Empyrée, Ciel de "Pure Lumière", immatériel et immobile, associé à "l'Aïn Soph Aur", chants XXX à XXXIII..., p. 436 - Les nombres-archétypes de Pythagore, p436 - "Come subito lampo....comme un éclair soudain...."p. 437 - "Più di mille angeli...plus de mille anges...", p441 - La Rose des Bienheureux et les Archétypes Bibliques et Hermétiques..., p. 442 - La Prière, la Grâce, l'Unité et la Trinité..., p. 446 - La "vista nova"...la vision nouvelle...", p450 - En conclusion, retour rapide sur la remontée de l'Arbre de Vie au Paradis, p453 - Invocation aux hiérarchies angéliques, p ; 453 - Dante et la Connaissance du Kabbaliste, p. 455.

Les Archétypes naturels des Sites : Forêts, Puy, Colline, Montagne, Vallées et Portes ,.. 457
La Forêt..., p. 457 - Puy, Colline et Montagne..., p. 457 -La Vallée..., p. 458 - La Louve, "esprit de la Forêt"..., p. 458 - Les "Portes", p. 459.

Les éléments dans tous leurs états, à travers les trois mondes 467
La Matière corruptible..., p. 467 - L'Eau..., p. 468 - Le Feu..., p. 470 - L'Air..., p. 475 - La Terre..., p. 476 - Materia prima et Alchimie, p. 479.

Table des matières 643

CHAPITRE VI
Sous le voile des vers étranges, ou...
l'Alchimie Opérative de la "Divine Comédie" — 481

Alchimie Spirituelle, Mystique, Physique, "Ars Magna", "Art Royal" ...	483
L'Adepte avec un Grand "A"	484
L'Alchimie Opérative	485
Durante, "Pierre Solide"	485
"Le voile des vers étranges et le nombre 9	486
3 Mondes, 3 phases du Grand Œuvre	489
"Son l'ombra di Capocchio, che falsai li metalli con alchimia"	493
"Divina Commedia et Magna Opera"	493
Chant I : les préliminaires, avant l'entrée en Enfer	495
L'Œuvre au Noir, dans les 33 chants de l'Enfer (chants 2 à 4)	495
Chants 2 à 13..., p. 496- Chants 13 à 24 et 24 à 34..., p. 496.	
Fin de l'Œuvre au Noir, et réalisation de l'Œuvre au Blanc, dans les 33 chants du Purgatoire	497
Chants 1 à 12..., p. 497 - Chants 12 à 23..., p. 497 - Chants 23 à 33..., p. 498 -	
L'Œuvre au Rouge et les stades ultimes du Grand Œuvre, dans les 33 chants du Paradis	498
Chants 1 à 12..., p. 498 - Chants 12 à 23..., p. 499 - Chants 23 à 33..., p. 500 -	
Transformation du "Regard", Transformation de Conscience	502
"Divina Commedia" et "Ars Magna"	503
De l'Alchimie Opérative... aux Arcanes du Tarot Sacré	509

CHAPITRE VII
Les Arcanes de la Divina Commedia, ou les Symboles
majeurs des Forces et des Etres en présence dans la
Grande Aventure de la Transmutation Spirituelle — 511

"Du Plomb vulgaire à l'Or incorruptible", les 22 Arcanes du Grand Art de la Transmutation	513
"Vision panoramique"	517
Survol du cycle de l'Enfer..., p. 517 - Prologue de l'Enfer : tout le processus initiatique en 136 vers, p. 517 - Survol du cycle du Purgatoire..., p. 522 - Survol du cycle du Paradis Terrestre..., p. 528 - Survol du cycle du Paradis..., p. 532 - **Schéma des 3 séries d'Arcanes, pp. 539 à 542.**	

Table des matières 644

D'Arcane en Arcane :

En Enfer :	Au Purgatoire :	Au Paradis :
543 **LE BATELEUR**	558 **LA JUSTICE**	580 **LES ÉTOILES**
545 **LA PAPESSE**	560 **L'HERMITE**	584 **LA LUNE ET LE**
547 **L'IMPÉRATRICE**	562 **LA ROUE**	**SOLEIL**
549 **L'EMPEREUR**	**DE FORTUNE**	590 **LE JUGEMENT**
551 **LE PAPE**	565 **LA FORCE**	593 **LE MAT**
553 **L'AMOUREUX**	567 **LE PENDU**	
555 **LE CHARIOT**	569 **L'ARCANE XIII**	
	Au ParadisTerrestre :	596 **LE MONDE**
	572 **LA TEMPÉRANCE**	
	575 **LE DIABLE**	
	578 **LA MAISON-DIEU**	

Le Cycle initiatique de la Semaine Sainte et de Pâques, et au-delà : synchronicité entre les Écritures Saintes et la Divine Comédie   601

Les préliminaires de l'Initiation du Jeudi Saint, p. 601 - Les épreuves initiatiques du Vendredi Saint, le 8.04.1300, p. 602 -De la nuit de Vendredi Saint au Samedi Saint à l'aube de Pâques : la descente aux Enfers..., p. 604 - Samedi Saint Biblique et Samedi Saint du 9.04.1300..., p604 - Dimanche de Pâques Biblique et Dimanche de Pâques du 10.04.1300..., p. 604 - Lundi de Pâques Biblique et Lundi de Pâques du 11.04.1300..., p. 606 - Les Mardi, Mercredi et Jeudi de Pâques de la "Divine Comédie" et les 40 jours de la Résurrection à l'Ascension, selon les Écritures Saintes..., p. 607 - L'Ascension, selon les Écritures Saintes et le Jeudi de Pâques 14.04.1300..., p. 608.

Métamorphose   611
ou quelques rimes pour conclure le Voyage d'arcane en arcane ....

CONCLUSION ET PERSPECTIVE
Une Queste et des Symboles pour le XXIe siècle ....………   613

ANNEXE I :Repères sur les clés essentielles, autour de l'Hermétisme Chrétien   619
1-L'Hermétisme, p. 619 - **2**-La Philosophie Hermétique et l'Alchimie Mystique, p. 622 - **3**-La Cosmogonie et la Théogonie Hermétiques, p. 623 - **4**- l'Hermétisme Chrétien et la Kabbale, p. 623 - **5**-Alphabets et nombres sacrés, p. 625 **6**-Des Écritures Saintes à la Science Sacrée, p. 627 - **7**-La Numérologie Sacrée, p. 629.

ANNEXE II : Bibliographie   631

TABLE DES MATIÈRES   637

Achevé d'imprimer en août 2002
sur les presses de la Nouvelle Imprimerie Laballery
58500 Clamecy
Dépôt légal : août 2002
Numéro d'impression : 208009

Imprimé en France